首都圖書館

古籍普查登記目録

（二）

全國古籍普查登記目録

國家圖書館出版社
National Library of China Publishing House

110000－0102－0009379　乙五/70　叢部/彙編叢書

益雅堂叢書四集　（清）□□撰　清光緒九年（1883）刻本　三十冊

110000－0102－0009380　乙五/71　叢部/自著叢書/清初期

抗希堂十六種全書　（清）方苞撰　清光緒二十四年(1898)嫏嬛閣刻本　六十五冊

110000－0102－0009381　乙五/72　叢部/彙編叢書

翠琅玕館叢書　（清）馮兆年輯　清光緒羊城馮氏刻本　四十冊

110000－0102－0009382　乙五/74　叢部/彙編叢書

正覺樓叢刻　（清）李瀚章輯　清光緒崇文書局刻本　四十冊

110000－0102－0009383　乙五/76　叢部/彙編叢書/清中晚期

粤雅堂叢書　（清）伍崇耀輯　清咸豐三年(1853)南海伍氏刻本　四百○六冊

110000－0102－0009384　乙五/81　叢部/彙編叢書

振綺堂叢書初集十三種　（清）汪康年輯　清宣統二年(1910)泉堂汪氏鉛印本　六冊

110000－0102－0009385　乙五/82　叢部/彙編叢書

觀象廬叢書　（清）呂調陽撰　清光緒十四年(1888)刻本　六十冊

110000－0102－0009386　乙五/84　叢部/彙編叢書/清中晚期

心矩齋叢書　（清）蔣鳳藻輯　清光緒九年(1883)長洲蔣氏刻本　十六冊

110000－0102－0009387　乙五/85　叢部/彙編叢書

榆園叢刻　（清）許增輯　清光緒十年(1884)娛園刻本　十六冊

110000－0102－0009388　乙五/86　叢部/彙編叢書

榆園叢刻　（清）許增輯　清光緒十九年(1893)刻本　十六冊

110000－0102－0009389　乙五/90　叢部/彙編叢書/清中晚期

鐵華館叢書　（清）蔣鳳藻輯　清光緒九年(1883)刻本　六冊

110000－0102－0009390　乙五/91　叢部/彙編叢書/清中晚期

南菁書院叢書八集四十一種　王先謙　繆荃孫輯　清光緒十四年(1888)江陰南菁書院刻本　四十冊

110000－0102－0009391　乙五/92　叢部/彙編叢書/清中晚期

半厂叢書　（清）譚獻輯　清光緒十五年(1889)仁和譚氏刻本　二十冊

110000－0102－0009392　乙五/93　叢部/彙編叢書

餐喜廬叢書　（清）傅雲龍輯　清光緒十五年(1889)刻本　七冊

110000－0102－0009393　乙五/95　叢部/彙編叢書

檇李遺書二十八種　（清）孫福清輯　清光緒四年(1878)刻本　二十四冊

110000－0102－0009394　乙五/96　叢部/彙編叢書

翠琅玕館叢書　（清）馮兆年輯　清光緒羊城馮氏刻本　四十冊

110000－0102－0009395　乙五/98　叢部/彙編叢書

花雨樓叢鈔十四種　（清）張壽榮輯　清光緒九年(1883)刻本　四十八冊

110000－0102－0009396　乙五/99　叢部/彙編叢書

小方壺齋輿地叢鈔續編十二帙小方壺齋輿地叢鈔再補編十二帙　（清）王錫祺等輯　清光緒二十年(1894)、二十三年(1897)上海著易堂鉛印本　二十冊

110000 – 0102 – 0009397　乙五/101　叢部/
地方叢書

畿輔叢書　（清）王灝輯　清光緒五年(1879)
定州王氏德謙堂刻本　四百二十冊

110000 – 0102 – 0009398　乙五/105　叢部/
地方叢書

湖北叢書　（清）趙尚輔輯　清光緒十七年
(1891)三餘草堂刻本　一百冊

110000 – 0102 – 0009399　乙五/107　叢部/
彙編叢書

藝海珠塵　（清）吳省蘭輯　清嘉慶聽彝堂刻
本　六十冊

110000 – 0102 – 0009400　乙五/108　叢部/
彙編叢書

三十三種叢書　（清）□□輯　清光緒三年
(1877)湖北崇文書局刻本　四十冊

110000 – 0102 – 0009401　乙五/111　叢部/
彙編叢書

漢學堂叢書　（清）黃奭輯　清光緒十九年
(1893)黃氏刻本　三十四冊

110000 – 0102 – 0009402　乙五/117　叢部/
自著叢書

四秘全書十二種　（清）尹一勺撰　清嘉慶刻
本　九冊

110000 – 0102 – 0009403　乙五/118　叢部/
彙編叢書/清中晚期

增訂漢魏叢書　（清）王謨輯　清乾隆五十六
年(1791)刻本　九十六冊

110000 – 0102 – 0009404　乙五/122　叢部/
彙編叢書

傳經堂叢書　（清）凌鎬　（清）凌鏞輯　清道
光八年(1828)凌氏刻本重刻　二十四冊

110000 – 0102 – 0009405　乙五/126　叢部/
彙編叢書

張氏適園叢書初集　張鈞衡輯　清宣統三年
(1911)鉛印本　十二冊

110000 – 0102 – 0009406　乙五/127　叢部/

彙編叢書

南菁劄記　（清）溥良輯　清光緒二十年
(1894)江陰使署刻本　六冊

110000 – 0102 – 0009407　乙五/131　叢部/
彙編叢書/清中晚期

式訓堂叢書　（清）章壽康輯　清光緒會稽章
氏刻本　二十八冊

110000 – 0102 – 0009408　乙五/133　叢部/
彙編叢書

海山仙館叢書　（清）潘仕成輯　清道光二十
九年(1849)刻本　一百冊

110000 – 0102 – 0009409　乙五/134　叢部/
彙編叢書

海山仙館叢書　（清）潘仕成輯　清道光二十
九年(1849)刻本　一百二十冊

110000 – 0102 – 0009410　乙五/137　叢部/
彙編叢書

長恩書室叢書　（清）莊肇麟輯　清咸豐四年
(1854)過客軒刻本　二十冊

110000 – 0102 – 0009411　乙五/140　叢部/
自著叢書

徐位山六種　（清）徐文靖撰　清光緒二年
(1876)補刻本　二十四冊

110000 – 0102 – 0009412　乙五/143　叢部/
彙編叢書

小石山房叢書　（清）顧湘輯　清同治十三年
(1874)虞山顧氏刻本　二十冊

110000 – 0102 – 0009413　乙五/144　叢部/
彙編叢書

振綺堂叢刊　（清）汪康年輯　清道光二十五
年(1845)錢塘汪氏刻本　八冊

110000 – 0102 – 0009414　乙五/145　叢部/
彙編叢書

昭代叢書　（清）張漸　（清）張潮輯　（清）
楊復吉　（清）沈懋惪續輯　清道光十三年
(1833)刻本　一百七十二冊

110000 – 0102 – 0009415　乙五/148　叢部/

彙編叢書

小石山房叢書 （清）顧湘輯 清同治十三年（1874）虞山顧氏刻本 十四冊

110000－0102－0009416 乙五/149 叢部/彙編叢書

叢書十二種 （清）葉晴峰輯 清道光二十四年（1844）刻本 十二冊

110000－0102－0009417 乙五/152 叢部/自著叢書/清中晚期

海嶽軒叢刻 （清）杜元穆撰 清光緒三十三年（1907）鉛印本 八冊

110000－0102－0009418 乙五/153 叢部/彙編叢書

春暉堂叢書 （清）徐渭仁輯 清道光至咸豐刻上海徐氏刻本同治補刻本 二十四冊

110000－0102－0009419 乙五/154 叢部/彙編叢書/清初期

朱文端公藏書十三種 （清）朱軾輯 清光緒二十三年（1897）刻本 八十冊

110000－0102－0009420 乙五/155 叢部/彙編叢書

鮑紅葉叢書 （清）鮑祖祥輯 清光緒三十三年（1907）鉛印本 四冊

110000－0102－0009421 乙五/158 叢部/彙編叢書/清中晚期

連筠簃叢書 （清）楊尚文輯 清道光二十八年（1848）靈石楊氏刻本 三十冊

110000－0102－0009422 乙五/159 叢部/彙編叢書

校經山房叢書 （清）朱記榮輯 清光緒三十年（1904）孫溪槐廬家塾刻本 三十二冊

110000－0102－0009423 乙五/160 叢部/彙編叢書

學海堂叢刻 （清）□□輯 清光緒三年（1877）刻本 十四冊

110000－0102－0009424 乙五/162 叢部/自著叢書/清中晚期

拙盦叢稿 （清）朱一新撰 清光緒二十二年（1896）葆貞堂刻本 十六冊

110000－0102－0009425 乙五/164 叢部/彙編叢書/清中晚期

賜硯堂叢書新編 （清）顧沅編 清道光十年（1830）長洲顧氏刻本 十二冊

110000－0102－0009426 乙五/165 叢部/自著叢書/清中晚期

竹柏山房十五種 （清）林春溥撰 清嘉慶、咸豐刻本 四十冊

110000－0102－0009427 乙五/166 叢部/彙編叢書

木犀軒叢書 （清）李盛鐸輯 清光緒刻本 四十冊

110000－0102－0009428 乙五/167 叢部/彙編叢書

春雨樓叢書 （清）朱士端撰 清同治元年（1862）刻本 六冊

110000－0102－0009429 乙五/168 叢部/彙編叢書

國學叢刊 羅振玉輯 清宣統三年（1911）石印本 二冊

110000－0102－0009430 乙五/171 叢部/彙編叢書

述古叢鈔 （清）劉晚榮輯 清同治十年（1871）藏修堂刻本 四十冊

110000－0102－0009431 乙五/173 叢部/地方叢書

金陵叢刻 （清）傅春官輯 清光緒三十二年（1906）刻本 十二冊

110000－0102－0009432 乙五/175 叢部/彙編叢書

靈鶼閣叢書 （清）江標輯 清光緒元和江氏湖南使院刻本 四十八冊

110000－0102－0009433 乙五/176 叢部/彙編叢書

靈鶼閣叢書 （清）江標輯 清光緒元和江氏

湖南使院刻本　四十八冊

110000－0102－0009434　乙五/181　叢部/
彙編叢書

正覺樓叢書　（清）李瀚章輯　清光緒刻本
三十六冊

110000－0102－0009435　乙五/182　叢部/
彙編叢書/清中晚期

涇川叢書四十五種續六種　（清）趙紹祖
（清）趙繩祖合輯　清道光十二年(1832)趙氏
古墨齋刻本　二十四冊

110000－0102－0009436　乙五/183　叢部/
彙編叢書

明辨齋叢書四集　（清）余肇鈞輯　清同治長
沙余氏刻本　二十四冊

110000－0102－0009437　乙五/195　叢部/
彙編叢書

平津館叢書　（清）孫星衍輯　清光緒十一年
(1885)吳縣朱氏槐廬家塾刻本　四十八冊

110000－0102－0009438　乙五/197　叢部/
彙編叢書

琳琅秘室叢書　（清）胡珽輯　清光緒十四年
(1888)會稽董氏刻本　二十四冊

110000－0102－0009439　乙五/201　叢部/
彙編叢書

小萬卷樓叢書　（清）錢培名輯　清光緒四年
(1878)刻本　十六冊

110000－0102－0009440　乙五/203　叢部/
彙編叢書

十種古逸書　（清）茆泮林輯　清道光刻本　十冊

110000－0102－0009441　乙五/205　叢部/
彙編叢書

鶴齋叢書　（清）趙之謙輯　清光緒六年
(1880)刻本　三十六冊

110000－0102－0009442　乙五/206　叢部/
彙編叢書

閩竹居二十八種　（清）觀頗道人輯　清刻本
四冊

110000－0102－0009443　乙五/207　叢部/
彙編叢書

古愚叢書四十卷　（清）汪汲輯　清嘉慶刻本
十六冊

110000－0102－0009444　乙五/211　叢部/
彙編叢書

談藝珠叢　（清）黃漢鏞輯　清光緒十一年
(1885)長沙五尺山房刻本　二十冊

110000－0102－0009445　乙五/213　叢部/
彙編叢書

二酉堂叢書　（清）張澍輯　清道光元年
(1821)二酉堂刻本　十二冊

110000－0102－0009446　乙五/214　叢部/
彙編叢書

十萬卷樓叢書　（清）陸心源輯　清光緒五年
(1879)歸安陸氏刻本　一百十二冊

110000－0102－0009447　乙五/216　叢部/
彙編叢書/清中晚期

聚學軒叢書　（清）劉世珩輯　清光緒二十九
年(1903)貴池劉氏刻本　一百冊

110000－0102－0009448　乙五/221　叢部/
彙編叢書

邵武徐氏叢書　（清）徐幹輯　清光緒十二年
(1886)邵武徐氏刻本　四十冊

110000－0102－0009449　乙五/223　叢部/
彙編叢書

武英殿聚珍版叢書　（清）紀昀等輯　清同治
十三年(1874)江西書局刻本　一百二十八冊

110000－0102－0009450　乙五/228　叢部/
彙編叢書

玉函山房輯佚書　（清）馬國翰輯　清光緒九
年(1883)長沙嫏嬛館刻本　一百冊

110000－0102－0009451　乙五/231　叢部/
彙編叢書

湖海樓叢書　（清）陳春輯　清嘉慶二十四年
(1819)刻本　三十二冊

110000－0102－0009452　乙五/232　叢部/

彙編叢書

寂園叢書　（清）陳瀏輯　清宣統二年(1910)刻本　二十冊

110000－0102－0009453　乙五/234　叢部/彙編叢書

雲自在龕叢書　繆荃孫輯　清光緒江陰繆氏刻本　二十六冊

110000－0102－0009454　乙五/237　叢部/自著叢書/清中晚期

頤志齋叢書　（清）丁晏撰　清同治元年(1862)山陽丁氏六藝堂刻本　二十冊

110000－0102－0009455　乙五/238　叢部/彙編叢書

西學富強叢書　（清）張蔭桓輯　清光緒二十二年(1896)鴻文書局石印本　六十四冊

110000－0102－0009456　乙五/241　叢部/自著叢書/清中晚期

德清俞蔭甫所著書　（清）俞樾撰　清同治十年(1871)刻本　一百四十冊

110000－0102－0009457　乙五/243　叢部/彙編叢書

荔牆叢刻　（清）汪曰楨輯　清光緒四年(1878)刻本　十六冊

110000－0102－0009458　乙五/246　叢部/彙編叢書

明季稗史彙編　（清）留雲居士輯　清光緒都城琉璃廠留雲居士鉛印本　十冊

110000－0102－0009459　乙五/247　叢部/彙編叢書

正誼堂全書　（清）張伯行輯　清同治五年(1866)福州正誼書院刻本　一百六十冊

110000－0102－0009460　乙五/248　叢部/自著叢書/清中晚期

柏堂遺書　（清）方宗誠撰　清光緒十二年(1886)桐城方氏志學堂刻本　五十冊

110000－0102－0009461　乙五/249　叢部/自著叢書/清中晚期

潛研堂全書　（清）錢大昕撰　清光緒十年(1884)刻本　六十四冊

110000－0102－0009462　乙五/250　叢部/自著叢書/清中晚期

賭棋山莊集　（清）謝章鋌撰　清光緒十四年(1888)刻本　三十冊

110000－0102－0009463　乙五/252　叢部/自著叢書/清中晚期

經韻樓叢書　（清）段玉裁輯　清道光刻本　二十四冊

110000－0102－0009464　乙五/253　叢部/自著叢書

見菴錦官錄八種　（清）李錫書輯　清嘉慶二十一年(1816)蕊石山房刻本　十二冊

110000－0102－0009465　乙五/254　叢部/自著叢書

陸子全書十八種　（清）陸隴其撰　（清）許仁沐等輯　清刻本　三十六冊

110000－0102－0009466　乙五/258　叢部/自著叢書/清中晚期

有恆心齋集　（清）程鴻詔撰　清光緒刻本　十二冊

110000－0102－0009467　乙五/259　叢部/自著叢書/明

西郭草堂合刊　（明）喬中和纂　清光緒五年(1879)順德府內邱躋新堂刻本　十六冊

110000－0102－0009468　乙五/264　叢部/彙編叢書

區種五種五卷附錄一卷　（清）趙夢齡輯　清光緒四年(1878)蓮花池刻本　一冊

110000－0102－0009469　乙五/265　叢部/自著叢書/清中晚期

朱氏群書　（清）朱駿聲撰　清光緒八年(1882)刻本　四冊

110000－0102－0009470　乙五/268　叢部/自著叢書/清中晚期

鄒叔子遺書七種　（清）鄒漢勳撰　清光緒刻

本　十四冊

110000－0102－0009471　乙五/271　叢部/
自著叢書/清中晚期

安吳四種三十六卷　（清）包世臣撰　清同治
十一年(1872)注經堂刻本　十六冊

110000－0102－0009472　乙五/273　叢部/
自著叢書/清中晚期

魏稼孫全集　（清）魏錫曾撰　清光緒刻本
十四冊

110000－0102－0009473　乙五/274　叢部/
自著叢書/清中晚期

羅山遺書　（清）羅澤南撰　清咸豐至同治刻
本　八冊

110000－0102－0009474　乙五/277　叢部/
自著叢書/清中晚期

春在堂全書　（清）俞樾撰　清光緒十五年
(1889)刻本　一百冊

110000－0102－0009475　乙五/278　叢部/
彙編叢書

積學齋叢書　徐乃昌輯　清光緒南陵徐氏刻
本　十六冊

110000－0102－0009476　乙五/279　叢部/
自著叢書/清中晚期

郝氏遺書　（清）郝懿行撰　清嘉慶至光緒刻
本　八十三冊

110000－0102－0009477　乙五/282　叢部/
自著叢書

景紫堂全書十七種八十一卷　（清）夏炘撰
清同治元年(1862)刻本　二十四冊

110000－0102－0009478　乙五/286　叢部/
自著叢書/清中晚期

脩本堂叢書　（清）林伯桐撰　清道光二十四
年(1844)番禺林氏刻本　十四冊

110000－0102－0009479　乙五/287　叢部/
彙編叢書

咫進齋叢書　（清）姚覲元輯　清光緒九年
(1883)歸安姚氏刻本　四十八冊

110000－0102－0009480　乙五/288　叢部/
彙編叢書

槐廬叢書　（清）朱記榮輯　清光緒十三年
(1887)吳縣朱氏家塾刻本　八十冊

110000－0102－0009481　乙五/289　叢部/
彙編叢書

雙楳景闇叢書　葉德輝輯　清光緒宣統
(1875－1911)長沙葉氏郋園刻本　五冊

110000－0102－0009482　乙五/291　叢部/
彙編叢書

雙楳景闇叢書　葉德輝輯　清光緒宣統
(1875－1911)長沙葉氏郋園刻本　五冊

110000－0102－0009483　乙五/292　叢部/
自著叢書/清中晚期

竹柏山房十五種　（清）林春溥撰　清咸豐五
年(1855)刻本　四十冊

110000－0102－0009484　乙五/293　叢部/
地方叢書

湖洲叢書　（清）陸心源輯　清光緒湖城義塾
刻本　二十四冊

110000－0102－0009485　乙五/294　叢部/
彙編叢書/清中晚期

學壽堂叢書十二種　（清）徐灝　（清）徐紹禎
等編　清咸豐至光緒刻本　三十冊

110000－0102－0009486　乙五/295　叢部/
自著叢書/清中晚期

劉端臨先生遺書八卷　（清）劉台拱撰　清道
光十四年(1834)刻本　四冊

110000－0102－0009487　乙五/299　叢部/
彙編叢書

永嘉叢書十二種　（清）孫衣言輯　清同治至
光緒刻本　六十冊

110000－0102－0009488　乙五/300　叢部/
彙編叢書

積學齋叢書　徐乃昌輯　清光緒南陵徐氏刻
本　十六冊

110000－0102－0009489　乙五/303　叢部/

自著叢書

銕研皀叢書五種 桑宣撰 清光緒二十七年（1901）桑氏銕研皀鉛印民國八年（1919）重印本 八冊

110000 － 0102 － 0009490 乙五/304 叢部/彙編叢書

鄞齋叢書 徐乃昌輯 清光緒南陵徐氏刻本 二十冊

110000 － 0102 － 0009491 乙五/306 叢部/彙編叢書

國學叢刊 羅振玉輯 清宣統三年（1911）石印本 三冊

110000 － 0102 － 0009492 乙五/307 叢部/地方叢書

台州叢書 （清）宋世犖輯 清道光臨海宋氏刻本 二十二冊

110000 － 0102 － 0009493 乙五/309 叢部/自著叢書/清中晚期

洪北江全集 （清）洪亮吉撰 清光緒三年（1877）授經堂刻本 八十四冊

110000 － 0102 － 0009494 乙五/310 叢部/自著叢書/清中晚期

洪北江先生遺集 （清）洪亮吉撰 清光緒三年（1877）授經堂刻本 八十四冊

110000 － 0102 － 0009495 乙五/311 叢部/自著叢書/清中晚期

洪北江先生遺集 （清）洪亮吉撰 清光緒三年（1877）授經堂刻本 八十四冊

110000 － 0102 － 0009496 乙五/317 叢部/彙編叢書

後知不足齋叢書 （清）鮑廷爵輯 清光緒十年（1884）常熟鮑氏刻本 三十二冊

110000 － 0102 － 0009497 乙五/321 叢部/彙編叢書

三十三種叢書 （清）□□輯 清光緒三年（1877）湖北崇文書局刻本 四十八冊

110000 － 0102 － 0009498 乙五/324 叢部/

彙編叢書

後知不足齋叢書 （清）鮑廷爵輯 清光緒十年（1884）常熟鮑氏刻本 三十二冊

110000 － 0102 － 0009499 乙五/326 叢部/彙編叢書

檇李遺書 （清）孫福清輯 清光緒六年（1880）秀水孫氏望雲仙館刻本 二十四冊

110000 － 0102 － 0009500 乙五/329 叢部/自著叢書/清中晚期

龍威秘書 （清）馬俊良輯 清乾隆五十九年（1794）大酉山房刻本 八十冊

110000 － 0102 － 0009501 乙五/330 叢部/彙編叢書

蟫隱廬叢書 羅振常輯 清宣統至民國間上虞羅氏石印暨鉛印民國三十三年（1944）吳興周延年彙編本 二十三冊

110000 － 0102 － 0009502 乙五/331 叢部/彙編叢書

宜稼堂叢書 （清）鬱松年輯 清道光上海鬱氏刻本 六十四冊

110000 － 0102 － 0009503 乙五/334 叢部/自著叢書/清中晚期

潛研堂全書 （清）錢大昕撰 清道光二十年（1840）刻本 八十冊

110000 － 0102 － 0009504 乙五/337 叢部/彙編叢書

隨庵徐氏叢書 徐乃昌輯 清光緒至民國南陵徐氏刻本 二十四冊

110000 － 0102 － 0009505 乙五/338 集部/別集類/明

甘泉全集三種 （明）湛若水撰 清同治五年（1866）資政堂刻本 四十冊

110000 － 0102 － 0009506 乙五/339 叢部/彙編叢書

香艷叢書 （清）張廷華輯 清宣統元年（1909）上海國學扶輪社鉛印本 八十冊

110000 － 0102 － 0009507 乙五/340 叢部/

彙編叢書

守山閣叢書 （清）錢熙祚輯 清光緒十五年（1889）鴻文書局石印本 一百冊

110000－0102－0009508 乙五/341 叢部/彙編叢書

平津館叢書 （清）孫星衍輯 清光緒十一年（1885）吳縣朱氏槐廬家塾刻本 四十八冊

110000－0102－0009509 乙・△/26 史部/目錄類/著錄/叢書目錄/總目

彙刻書目初補編 （清）顧修撰 清光緒元年（1875）京都琉璃廠刻本 十一冊

110000－0102－0009510 乙・△/32 史部/目錄類/著錄/存毀書目

行素堂目覩書錄 （清）朱記榮輯訂 清光緒十年（1884）刻本 十冊

110000－0102－0009511 乙・△/33 史部/目錄類/著錄/存毀書目

行素堂目覩書錄 （清）朱記榮輯 清光緒十年（1884）刻本 十冊

110000－0102－0009512 乙・△/34 史部/目錄類/著錄/存毀書目

行素堂目覩書錄 （清）朱記榮輯 清光緒十年（1884）刻本 十冊

110000－0102－0009513 乙・△/44 史部/目錄類/收藏/私藏

愛日精廬藏書志三十六卷續志四卷 （清）張金吾藏並撰 清光緒十三年（1887）靈芬閣活字印本 六冊

110000－0102－0009514 乙・△/47 史部/目錄類/著錄/叢書目錄/總目

欽定古今圖書集成目錄 （清）聖祖玄燁敕撰 清光緒十年（1884）上海同文書局石印本 二十冊 缺一冊（第十五冊）

110000－0102－0009515 乙・△/48 史部/目錄類/著錄/叢書目錄/總目

四庫全書簡明目錄二十卷 （清）紀昀等撰 清同治四年（1865）志古堂刻本 二十二冊

110000－0102－0009516 乙・△/52 史部/目錄類/收藏/私藏

張氏書目 （□）□□□纂 清抄本 六冊

110000－0102－0009517 乙・△/58 史部/目錄類/收藏/公藏/清

欽定天祿琳琅書目十卷後編二十卷 （清）于敏中 （清）彭元瑞等編 清光緒十年（1884）長沙王氏刻本 十冊

110000－0102－0009518 乙・△/59 經部/小學類/文字/字典詞典等

康熙字典 （清）張玉書等撰 清光緒十三年（1887）上海同文書局石印本 六冊

110000－0102－0009519 丙一/4 經部/小學類/文字/說文

說文解字三十卷 （漢）許慎撰 （宋）徐鉉等校定 清同治十三年（1874）刻本 三冊

110000－0102－0009520 丙一/6 經部/小學類/文字

隸韻十卷碑目一卷 （宋）劉球纂 **考證一卷** （清）秦恩復撰 清嘉慶十四年（1809）江都秦氏影刻本 十二冊

110000－0102－0009521 丙一/8 經部/四書類/論語/傳說

論語註疏解經十卷 （三國魏）何晏集解 （宋）邢昺疏 **劄記一卷** （清）劉世珩撰 清光緒三十三年（1907）貴池劉氏影刻本 二冊

110000－0102－0009522 丙一/11 史部/傳記類/人表

姓觿十卷 （明）陳士元撰 清光緒十七年（1891）刻本 五冊

110000－0102－0009523 丙一/13 經部/詩類/文字音義

呂氏家塾讀詩記三十二卷 （宋）呂祖謙撰 清嘉慶刻本 十冊

110000－0102－0009524 丙一/16 經部/小學類/音韻/韻典

欽定同文韻統六卷 （清）章嘉胡土克圖纂修 清宣統二年（1910）刻本 五冊

110000－0102－0009525　丙一/17　經部/書類/傳說

尚書考異六卷　（明）梅鷟撰　清道光五年(1825)立本齋刻本　六冊

110000－0102－0009526　丙一/18　經部/易類/傳說

周易本義四卷　（宋）朱熹撰　清同治十一年(1872)湖南尊經閣刻本　二冊

110000－0102－0009527　丙一/22　經部/易類/傳說

周易孔義集說　（清）沈起元撰　清光緒八年(1882)江蘇書局刻本　八冊

110000－0102－0009528　丙一/25　經部/書類/傳說

書經六卷　（宋）蔡沈集傳　清光緒二十一年(1895)湖北官書處刻本　四冊

110000－0102－0009529　丙一/26　經部/書類/傳說

書經六卷　（宋）蔡沈集傳　清光緒十六年(1890)桂垣書局刻本　四冊

110000－0102－0009530　丙一/27　經部/書類/傳說

尚書考異六卷　（明）梅鷟撰　清光緒十八年(1892)浙江書局刻本　四冊

110000－0102－0009531　丙一/29　經部/書類/傳說

書蔡傳附釋一卷　（清）丁晏撰　清光緒二十年(1894)廣雅書局刻本　一冊

110000－0102－0009532　丙一/30　經部/書類/傳說

欽定書經圖說五十卷　（清）孫家鼐等纂　清光緒三十一年(1905)石印本　十六冊

110000－0102－0009533　丙一/31　經部/書類/傳說

書序攷異　（清）王詠霓撰　清刻本　一冊

110000－0102－0009534　丙一/34　經部/詩類/白文讀本

詩經白文　清刻本　一冊

110000－0102－0009535　丙一/37　經部/詩類

詩經二十卷末一卷　（宋）朱熹集傳　清光緒七年(1881)江蘇書局刻本　五冊

110000－0102－0009536　丙一/39　經部/詩類/傳說

御纂詩義折中二十卷　（清）傅恆等纂　清光緒掃葉山房刻本　十冊

110000－0102－0009537　丙一/40　經部/詩類/傳說

毛詩傳箋通釋三十二卷　（清）馬瑞辰撰　清光緒十三年(1887)廣雅書局刻本　十二冊

110000－0102－0009538　丙一/42　經部/詩類/其它

毛詩品物圖攷七卷　（日本）岡元鳳纂輯　清宣統二年(1910)掃葉山房石印本　二冊

110000－0102－0009539　丙一/45　經部/詩類/其它

詩經衍義體注大全合參　沈雲將編輯　清末刻本　六冊

110000－0102－0009540　丙一/46　經部/禮類/周禮/傳說

周禮十二卷　（漢）鄭玄注　（唐）陸德明音義　清光緒十九年(1893)桂垣書局刻本　六冊

110000－0102－0009541　丙一/48　經部/禮類/儀禮/傳說

儀禮十七卷　（漢）鄭玄注　清同治九年(1870)楚北崇文書局刻本　二冊

110000－0102－0009542　丙一/49　經部/禮類/儀禮/傳說

儀禮要義五十卷　（宋）魏了翁撰　清光緒十年(1884)江蘇書局刻本　十二冊

110000－0102－0009543　丙一/50　經部/禮類/儀禮/傳說

欽定儀禮義疏四十八卷首二卷　（清）允祿等纂　清光緒十四年(1888)江南書局刻本

二十四冊

110000－0102－0009544　丙一/51　經部/禮類/儀禮/文字音義

儀禮鄭注句讀十七卷　（漢）鄭玄注　（清）張爾岐句讀　清同治十三年(1874)湖南書局刻本　八冊

110000－0102－0009545　丙一/54　經部/禮類/禮記

禮記二十卷考異二卷　（漢）鄭玄注　清同治九年(1870)楚北崇文書局刻本　八冊

110000－0102－0009546　丙一/55　經部/禮類/禮記/傳說

禮記要義三十三卷　（宋）魏了翁撰　清光緒十二年(1886)江蘇書局刻本　八冊

110000－0102－0009547　丙一/57　經部/禮類/禮記/傳說

欽定禮記義疏八十二卷首一卷　（清）高宗弘曆敕纂　清光緒十四年(1888)江南書局刻本　四十冊

110000－0102－0009548　丙一/58　經部/禮類/禮記/傳說

禮記集解六十一卷　（清）孫希旦撰　清同治三年(1864)里安孫氏刻本　十二冊

110000－0102－0009549　丙一/59　經部/禮類/禮記/傳說

禮記集解六十一卷　（清）孫希旦撰　清同治三年(1864)里安孫氏刻本　二十冊

110000－0102－0009550　丙一/61　經部/禮類/三禮

禮經通論　（清）邵懿辰撰　清宣統三年(1911)上海國學扶輪社鉛印本　一冊

110000－0102－0009551　丙一/62　經部/禮類/通禮

禮書一百五十卷　（宋）陳祥道撰　清光緒二年(1876)刻本　十六冊

110000－0102－0009552　丙一/64　經部/禮類/儀禮/傳說

書儀十卷　（宋）司馬光撰　清同治七年(1868)江蘇書局刻本　一冊

110000－0102－0009553　丙一/66　經部/禮類/雜禮

四禮翼　（明）呂坤撰　清光緒二十一年(1895)桂垣書局刻本　一冊

110000－0102－0009554　丙一/67　經部/禮類/禮記/傳說

禮記註疏　（漢）鄭玄註　（唐）孔穎達疏　清刻本　二冊　存九卷(五十五至六十三)

110000－0102－0009555　丙一/70　經部/春秋類/公羊傳/傳說

春秋公羊傳十一卷　（漢）何休撰　（唐）陸德明音義　清光緒十九年(1893)桂垣書局刻本　四冊

110000－0102－0009556　丙一/71　經部/春秋類/穀梁傳/傳說

春秋穀梁傳十二卷　（晉）范甯集解　（唐）陸德明音義　清光緒十九年(1893)桂垣書局刻本　四冊

110000－0102－0009557　丙一/73　經部/春秋類/左傳

春秋左傳三十卷　（清）馮李驊集解　清光緒十二年(1886)湖北官書處刻本　十二冊

110000－0102－0009558　丙一/76　經部/春秋類/左傳

欽定春秋左傳讀本　（清）英和等纂輯　清同治八年(1869)江蘇書局刻本　十冊

110000－0102－0009559　丙一/79　經部/春秋類/總義/傳說

春秋屬辭辨例編六十卷首二卷　（清）張應昌撰　清同治十二年(1873)江蘇書局刻本　三十二冊

110000－0102－0009560　丙一/82　經部/孝經類/傳說

孝經注　（唐）玄宗李隆基撰　清同治九年(1870)揚州書局刻本　一冊

110000－0102－0009561　丙一/84　經部/孝經類/傳說

孝經鄭注坿音　（唐）陸德明音義　（清）孫季咸編　清光緒二十二年(1896)刻本　一冊

110000－0102－0009562　丙一/85　經部/經總類/群經總義/文字音義

經典釋文三十卷　（唐）陸德明撰　清同治八年(1869)湖北崇文書局刻本　十二冊

110000－0102－0009563　丙一/86　經部/小學類/訓詁/字詁

經籍籑詁一百〇六卷　（清）阮元編　清光緒上海漱六山莊石印本　十二冊

110000－0102－0009564　丙一/88　經部/經總類/群經總義

十三經述要六卷　姚永樸撰　清光緒三十四年(1908)安徽高等學堂鉛印本　二冊

110000－0102－0009565　丙一/89　子部/雜家類/雜考

讀書雜志　（清）王念孫撰　清道光刻本　二十三冊

110000－0102－0009566　丙一/90　經部/四書類/論語/白文讀本

論語　（春秋）孔丘撰　清末刻本　一冊

110000－0102－0009567　丙一/93　經部/四書類/孟子/白文讀本

孟子　（戰國）孟軻撰　清末刻本　一冊

110000－0102－0009568　丙一/94　經部/四書類/孟子

論孟卮言　江瀚撰　清光緒二十八年(1902)刻本　一冊

110000－0102－0009569　丙一/97　經部/四書類

四書便蒙　（宋）朱熹注　清文和堂刻本　六冊

110000－0102－0009570　丙一/98　經部/四書類/大學中庸/傳說

大中講義　（清）朱用純撰　清光緒二年

(1876)江蘇書局刻本　三冊

110000－0102－0009571　丙一/100　經部/四書類/總義/傳說

四書反身錄八卷　（清）李顒撰　清道光十一年(1831)浙江書局刻本　四冊

110000－0102－0009572　丙一/101　經部/四書類/孟子

標孟十卷　（清）汪有光評　清光緒十三年(1887)刻本　二冊

110000－0102－0009573　丙一/102　經部/四書類/論語

論語古訓十卷　（清）陳鱣撰　清光緒九年(1883)浙江書局刻本　二冊

110000－0102－0009574　丙一/103　經部/四書類/孟子/傳說

孟子趙注補正六卷　（清）宋翔鳳撰　清光緒十七年(1891)廣雅書局刻本　一冊

110000－0102－0009575　丙一/108　經部/四書類/孟子/傳說

孟子要略五卷　（宋）朱熹撰　清光緒二十八年(1902)廣雅書局刻本　一冊

110000－0102－0009576　丙一/118　經部/小學類/訓詁/爾雅

爾雅三卷　（晉）郭璞注　（唐）陸德明音釋　清同治七年(1868)湖北崇文書局刻本　三冊

110000－0102－0009577　丙一/120　經部/小學類/訓詁/爾雅

爾雅三卷　（晉）郭璞注　（唐）陸德明音釋　清光緒十八年(1892)桂垣書局刻本　三冊

110000－0102－0009578　丙一/123　經部/小學類/訓詁/群雅

廣雅疏證十卷　（清）王念孫撰　清光緒十四年(1888)上海鴻文書局石印本　四冊

110000－0102－0009579　丙一/124　經部/小學類/訓詁/爾雅/傳說

爾雅義疏二十卷　（清）郝懿行撰　清光緒十三年(1887)湖北官書處刻本　八冊

110000－0102－0009580　丙一/125　經部/小學類/訓詁/群雅

釋穀四卷　（清）劉寶楠撰　清光緒十三年(1887)廣智書局刻本　一冊

110000－0102－0009581　丙一/128　經部/小學類/文字/說文

說文解字十五卷　（漢）許慎撰　清嘉慶九年(1804)仿宋鉛印本　十冊

110000－0102－0009582　丙一/130　經部/小學類/文字/說文/傳說

說文解字繫傳四十卷　（南唐）徐鍇撰　清光緒九年(1883)江蘇書局刻本　八冊

110000－0102－0009583　丙一/134　經部/小學類/文字/字典詞典等

康熙字典　（清）張玉書等纂　清光緒元年(1875)湖北崇文書局刻本　四十冊

110000－0102－0009584　丙一/135　經部/小學類/文字/字典詞典等

字典攷證　（清）奕繪等纂　清光緒二年(1876)湖北崇文書局刻本　六冊

110000－0102－0009585　丙一/137　經部/小學類/文字/說文/傳說

段注說文解字　（清）段玉裁注　清刻本　十四冊　原缺第一篇

110000－0102－0009586　丙一/138　經部/小學類/文字/說文/校刊、注釋

汲古閣說文訂　（清）段玉裁撰　清同治十一年(1872)湖北崇文書局刻本　一冊

110000－0102－0009587　丙一/139　經部/小學類/文字/字體

倉頡篇三卷續一卷補二卷　（清）孫星衍等撰　清光緒十六年(1890)江蘇書局刻本　二冊

110000－0102－0009588　丙一/141　經部/小學類/文字/傳說

說文解字義證五十卷　（清）桂馥撰　清同治九年(1870)刻本　三十二冊

110000－0102－0009589　丙一/142　經部/

小學類/文字/說文/校刊、注釋

說文解字校錄　（清）鈕樹玉撰　清光緒十一年(1885)江蘇書局刻本　十四冊

110000－0102－0009590　丙一/143　經部/小學類/文字/說文/校刊、注釋

段氏說文注訂八卷　（清）鈕樹玉撰　清同治十三年(1874)湖北崇文書局刻本　二冊

110000－0102－0009591　丙一/144　經部/小學類/文字/說文/校刊、注釋

說文新附考　（清）鈕樹玉撰　清同治十三年(1874)湖北崇文書局刻本　二冊

110000－0102－0009592　丙一/146　經部/小學類/文字

急就章攷異一卷　（清）莊世驥撰　清光緒十七年(1891)廣雅書局刻本　一冊

110000－0102－0009593　丙一/147　經部/小學類/文字/說文/傳說

說文檢字　（清）毛謨編　清嘉慶二十一年(1816)刻本　一冊

110000－0102－0009594　丙一/148　經部/小學類/文字/說文/校刊、注釋

說文辨疑　（清）顧廣圻撰　清光緒三年(1877)湖北崇文書局刻本　一冊

110000－0102－0009595　丙一/150　經部/小學類/文字/說文/校刊、注釋

說文句讀三十卷　（清）王筠編　清同治四年(1865)涵芬樓影印本　十四冊

110000－0102－0009596　丙一/151　經部/小學類/文字/字體

汗簡箋正　（宋）郭忠恕撰　（清）鄭珍箋正　清光緒十五年(1889)廣雅書局刻本　四冊

110000－0102－0009597　丙一/152　經部/小學類/文字/說文/校刊、注釋

說文引經攷證七卷互異說一卷　（清）陳瑑撰　清同治十三年(1874)湖北崇文書局刻本　二冊

110000－0102－0009598　丙一/154　經部/

經總類/群經總義/傳說

漢碑徵經一卷 （清）朱百度撰　清光緒十五年(1889)廣雅書局刻本　一冊

110000 – 0102 – 0009599　丙一/155　經部/小學類/文字/說文/其它

讀說文雜識 （清）許槤撰　清光緒七年(1881)刻本　一冊

110000 – 0102 – 0009600　丙一/156　經部/小學類/文字/說文/傳說

仿唐寫本說文解字木部箋異 （清）莫友芝撰　清同治三年(1864)石印本　一冊

110000 – 0102 – 0009601　丙一/166　經部/詩類/文字音義

毛詩古音攷四卷 （明）陳第編輯　清光緒六年(1880)武昌張氏刻本　六冊　缺二冊(宋古音義二冊)

110000 – 0102 – 0009602　丙一/167　經部/小學類/音韻

六書音均表五卷 （清）段玉裁撰　清同治十一年(1872)湖北崇文書局刻本　二冊

110000 – 0102 – 0009603　丙一/168　經部/小學類/音韻/韻典

韻詁 （清）方濬頤輯　清光緒九年(1883)淮南書局刻本　六冊

110000 – 0102 – 0009604　丙一/169　經部/小學類/音韻/韻典

詩韻合璧五卷 （清）許時庚編　清光緒十二年(1886)鉛印本　五冊

110000 – 0102 – 0009605　丙一/177　經部/小學類/文字/說文/校刊、注釋

說文引經考七卷互異一卷 （清）陳瑑撰　清同治十三年(1874)湖北崇文書局刻本　二冊

110000 – 0102 – 0009606　丙一/181　經部/小學類/文字/字典詞典等

康熙字典 （清）張玉書等纂　清光緒二十年(1894)上海同文書局石印本　六冊

110000 – 0102 – 0009607　丙一/182　經部/

小學類/音韻/字母拼音

五音類聚四聲篇十二卷 （金）韓道昭重編　清光緒二十四年(1898)抄本　四冊

110000 – 0102 – 0009608　丙一/183　經部/小學類/文字/字體

草韻彙編二十六卷 （清）陶南望輯　清乾隆二十年(1755)刻本　十二冊

110000 – 0102 – 0009609　丙一/185　經部/四書類

時齋四書簡題六卷 （清）李元春撰　清刻本　二冊

110000 – 0102 – 0009610　丙一/187　經部/經總類/群經總義/傳說

經義雜記二十卷敍錄一卷 （清）臧琳撰　清嘉慶十四年(1809)武進臧氏拜經堂刻本　六冊

110000 – 0102 – 0009611　丙一/189　經部/經總類/群經總義/傳說

白虎通疏證十二卷 （清）陳立撰　清光緒元年(1875)淮南書局刻本　四冊

110000 – 0102 – 0009612　丙一/191　經部/四書類/大學中庸/傳說

大學衍義補輯要十二卷首一卷 （明）丘濬撰　（明）陳弘謀纂輯　清道光二十二年(1842)寶恕堂刻本　十二冊

110000 – 0102 – 0009613　丙一/195　經部/書類/傳說

禹貢正詮四卷 （清）姚彥渠輯　清光緒十一年(1885)刻本　一冊

110000 – 0102 – 0009614　丙一/196　經部/小學類/文字/說文/傳說

說文外編十五卷補遺一卷 （清）雷浚撰　清光緒二年(1876)刻本　四冊

110000 – 0102 – 0009615　丙一/198　經部/經總類/群經總義/傳說

白虎通德論四卷 （漢）班固撰　清刻本　二冊

110000 – 0102 – 0009616　　丙一/202　　經部/禮類/通禮

禮書一百五十卷　（宋）陳祥道撰　清嘉慶九年（1804）郭氏刻本　　二十四冊

110000 – 0102 – 0009617　　丙一/204　　經部/四書類/論語

論語經正錄二十卷年譜一卷　（清）王肇晉撰　清光緒二十年（1894）刻本　　十一冊

110000 – 0102 – 0009618　　丙一/205　　經部/小學類/音韻/韻典

詩韻尤雅五卷　（清）潘江原輯　（清）潘義炳重訂　清刻本　　五冊

110000 – 0102 – 0009619　　丙一/212　　經部/經總類/群經總義/傳說

十三經注疏　（三國魏）王弼　（唐）孔穎達等注疏　清同治十年（1871）湖南尊經閣刻本　一百六十三冊

110000 – 0102 – 0009620　　丙一/213　　經部/經總類/群經總義/傳說

十三經註疏校勘記　（清）阮元撰　清同治十年（1871）湖南尊經閣刻本　　五十冊

110000 – 0102 – 0009621　　丙一/214　　經部/經總類/群經總義/傳說

十三經註疏校勘記識語四卷　（清）汪文臺撰　清光緒三年（1877）江西書局刻本　　二冊

110000 – 0102 – 0009622　　丙一/217　　經部/經總類/群經總義

相臺五經　（宋）岳珂輯　清刻本　　三十二冊

110000 – 0102 – 0009623　　丙一/218　　經部/經總類/群經合刊

四書五經合刊　金陵書局輯　清同治十一年（1872）金陵書局刻本　　三十九冊

110000 – 0102 – 0009624　　丙一/219　　經部/經總類/群經合刊

五經合刊　江蘇書局輯　清光緒七年（1881）江蘇書局刻本　　三十二冊

110000 – 0102 – 0009625　　丙一/220　　經部/經總類/群經總義

古經解彙函　（清）鍾謙鈞等輯　清光緒十五年（1889）湖南書局刻本　　三十二冊

110000 – 0102 – 0009626　　丙一/222　　經部/小學類

小學彙函　（清）鍾謙鈞等輯　清光緒十五年（1889）湖南書局刻本　　三十二冊

110000 – 0102 – 0009627　　丙一/223　　經部/小學類

小學彙函　（清）鍾謙鈞等輯　清同治十二年（1886）粵東書局刻本　　三十三冊

110000 – 0102 – 0009628　　丙一/225　　經部/經總類/群經合刊

御纂七經　（清）聖祖高宗纂輯　清同治十一年（1872）江西書局補刻本　一百八十九冊缺三冊（一百十九至一百二十、一百四十九）

110000 – 0102 – 0009629　　丙一/227　　經部/經總類/群經總義

皇清經解一千四百卷　（清）阮元輯　清咸豐十一年（1861）補刻本　　四百冊

110000 – 0102 – 0009630　　丙一/228　　經部/經總類/群經總義

經苑　（清）錢儀吉輯　清道光三十年（1850）刻本　　七十七冊

110000 – 0102 – 0009631　　丙一/229　　經部/小學類/文字/訓蒙

環地福分類字課圖說八卷　（清）趙金壽編　清宣統二年（1910）石印本　　八冊

110000 – 0102 – 0009632　　丙一/230　　經部/小學類/音韻/韻典

集韻八卷　（宋）丁度等撰　清刻本　　四冊

110000 – 0102 – 0009633　　丙一/233　　經部/四書類/大學中庸/傳說

學庸意三卷　（明）顧憲成撰　清刻本　　一冊

110000 – 0102 – 0009634　　丙一/235　　經部/禮類/儀禮

仿宋嚴州本儀禮十七卷　（漢）鄭玄注　清同

治九年(1870)楚北崇文書局刻本　二冊

110000－0102－0009635　丙一/236　經部/
小學類/音韻/韻典

唐韻正二十卷　（清）顧炎武撰　清刻本
六冊

110000－0102－0009636　丙一/237　經部/
春秋類/左傳/其它

春秋世族譜　（清）陳厚耀撰　清光緒十二年
(1886)邵武徐氏刻本　二冊

110000－0102－0009637　丙一/239　經部/
小學類/文字/訓蒙

六藝綱目二卷附錄二卷　（元）舒天民撰　清
咸豐三年(1853)楊氏海源閣刻本　四冊

110000－0102－0009638　丙一/245　經部/
四書類/總義/傳說

四書集註直解說約二十七卷　（明）張居正撰
清康熙十六年(1677)八旗經正書院翻刻本
十二冊

110000－0102－0009639　丙一/247　經部/
經總類/群經總義/傳說

十三經注疏三百四十六卷　（□）□□輯　清
同治十年(1871)廣東書局刻本　九十四冊
缺七十八卷(毛詩注疏三十卷考證三十卷、孝
經注疏九卷考證九卷)

110000－0102－0009640　丙一/252　經部/
經總類/群經總義

皇清經解一千四百卷　（清）阮元輯　清道光
九年(1829)廣東學海堂刻本　四百冊

110000－0102－0009641　丙一/253　經部/
經總類/群經總義

皇清經解續編一千四百三十卷　王先謙輯
清光緒十四年(1888)南菁書院刻本　三百二
十冊

110000－0102－0009642　丙一/254　經部/
小學類/訓詁/其它

小學鉤沈十九卷　（清）任大椿撰　（清）王念
孫校　清光緒十年(1884)龍氏刻本　四冊

110000－0102－0009643　丙一/255　經部/
小學類/文字/字典詞典

**康熙字典十二集總目一卷檢字一卷辨似一卷
補遺一卷備考一卷等韻一卷**　（清）張玉書等
撰　清刻本　四十冊

110000－0102－0009644　丙一/256　經部/
小學類/文字/字典詞典等

康熙字典　（清）聖祖玄燁敕編　清康熙五十
五年(1716)北京內府刻本　四十冊

110000－0102－0009645　丙一/259　經部/
禮類/禮記/傳說

禮記集說十卷　（元）陳澔注　清同治十年
(1871)刻本　二冊

110000－0102－0009646　丙一/261　經部/
易類

周易十卷　（三國魏）王弼注　清光緒八年
(1882)長沙龍氏刻本　二冊

110000－0102－0009647　丙一/263　經部/
易類/文字音義

周易口訣義六卷　（唐）史征撰　（清）孫星衍
注　清嘉慶三年(1798)刻岱南閣叢書本
一冊

110000－0102－0009648　丙一/264　經部/
易類/傳說

周易本義二卷　（宋）朱熹集注　清光緒十三
年(1887)京都聚珍堂刻本　二冊

110000－0102－0009649　丙一/268　經部/
易類

周易鄭氏注三卷　（漢）鄭玄注　（清）張惠言
訂　清刻本　一冊

110000－0102－0009650　丙一/270　經部/
春秋類/左傳

左繡三十卷　（清）馮李驊　（清）陸浩合編
清道光十二年(1832)書業堂刻本　十六冊

110000－0102－0009651　丙一/271　經部/
小學類/訓詁/爾雅/文字音義

爾雅蒙求　（清）李鴻逵撰　清光緒十三年
(1887)寶華堂刻本　二冊

110000－0102－0009652　　丙一/272　　經部/易類/傳說

芥子園易經四卷　（宋）朱熹集注　清光緒二十八年(1902)泰山堂刻本　四冊

110000－0102－0009653　　丙一/273　　經部/春秋類/公羊傳

左傳列國分編三十卷續編一卷　（春秋）左丘明撰　清末民國抄本　三冊

110000－0102－0009654　　丙一/274　　子部/雜家類/雜纂

國語公羊穀梁選輯　（清）□□輯　清末民國朱絲欄抄本　一冊

110000－0102－0009655　　丙一/275　　經部/春秋類/左傳/文字音義

增補春秋左傳句解詳注六卷　（清）韓菼重訂　清嘉慶十六年(1811)姑蘇書北堂刻本　六冊

110000－0102－0009656　　丙一/276　　經部/春秋類/左傳

春秋綱目左傳句解六卷　（清）韓菼重訂　清末京都文成堂刻本　六冊

110000－0102－0009657　　丙一/278　　經部/詩類

詩經八卷　（宋）朱熹集注　清光緒十二年(1886)寶森書局刻本　四冊

110000－0102－0009658　　丙一/280　　經部/小學類/文字

復古編二卷　（宋）張有撰　清光緒十八年(1892)香山劉氏小蘇齋刻本　四冊

110000－0102－0009659　　丙一/283　　經部/小學類/音韻/韻典

廣韻五卷　（宋）陳彭年撰　清粵東富文齋刻本　五冊

110000－0102－0009660　　丙一/284　　經部/詩類/傳說

詩經傳八卷　（宋）朱熹撰　清刻本　四冊

110000－0102－0009661　　丙一/285　　經部/易類/其它

易經增訂旁訓三卷　（宋）程頤撰　清三餘堂刻本　三冊

110000－0102－0009662　　丙一/286　　經部/易類/傳說

周易本義二卷　（宋）朱熹集注　清嘉慶十年(1805)刻本　二冊

110000－0102－0009663　　丙一/287　　經部/書類/傳說

書經集傳　（宋）蔡沈撰　清嘉慶十年(1805)刻本　四冊

110000－0102－0009664　　丙一/289　　經部/小學類/音韻/韻典

音韻闡微十八卷　（清）允祿等編　清光緒七年(1881)淮南書局刻本　五冊

110000－0102－0009665　　丙一/291　　經部/春秋類/公羊傳/傳說

春秋公羊經傳解詁十二卷　（漢）何休撰　（唐）陸德明音義　清道光四年(1824)揚州汪氏問禮堂刻本　二冊

110000－0102－0009666　　丙一/292　　經部/春秋類/左傳/傳說

春秋左傳十五卷　（魯）左丘明撰　（明）孫鑛評　明萬曆四十四年(1616)閔氏刻本　八冊　存七卷(九至十五)

110000－0102－0009667　　丙一/297　　經部/春秋類/總義/傳說

春秋傳三十卷　（宋）胡安國撰　清京都文錦堂刻本　八冊

110000－0102－0009668　　丙一/298　　經部/書類/傳說

尚書大傳四卷　（漢）鄭玄注　清光緒三年(1877)湖北崇文書局刻本　一冊

110000－0102－0009669　　丙一/299　　經部/小學類/文字/說文

說文古籀疏證六卷　（清）莊述祖撰　清光緒二十年(1894)刻本　四冊

110000 – 0102 – 0009670　丙一/300　經部/詩類/文字音義

詩集傳音釋二十卷　（宋）朱熹集傳　（元）許謙音釋　清咸豐七年(1857)海昌蔣氏淵芬草堂刻本　二十四冊

110000 – 0102 – 0009671　丙一/301　經部/小學類/訓詁/爾雅/傳說

爾雅郭注義疏二十卷　（清）郝懿行撰　清同治四年(1865)沛上刻本　八冊

110000 – 0102 – 0009672　丙一/303　經部/小學類/文字/字典詞典

康熙字典十二集總目一卷檢字一卷辨似一卷補遺一卷備考一卷等韻一卷　（清）張玉書等撰　清刻本　四十冊

110000 – 0102 – 0009673　丙一/305　經部/詩類/傳說

毛詩二十卷　（漢）毛亨傳　（漢）鄭玄箋注　清仿宋刻本　六冊

110000 – 0102 – 0009674　丙一/308　經部/春秋類/總義/傳說

欽定春秋傳說彙纂三十八卷　（清）王掞等纂　清光緒十四年(1888)江南書局刻本　二十冊

110000 – 0102 – 0009675　丙一/309　經部/春秋類/左傳/傳說

欽定春秋左傳讀本三十卷　（清）英和等撰　清同治十一年(1872)山東書局刻本　十六冊

110000 – 0102 – 0009676　丙一/311　經部/小學類/文字/說文/校刊、注釋

段氏說文注訂八卷　（清）鈕樹玉撰　清同治五年(1866)碧螺山館補刻本　二冊

110000 – 0102 – 0009677　丙一/312　經部/小學類/文字/說文/校刊、注釋

段氏說文注訂八卷　（清）鈕樹玉撰　清同治五年(1866)碧螺山館補刻本　二冊

110000 – 0102 – 0009678　丙一/314　經部/書類/傳說

書經備旨七卷　（清）鄒聖脉輯　清雍正八年(1730)芸生堂刻本　四冊

110000 – 0102 – 0009679　丙一/315　經部/春秋類/左傳/傳說

春秋左傳杜注三十卷　（晉）杜預注　（清）姚培謙輯　清光緒三十年(1904)寶慶勸學書舍刻本　十二冊

110000 – 0102 – 0009680　丙一/316　經部/禮類/禮記/傳說

禮記集說十卷　（元）陳澔輯　清同治十一年(1872)山東書局刻本　十冊

110000 – 0102 – 0009681　丙一/318　經部/禮類/儀禮

讀禮通考一百二十卷　（清）徐乾學撰　清光緒七年(1881)江蘇書局刻本　三十二冊

110000 – 0102 – 0009682　丙一/319　經部/禮類/禮記/傳說

禮記二十卷　（漢）鄭玄注　清乾隆四十八年(1783)仿宋刻本　十冊

110000 – 0102 – 0009683　丙一/321　經部/小學類/文字/說文

說文解字三十二卷　（漢）許慎撰　（清）段玉裁注　清同治十一年(1872)湖北崇文書局刻本　十八冊

110000 – 0102 – 0009684　丙一/322　經部/詩類/傳說

毛詩詁訓傳三十卷　（漢）毛亨傳　（漢）鄭玄箋　（唐）陸德明音義　清光緒四年(1878)淮南書局刻本　十六冊

110000 – 0102 – 0009685　丙一/323　經部/易類/傳說

周易本義四卷　（宋）朱熹撰　清同治七年(1868)湖北崇文書局刻本　四冊

110000 – 0102 – 0009686　丙一/324　經部/書類/文字音義

書傳音釋六卷首一卷末一卷　（宋）蔡沈集傳　（宋）鄒季友音釋　清光緒八年(1882)山西濬文書局刻本　八冊

110000－0102－0009687　丙一/325　經部/小學類/文字

復古編二卷　（宋）張有撰　清光緒十八年(1892)香山劉氏小蘇齋刻本　四冊

110000－0102－0009688　丙一/328　經部/禮類/禮記/傳說

禮記集說十卷　（元）陳澔撰　清嘉慶十年(1805)刻本　十冊

110000－0102－0009689　丙一/329　經部/小學類/訓詁/爾雅/文字音義

爾雅蒙求二卷　（清）李拔式撰　清嘉慶三年(1798)蟠根書屋刻本　二冊

110000－0102－0009690　丙一/330　經部/易類/傳說

周易十卷　（三國魏）王弼注　清光緒八年(1882)長沙龍氏家塾刻本　三冊

110000－0102－0009691　丙一/331　經部/易類/傳說

周易經傳八卷　（宋）程頤撰　清同治五年(1866)金陵書局刻本　三冊

110000－0102－0009692　丙一/333　經部/小學類/文字/字典詞典等

字典攷證十二卷　（清）王引之撰　清道光十一年(1831)愛日堂刻本　八冊

110000－0102－0009693　丙一/337　經部/書類/傳說

尚書啟幪五卷　（清）黃式三撰　清光緒十四年(1888)黃氏家塾刻儆居遺書本　三冊

110000－0102－0009694　丙一/338　經部/書類/傳說

尚書啟幪五卷　（清）黃式三撰　清光緒十四年(1888)黃氏家塾刻儆居遺書本　三冊

110000－0102－0009695　丙一/339　經部/書類/傳說

尚書啟幪五卷　（清）黃式三撰　清光緒十四年(1888)黃氏家塾刻儆居遺書本　三冊

110000－0102－0009696　丙一/340　經部/書類/傳說

尚書啟幪五卷　（清）黃式三撰　清光緒十四年(1888)黃氏家塾刻儆居遺書本　三冊

110000－0102－0009697　丙一/343　經部/小學類/文字/訓蒙

經字正蒙八卷　（清）李文沂撰　清光緒十一年(1885)刻本　八冊

110000－0102－0009698　丙一/344　經部/書類/其它

書傳補商十七卷　（清）戴鈞衡撰　清咸豐刻本　六冊

110000－0102－0009699　丙一/346　經部/春秋類/左傳/傳說

評點春秋綱目左傳句解彙雋六卷　（清）韓菼重訂　清步月樓刻本　六冊

110000－0102－0009700　丙一/349　經部/詩類/傳說

絜齋毛詩經筵講義四卷　（宋）袁燮撰　清同治十三年(1874)江西書局刻本　一冊

110000－0102－0009701　丙一/350　經部/小學類/訓詁/爾雅/傳說

爾雅註疏十一卷　（晉）郭璞註　（宋）邢昺疏　清光緒十七年(1891)善成堂刻本　六冊

110000－0102－0009702　丙一/352　經部/禮類/禮記/傳說

寄傲山房塾課纂輯禮記全文備旨十一卷　（清）鄒聖脉輯　清中後期刻本　十冊

110000－0102－0009703　丙一/358　經部/經總類/群經總義

傳經表補正十三卷　（清）汪大鈞補輯　清光緒十九年(1893)刻本　一冊

110000－0102－0009704　丙一/359　經部/小學類/音韻/其它

古韻論三卷　（清）胡秉虔撰　清光緒刻本　二冊

110000－0102－0009705　丙一/360　經部/經總類/群經總義

九經古義十六卷　（清）惠棟撰　清乾隆五十四年（1789）刻貸園叢書初集本　四冊　缺一卷（八）

110000－0102－0009706　丙一/361　經部/小學類/文字/說文/聲訓

說文韻譜校五卷　（清）王筠撰　清光緒十六年（1890）濰縣劉氏刻本　二冊

110000－0102－0009707　丙一/362　經部/書類/傳說

尚書注疏十九卷附考證　（漢）孔安國注（唐）陸德明音義　（唐）孔穎達疏　清乾隆四年（1739）刻本　十冊

110000－0102－0009708　丙一/364　經部/詩類/傳說

毛詩稽古編三十卷　（清）陳啟源撰　清光緒九年（1883）上海同文書局石印本　八冊

110000－0102－0009709　丙一/365　經部/詩類/傳說

毛詩注二十卷　（漢）毛萇傳　（漢）鄭玄箋　清同治十二年（1873）稽古樓刻本　八冊

110000－0102－0009710　丙一/366　經部/小學類/文字/說文

說文解字三十二卷　（漢）許慎撰　（清）段玉裁注　清光緒十二年（1886）上海點石齋縮印本　八冊

110000－0102－0009711　丙一/367　經部/小學類/訓詁/爾雅

爾雅音圖三卷　（晉）郭璞撰　清光緒八年（1882）上海同文書局縮印本　二冊

110000－0102－0009712　丙一/369　經部/易類/傳說

易傳八卷　（宋）程頤撰　清宣統元年（1909）學部圖書局影印本　六冊

110000－0102－0009713　丙一/370　經部/詩類/傳說

詩經傳八卷　（宋）朱熹撰　清光緒三十四年（1908）學部圖書局石印本　四冊

110000－0102－0009714　丙一/371　經部/禮類/禮記/其它

禮記訓纂四十九卷　（清）朱彬輯　清宣統元年（1909）學部圖書局影印本　十冊

110000－0102－0009715　丙一/372　經部/禮類/周禮/傳說

周禮正義　（漢）鄭玄注　（唐）陸德明音義　清宣統元年（1909）學部圖書局石印本　六冊

110000－0102－0009716　丙一/373　經部/禮類/儀禮/文字音義

儀禮鄭注句讀　（漢）鄭玄註　（清）張爾岐句讀　清宣統元年（1909）學部圖書局石印本　一冊

110000－0102－0009717　丙一/375　經部/小學類/音韻/其它

釋字百韻　（清）陳勱撰　清光緒二年（1876）石印本　一冊

110000－0102－0009718　丙一/378　經部/春秋類/左傳/其它

左繡三十卷　（清）馮季驊　（清）陸浩合編　清宣統三年（1911）上海會文堂石印本　十六冊

110000－0102－0009719　丙一/393　經部/春秋類/左傳

左傳事緯十二卷　（清）馬繡撰　清光緒三十四年（1908）上海文瑞樓石印本　六冊

110000－0102－0009720　丙一/395　經部/小學類/文字

文字蒙求四卷　（清）王筠撰　清光緒十三年（1887）梁溪浦氏石印本　一冊

110000－0102－0009721　丙一/396　經部/詩類/傳說

詩毛氏傳疏三十卷音四卷說一卷義類一卷　（清）陳奐撰　清道光二十四年（1844）文瑞樓石印本　十二冊

110000－0102－0009722　丙一/399　史部/目錄類/收藏/私藏/宋

直齋書錄解題二十二卷　（宋）陳振孫撰　清

武英殿活字本聚珍版　六冊

110000－0102－0009723　丙一/401　經部/小學類/音韻/其它

兼韻音義四卷　（清）殷秉鏞撰　清道光二十三年(1843)和樂堂刻本　八冊

110000－0102－0009724　丙一/402　經部/易類/傳說

西樓易說十八卷　（清）楊家洙撰　清光緒十四年(1888)刻本　十八冊

110000－0102－0009725　丙一/405　經部/小學類/訓詁/爾雅/傳說

爾雅注疏十一卷　（晉）郭璞注　（唐）陸德明音義　（宋）邢昺疏　清同治十年(1871)刻本　六冊

110000－0102－0009726　丙一/406　經部/詩類/傳說

新增詩經補注附考備旨八卷　（清）鄒聖脉編　清乾隆二十八年(1763)善成堂刻本　八冊

110000－0102－0009727　丙一/410　經部/禮類/周禮/其它

周官精義十二卷　（清）連斗山編　清嘉慶二十二年(1817)三益堂刻本　四冊

110000－0102－0009728　丙一/418　經部/小學類/音韻/其它

經書字音辨要九卷　（清）楊名颺輯　清道光二十七年(1847)長白崇氏令德堂刻本　二冊

110000－0102－0009729　丙一/419　經部/小學類/文字/說文/傳說

說文通訓定聲十八卷柬韻一卷　（清）朱駿聲纂輯　清咸豐元年(1851)臨嘯閣刻本　二十冊

110000－0102－0009730　丙一/420　經部/禮類/三禮

三禮精義　（清）黃淦纂　清嘉慶十二年(1807)刻本　六冊

110000－0102－0009731　丙一/421　經部/易類/傳說

周易本義四卷　（宋）朱熹集注　清文錦堂刻本　二冊

110000－0102－0009732　丙一/422　經部/春秋類/穀梁傳/文字音義

春秋穀梁傳音訓　（清）楊國楨撰　清道光十年(1830)刻本　四冊

110000－0102－0009733　丙一/425　經部/經總類/群經總義/傳說

求志居經說六種　（清）陳世鎔撰　清同治四年(1865)脈望齋刻本　六冊

110000－0102－0009734　丙一/427　經部/小學類/訓詁/爾雅/傳說

爾雅註疏十一卷　（晉）郭璞註　（宋）邢昺等校定　清乾隆十年(1745)三樂齋刻本　六冊

110000－0102－0009735　丙一/429　經部/詩類/傳說

御纂詩義折中二十卷　（清）傅恆等纂　清末刻本　六冊

110000－0102－0009736　丙一/432　經部/禮類/儀禮

儀禮十七卷　（漢）鄭玄注　清同治十三年(1874)湖南書局刻本　八冊

110000－0102－0009737　丙一/438　經部/小學類/音韻/韻典

欽定同文韻統六卷　（清）允祿等撰　清宣統二年(1910)理藩部刻本　五冊

110000－0102－0009738　丙一/440　經部/小學類/訓詁/方言

廣續方言四卷　（清）程先甲輯　清宣統二年(1910)刻千一齋全書本　二冊

110000－0102－0009739　丙一/441　經部/小學類/文字

臨文便覽　（清）張仲眉輯　清光緒二年(1876)京都松竹堂刻本　二冊

110000－0102－0009740　丙一/442　經部/禮類/禮記/傳說

禮記集說十卷　（元）陳澔撰　清刻本　十冊

110000 - 0102 - 0009741　　丙一/443　　經部/
小學類/訓詁/爾雅

爾雅三卷音義三卷　（晉）郭璞注　清嘉慶十
一年(1806)刻本　二冊

110000 - 0102 - 0009742　　丙一/446　　經部/
禮類/禮記/傳說

鳳儀禮記十二卷　（元）陳澔集說　清天德堂
刻本　十冊

110000 - 0102 - 0009743　　丙一/447　　經部/
易類/傳說

御纂周易折中二十二卷首一卷　（清）李光地
纂　清光緒十四年(1888)江南書局刻本
十冊

110000 - 0102 - 0009744　　丙一/448　　經部/
禮類/周禮/傳說

欽定周官義疏四十八卷　（清）允祿等撰　清
光緒十四年(1888)江南書局刻本　二十四冊

110000 - 0102 - 0009745　　丙一/449　　經部/
禮類/儀禮/傳說

儀禮鄭注十七卷　（漢）鄭玄注　（清）張爾岐
句讀　清同治十三年(1874)湖南書局刻本
八冊

110000 - 0102 - 0009746　　丙一/450　　經部/
禮類/儀禮/傳說

儀禮鄭注十七卷　（漢）鄭玄注　（清）張爾岐
句讀　清同治十三年(1874)湖南書局刻本
八冊

110000 - 0102 - 0009747　　丙一/453　　經部/
詩類/傳說

欽定詩經傳說彙纂二十一卷首二卷詩序二卷
　（清）王鴻緒等纂　清光緒十四年(1888)江
南書局刻本　十六冊

110000 - 0102 - 0009748　　丙一/456　　經部/
小學類/文字/訓蒙

千字文釋義百家姓釋義　（清）徐士業輯　清
末京都琉璃廠書坊刻本　二冊

110000 - 0102 - 0009749　　丙一/459　　經部/
禮類/周禮/其它

評點周禮政要二卷　（清）孫詒讓撰　清光緒
三十年(1904)上海同文社鉛印本　二冊

110000 - 0102 - 0009750　　丙一/460　　經部/
小學類/訓詁/方言

新方言十一卷　章炳麟撰　清宣統三年
(1911)文學會社石印本　二冊

110000 - 0102 - 0009751　　丙一/465　　經部/
小學類/文字/說文/傳說

說文繫傳校錄三十卷　（清）王筠撰　清咸豐
七年(1857)刻本　二冊

110000 - 0102 - 0009752　　丙一/466　　經部/
春秋類/左傳/傳說

春秋左傳注疏六十卷　（晉）杜預注　（唐）孔
穎達疏　（唐）陸德明音義　清同治十年
(1871)長沙尊經閣刻本　二十六冊

110000 - 0102 - 0009753　　丙一/468　　經部/
春秋類/公羊傳/傳說

春秋公羊注疏二十八卷　（漢）何休注　（唐）
徐彥疏　（唐）陸德明音義　清同治十年
(1871)長沙尊經閣刻本　十冊

110000 - 0102 - 0009754　　丙一/469　　經部/
春秋類/左傳/傳說

春秋左傳杜注補輯三十卷首一卷　（清）姚培
謙撰　清光緒十五年(1889)江南書局刻本
十冊

110000 - 0102 - 0009755　　丙一/471　　經部/
春秋類/左傳/傳說

春秋左傳杜注補輯三十卷首一卷　（清）姚培
謙撰　清光緒十五年(1889)江南書局刻本
十冊

110000 - 0102 - 0009756　　丙一/472　　經部/
春秋類/左傳/傳說

春秋左傳杜注補輯三十卷首一卷　（清）姚培
謙撰　清光緒十五年(1889)江南書局刻本
十冊

110000 - 0102 - 0009757　　丙一/473　　經部/
春秋類/公羊傳/傳說

春秋公羊傳注疏二十八卷　（漢）何休注　（唐）

陸德明音義　清同治十年(1871)刻本　四冊

110000－0102－0009758　丙一/475　經部/
詩類/傳說
御纂詩義折中二十卷　（清）傅恆等纂修　清
光緒十六年(1890)善成堂刻本　六冊

110000－0102－0009759　丙一/477　經部/
書類/傳說
書經六卷　（宋）蔡沈集注　清乾隆二十七年
(1762)金閶文粹堂刻本　四冊

110000－0102－0009760　丙一/485　史部/
金石類/總錄
金石存十五卷　（清）吳玉搢纂　清嘉慶二十
四年(1819)聞妙香堂刻本　四冊

110000－0102－0009761　丙一/500　經部/
經總類/群經合刊
五經類編二十八卷　（清）周世樟編輯　清刻
本　四冊

110000－0102－0009762　丙一/508　經部/
經總類/群經總義
十三經劄記二十二卷　（清）朱亦棟撰　清光
緒四年(1878)武林竹簡齋刻本　六冊

110000－0102－0009763　丙一/520　經部/
經總類/群經總義
古微書二十八卷　（明）孫瑴撰　清嘉慶二十
一年(1816)對山問月樓刻本　四冊

110000－0102－0009764　丙一/522　經部/
禮類/儀禮/傳說
儀禮注疏十七卷　（漢）鄭玄注　（唐）賈公彥
疏　（唐）陸德明音義　清同治十年(1871)長
沙尊經閣刻本　十四冊

110000－0102－0009765　丙一/523　經部/
春秋類/穀梁傳/傳說
春秋穀梁傳註疏二十卷　（晉）范甯集解
（唐）楊士勛疏　（唐）陸德明音義　清同治十
年(1871)湖南尊經閣刻本　六冊

110000－0102－0009766　丙一/524　經部/
詩類/傳說

御纂詩義折中二十卷　（清）傅恆等纂　清乾
隆二十年(1755)刻本　六冊

110000－0102－0009767　丙一/526　經部/
春秋類/左傳/傳說
讀左補義五十卷首一卷　（清）姜炳璋輯　清
同治十年(1871)三益堂刻本　十六冊

110000－0102－0009768　丙一/529　經部/
詩類/傳說
詩經八卷　（宋）朱熹傳　清初金陵芥子園刻
本　四冊

110000－0102－0009769　丙一/530　經部/
書類/傳說
書傳音釋六卷首末二卷　（宋）蔡沈集傳
（元）鄒季友音釋　清光緒十五年(1889)江南
書局刻本　六冊

110000－0102－0009770　丙一/531　經部/
春秋類/左傳/文字音義
春秋左傳音訓　（清）楊國楨撰　清道光十年
(1830)刻十一經音訓本　八冊

110000－0102－0009771　丙一/534　經部/
禮類/周禮/傳說
欽定周官義疏四十八卷首一卷　（清）允祿等
纂修　清光緒十四年(1888)江南書局刻本
二十四冊

110000－0102－0009772　丙一/538　經部/
經總類/群經總義/文字音義
經典釋文三十卷　（唐）陸德明撰　清道光十
年(1830)補刻本　十二冊

110000－0102－0009773　丙一/539　史部/
傳記類/別傳
晏子春秋校補二卷　劉師培撰　清宣統二年
(1910)鉛印本　一冊

110000－0102－0009774　丙一/540　經部/
易類/傳說
易經八卷　（宋）程頤傳　清宣統元年(1909)
學部圖書局影印本　六冊

110000－0102－0009775　丙一/546　經部/

經總類/群經合刊

御纂五經 （清）聖祖世宗敕纂 清光緒十九年(1893)上海鴻寶齋石印本 十六冊

110000－0102－0009776 丙一/550 經部/小學類/文字

文字發凡四卷 龍志澤編 清光緒三十年(1904)廣志書局鉛印本 二冊

110000－0102－0009777 丙一/553 經部/小學類/文字/說文

說文古籀補十四卷 （清）吳大澂撰 清光緒蘇州振新書社石印本 四冊

110000－0102－0009778 丙一/571 經部/小學類/文字/訓蒙

經字正蒙八卷 （清）季文沂撰 清光緒十一年(1885)傅文軒刻本 十冊

110000－0102－0009779 丙一/577 經部/小學類/訓詁/其它

小學鉤沈十九卷 （清）任椿撰 清光緒十年(1884)龍氏刻本 四冊

110000－0102－0009780 丙一/580 經部/易類/傳說

周易注疏九卷 （三國魏）王弼注 （唐）孔穎達正義 （唐）陸德明音義 清同治十年(1871)長沙尊經閣刻本 七冊

110000－0102－0009781 丙一/581 經部/禮類/禮記/大戴記

夏小正正義 （清）王筠撰 清道光二十九年(1849)刻本 四冊

110000－0102－0009782 丙一/585 子部/儒家類/清

御纂內則衍義十六卷 （清）世祖福臨纂 清順治十三年(1656)刻本 八冊

110000－0102－0009783 丙一/587 經部/小學類/文字/訓蒙

增廣字學舉隅 （清）鐵珊撰 清同治十三年(1874)蘭州郡署刻本 四冊

110000－0102－0009784 丙一/588 經部/易類

監本易經四卷 （宋）朱熹本義 清光緒十一年(1885)京都滋本堂刻本 四冊

110000－0102－0009785 丙一/589 經部/易類

周易四卷 （宋）朱熹本義 清同治十三年(1874)江南書局刻本 二冊

110000－0102－0009786 丙一/590 經部/易類

周易四卷 （宋）朱熹本義 清同治十三年(1874)江南書局刻本 二冊

110000－0102－0009787 丙一/595 經部/禮類/禮記/大戴記

大戴禮記補注十三卷序錄一卷 （清）孔廣森撰 清嘉慶五年(1800)刻㙨軒孔子所著書本 四冊

110000－0102－0009788 丙一/597 經部/小學類/文字/說文/聲訓

說文字原韻表二卷 （清）胡重編 清嘉慶十六年(1811)秀水金氏月香書屋刻鞠圃十種本 一冊

110000－0102－0009789 丙一/602 經部/經總類/群經總義/文字音義

群經義證 （清）武億撰 清道光二十三年(1843)授堂刻本 二冊

110000－0102－0009790 丙一/604 經部/書類/傳說

尚書蔡傳六卷 （宋）蔡沈集傳 清光緒七年(1881)江西書局刻本 四冊

110000－0102－0009791 丙一/605 經部/書類/傳說

欽定書經傳說彙纂三十一卷首二卷 （清）王頊齡等纂 清光緒十四年(1888)江南書局刻本 十二冊

110000－0102－0009792 丙一/607 經部/小學類/音韻/其它

古韻論三卷 （清）胡秉虔撰 清光緒刻本 二冊

110000 – 0102 – 0009793　丙一/608　經部/
小學類/文字/說文/校刊、注釋

說文管見三卷　（清）胡秉虔撰　清光緒刻本
　二冊

110000 – 0102 – 0009794　丙一/609　經部/
禮類/禮記/傳說

禮記十卷　（元）陳澔集說　清同治五年
（1866）金陵書局刻本　十冊

110000 – 0102 – 0009795　丙一/611　經部/
易類/傳說

周易傳註七卷　（清）李塨撰　清道光二十三
年（1843）博陵養正堂刻本　四冊

110000 – 0102 – 0009796　丙一/613　經部/
禮類/禮記/傳說

禮記十卷　（元）陳澔集說　清同治十年
（1871）刻本　十冊

110000 – 0102 – 0009797　丙一/614　經部/
書類/傳說

書經集傳六卷　（清）蔡沈集傳　清光緒十三
年（1887）聚珍堂書坊刻本　四冊

110000 – 0102 – 0009798　丙一/615　經部/
書類/傳說

書經六卷　（宋）蔡沈集傳　清嘉慶刻本
四冊

110000 – 0102 – 0009799　丙一/616　經部/
禮類/周禮/傳說

周禮六卷　（漢）鄭玄注　（唐）陸德明音義
清嘉慶十一年（1806）清芬閣刻本　六冊

110000 – 0102 – 0009800　丙一/617　經部/
易類/傳說

周易四卷　（宋）朱熹本義　清同治十年
（1871）刻本　二冊

110000 – 0102 – 0009801　丙一/618　經部/
禮類/周禮

周官精義十二卷　（清）連斗山編　清嘉慶二
年（1797）刻本　六冊

110000 – 0102 – 0009802　丙一/619　經部/

春秋類/左傳/其它

左傳文法讀本十二卷　劉培極　吳闓生合評
注　清宣統元年（1909）鉛印本　四冊

110000 – 0102 – 0009803　丙一/621　經部/
小學類/文字/字典詞典等

普通百科新大辭典　（清）黃人撰　清宣統三
年（1911）上海國學扶輪社鉛印本　十五冊

110000 – 0102 – 0009804　丙一/622　經部/
春秋類/左傳/傳說

春秋經傳集解　（晉）杜預撰　清宣統二年
（1910）學部圖書局影印本　十五冊

110000 – 0102 – 0009805　丙一/623　經部/
詩類/傳說

詩經八卷　（宋）朱熹集傳　清同治三年
（1864）浙江撫署刻本　四冊

110000 – 0102 – 0009806　丙一/624　經部/
書類/傳說

書經六卷　（宋）蔡沈集傳　清同治三年
（1864）浙江撫署刻本　四冊

110000 – 0102 – 0009807　丙一/625　經部/
易類/傳說

周易四卷　（宋）朱熹本義　清同治三年
（1864）浙江撫署刻本　二冊

110000 – 0102 – 0009808　丙一/626　經部/
禮類/禮記/傳說

禮記十卷　（元）陳澔集說　清同治三年
（1864）浙江撫署刻本　十冊

110000 – 0102 – 0009809　丙一/627　經部/
春秋類/總義/傳說

春秋三傳十六卷首一卷　（晉）杜預等注　三
傳釋文音義　（唐）陸德明撰　清同治三年
（1864）浙江撫署刻本　十四冊

110000 – 0102 – 0009810　丙一/628　經部/
經總類/群經總義/文字音義

經傳繹義五十卷　（清）陳燦撰　清嘉慶九年
（1804）校字齋刻本　二十冊

110000 – 0102 – 0009811　丙一/630　經部/

書類/傳說

尚書六卷 （宋）蔡沈集傳　清光緒七年(1881)江西書局刻本　四冊

110000 – 0102 – 0009812　丙一/635　經部/小學類/文字/說文

說文解字三十二卷 （清）段玉裁注　清光緒七年(1881)蘇州刻本　二十四冊

110000 – 0102 – 0009813　丙一/638　經部/經總類/群經總義/傳說

十三經古注 （明）金蟠　（明）葛鼐同校　清同治八年(1869)浙江書局刻本　四十八冊

110000 – 0102 – 0009814　丙一/643　經部/經總類/群經合刊

御纂五經 （清）聖祖世宗御纂　清同治浙江書局刻本　一百五十六冊

110000 – 0102 – 0009815　丙一/644　經部/禮類/周禮/傳說

周禮注疏四十二卷 （清）鄭玄注　（唐）賈公彥疏　（唐）陸德明音義　清同治十年(1871)長沙尊經閣刻本　二十冊

110000 – 0102 – 0009816　丙一/645　經部/禮類/禮記/傳說

禮記注疏六十三卷 （漢）鄭玄注　（唐）孔穎達疏　（唐）陸德明音義　清同治十年(1871)長沙尊經閣刻本　二十七冊

110000 – 0102 – 0009817　丙一/646　經部/書類/傳說

尚書注疏二十卷 （漢）孔安國傳　（唐）孔穎達疏　（唐）陸德明音義　清同治十年(1871)長沙尊經閣刻本　八冊

110000 – 0102 – 0009818　丙一/655　經部/禮類/周禮/其它

周禮精華六卷首一卷 （清）陳龍標輯　清嘉慶十一年(1806)刻本　六冊

110000 – 0102 – 0009819　丙一/656　經部/小學類/文字/說文/聲訓

說文聲讀表二卷 （清）苗夔纂　清道光二十二年(1842)福山王氏刻天壤閣叢書本　一冊

110000 – 0102 – 0009820　丙一/666　經部/禮類/禮記/傳說

禮記十卷 （元）陳澔集注　清光緒十九年(1893)江南書局刻本　十冊

110000 – 0102 – 0009821　丙一/668　經部/小學類

小學考五十卷 （清）謝啟昆撰　清光緒十五年(1889)石印本　八冊

110000 – 0102 – 0009822　丙一/669　經部/經總類/群經總義

經策通纂 （清）吳穎炎纂輯　清光緒十四年(1888)點石齋石印本　八十冊

110000 – 0102 – 0009823　丙一/673　經部/小學類/文字/雜說

字說一卷 （清）吳大澂撰　清光緒十九年(1893)思賢講舍刻本　一冊

110000 – 0102 – 0009824　丙一/676　經部/小學類/訓詁/語言學

馬氏文通十卷 （清）馬建忠撰　清光緒二十四年(1898)上海商務印書館鉛印本　十冊

110000 – 0102 – 0009825　丙一/690　經部/春秋類/總義/傳說

春秋三傳十六卷首一卷 （明）萬淺源輯　清潯陽萬氏蓮峰書屋刻本　二十冊

110000 – 0102 – 0009826　丙一/691　經部/易類/文字音義

周易傳義音訓八卷首末二卷 （宋）呂祖謙撰　（清）祝鳳堦輯　清光緒十五年(1889)戶部江南書局刻本　八冊

110000 – 0102 – 0009827　丙一/692　經部/易類/文字音義

周易傳義音訓八卷首末二卷 （宋）呂祖謙撰　（清）祝鳳堦輯　清光緒十五年(1889)戶部江南書局刻本　八冊

110000 – 0102 – 0009828　丙一/697　經部/禮類/禮記/傳說

禮記集說 （元）陳澔輯　清道光十年(1830)刻本　四冊

110000 – 0102 – 0009829　丙一/698　經部/
禮類/周禮

周禮六卷　（漢）鄭玄注　（唐）陸德明音義
清光緒二十三年(1897)經綸元記刻本　六冊

110000 – 0102 – 0009830　丙一/699　經部/
書類/傳說

書經六卷　（宋）蔡沈集傳　清中後期江右潯
陽萬氏董峰書屋刻本　四冊

110000 – 0102 – 0009831　丙一/701　經部/
詩類/傳說

詩經八卷　（宋）朱熹集傳　清刻本　四冊

110000 – 0102 – 0009832　丙一/706　經部/
禮類/禮記/傳說

禮記注疏六十三卷　（漢）鄭玄注　（唐）陸德
明音義　（唐）孔穎達疏　清同治十年(1871)
刻本　二十五冊

110000 – 0102 – 0009833　丙一/707　經部/
禮類/周禮/傳說

欽定周官義疏四十八卷首一卷　（清）允祿等
撰　清同治七年(1868)李瀚章刻本　二十
四冊

110000 – 0102 – 0009834　丙一/708　經部/
禮類/儀禮/傳說

儀禮注疏十七卷　（漢）鄭玄注　（唐）陸德明
音義　（唐）賈公彥疏　清同治十年(1871)刻
十三經注疏本　十四冊

110000 – 0102 – 0009835　丙一/709　經部/
禮類/周禮/傳說

周禮注疏四十二卷　（漢）鄭玄注　（唐）陸德
明音義　（唐）賈公彥疏　清同治十年(1871)
刻本　十七冊

110000 – 0102 – 0009836　丙一/710　經部/
禮類/禮記/傳說

禮記二十卷　（漢）鄭玄注　清末刻本　八冊

110000 – 0102 – 0009837　丙一/711　經部/
禮類/禮記/傳說

禮記二十卷　（漢）鄭玄注　清刻本　七冊

110000 – 0102 – 0009838　丙一/712　經部/
禮類/禮記/傳說

禮記十卷　（元）陳澔集說　清末渝成善成堂
刻本　十冊

110000 – 0102 – 0009839　丙一/717　經部/
禮類/周禮

周禮政要二卷　（清）孫詒讓撰　清光緒二十
八年(1902)刻本　二冊

110000 – 0102 – 0009840　丙一/719　經部/
易類/傳說

周易注疏十三卷略例一卷　（三國魏）王弼注
（唐）陸德明音義　（唐）孔穎達疏　清同治
十年(1871)刻十三經注疏本　七冊

110000 – 0102 – 0009841　丙一/720　經部/
易類/傳說

周易兼義九卷略例一卷　（三國魏）王弼注
（唐）孔穎達正義　清嘉慶三年(1798)金閶書
業堂刻十三經注疏本　四冊

110000 – 0102 – 0009842　丙一/721　經部/
書類/傳說

尚書讀本二卷　（清）吳汝綸注　吳闓生輯
清光緒三十四年(1908)保陽書局鉛印本
二冊

110000 – 0102 – 0009843　丙一/724　經部/
詩類/傳說

毛詩二十卷　（漢）鄭玄撰　清乾隆刻本
八冊

110000 – 0102 – 0009844　丙一/726　經部/
詩類/傳說

詩經八卷　（宋）朱熹集傳　清道光二十三年
(1843)上海文瑞樓刻本　四冊

110000 – 0102 – 0009845　丙一/728　經部/
詩類/傳說

毛詩故訓傳箋三十卷　（漢）毛亨傳　（漢）鄭
玄箋　清嘉慶二十一年(1816)木瀆周氏枕經
樓刻本　六冊

110000 – 0102 – 0009846　丙一/729　經部/
詩類/傳說

詩經恆解六卷　（清）劉沅輯注　清嘉慶豫誠
堂刻本　六冊

110000 - 0102 - 0009847　丙一/731　經部/
春秋類/左傳/傳說

春秋左傳注疏六十卷末一卷　（晉）杜預注
（唐）陸德明音義　（唐）孔穎達疏　清同治十
年(1871)刻十三經注疏本　二十八冊

110000 - 0102 - 0009848　丙一/733　經部/
春秋類/穀梁傳/傳說

春秋穀梁傳注疏二十卷　（晉）范甯集解
（唐）陸德明音義　（唐）楊士勳疏　清同治十
年(1871)刻十三經注疏本　七冊

110000 - 0102 - 0009849　丙一/740　經部/
春秋類/左傳/文字音義

春秋左傳詁二十卷　（清）洪亮吉撰　清光緒
四年(1878)授經堂刻北江全集本　十冊

110000 - 0102 - 0009850　丙一/745　經部/
書類/傳說

尚書補疏二卷　（清）焦循編　清道光刻本
一冊

110000 - 0102 - 0009851　丙一/747　經部/
禮類/禮記/大戴記

夏小正考注一卷　（清）畢沅撰　清乾隆四十
八年(1783)經訓堂刻本　一冊

110000 - 0102 - 0009852　丙一/748　史部/
紀傳類/斷代

周書十卷逸文一卷　（清）朱右曾集訓校釋
清道光二十六年(1846)歸硯齋刻本　四冊

110000 - 0102 - 0009853　丙一/749　經部/
小學類/訓詁/爾雅

爾雅補註四卷　（清）周春撰　清光緒三十四
年(1908)長沙葉氏刻本　二冊

110000 - 0102 - 0009854　丙一/752　經部/
詩類/傳說

御案詩經備旨八卷　（清）鄒聖脉輯　清乾隆
二十八年(1763)芸生堂刻本　八冊

110000 - 0102 - 0009855　丙一/753　經部/

春秋類/左傳/傳說

如西所刻諸名家評點春秋綱目左傳句解六卷
　（明）韓葵重訂　清刻本　五冊　缺一卷
（四）

110000 - 0102 - 0009856　丙一/754　經部/
禮類/禮記/傳說

禮記補疏三卷　（清）焦循撰　清道光刻本
二冊

110000 - 0102 - 0009857　丙一/755　史部/
政書類/職官/官箴

真文忠公政經一卷　（宋）真德秀撰　清刻西
山真文忠公全集本　一冊

110000 - 0102 - 0009858　丙一/757　經部/
小學類/文字/字典詞典等

藝文通覽十二集十二卷補詳字義十四篇
（清）沙木撰　清嘉慶十一年(1806)粵東督榷
使者長白阿克當阿刻本　四十二冊

110000 - 0102 - 0009859　丙一/758　經部/
春秋類/總義/傳說

寄傲山房塾課纂輯春秋備旨十二卷　（清）鄒
聖脉輯　清芸生堂刻本　六冊

110000 - 0102 - 0009860　丙一/761　經部/
經總類/群經總義

皇清經解一百九十卷　（清）阮元輯　清光緒
十三年(1887)上海書局石印縮印本　六十
八冊

110000 - 0102 - 0009861　丙一/768　經部/
禮類/禮記/其它

禮記天算釋一卷　（清）孔廣牧撰　清光緒七
年(1881)廣雅書局刻本　一冊

110000 - 0102 - 0009862　丙一/770　經部/
小學類/文字/訓蒙

字學七種二卷　（清）周作楫　（清）張邦泰同
校　清道光周氏刻本　四冊

110000 - 0102 - 0009863　丙一/771　經部/
小學類/文字/說文

說文解字十五卷　（漢）許慎撰　（宋）徐鉉校
清初毛氏刻本　八冊

110000 – 0102 – 0009864　丙一/773　經部/小學類/音韻

九經補韻　（宋）楊伯嵒撰　（清）錢侗考證　清光緒十年(1884)常熟鮑氏刻本　一冊

110000 – 0102 – 0009865　丙一/774　經部/小學類/文字/訓蒙

文字發凡四卷　（清）龍志澤編輯　清光緒三十年(1904)廣智書局鉛印本　二冊

110000 – 0102 – 0009866　丙一/775　經部/小學類/文字/說文

說文逸字二卷　（清）鄭珍撰　清咸豐八年(1858)福山王氏刻天壤閣叢書本　二冊

110000 – 0102 – 0009867　丙一/777　經部/小學類/文字/說文

說文二徐箋異十四卷　（清）田吳炤撰　清宣統二年(1910)石印本　二冊

110000 – 0102 – 0009868　丙一/778　經部/小學類/音韻/韻典

五方元音二卷　（清）樊騰鳳原撰　（清）年希堯增補　清光緒十六年(1890)京都文和堂銅活字本　二冊

110000 – 0102 – 0009869　丙一/779　經部/小學類/文字/說文/傳說

說文通訓定聲十八卷　（清）朱駿聲撰　清同治九年(1870)朱氏臨嘯閣補刻本　二十四冊

110000 – 0102 – 0009870　丙一/783　經部/小學類/文字/說文

宋本說文解字十五卷　（清）孫星衍重校　清光緒十一年(1885)上海同文書局石印本　二冊

110000 – 0102 – 0009871　丙一/784　經部/小學類/文字/說文/傳說

說文解字注三十二卷　（清）段玉裁撰　清宣統二年(1910)上海蜚英館石印本　十二冊

110000 – 0102 – 0009872　丙一/787　經部/小學類/文字/字典詞典等

康熙字典十二集　（清）聖祖玄燁敕撰　清光緒三十二年(1906)上海澄衷學堂石印本　六冊

110000 – 0102 – 0009873　丙一/789　經部/經總類/群經合刊

古香齋鑑賞袖珍五經　清刻本　八冊

110000 – 0102 – 0009874　丙一/790　經部/小學類/文字/字典詞典等

康熙字典十二卷　（清）張玉書等編　清光緒十三年(1887)上海積山書局石印本　六冊

110000 – 0102 – 0009875　丙一/791　經部/詩類/傳說

詩經八卷　（宋）朱熹集傳　清宣統二年(1910)上海會文堂石印本　四冊

110000 – 0102 – 0009876　丙一/792　經部/詩類/其它

詩經古譜二卷　清光緒三十四年(1908)學部圖書局石印本　一冊

110000 – 0102 – 0009877　丙一/793　經部/春秋類/公羊傳/評論

左傳博議續編二卷　（明）王夫之撰　清光緒二十四年(1898)上海掃葉山房鉛印本　一冊

110000 – 0102 – 0009878　丙一/794　經部/春秋類/公羊傳/評論

左傳博議續編二卷左傳博議三編　（清）朱元英撰　清光緒二十四年(1898)上海掃葉山房鉛印本　一冊

110000 – 0102 – 0009879　丙一/796　經部/詩類/傳說

附釋音毛詩注疏二十卷　（漢）鄭玄注　（唐）孔穎達疏　清光緒十三年(1887)望仙館石印十三經注疏本　四冊

110000 – 0102 – 0009880　丙一/797　經部/經總類/群經總義/傳說

石經攷文提要十三卷　（清）彭元瑞撰　清嘉慶六年(1801)刻本　二冊

110000 – 0102 – 0009881　丙一/798　經部/經總類/群經總義/傳說

十三經注疏校勘記識語四卷　（清）汪文臺撰　清光緒十三年(1887)上海點石齋石印本　一冊

110000－0102－0009882　　丙一/800　　經部/
經總類/群經總義

欽定七經綱領　（清）學部圖書館編　清宣統
元年（1909）鉛印本　　一冊

110000－0102－0009883　　丙一/801　　子部/
儒家類/宋

小學集注六卷　（宋）朱熹纂輯　清光緒三十
一年（1905）上海書局石印本　　五冊

110000－0102－0009884　　丙一/808　　經部/
詩類/傳說

欽定詩經傳說彙纂二十一卷首一卷詩序二卷
（清）王鴻緒等撰　清光緒十四年（1888）戶
部江南書局刻本　　十六冊

110000－0102－0009885　　丙一/811　　經部/
易類/其它

湘薇漫錄四卷　（清）查彬撰　清道光十九年
（1839）有懷堂刻六十四卦經史匯參本　　四冊

110000－0102－0009886　　丙一/817　　經部/
小學類/文字/字體

字林古今正俗異同通攷二卷　（清）湯容煟輯
（清）吳應庚等編　清嘉慶三年（1798）刻本
三冊

110000－0102－0009887　　丙一/818　　經部/
小學類/音韻/其它

聲類四卷　（清）錢大昕撰　清道光二十九年
（1849）木活字印本　　四冊

110000－0102－0009888　　丙一/819　　經部/
小學類/文字

增廣蒙學堂字課圖說四卷　　（清）劉樹屏編
清光緒三十二年（1906）三鶴山房刻本　　八冊

110000－0102－0009889　　丙一/820　　經部/
小學類/音韻

剔弊五方元音二卷首一卷　（清）樊騰鳳撰
（清）趙培梓編　清嘉慶十五年（1810）刻本
一冊

110000－0102－0009890　　丙一/821　　經部/
春秋類

春秋中國夷狄辨　（清）徐勤撰　清光緒二十

三年（1897）上海點石齋書局刻本　　一冊

110000－0102－0009891　　丙一/824　　經部/
小學類/文字/說文/校刊、注釋

說文管見三卷　（清）胡秉虔撰　清光緒刻本
一冊

110000－0102－0009892　　丙一/825　　經部/
詩類/傳說

詩經八卷　（宋）朱熹集傳　清光緒二十九年
（1903）京都文成堂刻本　　四冊

110000－0102－0009893　　丙一/828　　經部/
春秋類/總義/傳說

春秋釋地韻編五卷　（清）徐壽基撰　清光緒
十二年（1886）刻本　　四冊

110000－0102－0009894　　丙一/832　　經部/
禮類/禮記/傳說

禮記備旨十一卷春秋備旨十二卷　　（清）鄒聖
脉纂輯　清末濟陽貽徑別墅刻本　　十冊

110000－0102－0009895　　丙一/833　　經部/
小學類/訓詁/群雅

駢雅七卷　（明）朱謀㙔撰　清同治十一年
（1872）經倫書室刻本　　八冊

110000－0102－0009896　　丙一/834　　經部/
小學類/訓詁/群雅

駢雅七卷　（明）朱謀㙔撰　清同治十一年
（1872）經倫書室刻本　　七冊

110000－0102－0009897　　丙一/835　　經部/
禮類/周禮/傳說

周官指掌五卷　（清）莊有可撰　清道光九年
（1829）刻本　　二冊

110000－0102－0009898　　丙一/837　　經部/
小學類

澤存堂五種　（宋）賈昌朝撰　清光緒上海蜚
英館石印本　　八冊

110000－0102－0009899　　丙一/842　　經部/
易類

周易四卷　畢公天校　清宣統二年（1910）上
海廣益書局石印本　　二冊

110000－0102－0009900　丙一/846　經部/經總類/群經總義/傳說

皇朝五經彙解二百七十卷　原題　（清）扶經心室纂　清光緒石印本　二十六冊　缺五十三卷（一百六十九至二百二十一）

110000－0102－0009901　丙一/847　經部/經總類/群經合刊

欽定篆文六經四書　（清）李光地等校閱　清光緒石印本　十冊

110000－0102－0009902　丙一/851　經部/經總類/群經總義/傳說

十三經注疏三百四十六卷　（清）弘晝等校刊　清同治十年（1871）廣東書局仿刻本　一百六十冊

110000－0102－0009903　丙一/852　經部/經總類/群經總義/傳說

十三經選注讀本　（清）丁寶楨等校　清同治十一年（1872）山東書局刻本　六十六冊

110000－0102－0009904　丙一/854　經部/經總類/群經合刊

十三經古注二百九十九卷　（明）金蟠　（明）葛鼐校　清同治八年（1869）浙江書局刻本　四十八冊

110000－0102－0009905　丙一/855　經部/經總類/群經合刊

四書五經合刻　（宋）朱熹等集注　清同治三年（1864）浙江撫署刻本　四十冊

110000－0102－0009906　丙一/856　經部/經總類/群經合刊

四書五經合刻　（宋）朱熹等集注　清同治三年（1864）浙江撫署刻本　四十冊

110000－0102－0009907　丙一/857　經部/經總類/群經合刊

十一經合刻一百十八卷　（宋）朱熹集注　清同治七年（1868）湖北崇文書局刻本　五十七冊

110000－0102－0009908　丙一/859　經部/經總類/群經合刊

清纂七經二百八十卷　（清）李光地纂　清同治六年（1867）刻本　一百四十二冊

110000－0102－0009909　丙一/860　經部/經總類/群經合刊

仿宋相臺岳氏本古注五經　（三國魏）王弼等注　清光緒二年（1876）江南書局刻本　三十六冊

110000－0102－0009910　丙一/861　經部/經總類/群經總義

皇清經解續編一千四百三十卷　王先謙編　清光緒十四年（1888）南菁書院刻本　三百二十冊

110000－0102－0009911　丙一/866　經部/經總類/群經總義/文字音義

經典釋文三十卷　（唐）陸德明撰　（清）盧文弨考證　清同治九年（1870）廣雅書局刻本　十二冊

110000－0102－0009912　丙一/867　經部/經總類/群經總義/傳說

經義述聞十五卷　（清）王引之撰　清嘉慶二十一年（1816）綠柳山房刻本　四冊

110000－0102－0009913　丙一/868　經部/經總類/群經總義/傳說

十三經注疏校勘記識語四卷　（清）汪文臺撰　清光緒三年（1877）江西書局刻本　二冊

110000－0102－0009914　丙一/869　經部/經總類/群經總義/傳說

劉氏遺書八卷　（清）劉台拱撰　清光緒十五年（1889）廣雅書局刻本　二冊

110000－0102－0009915　丙一/870　經部/經總類/群經總義/傳說

吳氏遺著五卷附錄一卷　（清）吳烺雲撰　清光緒十七年（1891）廣雅書局刻本　二冊

110000－0102－0009916　丙一/871　經部/經總類/群經總義/傳說

十三經舊學加商二卷　（清）吳修祜撰　清光緒十五年（1889）刻本　一冊

110000－0102－0009917　丙一/872　經部/
經總類/群經總義/文字音義

經傳釋詞十卷　（清）王引之撰　清嘉慶至道
光刻本　一冊

110000－0102－0009918　丙一/873　集部/
別集類/清

一鐙精舍甲部槁五卷　（清）何秋濤撰　清光
緒五年(1879)淮南書局刻本　一冊

110000－0102－0009919　丙一/874　經部/
經總類/群經總義/文字音義

經傳繹義五十卷　（清）陳煒撰　清嘉慶九年
(1804)校字齋刻本　二十冊

110000－0102－0009920　丙一/875　經部/
經總類/群經總義/傳說

孔叢伯說經五稿三十七卷　（清）孔廣林撰
清光緒十六年(1890)山東書局刻本　七冊

110000－0102－0009921　丙一/876　經部/
經總類/群經總義/文字音義

十一經音訓二十六卷　（清）楊國楨撰　清光
緒三年(1877)湖北崇文書局刻本　二十六冊

110000－0102－0009922　丙一/877　經部/
經總類/群經總義/傳說

五經衷要七十二卷　（清）李式穀撰　清道光
十年(1830)南海葉氏風滿樓刻本　三十冊

110000－0102－0009923　丙一/878　經部/
經總類/群經總義/文字音義

五經旁訓辨體二十一卷　（清）徐立綱撰　清
乾隆五十四年(1789)循陔堂刻本　十二冊

110000－0102－0009924　丙一/879　經部/
經總類/群經總義

通德遺書所見錄七十二卷　（清）孔廣林撰
清光緒十六年(1890)山東書局刻本　四冊

110000－0102－0009925　丙一/880　經部/
經總類/群經合刊

唐開成石經校文十卷　（清）嚴可均纂　清嘉
慶二年(1797)歸安吳氏二百蘭亭齋刻本
三冊

110000－0102－0009926　丙一/882　經部/
經總類/群經合刊

唐開成石經一百六十六卷　清嘉慶陝西西安
碑林拓本　一百十三冊

110000－0102－0009927　丙一/883　經部/
易類/傳說

易經集解八卷　（宋）程頤集傳　清宣統元年
(1909)學部圖書局石印本　六冊

110000－0102－0009928　丙一/884　經部/
易類/傳說

易經集解八卷　（宋）程頤集傳　清宣統元年
(1909)學部圖書局石印本　六冊

110000－0102－0009929　丙一/890　經部/
易類/傳說

周易離句啓蒙七卷　（清）賈煥猷輯注　清宣
統元年(1909)竹陰書局石印本　二冊

110000－0102－0009930　丙一/893　經部/
易類/傳說

周易人事疏證正編八卷續編四卷　（清）章世
臣撰　清宣統二年(1910)同文書館鉛印本
十二冊

110000－0102－0009931　丙一/895　經部/
易類/傳說

周易要義十卷　（宋）魏了翁撰　清光緒十二
年(1886)江蘇書局刻本　四冊

110000－0102－0009932　丙一/898　經部/
易類/傳說

誠齋易傳二十卷　（宋）楊萬里撰　清光緒二
十一年(1895)湖北宦書處刻本　八冊

110000－0102－0009933　丙一/901　經部/
易類/傳說

郭氏傳家易說十一卷　（宋）郭雍撰　（清）紀
昀等校　清同治十三年(1874)江西書局刻本
重修　八冊

110000－0102－0009934　丙一/902　經部/
易類/圖說

象數論六卷　（清）黃宗羲撰　清光緒廣州廣
雅書局刻本　二冊

110000－0102－0009935　丙一/903　經部/易類/傳說

周易讀本三卷　（清）徐立綱撰　清嘉慶元年(1796)三益堂刻本　一冊

110000－0102－0009936　丙一/904　經部/易類/白文讀本

周易白文　清刻本　一冊

110000－0102－0009937　丙一/905　經部/易類/傳說

易憲四卷　（明）沈泓撰　（清）卓德征校　清光緒十四年(1888)卓氏刻本　三冊

110000－0102－0009938　丙一/907　經部/易類/傳說

周易解故　（清）丁晏撰　清光緒十九年(1893)廣州廣雅書局刻本　一冊

110000－0102－0009939　丙一/908　經部/易類/傳說

易釋四卷　（清）黃式三撰　清光緒廣雅書局刻本　一冊

110000－0102－0009940　丙一/909　經部/易類/傳說

漢魏二十一家易注三十三卷　（清）孫堂輯　清嘉慶四年(1799)映雪草堂刻本　八冊

110000－0102－0009941　丙一/910　經部/易類/傳說

周易孔義集說二十卷　（清）沈起元撰　清光緒八年(1882)江蘇書局刻本　八冊

110000－0102－0009942　丙一/912　經部/書類/傳說

大雲山房尚書十二章圖說二卷　（清）惲敬撰　清末抄本　二冊

110000－0102－0009943　丙一/913　經部/書類/傳說

尚書解義二卷　（清）李光地撰　清道光刻本　一冊

110000－0102－0009944　丙一/914　經部/書類

尚書讀本四卷　（清）徐立綱輯　清嘉慶元年(1796)三益堂刻本　二冊

110000－0102－0009945　丙一/916　經部/書類/文字音義

書蔡傳附釋一卷　（清）丁晏撰　清光緒二十年(1894)廣雅書局刻本　一冊

110000－0102－0009946　丙一/917　經部/書類/傳說

尚書伸孔篇一卷　（清）焦廷琥撰　清光緒十四年(1888)廣雅書局刻本　一冊

110000－0102－0009947　丙一/918　經部/書類/傳說

禹貢班義述三卷　（清）成蓉鏡撰　清光緒十三年(1887)廣雅書局刻本　一冊

110000－0102－0009948　丙一/919　經部/書類/傳說

尚書約注四卷末一卷　（清）任啟運注　清光緒十二年(1886)刻本　二冊

110000－0102－0009949　丙一/920　經部/書類/傳說

日講書經解義十三卷　（清）庫勒納等撰　清康熙文選樓刻本　十二冊

110000－0102－0009950　丙一/921　經部/書類/傳說

尚書要義二十卷　（宋）魏了翁撰　清光緒十年(1884)江蘇書局刻本　六冊

110000－0102－0009951　丙一/923　經部/書類/傳說

書經集傳六卷　（宋）蔡沈集傳　清光緒三十四年(1908)學部圖書局石印本　六冊

110000－0102－0009952　丙一/924　經部/書類/傳說

書經集傳六卷　（宋）蔡沈集傳　清光緒三十四年(1908)學部圖書局石印本　六冊

110000－0102－0009953　丙一/928　經部/書類/傳說

讀書叢說　（元）徐謙撰　清抄本　二冊

110000－0102－0009954　丙一/931　經部/
書類/傳說

尚書古文疏證八卷　（清）閻若璩撰　清同治
六年（1867）錢塘汪氏振綺堂補刻本　八冊
缺一卷（三）

110000－0102－0009955　丙一/936　經部/
詩類/傳說

詩經旁訓辨體合訂四卷　（清）徐立綱輯　清
三益堂刻本　三冊

110000－0102－0009956　丙一/941　經部/
詩類/傳說

詩經集傳八卷　（宋）朱熹集傳　清光緒三十
四年（1908）學部圖書局石印本　四冊

110000－0102－0009957　丙一/943　經部/
詩類/傳說

詩義折中二十卷　（清）傅恆等撰　清光緒長
蘆鹽運使司鹽運使如山刻本　六冊

110000－0102－0009958　丙一/944　經部/
詩類/文字音義

毛詩古音攷五卷　（明）陳第撰　（清）徐時作
重訂　清光緒六年（1880）武昌張氏刻本
六冊

110000－0102－0009959　丙一/945　經部/
詩類/傳說

毛詩故訓傳鄭箋三十卷　（漢）鄭玄箋　清同
治十一年（1872）五雲堂刻本　四冊

110000－0102－0009960　丙一/948　經部/
詩類/傳說

毛詩天文攷　（清）洪亮吉撰　清光緒十七年
（1891）廣雅書局刻本　一冊

110000－0102－0009961　丙一/949　經部/
詩類/傳說

詩集傳附釋一卷　（清）丁晏撰　清光緒二十
年（1894）廣雅書局刻本　一冊

110000－0102－0009962　丙一/950　經部/
詩類/傳說

絜齋毛詩經筵講義四卷　（宋）袁燮撰　清同
治十三年（1874）江西書局刻本　一冊

110000－0102－0009963　丙一/951　經部/
詩類/白文讀本

詩經白文　清刻本　一冊

110000－0102－0009964　丙一/953　經部/
詩類/傳說

毛詩補箋二十卷　（漢）鄭玄箋　王闓運補箋
　清光緒三十一年（1905）江西官書局木活字
印本　八冊

110000－0102－0009965　丙一/955　經部/
詩類/傳說

毛詩要義二十卷　（宋）魏了翁撰　清光緒十
二年（1886）江蘇書局刻本　十二冊

110000－0102－0009966　丙一/956　經部/
詩類/傳說

毛詩注疏三十卷　（漢）鄭玄撰　（唐）孔穎達
疏　清光緒四年（1878）淮南書局刻本　二
十冊

110000－0102－0009967　丙一/957　經部/
詩類/傳說

詩經集傳八卷　（宋）朱熹集傳　清光緒二十
一年（1895）湖北官書處刻本　四冊

110000－0102－0009968　丙一/959　經部/
詩類/傳說

毛詩訂詁八卷附錄二卷　（清）顧棟高撰　清
光緒二十二年（1896）江蘇書局刻本　四冊

110000－0102－0009969　丙一/960　經部/
詩類/傳說

毛詩後箋三十卷　（清）胡承珙撰　清光緒十
六年（1890）廣雅書局刻本　十二冊

110000－0102－0009970　丙一/965　經部/
春秋類/總義/文字音義

春秋旁訓辨體合訂四卷　（清）徐立綱輯　清
三益堂刻本　二冊

110000－0102－0009971　丙一/967　經部/
春秋類/總義/傳說

日講春秋解義六十四卷總說一卷　（清）李光
地等撰　清乾隆二年（1737）內府刻本　三十
二冊

110000－0102－0009972　丙一/968　經部/
春秋類/總義/傳說

日講春秋解義六十四卷總說一卷　（清）李光
地等撰　清乾隆二年（1737）内府刻本　三十
二冊

110000－0102－0009973　丙一/969　經部/
樂類/樂理

樂書二百卷　（宋）陳暘撰　清光緒二年
（1876）菊坡精舍刻本　二十冊

110000－0102－0009974　丙一/972　經部/
春秋類/左傳/傳說

春秋左傳集解十五卷　（晉）杜預注　清宣統
二年（1910）學部圖書局鉛印本　七冊　缺
八冊

110000－0102－0009975　丙一/975　經部/
春秋類/左傳/傳說

春秋左傳賈服注輯述二十卷　（清）李貽德撰
清光緒八年（1882）江蘇書局刻本　六冊

110000－0102－0009976　丙一/976　經部/
春秋類/左傳/傳說

春秋經傳集解三十卷　（晉）杜預注　清光緒
二年（1876）江南書局仿刻本　三十二冊

110000－0102－0009977　丙一/977　經部/
春秋類/左傳/傳說

春秋經傳集解三十八卷　（晉）杜預注　清末
湖廣官書局仿刻本　十冊

110000－0102－0009978　丙一/978　經部/
春秋類/總義/傳說

春秋辨疑四卷　（宋）蕭楚撰　清同治十三年
（1874）江西書局刻武英殿聚珍版叢書本
二冊

110000－0102－0009979　丙一/980　經部/
春秋類/左傳/傳說

春秋規過攷信九卷　（清）陳熙晉撰　清光緒
十五年（1889）廣雅書局刻本　三冊

110000－0102－0009980　丙一/981　經部/
春秋類/左傳/傳說

春秋述義拾遺八卷首一卷末一卷　（清）陳熙

晉撰　清光緒十七年（1891）廣雅書局刻本
二冊

110000－0102－0009981　丙一/982　經部/
春秋類/總義

春秋屬辭辨例編六十卷首二卷　（清）張應昌
撰　清同治十二年（1873）江蘇書局刻本　三
十二冊

110000－0102－0009982　丙一/983　經部/
春秋類

春秋大事表五十卷輿圖一卷附錄一卷　（清）
顧棟高輯　清同治十二年（1873）山東尚志堂
刻本　二十冊

110000－0102－0009983　丙一/984　經部/
春秋類/總義/傳說

春秋會義二十六卷　（宋）杜諤撰　（清）楊昌
霖輯　清光緒十八年（1892）孫氏山淵堂刻本
十二冊

110000－0102－0009984　丙一/986　經部/
孝經類/白文讀本

孝經　清光緒三十四年（1908）學部圖書局石
印本　一冊

110000－0102－0009985　丙一/987　經部/
孝經類/白文讀本

孝經　清光緒三十四年（1908）學部圖書局石
印本　一冊

110000－0102－0009986　丙一/992　經部/
孝經類/傳說

御註孝經一卷　（清）世祖福臨註　清同治、
光緒山東書局刻本　一冊

110000－0102－0009987　丙一/993　經部/
春秋類/左傳/傳說

批點春秋左傳綱目句解六卷　（清）韓菼編
清光緒十年（1884）錦文堂刻本　六冊

110000－0102－0009988　丙一/994　經部/
孝經類/傳說

孝經集註一卷　（清）世祖福臨註　清同治、
光緒山東書局刻本　一冊

110000－0102－0009989　丙一/995　經部/春秋類/左傳/傳說

批註左傳快讀十八卷　（晉）杜預等註　（清）李紹崧編　清宣統元年(1909)上海書局石印本　十二冊

110000－0102－0009990　丙一/998　經部/春秋類/左傳/其它

左傳文法讀本十二卷　劉培極　吳闓生合編　清宣統元年(1909)鉛印本　六冊

110000－0102－0009991　丙一/999　經部/春秋類/公羊傳/傳說

春秋公羊傳解詁十二卷　（漢）何休注　清同治二年(1863)揚州汪氏河禮堂刻本　四冊

110000－0102－0009992　丙一/1000　經部/春秋類/穀梁傳/傳說

春秋穀梁傳十二卷　（晉）范甯集解　（唐）陸德明音義　清光緒十九年(1893)桂恆書局刻本　四冊

110000－0102－0009993　丙一/1001　經部/春秋類/穀梁傳/傳說

春秋穀梁傳十二卷　（晉）范甯集解　清同治七年(1868)金陵書局刻本　二冊

110000－0102－0009994　丙一/1002　經部/春秋類/公羊傳/傳說

春秋公羊註疏質疑二卷　（清）何若瑤撰　清光緒八年(1882)廣雅書局刻本　一冊

110000－0102－0009995　丙一/1003　經部/孝經類

孝經注　（唐）玄宗注　（唐）陸德明音義　清同治七年(1868)湖北崇文書局刻本　一冊

110000－0102－0009996　丙一/1004　經部/春秋類/左傳

春秋左傳三十卷　（晉）杜預注　（唐）陸德明音釋　（清）馮李驊集解　清光緒二十二年(1896)淮南書局刻本　十二冊

110000－0102－0009997　丙一/1005　經部/春秋類/公羊傳

春秋公羊傳十一卷　（漢）何休注　（唐）陸德明音義　清同治七年(1868)湖北崇文書局刻本　四冊

110000－0102－0009998　丙一/1006　經部/春秋類/左傳/傳說

左通補釋三十二卷　（清）梁履繩撰　清光緒元年(1875)汪氏振綺堂補刻本　十二冊

110000－0102－0009999　丙一/1008　經部/小學類/訓詁

三字經訓詁　（宋）王應麟撰　（清）王晉叔注　清康熙五十五年(1716)歙西徐氏刻本　二冊

110000－0102－0010000　丙一/1009　經部/小學類/訓詁/爾雅

爾雅十一卷　（晉）郭璞注　清永懷堂刻本　三冊

110000－0102－0010001　丙一/1012　經部/小學類/訓詁/爾雅/傳說

爾雅註疏十一卷　（晉）郭璞註　（宋）邢昺等校定　清乾隆十年(1745)三樂齋刻本　四冊

110000－0102－0010002　丙一/1014　經部/小學類/訓詁/爾雅/文字音義

爾雅直音二卷　（清）王祖源撰　清光緒六年(1880)天壤閣刻本　二冊

110000－0102－0010003　丙一/1016　經部/小學類/訓詁/爾雅/文字音義

爾雅正郭三卷　（清）潘衍桐撰　清光緒十七年(1891)浙江書局刻本　一冊

110000－0102－0010004　丙一/1017　經部/小學類/訓詁/爾雅/傳說

爾雅補注殘本　（清）劉玉麐撰　清光緒十四年(1888)廣雅書局刻本　一冊

110000－0102－0010005　丙一/1018　經部/小學類/訓詁/爾雅/傳說

爾雅註疏本正誤五卷　（清）張宗泰撰　清光緒二十六年(1900)廣雅書局刻本　一冊

110000－0102－0010006　丙一/1019　經部/小學類/文字/雜說

小學答問　章炳麟撰　清宣統元年(1909)刻本　一冊

110000－0102－0010007　丙一/1020　史部/金石類/石/通考

漢碑徵經　(清)朱百度撰　清光緒十五年(1889)廣雅書局刻本　一冊

110000－0102－0010008　丙一/1021　經部/小學類/訓詁/字詁

經籍籑詁　(清)阮元纂輯　清光緒六年(1880)淮南書局補刻本　四十八冊

110000－0102－0010009　丙一/1022　經部/小學類/訓詁/爾雅/傳說

爾雅義疏二十卷　(清)郝懿行撰　清光緒十三年(1887)湖北官書局刻本　八冊

110000－0102－0010010　丙一/1023　經部/小學類/訓詁/爾雅/傳說

爾雅匡名二十卷　(清)嚴元照撰　清光緒十六年(1890)廣雅書局刻本　四冊

110000－0102－0010011　丙一/1024　經部/小學類/訓詁/方言

方言箋疏十三卷　(晉)郭璞撰　(清)錢繹箋　清光緒十六年(1890)廣雅書局刻本　四冊

110000－0102－0010012　丙一/1026　經部/小學類/文字/字體

倉頡篇七卷　(清)孫星衍撰　清光緒十六年(1890)江蘇書局刻本　二冊

110000－0102－0010013　丙一/1027　經部/小學類/文字/雜說

讀說文雜識　(清)許棫撰　清光緒七年(1881)刻本　一冊

110000－0102－0010014　丙一/1034　經部/小學類/文字/字體

汗簡箋正八卷　(宋)郭忠恕撰　(清)鄭珍箋正　清光緒十五年(1889)廣雅書局刻本　四冊

110000－0102－0010015　丙一/1035　經部/小學類/訓詁/群雅

小爾雅訓纂六卷　(清)宋翔鳳撰　清光緒十三年(1887)廣雅書局刻本　一冊

110000－0102－0010016　丙一/1036　經部/小學類/訓詁/群雅

釋穀四卷　(清)劉寶楠撰　清光緒十三年(1887)廣雅書局刻本　一冊

110000－0102－0010017　丙一/1037　經部/小學類/訓詁/群雅

廣雅疏證十卷　(清)王念孫撰　清光緒五年(1879)淮南書局刻本　八冊

110000－0102－0010018　丙一/1050　經部/小學類/文字/說文

說文二徐箋異二十八卷　(清)田吳炤撰　清宣統二年(1910)石印本　二冊

110000－0102－0010019　丙一/1051　經部/小學類/文字/說文/校刊、注釋

說文辨字正俗四卷　(清)李富孫撰　清嘉慶二十一年(1816)校經室刻本　四冊

110000－0102－0010020　丙一/1052　經部/小學類/文字/字典詞典

字林攷逸八卷附錄二卷　(清)任大椿撰　清光緒十六年(1890)江蘇書局刻本　四冊

110000－0102－0010021　丙一/1054　經部/小學類/音韻/韻典

五方元音四卷　(清)年希堯輯　清光緒十年(1884)文興堂刻本　四冊

110000－0102－0010022　丙一/1055　經部/小學類/文字/說文/校刊、注釋

說文新附考六卷　(清)鈕樹玉撰　清同治十三年(1874)湖北崇文書局刻本　二冊

110000－0102－0010023　丙一/1056　經部/小學類/文字/說文/校刊、注釋

說文引經攷證八卷　(清)陳瑑撰　清同治十三年(1874)湖北崇文書局刻本　二冊

110000－0102－0010024　丙一/1057　經部/小學類/文字/說文/校刊、注釋

段氏說文注訂八卷　(清)鈕樹玉撰　清道光

四年(1824)湖北崇文書局刻本　二冊

110000－0102－0010025　丙一/1059　經部/
小學類/文字/說文/校刊、注釋

說文辨疑　（清）顧廣圻撰　清光緒三年
(1877)湖北崇文書局刻本　一冊

110000－0102－0010026　丙一/1060　經部/
小學類/文字/說文/傳說

說文通檢十四卷　（清）黎永椿撰　清光緒二
年(1876)崇文書局刻本　二冊

110000－0102－0010027　丙一/1062　經部/
小學類/文字/字體

急就章攷異　（清）莊世驥撰　清光緒十七年
(1891)廣雅書局刻本　一冊

110000－0102－0010028　丙一/1063　經部/
小學類/文字/說文/傳說

潛研堂說文答問疏證六卷　（清）薛傳均撰
清光緒廣雅書局刻本　一冊

110000－0102－0010029　丙一/1064　經部/
小學類/文字/說文/傳說

廣潛研堂說文答問疏證八卷　（清）承元培撰
　清光緒十八年(1892)廣雅書局刻本　一冊

110000－0102－0010030　丙一/1065　經部/
小學類/文字/說文/傳說

說文本經答問二卷　（清）鄭知同撰　清光緒
十六年(1890)廣雅書局刻本　一冊

110000－0102－0010031　丙一/1068　經部/
小學類/文字/說文

說文解字十五卷　（漢）許慎撰　（清）孫星衍
編　清嘉慶十四年(1809)陳氏刻本　十冊

110000－0102－0010032　丙一/1069　經部/
書類/傳說

尚書集傳六卷　（宋）蔡沈集傳　清光緒七年
(1881)江蘇書局刻本　五冊

110000－0102－0010033　丙一/1070　經部/
小學類/文字/說文/傳說

說文解字注三十二卷　（漢）許慎撰　（清）段
玉裁注　清同治十一年(1872)湖北崇文書局

刻本　二十五冊

110000－0102－0010034　丙一/1071　經部/
小學類/文字/說文/校刊、注釋

說文引經攷　（清）吳玉搢撰　清道光元年
(1821)刻本　二冊

110000－0102－0010035　丙一/1073　經部/
小學類/文字/字體

類篇十五卷　（宋）司馬光等撰　清光緒二年
(1876)川東官舍刻本　十四冊

110000－0102－0010036　丙一/1075　經部/
小學類/音韻/韻典

韻岐五卷　（清）江昱撰　清光緒七年(1881)
吳氏刻本　二冊

110000－0102－0010037　丙一/1077　經部/
小學類/音韻/韻典

韻字略十二卷　（清）毛謨撰　清光緒元年
(1875)湖北崇文書局刻本　二冊

110000－0102－0010038　丙一/1078　經部/
小學類/音韻/韻典

切韻攷外編　（清）陳澧編　清光緒刻本
一冊

110000－0102－0010039　丙一/1079　經部/
小學類/音韻/韻典

韻詁　（清）方濬頤輯　清光緒四年(1878)淮
南書局刻本　六冊

110000－0102－0010040　丙一/1080　經部/
小學類/文字/說文/校刊、注釋

說文解字句讀三十卷　（清）許慎撰　（清）王
筠輯　清同治四年(1865)刻本　十四冊

110000－0102－0010041　丙一/1083　經部/
小學類/文字/說文/校刊、注釋

說文解字校錄十五卷　（漢）許慎撰　（清）鈕
樹玉校　清光緒十一年(1885)江蘇書局刻本
十四冊

110000－0102－0010042　丙一/1084　經部/
小學類/文字/說文/校刊、注釋

說文解字斠詮十四卷　（漢）許慎撰　（清）錢

垆注　清嘉慶十二年(1807)錢氏吉金樂石齋刻本　八冊

110000－0102－0010043　丙一/1085　經部/小學類/文字/說文/校刊、注釋

說文引經證例二十四卷　(清)承培元撰　清光緒二十一年(1895)廣雅書局刻本　六冊

110000－0102－0010044　丙一/1088　經部/小學類/文字/字典詞典等

康熙字典三十六卷　(清)張玉書等撰　清光緒六年(1880)湖北崇文書局刻本　四十冊

110000－0102－0010045　丙一/1089　經部/小學類/文字/說文/傳說

說文聲讀表九卷　(清)苗夔撰　清道光二十二年(1842)理董居刻本　四冊

110000－0102－0010046　丙一/1090　經部/小學類/文字/字典詞典等

字典攷證三十六卷　(清)王引之輯　清光緒二年(1876)崇文書局刻本　六冊

110000－0102－0010047　丙一/1091　經部/小學類/文字/說文/傳說

說文檢字　(清)毛謨輯　清嘉慶二十一年(1816)四川督學署刻本　一冊

110000－0102－0010048　丙一/1092　經部/小學類/文字/字典詞典等

康熙字典　(清)張玉書等撰　上海商務印書館石印本　六冊

110000－0102－0010049　丙一/1093　經部/小學類/文字/說文/傳說

說文通訓定聲十八卷　(清)朱駿聲撰　清道光十三年(1833)臨嘯閣刻本　二十四冊

110000－0102－0010050　丙一/1097　經部/經總類/群經總義/文字音義

十一經音訓　(清)楊國楨撰　清道光十一年(1831)刻本　二十六冊

110000－0102－0010051　丙一/1100　禮類/禮記/傳說

附釋音禮記注疏六十三卷　(漢)鄭玄注

(唐)孔穎達疏　清乾隆六十年(1795)和珅刻本　二十四冊　缺十二卷(一至十二)

110000－0102－0010052　丙一/1101　經部/經總類/群經總義

經苑　(清)錢儀吉輯　清同治七年(1868)刻本重印　五十三冊　存十一種一百八十二卷(易說六卷、吳園周易解九卷附錄一卷、敷文書說一卷、尚書精義五十卷、洪範統十一卷、詩總聞二十卷、呂氏讀詩記三十二卷、續呂氏讀詩記三卷、周官新義十六卷附二卷、儀禮集釋三十卷、儀禮釋宮一卷)

110000－0102－0010053　丙一/1103　經部/書類/文字音義

書傳音釋六卷首一卷末一卷　(宋)蔡沈集傳　(元)鄒季友音釋　清咸豐五年(1855)浦城與古齋祝氏刻本　六冊

110000－0102－0010054　丙一/1104　經部/春秋類/總義/傳說

春秋三傳十六卷　(周)左丘明等撰　清嘉慶十年(1805)刻本　十六冊

110000－0102－0010055　丙一/1105－1　經部/禮類/儀禮/傳說

儀禮注十七卷　(漢)鄭玄注　(唐)陸德明音義　清光緒十二年(1886)湖北官書處刻本　四冊

110000－0102－0010056　丙一/1105　經部/禮類/儀禮/傳說

儀禮注十七卷　(漢)鄭玄注　(唐)陸德明音義　清同治七年(1868)湖北崇文書局刻本　四冊

110000－0102－0010057　丙一/1108　經部/經總類/群經總義

六經圖考六卷　(宋)楊甲撰　(清)潘案鼎考　清康熙耕禮堂刻本　六冊

110000－0102－0010058　丙一/1109　經部/禮類/周禮/傳說

周禮折衷四卷　(宋)魏了翁撰　清望三益齋刻本　三冊

110000－0102－0010059　丙一/1110　經部/小學類/訓詁/爾雅

爾雅三卷　（晉）郭璞撰　（唐）陸德明音義　清嘉慶二十二年(1817)清芬閣刻本　三冊

110000－0102－0010060　丙一/1111　經部/小學類/文字/字典詞典等

康熙字典十二集　（清）陳廷敬等編　清道光七年(1827)刻本　三十九冊

110000－0102－0010061　丙一/1116　經部/小學類/訓詁/爾雅

爾雅三卷　（晉）郭璞注　清嘉慶十一年(1806)思適齋仿刻本　三冊

110000－0102－0010062　丙一/1118　經部/禮類/禮記/傳說

禮記陳氏集說十卷　（元）陳澔輯　清光緒十九年(1893)江南書局刻本　十冊

110000－0102－0010063　丙一/1120　經部/詩類/傳說

詩經集傳八卷序辨一卷　（宋）朱熹輯　清光緒二十二年(1896)金陵書局刻本　五冊

110000－0102－0010064　丙一/1121　經部/春秋類

春秋公羊傳十二卷　（戰國）公羊高　**春秋穀梁傳十二卷**　（戰國）穀梁赤撰　（漢）何休（晉）范甯集解　清光緒二十一年(1895)金陵書局刻本　四冊

110000－0102－0010065　丙一/1123　經部/禮類/禮記/傳說

欽定禮記義疏八十二卷首一卷　（清）允祿等撰　清同治十一年(1872)江西書局刻本　四十八冊

110000－0102－0010066　丙一/1124　經部/禮類/周禮/其它

欽定周官義疏四十八卷首一卷　（清）允祿等撰　清同治十一年(1872)江西書局刻本　三十二冊

110000－0102－0010067　丙一/1125　經部/春秋類/總義/傳說

110000－0102－0010067A　丙一/1126　經部/春秋類

欽定春秋傳說彙纂三十八卷首二卷　（清）王掞等撰　清同治十一年(1872)江西巡撫劉坤一刻重修本　二十四冊

110000－0102－0010068　丙一/1127　經部/禮類/周禮

周禮鄭注十二卷序目一卷　（漢）鄭玄注（唐）陸德明音義　清同治七年(1868)湖北崇文書局刻本　六冊

110000－0102－0010069　丙一/1128　經部/禮類/儀禮/傳說

儀禮章句十七卷　（清）吳庭華撰　清光緒二十四年(1898)蘇州書局刻本　四冊

110000－0102－0010070　丙一/1130　經部/禮類/禮記/傳說

禮記義疏八十二卷　（清）高宗弘曆敕撰　清同治浙江書局刻本　三十二冊

110000－0102－0010071　丙一/1131　經部/詩類/傳說

毛詩注疏二十卷　（漢）鄭玄注　（唐）孔穎達疏　（唐）陸德明音義　清同治十年(1871)湖南尊經閣刻本　十六冊

110000－0102－0010072　丙一/1131－1　經部/詩類/傳說

毛詩注疏三十卷　（漢）毛亨傳　（漢）鄭玄箋（唐）陸德明音義　（唐）孔穎達疏　**孝經注疏九卷**　（唐）李隆基注　（唐）陸德明音義（宋）邢昺疏　清同治十年(1871)刻本　十五冊

110000－0102－0010073　丙一/1132　經部/春秋類/左傳/傳說

春秋左傳注疏六十卷　（晉）杜預注　（唐）孔穎達疏　（唐）陸德明音義　清同治十年(1871)長沙尊經閣刻本　十四冊　缺八卷（五十三至六十）

110000－0102－0010074　丙一/1133　經部/小學類/訓詁/字詁

釋名疏證九卷　（清）畢沅撰　清光緒二十年(1894)廣雅書局刻本　二冊

110000－0102－0010075　　丙一/1134　　經部/書類/傳說

尚書注疏二十卷校勘記二十卷　（漢）孔安國傳　（唐）孔穎達疏　（唐）陸德明音義　清同治十年(1871)長沙尊經閣刻本　六冊

110000－0102－0010076　　丙一/1135　　經部/禮類/儀禮/傳說

欽定儀禮義疏四十八卷首二卷　（清）允祿等撰　清同治十一年(1872)江西書局刻本　四十冊

110000－0102－0010077　　丙一/1137　　經部/禮類/三禮

禮書綱目八十五卷　（清）江永撰　清光緒二十一年(1895)廣雅書局刻本　二十冊

110000－0102－0010078　　丙一/1138　　經部/禮類/禮記/傳說

宋撫州本禮記二十卷　（漢）鄭玄注　清同治九年(1870)湖北崇文書局刻本　八冊

110000－0102－0010079　　丙一/1139　　經部/禮類/禮記/大戴記

大戴禮記解詁十三卷敘錄一卷目錄一卷　（清）王聘珍撰　清光緒十三年(1887)廣州廣雅書局刻本　三冊

110000－0102－0010080　　丙一/1142　　子部/術數類/占卜

焦氏易林十六卷　（漢）焦贛撰　清光緒七年(1881)刻本　八冊

110000－0102－0010081　　丙一/1143　　經部/禮類/禮記/傳說

禮記注疏六十三卷校勘記六十三卷　（漢）鄭玄注　（唐）孔穎達疏　（唐）陸德明音義　清同治十年(1871)長沙尊經閣刻本　十四冊缺三十一卷(注疏二十三至五十三)

110000－0102－0010082　　丙一/1143－1　經部/禮類/禮記/傳說

禮記注疏六十三卷校勘記六十三卷　（漢）鄭玄注　（唐）孔穎達疏　（唐）陸德明音義　清同治十年(1871)長沙尊經閣刻本　十一冊

110000－0102－0010083　　丙一/1145　　經部/小學類/訓詁/爾雅/傳說

爾雅注疏十一卷　（晉）郭璞注　（宋）邢昺疏　（唐）陸德明音義　清同治十年(1871)長沙尊經閣刻本　五冊

110000－0102－0010084　　丙一/1146　　經部/春秋類/左傳

欽定春秋左傳讀本三十卷　（清）英和等編　清同治十一年(1872)刻本　十六冊

110000－0102－0010085　　丙一/1148　　經部/禮類/禮記/傳說

禮記要義三十三卷　（宋）魏了翁撰　清光緒十二年(1886)江蘇書局刻本　八冊　原缺二卷

110000－0102－0010086　　丙一/1149　　經部/禮類/儀禮

儀禮義疏四十八卷首二卷　（清）允祿等撰　清同治刻本　二十八冊

110000－0102－0010087　　丙一/1150　　經部/禮類/通禮

禮書一百五十卷　（宋）陳祥道撰　清光緒二年(1876)菊坡精舍刻本　二十冊

110000－0102－0010088　　丙一/1151　　經部/禮類/禮記/大戴記

大戴禮記集註十三卷　（清）戴禮註　清宣統三年(1911)溫州戴氏石印本　四冊

110000－0102－0010089　　丙一/1154　　經部/詩類

詩經八卷　（宋）朱熹注　清同治十一年(1872)山東尚志堂刻本　四冊

110000－0102－0010090　　丙一/1157　　經部/禮類/周禮

周禮六卷　（漢）鄭玄注　（唐）陸德明音義　清嘉慶十一年(1806)張氏清芬閣刻本　六冊

110000－0102－0010091　　丙一/1158　　經部/詩類/傳說

詩經八卷　（宋）朱熹集注　清八旗官學刻本　四冊

110000－0102－0010092　丙一/1160　經部/春秋類/總義/傳說

欽定春秋傳說彙纂三十八卷首二卷　（清）王掞等撰　清康熙六十年(1721)刻本　三十二冊

110000－0102－0010093　丙一/1161　經部/小學類/文字/說文

說文測議七卷　（清）董詔撰　清道光四年(1824)刻本　四冊

110000－0102－0010094　丙一/1163　經部/禮類/禮記

禮記十卷　（漢）鄭玄注　清光緒十七年(1891)味經書院刻本　五冊

110000－0102－0010095　丙一/1168　經部/小學類/文字/字典詞典

康熙字典十二集總目一卷檢字一卷辨似一卷補遺一卷備考一卷等韻一卷　（清）張玉書等撰　清刻本　四十冊

110000－0102－0010096　丙一/1169　經部/小學類/文字/字體

六書繫韻二十四卷檢字二卷　（清）李貞撰　清光緒十六年(1890)刻本　二十六冊

110000－0102－0010097　丙一/1173　經部/書類/傳說

書經　（宋）蔡沈集　清道光二年(1822)文盛堂刻本　四冊

110000－0102－0010098　丙一/1174　經部/易類

周易便蒙襯解　（清）李盤輯　清嘉慶十六年(1811)金穀園刻本　四冊

110000－0102－0010099　丙一/1175　經部/禮類/禮記/傳說

禮記體注大全合參四卷　（清）范翔注　（清）周熾輯　清康熙五十年(1711)刻本　四冊

110000－0102－0010100　丙一/1176　經部/書類/傳說

書經體注大全合參六卷　（清）范翔恭定　清光緒元年(1875)文英堂刻本　四冊

110000－0102－0010101　丙一/1178　經部/禮類/禮記/傳說

禮記集說十卷　（元）陳澔集說　清光緒八年(1882)江蘇書局刻本　十冊

110000－0102－0010102　丙一/1180　經部/春秋類/左傳/傳說

春秋經傳集解三十卷　（晉）杜預撰　（宋）林堯叟注　（唐）陸德明音釋　清刻本　十四冊

110000－0102－0010103　丙一/1181　經部/春秋類/左傳

春秋左傳綱目杜林詳註　（清）姚培謙撰　清明道堂刻本　六冊　存六卷(九至十四)

110000－0102－0010104　丙一/1183　經部/經總類/群經總義/傳說

七經精義　（清）黃淦纂　清嘉慶刻本　六冊

110000－0102－0010105　丙一/1184　經部/小學類/訓詁/爾雅/傳說

爾雅註疏十一卷　（晉）郭璞註　（宋）邢昺疏　清光緒十七年(1891)善成堂刻本　六冊

110000－0102－0010106　丙一/1185　經部/禮類/周禮/傳說

周禮節訓六卷　（清）黃叔琳輯　清光緒十四年(1888)刻本　二冊

110000－0102－0010107　丙一/1186　經部/小學類/文字/說文/校刊、注釋

段氏說文注訂八卷　（清）鈕樹玉撰　清同治五年(1866)碧螺山館刻本　六冊

110000－0102－0010108　丙一/1187　經部/小學類/文字/說文

說文解字十五卷　（漢）許慎撰　（宋）徐鉉校　清嘉慶十四年(1809)孫星衍刻本　三冊

110000－0102－0010109　丙一/1188　經部/書類/傳說

監本書經六卷　（宋）蔡沈集傳　清光緒六年(1880)刻本　四冊

110000－0102－0010110　丙一/1189　經部/易類/傳說

御案易經備旨　（清）鄒聖脉纂輯　清光緒六年(1880)掃葉山房刻本　六冊

110000－0102－0010111　丙一/1190　經部/書類/傳說

尚書離句六卷　（清）錢在培輯解　清光緒四年(1878)刻本　四冊

110000－0102－0010112　丙一/1191　經部/書類/傳說

監本書經六卷　（宋）蔡沈集傳　清光緒七年(1881)刻本　四冊

110000－0102－0010113　丙一/1192　經部/詩類/傳說

監本詩經八卷　（宋）朱熹集傳　清光緒九年(1883)掃葉山房刻本　四冊

110000－0102－0010114　丙一/1196　經部/禮類/儀禮/傳說

儀禮要義五十卷　（宋）魏了翁撰　清光緒十年(1884)江蘇書局刻本　十二冊

110000－0102－0010115　丙一/1197　經部/禮類/儀禮/文字音義

儀禮鄭注句讀十七卷　（漢）鄭玄注　（清）張爾岐句讀　清同治十一年(1872)山東書局刻本　六冊

110000－0102－0010116　丙一/1198　經部/小學類/訓詁/群雅

疊雅十三卷　（清）史夢蘭撰　清同治三年(1864)止園刻本　四冊

110000－0102－0010117　丙一/1199　經部/禮類/周禮/傳說

周官義疏四十八卷首一卷　（清）朱軾等撰　清同治七年(1868)浙江書局刻本　二十四冊

110000－0102－0010118　丙一/1200　經部/禮類/禮記/傳說

續禮記集說一百卷　（清）杭世駿撰　清光緒三十年(1904)浙江書局刻本　四十冊

110000－0102－0010119　丙一/1201　經部/易類/傳說

易說十三卷　（清）郝懿行撰　清光緒八年(1882)刻本　四冊

110000－0102－0010120　丙一/1202　經部/小學類/文字

藝文備覽一百二十卷　（清）沙木集注　清乾隆五十二年(1787)刻本　四十二冊

110000－0102－0010121　丙一/1205　經部/禮類/禮記

禮記十卷　（元）陳澔注　清咸豐元年(1851)江左書林昌記刻本　十冊

110000－0102－0010122　丙一/1206　經部/禮類/禮記/傳說

禮記約編十卷　（清）汪基撰　清雍正十年(1732)刻本　六冊

110000－0102－0010123　丙一/1210　經部/易類

監本易經四卷　清光緒十二年(1886)掃葉山房刻本　二冊

110000－0102－0010124　丙一/1211　經部/禮類/禮記/傳說

禮記十卷　（元）陳澔集說　清末京都刻本　十冊

110000－0102－0010125　丙一/1212　經部/詩類/傳說

詩經八卷　（宋）朱熹注　清光緒三年(1877)上海大魁楨記刻本　四冊

110000－0102－0010126　丙一/1213　經部/小學類/音韻

經韻集字析解二卷　（清）彭良敞集注　清光緒三年(1877)來鹿堂刻本　六冊

110000－0102－0010127　丙一/1214　經部/易類

周易四卷　（宋）朱熹集錄　清光緒四年(1878)掃葉山房刻本　三冊

110000－0102－0010128　丙一/1215　經部/易類

易經四卷首一卷　（宋）朱熹注　清光緒三十

二年(1906)京都文成堂刻本　四册

110000－0102－0010129　丙一/1217　經部/春秋類

春秋傳二十一卷　（宋）胡安國撰　清乾隆五十八年(1793)崇文堂刻本　六册

110000－0102－0010130　丙一/1218　經部/易類/傳說

御纂周易述義十卷　（清）汪由敦　（清）傅恆等纂　清乾隆二十年(1755)刻本　六册

110000－0102－0010131　丙一/1219　經部/易類

周易四卷　（宋）朱熹本義　清金陵奎壁齋刻本　四册

110000－0102－0010132　丙一/1220　經部/詩類/傳說

御纂詩義折中二十卷　（清）傅恆等纂　清末東昌書業德刻本　六册

110000－0102－0010133　丙一/1221　經部/春秋類/左傳/傳說

左傳句解六卷　（清）韓菼重訂　清文盛堂刻本　六册

110000－0102－0010134　丙一/1222－1　經部/禮類/禮記

禮記十卷　（元）陳澔注　清光緒京都文成堂刻本　十册

110000－0102－0010135　丙一/1222　經部/禮類/禮記

禮記十卷　（元）陳澔注　清光緒京都文成堂刻本　十册

110000－0102－0010136　丙一/1224　經部/禮類/禮記/傳說

監本禮記十卷　（元）陳澔集說　清掃葉山房刻本　十册

110000－0102－0010137　丙一/1225　經部/春秋類/總義/傳說

春秋說略十二卷春秋比二卷　（清）郝懿行撰　清道光七年(1827)刻本　四册

110000－0102－0010138　丙一/1226　經部/書類/傳說

書經集傳音釋六卷　（宋）蔡沈集傳　（元）鄒季友音釋　清光緒十五年(1889)江南書局刻本　六册

110000－0102－0010139　丙一/1227　經部/書類/傳說

書經備旨輯要六卷　（清）馬大猷輯　清光緒二十二年(1896)東昌書業德刻本　五册

110000－0102－0010140　丙一/1228　經部/春秋類/左傳/傳說

東萊先生左氏博議二十五卷　（宋）呂祖謙撰　清光緒八年(1882)覆刻本　六册

110000－0102－0010141　丙一/1229　經部/易類/傳說

易經大全會解四卷　（清）來爾繩纂輯　（清）朱采治　（清）朱之澄合編　**周易四卷**　（宋）朱熹集解　清後期刻本　二册

110000－0102－0010142　丙一/1230　經部/書類/傳說

書經六卷　（宋）蔡沈集傳　清京都龍威閣刻本　四册

110000－0102－0010143　丙一/1232　經部/春秋類/左傳/傳說

左傳句解六卷　（清）韓菼輯　清善成堂刻本　六册

110000－0102－0010144　丙一/1235　經部/禮類/禮記/傳說

禮記體注大全合紊　（清）范翔纂輯　清光緒六年(1880)掃葉山房刻本　四册

110000－0102－0010145　丙一/1236　經部/禮類/禮記/傳說

禮記體注大全合參　（清）范翔輯　清康熙五十二年(1713)文成堂刻本　四册

110000－0102－0010146　丙一/1237　經部/詩類/傳說

詩經八卷　（宋）朱熹集傳　清光緒二十六年(1900)直隸書局刻本　四册

110000－0102－0010147　丙一/1240　子部/儒家類/宋

小學集注六卷　（宋）朱熹集注　清狀元閣刻本　二冊

110000－0102－0010148　丙一/1241　集部/總集類/文/雜錄/書牘表啟

函牘舉隅碎錦注釋　（清）黃伯祿輯　清光緒二十八年（1902）排印本　一冊

110000－0102－0010149　丙一/1243　經部/四書類/總義/文字音義

四書集字音義辯十九卷　（宋）朱熹集證　清光緒十四年（1888）八旗官學刻本　六冊

110000－0102－0010150　丙一/1244　經部/禮類/禮記/傳說

禮記體註精義　（清）范翔參訂　清康熙五十二年（1713）刻本　四冊

110000－0102－0010151　丙一/1246　經部/禮類/禮記

禮記二十卷　（漢）鄭玄注　清光緒十七年（1891）陝西味經書院刻本　五冊　存十卷（十一至二十）

110000－0102－0010152　丙一/1247　經部/書類/傳說

尚書離句六卷　（清）錢在培輯解　清刻本　一冊　存三卷（四至六）

110000－0102－0010153　丙一/1249　經部/禮類/儀禮

儀禮釋官九卷首一卷　（清）胡匡衷撰　清同治八年（1869）胡氏刻本　四冊

110000－0102－0010154　丙一/1250　經部/易類/圖說

易圖明辨十卷　（清）胡渭輯撰　清嘉慶元年（1796）刻本　四冊

110000－0102－0010155　丙一/1251　經部/禮類/雜禮

朱子家禮十卷　（宋）朱熹撰　清嘉慶十四年（1809）麟經閣覆刻本　八冊

110000－0102－0010156　丙一/1252　經部/書類/傳說

書經備旨四卷　（清）鄒聖脉輯　清光緒十二年（1886）江左書林刻本　四冊

110000－0102－0010157　丙一/1253　經部/書類/傳說

書經六卷　（宋）蔡沈集傳　清光緒十二年（1886）校經山房刻本　四冊

110000－0102－0010158　丙一/1254　經部/小學類/文字/訓蒙

徐氏三種　（清）徐士業編　清光緒十七年（1891）京都文成堂刻本　四冊

110000－0102－0010159　丙一/1255　經部/禮類/禮記/傳說

附釋音禮記註疏六十三卷　（漢）鄭玄註　（唐）孔穎達疏　（唐）陸德明音義　清嘉慶刻同治十二年（1873）江西書局重修本　三十二冊

110000－0102－0010160　丙一/1257　經部/禮類/禮記/傳說

欽定禮記義疏八十四卷　（清）允祿等編　清同治刻本　三十二冊

110000－0102－0010161　丙一/1258　經部/禮類/禮記

禮記纂言三十六卷　（元）吳澄撰　（清）朱軾校補　清光緒刻本　八冊

110000－0102－0010162　丙一/1260　經部/經總類/群經總義/文字音義

七經孟子考文並補遺　（日本）山井鼎撰　（日本）物觀補遺　清嘉慶二年（1797）刻本　十二冊

110000－0102－0010163　丙一/1267　經部/易類/傳說

易經八卷　（宋）程頤傳　清宣統元年（1909）學部圖書局石印本　二冊

110000－0102－0010164　丙一/1268　經部/禮類/周禮

周禮鄭注十二卷序目一卷　（漢）鄭玄注

（唐）陸德明音義　清宣統元年(1909)學部圖書局石印本　六冊

110000－0102－0010165　丙一/1269　經部/禮類/周禮

周禮鄭注十二卷序目一卷　（漢）鄭玄注（唐）陸德明音義　清宣統元年(1909)學部圖書局石印本　六冊

110000－0102－0010166　丙一/1270　經部/禮類/周禮

周禮鄭注十二卷序目一卷　（漢）鄭玄注（唐）陸德明音義　清宣統元年(1909)學部圖書局石印本　六冊

110000－0102－0010167　丙一/1272　經部/春秋類/左傳

東萊博議四卷　（宋）呂祖謙撰　（清）劉鍾英輯注　清光緒二十八年(1902)上海文瑞樓石印本　四冊

110000－0102－0010168　丙一/1276　經部/經總類/群經總義/文字音義

七經孟子考文並補遺二百卷　（日本）山井鼎輯　（日本）物觀纂修　清嘉慶二年(1797)阮氏小琅嬛仙館刻本　二十四冊

110000－0102－0010169　丙一/1279　經部/經總類/群經總義/傳說

白虎通德論四卷　（漢）班固纂　清光緒元年(1875)湖北崇文書局刻本　二冊

110000－0102－0010170　丙一/1280　經部/易類/文字音義

易林釋文二卷　（清）丁晏撰　清光緒十六年(1890)廣雅書局刻本　一冊

110000－0102－0010171　丙一/1285　經部/書類/傳說

禹貢班義述三卷　（清）成蓉鏡撰　清光緒十四年(1888)廣雅書局刻本　一冊

110000－0102－0010172　丙一/1287　經部/書類/傳說

尚書大傳四卷考異一卷補遺一卷續補遺一卷　（漢）鄭玄注　（清）盧文弨輯　清光緒三年

（1877)湖北崇文書局刻本　一冊

110000－0102－0010173　丙一/1288　經部/禮類/禮記

檀弓批本二卷　（清）汪有光評　清光緒十三年(1887)刻本　一冊

110000－0102－0010174　丙一/1289　經部/禮類/周禮

井田圖考二卷　（清）陳基　（清）朱克己合編　清光緒十六年(1890)山東書局刻本　二冊

110000－0102－0010175　丙一/1290　經部/小學類/訓詁

親屬記二卷　（清）鄭珍撰　清光緒十八年(1892)廣雅書局刻本　一冊

110000－0102－0010176　丙一/1291　經部/禮類/三禮

天子肆獻裸饋食禮纂四卷　（清）任啟運撰　清光緒十四年(1888)任氏家塾刻本　二冊

110000－0102－0010177　丙一/1294　經部/禮類/三禮

禮經宮室答問二卷　（清）洪頤煊撰　清光緒十年(1884)師竹山房刻本　二冊

110000－0102－0010178　丙一/1295　經部/禮類/三禮

天子肆裸獻饋食禮　（清）任啟運纂　清光緒十一年(1885)浙江書局刻本　一冊

110000－0102－0010179　丙一/1296　經部/小學類/訓詁/爾雅

爾雅疏五卷　（宋）邢昺等校定　清光緒四年(1878)十萬卷樓刻本　一冊

110000－0102－0010180　丙一/1297　經部/小學類/音韻

六書音均表五卷　（清）段玉裁輯　清乾隆四十二年(1777)刻本　一冊

110000－0102－0010181　丙一/1298　經部/小學類/文字/說文/聲訓

說文字原韻表　（清）胡重編　（清）金孝柏訂　清嘉慶十六年(1811)刻本　一冊

110000－0102－0010182　丙一/1302　經部/書類/傳說

尚書十三卷 （漢）孔安國傳 （唐）陸德明音義　清光緒江南書局刻仿宋相臺五經本　三冊

110000－0102－0010183　丙一/1303　經部/書類/傳說

禹貢班義述三卷 （清）成蓉鏡撰　清光緒十四年(1888)廣雅書局刻本　一冊

110000－0102－0010184　丙一/1304　經部/春秋類/左傳/傳說

左傳杜注三十卷首一卷 （清）姚培謙撰 （清）龐佑清校輯　清道光五年(1825)刻本　硃批　八冊

110000－0102－0010185　丙一/1306　經部/禮類/儀禮/傳說

宋本儀禮疏五十卷 （唐）賈公彥等撰　清道光十年(1830)藝芸書舍刻本　六冊

110000－0102－0010186　丙一/1307　經部/易類/傳說

易經本義十二卷首一卷末一卷 （宋）朱熹集注　清同治四年(1865)金陵書局刻本　二冊

110000－0102－0010187　丙一/1308　經部/禮類/儀禮/傳說

儀禮疏 （唐）賈公彥等撰　清嘉慶二十年(1815)江西南昌府學刻本　七冊

110000－0102－0010188　丙一/1309　經部/詩類

詩毛氏傳疏 （清）陳奐編　清道光二十七年(1847)吳門南園掃葉山莊刻本　十六冊

110000－0102－0010189　丙一/1312　經部/易類

周易 （三國魏）王弼注　清光緒二年(1876)江南書局仿刻本　三冊

110000－0102－0010190　丙一/1315　經部/禮類/禮記/大戴記

夏小正通釋一卷 （清）梁章鉅輯　清光緒十三年(1887)浙江書局刻本　一冊

110000－0102－0010191　丙一/1316　經部/書類/傳說

書經體注六卷 （清）錢希祥注　清嘉慶二十一年(1816)刻本　三冊

110000－0102－0010192　丙一/1320　經部/小學類/文字/字體

經字辨體八卷首一卷 （清）邱家煒輯　清道光二十三年(1843)詒恩堂刻本　四冊

110000－0102－0010193　丙一/1323　經部/小學類/文字

字學舉隅 （清）黃虎癡撰　清同治十年(1871)義興堂刻本　一冊

110000－0102－0010194　丙一/1325　經部/書類/文字音義

尚書集注音疏十三卷尚書經師系表一卷 （清）江聲撰　清道光九年(1829)廣東學海堂刻皇清經解本　六冊

110000－0102－0010195　丙一/1326　經部/詩類/傳說

毛詩注疏校勘記七卷 （清）阮元撰 （清）顧廣圻校　清嘉慶刻本　八冊

110000－0102－0010196　丙一/1329　經部/經總類/群經總義/文字音義

群經義證八卷 （清）武億編　清嘉慶二年(1797)刻本　一冊

110000－0102－0010197　丙一/1330　經部/小學類/音韻

字類標韻六卷 （清）華綱輯 （清）王乃棠校　清光緒八年(1882)王氏刻本　二冊

110000－0102－0010198　丙一/1331　經部/小學類/音韻

廣金石韻府 （明）朱時望編 （清）張鳳藻篆刊　清咸豐七年(1857)刻本　六冊

110000－0102－0010199　丙一/1333　經部/小學類/文字/說文/傳說

說文虔纂一卷 （清）周繪藻撰　清光緒三十一年(1905)百柱堂石印本　一冊

110000－0102－0010200　丙一/1334　經部/小學類/文字/字體

字學三種合刊　（清）傅雲龍輯　清同治十三年(1874)傅氏味腴山館刻本　一冊

110000－0102－0010201　丙一/1337　經部/易類

周易二卷圖說一卷新贈圖說一卷　（宋）朱熹本義　清光緒十二年(1886)湖北官書處刻本　一冊　缺一卷(下)

110000－0102－0010202　丙一/1338　經部/小學類/文字/訓蒙

傳音快字　（清）蔡錫勇撰　清光緒三十一年(1905)刻本　一冊

110000－0102－0010203　丙一/1340　經部/禮類/儀禮/傳說

儀禮古今文異同五卷　（清）徐養源撰　清光緒十七年(1891)廣州廣雅書局刻本　一冊

110000－0102－0010204　丙一/1341　經部/禮類/儀禮/傳說

儀禮私箋八卷　（清）鄭珍撰　清光緒十七年(1891)廣雅書局刻本　二冊

110000－0102－0010205　丙一/1342　經部/禮類/禮記

禮記天算釋一卷　（清）孔廣牧撰　清光緒十五年(1889)廣雅書局刻本　一冊

110000－0102－0010206　丙一/1344　經部/小學類/文字/說文/傳說

說文通檢十四卷　（清）黎永椿撰　清同治十二年(1873)掃葉山房席氏刻本　二冊

110000－0102－0010207　丙一/1345　經部/易類

易經四卷　（宋）朱熹本義　清敦化堂刻本　二冊

110000－0102－0010208　丙一/1348　經部/經總類/群經總義/傳說

白虎通義四卷　（漢）班固撰　清光緒二十五年(1899)廣東廣雅書局刻武英殿聚珍版叢書本　二冊

110000－0102－0010209　丙一/1349　經部/小學類/文字/訓蒙

三字經註解備要　（清）王應麟撰　（清）賀興思註　清同治十年(1871)刻本　二冊

110000－0102－0010210　丙一/1350　經部/經總類/群經總義/傳說

經義述聞　（清）王引之撰　清嘉慶二年(1797)刻本重印　二冊　存四卷(一至四)

110000－0102－0010211　丙一/1351　經部/禮類/儀禮/傳說

儀禮古今文異同五卷　（清）徐養原撰　清光緒湖州陸氏刻湖州叢書初編本　二冊

110000－0102－0010212　丙一/1352　經部/禮類/周禮

周禮精華六卷　（清）陳龍標輯　清咸豐元年(1851)寶善堂刻本　五冊　缺一卷(二)

110000－0102－0010213　丙一/1353　經部/詩類/文字音義

毛詩音四卷　（清）陳奐撰　清咸豐元年(1851)蘇州漱芳齋刻本　一冊

110000－0102－0010214　丙一/1354　經部/經總類/群經總義

經義筆法十種　（清）彭金銘輯　清光緒二十七年(1901)刻本　一冊

110000－0102－0010215　丙一/1355　子部/天文地理類/天文

六經天文編二卷　（宋）王應麟撰　清光緒九年(1883)浙江書局刻玉海本　二冊

110000－0102－0010216　丙一/1359　經部/禮類/禮記/傳說

檀弓解一卷　（宋）謝枋得撰　清光緒二十二年(1896)桂垣書局刻本　一冊

110000－0102－0010217　丙一/1361　經部/易類/傳說

易解醒豁　（清）梁欽辰輯　清光緒七年(1881)刻本　二冊

110000－0102－0010218　丙一/1362　經部/

詩類/傳說

詩經小學四卷 （清）段玉裁撰　清道光九年
(1829)廣東學海堂刻皇清經解本　二冊

110000－0102－0010219　丙一/1363　經部/
詩類/傳說

毛詩故訓傳三十卷 （清）段玉裁訂　清道光
九年(1829)廣東學海堂刻皇清經解本　二冊

110000－0102－0010220　丙一/1366　經部/
小學類/音韻/韻典

韻綜 （清）陳詒厚撰　清嘉慶十七年(1812)
琴心書屋刻本　六冊

110000－0102－0010221　丙一/1370　經部/
小學類/文字/說文/傳說

說文提要 （清）陳建侯撰　清光緒十年
(1884)武昌局志古堂刻本　一冊

110000－0102－0010222　丙一/1371　經部/
易類/傳說

周易述二十一卷 （清）惠棟撰　清道光九年
(1829)廣東學海堂刻皇清經解本　六冊

110000－0102－0010223　丙一/1372　經部/
詩類/傳說

詩傳名物集覽十二卷 （清）陳大章撰　清光
緒十七年(1891)三餘草堂刻湖北叢書本
六冊

110000－0102－0010224　丙一/1373　經部/
書類/傳說

書經六卷 （宋）蔡沈集傳　清光緒十二年
(1886)三義堂刻本　四冊

110000－0102－0010225　丙一/1374　經部/
易類/文字音義

周易傳義音訓八卷首一卷末一卷 （宋）程頤
傳　（宋）朱熹本義　（宋）呂祖謙音訓　清同
治六年(1867)望三益齋刻本　六冊

110000－0102－0010226　丙一/1375　經部/
禮類/雜禮

四禮翼一卷 （明）呂坤撰　清光緒二十一年
(1895)湖北官書局刻本　一冊

110000－0102－0010227　丙一/1381　經部/
書類/傳說

寫定尚書 （清）吳汝綸輯　清光緒十八年
(1892)吳氏家塾石印本　一冊

110000－0102－0010228　丙一/1384　史部/
別史、雜史類

王會篇箋釋三卷 （清）何秋濤撰　清光緒十
七年(1891)江蘇書局刻本　三冊

110000－0102－0010229　丙一/1385　經部/
小學類/訓詁/滿蒙語學

清文彙書十二卷 （清）李延基撰　清乾隆十
六年(1751)刻本　十一冊　缺一卷(二)

110000－0102－0010230　丙一/1386　經部/
經總類/群經總義

十三經劄記二十二卷 （清）朱亦棟撰　清光
緒四年(1878)武林竹簡齋刻本　六冊

110000－0102－0010231　丙一/1387　經部/
易類

御纂周易折中十八卷 （清）李光地等撰　清
同治六年(1867)刻本　八冊

110000－0102－0010232　丙一/1389　經部/
小學類/文字/訓蒙

文字蒙求廣義四卷 （清）王筠撰　清光緒二
十七年(1901)江楚書局刻本　五冊

110000－0102－0010233　丙一/1390　經部/
禮類/周禮/其它

評點周禮政要 （清）孫詒讓撰　清光緒二十
八年(1902)求新圖書館鉛印本　一冊

110000－0102－0010234　丙一/1391　經部/
禮類/周禮/傳說

周禮節訓六卷 （清）黃叔琳撰　（清）姚培謙
重訂　清末江南李光明莊刻本　二冊

110000－0102－0010235　丙一/1393　經部/
禮類/禮記/傳說

禮記恆解四十九卷 （清）劉沅輯注　清光緒
三十一年(1905)致福樓刻本　十冊

110000－0102－0010236　丙一/1394　經部/

禮類/禮記/傳說

禮記恆解四十九卷 （清）劉沅輯注　清光緒三十一年（1905）致福樓刻本　十冊

110000－0102－0010237　丙一/1395　史部/別史、雜史類

國語 （三國吳）韋昭解　清宣統元年（1909）石印本　三冊

110000－0102－0010238　丙一/1399　經部/小學類/文字/字典詞典等

普通百科新大辭典 黃摩西編　清宣統三年（1911）鉛印本　十五冊

110000－0102－0010239　丙一/1401－1　經部/詩類/其它

詩經古譜 清光緒三十四年（1908）京師學部圖書局石印本　一冊

110000－0102－0010240　丙一/1401　經部/詩類/其它

詩經古譜 清光緒三十四年（1908）京師學部圖書局石印本　一冊

110000－0102－0010241　丙一/1402　經部/禮類/儀禮/傳說

儀禮喪服經傳並記 （漢）鄭玄注　（清）張爾岐句讀　清宣統元年（1909）學部圖書局石印本　一冊

110000－0102－0010242　丙一/1403　經部/禮類/儀禮/傳說

儀禮喪服經傳並記 （漢）鄭玄注　（清）張爾岐句讀　清宣統元年（1909）學部圖書局石印本　一冊

110000－0102－0010243　丙一/1404　經部/禮類/儀禮/傳說

儀禮喪服經傳並記 （漢）鄭玄注　（清）張爾岐句讀　清宣統元年（1909）學部圖書局石印本　一冊

110000－0102－0010244　丙一/1406　經部/小學類/訓詁/方言

新方言十一卷 章炳麟撰　清宣統三年（1911）文學會社石印本　二冊

110000－0102－0010245　丙一/1408　經部/小學類/文字/說文/校刊、注釋

說文解字句讀三十卷 （清）王筠撰　清同治四年（1865）涵芬樓仿刻本　十四冊

110000－0102－0010246　丙一/1411　經部/禮類/周禮

周禮政要四卷 （清）孫詒讓撰　清光緒二十八年（1902）刻本　一冊

110000－0102－0010247　丙一/1412　經部/小學類/文字/說文

說文聲母歌括四卷 湯壽潛撰　宣澍甘編　清宣統元年（1909）石印本　二冊

110000－0102－0010248　丙一/1418　經部/禮類/禮記/傳說

禮記節本六卷 學部圖書局編　清宣統二年（1910）刻本　三冊

110000－0102－0010249　丙一/1419　經部/禮類/禮記/傳說

禮記節本六卷 學部圖書局編　清宣統二年（1910）刻本　三冊

110000－0102－0010250　丙一/1423　經部/經總類/群經總義

欽定七經綱領 學部圖書局編　清宣統元年（1909）鉛印本　一冊

110000－0102－0010251　丙一/1425　經部/小學類/文字/字典詞典等

康熙字典 （清）張玉書等撰　清宣統元年（1909）同文書局石印本　六冊

110000－0102－0010252　丙一/1427　經部/詩類/傳說

繪圖詩義折中 （清）傅恆等纂　清宣統三年（1911）自強書局石印本　六冊

110000－0102－0010253　丙一/1431　經部/經總類/群經總義/傳說

袖珍十三經註一百六十二卷 □□輯　清同治十二年（1873）星子干氏稽古樓刻本　一百二十二冊

110000－0102－0010254　丙一/1432　經部/
禮類/禮記/傳說

禮記集說十卷　（元）陳澔撰　清光緒十二年
(1886)湖北官書局刻本　十冊

110000－0102－0010255　丙一/1433　經部/
經總類/群經合刊

古香齋袖珍五經　清刻本　八冊

110000－0102－0010256　丙一/1434　經部/
經總類/群經總義/傳說

五經揭要　（清）周蕙田輯　清光緒二年
(1876)刻本　十二冊

110000－0102－0010257　丙一/1435　經部/
經總類/群經總義/傳說

五經合纂大成　清光緒銅板縮印本　二十冊

110000－0102－0010258　丙一/1436　經部/
經總類/群經總義/傳說

五經合纂大成　清光緒銅板縮印本　二十
四冊

110000－0102－0010259　丙一/1437　經部/
易類/傳說

易藝舉隅六卷　（清）陳本淦纂　清道光十九
年(1839)天香閣刻本　四冊

110000－0102－0010260　丙一/1438　經部/
經總類/群經總義/傳說

五經備旨　（清）鄒聖脉纂輯　清光緒八年
(1882)貽經堂刻本　十冊　存二十二卷（易
經七卷,詩經八卷、書經七卷）

110000－0102－0010261　丙一/1439　經部/
經總類/群經總義/傳說

增補五經備旨萃精　（清）鄒聖脉纂輯　清光
緒五年(1879)皇沙韞玉山房刻本　八冊

110000－0102－0010262　丙一/1440　經部/
經總類/群經總義/傳說

五經體註大全　清道光二十年(1840)刻本
十六冊

110000－0102－0010263　丙一/1441　經部/
經總類/群經總義/傳說

七經精義　（清）黃淦纂　清嘉慶十二年
(1807)刻本　十四冊

110000－0102－0010264　丙一/1443　經部/
書類/傳說

欽定書經傳說彙纂二十一卷首一卷書序一卷
（清）王頊齡等撰　清同治七年(1868)刻本
十二冊

110000－0102－0010265　丙一/1444　經部/
小學類/文字/說文/傳說

說文通訓定聲十八卷柬韻一卷　（清）朱駿聲
撰　清道光二十八年(1848)黟縣學舍刻同治
九年(1870)朱孔彰補刻本　二十四冊

110000－0102－0010266　丙一/1457　經部/
經總類/群經總義/傳說

重刊宋本十三經注疏四百十六卷　（清）阮元
撰　（清）盧宣旬摘錄　清道光六年(1826)刻
本　二百冊

110000－0102－0010267　丙一/1458　經部/
小學類/訓詁/字詁

經籍籑詁一百〇六卷首一卷　（清）阮元撰集
清光緒二十年(1894)點石齋鉛印本　十
二冊

110000－0102－0010268　丙一/1459　子部/
類書類/韻編

佩文詩韻五卷　清光緒刻本　四冊

110000－0102－0010269　丙一/1460　經部/
經總類

篆文六經四書　（清）李光地等撰　清光緒九
年(1883)石印本　十冊

110000－0102－0010270　丙一/1470　經部/
小學類/文字

改良增廣四言雜字　曲文炳撰　清末民國石
印本　一冊

110000－0102－0010271　丙一/1478　經部/
易類/傳說

周易象義集成　（清）陳洪冠纂　清咸豐八年
(1858)刻本　二冊

110000－0102－0010272　丙一/1484　經部/小學類/文字

字學舉隅　（清）龍光甸增輯　清光緒十一年(1885)刻本　一冊

110000－0102－0010273　丙一/1488　經部/經總類

聖經學規纂二卷　（清）李塨稿　清末刻本　一冊

110000－0102－0010274　丙一/1489　經部/書類/傳說

寫定尚書　（清）吳汝綸注　清光緒十八年(1892)刻本　一冊

110000－0102－0010275　丙一/1490　經部/春秋類/總義/傳說

春秋傳註四卷　（清）李塨稿　清同治八年(1869)刻本　四冊

110000－0102－0010276　丙一/1493　經部/易類/傳說

易釋五卷　（清）易順豫撰　清刻本　六冊

110000－0102－0010277　丙一/1497　經部/四書類

四書不二字　清宣統元年(1909)北京救世堂刻本　二冊

110000－0102－0010278　丙一/1503　經部/書類/傳說

尚書詳解五十卷　（宋）陳經撰　清乾隆福建刻本　十二冊

110000－0102－0010279　丙一/1506　經部/小學類/文字/說文

苗氏說文四種　（清）苗夔撰　清道光二十一年(1841)祁氏刻本　八冊

110000－0102－0010280　丙一/1507　經部/詩類/傳說

呂氏家塾讀詩記三十二卷　（宋）呂祖謙撰

續呂氏家塾讀詩記三卷　（宋）戴溪撰　清咸豐至同治楊氏刻本　十二冊

110000－0102－0010281　丙一/1508　經部/

易類/圖說

象數論六卷　（清）黃宗羲撰　清廣雅書局刻本　二冊

110000－0102－0010282　丙一/1510　經部/易類/傳說

周易正義十四卷　（唐）孔穎達等撰　清吳興劉氏刻本　六冊

110000－0102－0010283　丙一/1511　經部/禮類/儀禮/傳說

儀禮集釋三十卷　（宋）李如圭撰　清陳氏刻本　十二冊

110000－0102－0010284　丙一/1512　經部/易類

讀易大旨五卷　（清）孫奇逢撰　清康熙二十七年(1688)刻本　四冊

110000－0102－0010285　丙一/1513　經部/書類/傳說

尚書精義五十卷　（宋）黃倫撰　清道光二十六年(1846)錢氏刻本　十四冊

110000－0102－0010286　丙一/1514　經部/詩類/傳說

詩總聞二十卷　（宋）王質撰　清道光二十六年(1846)錢氏刻本　六冊

110000－0102－0010287　丙一/1516　經部/小學類/訓詁/方言

方言注十三卷　（漢）揚雄撰　（晉）郭璞注（清）紀昀等校　清乾隆福建刻本　三冊

110000－0102－0010288　丙一/1517　經部/春秋類/左傳/傳說

左傳事緯前書八卷左傳事緯十二卷　（清）馬驌編　清道光十二年(1832)馬氏刻本　二十冊

110000－0102－0010289　丙一/1518　經部/易類/傳說

周易經傳八卷　（宋）程頤撰　清光緒九年(1883)江南書局刻本　三冊

110000－0102－0010290　丙一/1519　經部/

易類/傳說

周易傳義合訂十二卷 （清）朱軾撰 清乾隆二年(1737)刻本 五冊

110000－0102－0010291 丙一/1521 史部/別史、雜史類

春秋別典十五卷 （明）薛虞畿撰 清刻嶺南遺書本 四冊

110000－0102－0010292 丙一/1522 經部/經總類/群經總義

新鐫經苑 （清）錢儀吉輯 清咸豐元年(1851)刻本 二十八冊 存七十六卷(溫公易說六卷、吳園易解九卷、誠齋易說二十卷、易傳燈四卷、論語意原四卷、孝經或問三卷、讀書叢說七卷、春秋纂例十卷、春秋微旨三卷、春秋集解十卷)

110000－0102－0010293 丙一/1524 經部/小學類/文字/說文

說文解字三十二卷說文選要九卷 （清）段玉裁注 清光緒十六年(1890)石印本 十冊

110000－0102－0010294 丙一/1525 經部/小學類/文字/字典詞典等

康熙字典十二卷 （清）張玉書纂 清光緒二十年(1894)上海同文書局石印本 四冊

110000－0102－0010295 丙一/1529－1 經部/禮類/禮記/傳說

黃氏讀禮記日抄 （宋）黃震撰 清光緒三十四年(1908)問經精舍刻本 八冊

110000－0102－0010296 丙一/1529 史部/傳記類/總傳/專錄/儒林

國朝漢學師承記八卷 （清）江藩纂 清光緒二十二年(1896)刻本 四冊

110000－0102－0010297 丙一/1539 經部/書類/傳說

禹貢指南四卷 （宋）毛晃撰 清乾隆福建刻武英殿聚珍版叢書本 一冊

110000－0102－0010298 丙一/1540 經部/禮類/禮記

禮記春秋 （漢）鄭玄 （晉）杜預注 清乾隆

北京刻本 二十六冊

110000－0102－0010299 丙一/1541 經部/禮類/周禮/文字音義

周官新義 （宋）王安石撰 清刻本 四冊

110000－0102－0010300 丙一/1542 經部/春秋類/總義

公羊穀梁傳 （清）王源評 清刻本 四冊

110000－0102－0010301 丙一/1544 經部/經總類/群經總義

經學通論 （清）皮錫瑞撰 清光緒三十三年(1907)思賢書局刻本 五冊

110000－0102－0010302 丙一/1545 經部/春秋類/左傳/傳說

春秋左傳杜注三十卷 （清）姚培謙輯 清光緒十五年(1889)江南書局刻本 十冊

110000－0102－0010303 丙一/1547 經部/禮類/周禮/傳說

禮經會元四卷 （宋）葉時著 清刻本 四冊

110000－0102－0010304 丙一/1548 經部/春秋類/總義

春秋辨疑四卷春秋集注四十卷 （清）紀昀等輯 清乾隆福建刻武英殿聚珍版叢書本 十九冊

110000－0102－0010305 丙一/1549 經部/春秋類/公羊傳/傳說

春秋公羊經傳解詁 （漢）何休纂 清同治二年(1863)刻本 四冊

110000－0102－0010306 丙一/1550 經部/春秋類/穀梁傳/傳說

春秋穀梁傳十二卷 （晉）范甯集解 清光緒二十一年(1895)金陵書局刻本 二冊

110000－0102－0010307 丙一/1552 經部/禮類/儀禮/傳說

儀禮十七卷 （元）敖繼公集說 清同治刻通志堂經解本 八冊

110000－0102－0010308 丙一/1553 經部/小學類/音韻

顧氏音學五書 （明）顧炎武撰 清光緒十六年(1890)刻本 十二冊

110000－0102－0010309 丙一/1554 經部/經總類/群經合刊

易經 （晉）王弼注 書經 （漢）孔安國傳 清道光二十三年(1843)刻本 六冊

110000－0102－0010310 丙一/1555 經部/經總類/群經總義

古經解彙函 （清）鍾謙鈞輯 清同治十三年(1874)刻本 六十六冊

110000－0102－0010311 丙一/1556 經部/詩類/傳說

詩經傳注 （清）李塨撰 清道光二十四年(1844)刻本 四冊

110000－0102－0010312 丙一/1558 經部/小學類/文字/說文/傳說

說文解字繫傳四十卷校勘記三卷 （南唐）徐鍇撰 （清）祁寯藻撰 清光緒二年(1876)平江吳氏刻本 八冊

110000－0102－0010313 丙一/1559 經部/詩類/傳說

詩經 （漢）鄭玄箋 清道光二十三年(1843)刻本 八冊

110000－0102－0010314 丙二/2 史部/紀事本末類

明史紀事本末八十卷 （清）谷應泰撰 清朝宗書室木活字印本 二十冊

110000－0102－0010315 丙二/3 史部/紀事本末類/斷代

宋史紀事本末一百九十卷 （明）馮琦撰 清朝宗書室刻本 二十四冊

110000－0102－0010316 丙二/4 史部/紀事本末類/通代

通鑑紀事本末二百三十九卷 （宋）袁樞編 清同治七年(1868)朝宗書室木活字印本 七十冊

110000－0102－0010317 丙二/5 史部/紀事本末類/斷代

元史紀事本末二十七卷 （明）陳邦瞻編 清朝宗書室木活字印本 六冊

110000－0102－0010318 丙二/9 史部/金石類

金石文鈔八卷 （清）趙紹祖輯 清嘉慶七年(1802)刻本 八冊

110000－0102－0010319 丙二/15 史部/地理類/遊記/唐至明

徐霞客遊記 （明）徐宏祖撰 清光緒七年(1881)瘦影山房刻本 十冊

110000－0102－0010320 丙二/18 子部/譜錄類/器物

端溪硯史三卷 （清）吳蘭修撰 清道光十七年(1837)嘉善周氏刻本 二冊

110000－0102－0010321 丙二/24 子部/藝術類/書畫/書法、碑帖/清

蘇米齋蘭亭考八卷 （清）翁方綱撰 清嘉慶八年(1803)刻本 二冊

110000－0102－0010322 丙二/25 史部/目錄類/著錄/叢書目錄/總目

行素堂目覩書錄 （清）朱記榮輯 清光緒十年(1884)刻本 十冊

110000－0102－0010323 丙二/28 史部/金石類/總錄/文字

金石例九卷 （元）潘昂霄撰 （清）楊本編輯 清刻本 四冊

110000－0102－0010324 丙二/38 史部/傳記類/圖贊

於越先賢像傳贊二卷 （清）王錫齡撰 清咸豐六年(1856)刻本 四冊

110000－0102－0010325 丙二/40 史部/地理類/方志/地方志/安徽

[光緒]皖志便覽三卷 李應珏撰 清光緒二十四年(1898)刻本 四冊

110000－0102－0010326 丙二/43 史部/地理類/方志/地方志/湖南

［光緒］慈利縣志十卷首一卷　（清）吳恭亨撰
清光緒二十二年（1896）刻本　二冊

110000－0102－0010327　丙二/46　史部/地
理類/方志/地方志/山東

［同治］黃縣志十四卷首一卷　（清）尹繼美
（清）王棠等纂修　清同治十年（1871）刻本
四冊

110000－0102－0010328　丙二/49　史部/地
理類/方志/地方志/廣東

［光緒］赤溪雜志二卷　（清）金武祥撰　清光
緒十七年（1891）刻粟香室叢書本　二冊

110000－0102－0010329　丙二/50　史部/地
理類/專志/書院

嶽麓續志四卷終一卷　（清）丁善慶撰　清同
治六年（1867）刻本　三冊

110000－0102－0010330　丙二/51　史部/地
理類/方志/地方志/湖北

［嘉慶］荊門直隸州志三十二卷　（清）舒成龍
等纂修　（清）王樹勳等重修　清嘉慶十四年
（1809）刻本　十二冊

110000－0102－0010331　丙二/52　史部/地
理類/方志/地方志/陝西

［乾隆］咸陽縣志二十二卷首一卷末一卷
（清）臧應桐纂修　清乾隆十六年（1751）刻本
四冊

110000－0102－0010332　丙二/57　史部/地
理類/方志/地方志/江蘇

［光緒］重脩華亭縣志二十四卷首一卷末一卷
（清）楊開第　（清）姚光發等修纂　清光緒
五年（1879）刻本　十冊

110000－0102－0010333　丙二/61　史部/地
理類/方志/地方志/山東

［道光］長清縣志十六卷首一卷末一卷　（清）
舒化民等修　（清）徐德城等纂　清道光十五
年（1835）刻本　六冊

110000－0102－0010334　丙二/62　史部/地
理類/方志/地方志/河南

［同治］葉縣志十卷首一卷　（清）歐陽霖重修

（清）倉景恰等纂　清同治十年（1871）刻本
八冊

110000－0102－0010335　丙二/63　史部/地
理類/方志/地方志/浙江

［咸豐］南潯鎮志四十卷首一卷　（清）汪曰楨
撰　清同治二年（1863）刻本　十二冊

110000－0102－0010336　丙二/67　史部/地
理類/方志/地方志/山東

［光緒］日照縣志十二卷首一卷　（清）陳懋修
（清）張庭詩纂　清光緒十二年（1886）刻本
四冊

110000－0102－0010337　丙二/69　史部/地
理類/方志/地方志/河北

［同治］西寧縣志十卷首一卷　（清）韓志超等
修　（清）楊篤纂　清光緒元年（1875）刻本
四冊

110000－0102－0010338　丙二/71　史部/地
理類/方志/地方志/山西

［嘉慶］介休縣志十四卷　（清）徐品山等修纂
清嘉慶二十四年（1819）刻本　八冊

110000－0102－0010339　丙二/72　史部/地
理類/方志/地方志

［光緒］周莊鎮志六卷首一卷　（清）陶煦重輯
清光緒八年（1882）刻本　六冊

110000－0102－0010340　丙二/73　史部/地
理類/方志/地方志

［正德］武功縣志三卷首一卷　（明）康海撰
（清）孫景烈評注　清同治十二年（1873）湖北
崇文書局刻本　一冊

110000－0102－0010341　丙二/74　史部/地
理類/方志/地方志/河南

［乾隆］登封縣志三十二卷　（清）洪亮吉
（清）陸繼萼同纂　清乾隆五十二年（1787）刻
本　八冊

110000－0102－0010342　丙二/75　史部/地
理類/方志/地方志

［寶慶］四明志二十一卷　（宋）羅濬等撰　清
咸豐四年（1854）甬上煙嶼樓徐氏刻本　十冊

110000－0102－0010343　丙二/77　史部/地理類/方志/地方志/山東

[同治]即墨縣志十二卷　(清)林溥等續修　(清)周翕鏛等纂　清同治十二年(1873)刻本　八冊

110000－0102－0010344　丙二/78　史部/地理類/方志/地方志/吉林

[光緒]吉林輿地略二卷　(清)秦世銓纂　清光緒二十四年(1898)石印本　二冊

110000－0102－0010345　丙二/79　史部/地理類/方志/地方志/河北

[道光]直隸定州志二十二卷首一卷　(清)寶琳等纂修　清咸豐元年(1851)刻本　十二冊

110000－0102－0010346　丙二/80　史部/地理類/方志/地方志/河南

元河南志四卷　(元)□□撰　(清)徐松輯　清光緒三十四年(1908)刻本　二冊

110000－0102－0010347　丙二/82　史部/地理類/方志/地方志/四川

[嘉慶]羅江縣志十卷　(清)李調元撰　清嘉慶七年(1802)刻本　四冊

110000－0102－0010348　丙二/84　史部/地理類/方志/地方志/四川

[乾隆]富順縣志五卷首一卷　(清)段玉裁等纂輯　清光緒八年(1882)釜山書社刻本　五冊

110000－0102－0010349　丙二/85　史部/地理類/方志/地方志/河北

[道光]萬全縣志十卷首一卷　(清)左承業纂修　(清)施彥士重修　清道光十四年(1834)刻本　四冊

110000－0102－0010350　丙二/86　史部/地理類/方志/地方志/浙江

景定嚴州續志十卷　(宋)鄭瑤等撰　清光緒刻本　四冊

110000－0102－0010351　丙二/87　史部/地理類/方志/地方志/湖南

[乾隆]辰州府志五十卷首一卷　(清)席紹葆

修　(清)謝鴻謙等纂　清乾隆三十年(1765)刻本　二十二冊

110000－0102－0010352　丙二/92　史部/地理類/方志/地方志/湖南

[同治]祁陽縣志(浯溪志)　(清)陳玉祥纂修　清同治九年(1870)刻本　二冊　存一卷(五十一)

110000－0102－0010353　丙二/97　史部/地理類/方志/地方志/陝西

[嘉慶]韓城縣續志五卷　(清)冀蘭泰纂輯　清嘉慶二十三年(1818)刻本　一冊

110000－0102－0010354　丙二/99　史部/地理類/方志/地方志/河南

[光緒]盧氏縣志十八卷首一卷　(清)郭光澍等修　(清)李旭春等纂　清光緒十九年(1893)刻本　十冊

110000－0102－0010355　丙二/100　史部/地理類/方志/地方志/湖北

[同治]襄陽縣志七卷首一卷　(清)楊宗時等修　(清)崔淦等纂　清同治十三年(1874)刻本　八冊

110000－0102－0010356　丙二/101　史部/地理類/方志/地方志/江蘇

[光緒]金山縣志三十卷首一卷　(清)龔寶琦等修　(清)黃厚本等纂　清光緒四年(1878)刻本　八冊

110000－0102－0010357　丙二/102　史部/地理類/方志/地方志/湖南

[光緒]寧遠縣志八卷　(清)張大煦修　清光緒元年(1875)崇正書院刻本　四冊

110000－0102－0010358　丙二/103　史部/地理類/方志/地方志/湖南

[同治]衡陽縣圖志十二卷　(清)羅慶薌修　(清)彭玉麟等纂　清同治十三年(1874)刻本　八冊

110000－0102－0010359　丙二/105　史部/地理類/方志/地方志/浙江

[嘉慶]太平縣志十八卷　(清)慶霖　(清)

戚學標等修纂　清光緒二十二年（1896）刻本
十冊

110000－0102－0010360　丙二/107　史部/
地理類/方志/地方志/浙江

[光緒]唐棲志二十卷　（清）王同輯　清光緒
十六年（1890）刻本　八冊

110000－0102－0010361　丙二/108　史部/
地理類/方志/地方志/河北

[光緒]唐縣志十二卷首一卷　（清）陳詠修
（清）張惇德纂　清光緒四年（1878）刻本
八冊

110000－0102－0010362　丙二/112　史部/
地理類/方志/地方志/江蘇

[咸豐]甘棠小志四卷首一卷　（清）董醇撰
清咸豐五年（1855）刻本　四冊

110000－0102－0010363　丙二/113　史部/
地理類/方志/鄉土志

西石城風俗志　（清）陳慶年撰　清光緒三十
四年（1908）鉛印本　一冊

110000－0102－0010364　丙二/114　史部/
地理類/方志/地方志/江蘇

[光緒]川沙廳志十四卷首一卷末一卷　（清）
陳方瀛修　（清）俞樾等纂　清光緒五年
（1879）刻本　六冊

110000－0102－0010365　丙二/115　史部/
地理類/方志/地方志/山東

[光緒]寧陽縣鄉土志　（清）李椿齡等編纂
清光緒三十三年（1907）石印本　一冊

110000－0102－0010366　丙二/117　史部/
地理類/方志/地方志/四川

[光緒]秀山縣志十四卷首一卷　（清）王壽松
修　清光緒十八年（1892）刻本　一冊

110000－0102－0010367　丙二/121　史部/
地理類/方志/地方志/遼寧

[光緒]遼陽州鄉土志　（清）永貞編輯　清光
緒三十四年（1908）奉天習藝所鉛印本　一冊

110000－0102－0010368　丙二/125　史部/

地理類/方志/地方志/湖南

[嘉慶]澧志要舉三卷　（清）潘相修　（清）
潘承煒續輯　清嘉慶二年（1797）經腴堂刻本
二冊

110000－0102－0010369　丙二/128　史部/
地理類/方志/地方志/廣東

[光緒]九江儒林鄉志二十一卷　（清）馮拭宗
（清）黎璿等修纂　清光緒九年（1883）羊城
聚陞堂刻本　十冊

110000－0102－0010370　丙二/132　史部/
地理類/方志/地方志/陝西

[光緒]靖邊志稿四卷　（清）丁錫奎修
（清）白翰章纂　清光緒二十五年（1899）刻本
四冊

110000－0102－0010371　丙二/136　史部/
地理類/方志/地方志/湖北

[光緒]歸州志十卷首一卷　（清）劉玉森等纂
輯　清光緒八年（1882）刻本　六冊

110000－0102－0010372　丙二/140　史部/
地理類/方志/地方志

[嘉慶]黎里志十六卷首一卷　（清）徐達源纂
輯　清嘉慶十年（1805）刻本　四冊

110000－0102－0010373　丙二/142　史部/
地理類/方志/地方志/河北

[道光]欒城縣志十卷末一卷　（清）高繼珩纂
清道光二十六年（1846）刻本　三冊

110000－0102－0010374　丙二/143　史部/
地理類/方志/地方志/河北

[同治]桂陽直隸州志十五卷　（清）汪敬灝修
清刻本　六冊

110000－0102－0010375　丙二/144　史部/
地理類/方志/地方志

[咸豐]邳州志二十卷首一卷　（清）魯一同纂
清咸豐元年（1851）刻本　五冊

110000－0102－0010376　丙二/149　史部/
地理類/方志/地方志/河南

[乾隆]林縣志十卷首一卷末一卷　（清）楊潮
觀纂輯　清乾隆十六年（1751）刻本　四冊

110000－0102－0010377　丙二/151　史部/地理類/方志/地方志/山東

[道光]東阿縣志略二卷　（清）吳怡輯　清道光八年(1828)刻本　二冊

110000－0102－0010378　丙二/153　史部/地理類/總錄

彙刻太倉舊志五種　（清）繆朝荃等輯　清宣統元年(1909)太倉繆氏刻本　八冊

110000－0102－0010379　丙二/154　史部/地理類/方志/地方志

[咸淳]臨安志一百卷　（宋）潛說友撰　清道光十年(1830)錢塘汪氏振綺堂仿宋刻本　二十四冊

110000－0102－0010380　丙二/155　史部/地理類/方志/地方志/江蘇

[紹熙]雲間志三卷　（宋）楊潛　（宋）朱端常等修纂　清光緒二十年(1894)徐氏觀自得齋刻本　三冊

110000－0102－0010381　丙二/158　史部/地理類/方志/地方志/河南

[光緒]宜陽縣志十六卷　（清）謝應起續修　（清）劉占卿等纂　清光緒七年(1881)刻本　八冊

110000－0102－0010382　丙二/159　史部/地理類/方志/地方志/山西

[光緒]平定州志補一卷　（清）葛士達等撰　清光緒十八年(1892)刻本　一冊

110000－0102－0010383　丙二/162　史部/地理類/外紀

阿富汗土耳其基斯坦等志　（清）學部編譯圖書局編纂　清光緒三十三年(1907)學部編譯圖書局鉛印本　一冊

110000－0102－0010384　丙二/163　史部/地理類/外紀

俾路芝志馬留土股志　（清）學部編譯圖書局編纂　清光緒三十三年(1907)學部圖書局鉛印本　一冊

110000－0102－0010385　丙二/164　史部/地理類/方志/其它

小亞細亞志附新志　（清）學部編譯圖書局編纂　清光緒三十三年(1907)學部圖書局鉛印本　一冊

110000－0102－0010386　丙二/168　史部/地理類/專志/寺觀

逍遙山萬壽宮志二十二卷首一卷　（清）金桂馨等纂輯　清光緒四年(1878)刻本　十冊

110000－0102－0010387　丙二/170　史部/地理類/山川/山

九華山志十卷首一卷末一卷　（清）周贇纂修　清光緒二十六年(1900)刻本　八冊

110000－0102－0010388　丙二/171　史部/地理類/山川/山

慧山記四卷　（明）邵寶撰　清同治七年(1868)刻本　二冊

110000－0102－0010389　丙二/172　史部/地理類/山川/山

慧山記續編三卷　（清）邵涵初輯　清同治七年(1868)刻本　三冊

110000－0102－0010390　丙二/173　史部/地理類/山川/山

重修南海普陀山志二十卷首一卷　（清）秦耀曾編輯　清道光二十三年(1843)刻本　四冊

110000－0102－0010391　丙二/177　史部/地理類/山川/川

北湖小志六卷首一卷　（清）焦循撰　清嘉慶十三年(1808)刻本　二冊

110000－0102－0010392　丙二/179　史部/地理類/山川/山

烏石山志九卷首一卷　（清）郭柏蒼　（清）劉永松同纂　清光緒九年(1883)刻本　五冊

110000－0102－0010393　丙二/180　史部/地理類/山川/山

金剛山志二卷　（朝鮮）鄭海志撰　清刻本　二冊

110000－0102－0010394　丙二/181　史部/

地理類/山川/山

白雲越秀二山合志二卷　（清）崔弼編輯　清道光二十八年（1848）刻本　一冊

110000 - 0102 - 0010395　丙二/182　史部/地理類/山川/山

華銀山志十八卷首一卷　（清）釋虎溪　（清）釋益謙合輯　清同治四年（1865）刻本　四冊

110000 - 0102 - 0010396　丙二/184　史部/地理類/山川/山

招寶山志二卷　（清）陳景沛撰　清道光二十六年（1846）刻本　二冊

110000 - 0102 - 0010397　丙二/186　史部/地理類/山川/山

峨眉山志十八卷　（清）呂龍光補編　清道光七年（1827）伏虎寺刻本　六冊

110000 - 0102 - 0010398　丙二/188　史部/地理類/專志/古跡

長白彙徵錄八卷首一卷　（清）劉建封等編輯　清宣統二年（1910）鉛印本　四冊

110000 - 0102 - 0010399　丙二/193　史部/地理類/山川/山

九華山志十卷首一卷　（清）謝維喈重修　清光緒二十六年（1900）刻本　八冊

110000 - 0102 - 0010400　丙二/198　史部/地理類/山川/山

泰山志二十卷　（清）金榮纂輯　清光緒二十四年（1898）刻本　十冊

110000 - 0102 - 0010401　丙二/199　史部/地理類/山川/山

浮山志五卷　（清）酥醪洞主輯　清光緒七年（1881）刻本　四冊

110000 - 0102 - 0010402　丙二/203　史部/地理類/山川/山

青城山記二卷　（清）彭洵編輯　清光緒十三年（1887）刻本　一冊

110000 - 0102 - 0010403　丙二/204　史部

崆峒山志二卷　（清）張伯魁纂修　清嘉慶二

十四年（1819）刻本　二冊

110000 - 0102 - 0010404　丙二/205　史部/地理類/山川/山

爛柯山志十三卷　（清）鄭永禧補輯　清光緒三十三年（1907）刻本　四冊

110000 - 0102 - 0010405　丙二/206　史部/地理類/山川/山

陰那山志六卷　（明）李士淳原撰　清咸豐七年（1857）刻本　六冊

110000 - 0102 - 0010406　丙二/207　史部/地理類/山川/山

北固山志十四卷首一卷　（清）周伯義編　清光緒三十年（1904）刻本　四冊

110000 - 0102 - 0010407　丙二/209　史部/地理類/山川/山

西天目祖山志八卷首一卷末一卷　（清）釋際界增訂　清光緒二年（1876）刻本　二冊　存四卷（一至四）

110000 - 0102 - 0010408　丙二/210　史部/地理類/山川/山

重修馬蹟山志八卷首一卷　（清）許械纂　清光緒五年（1879）刻本　四冊

110000 - 0102 - 0010409　丙二/214　史部/地理類/山川/山

崆峒山志二卷　（清）張伯魁纂修　清嘉慶二十四年（1819）刻本　二冊

110000 - 0102 - 0010410　丙二/215　史部/地理類/山川/山

崆峒山志二卷　（清）張伯魁纂修　清嘉慶二十四年（1819）刻本　四冊

110000 - 0102 - 0010411　丙二/216　史部/地理類/專志/寺觀

天童寺志十卷首一卷　（明）聞性道等撰　清道光三十年（1850）刻本　四冊

110000 - 0102 - 0010412　丙二/218　史部/地理類/專志/寺觀

杜主開明前志五卷後志八卷　（清）謝澍纂輯

清道光十四年(1834)孫氏鵝溪村舍刻本
二冊

110000－0102－0010413　丙二/219　史部/
地理類/專志/寺觀

靈巖志六卷　(清)李興祖等撰　清康熙刻本
四冊

110000－0102－0010414　丙二/220　史部/
地理類/專志/祠廟

悅城龍母廟志二卷首一卷末一卷　(清)黃應
奎等編輯　清咸豐元年(1851)刻本　一冊

110000－0102－0010415　丙二/221　史部/
地理類/專志/寺觀

重修昭覺寺志八卷首一卷　(清)釋中恂修
清光緒二十二年(1896)刻本　四冊

110000－0102－0010416　丙二/224　史部/
地理類/專志/寺觀

鳳凰山聖果寺志　(清)釋超乾輯　清光緒七
年(1881)泉唐丁氏刻本　一冊

110000－0102－0010417　丙二/227　史部/
地理類/專志/寺觀

昭慶寺志　(清)釋發朗撰　清光緒抄本
一冊

110000－0102－0010418　丙二/228　史部/
地理類/專志/祠廟

曹江孝女廟志八卷首一卷末一卷　(清)金廷
棟編輯　清光緒八年(1882)刻本　二冊

110000－0102－0010419　丙二/230　史部/
地理類/專志/寺觀

四神志略　(清)楊浚輯　清光緒十五年
(1889)冠悔堂刻本　六冊

110000－0102－0010420　丙二/232　史部/
地理類/專志/寺觀

黃檗山寺志八卷　(明)釋隱元原編　(清)釋
性幽　(清)釋獨往等續修　清活字本　二冊

110000－0102－0010421　丙二/233　史部/
地理類/專志/寺觀

靈谷禪林志十四卷首一卷　(清)甘熙輯　清

道光二十年(1840)刻本　二冊

110000－0102－0010422　丙二/234　史部/
地理類/專志/祠廟

長沙賈太傅祠志二卷　(清)夏獻雲編輯　清
光緒四年(1878)刻本　二冊

110000－0102－0010423　丙二/236　史部/
地理類/專志/寺觀

南朝佛寺志二卷　陳作霖編纂　清光緒刻本
二冊

110000－0102－0010424　丙二/239　史部/
地理類/專志/寺觀

武林元妙觀志四卷　原題(清)羽士仰蘅編輯
清光緒七年(1881)刻本　一冊

110000－0102－0010425　丙二/240　史部/
地理類/專志/寺觀

崇福寺志四卷續志一卷　(清)朱文藻纂輯
清光緒七年(1881)錢塘丁氏竹書堂刻本
二冊

110000－0102－0010426　丙二/241　史部/
地理類/專志/祠廟

忠武祠墓志七卷首一卷末一卷　(清)虛白道
人輯　清同治五年(1866)刻本　四冊

110000－0102－0010427　丙二/244　史部/
地理類/遊記

蘿菴遊賞小志　李慈銘撰　清宣統鉛印晨風
閣叢書本　一冊

110000－0102－0010428　丙二/246　史部/
地理類/專志/古跡

棲霞小志　(明)盛時泰撰　清光緒二十三年
(1897)江陰繆氏刻本　一冊

110000－0102－0010429　丙二/247　史部/
地理類/雜記

鸚鵡州小志四卷首一卷　(清)胡鳳丹編纂
清同治十三年(1874)退補齋刻本　二冊

110000－0102－0010430　丙二/248　史部/
地理類/專志/古跡

蜀中名勝記三十卷　(明)曹學佺撰　清宣統

二年(1910)成都茹古書局刻本　十冊

110000－0102－0010431　丙二/249　史部/
地理類/外紀

爪哇志一卷附新志一卷蘇門答拉志一卷附新
志一卷　清光緒三十三年(1907)學部圖書局
鉛印本　一冊

110000－0102－0010432　丙二/250　史部/
地理類/方志/地方志/浙江

吳興記　(南朝宋)山謙之撰　清光緒六年
(1880)刻本　一冊

110000－0102－0010433　丙二/252　史部/
地理類/遊記/遊記譯作

滿洲旅行記二卷　(日本)小越平隆撰　(清)
克齋譯　清光緒二十八年(1902)上海廣智書
局鉛印本　二冊

110000－0102－0010434　丙二/253　史部/
地理類/遊記/遊記譯作

俄屬遊記二卷　(英國)蘭士德撰　(清)吳鎮
藩譯　清光緒二十年(1894)上海時務報館石
印本　二冊

110000－0102－0010435　丙二/257　史部/
地理類/杂記

北徼彙編六卷　(清)何秋濤編錄　清同治四
年(1865)京都龍威閣刻本　六冊

110000－0102－0010436　丙二/261　史部/
地理類/總錄

[光緒]湖北輿地記二十四卷　(清)湖北輿圖
局纂　清光緒二十年(1894)湖北輿圖局刻本
二十四冊

110000－0102－0010437　丙二/262　史部/
地理類/外紀

瀛環志略十卷　(清)徐繼畬編　清同治五年
(1866)刻本　六冊

110000－0102－0010438　丙二/263　史部/
地理類/專志/書院

白鷺洲書院志八卷首一卷　(清)劉繹等纂
清同治十年(1871)白鷺書院刻本　二冊

110000－0102－0010439　丙二/264　史部/
地理類/專志/古跡

九華紀勝二十三卷首一卷　(清)陳蔚編　清
道光元年(1821)刻本　四冊

110000－0102－0010440　丙二/265　史部/
地理類/山川/山

懷五山志八卷首一卷末一卷　(清)朱承煦編
輯　清乾隆四十年(1775)刻道光十九年
(1839)補刻本　四冊

110000－0102－0010441　丙二/266　史部/
地理類/專志/古跡

西谿梵隱志四卷　(清)吳本泰輯　清光緒七
年(1881)武林丁氏八千卷樓刻本　二冊

110000－0102－0010442　丙二/270　史部/
地理類/遊記/清

蒙古遊牧記十六卷　(清)張穆撰　清同治六
年(1867)壽州祁氏刻本　四冊

110000－0102－0010443　丙二/272　史部/
史評類/考訂

開闢傳疑二卷　(清)林春溥編　清道光十五
年(1835)竹柏山房刻本　一冊

110000－0102－0010444　丙二/274　史部/
傳記類/總傳/專錄/其它

青樓小名錄八卷　(清)趙慶楨輯　清宣統二
年(1910)上海國學扶輪社鉛印本　四冊

110000－0102－0010445　丙二/276　史部/
別史、雜史類

國語國策附劄記　(清)高誘注　(清)韋昭解
(清)黃丕烈劄記　清嘉慶八年(1803)黃丕
烈影宋刻本　十二冊

110000－0102－0010446　丙二/277　史部/
政書類/儀制

司馬氏書儀十卷　(宋)司馬光撰　清同治七
年(1868)江蘇書局仿宋刻本　二冊

110000－0102－0010447　丙二/280　史部/
傳記類/總傳/專錄/其它

宗藩寶鑑二卷　(清)曾鈞編輯　清抄本
一冊

110000 - 0102 - 0010448　丙二/283　史部/
地理類/山川/山

茅山志十四卷　（清）笪蟾光編　清光緒三年
(1877)懶雲草堂刻本　六冊

110000 - 0102 - 0010449　丙二/285　史部/
地理類/專志/寺觀

鼎湖山慶雲寺志八卷首一卷　（清）丁易修
（清）釋成鷲纂　清康熙五十六年(1717)刻本
四冊

110000 - 0102 - 0010450　丙二/286　史部/
地理類/山川/川

莫愁湖志六卷首一卷　（清）馬士圖輯　清嘉
慶二十年(1815)刻本　二冊

110000 - 0102 - 0010451　丙二/287　史部/
地理類/山川/山

金蓋山志四卷首一卷　（清）李宗蓮編輯　清
光緒二年(1876)古書隱樓刻本　二冊

110000 - 0102 - 0010452　丙二/288　史部/
地理類/山川/山

京口三山志十卷　（明）張萊輯　清宣統三年
(1911)橫山草堂刻本　二冊

110000 - 0102 - 0010453　丙二/289　史部/
地理類/專志/寺觀

江南蘇州府報講寺志　（清）釋敏曦輯　清光
緒二十五年(1899)刻本　一冊

110000 - 0102 - 0010454　丙二/290　史部/
地理類/專志/寺觀

江南蘇州府報講寺志　（清）釋敏曦輯　清光
緒二十五年(1899)刻本　一冊

110000 - 0102 - 0010455　丙二/292　史部/
地理類/山川/山

紫柏山志圖　（清）景邦憲輯　清同治十年
(1871)刻本　一冊

110000 - 0102 - 0010456　丙二/297　史部/
地理類/總錄

輿地廣記三十八卷　（宋）歐陽忞撰　清光緒
六年(1880)金陵書局刻本　四冊

110000 - 0102 - 0010457　丙二/298　史部/
地理類/山川/山

五蓮山志五卷　（清）釋海霆輯　清康熙二十
年(1681)萬松禪林刻本　二冊

110000 - 0102 - 0010458　丙二/299　史部/
地理類/山川/山

華嶽志八卷首一卷　（清）李榕纂輯　清道光
十一年(1831)刻本　四冊

110000 - 0102 - 0010459　丙二/301　史部/
地理類/山川/山

賣圖仙山志圖　（清）舒春蘭輯　（清）舒瑞重
輯　清道光二十五年(1845)刻本　一冊

110000 - 0102 - 0010460　丙二/307　史部/
地理類/山川/山

青城山記二卷　（清）彭洵編輯　清光緒十三
年(1887)刻本　一冊

110000 - 0102 - 0010461　丙二/312　史部/
地理類/遊記/清

太華太白紀遊略　（清）趙嘉肇撰　清光緒十
年(1884)刻本　一冊

110000 - 0102 - 0010462　丙二/316　史部/
地理類/方志

東三省沿革表六卷　（清）吳廷燮編　清宣統
元年(1909)刻本　六冊

110000 - 0102 - 0010463　丙二/325　史部/
別史、雜史類

宋史翼四十卷　（清）陸心源輯　清光緒三十
三年(1907)刻本　十冊

110000 - 0102 - 0010464　丙二/330　史部/
地理類/地圖、圖志

吳郡圖經續記三卷　（宋）朱昌文撰　清同治
十二年(1873)江蘇書局刻本　三冊

110000 - 0102 - 0010465　丙二/332　史部/
政書類/詔令奏議/奏議

孝肅奏議十卷　（宋）包拯撰　清同治二年
(1863)合肥李氏刻本　四冊

110000 - 0102 - 0010466　丙二/334　史部/

傳記類/總傳/專錄/儒林

史外八卷 （清）汪有典撰　清光緒三年(1877)刻本　八冊

110000－0102－0010467　丙二/335　史部/
地理類/方志/地方志

楚寶四十卷外編五卷 （明）周聖楷纂輯　清道光九年(1829)刻本　二十六冊

110000－0102－0010468　丙二/336　史部/
地理類/山川/山

龍潭山志二卷首一卷 （清）康阜輯　清光緒五年(1879)刻本　八冊

110000－0102－0010469　丙二/337　史部/
地理類/山川/山

西天目祖山志八卷首一卷末一卷 （清）釋廣賓輯　清光緒二年(1876)刻本　四冊

110000－0102－0010470　丙二/340　史部/
別史、雜史類

國語二十一卷劄記一卷 （三國吳）韋昭著解　（清）黃丕烈劄記　清嘉慶五年(1800)吳門黃氏讀未見書齋刻本　四冊

110000－0102－0010471　丙二/341　史部/
地理類/山川/山

萬山綱目賸稿二十一卷 （清）李誠撰　清光緒二十六年(1900)刻本　十冊

110000－0102－0010472　丙二/342　史部/
別史、雜史類

南漢書十八卷考異十八卷文字略四卷叢錄二卷 （清）梁廷楠撰　清道光九年(1829)刻本　六冊

110000－0102－0010473　丙二/343　史部/
別史、雜史類

晉略本紀 （清）周濟撰　清光緒二年(1876)味雋齋刻本　十冊

110000－0102－0010474　丙二/345　史部/
地理類/專志/寺觀

曹谿通志八卷首一卷 （清）馬元等重修　清道光十六年(1836)懷善堂刻本　八冊

110000－0102－0010475　丙二/346　史部/
傳記類/總傳/通錄/地方

百越先賢志四卷 （明）歐大任撰　清末南海伍氏粵雅堂文字歡娛室刻嶺南遺書本　二冊

110000－0102－0010476　丙二/347　史部/
地理類/總錄

太平寰宇記二百卷 （宋）樂史撰　清嘉慶八年(1803)刻本　三十六冊

110000－0102－0010477　丙二/349　史部/
別史、雜史類

南宋書六十八卷 （明）錢士升撰　清嘉慶二年(1797)掃葉山房刻本　十二冊

110000－0102－0010478　丙二/350　集部/
總集類/文/斷代/宋

宋文鑑一百五十卷 （宋）呂祖謙編　清光緒十二年(1886)江蘇書局刻本　二十四冊

110000－0102－0010479　丙二/351　史部/
地理類/專志/古跡

江城名蹟記四卷補二卷續一卷詩二卷 （清）陳弘緒撰　清光緒九年(1883)刻本　六冊

110000－0102－0010480　丙二/354　史部/
地理類/總錄

歷代地理志韻編今釋二十卷 （清）李兆洛輯　清光緒二十四年(1898)掃葉山房影印本　八冊

110000－0102－0010481　丙二/355　史部/
地理類/地圖、圖志

浙江圖考 （清）阮元撰　清嘉慶七年(1802)刻本　一冊

110000－0102－0010482　丙二/358　史部/
地理類/地圖、圖志

地球韻言四卷 （清）張士瀛撰　清光緒二十五年(1899)刻本　二冊

110000－0102－0010483　丙二/361　史部/
史抄類

人壽金鑑二十二卷 （清）程得齡輯　清嘉慶二十五年(1820)刻本　六冊

110000－0102－0010484　丙二/362　史部/傳記類

聖武記十四卷　（清）魏源撰　清光緒七年(1881)刻本　十二冊

110000－0102－0010485　丙二/363　史部/政書類/詔令奏議

丁文誠公奏稿十六卷首一卷遺稿二卷　（清）丁寶楨撰　清光緒十九年(1893)刻本　二十八冊

110000－0102－0010486　丙二/364　史部/地理類/遊記/清

度隴記四卷　（清）董醇撰　清咸豐元年(1851)刻隨軺載筆本　四冊

110000－0102－0010487　丙二/365　子部/術數類/相宅相墓

地理五訣八卷　（清）趙廷棟撰　清抄本　八冊

110000－0102－0010488　丙二/376　史部/政書類/邦交/雜錄

中俄約章會要三卷續編一卷　（清）總理衙門輯　清光緒八年(1882)鉛印本　四冊

110000－0102－0010489　丙二/379　史部/地理類/總錄

釋氏稽古略四卷續集三卷　（元）釋覺岸撰　清刻本　五冊

110000－0102－0010490　丙二/381　史部/外國史類

俄史輯譯四卷　（清）徐景羅譯　清光緒十四年(1888)益智書會刻本　四冊

110000－0102－0010491　丙二/382　史部/政書類/邦交/商約

通商各國條約　清光緒鉛印本　二十一冊

110000－0102－0010492　丙二/383　史部/地理類/方志/地方志

[光緒]重修新樂縣志六卷　（清）趙文濂纂　清光緒十一年(1885)刻本　六冊

110000－0102－0010493　丙二/384　史部/

地理類/專志/寺觀

續修雲林寺志八卷　（清）沈鑅彪纂　清光緒十四年(1888)丁氏刻本　四冊

110000－0102－0010494　丙二/385　史部/地理類/山川/山

九疑山志四卷　（清）吳繩祖重編　清嘉慶元年(1796)刻本　二冊

110000－0102－0010495　丙二/386　史部/地理類/專志/寺觀

潭柘山岫雲寺志　（清）神穆德撰　（清）釋義庵續修　清光緒九年(1883)刻本　二冊

110000－0102－0010496　丙二/388　史部/傳記類/別傳

道國元公濂溪周夫子志十五卷首一卷　（清）吳大鎔纂　清康熙二十四年(1685)刻本　五冊

110000－0102－0010497　丙二/390　史部/政書類/邦計/鹽政

淮北票鹽志略十卷　（清）童濂　（清）魏源等修輯　清刻本　四冊

110000－0102－0010498　丙二/397　史部/地理類/遊記/清

南遊記三卷　（清）釋恆照撰　清道光十年(1830)刻本　二冊

110000－0102－0010499　丙二/399　子部/術數類/相宅相墓

地理書　甌溪翠碧山人撰　清抄本　四冊

110000－0102－0010500　丙二/402　史部/別史、雜史類

補注洗冤錄集證四卷　（清）童濂撰　清道光二十三年(1843)刻三色套印本　二冊

110000－0102－0010501　丙二/403　史部/政書類/職官/官箴

風憲忠告廟堂忠告牧民忠告　（元）張養浩撰　清道光十一年(1831)歷城尹濟源刻本　二冊

110000－0102－0010502　丙二/404　叢部/

自著叢書/清中晚期

觀古閣叢稿 （清）鮑康撰 清同治、光緒觀古閣刻本 八冊

110000－0102－0010503 丙二/411 史部/編年類

袁王加批綱鑑彙纂三十九卷首一卷 （明）袁黃 （清）王世貞同編 清末民國掃葉山房石印本 二十四冊

110000－0102－0010504 丙二/414 史部/紀傳類/通代

史記索隱三十卷 （唐）司馬貞撰 清光緒十九年（1893）廣雅書局刻本 四冊

110000－0102－0010505 丙二/415 史部/紀傳類/斷代

漢書一百二十卷 （漢）班固撰 清光緒二十九年（1903）五洲同文局石印本 三十二冊

110000－0102－0010506 丙二/416 史部/地理類/方志/總志

新斠注漢書地理志十六卷 （清）錢坫撰 （清）徐松集譯 清同治十三年（1874）會稽章氏刻本 六冊

110000－0102－0010507 丙二/420 史部/紀傳類/斷代

三國志證聞三卷 （清）錢儀吉撰 清光緒十一年（1885）江蘇書局刻本 二冊

110000－0102－0010508 丙二/423 史部/紀傳類/斷代

晉書校勘記三卷 （清）勞格撰 清光緒十八年（1892）廣雅書局刻本 一冊

110000－0102－0010509 丙二/426 史部/紀傳類/斷代

南齊書五十九卷 （南朝梁）蕭子顯撰 清同治十三年（1874）金陵書局刻本 六冊

110000－0102－0010510 丙二/427 史部/紀傳類/斷代

梁書五十六卷 （唐）姚思廉撰 清同治十三年（1874）金陵書局刻本 六冊

110000－0102－0010511 丙二/428 史部/紀傳類/斷代

陳書三十六卷 （唐）姚思廉撰 清光緒二十九年（1903）五洲同文局石印本 六冊

110000－0102－0010512 丙二/429 史部/紀傳類/斷代

魏書一百十四卷 （北齊）魏收撰 清光緒五年（1879）同文局石印本 二十四冊

110000－0102－0010513 丙二/431 史部/紀傳類/斷代

周書五十卷 （唐）令狐德棻等撰 清同治十三年（1874）金陵書局刻本 四冊

110000－0102－0010514 丙二/432 史部/紀傳類/斷代

隋書八十五卷 （唐）魏徵等撰 清同治十年（1871）淮南書局刻本 十六冊

110000－0102－0010515 丙二/433 史部/紀傳類/斷代

南史八十卷 （唐）李延壽撰 清刻本 二十冊

110000－0102－0010516 丙二/435 史部/紀傳類/斷代

舊唐書二百十四卷 （後晉）劉昫撰 清同治十一年（1872）浙江書局刻本 四十冊

110000－0102－0010517 丙二/436 史部/紀傳類/斷代

新唐書二百七十三卷 （宋）歐陽修等撰 清同治十二年（1873）浙江書局刻本 四十冊

110000－0102－0010518 丙二/438 史部/紀傳類/斷代

新五代史記七十四卷 （宋）歐陽修撰 清同治十一年（1872）湖北崇文書局刻本 八冊

110000－0102－0010519 丙二/439 史部/紀傳類/斷代

宋史四百九十六卷 （元）脫脫等撰 清光緒元年（1875）浙江書局刻本 一百冊

110000－0102－0010520 丙二/440 史部/

紀傳類/斷代

遼史一百十五卷 （元）脱脱等撰　清同治十二年(1873)江蘇書局刻本　十二冊

110000－0102－0010521　丙二/443　史部/紀傳類/斷代

遼史拾遺補五卷 （清）楊復吉輯　清光緒三年(1877)刻本　二冊

110000－0102－0010522　丙二/448　史部/史表類

元史氏族表三卷 （清）錢大昕編　清嘉慶十一年(1806)江蘇書局刻本　二冊

110000－0102－0010523　丙二/449　史部/史表類

元史氏族表三卷 （清）錢大昕編　清嘉慶十一年(1806)江蘇書局刻本　二冊

110000－0102－0010524　丙二/450　史部/目錄類/著錄/藝文類

元史藝文志四卷 （清）錢大昕撰　清嘉慶五年(1800)江蘇書局刻本　一冊

110000－0102－0010525　丙二/451　史部/紀傳類/彙編

三史拾遺五卷 （清）錢大昕撰　清光緒十七年(1891)廣雅書局刻本　一冊

110000－0102－0010526　丙二/452　史部/紀傳類/彙編

欽定遼金元三史語解 （清）高宗弘曆敕撰　清光緒四年(1878)江蘇書局刻本　十冊

110000－0102－0010527　丙二/457　史部/編年類/通代

資治通鑑地理今釋十六卷 （清）吳熙載撰　清光緒八年(1882)江蘇書局刻本　三冊

110000－0102－0010528　丙二/458　史部/編年類/通代

資治通鑑目錄三十卷 （宋）司馬光撰　清同治八年(1869)江蘇書局刻本　十冊

110000－0102－0010529　丙二/459　史部/編年類/通代

稽古錄二十卷 （宋）司馬光撰　清光緒五年(1879)江蘇書局刻本　四冊

110000－0102－0010530　丙二/460　史部/編年類

資治通鑑外紀十卷目錄三卷 （宋）劉恕撰　清同治十年(1871)江蘇書局刻本　十冊

110000－0102－0010531　丙二/461　史部/編年類/通代

續資治通鑑長編五百二十卷 （宋）李燾撰　清光緒七年(1881)刻本　一百二十冊

110000－0102－0010532　丙二/462　史部/編年類/通代

資治通鑑綱目五十九卷首一卷 （宋）朱熹撰　清光緒五年(1879)山東書局刻本　七十八冊

110000－0102－0010533　丙二/463　史部/編年類/通代

續資治通鑑綱目十七卷 （明）周德恭撰　清光緒七年(1881)山東書局刻本　二十八冊

110000－0102－0010534　丙二/464　史部/編年類/通代

綱鑑正史約三十六卷 （清）陳弘謀輯　清同治八年(1869)浙江書局刻本　二十冊

110000－0102－0010535　丙二/465　史部/編年類/通代

御批歷代通鑑輯覽一百二十卷 （清）傅恆等編纂　清同治十一年(1872)湖北崇文書局刻本　六十四冊

110000－0102－0010536　丙二/466　史部/編年類/通代

御批歷代通鑑輯覽一百二十卷 （清）傅恆等編纂　清光緒二十八年(1902)石印本　二十四冊

110000－0102－0010537　丙二/467　史部/編年類/通代

御撰資治通鑑綱目三編四十卷 （清）舒赫德等纂修　清同治十一年(1872)江西書局刻本　十二冊

110000－0102－0010538　丙二／469　史部／
編年類／斷代

明通鑑前編四卷　（清）夏燮編輯　清光緒二
十三年(1897)湖北官書處刻本　二冊

110000－0102－0010539　丙二／471　史部／
編年類／斷代

明通鑑九十卷前編四卷目錄二十卷附編六卷
　（清）夏燮編輯　清同治十二年(1873)宜黃
官司廨刻本　三十九冊　缺目錄一冊

110000－0102－0010540　丙二／476　史部／
紀事本末類／通代

通鑑紀事本末二百三十九卷　（宋）袁樞編輯
　清光緒十三年(1887)刻本　四十八冊

110000－0102－0010541　丙二／477　史部／
編年類

袁王綱鑑合編三十九卷首一卷　（明）袁黃輯
　（明）王世貞編　清光緒三十三年(1907)上
海商務印書館鉛印本　十六冊

110000－0102－0010542　丙二／478　史部／
編年類／通代

綱鑑會纂三十九卷首一卷　（明）王世貞編
清光緒二十五年(1899)掃葉山房鉛印本　二
十冊

110000－0102－0010543　丙二／480　史部／
編年類／通代

御批歷代通鑑輯覽一百二十卷　（清）傅恆等
編纂　清同治十一年(1872)湖北崇文書局刻
本　一冊　存一卷(六十三)

110000－0102－0010544　丙二／482　史部／
紀事本末類／斷代

宋史紀事本末一百〇九卷　（明）馮琦編
（明）陳邦瞻增訂　清同治十三年(1874)江西
書局刻本　二十冊

110000－0102－0010545　丙二／483　史部／
紀事本末類／斷代

宋史紀事本末一百〇九卷　（明）馮琦編
（明）陳邦瞻增訂　清光緒十三年(1887)廣雅
書局刻本　十六冊

110000－0102－0010546　丙二／484　史部／
紀事本末類／斷代

元史紀事本末二十七卷　（明）陳邦瞻編輯
清同治十三年(1874)江西書局刻本　四冊

110000－0102－0010547　丙二／486　史部／
紀事本末類／斷代

明史紀事本末八十卷　（清）谷應泰編輯　清
同治十三年(1874)江西書局刻本　二十冊

110000－0102－0010548　丙二／490　史部／
紀事本末類／斷代

左傳紀事本末五十三卷　（清）高士奇撰　清
光緒二十六年(1900)廣雅書局刻本　十二冊

110000－0102－0010549　丙二／491　史部／
紀事本末類

西夏紀事本末三十六卷首二卷　（清）張鑒春
撰　清光緒十一年(1885)金陵書局刻本
四冊

110000－0102－0010550　丙二／493　史部／
紀事本末類／斷代

聖武記十卷　（清）魏源撰　清光緒二十五年
(1899)正記書局石印本　六冊

110000－0102－0010551　丙二／494　史部／
紀事本末類

平浙紀略十六卷　（清）秦緗業等纂輯　清同
治十二年(1873)浙江書局刻本　四冊

110000－0102－0010552　丙二／496　史部／
紀事本末類

湘軍記二十卷　（清）王定安撰　清光緒十五
年(1889)江南書局刻本　八冊

110000－0102－0010553　丙二／498　史部／
政書類／通制

通志二百卷考證三卷　（宋）鄭樵撰　清光緒
二十二年(1896)浙江書局刻本　一百九十九
冊　缺二冊(第四十七至四十八冊)

110000－0102－0010554　丙二／499　史部／
政書類／通制

欽定續通志六百四十卷　（清）高宗弘曆敕撰
　清光緒十二年(1886)浙江書局刻本　二百冊

110000－0102－0010555　丙二/503　史部/
別史、雜史類

戰國策三十三卷劄記三卷　（漢）高誘注　清
同治八年(1869)湖北崇文書局刻本　五冊

110000－0102－0010556　丙二/504　史部/
別史、雜史類

戰國策十卷　（宋）鮑彪注　清刻本　八冊

110000－0102－0010557　丙二/508　史部/
別史、雜史類

明季續聞　（清）汪光復撰　清宣統三年
(1911)上海商務印書館鉛印本　一冊

110000－0102－0010558　丙二/511　史部/
政書類/詔令奏議/詔令

清世宗諭旨一百五十九卷　（清）允祿等編
清光緒浙江書局刻本　三十二冊

110000－0102－0010559　丙二/515　史部/
政書類/詔令奏議/奏議

桂洲夏文潛公奏議二十一卷　（明）夏言撰
清光緒十七年(1891)江西書局刻本　十二冊

110000－0102－0010560　丙二/516　史部/
政書類/詔令奏議/奏議

戊戌奏稿　康有爲撰　清宣統三年(1911)鉛
印本　一冊

110000－0102－0010561　丙二/517　史部/
傳記類/雜錄

先聖生卒年月考一卷　（清）孔廣牧撰　清光
緒十五年(1889)廣雅書局刻本　一冊

110000－0102－0010562　丙二/518　史部/
傳記類/年譜

孔子編年四卷　（清）狄子奇撰　清光緒十三
年(1887)浙江書局刻本　一冊

110000－0102－0010563　丙二/519　史部/
傳記類/年譜

孟子編年四卷　（清）狄子奇撰　清光緒十三
年(1887)浙江書局刻本　一冊

110000－0102－0010564　丙二/520　史部/
傳記類/家傳、宗譜

重纂三遷志十卷首一卷　（清）陳錦等纂　清
光緒十三年(1887)山東書局刻本　六冊

110000－0102－0010565　丙二/521　子部/
儒家類/宋以前

晏子春秋七卷音義二卷　（清）孫星衍校勘
清光緒元年(1875)浙江書局刻本　四冊

110000－0102－0010566　丙二/522　史部/
傳記類/別傳

金陀粹編二十八卷　（宋）岳珂編　清光緒九
年(1883)浙江書局刻本　六冊

110000－0102－0010567　丙二/523　史部/
傳記類/別傳

金陀續編三十卷　（宋）岳珂編　清光緒九年
(1883)浙江書局刻本　六冊

110000－0102－0010568　丙二/524　史部/
傳記類/總傳/專錄/儒林

清賢紀六卷　（明）尤鏜輯　清宣統三年
(1911)上海國學扶輪社鉛印張氏適園叢書本
二冊

110000－0102－0010569　丙二/535　史部/
傳記類/雜錄

桐城姚氏碑傳錄七卷　姚永樸編　清光緒三
十二年(1906)刻本　二冊

110000－0102－0010570　丙二/536　史部/
傳記類/總傳/專錄/仕宦

宋名臣言行錄七十五卷　（宋）朱熹撰　（宋）
李幼武補編　清道光十年(1830)刻本　二
十冊

110000－0102－0010571　丙二/538　史部/
傳記類/總傳/專錄/列女

古今列女傳四卷　（明）解縉撰　清同治二年
(1863)善成堂刻本　四冊

110000－0102－0010572　丙二/540　史部/
傳記類/總傳/專錄/儒林

理學宗傳二十六卷　（清）孫奇逢輯　清光緒
六年(1880)浙江書局刻本　十二冊

110000－0102－0010573　丙二/542　史部/

傳記類/總傳/通錄/通代

史傳三編 （清）朱軾 （清）蔡世達合撰 清光緒二十一年（1895）江蘇書局刻本 二十四冊

110000－0102－0010574 丙二/545 史部/傳記類/圖贊

百將圖傳二卷 （清）丁日昌撰 清同治八年（1869）江蘇書局刻本 二冊

110000－0102－0010575 丙二/547 史部/史評類

史鑑節要便讀六卷 （清）鮑東里撰 清光緒三十年（1904）山東官印書局石印本 二冊

110000－0102－0010576 丙二/548 史部/編年類

通鑑類纂 （清）松椿纂 清光緒二十四年（1898）謙受益齋刻本 四十冊

110000－0102－0010577 丙二/550 史部/載記類

十六國春秋一百卷 （北魏）崔鴻撰 清光緒十二年（1886）湖北官書處刻本 十二冊

110000－0102－0010578 丙二/551 史部/紀傳類/斷代

南唐書注十八卷附錄一卷 （宋）陸游撰 （清）周在浚注 清末（1881－1911）吳興劉氏嘉業堂刻本 六冊

110000－0102－0010579 丙二/553 史部/地理類/專志

清朝藩部要略十八卷世系表四卷 （清）祁韻士纂 清光緒十年（1884）浙江書局刻本 八冊

110000－0102－0010580 丙二/554 史部/地理類/總錄

元豐九域志十卷 （宋）王存等纂 清光緒八年（1882）金陵書局刻本 四冊

110000－0102－0010581 丙二/556 史部/地理類/總錄

輿地紀勝二百卷首一卷 （宋）王象之撰 清咸豐五年（1855）粵雅堂刻本（原缺第二百卷）二十四冊

110000－0102－0010582 丙二/557 史部/地理類/地圖、圖志

清中外一統輿圖三十一卷首一卷 （清）高宗弘曆敕繪 清同治二年（1863）刻本 三十二冊

110000－0102－0010583 丙二/558 史部/地理類/總錄

天下郡國利病書一百二十卷 （清）顧炎武輯 清光緒四年（1878）刻本 三十二冊 缺二十五卷（六十八至九十、一百十九至一百二十）

110000－0102－0010584 丙二/559 史部/地理類/總錄

讀史方輿紀要一百三十卷輿圖要覽四卷 （清）顧祖禹撰 清嘉慶錦里龍萬育刻光緒五年（1879）蜀南薛氏桐華書屋修版本 一冊 存二卷（一至二）

110000－0102－0010585 丙二/561 史部/地理類/總錄

十六國疆域志十六卷 （清）洪亮吉撰 清光緒十七年（1891）廣雅書局刻本 四冊

110000－0102－0010586 丙二/562 史部/地理類/總錄

方輿輯要簡覽三十四卷 （清）顧祖禹撰 （清）潘鐸輯 清咸豐八年（1858）紅杏書屋刻本 十六冊

110000－0102－0010587 丙二/563 史部/地理類/地圖、圖志

大清一統輿圖三十一卷首一卷 （清）高宗弘曆敕繪 清同治二年（1863）刻本 十二冊

110000－0102－0010588 丙二/564 史部/地理類/方志/地方志/江蘇

[元豐]吳郡圖經續記三卷 （宋）朱長文撰 清同治十二年（1873）江蘇書局刻本 一冊

110000－0102－0010589 丙二/570 史部/地理類/地圖、圖志

寶應圖經六卷首一卷 （清）劉寶楠撰 清光

緒四年(1878)淮南書局刻本　四冊

110000 – 0102 – 0010590　丙二/575　史部/地理類/水道/地方

浙西水利備攷　(清)王鳳生纂　清光緒四年(1878)浙江書局刻本　四冊

110000 – 0102 – 0010591　丙二/576　史部/地理類/水道/地方

浙西水利備攷　(清)梅啟照重修　(清)王鳳生纂　清光緒四年(1878)浙江書局刻本　四冊

110000 – 0102 – 0010592　丙二/577　史部/地理類/水道/地方

五省溝洫圖說　(清)沈夢蘭撰　清光緒六年(1880)江蘇書局刻所願學齋書抄本　一冊

110000 – 0102 – 0010593　丙二/578　史部/地理類/水道/江、淮、海

長江圖說十二卷首一卷　(清)黃翼升撰　(清)馬徵麟繪　清同治十年(1871)湖北崇文書局刻本　五冊

110000 – 0102 – 0010594　丙二/579　子部/農家類/其它

築圩圖說　(清)孫峻繪圖　清末刻本　一冊

110000 – 0102 – 0010595　丙二/580　史部/地理類/地圖、圖志

欽定皇輿西域圖志四十八卷首四卷　(清)傅恆等纂輯　清光緒鉛印本　二十四冊

110000 – 0102 – 0010596　丙二/582　史部/地理類/山川/川

西湖志四十八卷　(清)李衛等纂修　清光緒四年(1878)浙江書局刻本　二十冊

110000 – 0102 – 0010597　丙二/583　史部/地理類/方志/地方志/江蘇

吳地記　(唐)陸廣微撰　清同治十二年(1873)江蘇書局刻本　一冊

110000 – 0102 – 0010598　丙二/585　史部/地理類/專志/祠廟

岳廟志略十卷首一卷　(清)馮培編輯　清光

緒五年(1879)浙江書局刻本　四冊

110000 – 0102 – 0010599　丙二/586　史部/地理類/雜記

山東考古錄　(清)顧炎武撰　清光緒八年(1882)山東書局刻本　一冊

110000 – 0102 – 0010600　丙二/587　史部/金石類/石

寰宇訪碑錄十二卷　(清)孫星衍　(清)邢澍合撰　清光緒九年(1883)江蘇書局刻本　四冊

110000 – 0102 – 0010601　丙二/588　史部/地理類/雜記

續山東考古錄三十二卷首一卷　(清)葉圭綬撰　清光緒八年(1882)山東書局刻本　六冊

110000 – 0102 – 0010602　丙二/591　史部/地理類/地圖、圖志

漢西域圖考七卷首一卷　(清)李光廷撰　清同治九年(1870)陽湖趙氏壽謨草堂石印本　四冊

110000 – 0102 – 0010603　丙二/594　史部/政書類/職官/官箴

牧令書節要十八卷　(清)陳士傑輯　清光緒十一年(1885)刻本　一冊

110000 – 0102 – 0010604　丙二/595　史部/政書類/職官/官箴

牧令須知六卷　(清)剛毅撰　清光緒十五年(1889)江蘇書局刻本　二冊

110000 – 0102 – 0010605　丙二/598　史部/政書類/通制

五代會要三十卷　(宋)王溥撰　清光緒二十一年(1895)刻武英殿聚珍版叢書本　六冊

110000 – 0102 – 0010606　丙二/599　史部/政書類/通制

西漢會要七十卷　(宋)徐天麟撰　清刻武英殿聚珍版叢書本　十冊

110000 – 0102 – 0010607　丙二/600　史部/政書類/通制

東漢會要四十卷　（宋）徐天麟撰　清光緒二十五年(1899)廣州廣雅書局刻本　八冊

110000－0102－0010608　丙二／602　史部／政書類／通制

欽定大清會典一百卷　（清）高宗弘曆敕撰　清光緒二十五年(1899)上海書局刻本　六冊

110000－0102－0010609　丙二／603　史部／政書類／通制

欽定大清會典事例一千二百二十卷目錄八卷　（清）仁宗顒琰敕撰　清嘉慶刻本　三百六十冊

110000－0102－0010610　丙二／604　史部／政書類／通制

欽定大清會典圖一百三十二卷　（清）仁宗顒琰敕撰　清嘉慶十六年(1811)刻本　四十冊

110000－0102－0010611　丙二／607　史部／政書類／通制

續通典一百五十卷　（清）高宗弘曆敕撰　清光緒十二年(1886)浙江書局刻本　四十冊

110000－0102－0010612　丙二／608　史部／政書類／通制

皇朝通典一百卷　（清）嵇璜等纂　清光緒八年(1882)浙江書局刻本　四十冊

110000－0102－0010613　丙二／609　史部／政書類／通制

皇朝通志一百二十六卷　（清）高宗弘曆敕撰　清光緒八年(1882)浙江書局刻本　四十冊

110000－0102－0010614　丙二／610　史部／政書類／儀制

大清通禮五十卷　（清）高宗弘曆敕撰　清刻本　十六冊

110000－0102－0010615　丙二／611　史部／政書類／儀制

直省釋奠禮樂記六卷首一卷末一卷　（清）應寶時等撰　清同治十二年(1873)仁和吳氏刻本　四冊

110000－0102－0010616　丙二／612　史部／政書類／通制

吾學錄初編二十四卷　（清）吳榮光撰　清同治九年(1870)江蘇書局刻本　六冊

110000－0102－0010617　丙二／613　史部／政書類／邦計／荒政

欽定康濟錄四卷　（清）倪國璉撰　清同治三年(1864)刻本　三冊

110000－0102－0010618　丙二／614　史部／政書類／邦計

實政錄七卷　（明）呂坤撰　清同治十一年(1872)江蘇書局刻本　六冊

110000－0102－0010619　丙二／615　史部／政書類／職官／官制

國民錄四卷　（清）袁守定撰　清光緒五年(1879)江蘇書局刻本　二冊

110000－0102－0010620　丙二／616　史部／政書類／邦計／荒政

籌濟編三十二卷首一卷　（清）楊景仁輯　清光緒五年(1879)江蘇書局刻本　八冊

110000－0102－0010621　丙二／617　史部／政書類／邦計／荒政

荒政輯要九卷首一卷　（清）汪志伊纂　清道光二十一年(1841)刻本　二冊

110000－0102－0010622　丙二／620　史部／政書類／法令／律例

故唐律疏議三十卷音義一卷洗冤錄五卷　（唐）長孫無忌等撰　清光緒十七年(1891)刻本　八冊

110000－0102－0010623　丙二／621　史部／政書類／法令／律例

欽定大清律例三十九卷奏疏一卷　（清）三泰等撰　清同治九年(1870)內府刻本　二十六冊

110000－0102－0010624　丙二／622　史部／政書類／法令／律例

三流道里表　（清）三泰等撰　清同治十一年(1872)江蘇書局刻本　二冊

110000 – 0102 – 0010625　　丙二/623　　史部/
政書類/法令/律例

五軍道里表 （清）明亮等撰　清同治十二年
(1873)江蘇書局刻本　十八冊

110000 – 0102 – 0010626　　丙二/624　　史部/
政書類/法令/律例

大清律例總類 （清）徐本等撰　清光緒十五
年(1889)江蘇書局刻本　四冊

110000 – 0102 – 0010627　　丙二/625　　史部/
政書類/法令/律例

律例便覽八卷 （清）蔡嵩年　（清）蔡逢年合
輯　清光緒十四年(1888)江蘇書局刻本
六冊

110000 – 0102 – 0010628　　丙二/626　　史部/
政書類/法令/律例

秋審實緩比較條款 （清）謝誠鈞撰　清光緒
四年(1878)江蘇書局刻本　一冊

110000 – 0102 – 0010629　　丙二/627　　史部/
政書類/法令/律例

江蘇省例四編 清同治八年至光緒三十一年
(1869－1905)江蘇書局刻本　十二冊

110000 – 0102 – 0010630　　丙二/628　　史部/
政書類/法令/律例

讀律一得歌四卷 （清）魯繼增撰　清光緒十
六年(1890)江蘇書局刻本　二冊

110000 – 0102 – 0010631　　丙二/629　　史部/
政書類/法令/律例

察吏六條 （清）丁日昌撰　清同治八年
(1869)永康應寶時刻本　一冊

110000 – 0102 – 0010632　　丙二/631　　史部/
目錄類/收藏/私藏/宋

直齋書錄解題二十二卷 （宋）陳振孫撰　清
光緒九年(1883)江蘇書局刻本　六冊

110000 – 0102 – 0010633　　丙二/632　　史部/
目錄類/著錄/叢書目錄/總目

四庫全書總目二百卷首一卷 （清）永瑢等編
纂　清刻本　一百十二冊

110000 – 0102 – 0010634　　丙二/633　　史部/
目錄類/著錄/叢書目錄/總目

四庫全書總目提要二百卷首一卷 （清）永瑢
等編纂　清宣統二年(1910)存古齋石印本
三十二冊

110000 – 0102 – 0010635　　丙二/646　　史部/
目錄類/著錄/叢書目錄/總目

四庫書目略二十卷 （清）費莫文良編　清同
治九年(1870)刻本　十二冊

110000 – 0102 – 0010636　　丙二/647　　史部/
金石類/石

寰宇訪碑錄十二卷 （清）孫星衍　（清）邢澍
合撰　清光緒九年(1883)江蘇書局刻本
四冊

110000 – 0102 – 0010637　　丙二/652　　史部/
金石類/石/通考

墨妙亭碑目考四卷附考一卷 （清）張鑒撰
清光緒十年(1884)江蘇書局刻本　二冊

110000 – 0102 – 0010638　　丙二/653　　史部/
金石類/總錄/文字

金石摘 （清）陳善墀撰　清同治十二年
(1873)瀏陽縣學之不求甚解齋刻本　四冊
存四冊

110000 – 0102 – 0010639　　丙二/661　　史部/
編年類/斷代

唐鑑二十四卷 （宋）范祖禹撰　清同治十三
年(1874)刻本　四冊

110000 – 0102 – 0010640　　丙二/665　　史部/
史評類

明鑑二十四卷首一卷 （清）托津等纂　清同
治九年(1870)湖北崇文書局刻本　十冊

110000 – 0102 – 0010641　　丙二/668　　史部/
政書類/雜錄

石渠餘紀六卷 （清）王慶雲撰　清光緒刻本
六冊

110000 – 0102 – 0010642　　丙二/673　　史部/
史評類

史鑑節要便讀六卷 （清）鮑東里撰　清光緒

三十年(1904)山東官印書局石印本　二冊

110000－0102－0010643　丙二/676　史部/政書類/軍政

保甲書輯要四卷　(清)徐棟編　清同治七年(1868)江蘇書局刻本　一冊

110000－0102－0010644　丙二/678　史部/政書類/通制

文獻通考三百四十八卷　(元)馬端臨撰　清光緒二十二年(1896)浙江書局刻本　一百五十冊

110000－0102－0010645　丙二/679　史部/政書類/職官/官箴

牧令書輯要十卷　(清)徐棟撰　清同治七年(1868)江蘇書局刻本　十冊

110000－0102－0010646　丙二/680　史部/政書類/職官/官箴

欽頒州縣事宜　(清)田文鏡編　清同治七年(1868)江蘇書局刻本　一冊

110000－0102－0010647　丙二/687　史部/傳記類/總傳/通錄/斷代

國朝先正事略六十卷　(清)李元度纂　清光緒二十五年(1899)上海圖書集成印書館石印本　八冊

110000－0102－0010648　丙二/690　史部/傳記類/家傳、宗譜

南海學正黃氏家譜節本　黃任恆編　清宣統三年(1911)保粹堂刻本　四冊

110000－0102－0010649　丙二/699　史部/地理類/水道/江、淮、海

海道圖說十五卷附卷一卷　(英國)金約翰輯　清光緒二十二年(1896)上海書局石印本　八冊

110000－0102－0010650　丙二/701　史部/地理類/方志/地方志/陝西

[正德]武功縣志三卷首一卷　(明)康海撰　清光緒十三年(1887)刻本　一冊

110000－0102－0010651　丙二/705　史部/

目錄類/收藏/公藏/清

四庫全書敘　(清)高宗弘曆敕撰　清光緒刻慎始基齋叢書本　一冊

110000－0102－0010652　丙二/712　史部/別史、雜史類

王會篇箋釋三卷　(清)何秋濤撰　清光緒十七年(1891)江蘇書局刻本　三冊

110000－0102－0010653　丙二/713　史部/編年類/斷代

周季編略　(清)黃式三撰　清同治十二年(1873)浙江書局刻儆居遺書本　四冊

110000－0102－0010654　丙二/714　史部/別史、雜史類

七家後漢書二十一卷　(清)汪文臺輯　清光緒十三年(1887)刻本　六冊

110000－0102－0010655　丙二/715　史部/史表類

史表功比說一卷　(清)張錫瑜撰　清光緒十四年(1888)廣雅書局刻本　一冊

110000－0102－0010656　丙二/716　史部/史表類

四裔續年表　(清)李鳳苞編　清光緒二十三年(1897)江南製造局石印本　四冊

110000－0102－0010657　丙二/718　史部/別史、雜史類

國語二十一卷　(周)左丘明撰　(三國吳)韋昭注　清同治八年(1869)湖北崇文書局刻本　五冊

110000－0102－0010658　丙二/719　史部/別史、雜史類

國語校註二十九卷　(清)汪遠孫註　清道光二十六年(1846)汪氏振綺堂刻本　五冊

110000－0102－0010659　丙二/721　史部/地理類/方志/地方志/河北

[光緒]獲鹿縣志十四卷首一卷末一卷　(清)俞錫綱等修　(清)曹鑅等纂　清光緒七年(1881)刻本　十冊

110000－0102－0010660　丙二/727　史部/
地理類/方志/地方志/河北

[光緒]廣昌縣志十四卷末二卷　（清）劉榮等
纂修　清光緒元年(1875)刻本　六冊

110000－0102－0010661　丙二/729　史部/
地理類/方志/地方志/河南

[光緒]開州志八卷　（清）陳金式等修
（清）陳兆麟纂　清光緒七年(1881)刻本
八冊

110000－0102－0010662　丙二/730　史部/
地理類/方志/地方志/河北

[康熙]保定縣志四卷　（清）成其范修
（清）柴經國纂　清康熙十二年(1673)刻本
四冊

110000－0102－0010663　丙二/734　史部/
地理類/方志/地方志/河北

[光緒]寧津縣志十二卷首一卷　（清）祝嘉庸
修　（清）吳潯源纂　清光緒二十六年(1900)
刻本　八冊

110000－0102－0010664　丙二/735　史部/
地理類/方志/地方志

[光緒]唐縣志十二卷首一卷　（清）陳詠修
（清）張惇德纂　清光緒四年(1878)刻本
八冊

110000－0102－0010665　丙二/737　史部/
地理類/方志/地方志/河北

[光緒]平鄉縣志十二卷首一卷　（清）蘇性纂
輯　清光緒十二年(1886)刻本　四冊

110000－0102－0010666　丙二/738　史部/
地理類/方志/地方志/河北

[道光]保安州志八卷續志四卷　（清）楊桂森
纂　清道光十五年(1835)刻本　五冊

110000－0102－0010667　丙二/739　史部/
地理類/方志/地方志/河北

[光緒]懷來縣志十八卷首一卷　（清）朱乃恭
修　（清）席之瓚纂　清光緒八年(1882)刻本
六冊

110000－0102－0010668　丙二/741　史部/

地理類/方志/地方志

[同治]欒城縣志十四卷首一卷末一卷　（清）
陳詠修　（清）張惇德纂　清同治十二年
(1873)刻本　六冊

110000－0102－0010669　丙二/742　史部/
地理類/方志/地方志/河北

[光緒]東光縣志十二卷首一卷末一卷　（清）
周植瀛修　（清）吳潯源纂　清光緒十四年
(1888)刻本　十冊

110000－0102－0010670　丙二/743　史部/
地理類/方志/地方志

[乾隆]肅寧縣志十卷　（清）尹侃等修
（清）談有典纂　清刻本　五冊

110000－0102－0010671　丙二/745　史部/
地理類/方志/地方志/河北

[光緒]直隸趙州志十六卷末二卷　（清）孫傳
栻等纂修　清光緒二十三年(1897)刻本
六冊

110000－0102－0010672　丙二/750　史部/
地理類/方志/地方志/河北

[嘉慶]束鹿縣志十卷　（清）李符清修
（清）沈樂善等纂　清嘉慶四年(1799)刻本
四冊

110000－0102－0010673　丙二/756　史部/
地理類/方志/地方志/河北

[康熙]磁州志十八卷　（清）蔣擢修　（清）
樂玉聲等纂　清康熙四十二年(1703)刻本
八冊

110000－0102－0010674　丙二/757　史部/
地理類/方志/地方志/河北

[乾隆]無極縣志十一卷末一卷　（清）黃可潤
重修　清光緒十九年(1893)補刻本　四冊

110000－0102－0010675　丙二/768　史部/
地理類/方志/地方志/河北

[光緒]唐山縣志十二卷首一卷末一卷　（清）
蘇玉修　（清）杜矞等纂　清光緒七年(1881)
石印本　四冊

110000－0102－0010676　丙二/771　史部/

地理類/方志/地方志/河北

[咸豐]慶雲縣志三卷首一卷末一卷 （清）戴綱孫纂修　清咸豐五年(1855)刻民國二十三年(1934)重印本　三冊

110000 – 0102 – 0010677　丙二/773　史部/地理類/方志/地方志/河北

[同治]靈壽縣志十卷末一卷 （清）劉廣年等重修　清同治十二年(1873)刻本　六冊

110000 – 0102 – 0010678　丙二/774　史部/地理類/方志/地方志/河北

[道光]南宮縣志十六卷 （清）周杙修 （清）陳柱纂　清道光十一年(1831)刻本　八冊

110000 – 0102 – 0010679　丙二/775　史部/地理類/方志/地方志

[光緒]淶水縣志八卷首一卷末一卷 （清）陳傑纂輯　清光緒二十一年(1895)刻本　八冊

110000 – 0102 – 0010680　丙二/777　史部/史評類/論事

讀史大略六十卷首一卷 （清）沙張白撰　清道光二十六年(1846)刻本　十六冊

110000 – 0102 – 0010681　丙二/780　史部/地理類/方志/地方志/河北

[光緒]吳橋縣志十二卷 （清）倪昌燮等修 （清）施崇禮編輯　清光緒元年(1875)刻本　八冊

110000 – 0102 – 0010682　丙二/782　史部/地理類/方志/地方志/河北

[咸豐]平山縣志八卷續修七卷續志九卷 （清）王滌心重修　清咸豐至光緒刻本　八冊

110000 – 0102 – 0010683　丙二/784　史部/地理類/山川/川

東湖志二卷 （清）特通阿輯　清嘉慶九年(1804)刻本　二冊

110000 – 0102 – 0010684　丙二/791　史部/金石類/石/雜著

語石十卷 葉昌熾撰　清宣統元年(1909)蘇州文學山房刻本　四冊

110000 – 0102 – 0010685　丙二/795　子部/類書類/類編/專錄

廿二史言行略四十二卷 （清）過元玟輯　清嘉慶十五年(1810)刻本　十六冊

110000 – 0102 – 0010686　丙二/796　史部/政書類/法令/律例

俄羅斯刑法十二卷 （清）薩蔭圖譯　清光緒京師修訂法律館鉛印本　二冊

110000 – 0102 – 0010687　丙二/797　史部/政書類/通制

西漢會要七十卷 （宋）徐天麟撰　清光緒二十五年(1899)廣州廣雅書局刻本　十冊

110000 – 0102 – 0010688　丙二/800　史部/政書類/通制

文獻通考二百四十八卷考證三卷 （元）馬端臨撰　清光緒二十七年(1901)上海圖書集成局石印本　四十四冊

110000 – 0102 – 0010689　丙二/802　史部/政書類/通制

欽定續文獻通考二百五十卷 （清）嵇璜 （清）雷仁虎等撰　清光緒二十七年(1901)上海圖書集成局石印本　三十八冊

110000 – 0102 – 0010690　丙二/803　史部/政書類/通制

通志二百卷考證三卷 （宋）鄭樵撰　清光緒二十七年(1901)上海圖書集成局石印本　六十冊

110000 – 0102 – 0010691　丙二/804　史部/紀事本末類/通代

通鑑紀事本末二百三十九卷 （宋）袁樞編輯 （明）張溥論正　清光緒二十四年(1898)思賢書局刻本　六十四冊

110000 – 0102 – 0010692　丙二/806　史部/地理類/雜記

吉林外記十卷 （清）薩英額撰　清光緒二十一年(1895)刻本　四冊

110000 – 0102 – 0010693　丙二/807　史部/紀傳類/斷代

注補續漢書八志三十卷　（南朝梁）劉昭注補
　　清光緒金陵書局仿汲古閣刻本　二冊

110000－0102－0010694　丙二／809　史部／
編年類

史鑑節要便讀六卷　（清）鮑東里編輯　清光
緒三十三年（1907）山右齊氏得緅山房刻本
二冊

110000－0102－0010695　丙二／814　史部／
地理類／方志／地方志／江蘇

[光緒]盱眙縣志稿十七卷　（清）王錫元等纂
　　清光緒二十九年（1903）刻本　八冊

110000－0102－0010696　丙二／821　史部／
紀事本末類

繹史一百六十卷　（清）馬驌撰　清光緒二十
三年（1897）武林尚友齋石印本　二十四冊

110000－0102－0010697　丙二／823　史部／
地理類／地圖、圖志

五洲圖考　徐勵編輯　清末鉛印本　一冊
存中國方域部分

110000－0102－0010698　丙二／825　史部／
地理類／遊記／清

丁亥入都紀程二卷　（清）黎庶昌撰　清光緒
十四年（1888）活字本　一冊

110000－0102－0010699　丙二／826　集部／
別集類／清

敬孚類稿十六卷　（清）蕭穆撰　清光緒三十
三年（1907）刻本　八冊

110000－0102－0010700　丙二／827　史部／
地理類／遊記／清

海陬冶遊餘錄　（清）王韜撰　清光緒四年
（1878）鉛印本　一冊

110000－0102－0010701　丙二／828　史部／
地理類／地圖、圖志

番社采風圖考　（清）六十七撰　清刻本
一冊

110000－0102－0010702　丙二／834　史部／
地理類／山川／山

重刊麻姑山志十二卷　（清）黃家駒編　清同
治五年（1866）刻本　六冊

110000－0102－0010703　丙二／835　史部／
地理類／山川／山

茅山志十四卷　（清）笪蟾光編　清同治順德
堂刻本　八冊

110000－0102－0010704　丙二／836　史部／
地理類／專志／寺觀

龍興祥符戒壇寺志十二卷　（清）張大昌輯
清光緒二十年（1894）丁氏嘉惠堂刻本　二冊

110000－0102－0010705　丙二／837　史部／
傳記類／總傳／通錄／地方

金陵通傳四十五卷補遺四卷　（清）陳作霖撰
　　清光緒三十年（1904）瑞華館刻本　十二冊

110000－0102－0010706　丙二／839　史部／
紀傳類／斷代

前漢書一百卷首一卷　（漢）班固撰　（唐）顏
師古注　清光緒二十六年（1900）刻本　三十
二冊

110000－0102－0010707　丙二／841　史部／
編年類

續資治通鑑二百二十卷　（清）畢沅撰　清光
緒二十八年（1902）上海積山書局石印本　二
十八冊

110000－0102－0010708　丙二／843　史部／
地理類／山川／山

長白山江岡志略　（清）劉建封編　清宣統鉛
印本　一冊

110000－0102－0010709　丙二／844　史部／
金石類／總錄

行素草堂金石叢書　（清）朱記榮輯　清光緒
十四年（1888）宋氏槐廬刻本　四十冊

110000－0102－0010710　丙二／845　史部／
地理類／遊記／清

滬遊雜記四卷　（清）葛元煦撰　清光緒二年
（1876）刻本　四冊

110000－0102－0010711　丙二／846　史部／

別史、雜史類

蜀碧四卷 （清）彭遵泗編 清嘉慶肇經堂刻本 二冊

110000 - 0102 - 0010712 丙二/847 史部/別史、雜史類

國語校注三君注輯存四卷發正二十一卷考異四卷 （清）汪遠孫撰 清道光二十六年（1846）汪氏振綺堂刻本 六冊

110000 - 0102 - 0010713 丙二/848 集部/小說類/筆記小說

白門新柳記 （清）許豫編 清光緒元年（1875）刻本 二冊

110000 - 0102 - 0010714 丙二/849 史部/政書類/職官/官制

漢官儀三卷 （宋）劉攽撰 清道光四年（1824）刻本 二冊

110000 - 0102 - 0010715 丙二/850 史部/傳記類/總傳

鶴徵錄八卷首一卷 （清）李集輯 清嘉慶二年（1797）刻本 二冊

110000 - 0102 - 0010716 丙二/851 史部/地理類/雜記

六朝事迹編類十四卷 （宋）張敦頤撰 清光緒十三年（1887）寶章閣仿宋刻本 四冊

110000 - 0102 - 0010717 丙二/854 史部/編年類

尺木堂綱鑑易知錄九十二卷 （清）吳乘權等輯 清康熙五十年（1711）松盛堂刻本 六十四冊 缺十五卷（明紀十五卷）

110000 - 0102 - 0010718 丙二/855 史部/金石類/璽印

觀自得齋秦漢官私銅印集 （清）徐士愷藏編 清光緒二十五年（1899）石埭徐氏鉛印本 五十冊

110000 - 0102 - 0010719 丙二/858 史部/傳記類/人表

國朝兩浙科名錄 （清）黃安綬輯 清咸豐七年（1857）刻本 二冊

110000 - 0102 - 0010720 丙二/859 史部/地理類/山川

湖山便覽十二卷 （清）翟灝 （清）翟瀚同輯 王維翰重輯 清光緒元年（1875）王氏槐蔭堂刻本 六冊

110000 - 0102 - 0010721 丙二/867 史部/地理類/專志/寺觀

鶴林寺志 （明）釋履中撰 清宣統元年（1909）釋福登刻本 一冊

110000 - 0102 - 0010722 丙二/869 史部/地理類/雜記

[乾隆]澳門紀略二卷 （清）印光任 （清）張汝霖同纂 清乾隆十六年（1751）刻本 四冊

110000 - 0102 - 0010723 丙二/873 史部/金石類/總錄/通考

金石三例 （清）盧見曾輯 （清）王芑孫評 清光緒四年（1878）讀有用書齋刻朱墨套印本 四冊

110000 - 0102 - 0010724 丙二/874 史部/傳記類/人表

內閣漢票簽中書舍人題名續編一卷 （清）鮑康編 清光緒十六年（1890）刻本 一冊

110000 - 0102 - 0010725 丙二/876 史部/傳記類/總傳/專錄/事蹟

碧血錄五卷 （清）莊仲方撰 清光緒八年（1882）上海同文書局石印本 五冊

110000 - 0102 - 0010726 丙二/879 史部/金石類/總錄/義例

金石稱例四卷續一卷 （清）梁廷楠纂 清光緒十三年（1887）吳縣朱記榮槐廬家塾刻本 一冊

110000 - 0102 - 0010727 丙二/881 史部/金石類/總錄/義例

金石例補二卷 （清）郭麐撰 清光緒三年（1877）行素草堂刻本 一冊

110000 - 0102 - 0010728 丙二/882 史部/金石類/總錄/題跋

金石一跋四卷二跋四卷三跋二卷 （清）武億撰 清刻本 二冊

110000－0102－0010729 丙二/885 史部/傳記類/總傳

桐城耆舊傳十二卷 馬其昶撰 清光緒三十四年（1908）刻本 六冊

110000－0102－0010730 丙二/886 史部/傳記類/總傳/專錄/儒林

國朝經學名儒記 （清）張星鑒輯 清光緒元年（1875）刻本 一冊

110000－0102－0010731 丙二/889 史部/地理類/遊記/清

滇軺紀程荷戈紀程 （清）林則徐撰 清光緒三年（1877）刻本 一冊

110000－0102－0010732 丙二/890 史部/金石類/總錄/義例

金石綜例四卷 （清）馮登府纂 清光緒十三年（1887）朱氏槐廬刻本 二冊

110000－0102－0010733 丙二/891 史部/金石類/總錄/義例

志銘廣例二卷 （清）梁玉繩撰 清光緒三年（1877）行素草堂刻本 一冊

110000－0102－0010734 丙二/893 史部/地理類

漢西域圖考七卷首一卷 （清）李光廷撰 清同治九年（1870）刻本 四冊

110000－0102－0010735 丙二/894 史部/地理類/山川/山

泰山道里記 （清）聶欽撰 清光緒二十三年（1897）雨山堂刻本 二冊

110000－0102－0010736 丙二/900 史部/金石類/總錄

金石史二卷 （明）郭宗昌撰 清光緒八年（1882）刻本 一冊

110000－0102－0010737 丙二/901 史部/地理類

歷代地理韻編二十卷 （清）李兆洛輯 清光

緒二十九年（1903）上海蜚英館石印本 六冊

110000－0102－0010738 丙二/903 史部/金石類/總錄/通考

來齋金石刻考略三卷 （清）林洞纂輯 清道光二十一年（1841）刻本 六冊

110000－0102－0010739 丙二/905 史部/地理類/遊記/唐至明

遊城南記一卷 （宋）張禮撰 清光緒二十七年（1901）江陰繆氏刻本 一冊

110000－0102－0010740 丙二/906 史部/編年類

大唐創業起居注三卷 （唐）溫大雅撰 清光緒三十一年（1905）刻本 一冊

110000－0102－0010741 丙二/907 史部/傳記類/別傳

安祿山事蹟三卷 （唐）姚汝能撰 清光緒三十年（1904）刻本 一冊

110000－0102－0010742 丙二/909 史部/金石類/總錄/義例

金石訂例四卷 （清）鮑振方撰 清光緒十年（1884）常熟後知不足齋鉛印本 二冊

110000－0102－0010743 丙二/912 史部/金石類/玉

古玉圖攷 （清）吳大澄撰 清光緒十五年（1889）上海同文書局石印本 二冊

110000－0102－0010744 丙二/918 史部/目錄類/著錄/學科專目/金石

金石彙目分編二十卷 （清）吳式芬撰 清光緒吳氏文錄堂刻本 二十四冊

110000－0102－0010745 丙二/922 史部/政書類/通制

欽定大清會典一百卷 （清）昆岡等續修 清光緒三十四年（1908）上海商務印書館石印本 三十五冊

110000－0102－0010746 丙二/923 史部/政書類/通制

欽定大清會典圖二百七十卷 （清）德宗載湉

敕撰　清光緒三十四年（1908）上海商務印書館石印本　七十三冊

110000－0102－0010747　丙二/924　史部/政書類/通制

欽定大清會典事例一千二百卷首一卷　（清）李鴻章等續修　清光緒三十四年（1908）上海商務印書館石印本　三百八十四冊

110000－0102－0010748　丙二/926　史部

國朝耆獻類徵初編七百二十卷　（清）李桓輯　清光緒十六年（1890）刻本　三百二十冊

110000－0102－0010749　丙二/927　史部/政書類/通制

三通　（唐）杜佑等撰　清光緒二十七年（1901）石印本　一百十九冊

110000－0102－0010750　丙二/928　史部/政書類/通制

皇朝三通　（清）嵇璜　（清）曹仁虎等纂修　清光緒二十七年（1901）上海圖書集成局石印本　六十六冊

110000－0102－0010751　丙二/929　史部/政書類/通制

續三通　（清）嵇璜　（清）曹仁虎等纂修　清光緒二十七年（1901）上海圖書集成局石印本　一百〇八冊

110000－0102－0010752　丙二/935　史部/地理類/山川/山

南湖考　（明）陳幼學撰　清光緒五年（1879）刻本　一冊

110000－0102－0010753　丙二/939　史部/金石類/錢幣

蒙古西域諸國錢譜四卷　（清）陳其鑣譯　清宣統三年（1911）鉛印本　一冊

110000－0102－0010754　丙二/940　史部/地理類/遊記/遊各國

遊歷古巴圖經　（清）傅雲龍撰　清光緒十五年（1889）鉛印本　一冊

110000－0102－0010755　丙二/959　史部/

傳記類/總傳/通錄/斷代

熙朝宰輔錄　（清）沈桂芬編輯　清光緒三年（1877）刻本　二冊

110000－0102－0010756　丙二/1144　史部/傳記類/圖贊

歷代帝后像　（日本）高山澤輯　清上海有正書局珂羅版印本　一冊

110000－0102－0010757　丙二/1145　史部/政書類/詔令奏議/詔令

清九朝聖訓七百七十一卷　清光緒五年（1879）鉛印本　四百四十八冊

110000－0102－0010758　丙二/1209　子部/天文地理類/曆法

萬年曆二卷　（清）□□撰　清光緒刻本　二冊

110000－0102－0010759　丙二/1224　史部/政書類/邦計/理財

法律館試辦宣統四年歲出預算報告冊附比較表　（清）法律館編　清宣統三年（1911）鉛印本　一冊

110000－0102－0010760　丙二/1225　史部/政書類/邦計/理財

法律館試辦宣統四年歲出預算報告冊附比較表　（清）法律館編　清宣統三年（1911）鉛印本　一冊

110000－0102－0010761　丙二/1279　子部/天文地理類/曆法

大清宣統三年時憲書　（清）欽天監編輯　清宣統二年（1910）刻本　一冊

110000－0102－0010762　丙二/1431　史部/地理類/專志/寺觀

廣濟寺新志　釋然叢編輯　清康熙四十三年（1704）刻本　三冊

110000－0102－0010763　丙二/1588　史部/政書類/學制

京師工業學堂成蹟初集　京師初等工業學堂編　清宣統元年（1909）石印本　一冊

110000－0102－0010764　丙二/1696　史部/
地理類/地圖、圖志

甘肅平涼府輿圖　清末石印本　一冊

110000－0102－0010765　丙二/1698　史部/
地理類/地圖、圖志

忠州營輿圖　清末彩繪本　一幅

110000－0102－0010766　丙二/1703　史部

注釋東萊博議　（宋）呂祖謙撰　清光緒二十
四年(1898)文成堂刻本　四冊

110000－0102－0010767　丙二/1704　史部/
地理類

資治通鑑地理今釋十六卷　（清）吳熙載撰
清光緒二十六年(1900)古潔齋刻本　三冊

110000－0102－0010768　丙二/1705　史部/
地理類/專志/古跡

莫愁湖志四卷首一卷　（清）馬士圖輯撰　清
光緒八年(1882)刻本　一冊

110000－0102－0010769　丙二/1706　史部/
地理類/專志/古跡

莫愁湖楹聯便覽　（清）釋壽安輯　清光緒五
年(1879)刻本　一冊

110000－0102－0010770　丙二/1708　史部/
編年類

綱鑑正史約三十六卷附記一卷　（清）顧錫疇
撰　（清）陳弘謀增訂　清光緒二十八年
(1902)上海古香閣石印本　六冊

110000－0102－0010771　丙二/1712　史部

臣鑑錄二十卷　（清）蔣伊輯　清同治九年
(1870)息存軒刻本　十冊

110000－0102－0010772　丙二/1714　史部

朔方備乘六十八卷首十二卷凡例目錄一卷
（清）何秋濤撰　清光緒七年(1881)畿輔志局
石印本　八冊

110000－0102－0010773　丙二/1715　史部/
傳記類

聖武記十卷附武事餘記四卷　（清）魏源撰
清光緒二十四年(1898)六藝書局石印本　八冊

110000－0102－0010774　丙二/1716　史部/
傳記類/總傳/通錄/通代

國朝先正事略六十卷首一卷　（清）李元度編
纂　清光緒十二年(1886)鉛印本　十冊

110000－0102－0010775　丙二/1718　史部/
編年類/通代

御批歷代通鑑輯覽一百二十卷　（清）傅恆等
編　清光緒十一年(1885)上海同文書局石印
本　二十冊

110000－0102－0010776　丙二/1720　史部/
傳記類/總傳/通錄/通代

國朝先正事略六十卷續八卷　（清）李元度纂
編　清光緒二十五年(1899)上海圖書集成印
書局鉛印本　十二冊

110000－0102－0010777　丙二/1722　史部/
別史、雜史類

校正尚友錄二十二卷續三卷　（明）廖用賢編
　（明）張伯琮補輯　清光緒二十四年(1898)
石印本　八冊

110000－0102－0010778　丙二/1723　經部/
禮類/周禮

周禮政要二卷　（清）孫詒讓撰　清光緒三十
年(1904)上海書局石印本　二冊

110000－0102－0010779　丙二/1724　史部/
傳記類/圖贊

帝鑑圖說四卷　（明）張居正撰　清光緒六年
(1880)點石齋石印縮影本　四冊

110000－0102－0010780　丙二/1725　史部/
政書類/儀制

聖廟記典圖攷三卷　（清）徐潤輯　清光緒上
海同文書局縮印本　四冊

110000－0102－0010781　丙二/1726　史部/
紀傳類/通代

古香齋鑒賞袖珍史記一百三十卷　（漢）司馬
遷撰　（南朝宋）裴駰集解　（唐）司馬貞索隱
　清古香齋刻本　三十六冊

110000－0102－0010782　丙二/1728　史部/
目錄類/著錄/題跋及讀書記

士禮居藏書題跋記六卷　（清）黃丕烈撰　清光緒八年(1882)刻本　四冊

110000－0102－0010783　丙二/1733　史部/目錄類

西學書目表　梁啟超編　清光緒二十三年(1897)沔陽盧氏慎始基齋刻慎始基齋叢書本　一冊

110000－0102－0010784　丙二/1735　史部/目錄類/著錄/存毀書目

經籍訪古志一卷補遺一卷　（日本）澀江全善（日本）森立之合撰　清光緒十一年(1885)鉛印本　二冊

110000－0102－0010785　丙二/1739　史部/史評類/考訂

豐鎬考信錄八卷　（清）崔述撰　清嘉慶二十二年(1817)太谷縣署刻本　四冊

110000－0102－0010786　丙二/1743　史部/傳記類/年譜

還讀我書室老人年譜二卷　（清）董恂撰　清光緒十八年(1892)刻本　二冊

110000－0102－0010787　丙二/1745　史部/地理類

歷代輿地沿革險要圖　楊守敬　（清）饒敦秩合撰　清光緒五年(1879)東湖饒氏刻本　一冊

110000－0102－0010788　丙二/1748　史部/金石類/總錄/題跋

潛研堂金石文跋尾六卷二續六卷三續六卷（清）錢大昕撰　清嘉慶十年(1805)刻本　六冊

110000－0102－0010789　丙二/1749　史部/傳記類/總傳/通錄/斷代

皇朝道學名臣言行錄正篇十七卷續篇八卷（宋）李幼武纂　清道光刻同治重修本　十二冊

110000－0102－0010790　丙二/1751　史部/地理類/水道

水經注彙校四十卷首一卷　（北魏）酈道元撰

（清）楊希閔校　清光緒七年(1881)福州刻本　十六冊

110000－0102－0010791　丙二/1753　史部/金石類/總錄/題跋

鐵橋金石跋四卷　（清）嚴可均撰　清光緒貴池劉氏刻聚學軒叢書本　一冊

110000－0102－0010792　丙二/1754　子部/藝術類/書畫/書法、碑帖/清

南村帖玫四卷　（清）程文榮撰　清光緒貴池劉氏刻聚學軒叢書本　四冊

110000－0102－0010793　丙二/1757　史部/別史、雜史類

戰國策三十二卷劄記三卷　（清）高誘注　清同治八年(1869)湖北崇文書局刻本　五冊

110000－0102－0010794　丙二/1762　史部/史評類

廿二史考異一百卷　（清）錢大昕撰　清乾隆四十五年(1780)刻本　十四冊

110000－0102－0010795　丙二/1763　史部/編年類/通代

御撰資治通鑑綱目三編四十卷　（清）舒赫德等編　清同治十一年(1872)江西書局刻本　十二冊

110000－0102－0010796　丙二/1766　史部/紀傳類/通代

史記菁華錄六卷　（清）芧田民輯　清光緒九年(1883)廣州翰墨園刻本　六冊

110000－0102－0010797　丙二/1767　史部/傳記類/總傳/專錄/列女

新刊古列女傳二卷續一卷　（清）劉向撰（晉）顧愷之圖畫　清文選樓刻本　四冊

110000－0102－0010798　集部/別集類/清

寄簃文存八卷　（清）沈家本撰　清宣統元年(1909)鉛印本　二冊

110000－0102－0010799　丙二/1769　集部/別集類/清

秣陵集六卷　（清）陳文述撰　清光緒十年（1884）淮南書局刻本　三冊

110000－0102－0010800　丙二/1770　史部/政書類/詔令奏議/奏議

陸宣公奏議讀本四卷首一卷　（唐）陸贄撰（清）汪銘謙輯　清光緒二十六年（1900）鉛印本　二冊

110000－0102－0010801　丙二/1771　史部/傳記類/家傳、宗譜

新纂氏族箋釋　（清）熊峻運撰　清雍正二年（1724）經元堂刻本　四冊

110000－0102－0010802　丙二/1773　史部/政書類/通制

欽定大清會典一百卷　（清）德宗載湉敕撰清光緒二十五年（1899）京師官書局石印本二十四冊

110000－0102－0010803　丙二/1779　史部/政書類/詔令奏議/奏議

唐陸宣公奏議讀本四卷　（唐）陸贄撰　（清）汪銘謙輯　（清）馬傳庚評點　清光緒二十六年（1900）會稽馬氏石印本　二冊

110000－0102－0010804　丙二/1781　史部/政書類/軍政

沈觀察燕晉弭兵記二卷　（清）陳守謙撰　清光緒二十九年（1903）上海英商順成書局石印本　一冊

110000－0102－0010805　丙二/1782　史部/紀傳類

聖安皇帝本紀二卷　（清）顧炎武撰　清刻明季稗史彙編本　一冊

110000－0102－0010806　丙二/1788　史部/紀傳類

聖安本紀六卷　（清）顧炎武撰　清末鉛印本　一冊

110000－0102－0010807　丙二/1789　史部/地理類/山川

東湖志二卷　（清）特通阿輯　清嘉慶九年（1804）刻本　一冊

110000－0102－0010808　丙二/1790　史部/別史、雜史類

北史識小錄十二卷　（清）沈名蓀　（清）朱昆田原輯　（清）張應昌補輯　清同治刻本五冊

110000－0102－0010809　丙二/1791　史部/傳記類/總傳/專錄/文苑

國朝詩人徵略六十卷　（清）張維屏輯　清道光十年（1830）粵東富文齋刻本　十冊

110000－0102－0010810　丙二/1793　史部/地理類/山川

莫愁湖志　（清）馬士圖撰　清光緒八年（1882）刻本　一冊

110000－0102－0010811　丙二/1794　史部/金石類/總錄/題跋

石泉書屋金石題跋　（清）李佐賢撰　清宣統三年（1911）江浦陳氏刻江浦陳氏房山山房叢書本　一冊

110000－0102－0010812　丙二/1795　史部/史評類

歷代史論十二卷　（明）張溥撰　（清）孫琮評點　清光緒九年（1883）都城蒼松山房刻本八冊

110000－0102－0010813　丙二/1796　史部/別史、雜史類

戰國策校注十卷　（元）吳師道校注　清光緒二十二年（1896）刻惜陰軒叢書本　八冊

110000－0102－0010814　丙二/1797　史部/政書類/詔令奏議/奏議

龔端毅公奏疏八卷　（清）龔鼎孳撰　清光緒九年（1883）聽彝書屋刻本　四冊

110000－0102－0010815　丙二/1799　史部/史評類/論事

論史比事　趙繼元撰　清末抄本　四冊

110000－0102－0010816　丙二/1803　史部/政書類/雜錄

文武兼資五卷首一卷　（清）藍煦撰　清同治五年（1866）星渚官廨刻本　四冊

110000－0102－0010817　丙二/1807　史部/
地理類/外紀

瀛寰志略十卷　（清）徐繼畬撰　清道光二十
八年(1848)刻本　六冊

110000－0102－0010818　丙二/1810　史部/
目錄類/著錄/學科專目/金石

集古錄目十卷原目一卷　（宋）歐陽棐撰　繆
荃孫輯　清光緒十年(1884)刻雲自在龕叢書
本　四冊

110000－0102－0010819　丙二/1812　集部/
總集類/文/雜錄/酬贈慶吊

合肥相國七十賜壽圖附壽言　清光緒十八年
(1892)石印本　六冊

110000－0102－0010820　丙二/1816　史部/
傳記類/圖贊

關帝聖跡圖志全集十卷　（元）胡琦撰　（清）
盧湛輯　清嘉慶十二年(1807)廣東山陝會館
刻本　四冊

110000－0102－0010821　丙二/1819　集部/
小說類/筆記小說

山海經箋疏十七卷　（晉）郭璞撰　（清）郝懿
行箋疏　清光緒七年(1881)刻本　四冊

110000－0102－0010822　丙二/1820　史部/
傳記類/總傳/通錄/地方

皖學編十三卷首三卷　（清）徐定文輯　清宣
統元年(1909)徐氏萬卷樓刻本　六冊

110000－0102－0010823　丙二/1824　史部/
地理類/方志/地方志

[正德]朝邑縣志二卷　（明）韓邦靖撰　清刻
本　一冊

110000－0102－0010824　丙二/1825　史部/
金石類/錢幣圖像

泉志十五卷　（宋）洪遵撰　清光緒元年
(1875)隸釋齋刻本　一冊

110000－0102－0010825　丙二/1826　史部/
政書類/法令/律例

大清律例增修統纂集成四十卷　（清）陶駿
（清）陶念霖合編　清光緒十四年(1888)聚文

堂新刻本　二十四冊

110000－0102－0010826　丙二/1828　史部/
別史、雜史類

戰國策校注三十三卷　（元）吳師道撰　清惜
陰軒刻惜陰軒叢書本　八冊

110000－0102－0010827　丙二/1829　史部/
政書類/學制

清秘述聞十六卷　（清）法式善輯　清嘉慶四
年(1799)刻本　六冊

110000－0102－0010828　丙二/1832　史部/
傳記類/日記

蜀輶日記四卷　（清）陶注撰　清道光七年
(1827)刻本　二冊

110000－0102－0010829　丙二/1833　史部/
金石類/錢幣圖像

大錢圖錄　（清）范康撰　清光緒二年(1876)
刻本　一冊

110000－0102－0010830　丙二/1836　史部/
編年類

周季編略九卷　（清）黃式三撰　清同治十二
年(1873)浙江書局刻敬居遺書本　四冊

110000－0102－0010831　丙二/1842　史部/
別史、雜史類

國策評林十八卷　（清）張星徽評點　清雍正
七年(1729)漁古山房刻本　十一冊

110000－0102－0010832　丙二/1845　史部/
金石類/石/文字

碑版文廣例十卷　（清）王芑孫輯　清道光二
十一年(1841)刻本　四冊

110000－0102－0010833　丙二/1847　史部/
地理類/專志/寺觀

洛陽伽藍記五卷　（三國魏）楊衒之撰　清光
緒二年(1876)洛陽西華禪院刻本　一冊

110000－0102－0010834　丙二/1849　史部/
編年類

竹書紀年統箋十二卷前編一卷雜述一卷
（清）徐文靖箋　清光緒三年(1877)浙江書局

刻本　四冊

110000－0102－0010835　丙二/1850　史部/
金石類/石

寰宇訪碑錄正編六卷續編五卷失編一卷
(清)孫星衍　(清)邢澍合撰　清光緒十年
(1884)朱氏槐廬刻本　四冊

110000－0102－0010836　丙二/1851　史部/
地理類/方志/地方志

[光緒]五臺新志四卷首一卷雜錄一卷　(清)
徐繼畬輯　(清)徐雲田等補注　清光緒九年
(1883)崇實書院刻本　四冊

110000－0102－0010837　丙二/1852　史部/
目錄類/收藏/私藏/宋

直齋書錄解題二十二卷　(宋)陳振孫撰　清
乾隆福建刻本　十二冊

110000－0102－0010838　丙二/1853　經部/
春秋類/總義/其它

春秋比事參議十六卷　(清)桂含章輯　清光
緒八年(1882)桂氏石埭務本堂刻本　十六冊

110000－0102－0010839　丙二/1854　史部/
史抄類

史記鈔四卷　(清)高塘集評　清乾隆五十三
年(1788)廣郡永邑楊氏培元堂刻本　四冊

110000－0102－0010840　丙二/1855　史部/
政書類/職官/官箴

欽頒州縣事宜　(清)田文鏡撰　清同治七年
(1868)江蘇書局刻本　一冊

110000－0102－0010841　丙二/1856　史部/
政書類/雜錄

保甲書輯要三卷　(清)徐棟編　清同治七年
(1868)江蘇書局刻本　一冊

110000－0102－0010842　丙二/1857　史部/
政書類/職官/官箴

牧民忠告二卷　(元)張養浩撰　清同治七年
(1868)江蘇書局刻元張文忠公為政忠告三種
本　一冊

110000－0102－0010843　丙二/1858　史部/

政書類/職官/官箴

劉廉舫先生吏治三書　(清)劉衡撰　清同治
七年(1868)江蘇書局刻本　一冊

110000－0102－0010844　丙二/1859　史部/
編年類

綱鑑擇語十卷　(清)司徒修輯　清同治六年
(1867)刻本　六冊

110000－0102－0010845　丙二/1860　史部/
政書類/詔令奏議/奏議

錢敏肅公奏疏七卷　(清)錢鼎銘撰　清光緒
四年(1878)存素堂刻本　四冊

110000－0102－0010846　丙二/1862　史部/
金石類/錢幣

**古泉匯首集四卷元集十四卷亨集十四卷利集
八卷貞集十四卷**　(清)李佐賢撰　清同治三
年(1864)利津李氏石泉書屋刻本　二十冊

110000－0102－0010847　丙二/1864　史部/
傳記類

聖武記十四卷　(清)魏源撰　清道光二十七
年(1847)古微堂刻本　十二冊

110000－0102－0010848　丙二/1865　史部/
地理類/專志/寺觀

慧因寺志十二卷　(明)李蕭撰　清光緒七年
(1881)丁氏竹書堂刻本　二冊

110000－0102－0010849　丙二/1867　史部/
地理類/方志/地方志

[光緒]東光縣志十二卷首一卷末一卷　(清)
周植瀛修　(清)吳潯源等纂　清光緒十四年
(1888)刻本　十冊

110000－0102－0010850　丙二/1868　史部/
編年類/通代

資治通鑑二百九十四卷　(宋)司馬光撰
(元)胡三省音注　清嘉慶二十一年(1816)金
陵胡克家覆刻本　一百冊

110000－0102－0010851　丙二/1869　史部/
編年類/通代

資治通鑑二百九十四卷目錄二十卷　(宋)司
馬光撰　(元)胡省三音注　清光緒十三年

（1887）長沙解州書院刻本　一百二十冊

110000 – 0102 – 0010852　丙二/1870　史部/
編年類/通代

御批歷代通鑑輯覽一百二十卷　（清）傅恆等
編纂　清同治十年（1871）浙江書局刻本　四
十八冊

110000 – 0102 – 0010853　丙二/1872　史部/
紀事本末類/斷代

左傳紀事本末五十三卷　（清）高士奇撰　清
同治十二年（1873）江西書局刻本　十二冊

110000 – 0102 – 0010854　丙二/1874　史部/
地理類

徐星伯先生著書三種　（清）徐松撰　清道光
三年至九年（1823 – 1829）刻本　七冊

110000 – 0102 – 0010855　丙二/1876　史部/
紀傳類/彙編

十七史附宋遼金元弘簡錄　清古吳趙氏仿崇
禎順治間毛氏汲古閣刻本　五百〇二冊

110000 – 0102 – 0010856　丙二/1877　史部/
紀傳類/彙編

二十一史　明南京國子監刻清順治康熙間補
刊本　五百十二冊

110000 – 0102 – 0010857　丙二/1879　史部/
目錄類/著錄/藝文類

隋經籍志考證十三卷　（清）章宗源撰　清光
緒三年（1877）湖北崇文書局刻本　四冊

110000 – 0102 – 0010858　丙二/1881　史部/
地理類/專志/祠廟

廣福廟志一卷　（清）唐恆九撰　清光緒三年
（1877）刻本　一冊

110000 – 0102 – 0010859　丙二/1882　史部/
地理類/方志/地方志/山西

[嘉慶]靈石縣志十二卷圖考一卷　（清）王志
瀜纂修　（清）黃憲臣編輯　清嘉慶二十二年
（1817）刻本　六冊

110000 – 0102 – 0010860　丙二/1885　史部/
地理類/總錄

補三國疆域志二卷　（清）洪亮吉撰　清嘉慶
刻本　二冊

110000 – 0102 – 0010861　丙二/1886　史部/
地理類/總錄

東晉疆域志四卷　（清）洪亮吉撰　清嘉慶元
年（1796）刻本　二冊

110000 – 0102 – 0010862　丙二/1887　經部/
小學類

漢魏音四卷　（清）洪亮吉撰　清乾隆五十年
（1785）刻本　一冊

110000 – 0102 – 0010863　丙二/1888　史部/
地理類/總錄

十六國疆域志十六卷　（清）洪亮吉撰　清嘉
慶刻本　五冊

110000 – 0102 – 0010864　丙二/1889　史部/
編年類/通代

稽古錄二十卷　（宋）司馬光撰　清同治十一
年（1872）湖北崇文書局刻本　四冊

110000 – 0102 – 0010865　丙二/1891　史部/
地理類/山川/山

羅浮志十卷　（明）陳槤撰　清道光三十年
（1850）南海伍氏粵雅堂刻本　四冊

110000 – 0102 – 0010866　丙二/1892　史部/
傳記類/別傳

考訂朱子世家　（清）江永撰　清光緒廣州文
雅書局刻本　一冊

110000 – 0102 – 0010867　丙二/1893　史部/
地理類/方志/地方志

[嘉慶]黔記四卷　（清）李宗昉撰　清道光十
四年（1834）刻本　一冊

110000 – 0102 – 0010868　丙二/1897　史部/
地理類/專志/祠廟

岳廟志略十卷首一卷　（清）馮培編輯　清光
緒五年（1879）浙江書局刻本　四冊

110000 – 0102 – 0010869　丙二/1898　史部/
政書類/詔令奏議/奏議

王文敏公奏疏　（清）王懿榮撰　清宣統三年

（1911）江寧印刷廠鉛印本　一冊

110000－0102－0010870　丙二/1899　集部/
總集類/文/斷代/清

紫陽庵集　（清）丁午輯　清光緒三年（1877）
刻本　二冊

110000－0102－0010871　丙二/1901　史部/
地理類/外紀

波斯志一卷　（清）學部編譯圖書局編　清光
緒三十三年（1907）學部圖書局鉛印本　一冊

110000－0102－0010872　丙二/1902　史部/
地理類/外紀

印度國志一卷　（清）學部編譯圖書局編　清
光緒三十三年（1907）學部圖書局鉛印本
一冊

110000－0102－0010873　丙二/1903　史部/
地理類/外紀

印度新志一卷　（清）學部編譯圖書局編　清
光緒三十三年（1907）學部圖書局鉛印本
一冊

110000－0102－0010874　丙二/1904　史部/
地理類/外紀

緬甸國志一卷　（清）學部編譯圖書局編　清
光緒三十三年（1907）學部圖書局鉛印本
一冊

110000－0102－0010875　丙二/1905　史部/
地理類/外紀

**爪哇志一卷附新志一卷蘇門答拉志一卷附新
志一卷**　（清）學部編譯圖書局編　清光緒三
十三年（1907）學部圖書局鉛印本　一冊

110000－0102－0010876　丙二/1906　史部/
地理類/外紀

開浦殖民地志一卷附新志一卷　（清）學部編
譯圖書局編　清光緒三十四年（1908）學部圖
書局鉛印本　一冊

110000－0102－0010877　丙二/1907　史部/
地理類/外紀

阿達曼群島志一卷附新志一卷婆羅島志一卷
（清）學部編譯圖書局編　清光緒三十四年

（1908）學部圖書局鉛印本　一冊

110000－0102－0010878　丙二/1908　史部/
地理類/外紀

西比利亞志一卷附新志一卷　（清）學部編譯
圖書局編　清光緒三十四年（1908）學部圖書
局鉛印本　一冊

110000－0102－0010879　丙二/1909　史部/
地理類/外紀

土耳基國志一卷附土耳基新志一卷　（清）學
部編譯圖書局編　清光緒三十三年（1907）學
部圖書局鉛印本　一冊

110000－0102－0010880　丙二/1910　史部/
地理類/外紀

亞斐利加洲志一卷附新志一卷　（清）學部編
譯圖書局編　清宣統元年（1909）學部圖書局
鉛印本　一冊

110000－0102－0010881　丙二/1911　史部/
地理類/外紀

亞拉伯志一卷附新志一卷　（清）學部編譯圖
書局編　清光緒三十三年（1907）學部圖書局
鉛印本　一冊

110000－0102－0010882　丙二/1913　史部/
目錄類/圖書學

書小史十卷　（宋）陳思撰　清八千卷樓刻本
六冊

110000－0102－0010883　丙二/1914　史部/
傳記類/雜錄

國朝漢學師承記八卷　（清）江藩編　清光緒
九年（1883）山西書局刻本　四冊

110000－0102－0010884　丙二/1918　史部/
地理類/方志/地方志

[光緒]鹿邑縣誌十六卷　（清）蔣師轍等編
清光緒二十二年（1896）刻本　六冊

110000－0102－0010885　丙二/1919　史部/
地理類/遊記/遊各國

環遊地球新錄　（清）李圭撰　清光緒四年
（1878）刻本　四冊

110000－0102－0010886　丙二/1923　史部/
傳記類/別傳

省身錄四卷　（清）王恕編　清宣統三年
(1911)金陵鉛印本　一冊

110000－0102－0010887　丙二/1925　史部/
目錄類/著錄/學科專目/金石

集古錄目十卷　（宋）歐陽棐撰　繆荃孫校輯
清光緒十年(1884)刻本　二冊

110000－0102－0010888　丙二/1926　子部/
天文地理類/其它

陸軍中學堂地質學課本六編　清末鉛印本
一冊

110000－0102－0010889　丙二/1927　史部/
政書類/邦計/交通運輸

電政紀要初編　（清）郵傳部參議廳編覈科編
清宣統北京郵傳部參議廳鉛印本　二冊

110000－0102－0010890　丙二/1928　史部/
政書類/邦計/交通運輸

通信要錄十三章　（日本）坂野鉎次郎撰　方
兆鼇譯　黃鳥基　李湛田校訂　清宣統元年
(1909)郵傳部圖書通譯局鉛印本　二冊

110000－0102－0010891　丙二/1929　史部/
政書類/邦計/交通運輸

歐美電信電話事業四卷　（日本）中山龍次撰
李景銘　方兆鼇合譯　清宣統三年(1911)
郵傳部圖書通譯局鉛印本　四冊

110000－0102－0010892　丙二/1930　史部/
傳記類/總傳/通錄/地方

中州人物考八卷　（清）孫奇逢輯　（清）王元
鑣　（清）王立稚合編　清道光二十四年
(1844)刻本　八冊

110000－0102－0010893　丙二/1931　史部/
地理類/方志/地方志/河南

[康熙]商邱縣志二十卷首一卷　（清）劉德昌
修　（清）葉沄編　清光緒十一年(1885)刻本
六冊

110000－0102－0010894　丙二/1932　史部/
地理類/水道

水運　楊志洵譯　李湛田校訂　清宣統二年
(1910)郵傳部圖書通譯局鉛印本　一冊

110000－0102－0010895　丙二/1934　史部/
地理類/山川/山

焦山志二十六卷首一卷　（清）吳雲撰　清同
治十三年(1874)刻本　八冊

110000－0102－0010896　丙二/1935　史部/
地理類/山川/山

焦山續志八卷　（清）陳任暘輯　清光緒三十
一年(1905)刻本　二冊

110000－0102－0010897　丙二/1937　史部/
地理類/外紀

亞細亞洲志附新志　（清）學部圖書編譯局編
清光緒三十四年(1908)學部圖書局鉛印本
一冊

110000－0102－0010898　丙二/1939　史部/
金石類/總錄/文字

開有益齋金石文字記　（清）朱緒曾撰　清光
緒六年(1880)金陵翁氏茹古閣刻本　一冊

110000－0102－0010899　丙二/1941　史部/
地理類/山川/川

太湖備考十六卷首一卷　（清）金友理撰　清
光緒二十九年(1903)東山鄭氏補刻本　八冊

110000－0102－0010900　丙二/1942　史部/
地理類/山川/川

太湖備考續編四卷　（清）鄭言紹輯　清光緒
二十九年(1903)憩園刻本　四冊

110000－0102－0010901　丙二/1943　史部/
金石類/石/雜著

陶齋藏石記四十四卷附陶齋藏磚記二卷
（清）端方撰　清宣統元年(1909)石印本　十
二冊

110000－0102－0010902　丙二/1944　史部/
金石類/石/雜著

陶齋藏石記四十四卷附陶齋藏磚記二卷
（清）端方撰　清宣統元年(1909)石印本　十
二冊

110000－0102－0010903　丙二／1945　史部／政書類／法令／律例

遵議滿漢通行刑律　（清）沈家本等編　清光緒三十三年(1907)法律館鉛印本　一冊

110000－0102－0010904　丙二／1946　史部／政書類／詔令奏議／奏議

奏請於簡易識字學塾內附設簡字一科並變通地方自治選民資格摺　勞乃宣撰　清宣統元年(1909)鉛印本　一冊

110000－0102－0010905　丙二／1948　史部／政書類／法令／章例

驗收軌制章程　盛宣懷等撰　清宣統三年(1911)郵傳部參議廳法制科鉛印本　一冊

110000－0102－0010906　丙二／1955　史部／傳記類／年譜

曾文正公年譜　（清）楊希閔編　清光緒三年(1877)刻三餘書屋叢書本　二冊

110000－0102－0010907　丙二／1959　史部／地理類／方志／地方志／西藏

[嘉慶]西招圖略附圖說　（清）松筠撰（清）陸為柄重訂　清道光二十七年(1847)刻本　一冊

110000－0102－0010908　丙二／1960　史部／地理類／地圖、圖志

五洲圖考　龔柴編譯　清末鉛印本　一冊

110000－0102－0010909　丙二／1965　史部／政書類／法令／章例

欽定總管內務府現行則例　（清）宣宗敕撰（清）文璧等編　清咸豐二年(1852)刻本　四冊

110000－0102－0010910　丙二／1968　史部／地理類／山川／山

武夷山志二十四卷首一卷　（清）董天工編　清道光二十六年(1846)五夫尺木軒刻本　八冊

110000－0102－0010911　丙二／1973　史部／紀傳類／斷代

南北史補志十四卷　（清）汪士鐸撰　清光緒四年(1878)淮南書局刻本　六冊

110000－0102－0010912　丙二／1975　史部／地理類／方志／地方志

[光緒]平遙縣志十二卷　（清）王綬等纂修（清）恩端等續纂　清光緒八年(1882)刻本　八冊

110000－0102－0010913　丙二／1976　史部／金石類／總錄／目錄

金石全例　（清）朱記榮輯　清光緒十八年(1892)讀有用書齋刻朱墨套印本　十六冊

110000－0102－0010914　丙二／1977　史部／政書類／職官／官箴

爲政忠告　（元）張養浩撰　清道光十三年(1833)芸葉軒刻本　二冊

110000－0102－0010915　丙二／1979　史部／政書類／邦計

醝政備覽　（清）方濬師輯　清光緒二年(1876)兩廣運使署刻本　二冊

110000－0102－0010916　丙二／1990　史部／紀傳類／斷代

南史八十卷　（唐）李延壽撰　清同治十一年(1872)金陵書局刻本　十二冊

110000－0102－0010917　丙二／1991　史部／紀傳類／通代

史記一百三十卷　（漢）司馬遷撰　（清）吳汝綸點勘　清宣統元年(1909)南宮邢氏刻本　二十冊

110000－0102－0010918　丙二／1994　史部／紀事本末類／斷代

元史紀事本末二十七卷　（明）陳邦瞻編輯（明）張溥論正　清光緒十四年(1888)廣雅書局刻本　三冊

110000－0102－0010919　丙二／1996　史部／紀傳類／斷代

明史三百三十二卷　（清）張廷玉等撰　清乾隆四年(1739)刻本　一百冊

110000－0102－0010920　丙二／2004　史部／史表類

元史氏族表三卷　（清）錢大昕撰　清嘉慶十

一年(1806)江蘇書局刻本　二冊

110000－0102－0010921　丙二/2005　史部/
紀傳類/通代

五代史記注七十四卷　（宋）歐陽修撰　（宋）
徐無黨原注　（清）彭元瑞增注　清道光八年
(1828)刻本　四十冊

110000－0102－0010922　丙二/2008　史部/
紀事本末類/斷代

宋史紀事本末一百〇九卷　（明）馮琦原編
（明）陳邦瞻增訂　（明）張溥論正　清同治十
三年(1874)江西書局刻本　二十冊

110000－0102－0010923　丙二/2009　史部/
紀事本末類/斷代

元史紀事本末二十七卷　（明）陳邦瞻編輯
（明）張溥論正　清同治十三年(1874)江西書
局刻本　四冊

110000－0102－0010924　丙二/2010　史部/
金石類/總錄/目錄

中州金石目四卷　（清）姚晏撰　清同治十三
年(1874)歸安姚氏刻咫進齋叢書本　四冊

110000－0102－0010925　丙二/2011　史部/
紀事本末類

西夏紀事本末三十六卷首二卷　（清）張鑒撰
清光緒十一年(1885)江蘇書局刻本　四冊

110000－0102－0010926　丙二/2013　史部/
地理類/總錄

十六國疆域志十六卷　（清）洪亮吉撰　清光
緒十七年(1891)廣雅書局刻本　四冊

110000－0102－0010927　丙二/2014　史部/
紀傳類/通代

五代史七十四卷　（宋）歐陽修撰　（宋）徐無
黨注　清同治十一年(1872)湖北崇文書局刻
本　八冊

110000－0102－0010928　丙二/2016　史部/
地理類/方志/總志

廣輿記二十四卷　（清）蔡方炳撰　清末大文
堂刻本　十二冊

110000－0102－0010929　丙二/2020　史部/
史評類

讀史漫錄十四卷　（明）于慎行撰　清光緒二
十一年(1895)刻本　六冊

110000－0102－0010930　丙二/2021　史部/
史評類

讀史鏡古編三十二卷　（清）潘世恩輯　清同
治十三年(1874)冶城飛霞閣刻本　六冊

110000－0102－0010931　丙二/2027　史部/
傳記類/志錄

闕里文獻考一百卷末一卷　（清）孔繼汾撰
清乾隆二十七年(1762)刻本　八冊

110000－0102－0010932　丙二/2028　史部/
傳記類/志錄

闕里文獻考一百卷末一卷　（清）孔繼汾撰
清乾隆二十七年(1762)刻本　八冊

110000－0102－0010933　丙二/2034　史部/
紀傳類/斷代

舊五代史一百五十卷　（宋）薛居正等撰　清
嘉慶元年(1796)掃葉山房刻本　十八冊

110000－0102－0010934　丙二/2036　史部/
地理類/方志/地方志/河北

[乾隆]涿州志二十二卷　（清）吳山鳳等編
清同治十一年(1872)刻本　十二冊

110000－0102－0010935　丙二/2038　史部/
政書類/邦計/交通運輸

船政奏議彙編五十四卷　（清）左宗棠等撰
清光緒十四年(1888)刻本　二十三冊

110000－0102－0010936　丙二/2039　史部/
政書類/詔令奏議/奏議

憲政編查館奏擬將官制提前官俸展後摺　奕
劻等撰　清宣統二年(1910)刻本　一冊

110000－0102－0010937　丙二/2040　史部/
地理類/方志/地方志/江蘇

[咸豐]甘棠小志四卷首一卷　（清）董醇撰
清咸豐五年(1855)刻本　四冊

110000－0102－0010938　丙二/2041　史部/

傳記類/別傳

忠武志十卷 （清）張鵬翮撰　清嘉慶十九年（1814）刻本　六冊

110000－0102－0010939　丙二/2043　史部/金石類/石/目錄

至聖林廟碑目六卷 （清）孔昭薰 （清）孔憲庚合輯　清光緒二十二年（1896）南陵徐氏積學齋刻本　一冊

110000－0102－0010940　丙二/2047　史部/地理類/方志/地方志/河北

[道光]薊州志十卷 （清）沈銳重編　清道光十一年（1831）刻本　八冊

110000－0102－0010941　丙二/2057　史部/地理類/地圖、圖志

海國圖志一百卷 （清）魏源撰　清光緒六年（1880）邵陽急當務齋刻本　四十冊

110000－0102－0010942　丙二/2067　史部/紀傳類/斷代

三國志證聞二卷 （清）錢儀吉撰　清光緒十一年（1885）江蘇書局刻本　二冊

110000－0102－0010943　丙二/2068　史部/政書類/詔令奏議/奏議

錢敏肅公奏疏七卷 錢鼎銘撰　清光緒四年（1878）存素堂刻本　四冊

110000－0102－0010944　丙二/2069　史部/地理類/地圖、圖志

[淳熙]嚴州圖經三十三卷 （宋）陳公亮編 （清）漸西村舍按　清刻本　四冊

110000－0102－0010945　丙二/2073　史部/地理類/專志/寺觀

武林理安寺志八卷 （清）釋寶月撰　清光緒四年（1878）刻本　一冊

110000－0102－0010946　丙二/2076　史部/地理類/山川/山

武夷山志二十四卷首一卷 （清）董天工編　清道光二十六年（1846）五夫尺木軒刻本　八冊

110000－0102－0010947　丙二/2077　史部/

傳記類/總傳/專錄/地方

皖學編十三卷首三卷 （清）徐定文纂輯　清宣統元年（1909）徐氏萬卷樓刻本　六冊

110000－0102－0010948　丙二/2078　史部/政書類/通制

五代會要三十卷 （宋）王溥撰　清光緒十二年（1886）江蘇書局刻本　六冊

110000－0102－0010949　丙二/2079　史部/金石類/金/文字

積古齋鐘鼎彝器款識八卷 （清）阮元編　清光緒七年（1881）紅杏山房刻本　四冊

110000－0102－0010950　丙二/2080　史部/地理類/專志/古跡

平山堂圖志十卷附名勝全圖一卷 （清）趙之壁撰　清光緒二十一年（1895）刻本　四冊

110000－0102－0010951　丙二/2081　史部/地理類/遊記/清

度隴記四卷 （清）董醇撰　清咸豐刻本　四冊

110000－0102－0010952　丙二/2084　史部/紀傳類/斷代

遼史拾遺補五卷 （清）楊復吉輯　清光緒三年（1877）江蘇書局刻本　二冊

110000－0102－0010953　丙二/2085　史部/政書類/邦計/荒政

欽定康濟錄四卷 （清）倪國璉等編　清同治三年（1864）浙江撫署刻本民國重印本　四冊

110000－0102－0010954　丙二/2093　史部/外國史類

日本維新三十年史 日本東京博文館編　上海廣智書局譯　清光緒二十九年（1903）鉛印本第三版　六冊

110000－0102－0010955　丙二/2095　史部/別史、雜史類

小腆紀年附攷二十卷 （清）徐鼒撰　清咸豐十一年（1861）刻本　二十冊

110000－0102－0010956　丙二/2100　史部/

史評類/論事

歷代史論十二卷　（明）張溥撰　清光緒十二年(1886)西儀堂刻本　八冊

110000－0102－0010957　丙二/2106　集部/別集類/清

晦明軒稿一卷　楊守敬輯　清光緒二十七年(1901)宜都楊氏鄰蘇園刻本　二冊

110000－0102－0010958　丙二/2107　史部/傳記類/總傳/專錄/列女

新編古列女傳八卷　（漢）劉向編撰　（晉）顧愷之圖畫　清道光五年(1825)揚州阮氏文選樓影刻本　四冊

110000－0102－0010959　丙二/2112　史部/地理類/方志/地方志/福建

[乾隆]龍溪縣志二十四卷增編二卷　（清）吳宜燮修　（清）黃惠等纂　（清）荆南八十四重修　（清）吳聯薰續纂修　清乾隆二十七年(1762)刻光緒五年(1879)霞文書院增刻本　十二冊

110000－0102－0010960　丙二/2115　史部/政書類/詔令奏議/奏議

奏覆核民政部修訂法律大臣會奏禁煙條例摺並單　奕劻等撰　清宣統元年(1909)憲政編查館鉛印本　一冊

110000－0102－0010961　丙二/2116　史部/政書類/邦計/交通運輸

各國鐵路律　郵傳部譯輯　清宣統三年(1911)郵傳部參議法制科、郵傳部圖書通譯局鉛印本　一冊

110000－0102－0010962　丙二/2117　史部/政書類/雜錄

浙江咨議局議決案　清末鉛印本　一冊

110000－0102－0010963　丙二/2118　史部/政書類/學制

直隸試辦中學堂暫行章程摺稿　袁世凱撰　清末刻本　一冊

110000－0102－0010964　丙二/2120　子部/雜誌類

禁煙最近芻議　清宣統三年(1911)鉛印本　一冊

110000－0102－0010965　丙二/2124　史部/傳記類/人表

國朝御史題名　（清）黃玉圃編　（清）蘇樹藩增編　清光緒京畿道刻本　四冊

110000－0102－0010966　丙二/2127　史部/紀傳類/斷代

後漢書一百二十卷　（南朝宋）范曄撰　（唐）李賢注　清光緒十八年(1892)武林竹簡齋石印本　八冊

110000－0102－0010967　丙二/2128　史部/政書類/法令/其它

刑案匯覽六十卷首一卷末一卷拾遺備考一卷續編十六卷　（清）祝慶祺輯　清咸豐二年(1852)棠樾文淵堂刻本　七十九冊　缺一卷(五)

110000－0102－0010968　丙二/2129　史部/政書類/法令/其它

新增刑案匯覽十四卷首一卷　（清）潘文舫　（清）徐谏荃輯　清光緒十六年(1890)紫英山房刻本　十冊

110000－0102－0010969　丙二/2130　史部/傳記類/總傳/通錄/地方

增補泰西名人傳六卷　上海徐匯報館編　徐心鏡增訂　清光緒二十九年(1903)上海鴻寶齋石印本　四冊

110000－0102－0010970　丙二/2131　史部/地理類/水道/河

治河方略十卷首一卷　（清）靳輔撰　清嘉慶四年(1799)安瀾堂刻本　十冊

110000－0102－0010971　丙二/2133　史部/編年類/通代

鑑撮四卷　（清）曠敏本編　清同治刻本　四冊

110000－0102－0010972　丙二/2134　史部/政書類

西政叢書　梁啟超輯　清光緒二十三年

(1897)慎記書莊石印本　三十二冊

110000－0102－0010973　丙二/2136　史部/
別史、雜史類

九朝野記四卷　(明)祝允明撰　清宣統三年
(1911)時中書局鉛印本　二冊

110000－0102－0010974　丙二/2140　子部/
類書類/專編

史姓韻編二十四卷　(清)汪輝祖輯　清光緒
二十九年(1903)上海文瀾書局石印本　八冊

110000－0102－0010975　丙二/2141　史部/
傳記類/總傳/專錄/仕宦

中興名臣事略八卷　(清)朱孔彰撰　清光緒
二十四年(1898)上海書局石印本　八冊

110000－0102－0010976　丙二/2145　史部/
金石類/金/文字

薛氏鐘鼎款識二十卷　(宋)薛尚功撰　清光
緒八年(1882)上海點石齋石印本　四冊

110000－0102－0010977　丙二/2147　史部/
紀傳類/斷代

兩漢紀　(宋)［王銍］輯　清光緒二年
(1876)嶺南學海堂刻本　十四冊

110000－0102－0010978　丙二/2150　史部/
政書類/通制

東漢會要四十卷　(宋)徐天麟撰　清光緒五
年(1879)嶺南學海堂刻本　八冊

110000－0102－0010979　丙二/2151　史部/
政書類/通制

西漢會要七十卷　(宋)徐天麟撰　清光緒五
年(1879)嶺南學海堂刻本　十冊

110000－0102－0010980　丙二/2152　史部/
目錄類/收藏/私藏/清

葉氏存古書目　(清)葉銘編　清宣統二年
(1910)鉛印本　一冊

110000－0102－0010981　丙二/2153　史部/
傳記類/總傳/通錄/地方

嫠書八卷　(明)吳之器撰　清光緒二十六年
(1900)刻本　四冊

110000－0102－0010982　丙二/2154　子部/
天文地理類/曆法

欽定萬年書三卷　(清)鍾之模輯　清雍正五
年(1727)刻本　四冊

110000－0102－0010983　丙二/2155　史部/
地理類

李氏五種合刊　(清)李兆洛輯　清光緒四年
(1878)石印本　八冊

110000－0102－0010984　丙二/2159　史部/
政書類/法令/律例

大清律例增修統纂集成四十卷　(清)姚潤輯
　(清)胡璋增輯　清光緒三十二年(1906)鉛
印本　二十四冊

110000－0102－0010985　丙二/2167　史部/
編年類/通代

鑑撮四卷　(清)曠敏本編　清光緒刻本
四冊

110000－0102－0010986　丙二/2170　史部/
地理類/總錄

歷代輿地沿革表十七卷　(清)龍學泰編　清
光緒三十三年(1907)石印本　十七冊

110000－0102－0010987　丙二/2171　史部/
時令類

古今夏時表　葉德輝撰　清光緒二十九年
(1903)長沙葉氏刻本　四冊

110000－0102－0010988　丙二/2174　史部/
政書類/詔令奏議/詔令

大清文宗顯皇帝聖訓一百十卷　(清)穆宗載
淳敕撰　清同治鉛印本　二十四冊

110000－0102－0010989　丙二/2176　史部/
金石類/石/目錄

輿地碑記目四卷　(宋)王象之撰　清同治九
年(1870)刻本　二冊

110000－0102－0010990　丙二/2184　史部/
金石類/石

萬邑西南山石刻記二卷附錄一卷　況周頤撰
　清光緒二十九年(1903)西岩講院刻本
一冊

110000 – 0102 – 0010991　丙二/2185　史部/
金石類/地方/目錄

吳郡金石目　（清）程祖慶輯　清光緒三年
(1877)八喜齋刻本　一冊

110000 – 0102 – 0010992　丙二/2187　史部/
金石類/總錄/題跋

石經閣金石跋文　（清）馮登府撰　（清）朱記
榮校刊　清光緒十三年(1887)行素草堂刻本
一冊

110000 – 0102 – 0010993　丙二/2188　史部/
政書類/職官/官箴

平平言一卷　（清）方大湜撰　清光緒十三年
(1887)常德府署刻本　一冊

110000 – 0102 – 0010994　丙二/2189　史部/
史總類/諸史總義

十七史蒙求十六卷　（宋）王令撰　清光緒二
十八年(1902)粵東文雅齋刻本　六冊

110000 – 0102 – 0010995　丙二/2190　史部/
地理類/總錄

圖說　清末寫本　一冊

110000 – 0102 – 0010996　丙二/2192　史部/
傳記類/總傳/專錄/文苑

唐才子傳十卷　（元）辛文房撰　清蘇州文學
山房鉛印本　四冊

110000 – 0102 – 0010997　丙二/2193　史部/
外國史類

土耳機史　（日本）北村三郎編　（清）趙必振
譯　清光緒二十八年(1902)上海廣智書局鉛
印本　一冊

110000 – 0102 – 0010998　丙二/2197　史部/
傳記類/總傳/專錄/儒林

周秦學案　胡璧撰　清抄本　十冊

110000 – 0102 – 0010999　丙二/2200　史部/
政書類/雜錄

樊山政書二十卷　樊增祥撰　清宣統二年
(1910)金陵楊明林聚珍書局活字本　十冊

110000 – 0102 – 0011000　丙二/2206　史部/

政書類/通制

三通序　（清）蔣德鈞輯　清光緒十四年
(1888)蔣氏求寶齋刻本　二冊

110000 – 0102 – 0011001　丙二/2207　史部/
政書類/通制

三通序　（清）蔣德鈞輯　清光緒十四年
(1888)蔣氏求寶齋刻本　二冊

110000 – 0102 – 0011002　丙二/2209　史部/
傳記類/別傳

省身錄六卷　（清）王恕編　清宣統三年
(1911)金陵鉛印本　二冊

110000 – 0102 – 0011003　丙二/2211　史部/
紀傳類/斷代

明史三百三十二卷　（清）張廷玉等撰　清道
光十六年(1836)刻本　一百十冊

110000 – 0102 – 0011004　丙二/2212　史部/
紀傳類/斷代

漢書補注一百卷首一卷　（漢）班固撰　（唐）
顏師古注　王先謙補注　清光緒二十六年
(1900)王氏刻本　三十二冊

110000 – 0102 – 0011005　丙二/2214　史部/
史評類/考訂

史緯三百三十卷首一卷　（清）陳允錫撰　清
同治九年(1870)刻本　二百冊

110000 – 0102 – 0011006　丙二/2215　史部/
紀事本末類/通代

通鑑紀事本末二百三十九卷　（宋）袁樞撰
（明）張溥論正　清同治十二年(1873)江西書
局刻本　八十冊

110000 – 0102 – 0011007　丙二/2217　史部/
地理類/總錄

讀史方輿紀要一百三十卷　（清）顧祖禹撰
清嘉慶十六年(1811)敷文閣刻本　五十六冊

110000 – 0102 – 0011008　丙二/2219　史部/
金石類/石

古志石華三十卷　（清）黃本驥撰　清道光刻
本　八冊

110000－0102－0011009　丙二/2220　史部/金石類/石

平津讀碑記八卷續一卷　（清）洪頤煊撰　清嘉慶二十一年（1816）刻本　四冊

110000－0102－0011010　丙二/2221　史部/外國史類

埃及近世史　（日本）柴四郎撰　（清）章起謂重譯　清光緒二十九年（1903）上海商務印書館鉛印歷史叢書一集本　一冊

110000－0102－0011011　丙二/2222　史部/政書類/雜錄

政治汎論二卷後編二卷　（美國）域魯威爾遜撰　（清）麥鼎華譯　清光緒二十九年（1903）上海廣智書局鉛印本　四冊

110000－0102－0011012　丙二/2222－1　史部/政書類/雜錄

政治汎論二卷後編二卷　（美國）域魯威爾遜撰　（清）麥鼎華譯　清光緒二十九年（1903）上海廣智書局鉛印本　四冊

110000－0102－0011013　丙二/2223　史部/地理類/方志/地方志

元和郡縣志四十卷　（唐）李吉甫撰　清乾隆福建刻本　十二冊

110000－0102－0011014　丙二/2224　史部/政書類/邦計/交通運輸

英文鐵路釋名　（清）郵傳部參議廳輯　清宣統三年（1911）鉛印本　二冊

110000－0102－0011015　丙二/2225　史部/政書類/邦計/交通運輸

軌政紀要初編八卷次編三卷　（清）郵傳部圖書通譯局輯　清光緒三十三年（1907）鉛印本　六冊

110000－0102－0011016　丙二/2227　史部/政書類/法令

故唐律疏議三十卷　（唐）長孫無忌等撰　清光緒十六年（1890）京師刻本　十二冊

110000－0102－0011017　丙二/2230　史部/外國史類

列國政要續編九十四卷首一卷　（清）戴鴻慈（清）端方合輯　清宣統三年（1911）上海商務印書館鉛印本　三十二冊

110000－0102－0011018　丙二/2231　史部/外國史類

列國政要一百三十三卷首一卷　（清）戴鴻慈（清）端方輯　清光緒三十三年（1907）上海商務印書館鉛印本　三十二冊

110000－0102－0011019　丙二/2235　史部/編年類/通代

通鑑綱目引義三十六卷二編十卷三編六卷　（清）王恂撰　清光緒十八年（1892）刻本　二十四冊

110000－0102－0011020　丙二/2238　史部/政書類/詔令奏議/奏議

南海先生戊戌奏稿　康有為撰　清宣統三年（1911）鉛印本　一冊

110000－0102－0011021　丙二/2239　史部/地理類/地圖、圖志

大清中外一統輿圖三十卷首一卷　（清）胡林翼撰　（清）嚴樹森補訂　清同治二年（1863）湖北撫署景桓樓刻本　十二冊

110000－0102－0011022　丙二/2246　子部/儒家類

純德彙編七卷首一卷續刻一卷　（清）董華鈞輯　清嘉慶七年（1802）刻本　四冊

110000－0102－0011023　丙二/2249　史部/地理類/水道/總錄

水經注四十卷首一卷　（北魏）酈道元撰　清光緒三年（1877）湖北崇文書局刻本　十二冊

110000－0102－0011024　丙二/2258　子部/雜誌類

世界統計年鑒　（日本）伊東佑穀撰　（清）謝蔭昌輯譯　清宣統元年（1909）奉天圖書館鉛印本　一冊

110000－0102－0011025　丙二/2262　史部/紀傳類/斷代

唐書二百七十三卷　（宋）歐陽修　（宋）宋祁

撰　清同治十二年（1873）浙江書局刻本　四十册

110000－0102－0011026　丙二/2266　史部/政書類/學制
呈雲南警察局暨附設學堂試辦各章程　雲南員警總局　雲南善後總局合撰　清光緒三十一年（1905）繕寫本　一册

110000－0102－0011027　丙二/2267　史部/傳記類/家傳、宗譜
孔氏大宗譜　（清）孔慶余重修　清同治十二年（1873）刻本　三册

110000－0102－0011028　丙二/2270　史部/地理類/總錄
五洲地理志略三十六卷首一卷　王先謙撰　清宣統二年（1910）湖南學務公所刻本　十二册

110000－0102－0011029　丙二/2272　史部/別史、雜史類
逸周書管箋十卷疏證一卷提要一卷集説一卷摭訂三卷　（晉）孔晁注　（清）丁宗洛箋　清道光十年（1830）海康丁氏迂園刻本　八册

110000－0102－0011030　丙二/2275　史部/外國史類
萬國史記十卷　（日本）岡本監輔撰　清光緒二十三年（1897）明道堂刻本　十册

110000－0102－0011031　丙二/2276　史部/地理類/方志/總志
補三國疆域志二卷　（清）洪亮吉撰　清光緒四年（1878）授經堂刻本　一册

110000－0102－0011032　丙二/2277　史部/地理類/方志/總志
乾隆府廳州縣圖志五十卷　（清）洪亮吉撰　清乾隆五十三年至嘉慶八年（1788－1803）刻北江全集本　十二册

110000－0102－0011033　丙二/2278　史部/政書類/通制
東漢會要四十卷　（宋）徐天麟撰　清刻本　八册

110000－0102－0011034　丙二/2279　史部/地理類/雜記
黔書二卷　（清）田雯撰　清抄本　六册

110000－0102－0011035　丙二/2285　史部/地理類
李氏五種合刊　（清）李兆洛輯　清光緒十八年（1892）長沙竹素書局刻本　十六册

110000－0102－0011036　丙二/2291　史部/地理類/方志/地方志
[乾隆]樂陵縣志八卷首一卷末一卷　（清）王謙益修　（清）鄭成中等纂　清乾隆二十七年（1762）刻本　九册

110000－0102－0011037　丙二/2292　史部/地理類
李氏五種合刊　（清）李兆洛輯　清同治十年（1871）刻本　十册

110000－0102－0011038　丙二/2294　史部/史抄類
廿一史約編　（清）鄭元慶編　清康熙三十五年（1696）崇文堂刻本　八册

110000－0102－0011039　丙二/2295　史部/傳記類/總傳/專錄
求闕齋弟子記三十二卷　（清）王定安撰　清光緒二年（1876）京都龍文齋刻本　十六册

110000－0102－0011040　丙二/2298　史部/外國史類
日本圖經三十卷　（清）傅雲龍撰　清光緒十五年（1889）鉛印本　十四册　缺六卷（一至六）

110000－0102－0011041　丙二/2308　史部/地理類/總錄
天下郡國利病書一百二十卷　（清）顧炎武撰　清道光成都敷文閣木活字印本　四十八册

110000－0102－0011042　丙二/2310　史部/目錄類/圖書學/考證
欽定四庫全書考證一百卷　（清）王太岳等纂　清光緒二十年（1894）福建刻本　一百册

110000－0102－0011043　丙二/2312　史部/
政書類/邦交

中俄界紀　曾寅撰　清宣統三年(1911)武昌
亞新地學社鉛印本　二冊

110000－0102－0011044　丙二/2313　史部/
政書類/軍政

世界海軍現狀　丁士源撰　清宣統二年
(1910)鉛印本　一冊

110000－0102－0011045　丙二/2314　史部/
政書類/邦交

中俄國際約注五卷　(清)施紹常編　清光緒
三十一年(1905)鉛印本　二冊

110000－0102－0011046　丙二/2315　史部/
政書類/法令

新刻法筆驚天雷二卷　(□)□□撰　清刻本
四冊

110000－0102－0011047　丙二/2318　史部/
史抄類

南北史識小錄二十八卷　(清)沈名蓀　(清)
朱昆田合編　(清)張應昌補正　清同治十年
(1871)武林吳氏清來堂刻本　十二冊

110000－0102－0011048　丙二/2327　史部/
金石類/石

石塔碑刻記　(清)林喬蔭撰　清後期(1851
－1911)抄本　一冊

110000－0102－0011049　丙二/2329　史部/
政書類/邦計/交通運輸

纂訂路律車務編車務章程參據文件　(清)
□□編　清油印本　十三冊

110000－0102－0011050　丙二/2330　子部/
儒家類/清

校邠廬抗議　(清)馮桂芬撰　清咸豐十一年
(1861)廣仁堂刻本　二冊

110000－0102－0011051　丙二/2334　史部/
史評類/史法

文史通義五卷　(清)章學誠撰　清光緒三年
(1877)貴陽刻本　五冊

110000－0102－0011052　丙二/2339　史部/
政書類/法令/章例

水師章程續編六卷　(美國)林樂知撰　(清)
鄭昌棪筆述　清光緒刻本　四冊

110000－0102－0011053　丙二/2341　史部/
政書類/學制

日本學校源流　(美國)路義思撰　(美國)衛
理　(清)范熙庸合譯　清光緒二十五年
(1899)江南制局刻本　一冊

110000－0102－0011054　丙二/2346　史部/
地理類/方志/地方志/河南

[道光]鄢陵縣志十八卷　(清)何鄂聯修
(清)洪符孫等纂　清道光十二年(1832)刻本
八冊

110000－0102－0011055　丙二/2348　史部/
傳記類/人表

帝王表　(清)齊召南編　清光緒二十八年
(1902)山東書局石印本　二冊　缺晉至後五
代契丹各表

110000－0102－0011056　丙二/2349　史部/
地理類/雜記

吉林外記十卷　(清)薩英額撰　清光緒二十
一年(1895)漸西村舍刻本　四冊

110000－0102－0011057　丙二/2357　史部/
政書類/法令/律例

各國交通行政律彙編乙編路政律　(清)程明
超等編譯　清宣統郵傳部圖書通譯局鉛印本
一冊

110000－0102－0011058　丙二/2358　史部/
政書類/法令/律例

各國交通行政律彙編丙編郵政律　(清)曾鯤
化輯　清宣統郵傳部圖書通譯局鉛印本
一冊

110000－0102－0011059　丙二/2360　史部/
地理類/方志/地方志

[光緒]順天府志一百三十卷附錄一卷　(清)
萬青黎等纂修　清光緒十二年(1886)刻本
六十三冊

110000－0102－0011060　丙二/2361　史部/傳記類/總傳/通錄/斷代

世篤忠貞錄　（清）榮祿編　清刻本　一冊

110000－0102－0011061　丙二/2363　史部/政書類/邦計/理財

滿洲財力論　（日本）松本敬之撰　（清）施爾常譯　清光緒三十二年（1906）京師學部官書局鉛印本　一冊

110000－0102－0011062　丙二/2364　史部/傳記類/別傳

鄂國金陀粹編二十八卷續編三十卷　（宋）岳珂編　清光緒九年（1883）浙江書局刻本　十二冊

110000－0102－0011063　丙二/2367　史部/傳記類/家傳、宗譜

銀台周氏家乘　（清）周斯億輯　清光緒二十五年（1899）曲陽官廨刻本　一冊

110000－0102－0011064　丙二/2368　史部/地理類/地圖、圖志

海國圖志一百卷　（清）魏源撰　清同治七年（1868）刻本　十二冊　存四十五卷（一至四十五）

110000－0102－0011065　丙二/2372　史部/政書類/法令/律例

律例便覽八卷　（清）蔡逢年編　清光緒十四年（1888）江蘇書局刻本　四冊

110000－0102－0011066　丙二/2376　史部/傳記類/人表

疑年錄四卷　（清）錢大昕撰　**續疑年錄四卷**　（清）吳修撰　清嘉慶二十三年（1818）刻本　一冊

110000－0102－0011067　丙二/2377　史部/外國史類

俄史輯譯　（清）徐景羅譯　清光緒十四年（1888）益智書會刻本　四冊

110000－0102－0011068　丙二/2378　經部/小學類/文字/訓蒙

李氏蒙求補注六卷　（清）金三俊輯　清乾隆

四十八年（1783）刻本　二冊

110000－0102－0011069　丙二/2379　史部/政書類/邦計

畫一度量權衡圖說總表及推行章程　（清）農工商部纂　清光緒三十四年（1908）鉛印本　一冊

110000－0102－0011070　丙二/2381　史部/政書類/法令/律例

憲法　（日本）清水澄撰　（清）盧弼　（清）黃炳言合譯　清光緒四年（1878）四川官報書局鉛印本　三冊

110000－0102－0011071　丙二/2383　史部/地理類/總錄

十六國疆域志十六卷附錄三卷　（清）洪亮吉撰　清光緒四年（1878）授經堂刻本　五冊

110000－0102－0011072　丙二/2385　史部/傳記類/人表

元和姓纂十卷　（唐）林寶撰　（清）孫星衍校補　清光緒六年（1880）金陵書局刻本　四冊

110000－0102－0011073　丙二/2388　史部/政書類/邦計

實政錄七卷　（明）呂坤撰　清道光七年（1827）刻本　六冊

110000－0102－0011074　丙二/2389　史部/政書類/邦計

實政錄七卷　（明）呂坤撰　清嘉慶二年（1797）呂氏刻本　十冊

110000－0102－0011075　丙二/2390　史部/史抄類

史記菁華錄六卷　（清）姚苧田撰　清道光四年（1824）吳興姚氏扶荔山房刻朱墨套印本　六冊

110000－0102－0011076　丙二/2391　史部/史抄類

史記菁華錄六卷　（清）姚苧田撰　清道光四年（1824）吳興姚氏扶荔山房刻朱墨套印本　六冊

110000－0102－0011077　丙二/2392　史部/
史評類/史法

文史通義八卷　（清）章學誠撰　清道光十三
年（1833）刻本　四冊

110000－0102－0011078　丙二/2393　史部/
目錄類/圖書學/校勘學

校讐通義三卷　（清）章學誠撰　清道光十三
年（1833）刻本　一冊

110000－0102－0011079　丙二/2394　史部/
傳記類/人表

浙江鄉試題名錄　（清）□□編　清光緒二十
八年（1902）抄本　一冊

110000－0102－0011080　丙二/2395　史部/
傳記類/家傳、宗譜

春秋世族譜　（清）陳厚耀撰　（清）葉蘭補鈔
　清嘉慶五年（1800）刻本　二冊

110000－0102－0011081　丙二/2404　史部/
目錄類/著錄/叢書目錄/總目

欽定四庫全書總目二百卷首四卷　（清）紀昀
撰　清乾隆四十七年（1782）刻本　一百二
十冊

110000－0102－0011082　丙二/2405　史部/
目錄類/著錄/題跋及讀書記

經籍跋文一卷　（清）陳鱣撰　清道光十七年
（1837）刻別下齋叢書本　一冊

110000－0102－0011083　丙二/2407　史部/
政書類/法令/律例

明治法制史　（日本）清浦奎吾撰　清光緒二
十九年（1903）上海商務印書館鉛印政學叢書
本　一冊

110000－0102－0011084　丙二/2410　史部/
外國史類

羅馬史二卷　（日本）占部百太郎撰　（清）陳
時夏等譯　清光緒二十九年（1903）上海商務
印書館鉛印本　二冊

110000－0102－0011085　丙二/2412　史部/
史評類/論事

歷代史論十二卷　（明）張溥撰　清光緒五年

（1879）西江裴氏刻本　八冊

110000－0102－0011086　丙二/2413　史部/
政書類/邦計/交通運輸

蘇杭甬鐵路始末記　（清）陳毅編　清宣統二
年（1910）郵傳部圖書通譯局鉛印本　一冊

110000－0102－0011087　丙二/2418　史部/
政書類/邦交

中俄界約斠注七卷首一卷　（清）錢恂撰　清
光緒二十年（1894）上海醉六堂刻本　四冊

110000－0102－0011088　丙二/2419　集部/
別集類/清

夜餘錄一卷　（清）蔡瑞年撰　清光緒刻本
一冊

110000－0102－0011089　丙二/2427　史部/
政書類/法令/律例

大清現行刑律三十六卷首一卷　（清）修訂法
律館編修　清宣統二年（1910）鉛印本　十
二冊

110000－0102－0011090　丙二/2428　史部/
政書類/法令/律例

大清現行刑律三十六卷首一卷　（清）修訂法
律館編修　清宣統二年（1910）鉛印本　十
二冊

110000－0102－0011091　丙二/2429　史部/
政書類/雜錄

各國憲法源泉三種合編　（德國）挨里捏克撰
　（日本）美濃部達吉原譯　林萬里等重譯
清光緒三十四年（1908）上海中國圖書公司鉛
印本　一冊

110000－0102－0011092　丙二/2430　史部/
政書類/法令/律例

比較國法學　（日本）末岡精一撰　商務印書
館編譯所譯　清光緒三十二年（1906）鉛印本
　一冊

110000－0102－0011093　丙二/2432　史部/
別史、雜史類

蒙古史二卷　（日本）河野元三撰　歐陽瑞驊
譯　清宣統三年（1911）江蘇江南圖書館鉛印

本　二冊

110000－0102－0011094　丙二/2435　子部/雜誌類

國學叢刊　羅振玉輯　清宣統三年(1911)石印本　三冊

110000－0102－0011095　丙二/2437　史部/地理類/外紀

日本地理志　(日本)中村五六編纂　(日本)頓野廣太郎修補　(清)王國維譯　清光緒二十七年(1901)金粟齋鉛印本　一冊

110000－0102－0011096　丙二/2442　史部/編年類/通代

御批歷代通鑑輯覽一百二十卷　(清)傅恆等纂　清同治十三年(1874)湖南書局刻本　六十一冊

110000－0102－0011097　丙二/2443　史部/外國史類

俄羅斯史　(俄羅斯)伊羅瓦伊基撰　(日本)八代六郎原譯　清光緒二十九年(1903)上海商務印書館鉛印歷史叢書本　一冊

110000－0102－0011098　丙二/2444　史部/外國史類

日爾曼史　(英國)沙安撰　商務印書館譯　清光緒二十九年(1903)上海商務印書館鉛印歷史叢書本　一冊

110000－0102－0011099　丙二/2445　史部/外國史類

泰西民族文明史　(法國)賽奴巴撰　(日本)野澤武之助原譯　(清)沈是中等重譯　清光緒二十九年(1903)上海商務印書館鉛印歷史叢書本　一冊

110000－0102－0011100　丙二/2448　史部/政書類/雜錄

歐美政治要義　(清)戴鴻慈等編　清光緒三十四年(1908)上海商務印書館石印本三版　四冊

110000－0102－0011101　丙二/2450　史部/政書類/法令/律例

日本帝國憲法義解　(日本)伊藤博文撰　清光緒三十一年(1905)上海商務印書館鉛印本　一冊

110000－0102－0011102　丙二/2451　史部/政書類/法令

秋審條款案語　(清)沈家本編　清宣統二年(1910)鉛印本　一冊

110000－0102－0011103　丙二/2451－1　史部/政書類/法令

秋審條款案語　(清)沈家本編　清宣統二年(1910)鉛印本　一冊

110000－0102－0011104　丙二/2452　史部/政書類/法令/律例

公法新編四卷　(美國)丁韙良　(清)綦策鼇輯譯　清光緒二十九年(1903)上海廣學會鉛印本　二冊

110000－0102－0011105　丙二/2453　子部/儒家類/清

盛世危言十四卷　(清)鄭觀應撰　清光緒二十一年(1895)鉛印本　八冊

110000－0102－0011106　丙二/2455　史部/政書類/邦交/各國

各國立約始末記三十卷首一卷　(清)陸元鼎編　清光緒三十二年(1906)鉛印本　二十二冊

110000－0102－0011107　丙二/2457　史部/政書類/法令/章例

四川開辦警察章程　(清)岑春煊編　清光緒二十九年(1903)抄本　一冊

110000－0102－0011108　丙二/2471　史部/政書類/儀制

大清通禮五十四卷　(清)宣宗旻寧敕撰　清道光四年(1824)刻本　十二冊

110000－0102－0011109　丙二/2473　史部/外國史類

日本國志四十卷　(清)黃遵憲編　清光緒二十四年(1898)浙江書局刻本　十冊

110000－0102－0011110　丙二/2474　史部/
政書類/邦交

星軺指掌四卷　（清）聯芳　（清）慶常合譯
清光緒二年(1876)同文館鉛印本　四冊

110000－0102－0011111　丙二/2476　史部/
地理類/地圖、圖志

海國圖志一百卷　（清）魏源撰　清同治七年
(1868)刻本　二十四冊

110000－0102－0011112　丙二/2477　史部/
地理類/總錄

讀史方輿紀要一百三十卷輿圖要覽四卷
（清）顧祖禹撰　（清）彭元瑞校　清光緒五年
(1879)蜀南桐華書屋薛氏家塾刻本　六十冊

110000－0102－0011113　丙二/2488　史部/
傳記類/總傳/專錄/仕宦

修史試筆二卷　（清）藍鼎元纂　（清）曠敏本
評　清雍正刻本清末修版　二冊

110000－0102－0011114　丙二/2491　史部/
政書類/邦計/交通運輸

世界之交通　鄧振瀛譯　清宣統二年(1910)
郵傳部圖書通譯局鉛印本　一冊

110000－0102－0011115　丙二/2494　史部/
外國史類

大英國志八卷　（英國）慕維廉譯　清光緒七
年(1881)上海益智書會刻本　二冊

110000－0102－0011116　丙二/2495　史部/
金石類/石/義例

漢魏六朝墓銘纂例四卷　（清）李富孫撰　清
光緒十三年(1887)朱氏行素草堂刻本　一冊

110000－0102－0011117　丙二/2498　史部/
載記類

蠻書十卷　（唐）樊綽撰　清漸西村舍刻本
一冊

110000－0102－0011118　丙二/2505　史部/
紀傳類/通代

史記菁華錄　（清）姚苧田撰　清光緒十一年
(1885)紅杏山房刻本　四冊

110000－0102－0011119　丙二/2543　史部/
政書類/法令

奉天全省諮議局規則　（清）□□編　清宣統
元年(1909)油印本　一冊

110000－0102－0011120　丙二/2544　史部/
政書類/學制/文化教育

課程篇　（清）許同莘撰　清光緒至宣統稿本
二冊

110000－0102－0011121　丙二/2545　史部/
政書類/詔令奏議/詔令

上諭(乾隆五十五年四月份)　（清）高宗弘曆
撰　清紅格抄本　一冊

110000－0102－0011122　丙二/2546　史部/
政書類/學制/文化教育

清季光緒間籌辦各種學堂草擬章程　（清）
□□編　清光緒稿本　四冊

110000－0102－0011123　丙二/2554　史部/
金石類/總錄

金石萃編補正四卷　（清）方履籛撰　清光緒
二十年(1894)上海醉六堂石印本　四冊

110000－0102－0011124　丙二/2560　集部/
小說類/短篇小說

西湖佳話古今遺蹟十六卷　（清）墨浪子輯
清宣統元年(1909)上海廣益書局鉛印本
六冊

110000－0102－0011125　丙二/2561　集部/
別集類/唐至五代

陸宣公集二十二卷　（唐）陸贄撰　清光緒二
十年(1894)上海鴻寶齋石印本　六冊

110000－0102－0011126　丙二/2568　史部/
地理類/遊記/遊各國

東瀛觀學記　（清）劉紹寬撰　清光緒三十一
年(1905)鉛印本　一冊

110000－0102－0011127　丙二/2569　史部/
政書類

政史撮要五卷　（英國）金克司撰　上海廣學
會譯　清光緒二十九年(1903)上海商務印書
館刻本　一冊

110000－0102－0011128　丙二/2570　史部/政書類

政史撮要五卷　（英國）金克司撰　上海廣學會譯　清光緒二十九年(1903)上海商務印書館刻本　一冊

110000－0102－0011129　丙二/2573　史部/地理類/遊記

湖山便覽十二卷　（清）翟灝　（清）翟瀚合輯　（清）王維翰重訂　清光緒元年(1875)王氏槐蔭堂刻本　六冊

110000－0102－0011130　丙二/2576　史部/目錄類/著錄/存毀書目

書目答問　（清）張之洞撰　清光緒三年(1877)濠上書齋刻本　四冊

110000－0102－0011131　丙二/2577　史部/外國史類

北海道拓殖概觀　日本北海道廳編　楊成能　謝蔭昌合譯　清宣統二年(1910)奉天圖書印刷所鉛印本　一冊

110000－0102－0011132　丙二/2580　史部/地理類/山川/山

焦山志二十六卷首一卷　（清）吳雲輯　清同治十三年(1874)刻本　八冊

110000－0102－0011133　丙二/2581　史部/地理類/山川/山

焦山續志八卷　（清）陳任暘輯　清光緒三十年(1904)刻本　一冊　存五卷(一至五)

110000－0102－0011134　丙二/2591　史部/地理類/總錄

天下郡國利病書一百二十卷　（清）顧炎武撰　清道光十一年(1831)成都龍氏敷文閣刻本　四十冊

110000－0102－0011135　丙二/2592　史部/地理類/總錄

天下郡國利病書一百二十卷　（清）顧炎武撰　清光緒五年(1879)蜀南桐華書屋薛氏家塾刻本　六十冊

110000－0102－0011136　丙二/2593　史部/

政書類/通制

欽定大清會典一百卷　（清）昆岡等續修　清光緒三十四年(1908)上海商務印書館石印本　十冊

110000－0102－0011137　丙二/2594　史部/政書類/通制

欽定大清會典事例一千二百卷首一卷　（清）李鴻章等續修　清光緒三十四年(1908)上海商務印書館石印本　一百五十冊

110000－0102－0011138　丙二/2595　史部/編年類/斷代

東華續錄一百卷　王先謙編　清光緒刻本　八十冊

110000－0102－0011139　丙二/2596　史部/編年類/斷代

東華全錄　王先謙纂輯　清光緒十三年(1887)京都欽文書局刻本　一百八十八冊

110000－0102－0011140　丙二/2597　史部/政書類/法令/律例

法國律例四十六卷　（法國）畢利幹　（清）時雨化合譯　清光緒六年(1880)同文館鉛印本　四十六冊

110000－0102－0011141　丙二/2598　史部/政書類/法令/律例

法國律例四十六卷　（法國）畢利幹　（清）時雨化合譯　清光緒六年(1880)同文館鉛印本　四十六冊

110000－0102－0011142　丙二/2599　史部/政書類/法令/律例

法國律例四十六卷　（法國）畢利幹　（清）時雨化合譯　清光緒六年(1880)同文館鉛印本　四十六冊

110000－0102－0011143　丙二/2673　史部/政書類/法令/律例

內摺簿第三本　憲政編查館錄　清宣統抄軍機大臣所傳諭旨本　一冊

110000－0102－0011144　丙二/2674　史部/史料類

各國駐使夏季報告 （清）□□輯　清宣統二年(1910)抄本　一冊

110000－0102－0011145　丙二/2682　史部/政書類/文牘檔冊

撫吳公牘五十卷 （清）丁日昌撰　清光緒三年(1877)刻本　十冊

110000－0102－0011146　丙二/2683　史部/金石類/總錄/題跋

古墨齋金石跋六卷 （清）趙紹祖輯　清光緒貴池劉氏刻聚學軒叢書本　二冊

110000－0102－0011147　丙二/2685　史部/地理類/雜記

荆州記三卷 （南朝宋）盛宏之撰　清光緒十九年(1893)刻箋經室叢書本　一冊

110000－0102－0011148　丙二/2686　史部/金石類/總錄/義例

金石稱例四卷 （清）梁廷枬撰　清光緒十三年(1887)吳縣朱氏行素草堂刻本　一冊

110000－0102－0011149　丙二/2687　史部/金石類/總錄/義例

金石綜例四卷 （清）馮登府編　清光緒十三年(1887)吳縣朱氏行素草堂刻槐廬叢書本　二冊

110000－0102－0011150　丙二/2689　史部/金石類/地方

湖北金石志十四卷 （清）張仲炘撰　清光緒刻朱印本　十四冊

110000－0102－0011151　丙二/2690　史部/金石類/石

昭陵碑錄三卷附錄一卷錄補一卷 羅振玉編　清光緒二十八年(1902)刻本　二冊

110000－0102－0011152　丙二/2691　史部/政書類/通制

欽定大清會典一百卷欽定大清會典事例一千二百二十卷目錄八卷欽定大清會典圖一百三十二卷 （清）崑岡等纂　清光緒二十五年(1899)石印本　四百九十四冊

110000－0102－0011153　丙二/2692　史部/政書類/詔令奏議/詔令

諭摺彙存 （清）□□輯　清光緒　三百十四冊　存光緒二十四年七、九至十、十二月；二十五年一至六、八至十月；二十六年一至五月；二十七年十一月；二十八年十二月；二十九年三至五，閏五、七至八、十二月；三十年二、四至五、七至九、十一至十二月；三十一年一、三、六至七、十、十二月；三十二年七月；三十三年一至九月

110000－0102－0011154　丙二/2696　史部/外國史類

日本維新三十年史 （日本）高山林次郎等編　（清）羅考高譯　清光緒二十九年(1903)上海廣智書局再版鉛印本　六冊

110000－0102－0011155　丙二/2698　史部/地理類/方志/總志

大清一統輿地新志五十卷 （清）洪亮吉撰　清光緒二十八年(1902)山左輿圖局石印本　十二冊

110000－0102－0011156　丙二/2699　史部/地理類/方志/總志

大清一統輿地新志五十卷 （清）洪亮吉撰　清光緒二十八年(1902)山左輿圖局石印本　十二冊

110000－0102－0011157　丙二/2700　史部/地理類/外紀

英法俄德四國志略 沈敦和輯譯　清光緒二十二年(1896)上海圖書集成局鉛印本　一冊

110000－0102－0011158　丙二/2700　史部/地理類/外紀

英法俄德四國志略 沈敦和輯譯　清光緒二十二年(1896)上海圖書集成局鉛印本　一冊

110000－0102－0011159　丙二/2703　史部/傳記類/總傳/專錄/仕宦

歷代名臣言行錄二十四卷 （清）朱桓編　清光緒三十一年(1905)上海久敬齋石印本　十冊

110000－0102－0011160　丙二/2705　史部/
地理類/遊記/遊各國

俄遊彙編十二卷　（清）繆祐孫撰　清光緒十
五年(1889)上海秀文書局石印本　四冊

110000－0102－0011161　丙二/2709　史部/
紀傳類/斷代

周書五十卷　（唐）令狐德棻等撰　清光緒二
十九年(1903)五洲同文書局石印本　八冊

110000－0102－0011162　丙二/2716　史部/
史評類/史法

史通削繁四卷　（清）紀昀撰　清光緒二十一
年(1895)寶慶濬雅書局刻本　四冊

110000－0102－0011163　丙二/2717　史部/
編年類/通代

續支那通史四卷　（日本）山峰畯台撰　清光
緒二十九年(1903)石印本　八冊

110000－0102－0011164　丙二/2718　子部/
兵家類

讀史兵略十二卷　（清）胡林翼纂　清光緒三
十一年(1905)上海富文書局石印本　十二冊

110000－0102－0011165　丙二/2722　史部/
外國史類

萬國通鑑四卷　（清）□□撰　清光緒二十八
年(1902)上海書局石印本　四冊

110000－0102－0011166　丙二/2726　史部/
政書類/通制

文獻通考輯要二十四卷續二十六卷　湯壽潛
編輯　清光緒二十五年(1899)圖書集成局鉛
印本　二十冊

110000－0102－0011167　丙二/2727　史部/
政書類/通制

文獻通考輯要二十四卷續二十六卷　湯壽潛
編輯　清光緒二十五年(1899)圖書集成局鉛
印本　二十冊

110000－0102－0011168　丙二/2736　史部/
史總類/諸史總義

支那通史三卷　（日本）那珂通世撰　清光緒
二十五年(1899)上海正記書莊石印本　四冊

110000－0102－0011169　丙二/2739　史部/
政書類/軍政

普法戰紀十二卷　（清）張宗良　（清）王韜合
編譯　清光緒二十一年(1895)弢園王氏鉛印
本　六冊

110000－0102－0011170　丙二/2768　史部/
政書類/法令/律例

大清光緒新法令　商務印書館編譯所編　清
宣統二年(1910)上海商務印書館鉛印本五版
二十冊

110000－0102－0011171　丙二/2769　史部/
外國史類

世界歷史問答　（日本）酒井勉撰　上海商務
印書館譯　清光緒三十二年(1906)鉛印本四
版　一冊

110000－0102－0011172　丙二/2774　史部/
金石類/總錄

金石索十二卷　（清）馮雲鵬　（清）馮雲鵷合
輯　清光緒二十一年(1895)上海文新書局石
印本　二十四冊

110000－0102－0011173　丙二/2775　史部/
外國史類

五大洲政治通考四十八卷　（清）急先務齋主
人編輯　清光緒二十九年(1903)石印本　十
二冊

110000－0102－0011174　丙二/2776　史部/
外國史類

泰西新史攬要二十三卷附記一卷　（英國）馬
懇西撰　（英國）李提摩太譯　（清）蔡爾康編
　清光緒二十一年(1895)上海美華書館鉛印
本　八冊

110000－0102－0011175　丙二/2778　史部/
金石類/總錄

金石萃編一百六十卷續編二十一卷　（清）王
昶撰　清光緒十九年(1893)上海寶善書局石
印本　二十四冊

110000－0102－0011176　丙二/2779　史部/
傳記類/人表

大清搢紳全書　清光緒三十一年（1905）榮錄堂刻本　四冊

110000－0102－0011177　丙二/2780　史部/編年類/通代

御批歷代通鑑輯覽一百二十卷　（清）傅恆等纂　清光緒三十年（1904）上海商務印書館鉛印本　二十四冊

110000－0102－0011178　丙二/2783　史部/政書類/通制

通典二百卷　（唐）杜佑纂　清光緒二十七年（1901）上海圖書集成局鉛印本　十六冊

110000－0102－0011179　丙二/2784　史部/政書類/通制

欽定續通典一百五十卷　（清）嵇璜等纂修　清光緒二十七年（1901）上海圖書集成局鉛印本　十二冊

110000－0102－0011180　丙二/2785　史部/目錄類/著錄/學科專目/歷史

正三通目錄十二卷續三通目錄十四卷皇朝三通目錄十四卷　（清）席裕福編　清光緒二十九年（1903）上海圖書集成局石印本　十二冊

110000－0102－0011181　丙二/2786　史部/政書類/通制

欽定續通志六百四十卷　（清）嵇璜等撰　清光緒二十七年（1901）上海圖書集成局鉛印本　四十五冊　缺一百三十五卷（二百七十二至四百〇六）

110000－0102－0011182　丙二/2787　史部/編年類

東華續錄咸豐朝一百卷　王先謙編　清光緒十九年（1893）會稽籀三倉室石印本　二十四冊

110000－0102－0011183　丙二/2788　史部/目錄類/著錄/叢書目錄/總目

欽定四庫全書簡明目錄二十卷　（清）高宗弘曆敕撰　清刻本　十六冊

110000－0102－0011184　丙二/2789　史部/傳記類/總傳/通錄/斷代

國朝先正事略六十卷首一卷　（清）李元度輯　清光緒二十八年（1902）上海天章書局石印本　八冊

110000－0102－0011185　丙二/2790　史部/地理類/總錄

讀史方輿紀要一百三十卷　（清）顧祖禹撰　清光緒二十五年（1899）上海圖書集成局鉛印本　二十八冊

110000－0102－0011186　丙二/2792　史部/編年類/通代

御批歷代通鑑輯覽一百二十卷　（清）傅恆等撰　清同治刻朱墨套印本　五十八冊

110000－0102－0011187　丙二/2794　集部/總集類/文/斷代/清

皇朝經世文編一百二十卷總目二卷　（清）賀長齡輯　清道光七年（1827）刻本　八十冊

110000－0102－0011188　丙二/2795　史部/編年類/通代

續資治通鑑二百二十卷　（清）畢沅撰　清光緒二十九年（1903）珠江同馨書局刻本　八十冊

110000－0102－0011189　丙二/2799　史部/傳記類/人表

宋元以來畫人姓氏錄三十六卷首一卷　（清）魯駿輯　清道光元年（1821）刻本　八冊　存十八卷（十九至三十六）

110000－0102－0011190　丙二/2808　史部/政書類/法令/章例

欽定行政綱目　（清）□□纂　清光緒至宣統石印本　一冊

110000－0102－0011191　丙二/2809　史部/政書類/法令/章例

欽定行政綱目　（清）□□纂　清光緒至宣統石印本　一冊

110000－0102－0011192　丙二/2810　史部/政書類/法令/章例

欽定行政綱目　（清）□□纂　清光緒至宣統石印本　一冊

110000－0102－0011193　丙二/2811　史部/
政書類/法令/章例

欽定行政綱目　（清）□□纂　清光緒至宣統
石印本　一冊

110000－0102－0011194　丙二/2813　史部/
編年類/斷代

東華錄三十二卷　（清）蔣良騏撰　清刻本
十六冊

110000－0102－0011195　丙二/2814　史部/
傳記類/總傳/專錄/其它

歷代都江堰功小傳二卷　（清）王人文編　清
宣統三年(1911)成都刻本　二冊

110000－0102－0011196　丙二/2816　史部/
地理類/遊記/清

滇軺紀程　（清）林則徐撰　清光緒三年
(1877)宣南寓齋刻本　一冊

110000－0102－0011197　丙二/2817　史部/
地理志/專志/寺觀

聖水寺志六卷補遺一卷　（清）釋通淵　（清）
釋實懿重修　清光緒十八年(1892)刻本
二冊

110000－0102－0011198　丙二/2818　史部/
地理類/方志/總志

元豐九域志十卷　（宋）王存等撰　清光緒八
年(1882)金陵書局刻本　四冊

110000－0102－0011199　丙二/2820　史部/
地理類/遊記/清

岷江紀程　（清）陳鍾祥撰　清咸豐十年
(1860)刻本　一冊

110000－0102－0011200　丙二/2821　史部/
史評類/史法

史通通釋二十卷　（清）浦起龍撰　清末翰墨
園刻本　六冊

110000－0102－0011201　丙二/2823　史部/
政書類/學制

奏定學堂章程　（清）張百熙等重訂　清光緒
北京官書局刻本　五冊

110000－0102－0011202　丙二/2824　史部/
金石類/總錄/題跋

壬癸金石跋　楊守敬撰　清光緒二十七年
(1901)刻本　二冊

110000－0102－0011203　丙二/2826　史部/
別史、雜史類

十六國春秋十六卷　（北魏）崔鴻撰　清刻本
一冊　存六卷(一至六)

110000－0102－0011204　丙二/2827　史部/
金石類/總錄/雜著

金石一隅錄　（清）段嘉謨輯　清道光二年
(1822)刻本　一冊

110000－0102－0011205　丙二/2828　史部/
傳記類/總傳/通錄/通代

疑年錄四卷　（清）錢大昕編　清同治元年
(1862)福山王氏天壤閣刻本　一冊

110000－0102－0011206　丙二/2829　史部/
史評類/論事

史論存稿　（清）秦粵生撰　清光緒三十四年
(1908)刻本　一冊

110000－0102－0011207　丙二/2831　史部/
地理類/山川/山

武夷山志二十四卷首一卷　（清）董天工編
清乾隆刻本　九冊　缺二卷(二十三至二十
四)

110000－0102－0011208　丙二/2832　史部/
紀傳類/斷代

三國志證聞二卷　（清）錢儀吉撰　清光緒十
一年(1885)江蘇書局刻本　二冊

110000－0102－0011209　丙二/2837　史部/
地理類/遊記/清

鴻雪因緣圖記二卷　（清）麟慶撰　清道光十
八年(1838)雲蔭堂刻本　二冊

110000－0102－0011210　丙二/2840　史部/
政書類/法令/律例

欽定戶部則例一百卷首一卷　（清）載齡等纂
清同治十三年(1874)刻本　五十八冊

110000－0102－0011211　丙二/2841　史部/政書類/法令/律例

大明律案解附例三十卷　（明）□□纂　清光緒三十四年(1908)修訂法律館刻本　十冊

110000－0102－0011212　丙二/2842　史部/政書類/法令/律例

大明律案解附例三十卷　（明）□□纂　清光緒三十四年(1908)修訂法律館刻本　十冊

110000－0102－0011213　丙二/2843　史部/政書類/法令/律例

大明律案解附例三十卷　（明）□□纂　清光緒三十四年(1908)修訂法律館刻本　十冊

110000－0102－0011214　丙二/2844　史部/政書類/法令/律例

大明律案解附例三十卷　（明）□□纂　清光緒三十四年(1908)修訂法律館刻本　十冊

110000－0102－0011215　丙二/2845　史部/地理類/總錄

讀史方輿紀要一百三十卷輿圖要覽四卷　(清)顧祖禹撰　清嘉慶敷文閣刻本　二十四冊　缺七十五卷(十七至六十二、七十九至一百○七)

110000－0102－0011216　丙二/2847　史部/傳記類/年譜

歷代名人年譜十卷　(清)吳榮光撰　清咸豐二年(1852)刻本　十冊

110000－0102－0011217　丙二/2849　史部/政書類/軍政

世界海軍現狀　丁士源編　清宣統二年(1910)鉛印本　二冊

110000－0102－0011218　丙二/2850　史部/政書類/法令/章例

奏定懲治陸軍漏洩機密等項章程　奕劻等訂　清光緒三十四年(1908)陸軍部編譯局鉛印本　一冊

110000－0102－0011219　丙二/2853　史部/政書類/法令

美國刑律　清修訂法律館鉛印本　一冊

110000－0102－0011220　丙二/2856　史部/政書類/學制

私塾改良總會章程　上海私塾改良總會編　清光緒鉛印本　一冊

110000－0102－0011221　丙二/2857　史部/政書類/法令/律例

大清商律草案第一編　清修訂法律館鉛印本　一冊

110000－0102－0011222　丙二/2858　史部/政書類/法令/律例

行政審判法　清修訂法律館鉛印本　一冊

110000－0102－0011223　丙二/2867　史部/史料類

釀齋雜編　（清）鮑東里撰　清同治七年(1868)刻本　一冊

110000－0102－0011224　丙二/2869　史部/政書類/法令/律例

元刑法志　（明）侯恪　（明）謝德溥同修補　清法律館鉛印本　一冊

110000－0102－0011225　丙二/2871　史部/地理類/水道/地方

運瀆橋道小志　（清）陳作霖編　清光緒二十六年(1900)刻金陵瑣志五種本　一冊

110000－0102－0011226　丙二/2872　史部/史評類/考訂

史案二十卷　（清）吳裕垂撰　清光緒六年(1880)大成堂刻本　六冊

110000－0102－0011227　丙二/2873　史部/政書類/法令/章例

國會通考　清宣統抄本　二冊　存二冊(一、六)

110000－0102－0011228　丙二/2874　史部/政書類/法令/律例

英選舉法志要　清宣統抄本　三冊　存三冊(一、四至五)

110000－0102－0011229　丙二/2875　史部/政書類/邦計/理財

理財金鑑　清宣統抄本　一冊　存五卷(六至十)

110000 – 0102 – 0011230　丙二/2876　史部/政書類/法令

考察英憲要目答問　清宣統抄本　三冊　存三冊(第二、四、十冊)

110000 – 0102 – 0011231　丙二/2880　集部/別集類/唐至五代

唐陸宣公集二十二卷　(唐)陸贄撰　清光緒三年(1877)太極堂刻本　六冊

110000 – 0102 – 0011232　丙二/2881　史部/政書類/儀制

紀元編三卷　(清)六承如編　清道光十一年(1831)輦學齋刻本　二冊

110000 – 0102 – 0011233　丙二/2887　史部/傳記類/總傳

續碑傳集二十九卷　繆荃孫輯　清末刻本十二冊

110000 – 0102 – 0011234　丙二/2889　史部/金石類/總錄/目錄

中州金石目四卷　(清)姚晏編　清光緒元年(1875)歸安姚樂刻咫進齋叢書本　一冊

110000 – 0102 – 0011235　丙二/2890　史部/金石類/地方

粵西金石略十五卷　(清)謝啟昆撰　清嘉慶六年(1801)銅鼓亭刻本　四冊

110000 – 0102 – 0011236　丙二/2891　子部/藝術類/書畫

廣川書跋十卷　(宋)董逌撰　清光緒十三年(1887)吳縣朱氏行素草堂刻槐廬叢書本二冊

110000 – 0102 – 0011237　丙二/2892　子部/兵家類

鄉約塞語二卷　(明)尹耕撰　清光緒八年(1882)刻本　一冊

110000 – 0102 – 0011238　丙二/2893　史部/地理類/山川/山

禺峽山志四卷　(清)孫繩祖編　清光緒十年(1884)刻本　四冊

110000 – 0102 – 0011239　丙二/2894　史部/政書類/學制

奏定學堂章程　(清)張百熙等重訂　清光緒北京官書局鉛印本　五冊

110000 – 0102 – 0011240　丙二/2895　史部/地理類/總錄

東晉疆域志四卷　(清)洪亮吉編　清光緒四年(1878)授經堂刻本　二冊

110000 – 0102 – 0011241　丙二/2897　子部/雜家類/雜述

鴻雪齋官商便覽八百種　清光緒三十二年(1906)上海點石齋石印本　一冊

110000 – 0102 – 0011242　丙二/2898　史部/政書類/儀制

文廟通考六卷　(清)牛樹梅輯　清同治十一年(1872)刻本　二冊

110000 – 0102 – 0011243　丙二/2902　經部/小學類/文字/訓蒙

原始　(清)秦粵生輯　清光緒三十一年(1905)刻本　一冊

110000 – 0102 – 0011244　丙二/2906　史部/外國史類

歐洲新政史上卷三編　(德國)米勒爾撰(日本)稻田孝舌等譯　商務印書館重譯　清光緒二十九年(1903)上海商務印書館鉛印歷史叢書本　一冊

110000 – 0102 – 0011245　丙二/2907　史部/外國史類

歐洲最近政治史　(日本)森山守次撰　商務印書館譯　清光緒二十九年(1903)上海商務印書館鉛印歷史叢書本　一冊

110000 – 0102 – 0011246　丙二/2912　史部/政書類/通制

普魯士地方行政制度　清末鉛印本　一冊

110000 – 0102 – 0011247　丙二/2913　史部/

政書類/通制

普魯士地方行政制度 清末鉛印本 一冊

110000－0102－0011248 丙二/2914 史部/
政書類/法令/律例

萬國憲法比較 （日本）辰巳小二郎撰 戢翼
翬譯 清光緒二十八年(1902)上海商務印書
館鉛印政學叢書本 一冊

110000－0102－0011249 丙二/2917 史部/
傳記類/總傳/通錄/斷代

元朝名臣事略十五卷 （元）蘇天爵撰 清刻
本 四冊

110000－0102－0011250 丙二/2921 史部/
傳記類/雜錄

濟陽殉難紀略 （清）黃肇頤撰 清同治刻本
一冊

110000－0102－0011251 丙二/2926 史部/
別史、雜史類

經略洪承疇奏對筆記二卷 （清）洪承疇撰
清光緒十六年(1890)京都二酉齋刻本 一冊

110000－0102－0011252 丙二/2927 史部/
金石類/石/文字

碑別字五卷 （清）羅振鋆輯 清光緒二十年
(1894)刻本 二冊

110000－0102－0011253 丙二/2933 史部/
政書類/法令/律例

各國國籍法類輯 （清）修訂法律館輯 清鉛
印本 一冊

110000－0102－0011254 丙二/2936 史部/
政書類/法令/章例

變通秋審緩決人犯辦法章法章程 （清）法部
訂 清光緒三十四年(1908)鉛印本 一冊

110000－0102－0011255 丙二/2937 史部/
別史、雜史類

湘軍志十六篇 王闓運撰 清宣統元年
(1909)東洲刻本 四冊

110000－0102－0011256 丙二/2939 史部/
金石類/地方

中州金石記五卷 （清）畢沅撰 清刻本
五冊

110000－0102－0011257 丙二/2942 史部/
政書類/職官/官制

欽定臺規四十二卷 （清）都察院增輯 清光
緒十八年(1892)刻本 二十四冊

110000－0102－0011258 丙二/2946 史部/
政書類/法令/律例

學部奏咨輯要四卷 （清）學部總務司案牘科
編 清宣統元年(1909)鉛印本 四冊

110000－0102－0011259 丙二/2947 史部/
政書類/法令/律例

瑞士刑法 （清）修訂法律館編譯 清光緒三
十三年(1907)鉛印本 一冊

110000－0102－0011260 丙二/2948 史部/
政書類/法令/律例

瑞士刑法 （清）修訂法律館編譯 清光緒三
十三年(1907)鉛印本 一冊

110000－0102－0011261 丙二/2949 史部/
政書類/法令/律例

瑞士刑法 （清）修訂法律館編譯 清光緒三
十三年(1907)鉛印本 一冊

110000－0102－0011262 丙二/2950 史部/
政書類/法令/律例

和蘭刑法 （清）修訂法律館編譯 清光緒三
十三年(1907)鉛印本 一冊

110000－0102－0011263 丙二/2951 史部/
政書類/法令/律例

和蘭刑法 （清）修訂法律館編譯 清光緒三
十三年(1907)鉛印本 一冊

110000－0102－0011264 丙二/2452＋A1761
史部/政書類/法令/其它

秋審條款案語 （清）法部編 清宣統二年
(1910)鉛印本 一冊

110000－0102－0011265 丙二/2955 史部/
政書類/法令/律例

奏遵憲法大綱暨議院選舉法並逐年應行籌備

事宜摺　（清）憲政編查館編　清光緒三十四年（1908）鉛印本　一冊

110000－0102－0011266　丙二/2956　史部/政書類/法令/律例
奏遵憲法大綱暨議院選舉法並逐年應行籌備事宜摺　（清）憲政編查館編　清光緒三十四年（1908）鉛印本　一冊

110000－0102－0011267　丙二/2957　史部/政書類/法令/律例
奏遵憲法大綱暨議院選舉法並逐年應行籌備事宜摺　（清）憲政編查館編　清光緒三十四年（1908）鉛印本　一冊

110000－0102－0011268　丙二/2958　史部/政書類/文牘檔冊
外摺簿　（□）□□編　清宣統元年（1909）抄本　一冊

110000－0102－0011269　丙二/2959　史部/政書類/法令/律例
奏請通飭京外各衙門一律設立憲政籌備處摺　（清）憲政編查館編　清宣統元年（1909）鉛印本　一冊

110000－0102－0011270　丙二/2960　史部/政書類/法令/律例
奏請通飭京外各衙門一律設立憲政籌備處摺　（清）憲政編查館編　清宣統元年（1909）鉛印本　一冊

110000－0102－0011271　丙二/2961　史部/政書類/法令/律例
奏請通飭京外各衙門一律設立憲政籌備處摺　（清）憲政編查館編　清宣統元年（1909）鉛印本　一冊

110000－0102－0011272　丙二/2962　史部/政書類/法令/律例
修訂法律館會奏國籍條例草案原奏　奕劻等編　清宣統元年（1909）鉛印本　一冊

110000－0102－0011273　丙二/2963　史部/政書類/法令/律例
修訂法律館會奏國籍條例草案原奏　奕劻等

編　清宣統元年（1909）鉛印本　一冊

110000－0102－0011274　丙二/2964　史部/政書類/法令/律例
修訂法律館會奏國籍條例草案原奏　奕劻等編　清宣統元年（1909）鉛印本　一冊

110000－0102－0011275　丙二/2965　史部/政書類/職官/官箴
奏考核提法使官制並考用屬官章程摺　（清）憲政編查館編　清宣統元年（1909）鉛印本　一冊

110000－0102－0011276　丙二/2966　史部/政書類/職官/官箴
奏考核提法使官制並考用屬官章程摺　（清）憲政編查館編　清宣統元年（1909）鉛印本　一冊

110000－0102－0011277　丙二/2967　史部/政書類/職官/官箴
奏考核提法使官制並考用屬官章程摺　（清）憲政編查館編　清宣統元年（1909）鉛印本　一冊

110000－0102－0011278　丙二/2974　史部/政書類/法令/律例
修訂法律館奏催簽注新刑律原奏　（清）戴鴻慈等編　清宣統元年（1909）修訂法律館鉛印本　一冊

110000－0102－0011279　丙二/2975　史部/政書類/法令/律例
修訂法律館奏催簽注新刑律原奏　（清）戴鴻慈等編　清宣統元年（1909）修訂法律館鉛印本　一冊

110000－0102－0011280　丙二/2975－1　史部/政書類/法令/律例
修訂法律館奏催簽注新刑律原奏　（清）戴鴻慈等編　清宣統元年（1909）修訂法律館鉛印本　一冊

110000－0102－0011281　丙二/2976　史部/政書類/學制
廣東省大學堂試辦簡要章程　廣東省大學堂

試辦處編　清光緒十八年（1892）石經堂影印
本　一冊

110000－0102－0011282　丙二/2977　史部/
政書類/學制
廣東省大學堂試辦簡要章程　廣東省大學堂
試辦處編　清光緒十八年（1892）石經堂影印
本　一冊

110000－0102－0011283　丙二/2982　史部/
傳記類/總傳/專錄/其它
美國名君言行錄二卷　（美國）貝德禮撰　清
光緒三十年(1904)上海廣學會鉛印本　一冊

110000－0102－0011284　丙二/2983　史部/
傳記類/總傳/專錄/其它
美國名君言行錄二卷　（美國）貝德禮撰　清
光緒三十年(1904)上海廣學會鉛印本　一冊

110000－0102－0011285　丙二/2987　史部/
政書類/法令/章例
法律館二科三處辦事細則　（清）修訂法律館
編　清鉛印本　一冊

110000－0102－0011286　丙二/2988　史部/
政書類/法令/章例
法律館二科三處辦事細則　（清）修訂法律館
編　清鉛印本　一冊

110000－0102－0011287　丙二/2989　史部/
政書類/法令/章例
法律館二科三處辦事細則　（清）修訂法律館
編　清鉛印本　一冊

110000－0102－0011288　丙二/2990　史部/
政書類/詔令奏議/奏議
核訂禁煙條例摺併單　（清）憲政編查館編
清宣統元年(1909)鉛印本　一冊

110000－0102－0011289　丙二/2991　史部/
政書類/詔令奏議/奏議
核訂禁煙條例摺併單　（清）憲政編查館編
清宣統元年(1909)鉛印本　一冊

110000－0102－0011290　丙二/2992　史部/
政書類/詔令奏議/奏議

110000－0102－0011291　丙二/2994　史部/
政書類/學制
學部官制並改設國子監官缺章程　（清）□□
編　清光緒京師官書局鉛印本　一冊

110000－0102－0011292　丙二/2995　史部/
政書類/學制
學部官制並改設國子監官缺章程　（清）□□
編　清光緒京師官書局鉛印本　一冊

110000－0102－0011293　丙二/2996　史部/
政書類/軍政
論墨西哥政局之變遷　（美國）韋羅貝撰　清
光緒法制局鉛印本　一冊

110000－0102－0011294　丙二/2997　史部/
政書類/軍政
論墨西哥政局之變遷　（美國）韋羅貝撰　清
光緒法制局鉛印本　一冊

110000－0102－0011295　丙二/2998　史部/
政書類/邦交/其它
丁未和會類要四卷　（清）□□編　清末鉛印
本　三冊

110000－0102－0011296　丙二/2999　史部/
政書類/邦交/其它
丁未和會類要四卷　（清）□□編　清末鉛印
本　三冊

110000－0102－0011297　丙二/3000　史部/
政書類/邦交/其它
丁未和會類要四卷　（清）□□編　清末鉛印
本　三冊

110000－0102－0011298　丙二/3001　史部/
政書類/邦交/其它
丁未和會類要四卷　中國圖書公司輯　清光
緒三十四年(1908)鉛印本　四冊

110000－0102－0011299　丙二/3008　史部/
金石類/石/義例
金石三例再續編　（清）李富孫輯　清光緒十

三年(1887)朱氏行素草堂刻本　一冊　存四卷(漢魏六朝墓銘纂例四卷)

110000－0102－0011300　丙二/3010　史部/傳記類/總傳/通錄/地方

金陵通傳補遺三卷　(清)陳作霖撰　清末刻本　一冊

110000－0102－0011301　丙二/3011　史部/地理類/專志/其它

文瀾閣志二卷附錄一卷　(清)孫樹禮等編　清光緒二十四年(1898)刻本　三冊

110000－0102－0011302　丙二/3012　史部/地理類/專志/其它

文瀾閣志二卷附錄一卷　(清)孫樹禮等編　清光緒二十四年(1898)刻本　三冊

110000－0102－0011303　丙二/3013　史部/地理類/專志/其它

文瀾閣志二卷首一卷　(清)孫樹禮等編　清光緒二十四年(1898)刻本　二冊

110000－0102－0011304　丙二/3015　史部/金石類/石/雜著

歷代石經略二卷　(清)桂馥撰　清光緒九年(1883)陳州郡齋刻本　二冊

110000－0102－0011305　丙二/3017　史部/傳記類/總傳/專錄/儒林

伊洛淵源錄十四卷　(宋)朱熹編　清刻本　二冊

110000－0102－0011306　丙二/3018　史部/地理類/山川/山

大別山志十卷首一卷　(清)胡鳳丹編　清同治十三年(1874)退補齋刻本　四冊

110000－0102－0011307　丙二/3019　史部/地理類/遊記/清

節相壯遊日錄二卷　(清)桃谿漁隱　(清)惺新庵主合輯　清光緒二十二年(1896)天津絳雪齋刻本　二冊

110000－0102－0011308　丙二/3020　史部/地理類/專志/古跡

蓮峰志五卷　(清)王夫之撰　清同治四年(1865)湘鄉曾氏金陵節署刻船山遺書本　一冊

110000－0102－0011309　丙二/3022　集部/小說類/筆記小說

山海經箋疏十八卷圖贊一卷訂譌一卷敘錄一卷　(晉)郭璞撰　(清)郝懿行注　清嘉慶十四年(1809)揚州阮氏琅嬛仙館刻本　四冊

110000－0102－0011310　丙二/3023　史部/史表類

北宋經撫年表二卷　吳廷燮編　清宣統三年(1911)鉛印本　二冊

110000－0102－0011311　丙二/3024　史部/地理類/方志/地方志/江蘇

[光緒]青浦縣志三十卷末一卷　(清)汪祖綬修　(清)熊其英等編　清光緒五年(1879)吳郡文藝齋刻本　十一冊

110000－0102－0011312　丙二/3035　史部/政書類/詔令奏議/奏議

漢名臣奏議選四卷　(清)趙承恩輯　清同治十三年(1874)紅杏山房刻本　四冊

110000－0102－0011313　丙二/3036　史部/外國史類

陸軍中學堂東洋各國歷史課本　陸軍部編輯局編　清末鉛印本　二冊

110000－0102－0011314　丙二/3040　史部/政書類/邦交

中俄約章會要三卷續編一卷　(清)總理衙門輯　清光緒八年(1882)同文館鉛印本　四冊

110000－0102－0011315　丙二/3041　史部/政書類/邦交

中俄約章會要三卷續編一卷　(清)總理衙門輯　清光緒八年(1882)同文館鉛印本　四冊

110000－0102－0011316　丙二/3042　史部/政書類/邦交

中俄約章會要三卷續編一卷　(清)總理衙門輯　清光緒八年(1882)同文館鉛印本　四冊

110000－0102－0011317　丙二/3043　史部/政書類/邦交

中俄約章會要三卷續編一卷　（清）總理衙門輯　清光緒八年(1882)同文館鉛印本　四冊

110000－0102－0011318　丙二/3044　史部/政書類/邦交

中俄約章會要三卷續編一卷　（清）總理衙門輯　清光緒八年(1882)同文館鉛印本　四冊

110000－0102－0011319　丙二/3046　史部/政書類/法令/章例

修正現行刑法　（清）憲政編查館編　清宣統二年(1910)鉛印本　四冊

110000－0102－0011320　丙二/3047　史部/政書類/邦計/理財

蘇屬財政說明書　（清）江蘇蘇屬清理財政局編　清宣統三年(1911)鉛印本　十冊

110000－0102－0011321　丙二/3050　史部/政書類/法令/章例

資政院院章　（清）李家駒編　清宣統三年(1911)鉛印本　一冊

110000－0102－0011322　丙二/3064　史部/政書類/法令/律例

德意志刑法　（清）修訂法律館編譯　清光緒三十三年(1907)法律館鉛印本　一冊

110000－0102－0011323　丙二/3065　史部/政書類/法令/律例

德意志刑法　（清）修訂法律館編譯　清光緒三十三年(1907)法律館鉛印本　一冊

110000－0102－0011324　丙二/3066　史部/政書類/法令/律例

德意志刑法　（清）修訂法律館編譯　清光緒三十三年(1907)法律館鉛印本　一冊

110000－0102－0011325　丙二/3067　史部/政書類/法令/律例

元刑法志　（明）侯恪　（明）謝德溥同修補　清法律館鉛印本　一冊

110000－0102－0011326　丙二/3068　史部/政書類/法令/律例

元刑法志　（明）侯恪　（明）謝德溥同修補　清法律館鉛印本　一冊

110000－0102－0011327　丙二/3069　史部/政書類/法令/律例

元刑法志　（明）侯恪　（明）謝德溥同修補　清法律館鉛印本　一冊

110000－0102－0011328　丙二/3073　史部/政書類/通制

日本政治要覽　（清）政治考察大臣編　清光緒三十三年(1907)政治官報局鉛印本　二冊

110000－0102－0011329　丙二/3074　史部/政書類/雜錄

日本議會詁法六卷　（清）政治考察大臣編　清光緒三十三年(1907)政治官報局鉛印本　二冊

110000－0102－0011330　丙二/3075　史部/地理類/遊記/遊各國

東瀛參觀學校記　（清）呂佩芬撰　清光緒三十四年(1908)呂氏晚節香齋鉛印本　一冊

110000－0102－0011331　丙二/3076　史部/外國史類

萬國通商史　（英國）瑣米爾士撰　經濟雜誌社譯　（日本）古城貞吉重譯　清光緒上海南洋公學譯書院鉛印本　一冊

110000－0102－0011332　丙二/3078　史部/政書類/法令/章例

浙江諮議局議事細則　浙江諮議局編　清宣統鉛印本　一冊

110000－0102－0011333　丙二/3079　史部/政書類/雜錄

考察英國議院問答　（清）考察憲政大臣譯　清末鉛印本　一冊

110000－0102－0011334　丙二/3086　史部/地理類/山川/川

缽池山志　（清）冒廣生輯　清宣統三年(1911)冒氏刻冒氏叢書三十四種本　一冊

110000－0102－0011335　丙二/3087　史部/
政書類/雜錄

監獄訪問錄二卷　（日本）小河滋次郎撰　清
光緒三十三年(1907)鉛印本　二冊

110000－0102－0011336　丙二/3089　史部/
地理類/方志/地方志/浙江

嘉定赤城志四十卷　（宋）陳耆卿撰　清嘉慶
二十三年(1818)臨海宋氏刻台州叢書本
七冊

110000－0102－0011337　丙二/3090　史部/
地理類/方志/地方志/福建

[萬曆]閩都記三十三卷　（明）王應山輯　清
道光十一年(1831)求放心齋刻本　八冊

110000－0102－0011338　丙二/3091　史部/
政書類/詔令奏議/奏議

東溟奏稿四卷　（清）姚瑩撰　清同治刻中復
堂五種本　二冊

110000－0102－0011339　丙二/3092　史部/
地理類/山川/山

大別山志十卷首一卷　（清）胡鳳丹編　清同
治十三年(1874)退補齋刻本　四冊

110000－0102－0011340　丙二/3093　史部/
地理類/地圖、圖志

西藏圖考八卷　（清）黃沛翹輯　清光緒刻本
四冊

110000－0102－0011341　丙二/3094　史部/
政書類/邦計/理財

湖北財政說明書　（清）□□編　清宣統湖北
官刷印局鉛印本　一冊

110000－0102－0011342　丙二/3095　子部/
雜誌類

河南全省諮議局籌辦處第一次報告書　河南
省諮議局籌辦處編　清宣統元年(1909)鉛印
本　一冊

110000－0102－0011343　丙二/3097　史部/
政書類/學制

奏定學務綱要　（清）張之洞等編　清光緒三
十二年(1906)京師官書局鉛印本　一冊

110000－0102－0011344　丙二/3098　史部/
政書類/法令/章例

統計表總例　（清）□□編　清光緒三十四年
(1908)鉛印本　一冊

110000－0102－0011345　丙二/3099　史部/
政書類/法令/章例

統計表總例　（清）□□編　清光緒三十四年
(1908)鉛印本　一冊

110000－0102－0011346　丙二/3100　史部/
政書類/法令/章例

統計表總例　（清）□□編　清光緒三十四年
(1908)鉛印本　一冊

110000－0102－0011347　丙二/3102　史部/
政書類/文牘檔冊

廣東諮議局籌辦處第三次報告書　廣東諮議
局籌辦處編　清宣統元年(1909)鉛印本
一冊

110000－0102－0011348　丙二/3103　史部/
政書類/詔令奏議/奏議

戶部銀庫奏案輯要　（清）奎濂等輯　清光緒
三十三年(1907)京師官書局鉛印本　一冊

110000－0102－0011349　丙二/3104　史部/
政書類/法令/律例

日本改正刑法草案　中外法制調查局譯　清
光緒三十一年(1905)修訂法律館鉛印本
一冊

110000－0102－0011350　丙二/3107　史部/
政書類/詔令奏議/奏議

資政院議員選舉章程奏摺　（清）溥倫等編
清宣統元年(1909)鉛印本　一冊

110000－0102－0011351　丙二/3108　史部/
政書類/法令/章例

欽定報律　（清）溥倫等編　清宣統鉛印本
一冊

110000－0102－0011352　丙二/3109　史部/
政書類/詔令奏議/奏議

內閣會奏核訂民事訴訟律告竣繕單呈覽摺
奕劻等編　清宣統三年(1911)鉛印本　一冊

110000－0102－0011353　丙二/3110　史部/政書類/法令/律例

普魯士兩議院新舊選舉法等法 （清）□□編　清末鉛印本　一冊

110000－0102－0011354　丙二/3111　史部/政書類/章例

奏定度量權衡畫一制度圖說總表推行章程 （清）農工商部編　清光緒三十四年（1908）鉛印本　一冊

110000－0102－0011355　丙二/3112　史部/政書類/法令/律例

大清刑律草案 （清）□□編　清宣統二年（1910）修訂法律館鉛印本再版　一冊

110000－0102－0011356　丙二/3113　史部/政書類/法令/律例

大清商律草案九章 （清）□□編　清末修訂法律館鉛印本　一冊

110000－0102－0011357　丙二/3118　史部/別史、雜史類

國語明道本考異 （清）汪遠孫撰　清末刻本　一冊

110000－0102－0011358　丙二/3120　史部/政書類/法令/章例

四川通省警察局章程 （清）□□編　清末刻本　一冊

110000－0102－0011359　丙二/3122　子部/雜誌類

法政大學講演集 （清）張思睿編　清光緒三十四年（1908）京師京華書局鉛印本　一冊

110000－0102－0011360　丙二/3126　史部/政書類/法令/律例

大清刑事訴訟律勘誤表 （清）□□編　清修訂法律館鉛印本　一冊

110000－0102－0011361　丙二/3128　史部/政書類/詔令奏議/奏議

會奏議覆山東巡撫奏地方自治擬請變通章程摺 奕劻等撰　清宣統二年（1910）憲政編查館鉛印本　一冊

110000－0102－0011362　丙二/3129　史部/政書類/職官/官制

農工商部職掌事宜 （清）農工商部定　清光緒三十二年（1906）鉛印本　一冊

110000－0102－0011363　丙二/3130　史部/政書類/法令/章例

續擬禁煙辦法十條 （清）□□編　清宣統元年（1909）鉛印本　一冊

110000－0102－0011364　丙二/3131　史部/政書類/詔令奏議/奏議

核覆修訂法律大臣奏變通秋審覆核舊制摺 奕劻等撰　清宣統二年（1910）憲政編查館鉛印本　一冊

110000－0102－0011365　丙二/3133　史部/政書類/學制

奏定女學堂章程 （清）□□編　清光緒三十三年（1907）京師官書局鉛印本　一冊

110000－0102－0011366　丙二/3135　史部/政書類/法令/律例

訴願法 （清）□□編　清修訂法律館鉛印本　一冊

110000－0102－0011367　丙二/3136　史部/政書類/法令/律例

訴願法 （清）□□編　清修訂法律館鉛印本　一冊

110000－0102－0011368　丙二/3137　史部/政書類/法令/律例

訴願法 （清）□□編　清修訂法律館鉛印本　一冊

110000－0102－0011369　丙二/3138　史部/政書類/學制

教育統計表式解說二卷 （清）□□撰　清末鉛印本　一冊

110000－0102－0011370　丙二/3139　史部/政書類/學制

教育統計表式解說二卷 （清）□□撰　清末鉛印本　一冊

110000－0102－0011371　丙二/3158　史部/政書類/詔令奏議/奏議

考察憲政大臣奏敀察日本詔敕制度片　（清）李家駒撰　清鉛印本　一冊

110000－0102－0011372　丙二/3159　史部/政書類/詔令奏議/奏議

考察憲政大臣奏敀察日本詔敕制度片　（清）李家駒撰　清鉛印本　一冊

110000－0102－0011373　丙二/3163　史部/政書類/詔令奏議/奏議

內閣會奏請裁各省府治首縣並歸該府直轄提取款項設立審判廳摺　奕劻等撰　清宣統三年（1911）鉛印本　一冊

110000－0102－0011374　丙二/3164　史部/政書類/詔令奏議/奏議

內閣會奏請裁各省府治首縣並歸該府直轄提取款項設立審判廳摺　奕劻等撰　清宣統三年（1911）鉛印本　一冊

110000－0102－0011375　丙二/3165　史部/政書類/詔令奏議/奏議

內閣會奏請裁各省府治首縣並歸該府直轄提取款項設立審判廳摺　奕劻等撰　清宣統三年（1911）鉛印本　一冊

110000－0102－0011376　丙二/3166　史部/政書類/詔令奏議/奏議

內閣會奏請裁各省府治首縣並歸該府直轄提取款項設立審判廳摺　奕劻等撰　清宣統三年（1911）鉛印本　一冊

110000－0102－0011377　丙二/3167　史部/政書類/詔令奏議/奏議

內閣會奏請裁各省府治首縣並歸該府直轄提取款項設立審判廳摺　奕劻等撰　清宣統三年（1911）鉛印本　一冊

110000－0102－0011378　丙二/3173　史部/政書類/法令/律例

行政審判法　修訂法律館　清修訂法律館鉛印本　一冊

110000－0102－0011379　丙二/3174　史部/政書類/學制

進呈簡字譜錄摺　勞乃宣撰　清光緒三十四年（1908）鉛印本　一冊

110000－0102－0011380　丙二/3176　史部/政書類/法令/章例

法律館二科三處辦事細則　（清）法律館編　清鉛印本　一冊

110000－0102－0011381　丙二/3177　史部/政書類/詔令奏議/奏議

郵傳部奏定籌辦贖路公債奏稿章程　（清）陳璧等撰　清光緒三十四年（1908）郵傳部印刷所鉛印本　一冊

110000－0102－0011382　丙二/3182　史部/政書類/法令/章例

民政部奏定部廳官制章程　奕劻等撰　清末京師官書局鉛印本　一冊

110000－0102－0011383　丙二/3192　史部/政書類/法令/章例

奏定陸軍人員補官暫行章程　（清）載濤等撰　清宣統鉛印本　一冊

110000－0102－0011384　丙二/3194　史部/政書類/邦計/理財

義大利國財政彙考　（意大利）濮鷺理瑕編　（清）翟青松　（清）許沐鑅合譯　清光緒二十九年（1903）鉛印本　一冊

110000－0102－0011385　丙二/3195　史部/政書類/學制

直隸試辦師範學堂暫行章程摺稿　袁世凱撰　清刻本　一冊

110000－0102－0011386　丙二/3196　史部/政書類/雜錄

欽定府廳州縣地方自治章程暨選舉章程　（清）憲政編查館編　清宣統鉛印本　一冊

110000－0102－0011387　丙二/3197　史部/政書類/雜錄

欽定府廳州縣地方自治章程暨選舉章程　（清）憲政編查館編　清宣統鉛印本　一冊

110000－0102－0011388　丙二/3198　史部/
政書類/雜錄

欽定府廳州縣地方自治章程暨選舉章程
(清)憲政編查館編　清宣統鉛印本　一冊

110000－0102－0011389　丙二/3199　史部/
政書類/雜錄

欽定府廳州縣地方自治章程暨選舉章程
(清)憲政編查館編　清宣統鉛印本　一冊

110000－0102－0011390　丙二/3205　史部/
政書類/法令/律例

現行刑律修正各條清單　(清)法律館編　清
宣統二年(1910)鉛印本　一冊

110000－0102－0011391　丙二/3218　史部/
政書類/雜錄

日本統計釋例六卷　(清)考察政治大臣編
清末政治官報局鉛印本　二冊

110000－0102－0011392　丙二/3221　史部/
政書類/邦交/其它

東方時局論略　(朝鮮)鄧鏗撰　清光緒十五
年(1889)鉛印本　一冊

110000－0102－0011393　丙二/3222　史部/
政書類/邦計/理財

理財學精義　(日本)田尻稻次郎撰　(清)王
秀點譯　清光緒三十二年(1906)上海商務印
書館鉛印政學叢書本　一冊

110000－0102－0011394　丙二/3225　史部/
政書類/學制

教育統計表式解說二卷　(清)□□撰　清末
鉛印本　一冊

110000－0102－0011395　丙二/3226　史部/
政書類/邦計/理財

實業統計表式解說二卷　(清)□□撰　清末
鉛印本　一冊

110000－0102－0011396　丙二/3227　史部/
政書類/邦計/理財

實業統計表式解說二卷　(清)□□撰　清末
鉛印本　一冊

110000－0102－0011397　丙二/3228　史部/
政書類/法令/律例

大清刑律草案總則一卷分則一卷　(清)修訂
法律館編　清宣統鉛印本再版　二冊

110000－0102－0011398　丙二/3229　史部/
政書類/法令/律例

各國國籍法類輯　(清)修訂法律館編譯　清
末鉛印本　一冊

110000－0102－0011399　丙二/3230　史部/
政書類/法令/律例

各國國籍法類輯　(清)修訂法律館編譯　清
末鉛印本　一冊

110000－0102－0011400　丙二/3231　史部/
政書類/法令/律例

各國國籍法類輯　(清)修訂法律館編譯　清
末鉛印本　一冊

110000－0102－0011401　丙二/3232　史部/
政書類/法令/章例

信成銀行公牘章程規條　(清)周廷弼編　清
光緒三十二年(1906)鉛印本　一冊

110000－0102－0011402　丙二/3233　史部/
政書類/學制

安徽法政學堂章程　(清)□□纂　清光緒鉛
印本　一冊

110000－0102－0011403　丙二/3235　史部/
政書類/法令/律例

大清民事訴訟律草案　(清)修訂法律館編
清宣統二年(1910)修訂法律館鉛印本　四冊

110000－0102－0011404　丙二/3236　史部/
政書類/法令/章例

貴州省試辦大學堂暫行章程　(清)□□纂
清光緒二十八年(1902)鉛印本　一冊

110000－0102－0011405　丙二/3237　史部/
政書類/法令/章例

地方自治章程解釋彙鈔　(清)民政部編　清
宣統鉛印本　一冊

110000－0102－0011406　丙二/3238　史部/

政書類/法令/律例

大清民律草案 （清）修訂法律館編　清宣統
三年(1911)修訂法律館鉛印本　四冊

110000 - 0102 - 0011407　丙二/3239　史部/
政書類/法令/律例

訴願法 （清）修訂法律館編　清末修訂法律
館鉛印本　一冊

110000 - 0102 - 0011408　丙二/3240　史部/
政書類/法令/律例

調查民事習慣問題 （清）修訂法律館編　清
末鉛印本　一冊

110000 - 0102 - 0011409　丙二/3241　史部/
政書類/學制

奉天農業學堂管理規則 （清）□□編　清末
關東印書館鉛印本　一冊

110000 - 0102 - 0011410　丙二/3242　史部/
政書類/儀制

奏定陸軍衣制圖說 奕劻等撰　清光緒二十
一年(1895)彩色石印本　一冊

110000 - 0102 - 0011411　丙二/3243　史部/
政書類/法令/律例

內閣會奏核訂民事訴訟律告竣繕單呈覽摺
奕劻等撰　清宣統三年(1911)鉛印本　一冊

110000 - 0102 - 0011412　丙二/3244　史部/
政書類/職官/官制

奏定陸軍部官制 （清）□□編　清光緒三十
二年(1906)鉛印本　一冊

110000 - 0102 - 0011413　丙二/3245　史部/
政書類/學制

山東試辦大學堂暫行章程稿本 （清）□□編
　清末刻本　一冊

110000 - 0102 - 0011414　丙二/3246　史部/
政書類/學制

試辦山西大學堂奏稿 （清）岑春煊撰　清光
緒刻本　一冊

110000 - 0102 - 0011415　丙二/3248　史部/
政書類/法令/章例

江西全省警察局兼學堂章程 （清）□□編
清光緒二十九年(1903)石印本　一冊

110000 - 0102 - 0011416　丙二/3252　史部/
政書類/雜錄

通信行政概要 （清）潤璋編　清宣統三年
(1911)有信社鉛印本　一冊

110000 - 0102 - 0011417　丙二/3253　史部/
政書類/法令/章例

諮議局籌辦處規則 吉林全省諮議局籌辦處
編　清末抄本　一冊

110000 - 0102 - 0011418　丙二/3254　史部/
政書類/法令/章例

吉林全省自治研究所總章及規則 吉林全省
諮議局籌辦處編　清末抄本　一冊

110000 - 0102 - 0011419　丙二/3256　史部/
政書類/詔令奏議

覆陳妥酌清理財政章程摺 （清）憲政編查館
編　清宣統鉛印本　一冊

110000 - 0102 - 0011420　丙二/3257　史部/
政書類/詔令奏議

覆陳妥酌清理財政章程摺 （清）憲政編查館
編　清宣統鉛印本　一冊

110000 - 0102 - 0011421　丙二/3258　史部/
政書類/詔令奏議

覆陳妥酌清理財政章程摺 （清）憲政編查館
編　清宣統鉛印本　一冊

110000 - 0102 - 0011422　丙二/3259　史部/
政書類/詔令奏議/奏議

修訂法律大臣會奏刊印現行刑律裝冊呈覽摺
　奕劻撰　清宣統二年(1910)鉛印本　一冊

110000 - 0102 - 0011423　丙二/3260　史部/
政書類/詔令奏議/奏議

修訂法律大臣會奏刊印現行刑律裝冊呈覽摺
　奕劻撰　清宣統二年(1910)鉛印本　一冊

110000 - 0102 - 0011424　丙二/3261　史部/
政書類/詔令奏議/奏議

修訂法律大臣會奏刊印現行刑律裝冊呈覽摺

奕劻撰　清宣統二年(1910)鉛印本　一冊

110000－0102－0011425　丙二/3262　史部/
政書類/詔令奏議/奏議

修訂法律大臣會奏刊印現行刑律裝冊呈覽摺
　　奕劻撰　清宣統二年(1910)鉛印本　一冊

110000－0102－0011426　丙二/3263　史部/
政書類/詔令奏議/奏議

修訂法律大臣會奏刊印現行刑律裝冊呈覽摺
　　奕劻撰　清宣統二年(1910)鉛印本　一冊

110000－0102－0011427　丙二/3264　史部/
政書類/詔令奏議/奏議

清憲政編查館奏摺二十九種　(清)□□編
清末鉛印本　三十冊

110000－0102－0011428　丙二/3265　史部/
政書類/詔令奏議/奏議

清憲政編查館奏摺十七種　(清)□□編　清
末鉛印本　十七冊

110000－0102－0011429　丙二/3266　史部/
政書類/詔令奏議/奏議

清憲政編查館奏摺十四種　(清)□□編　清
末鉛印本　十四冊

110000－0102－0011430　丙二/3267　史部/
政書類/雜錄

憲政分年籌備事宜表　(清)□□編　清光緒
三十四年(1908)鉛印本　一冊

110000－0102－0011431　丙二/3268　史部/
政書類/雜錄

憲政分年籌備事宜表　(清)□□編　清光緒
三十四年(1908)鉛印本　一冊

110000－0102－0011432　丙二/3269　史部/
政書類/雜錄

憲政分年籌備事宜表　(清)□□編　清光緒
三十四年(1908)鉛印本　一冊

110000－0102－0011433　丙二/3270　史部/
目錄類/著錄/學科專目

譯書提要　(清)考察政治大臣編　清光緒三
十三年(1907)政治官報局鉛印本　一冊

110000－0102－0011434　丙二/3271　史部/
政書類/邦計/關權

奉天省各海關試辦預算總冊　奉天清理財政
局編　清宣統三年(1911)鉛印本　一冊

110000－0102－0011435　丙二/3279　史部/
政書類/詔令奏議/奏議

奏請設立調查局章程　奕劻等奏　清光緒三
十三年(1907)鉛印本　一冊

110000－0102－0011436　丙二/3280　史部/
政書類/詔令奏議/奏議

奏請設立調查局章程　奕劻等奏　清光緒三
十三年(1907)鉛印本　一冊

110000－0102－0011437　丙二/3298　史部/
政書類/法令/律例

日本刑法　(日本)岩谷孫藏修訂　(清)章宗
祥　(清)董康合譯　清光緒三十一年(1905)
修訂法律館鉛印本　一冊

110000－0102－0011438　丙二/3299　史部/
政書類/法令/律例

漢律輯證六卷　(清)杜貴墀撰　清光緒二十
三年(1897)鉛印本　一冊

110000－0102－0011439　丙二/3300　史部/
政書類/法令/律例

漢律輯證六卷　(清)杜貴墀撰　清光緒二十
三年(1897)鉛印本　一冊

110000－0102－0011440　丙二/3301　史部/
政書類/法令/律例

漢律輯證六卷　(清)杜貴墀撰　清光緒二十
三年(1897)鉛印本　一冊

110000－0102－0011441　丙二/3304　史部/
政書類/詔令奏議/奏議

考察憲政大臣奏考察日本皇室制度摺　(清)
李家駒撰　清末鉛印本　一冊

110000－0102－0011442　丙二/3307　史部/
政書類/法令/律例

美國憲法源流考　(清)□□撰　清末鉛印本
一冊

110000－0102－0011443　丙二/3308　史部/
政書類/詔令奏議/奏議

**奏請於簡易識字學塾內附設簡字一科並變通
地方自治選民資格摺**　勞乃宣撰　清宣統鉛
印本　一冊

110000－0102－0011444　丙二/3309　史部/
政書類/詔令奏議/奏議

**奏請於簡易識字學塾內附設簡字一科並變通
地方自治選民資格摺**　勞乃宣撰　清宣統鉛
印本　一冊

110000－0102－0011445　丙二/3313　史部/
政書類/學制

直隸試辦小學堂暫行章程　（清）□□編　清
末刻本　一冊

110000－0102－0011446　丙二/3313－1　史
部/政書類/學制

直隸試辦小學堂暫行章程　（清）□□編　清
末刻本　一冊

110000－0102－0011447　丙二/3314　史部/
政書類/學制

直隸試辦中學堂暫行章程摺稿　袁世凱奏
清末刻本　一冊

110000－0102－0011448　丙二/3315　史部/
政書類/詔令奏議/奏議

奏設外務部章程　奕劻撰　清光緒三十四年
（1908）鉛印本　一冊

110000－0102－0011449　丙二/3316　史部/
政書類/詔令奏議/奏議

奏設外務部章程　奕劻撰　清光緒三十四年
（1908）鉛印本　一冊

110000－0102－0011450　丙二/3317　史部/
政書類/詔令奏議/奏議

奏設外務部章程　奕劻撰　清光緒三十四年
（1908）鉛印本　一冊

110000－0102－0011451　丙二/3318　史部/
政書類/詔令奏議/奏議

奏設外務部章程　奕劻撰　清光緒三十四年
（1908）鉛印本　一冊

110000－0102－0011452　丙二/3319　史部/
政書類/法令/章例

司法統計表式解說二卷　（清）□□編　清末
鉛印本　一冊

110000－0102－0011453　丙二/3320　史部/
政書類/法令/章例

**欽定法院編制法初級暨地方審判廳管轄案件
暫行章程**　（清）憲政編查館編　清末鉛印本
一冊

110000－0102－0011454　丙二/3321　史部/
政書類/法令/律例

遵議滿漢通行刑律　（清）沈家本等修訂　清
光緒三十三年(1907)法律館鉛印本　一冊

110000－0102－0011455　丙二/3322　史部/
政書類/法令/律例

日本議院法　（清）□□編　清末鉛印本
一冊

110000－0102－0011456　丙二/3323　史部/
政書類/法令/律例

俄羅斯刑法十二卷　（清）薩蔭圖譯　清光緒
三十一年(1905)法制調查局鉛印本　二冊

110000－0102－0011457　丙二/3324　史部/
政書類/法令/律例

俄羅斯刑法十二卷　（清）薩蔭圖譯　清光緒
三十一年(1905)法制調查局鉛印本　二冊

110000－0102－0011458　丙二/3325　史部/
政書類/法令/律例

日本陸軍刑法及海軍刑法　（日本）岩谷孫藏
訂正　（清）法制調查局譯　清光緒三十一年
(1905)修訂法律館鉛印本　一冊

110000－0102－0011459　丙二/3326　史部/
政書類/詔令奏議/奏議

法律館奏摺彙存　（清）□□編　清光緒鉛印
本　一冊

110000－0102－0011460　丙二/3327　史部/
政書類/詔令奏議/奏議

法律館奏摺彙存　（清）□□編　清光緒鉛印
本　一冊

110000－0102－0011461　丙二/3328　史部/
政書類/詔令奏議/奏議

法律館奏摺彙存　（清）□□編　清光緒鉛印本　一冊

110000－0102－0011462　丙二/3329　史部/
政書類/詔令奏議/奏議

法律館奏摺彙存　（清）□□編　清光緒鉛印本　一冊

110000－0102－0011463　丙二/3330　史部/
政書類/詔令奏議/奏議

法律館奏摺彙存　（清）□□編　清光緒鉛印本　一冊

110000－0102－0011464　丙二/3332　史部/
政書類/法令/律例

日本司法綱要六卷　（清）考察政治大臣編　清光緒三十四年(1908)政治官報局鉛印本　一冊

110000－0102－0011465　丙二/3333　子部/
天文地理類/其它

大清礦務章程附章　（清）□□編　清宣統鉛印本　一冊

110000－0102－0011466　丙二/3338　史部/
紀傳類/斷代

明史三百三十二卷　（清）張廷玉等撰　清光緒三年(1877)湖北崇文書局刻本　八十冊

110000－0102－0011467　丙二/3344　史部/
紀傳類/斷代

晉書一百三十卷　（唐）太宗李世民撰　清同治十年(1871)金陵書局刻本　二十冊

110000－0102－0011468　丙二/3345　史部/
紀傳類/斷代

欽定遼史語解十卷　（清）高宗弘曆敕撰　清光緒四年(1878)江蘇書局鉛印本　二冊

110000－0102－0011469　丙二/3346　史部/
紀傳類/斷代

欽定金史語解十二卷　（清）高宗弘曆敕撰　清光緒四年(1878)江蘇書局鉛印本　二冊

110000－0102－0011470　丙二/3347　史部/
紀傳類/斷代

宋書一百卷　（南朝梁）沈約撰　清同治十一年(1872)金陵書局刻本　十六冊

110000－0102－0011471　丙二/3357　史部/
紀傳類/斷代

續漢書八志三十卷　（南朝梁）劉昭注補　清同治八年(1869)金陵書局刻本　二冊

110000－0102－0011472　丙二/3358　史部/
紀傳類/斷代

續漢書八志三十卷　（南朝梁）劉昭注補　清同治八年(1869)金陵書局刻本　二冊

110000－0102－0011473　丙二/3367　史部/
政書類/邦計/理財

廣西財政沿革利弊詳細說明書　（清）□□編　清宣統寫本　存三冊(二十四、二十九至三十)

110000－0102－0011474　丙二/3368　史部/
金石類/石

瘞鶴銘考補　（清）翁方綱撰　清光緒三十四年(1908)刻朱印本　一冊

110000－0102－0011475　丙二/3370　史部/
政書類/詔令奏議/奏議

選錄外摺　（清）□□編　清末抄本　一冊　存一冊(四)

110000－0102－0011476　丙二/3371　史部/
政書類/法令/律例

日本憲法疏證　（清）□□疏證　清末抄本　二冊　存二冊(二、四)

110000－0102－0011477　丙二/3373　史部/
政書類/軍政

日本陸軍行政要覽　（清）□□編　清末抄本　四冊　缺一冊(三)

110000－0102－0011478　丙二/3374　史部/
政書類/法令

憲法　施愚撰　清末油印本　一冊

110000－0102－0011479　丙二/3375　史部/

政書類/邦交/其它

日本丙午議會四卷 （清）考察政治大臣編譯
清光緒三十四年（1908）政治官報局鉛印本
一冊

110000－0102－0011480　　丙二/3378　　史部/
政書類/法令/章例

律目考 （清）□□撰　清末油印本　一冊

110000－0102－0011481　　丙二/3382　　史部/
政書類/邦計/捐稅

鹽釐 （清）□□撰　清末抄本　一冊　存一
卷（四）

110000－0102－0011482　　丙二/3383　　史部/
政書類/學制

北洋法政專門學堂章程 （清）□□編　清光
緒抄本　一冊

110000－0102－0011483　　丙二/3385　　史部/
政書類/邦計/理財

比較歲出論 （清）□□編　清末抄本　一冊

110000－0102－0011484　　丙二/3386　　史部/
政書類/邦計

日本金庫出納制度 （清）□□編　清末抄本
一冊

110000－0102－0011485　　丙二/3387　　史部/
政書類/雜錄

比利時政治要覽 （清）□□撰　清末抄本
一冊

110000－0102－0011486　　丙二/3388　　史部/
政書類/法令/律例

日本司法窺要 （清）唐寶鍔撰　清光緒三十
二年（1906）抄本　一冊

110000－0102－0011487　　丙二/3391　　史部/
別史、雜史類

晉略國傳 （清）周濟撰　清光緒鉛印本
二冊

110000－0102－0011488　　丙二/3392　　史部/
地理類/專志/寺觀

天童寺志十卷 （清）聞性道等輯　清刻本

二冊　缺五卷（三至七）

110000－0102－0011489　　丙二/3398　　史部/
政書類/邦交/總錄

約章成案匯覽甲編十卷乙編四十二卷 （清）
北洋洋務局輯　清光緒三十一年（1905）上海
點石齋鉛印本　四十六冊

110000－0102－0011490　　丙二/3407　　史部/
編年類/斷代

東華錄四十五卷續錄七十五卷 王先謙輯
清光緒十年（1884）石印本　六十冊

110000－0102－0011491　　丙二/3409　　集部/
總集類/文/斷代/清

皇朝經世文續編一百二十卷 （清）盛康輯
清光緒二十二年（1896）武進盛氏思補樓刻本
八十冊

110000－0102－0011492　　丙二/3414　　史部/
史評類/論事

歷代史事新論大成二十卷首一卷 （清）陳邦
瑞輯　清光緒二十九年（1903）黎光閣石印本
二十冊

110000－0102－0011493　　丙二/3417　　史部/
史總類/諸史總義

廿四史論精萃十八卷 （清）張兆蓉輯　清光
緒二十八年（1902）石印本　六冊

110000－0102－0011494　　丙二/3418　　史部/
政書類/雜錄

海國大政記十二卷 （英國）麥丁富得力編
（美國）林樂知　（清）鄭昌棪合譯　清光緒二
十三年（1897）上海慎記書莊石印本　四冊

110000－0102－0011495　　丙二/3420　　史部/
地理類/方志/地方志/新疆維吾爾自治區

[乾隆]欽定新疆識略十二卷首一卷 （清）松
筠撰　清光緒二十年（1894）上海積山書局石
印本　十五冊　缺一冊（十）

110000－0102－0011496　　丙二/3421　　史部/
目錄類/收藏/私藏/清

述古堂藏書目 （清）錢曾編　清道光三十年
（1850）粵雅堂刻粵雅堂叢書本　一冊

110000－0102－0011497　丙二/3422　史部/
地理類

漢西域圖考七卷　（清）李光廷撰　清光緒十
九年(1893)寶善書局石印本　七冊

110000－0102－0011498　丙二/3424　史部/
金石類

石墨鐫華八卷　（明）趙崡撰　清乾隆三十九
年(1774)鮑氏知不足齋刻本　六冊

110000－0102－0011499　丙二/3425　子部/
天文地理類/曆法

大清宣統二年時憲書　（清）欽天監編輯　清
宣統元年(1909)刻本　一冊

110000－0102－0011500　丙二/3428　史部/
政書類/學制

日本學校章程三種　（日本）古城貞吉譯　清
光緒二十四年(1898)時務報館石印本　一冊

110000－0102－0011501　丙二/3429　史部/
外國史類

日本國志四十卷首一卷　（清）黃遵憲編纂
清光緒二十四年(1898)上海圖書集成印書局
鉛印本　八冊

110000－0102－0011502　丙二/3432　史部/
地理類/水道/江、淮、海

海道圖說十五卷　（英國）金約翰輯　（英國）
傅蘭亞　（清）王德均合譯　清光緒二十二年
(1896)上海書局石印本　八冊

110000－0102－0011503　丙二/3434　史部/
政書類/雜錄

資治新書全集二十卷　（清）李漁輯　清康熙
二年至六年(1663－1667)芥子園刻本　二十
二冊

110000－0102－0011504　丙二/3435　史部/
政書類/法令/律例

萬國公法四卷　（英國）羅柏村撰　（英國）傅
蘭雅　（清）汪振聲合譯　清光緒二十四年
(1898)上海新學書會石印本　六冊

110000－0102－0011505　丙二/3437　史部/
政書類/法令/律例

民事訴訟法草案　（清）□□編　清末北京修
訂法律館鉛印本　九冊

110000－0102－0011506　丙二/3438　史部/
政書類/法令/章例

處分則例圖要六卷　（清）□□編　清光緒十
四年(1888)江蘇書局刻本　二冊

110000－0102－0011507　丙二/3439　史部/
政書類/法令/章例

處分則例圖要六卷　（清）□□編　清光緒十
四年(1888)江蘇書局刻本　二冊

110000－0102－0011508　丙二/3441　史部/
政書類/邦計/雜錄

考察英國政府答問　（清）考察英國憲法大臣
譯　清末鉛印本　一冊

110000－0102－0011509　丙二/3442　史部/
政書類/法令/章例

奏定陸軍學堂辦法　奕劻等編　清光緒三十
年(1904)鉛印本　一冊

110000－0102－0011510　丙二/3444　史部/
政書類/詔令奏議/奏議

**憲政編查館奏議覆禮親王等奏京旗專額議員
援案免扣資俸摺**　奕劻等撰　清宣統鉛印本
　一冊

110000－0102－0011511　丙二/3446　史部/
政書類/法令/律例

大清律講義二十卷　（清）吉同鈞撰　清宣統
元年(1909)修訂法律館鉛印本　五冊

110000－0102－0011512　丙二/3466　史部/
政書類/邦計

南洋勸業會出品分類綱目　南洋勸業會編
清宣統鉛印本　一冊

110000－0102－0011513　丙二/3468　史部/
紀事本末類

中東戰紀本末八卷續編三卷　（美國）林樂知
著譯　（清）蔡爾康纂輯　清光緒二十二年
(1896)上海廣學會鉛印本　十一冊

110000－0102－0011514　丙二/3483　史部/

政書類/法令/章例

法官分發章程 （清）法部訂　清宣統二年
(1910)鉛印本　一冊

110000 – 0102 – 0011515　丙二/3484　史部/
政書類/法令/律例

各國交通行政律彙編 （清）郵傳部圖書通譯
局編　清末鉛印本　一冊

110000 – 0102 – 0011516　丙二/3486　史部/
政書類/詔令奏議/奏議

奏妥議清理財政辦法摺 （清）度支部撰　清
光緒三十四年(1908)鉛印本　一冊

110000 – 0102 – 0011517　丙二/3487　史部/
政書類/詔令奏議/奏議

奏試辦豫算謹陳大概情形摺 （清）度支部撰
清宣統二年(1910)鉛印本　一冊

110000 – 0102 – 0011518　丙二/3489　史部/
政書類/邦交/雜錄

赴日考察審計事宜報告書 （清）□□編　清
末鉛印本　三冊　存三編(二至四編)

110000 – 0102 – 0011519　丙二/3490　史部/
政書類/法令/律例

大清刑律分則草案 （清）□□編　清光緒三
十四年(1908)修訂法律館鉛印本再版　二冊

110000 – 0102 – 0011520　丙二/3496　史部/
金石類/總錄/義例

金石稱例四卷續編一卷 （清）梁廷枏撰　清
光緒十三年(1887)朱氏行素草堂刻本　一冊

110000 – 0102 – 0011521　丙二/3497　史部/
金石類/總錄/義例

金石例補二卷 （清）郭麐撰　清光緒三年
(1877)朱氏行素草堂刻本　一冊

110000 – 0102 – 0011522　丙二/3498　史部/
金石類/總錄/雜著

金石錄補續跋七卷 （清）葉奕苞撰　清光緒
十三年(1887)朱氏行素草堂刻槐廬叢書本
一冊

110000 – 0102 – 0011523　丙二/3499　史部/

別史、雜史類

國朝柔遠記 （清）王之春撰　清末抄本
二冊

110000 – 0102 – 0011524　丙二/3501　史部/
外國史類

西國近事彙編一百〇四卷 （美國）金楷理
（清）姚棻等編輯　清光緒上海機器製造局鉛
印本　一百〇三冊　缺一卷(乙酉一)

110000 – 0102 – 0011525　丙二/3502　史部/
編年類/斷代

東華錄一百九十四卷續錄二百三十卷　王先
謙輯　清光緒上海圖書集成印書局鉛印本
六十四冊

110000 – 0102 – 0011526　丙二/3504　史部/
編年類/通代

資治通鑑目錄三十卷 （宋）司馬光撰　清光
緒十四年(1888)上海裴英館石印本　三冊

110000 – 0102 – 0011527　丙二/3505　史部/
編年類/通代

資治通鑑二百九十四卷目錄三十卷 （宋）司
馬光撰　（元）胡三省音注　清光緒十四年
(1888)上海裴英館石印本　四十冊

110000 – 0102 – 0011528　丙二/3506　史部/
編年類/通代

續資治通鑑二百二十卷 （清）畢沅撰　清光
緒十四年(1888)上海裴英館石印本　二十冊

110000 – 0102 – 0011529　丙二/3509　史部/
編年類/通代

資治通鑑目錄三十卷 （宋）司馬光撰　清光
緒二十六年(1900)圖書集成局鉛印本　四冊

110000 – 0102 – 0011530　丙二/3510　史部/
編年類/通代

資治通鑑二百九十四卷目錄三十卷 （宋）司
馬光撰　（元）胡三省音注　清光緒二十六年
(1900)圖書集成局鉛印本　四十四冊

110000 – 0102 – 0011531　丙二/3511　史部/
政書類/通制

皇朝文獻通考三百卷 （清）高宗弘曆敕撰

清光緒二十八年（1902）上海鴻寶書局石印本
三十二冊

110000－0102－0011532　丙二/3512　史部/
紀傳類/斷代

晉書一百三十卷　（唐）太宗李世民御撰　清
光緒二十九年（1903）五洲同文局石印本　三
十冊

110000－0102－0011533　丙二/3515　史部/
政書類/邦交

中外約章纂新十卷　（清）□□編　清光緒三
十年（1904）時中書局鉛印本　九冊　缺一卷
（八）

110000－0102－0011534　丙二/3516　史部/
編年類/通代

資治通鑑地理今釋二百九十四卷　（清）熙載
撰　清末影印本　三冊

110000－0102－0011535　丙二/3518　史部/
政書類/詔令奏議/奏議

樊山政書二十卷　樊增祥撰　清宣統二年
（1910）上海政學社石印本　十冊

110000－0102－0011536　丙二/3521　史部/
外國史類

西史綱目二十卷　（清）周維翰撰　清光緒二
十七年（1901）石印本　十冊

110000－0102－0011537　丙二/3522　史部/
外國史類

泰西新史攬要二十四卷　（英國）馬懇西撰
（英國）李提摩太譯　（清）蔡爾康編　清光緒
二十三年（1897）美華書館鉛印本　八冊

110000－0102－0011538　丙二/3523　史部/
外國史類

萬國歷史彙編一百卷　江子雲等輯　清光緒
二十九年（1903）上海官書局石印本　十六冊

110000－0102－0011539　丙二/3528　史部/
史料類

丁酉北闈大獄記略　（清）□□撰　清宣統三
年（1911）上海商務印書館鉛印痛史本　一冊

110000－0102－0011540　丙二/3530　史部/
政書類/雜錄

政治汎論後編二卷　（美國）域魯威爾遜撰
（清）麥鼎華譯　清光緒二十九年（1903）上海
廣智書局鉛印本　二冊

110000－0102－0011541　丙二/3531　史部/
政書類/雜錄

政治汎論後編二卷　（美國）域魯威爾遜撰
（清）麥鼎華譯　清光緒二十九年（1903）上海
廣智書局鉛印本　二冊

110000－0102－0011542　丙二/3532　史部/
政書類

大英治理印度新政考　（英國）亨德偉良撰
任保羅等譯　清光緒三十年（1904）上海廣學
會鉛印本　六冊

110000－0102－0011543　丙二/3533　史部/
政書類

美國治法要略三卷附錄一卷　（美國）林樂知
（美國）范褘合譯　清光緒二十九年（1903）
上海廣學會鉛印本　一冊

110000－0102－0011544　丙二/3535　史部/
政書類/法令/律例

歐美日本審判廳編制法通義　潘承鍔編　朱
壽朋校　清宣統元年（1909）上海中國圖書公
司鉛印本　一冊

110000－0102－0011545　丙二/3543　史部/
別史、雜史類

越史略三卷　（清）錢熙祚校　清光緒石印守
山閣叢書本　三冊

110000－0102－0011546　丙二/3545　史部/
目錄類/收藏/私藏/元、明

菉竹堂書目六卷　（明）葉盛編　清咸豐四年
（1854）粵雅堂刻粵雅堂叢書本　二冊

110000－0102－0011547　丙二/3546　史部/
金石類/石

唐昭陵石蹟考略五卷　（清）林侗撰　清康熙
二十一年（1682）刻粵雅堂叢書本　一冊

110000－0102－0011548　丙二/3547　史部/

編年類/通代

尺木堂綱鑑易知錄一百〇七卷 （清）吳乘權輯 清光緒十四年（1888）鉛印本 十五冊 缺八卷（五至十二）

110000－0102－0011549 丙二/3548 史部/政書類/通制

皇朝文獻通考輯要二十六卷 湯壽潛輯 清光緒通雅堂鉛印三通考輯要本 十冊

110000－0102－0011550 丙二/3549 史部/政書類/邦交/總錄

約章分類輯要三十八卷 蔡乃煌等編纂 清光緒二十六年（1900）湖南商務局刻本 三十冊

110000－0102－0011551 丙二/3552 史部/地理類/雜記

三晉見聞錄 （清）齊雨峰撰 清刻本 一冊 存一冊（下）

110000－0102－0011552 丙二/3553 史部/政書類/詔令奏議/奏議

注陸宣公奏議十五卷制誥十卷附錄一卷 （唐）陸贄撰 （宋）郎曄注 清光緒十一年（1885）淮南書局刻本 四冊

110000－0102－0011553 丙二/3554 史部/政書類/詔令奏議/詔令

聖諭廣訓衍 （清）世宗胤禛撰 （清）王又樸解 清道光刻本 二冊

110000－0102－0011554 丙二/3557 子部/雜誌類

經濟選報[清光緒三十四年二月] 印鑄局編纂處編 清光緒三十四年（1908）鉛印本 四冊

110000－0102－0011555 丙二/3558 史部/傳記類/總傳/專錄/儒林

明儒學案六十二卷 （清）黃宗羲撰 清光緒八年（1882）上海文瑞樓石印本 三十冊

110000－0102－0011556 丙二/3559 史部/史料類

閣鈔彙編 清光緒北京華北書局鉛印本

九十三冊 存三十年八至九月,三十一年九月,三十二年一、三至十二月,三十三年一至七月

110000－0102－0011557 丙二/3562 史部/政書類/儀制

大清通禮五十四卷 （清）穆克登額等撰 清道光四年（1824）刻本 十二冊

110000－0102－0011558 丙二/3563 史部/政書類/法令/律例

大清律例三十九卷 （清）刑部纂 清同治刻本 二十六冊

110000－0102－0011559 丙二/3564 史部/政書類/法令/律例

大清律例三十九卷 （清）刑部纂 清同治刻本 二十六冊

110000－0102－0011560 丙二/3565 史部/政書類/邦交/總錄

約章成案匯覽甲篇十卷乙篇四十二卷 （清）顧世清輯 清光緒三十一年（1905）北洋洋務局石印本 四十六冊

110000－0102－0011561 丙二/3566 史部/紀事本末類/通代

通鑑紀事本末二百三十九卷 （宋）袁樞編輯 （明）張溥論正 清同治十二年（1873）江西書局刻本 六十六冊

110000－0102－0011562 丙二/3572 史部/政書類/雜錄

地方自治淺說五章 （清）孟森撰 清宣統二年（1910）上海商務印書館鉛印本十版 一冊

110000－0102－0011563 丙二/3573 史部/政書類/雜錄

華制存考 （清）□□撰 清宣統三年（1911）至1949年北京擷華書局鉛印本 一百三十三冊 存光緒三十四年十至十二月,宣統元年一至二、閏二、三、五、八至九、十至十一月,宣統二年二至四、七至九、十至十二月,宣統三年一至三月

110000－0102－0011564 丙二/3574 史部/

政書類/通制

欽定大清會典八十卷事例九百二十卷 （清）
托津等撰　清嘉慶刻本　三百二十八冊　缺
一百五十三卷(事例八十一至一百九十一、一
百九十八至二百、二百十二至二百二十、二百
六十二至二百六十三、四百七十至四百九十
二、五百八十四、七百二十六至七百二十九)

110000－0102－0011565　丙二/3577　子部/
雜誌類

學部官報　（清）□□編　清光緒鉛印本　九
十九冊　缺三十一期(一、三十二、五十一、一
百二十一至一百四十八)

110000－0102－0011566　丙二/3578　史部/
政書類/邦交

新纂約章大全七十三卷　鄭孝胥撰　清宣統
元年(1909)上海崇義堂石印本　五十冊

110000－0102－0011567　丙二/3580　史部/
傳記類/日記/清

三洲日記八卷　（清）張蔭桓撰　清光緒二十
二年(1896)北京張氏刻本　八冊

110000－0102－0011568　丙二/3581　史部/
史評類/考訂

歷代史略六卷　柳詒徵編　清光緒二十八年
(1902)江楚書局刻本　八冊

110000－0102－0011569　丙二/3583　史部/
外國史類

俄羅斯三卷　（法國）波留撰　（日本）林毅陸
譯　（日本）中島端重譯　清光緒三十年
(1904)上海商務印書館鉛印本　三冊

110000－0102－0011570　丙二/3584　史部/
史評類/考訂

近世史略　上海廣學會編　清光緒三十年
(1904)鉛印本　一冊

110000－0102－0011571　丙二/3587　史部/
政書類/軍政

敕進訓練操法詳晰圖說二十二卷　袁世凱纂
清光緒二十五年(1899)石印本　十二冊

110000－0102－0011572　丙二/3590　史部/

政書類/法令/律例

大清律例彙輯便覽四十卷附督捕則例二卷
（清）刑部纂　清光緒二十九年(1903)刻本
三十三冊

110000－0102－0011573　丙二/3592　史部/
政書類/法令/律例

**大清律例增修統纂集成四十卷附督捕則例二
卷**　（清）姚潤輯　（清）胡璋增輯　清同治十
二年(1873)刻本　二十四冊

110000－0102－0011574　丙二/3593　史部/
政書類/法令/律例

大清律新續纂修條例　（清）刑部纂修　清同
治九年(1870)刻本　二冊

110000－0102－0011575　丙二/3595　子部/
雜家類/雜述

邵氏危言二卷　（清）邵作舟撰　清光緒二十
四年(1898)上海商務印書館鉛印本　二冊

110000－0102－0011576　丙二/3596　史部/
政書類/詔令奏議/奏議

遵章奏報吉林省第五屆籌備憲政情形摺
（清）□□撰　清宣統三年(1911)鉛印本
一冊

110000－0102－0011577　丙二/3607　子部/
雜誌類

調查日本郵電學堂報告書二卷　李景銘　方
兆鼇合編　清宣統元年(1909)郵傳部圖書通
譯局鉛印本　一冊

110000－0102－0011578　丙二/3611　史部/
外國史類

西國近事彙編戊子四卷　（清）李嶽薌編輯
清光緒江南製造總局鉛印本　四冊

110000－0102－0011579　丙二/3612　史部/
外國史類

西國近事彙編同治癸酉四卷　（美國）金楷理
（清）姚棻合譯　清光緒江南製造總局刻本
四冊

110000－0102－0011580　丙二/3613　史部/
政書類/詔令奏議/奏議

125

林文忠公政書四集　（清）林則徐撰　清末林氏家刻本　五冊

110000－0102－0011581　丙二/3614　史部/政書類/法令/律例

核訂現行刑律　（清）憲政編查館核訂　清宣統元年(1909)法律館鉛印本　二冊

110000－0102－0011582　丙二/3615　史部/政書類/法令/律例

核訂現行刑律　（清）憲政編查館核訂　清宣統元年(1909)法律館鉛印本　二冊

110000－0102－0011583　丙二/3620　史部/政書類/邦計/交通運輸

鐵路運送論　（美國）安登哈特勒氏撰　（日本）小松謙次郎譯　陳宗蕃重譯　清宣統元年(1909)郵傳部圖書通譯局鉛印本　一冊

110000－0102－0011584　丙二/3629　史部/政書類/邦交/各國

中英續訂藏印條約及修訂藏印通商章程　（清）□□編　清光緒三十四年（1908）鉛印本　一冊

110000－0102－0011585　丙二/3630　史部/政書類/法令/章例

河南諮議局議事細則　（清）□□編　清宣統抄本　一冊

110000－0102－0011586　丙二/3631　史部/政書類/法令/章例

湖南政法速成學堂章程　（清）□□編　清光緒學務處鉛印本　一冊

110000－0102－0011587　丙二/3632　史部/政書類/法令/律例

普魯士兩院新舊選舉法　□□編　清末鉛印本　一冊

110000－0102－0011588　丙二/3633　史部/政書類/法令/律例

普魯士兩院新舊選舉法　□□編　清末鉛印本　一冊

110000－0102－0011589　丙二/3634　史部/政書類/法令/律例

普魯士兩院新舊選舉法　□□編　清末鉛印本　一冊

110000－0102－0011590　丙二/3635　史部/政書類/法令/律例

普魯士兩院新舊選舉法　□□編　清末鉛印本　一冊

110000－0102－0011591　丙二/3636　史部/政書類/法令/律例

普魯士兩院新舊選舉法　□□編　清末鉛印本　一冊

110000－0102－0011592　丙二/3637　史部/政書類/法令/律例

普魯士兩院新舊選舉法　□□編　清末鉛印本　一冊

110000－0102－0011593　丙二/3638　史部/政書類/法令/律例

行政審判法　修訂法律館編　清末鉛印本　一冊

110000－0102－0011594　丙二/3639　史部/政書類/雜錄

考察英國議院問答六卷　（清）考察英國憲政大臣編譯　清末鉛印本　一冊

110000－0102－0011595　丙二/3644　史部/政書類/法令/律例

美國刑律　□□編　清光緒至宣統修定法律館鉛印本　一冊

110000－0102－0011596　丙二/3645　史部/政書類/法令/律例

美國刑律　□□編　清光緒至宣統修定法律館鉛印本　一冊

110000－0102－0011597　丙二/3646　史部/政書類/法令/律例

美國刑律　□□編　清光緒至宣統修定法律館鉛印本　一冊

110000－0102－0011598　丙二/3647　史部/政書類/法令/律例

美國刑律　□□編　清光緒至宣統修定法律館鉛印本　一冊

110000－0102－0011599　丙二/3649　集部/集評類/總評/文法
奏摺體例輯要四卷　（清）步翼鵬撰　清宣統元年(1909)石印本　二冊

110000－0102－0011600　丙二/3650　史部/政書類/法令/律例
民事刑事訴訟法　（清）法律館編　清光緒至宣統鉛印本　一冊

110000－0102－0011601　丙二/3651　史部/政書類/法令/律例
民事刑事訴訟法　（清）法律館編　清光緒至宣統鉛印本　一冊

110000－0102－0011602　丙二/3657　史部/政書類/文牘檔冊
大理院判牘　□□編　清光緒至民國上海廣益書局石印本　三冊

110000－0102－0011603　丙二/3663　史部/別史、雜史類
蒙古史二卷　（日本）河野元三撰　歐陽瑞華譯　清宣統三年(1911)江南圖書館鉛印本　二冊

110000－0102－0011604　丙二/3665　史部/政書類/雜錄
政治　□□編　清末抄本　一冊

110000－0102－0011605　丙二/3666　史部/史料類
交議摺件　□□編　清光緒抄本　一冊

110000－0102－0011606　丙二/3667　史部/政書類/法令/章例
各省開礦擬辦章程　□□編　清末抄本　一冊

110000－0102－0011607　丙二/3673　史部/政書類/法令/律例
德國民法　（清）修訂法律館編譯　清光緒至宣統鉛印本　一冊　存一卷(總則一卷)

110000－0102－0011608　丙二/3674　史部/政書類/法令/章例
法國民法三卷　陳籙譯　清光緒至宣統修訂法律館鉛印本　二冊

110000－0102－0011609　丙二/3675　史部/政書類/法令/律例
修正民事訴訟律案語　（清）□□撰　清光緒至宣統鉛印本　一冊

110000－0102－0011610　丙二/3676　史部/政書類/法令/律例
修正民事訴訟律案語　（清）□□撰　清光緒至宣統鉛印本　一冊

110000－0102－0011611　丙二/3677　史部/政書類/法令/律例
修正民事訴訟律案語　（清）□□撰　清光緒至宣統鉛印本　一冊

110000－0102－0011612　丙二/3678　史部/政書類/法令/律例
德國海商法　（清）修訂法律館編譯　清光緒至宣統鉛印本　一冊　存一卷(四)

110000－0102－0011613　丙二/3680　史部/政書類/法令/律例
大清民律草案　（清）俞廉三等編　清宣統三年(1911)修訂法律館鉛印本　三冊　缺一冊

110000－0102－0011614　丙二/3682　史部/政書類/軍政
英威民政輯要　□□編　清末抄本　一冊　存四卷(五至八)

110000－0102－0011615　丙二/3683　史部/政書類/法令/章例
欽定禮部則例二百〇二卷　（清）薩迎阿等纂　清嘉慶二十五年(1820)刻本　二十四冊

110000－0102－0011616　丙二/3692　史部/史評類/論事
分類史事政治論海　（清）王樹輯　清光緒三十年(1904)海陵鑒古齋石印本　三十二冊

110000－0102－0011617　丙二/3693　史部/

史評類/史法

史通通釋二十卷 （清）浦起龍撰　清光緒二十五年（1899）上海費文書局鉛印本　八冊

110000－0102－0011618　丙二/3694　史部/地理類/地圖、圖志

中外輿地圖說集成一百三十卷首三卷　同康廬主人編輯　清光緒二十年（1894）上海積山書局石印本　三十二冊

110000－0102－0011619　丙二/3696　史部/政書類/詔令奏議/奏議

浙省奏摺　（清）廖壽豐等撰　清光緒十九年至二十年（1893－1894）刻本　一冊

110000－0102－0011620　丙二/3697　史部/政書類/詔令奏議/奏議

崧鎮青中丞撫浙疏　（清）崧駿撰　清光緒二十年（1894）刻本　一冊

110000－0102－0011621　丙二/3698　史部/政書類/雜錄

兩浙刑案　（清）胡瑞瀾等奏疏　清光緒二十年（1894）刻本　一冊

110000－0102－0011622　丙二/3699　史部/政書類/雜錄

光緒二十年查辦奏案　（清）安維峻等奏疏　清光緒二十一年（1895）刻本　一冊

110000－0102－0011623　丙二/3700　史部/史料類

查辦案件　（清）褚成博等奏疏　清光緒十九年至二十年（1893－1894）刻本　一冊

110000－0102－0011624　丙二/3701　史部/政書類/詔令奏議/奏議

劉景韓中丞兩次撫浙疏　（清）劉樹堂撰　清光緒二十年（1894）刻本　一冊

110000－0102－0011625　丙二/3702　史部/政書類/詔令奏議/奏議

福少農尚書撫東吏治疏□卷　（清）福潤撰　清光緒二十年（1894）抄本　一冊　存一卷（四）

110000－0102－0011626　丙二/3703　史部/政書類/詔令奏議/奏議

崧鎮青中丞撫浙奏疏卷二　（清）崧駿撰　清光緒十八年（1892）刻本　一冊

110000－0102－0011627　丙二/3704　史部/政書類/詔令奏議/奏議

翰詹九卿等衙門奏摺　（清）麟書等撰　清光緒十八年（1892）刻本　一冊

110000－0102－0011628　丙二/3705　史部/政書類/詔令奏議/奏議

科道疏　（清）鄭溥元等撰　清光緒十八年（1892）刻本　一冊

110000－0102－0011629　丙二/3706　史部/政書類/詔令奏議/奏議

湯幼庵方伯護院奏摺　（清）湯聘珍撰　清光緒十八年（1892）刻本　一冊

110000－0102－0011630　丙二/3707　史部/政書類/詔令奏議/奏議

東撫奏疏　（清）任道鎔等撰　清光緒十八年（1892）刻本　一冊

110000－0102－0011631　丙二/3708　史部/政書類/詔令奏議/奏議

福建臺灣巡撫奏疏　（清）沈應奎等撰　清光緒十八年（1892）刻本　一冊

110000－0102－0011632　丙二/3709　史部/政書類/詔令奏議/奏議

杭州織造奏稿　（清）英瑞等撰　清光緒十八年（1892）刻本　一冊

110000－0102－0011633　丙二/3710　史部/政書類/詔令奏議/奏議

江西巡撫奏疏　（清）劉坤一等撰　清光緒十八年（1892）刻本　一冊

110000－0102－0011634　丙二/3712　史部/政書類/詔令奏議/奏議

查辦案件　（清）馮錫仁等撰　清光緒二十六年（1900）刻本　一冊

110000－0102－0011635　丙二/3713　史部/

政書類/詔令奏議/奏議

毓佐帥撫東治黃疏 （清）毓賢撰　清光緒二十六年（1900）刻本　一冊

110000－0102－0011636　丙二/3714　史部/政書類/邦計/理財

昭信股票案 （清）戶部等奏議　清光緒二十六年（1900）刻本　一冊

110000－0102－0011637　丙二/3715　史部/政書類/雜錄

李鑒堂制軍查辦奉天等事件 （清）李秉衡奏疏　清光緒二十六年（1900）刻本　一冊

110000－0102－0011638　丙二/3716　史部/政書類/詔令奏議/奏議

中外奏稿 （清）陳夔龍等撰　清光緒二十六年（1900）刻本　一冊

110000－0102－0011639　丙二/3717　史部/政書類/詔令奏議/奏議

光緒廿八年中外陳奏政治 奕劻等撰　清光緒二十八年（1902）刻本　一冊

110000－0102－0011640　丙二/3718　史部/政書類/詔令奏議/奏議

卹典 （清）□□撰　清光緒二十八年（1902）刻本　一冊

110000－0102－0011641　丙二/3719　史部/政書類/詔令奏議/奏議

周郁珊尚書撫東疏 （清）周馥撰　清光緒二十八年（1902）刻本　一冊

110000－0102－0011642　丙二/3720　史部/政書類/邦計/荒政

光緒二十八年貽侍郎等辦理墾務並查辦案 (清)貽穀等奏議　清宣統元年（1909）刻本　一冊

110000－0102－0011643　丙二/3721　史部/政書類/詔令奏議/奏議

中外奏稿 （清）世續等撰　清光緒二十八年（1902）刻本　一冊

110000－0102－0011644　丙二/3722　史部/

政書類/詔令奏議/奏議

奏報軍務 （清）王之春等奏疏　清光緒二十八年（1902）刻本　一冊

110000－0102－0011645　丙二/3723　史部/政書類/詔令奏議/奏議

各省查辦案件 （清）關榕祚等奏議　清光緒二十八年至二十九年（1902－1903）刻本　一冊

110000－0102－0011646　丙二/3724　史部/政書類/詔令奏議/奏議

袁蔚庭中丞撫東吏治疏 袁世凱撰　清光緒二十六年（1900）刻本　一冊

110000－0102－0011647　丙二/3725　史部/政書類/詔令奏議/奏議

袁蔚帥撫東治河疏 袁世凱撰　清光緒二十六年（1900）刻本　一冊

110000－0102－0011648　丙二/3726　史部/政書類/詔令奏議/奏議

毓佐臣中丞撫東吏治疏 （清）毓賢撰　清光緒二十六年（1900）刻本　一冊

110000－0102－0011649　丙二/3731　史部/紀傳類/斷代

前漢書一百卷 （漢）班固撰　（唐）顏師古注　清光緒二十一年（1895）上海畊餘主人石印本　十四冊

110000－0102－0011650　丙二/3732　史部/紀傳類/斷代

前漢書一百卷 （漢）班固撰　（唐）顏師古注　清光緒二十六年（1900）煥文書局石印本　十二冊

110000－0102－0011651　丙二/3733　史部/地理類/方志/總志

大清一統志五百卷 （清）和珅纂　清光緒二十三年（1897）杭州竹簡齋石印本　六十冊

110000－0102－0011652　丙二/3736　史部/政書類/詔令奏議/詔令

硃批諭旨 （清）世宗胤禛撰　（清）鄂爾泰等校　清光緒十三年（1887）上海點石齋朱墨石

印本　六十冊

110000－0102－0011653　丙二／3738　史部／紀事本末類／斷代

通鑑紀事本末二百三十九卷　（宋）袁樞編輯（明）張溥論正　清光緒二十四年（1898）湖南思賢書局刻本　六十四冊

110000－0102－0011654　丙二／3739　史部／紀事本末類／斷代

明史紀事本末八十卷　（清）谷應泰編輯　清光緒二十四年（1898）湖南思賢書局刻本　二十冊

110000－0102－0011655　丙二／3740　史部／紀事本末類／斷代

元史紀事本末二十七卷　（明）陳邦瞻編輯（明）張溥論正　清光緒二十四年（1898）湖南思賢書局刻本　四冊

110000－0102－0011656　丙二／3741　史部／紀事本末類／斷代

宋史紀事本末一百〇九卷　（明）馮琦原編（明）陳邦瞻增訂　（明）張溥論正　清光緒二十四年（1898）湖南思賢書局刻本　二十冊

110000－0102－0011657　丙二／3742　史部／紀事本末類／斷代

左傳紀事本末五十三卷　（清）高士奇撰　清光緒二十四年（1898）湖南思賢書局刻本　十二冊

110000－0102－0011658　丙二／3743　史部／地理類／地圖、圖志

直隸全省最新地圖　（清）直隸警務處繪圖局繪圖　清光緒三十三年（1907）石印本　三百七十五幅（一箱）　缺二幅

110000－0102－0011659　丙二／3744　史部／政書類／詔令奏議／詔令

大清十朝聖訓　（清）□□輯　清末石印本　一百冊

110000－0102－0011660　丙二／3745　史部／編年類／通代

資治通鑑二百九十四卷目錄三十卷　（宋）司

馬光撰　（元）胡三省音注　清光緒二十六年（1900）圖書集成局石印本　四十四冊

110000－0102－0011661　丙二／3746　史部／編年類／通代

續資治通鑑二百二十卷　（清）畢沅撰　清光緒二十六年（1900）圖書集成局石印本　二十八冊

110000－0102－0011662　丙二／3747　史部／編年類／斷代

明通鑑九十卷前編四卷附編六卷　（清）夏燮撰　清光緒二十九年（1903）上海點石齋石印本　十六冊

110000－0102－0011663　丙二／3751　集部／總集類／文／雜錄／雜纂

銅官感舊集二卷附圖　章華輯　清宣統二年（1910）長沙章氏石印本　二冊

110000－0102－0011664　丙二／3754　史部／政書類／雜錄

浠川政譜二卷　（清）龔鼎孳撰　清光緒刻本　一冊

110000－0102－0011665　丙二／3757　史部／編年類／斷代

東華全錄　王先謙纂輯　清光緒十三年（1887）刻本　一百六十四冊

110000－0102－0011666　丙二／3758　史部／地理類／方志／地方志

光緒順天府志一百三十卷附錄一卷　（清）萬青黎等修　（清）張之洞等纂　清光緒十年至十二年（1884－1886）刻本　六十四冊

110000－0102－0011667　丙二／3759　史部／政書類／法令／律例

讀例存疑五十四卷　（清）薛允升撰　清光緒三十一年（1905）京師刻本　四十冊

110000－0102－0011668　丙二／3762　史部／政書類／法令／章例

日本教育法規二十七編　吳鼎昌校訂　清末鉛印本　存八冊　缺十四編（一至二、八至十四、十九至二十三）

110000－0102－0011669　丙二/3763　史部/
政書類/法令/章例

日本教育法規二十七編　吳鼎昌校訂　清末
鉛印本　二冊　存四編(二十四至二十七)

110000－0102－0011670　丙二/3764　史部/
編年類/通代

續資治通鑑綱目二十七卷　(明)商輅等編修
(明)陳仁錫評閱　清敬書堂刻本　二十
四冊

110000－0102－0011671　丙二/3766　史部/
編年類/通代

校刊資治通鑑全書二百九十四卷　(宋)司馬
光撰　(元)胡三省音注　(清)胡元常輯校
清光緒十四年至十七年(1888－1891)長沙楊
氏刻本　九十六冊

110000－0102－0011672　丙二/3768　史部/
編年類/通代

資治通鑑綱目　(明)陳仁錫評閱　清康熙四
十年(1701)刻本　一百二十冊

110000－0102－0011673　丙二/3777　史部/
政書類/邦交/總錄

約章成案匯覽甲編十卷乙編四十二卷　(清)
北洋洋務局輯　清光緒三十一年(1905)上海
點石齋石印本　四十六冊

110000－0102－0011674　丙二/3779　史部/
傳記類/總傳/通錄/通代

增廣尚友錄統編二十二卷　(清)應祖錫等編
輯　清光緒二十八年(1902)鴻寶齋石印本
十二冊

110000－0102－0011675　丙二/3781　史部/
編年類/通代

續資治通鑑綱目二十七卷　(明)憲宗朱見深
敕撰　清末民初上海掃葉山房石印本　五冊

110000－0102－0011676　丙二/3787　史部/
傳記類/總傳/專錄/其它

繪圖歷代神仙傳二十四卷　(清)□□撰　清
宣統元年(1909)上海掃葉山房石印本　二
冊

110000－0102－0011677　丙二/3790　史部/

紀傳類/斷代

北齊書五十卷　(唐)李百藥撰　清光緒二十
九年(1903)五洲同文書局石印本　八冊

110000－0102－0011678　丙二/3792　史部/
政書類/通制

皇朝通典一百卷　(清)高宗弘曆敕撰　清光
緒二十八年(1902)上海鴻寶書局石印本
八冊

110000－0102－0011679　丙二/3793　史部/
政書類/通制

皇朝通志一百二十六卷　(清)高宗弘曆敕撰
清光緒二十八年(1902)上海鴻寶書局石印
本　八冊

110000－0102－0011680　丙二/3795　史部/
政書類/法令/律例

核定現行刑律　(清)沈家本編　清宣統鉛印
本　二冊

110000－0102－0011681　丙二/3798　子部/
雜家類/西洋各派

政治學　(德國)那特碍講述　戢翼翬　王慕
陶合譯　清光緒二十八年(1902)上海商務印
書館鉛印本　一冊

110000－0102－0011682　丙二/3799　史部/
傳記類/別傳

薩母梁太夫人事略　薩嘉曦撰　清宣統元年
(1909)鉛印本　一冊

110000－0102－0011683　丙二/3801　經部/
小學類/訓詁/字詁

班馬字類二卷　(宋)婁機撰　清光緒九年
(1883)後知不足齋刻本　二冊

110000－0102－0011684　丙二/3803　史部/
目錄類/著錄/叢書目錄

四庫簡明目錄標注二十卷　(清)邵懿辰撰
清宣統三年(1911)仁和邵氏半岩廬刻本
十冊

110000－0102－0011685　丙二/3804　史部/
政書類/詔令奏議/奏議

合肥李勤恪公政書十卷　(清)李瀚章撰　清

光緒石印本　八冊

110000－0102－0011686　丙二/3805　史部/
金石類/金/文字

金文釋　（清）□□撰　清抄本　一冊

110000－0102－0011687　丙二/3806　史部/
史表類

後漢書補表八卷　（清）錢大昭撰　清嘉慶三
年(1798)秦氏汗筠齋刻汗筠齋叢書本　三冊

110000－0102－0011688　丙二/3807　史部/
傳記類/總傳/專錄/列女

敕旌節婦錄　（清）黃肇頤撰　清同治十年
(1871)刻本　一冊

110000－0102－0011689　丙二/3808　史部/
編年類/通代

御批續通鑑綱目二十七卷　（明）憲宗朱見深
原敕撰　（清）聖祖玄燁御批　清中期刻本
二十七冊

110000－0102－0011690　丙二/3809　史部/
地理類/山川/山

天下名山記　（清）吳秋士輯　（清）汪立名校
　清光緒刻道藏輯要本　六冊

110000－0102－0011691　丙二/3810　史部/
編年類/通代

鑑撮四卷　（清）曠敏本編　清同治十三年
(1874)二酉齋刻本　五冊

110000－0102－0011692　丙二/3811　史部/
別史、雜史類

靖逆記六卷　蘭簃外史纂　清道光二年
(1822)刻本　二冊

110000－0102－0011693　丙二/3812　史部/
史抄類

南北史捃華八卷　（清）周嘉猷輯　清光緒十
年(1884)蕉心室刻本　六冊

110000－0102－0011694　丙二/3813　史部/
政書類/詔令奏議/奏議

**恪靖奏稿初編三十八卷二編七十六卷三編六
卷**　（清）左宗棠撰　清光緒十二年(1886)刻

本　六十二冊　缺二卷(初編一至二)

110000－0102－0011695　丙二/3816　史部/
編年類/通代

資治通鑑目錄三十卷釋例一卷　（宋）司馬光
編輯　清末石印本　十八冊　缺三卷(十四
至十六)

110000－0102－0011696　丙二/3817　史部/
目錄類/收藏/私藏/宋

崇文總目五卷補遺一卷　（宋）王堯臣編
（清）錢東垣輯釋　清道光光緒間粵雅堂叢書
刻粵雅堂叢書本　五冊

110000－0102－0011697　丙二/3820　史部/
傳記類/別傳

陶勤肅公行述　（清）陶葆廉述　（清）劉永恆
撰　清光緒鉛印本　一冊

110000－0102－0011698　丙二/3821　史部/
地理類/遊記/總錄

遊歷聞見錄十八卷　（清）洪勳輯　清光緒十
六年(1890)上海仁記石印本　四冊

110000－0102－0011699　丙二/3826　史部/
政書類/詔令奏議/奏議

唐陸宣公奏議全集十卷首一卷　（唐）陸贄撰
　清同治十一年(1872)文彬閣刻本　六冊

110000－0102－0011700　丙二/3829　史部/
政書類/通制

**欽定大清會典一百卷首一卷欽定大清會典事
例一千二百二十卷目錄八卷**　（清）崑岡等纂
　清宣統元年(1909)上海商務印書館石印本
再版　八十冊　存六百卷(會典一至一百、事
例一至五百)

110000－0102－0011701　丙二/3838　史部/
外國史類

日本議會史第五期　（日本）工藤武重撰
（清）汪有齡譯　清光緒三十一年(1905)通州
翰墨林書局鉛印本　一冊

110000－0102－0011702　丙二/3839　子部/
雜誌類

嶺學報　（清）朱淇編　清光緒二十四年

(1898)鉛印本　一冊

110000－0102－0011703　丙二/3846　史部/
金石類/總錄/目錄

金石書目撮要　(清)□□纂　清末鉛印本
一冊

110000－0102－0011704　丙二/3848　史部/
別史、雜史類

拳匪紀略八卷前編二卷後編二卷　僑析生輯
　清光緒二十九年(1903)上洋書局石印本
四冊

110000－0102－0011705　丙二/3850　史部/
傳記類/總傳/專錄/仕宦

大清搢紳全書　榮寶齋輯　清光緒三十一年
(1905)刻本　四冊

110000－0102－0011706　丙二/3851　史部/
傳記類/總傳/專錄/其它

欽定宗室王公功績表傳十二卷　(清)宗人府
輯　清刻本　十冊

110000－0102－0011707　丙二/3852　史部/
地理類/方志/鄉土志

四川全省地理鄉土風俗志　(清)□□撰　清
抄本　一冊

110000－0102－0011708　丙二/3858　史部/
地理類/雜記

津門雜記三卷　(清)張燾輯　清光緒十年
(1884)刻本　三冊

110000－0102－0011709　丙二/3859　史部/
地理類/山川

京口山水志十八卷首一卷末一卷　(清)楊棨
撰　清道光二十四年(1844)鎮江善化書局刻
本　六冊

110000－0102－0011710　丙二/3862　史部/
傳記類/總傳/專錄/仕宦

祥符劉觀察鄉賢名宦錄　(清)□□編　清末
刻本　一冊

110000－0102－0011711　丙二/3866　子部/
雜誌類

時務報　(清)汪康年等編　清光緒二十二年
(1896)上海時務報館石印本　四冊

110000－0102－0011712　丙二/3880　史部/
別史、雜史類

明季稗史彙編十六種　(清)留雲居士輯　清
末刻本　十六冊

110000－0102－0011713　丙二/3884　史部/
政書類/法令/章例

北洋女醫學堂簡易科章程　(清)□□編　清
光緒三十四年(1908)天津大公報館鉛印本
一冊

110000－0102－0011714　丙二/3890　史部/
傳記類/總傳/通錄/通代

歷代男女齒譜　(清)易宗涒輯　清雍正賜書
堂刻本　二十四冊

110000－0102－0011715　丙二/3894　叢部/
自著叢書/清中晚期

如諫果室叢刊　(清)王延鈏撰輯　清宣統二
年(1910)益森書館鉛印本　一冊

110000－0102－0011716　丙二/3898　叢部/
自著叢書/清中晚期

金陵瑣志三種六卷　(清)陳作霖撰　清光緒
二十六年(1900)刻本　四冊

110000－0102－0011717　丙二/3904　史部/
政書類/邦計/交通運輸

京張鐵路總局稟定買地章程二十九條並告示
　(清)□□編　清光緒三十三年(1907)刻本
一冊

110000－0102－0011718　丙二/3913　史部/
史料類

同治十二年正二月長編總檔　(清)□□編
清光緒抄本　二冊

110000－0102－0011719　丙二/3921　史部/
史表類

四裔編年表四卷　(美國)林樂知　(清)嚴良
勳合譯　(清)李鳳苞編　清同治刻本　四冊

110000－0102－0011720　丙二/3922　史部/

地理類/雜記

會稽三賦 （宋）王十朋撰　清道光十七年(1837)仿宋刻本　一冊

110000－0102－0011721　丙二/3925　史部/目錄類/著錄/學術總目

書目答問略例 （清）張之洞撰　清光緒元年(1875)刻本　二冊

110000－0102－0011722　丙二/3928　史部/地理類/水道/地方

西域水道記五卷 （清）徐松撰　清光緒十九年(1893)寶善書局石印本　八冊

110000－0102－0011723　丙二/3931　集部/總集類/文/雜錄/格言、語錄、楹聯

楹聯叢話十二卷續四卷巧對錄八卷 （清）梁章鉅輯　清道光二十年(1840)環碧軒刻本　八冊

110000－0102－0011724　丙二/3932　集部/總集類/文/雜錄/雜纂

得一齋雜著四種 （清）黃楙材撰　清光緒二十二年(1896)刻本　四冊

110000－0102－0011725　丙二/3934　史部/政書類/雜錄

時事新編六卷 （清）陳耀卿編　清光緒二十一年(1895)鉛印本　六冊

110000－0102－0011726　丙二/3935　史部/政書類/詔令奏議/奏議

變法奏議叢抄 （清）□□輯　清光緒石印本　四冊

110000－0102－0011727　丙二/3945　史部/傳記類/人表

甲子科十八省鄉試同年錄 （清）□□編　清同治四年(1865)京都文蔚齋刻本　一冊

110000－0102－0011728　丙二/3946　史部/地理類/遊記/遊各國

遊記彙刊十四卷 （清）梁昌駿等撰　清光緒二十三年(1897)湖南新學書局刻本　十四冊

110000－0102－0011729　丙二/3955　史部/

傳記類/人表

光緒癸巳科科試紅案 （清）□□編　清光緒十九年(1893)刻本　一冊

110000－0102－0011730　丙二/3956　史部/傳記類/人表

癸酉科選十八省拔貢同年全錄 （清）□□編　清同治十二年(1873)會遠齋刻本　二冊

110000－0102－0011731　丙二/3958　史部/傳記類/人表

甲辰恩科會試同年全錄 （清）□□編　清光緒三十年(1904)刻本　一冊

110000－0102－0011732　丙二/3965　史部/別史、雜史類

國朝遺事紀聞 （清）湯殿三撰　清宣統二年(1910)民興報館鉛印劉村讀書記本　一冊

110000－0102－0011733　丙二/3966　史部/傳記類/人表

光緒十七年辛卯科湖北鄉試題名錄 （清）□□編　清光緒十七年(1891)刻本　一冊

110000－0102－0011734　丙二/3970　史部/地理類/方志/地方志

[乾隆]祥符縣志二十四卷 （清）張淑戴修　清乾隆四年(1739)刻本　一冊

110000－0102－0011735　丙二/3977　史部/政書類/邦交/其它

禁煙進行文字錄 （美國）丁義華撰　清宣統三年(1911)天津萬國改良會鉛印改良會叢書本　一冊

110000－0102－0011736　丙二/3980　史部/政書類/詔令奏議

御選詔疏鈔 （□）□□輯　清中期抄本　一冊

110000－0102－0011737　丙二/3982　子部/雜誌類

員警彙報 （清）員警書報局編　清光緒三十三年(1907)天津官書總局鉛印本　六冊

110000－0102－0011738　丙二/3984　史部/

別史、雜史類

金源紀事詩八卷　（清）湯運泰撰　清同治十二年(1873)淮南書局刻本　四冊

110000－0102－0011739　丙二/3988　史部/傳記類/人表

浙江鄉試同年齒錄　（清）□□編　清光緒二十年(1894)刻本　四冊

110000－0102－0011740　丙二/3991　史部/政書類/邦計/理財

現定直隸等十六省軍費政費按照辛亥預算歲入應餘銀數概算書　（清）□□編　清宣統三年(1911)鉛印本　一冊

110000－0102－0011741　丙二/3993　史部/政書類/法令/章例

資政院農工商部奏議決運送章程　（清）□□編　清宣統二年(1910)京師商務總會石印本　一冊

110000－0102－0011742　丙二/4000　史部/別史、雜史類

庚辛泣杭錄十六卷　（清）丁丙輯　清光緒二十一年(1895)錢塘丁氏刻本　六冊

110000－0102－0011743　丙二/4001　史部/政書類/邦計/鹽政

淮鹺備要十卷　（清）李澄輯　清道光三年(1823)刻本　一冊

110000－0102－0011744　丙二/4018　集部/別集類/清

王壯武公遺集二十四卷　（清）王鑫撰　清刻本　十四冊

110000－0102－0011745　丙二/4029　史部/地理類/山川/山

泰山志二十卷　（清）金榮撰　清嘉慶六年(1801)刻本　十冊

110000－0102－0011746　丙二/4030　史部/傳記類/總傳/專錄

聖域述聞二十八卷　（清）黃本驥輯　清道光二十七年(1847)知敬學齋刻本　六冊

110000－0102－0011747　丙二/4040　史部/政書類

柏垣瑣志　（清）李佳撰　清光緒二十九年(1903)刻本　一冊

110000－0102－0011748　丙二/4042　史部/傳記類/人表

浙江鄉試題名錄　（清）□□編　清光緒二十八年(1902)刻本　一冊

110000－0102－0011749　丙二/4043　史部/傳記類/人表

兩浙科名續錄　（清）□□編　清抄本　二冊

110000－0102－0011750　丙二/4044　史部/傳記類/人表

廣西鄉試錄　（清）檀璣撰　清光緒十一年(1885)刻本　一冊

110000－0102－0011751　丙二/4045　史部/傳記類/人表

浙江鄉試錄　（清）□□編　清咸豐五年(1855)刻本　一冊

110000－0102－0011752　丙二/4046　史部/傳記類/人表

浙江鄉試題名錄　（清）□□編　清嘉慶二十四年(1819)刻本　一冊

110000－0102－0011753　丙二/4047　史部/傳記類/人表

浙江鄉試錄　（清）□□編　清道光二十九年(1849)刻本　一冊

110000－0102－0011754　丙二/4048　史部/傳記類/人表

秦晉鄉試同闈錄　（清）□□編　清光緒刻本　一冊

110000－0102－0011755　丙二/4050　史部/地理類/方志/地方志

[乾隆]咸陽縣志二十二卷首一卷　（清）臧應桐纂修　[道光]續修咸陽縣志　（清）陳堯書纂　清道光十六年(1836)增刻本　四冊

110000－0102－0011756　丙二/4051　史部/

傳記類/人表

國朝慈谿科名備覽 馮清模輯 清光緒抄本
一冊

110000－0102－0011757 丙二/4055 史部/
地理類/方志/地方志/河北

[光緒]鉅鹿縣志十二卷首一卷 （清）凌燮等
重修 清光緒十二年(1886)刻本 六冊

110000－0102－0011758 丙二/4068 子部/
儒家類

校邠廬抗議二卷 （清）馮桂芬撰 清光緒二
十三年(1897)弢園老民鉛印本 二冊

110000－0102－0011759 丙二/4069 史部/
傳記類/人表

浙江武鄉試錄 （清）□□編 清光緒十九年
(1893)刻本 一冊

110000－0102－0011760 丙二/4070 史部/
傳記類/人表

浙江武鄉試題名錄 （清）□□編 清光緒十
七年(1891)刻本 一冊

110000－0102－0011761 丙二/4071 史部/
政書類/法令/章例

提牢備考四卷 （清）趙舒翹輯 清光緒十九
年(1893)刻本 二冊

110000－0102－0011762 丙二/4072 史部/
政書類/詔令奏議/奏議

奏稿 （清）□□撰 清光緒抄本 十一冊

110000－0102－0011763 丙二/4074 子部/
天文地理類/曆法

大清光緒年間時憲書 （清）欽天監編 清光
緒十二年至十七年(1886－1891)刻本 三冊
　　存光緒十三至十四、十八年

110000－0102－0011764 丙二/4075 子部/
天文地理類/曆法

大清光緒年間七政經緯躔度時憲書 （清）
□□編 清光緒十八年至三十四年(1892－
1908)刻本 四冊 存光緒十八、二十七、二
十九年至宣統元年

110000－0102－0011765 丙二/4076 史部/
傳記類/年譜

孔子編年四卷 （清）狄子奇編 清光緒十三
年(1887)浙江書局刻本 二冊

110000－0102－0011766 丙二/4077 史部/
政書類/詔令奏議/奏議

江楚會奏變法摺 （清）劉坤一 （清）張之洞
合撰 清光緒二十七年(1901)兩湖書院刻本
一冊

110000－0102－0011767 丙二/4086 史部/
傳記類/別傳

漢書疏證司馬相如傳 （清）沈欽韓撰 清抄
本 一冊

110000－0102－0011768 丙二/4090 史部/
傳記類/總傳/專錄/藝術

國朝畫家書小傳 葉銘輯 清宣統元年
(1909)西泠印社鉛印本 一冊

110000－0102－0011769 丙二/4125 史部/
紀事本末類/斷代

金史紀事本末五十二卷 （清）李有棠編 清
光緒二十八年(1902)上海著易堂書局鉛印本
四冊

110000－0102－0011770 丙二/4126 史部/
紀事本末類/斷代

明史紀事本末八十卷 （清）谷應泰編 清光
緒十四年(1888)崇德堂鉛印本 八冊

110000－0102－0011771 丙二/4129 史部/
編年類/通代

御批歷代通鑑輯覽一百二十卷 （清）傅恆等
纂 清末民國鉛印本 三十八冊

110000－0102－0011772 丙二/4130 史部/
編年類/通代

御批歷代通鑑輯覽一百二十卷 （清）傅恆等
纂 清光緒三十二年(1906)上海錦章書局石
印本 二十八冊

110000－0102－0011773 丙二/4131 史部/
紀事本末類/通代

通鑑紀事本末二百三十九卷 （宋）袁樞撰

清光緒十四年（1888）崇德堂鉛印本　二十四冊

110000－0102－0011774　丙二/4133　史部/紀事本末類/斷代

三藩紀事本末二十二卷　（清）楊陸榮編　清光緒十四年(1888)崇德堂鉛印本　一冊

110000－0102－0011775　丙二/4134　史部/紀事本末類/斷代

遼史紀事本末四十卷　（清）李有棠撰　清光緒二十八年(1902)著易堂書局鉛印本　二冊

110000－0102－0011776　丙二/4135　史部/紀事本末類/斷代

西夏紀事本末　（清）張鑑春撰　清光緒十四年(1888)鉛印本　二冊

110000－0102－0011777　丙二/4136　史部/紀事本末類/斷代

宋史紀事本末一百〇九卷　（明）馮琦原編（明）陳邦瞻增訂　清光緒十四年(1888)崇德堂鉛印本　八冊

110000－0102－0011778　丙二/4137　史部/紀事本末類/斷代

左傳紀事本末五十三卷　（清）高琦編　清光緒十四年(1888)崇德堂鉛印本　五冊

110000－0102－0011779　丙二/4141　史部/紀傳類/斷代

前漢書一百二十卷　（漢）班固撰　清同治八年(1869)嶺南菉古堂刻本　四十冊

110000－0102－0011780　丙二/4142　史部/紀傳類/斷代

後漢書一百二十卷　（南朝宋）范曄撰　清同治八年(1869)嶺南菉古堂刻本　二十九冊

110000－0102－0011781　丙二/4146　史部/紀傳類/斷代

南齊書五十九卷　（南朝梁）蕭子顯撰　清同治八年(1869)嶺南菉古堂刻本　十一冊

110000－0102－0011782　丙二/4147　史部/紀傳類/斷代

梁書五十六卷　（唐）姚思廉撰　清同治八年(1869)嶺南菉古堂刻本　十冊

110000－0102－0011783　丙二/4150　史部/紀傳類/斷代

北齊書五十卷　（隋）李百藥撰　清同治八年(1869)嶺南菉古堂刻本　八冊

110000－0102－0011784　丙二/4151　史部/紀傳類/斷代

周書五十卷　（唐）令狐德棻撰　清同治八年(1869)嶺南菉古堂刻本　八冊

110000－0102－0011785　丙二/4152　史部/紀傳類/斷代

隋書八十五卷　（唐）魏徵等撰　清同治八年(1869)嶺南菉古堂刻本　二十一冊

110000－0102－0011786　丙二/4156　史部/紀傳類/斷代

新唐書二百五十五卷　（宋）歐陽修等撰　清同治十二年(1873)浙江書局刻本　四十冊

110000－0102－0011787　丙二/4160　史部/紀傳類/斷代

遼史一百十六卷　（元）脱脱等修　清同治八年(1869)嶺南菉古堂刻本　二十冊

110000－0102－0011788　丙二/4164　史部/紀傳類/通代

五代史注七十四卷　（清）彭元瑞注　清道光八年(1828)修養堂刻本　四十冊

110000－0102－0011789　丙二/4165　史部/紀傳類/斷代

三史國語解四十六卷　（清）高宗弘曆敕撰　清光緒四年(1878)江蘇書局刻本　十冊

110000－0102－0011790　丙二/4166　史部/紀傳類/斷代

三史國語解四十六卷　（清）高宗弘曆敕撰　清光緒四年(1878)江蘇書局刻本　十冊

110000－0102－0011791　丙二/4167　史部/史評類/考訂

廿二史劄記三十七卷　（清）趙翼撰　清光緒

二十年(1894)廣雅書局刻本　十冊

110000－0102－0011792　丙二/4171　史部/編年類

續資治通鑑長編拾補六十卷　（清）譚鐘麟等輯　清光緒七年(1881)浙江書局刻本　十六冊

110000－0102－0011793　丙二/4172　史部/紀事本末類/斷代

遼史紀事本末四十卷　（清）李有棠撰　清光緒二十六年(1900)廣雅書局刻本　四冊

110000－0102－0011794　丙二/4173　史部/編年類/斷代

中興小記四十卷　（宋）熊克撰　清光緒十七年(1891)廣雅書局刻本　六冊

110000－0102－0011795　丙二/4177　史部/史表類

南北史表七卷　（清）周嘉猷撰　清光緒十八年(1892)廣雅書局刻本　四冊

110000－0102－0011796　丙二/4178　史部/紀事本末類/斷代

金史紀事本末五十二卷　（清）李有棠編　清光緒二十七年(1901)廣雅書局刻本　六冊

110000－0102－0011797　丙二/4179　史部/別史、雜史類

遼史拾遺二十四卷　（清）厲鶚等撰　清光緒元年(1875)江蘇書局刻本　十冊

110000－0102－0011798　丙二/4181　史部/史評類/考訂

廿二史劄記三十七卷　（清）趙翼撰　清嘉慶五年(1800)湛貽堂刻本　十二冊

110000－0102－0011799　丙二/4182　史部/編年類/通代

資治通鑑綱目三編四十卷　（清）舒赫德等纂　清同治十一年(1872)江西書局刻本　十二冊

110000－0102－0011800　丙二/4183　史部/紀事本末類

山東軍興紀略二十二卷　（清）張曜撰　清光緒五年(1879)上海申報館刻本　十冊

110000－0102－0011801　丙二/4186　史部/編年類/斷代

東華續錄　（清）朱壽朋編　清宣統元年(1909)上海集成圖書公司鉛印本　六十四冊

110000－0102－0011802　丙二/4187　史部/編年類

十一朝東華錄詳解　（清）鄔樹庭編　清光緒二十六年(1900)上海東文學堂石印本　六冊

110000－0102－0011803　丙二/4188　史部/紀事本末類/斷代

宋史紀事本末一百〇九卷　（明）陳邦瞻等編　清同治十三年(1874)江西書局刻本　二十冊

110000－0102－0011804　丙二/4190　史部/紀事本末類/通代

通鑑長編紀事本末一百五十卷　（宋）楊仲良撰　清光緒十九年(1893)廣雅書局刻本　二十四冊

110000－0102－0011805　丙二/4191　史部/編年類/通代

通鑑纂要九十二卷　（明）李東陽等纂　清光緒二十三年(1897)廣雅書局刻本　四十八冊

110000－0102－0011806　丙二/4192　史部/編年類/通代

通鑑纂要九十二卷　（明）李東陽等纂　清光緒二十三年(1897)廣雅書局刻本　四十五冊

110000－0102－0011807　丙二/4196　史部/紀事本末類/斷代

三朝北盟會編二百五十卷　（宋）徐夢莘編　清光緒四年(1878)越東鉛印本　四十冊

110000－0102－0011808　丙二/4198　史部/編年類/通代

通鑑後編一百八十四卷　（清）徐乾學編　清同治至光緒富陽夏氏刻本　四十八冊

110000－0102－0011809　丙二/4199　史部/

編年類/通代

續資治通鑑長編五百二十卷　（宋）李燾撰
清光緒七年（1881）浙江書局刻本　一百二十冊

110000－0102－0011810　丙二/4209　史部/
紀傳類/斷代

續唐書七十卷　（清）陳鱣撰　清光緒二十一年（1895）廣雅書局刻本　六冊

110000－0102－0011811　丙二/4210　史部/
別史、雜史類

臧榮緒晉書三十六卷　（清）湯球輯　清光緒廣雅書局刻本　六冊

110000－0102－0011812　丙二/4213　史部/
別史、雜史類

柔遠記二十卷　（清）王之春輯　清光緒十七年（1891）廣雅書局刻本　六冊

110000－0102－0011813　丙二/4214　史部/
紀傳類/斷代

續後漢書　（宋）蕭常等撰　清道光二十一年（1841）刻宣稼堂叢書本　三十二冊

110000－0102－0011814　丙二/4216　史部/
紀傳類/斷代

西魏書二十四卷附錄一卷　（清）謝啟昆撰
清光緒十八年（1892）繆氏小岵山館刻本
六冊

110000－0102－0011815　丙二/4217　史部/
別史、雜史類

湘軍記二十卷　（清）王定安撰　清光緒十五年（1889）江南書局刻本　八冊

110000－0102－0011816　丙二/4218　史部/
別史、雜史類

湘軍記二十卷　（清）王定安撰　清光緒十五年（1889）江南書局刻本　十二冊

110000－0102－0011817　丙二/4219　史部/
紀事本末類/斷代

金史詳校十卷　（清）施國祁撰　清光緒三十年（1904）廣雅書局刻本　十冊

110000－0102－0011818　丙二/4220　史部/
外國史類

萬國通史續編　（英國）李思倫輯譯　（清）曹曾涵編　清光緒三十年（1904）上海廣學會鉛印本　十冊

110000－0102－0011819　丙二/4222　史部/
別史、雜史類

七家後漢書　（清）汪文臺輯　清光緒八年（1882）刻本　六冊

110000－0102－0011820　丙二/4223　史部/
編年類/斷代

周季編略九卷　（清）黃式三撰　清同治十二年（1873）浙江書局刻儆居遺書本　四冊

110000－0102－0011821　丙二/4225　史部/
史表類

甲子紀元表　（清）董醇輯　清光緒十年（1884）錢氏刻本　一冊

110000－0102－0011822　丙二/4226　史部/
傳記類/總傳/專錄/儒林

重纂三遷志十卷首一卷　（清）張曜等重纂
清光緒十三年（1887）山東書局刻　六冊

110000－0102－0011823　丙二/4227　史部/
別史、雜史類

國語正義二十一卷　（清）董增齡撰　清光緒六年（1880）章氏式訓堂刻本　八冊

110000－0102－0011824　丙二/4228　史部/
編年類/通代

資治通鑑　（宋）司馬光撰　清光緒十七年（1891）刻本　一百二十八冊

110000－0102－0011825　丙二/4229　史部/
編年類/斷代

明紀六十卷　（清）陳鶴纂　清同治十年（1871）江蘇書局刻本　二十冊

110000－0102－0011826　丙二/4230　史部/
史表類

補歷代史表五十三卷　（清）萬斯同撰　清嘉慶留香閣刻本　八冊

110000－0102－0011827　丙二/4231　史部/編年類/通代

通鑑後編校勘記十五卷　（清）夏振武撰　清光緒二十四年(1898)浙江書局刻本　四冊

110000－0102－0011828　丙二/4232　史部/別史、雜史類

戰國策釋地二卷　（清）張琦撰　清光緒二十六年(1900)廣雅書局刻本　一冊

110000－0102－0011829　丙二/4233　史部/別史、雜史類

國語翼解六卷　（清）陳琢撰　清光緒十八年(1892)廣雅書局刻本　二冊

110000－0102－0011830　丙二/4234　史部/紀傳類/斷代

兩漢書辨疑三十三卷　（清）錢大昭撰　清光緒十三年(1887)廣雅書局刻本　七冊

110000－0102－0011831　丙二/4235　史部/紀傳類/斷代

遼史拾遺補五卷　（清）楊復吉輯　清光緒三年(1877)江蘇書局刻本　二冊

110000－0102－0011832　丙二/4236　史部/別史、雜史類

剡川姚氏本戰國策三十三卷　（漢）高誘注（宋）姚宏補注　清同治八年(1869)湖北崇文書局刻本　五冊

110000－0102－0011833　丙二/4237　史部/別史、雜史類

剡川姚氏本戰國策三十三卷　（漢）高誘注（漢）姚宏補注　清同治八年(1869)湖北崇文書局刻本　五冊

110000－0102－0011834　丙二/4240　史部/史評類/考訂

諸史拾遺五卷　（清）錢大昕撰　清光緒十七年(1891)廣雅書局刻本　一冊

110000－0102－0011835　丙二/4241　史部/史評類/考訂

三史拾遺五卷　（清）錢大昕撰　清光緒十七年(1891)廣雅書局刻本　一冊

110000－0102－0011836　丙二/4242　史部/別史、雜史類

國語二十六卷　（三國吳）韋昭注　清嘉慶五年(1800)刻本　五冊

110000－0102－0011837　丙二/4243　史部/別史、雜史類

天聖明道本國語二十一卷　（三國吳）韋昭注解　清光緒三年(1877)成都尊經書院刻本　五冊

110000－0102－0011838　丙二/4244　史部/編年類/通代

竹書紀年統箋十二卷　（南朝梁）沈約注（清）徐文靖補箋　清光緒三年(1877)浙江書局刻本　四冊

110000－0102－0011839　丙二/4245　史部/編年類

通鑑綱目一百十卷　（宋）司馬光撰　（宋）朱熹集注　清同治三年(1864)漁古山房刻本　一百二十冊

110000－0102－0011840　丙二/4247　史部/編年類

建炎以來繫年要錄二百卷　（宋）李心傳撰　清光緒二十六年(1900)廣雅書局刻本　四十六冊

110000－0102－0011841　丙二/4249　史部/編年類

通鑑外紀十五卷　（宋）劉恕編　清同治十年(1871)江蘇書局刻本　十冊

110000－0102－0011842　丙二/4250　史部/編年類/通代

資治通鑑考異三十卷　（宋）司馬光撰　清光緒十九年(1893)廣雅書局刻本　十冊

110000－0102－0011843　丙二/4251　史部/編年類/斷代

明通鑑九十六卷首一卷　（清）夏燮編　清光緒二十三年(1897)湖北書局刻本　四十冊

110000－0102－0011844　丙二/4252　史部/別史、雜史類

路史四十七卷　（宋）羅泌纂　清同治四年(1865)紅杏山房刻本　十六冊

110000－0102－0011845　丙二/4254　史部/編年類/通代

綱鑑正史約三十六卷　（明）顧錫疇撰　（清）陳弘謀增訂　清同治八年(1869)浙江書局刻本　二十冊

110000－0102－0011846　丙二/4255　史部/史表類

歷代帝王年表四卷　（清）齊召南編　清光緒二十年(1894)桂垣書局刻本　四冊

110000－0102－0011847　丙二/4257　史部/紀傳類/斷代

南天痕二十六卷　（清）凌雪纂　清宣統二年(1910)上海新學會社鉛印本　六冊

110000－0102－0011848　丙二/4258　史部/編年類/通代

通鑑綱目分注補遺四卷　（清）芮長恤撰　清光緒十六年(1890)繆氏小岯山館刻本　四冊

110000－0102－0011849　丙二/4260　史部/別史、雜史類

戰國策三十三卷　（漢）高誘注　（宋）姚宏補注　清宣統元年(1909)鴻寶齋石印本　五冊

110000－0102－0011850　丙二/4266　史部/傳記類/總傳/專錄/仕宦

中興名臣事略八卷　（清）朱孔璋撰　清光緒二十四年(1898)鉛印本　四冊

110000－0102－0011851　丙二/4269　叢部/彙編叢書/清中晚期

荊駝逸史　（清）陳湖逸士編　清宣統三年(1911)中國圖書館石印本　十六冊

110000－0102－0011852　丙二/4270　叢部/彙編叢書/清中晚期

荊駝逸史　（清）陳湖逸士編　清宣統三年(1911)中國圖書館石印本　十六冊

110000－0102－0011853　丙二/4274　史部/編年類

綱鑑擇語十卷　（清）司徒修輯　清光緒二十四年(1898)上海書局石印本　六冊

110000－0102－0011854　丙二/4283　史部/傳記類/總傳/專錄/儒林

明儒學案六十二卷　（清）黃宗羲輯　（清）莫晉等校　清光緒十四年(1888)江西南昌學院刻本　二十四冊

110000－0102－0011855　丙二/4284　史部/傳記類/總傳/專錄/儒林

明儒學案六十二卷　（清）黃宗羲輯　（清）莫晉等校　清光緒十四年(1888)江西南昌學院刻本　十九冊

110000－0102－0011856　丙二/4285　史部/傳記類/總傳/專錄/列女

新編古列女傳八卷　（漢）劉向撰　（晉）顧愷之繪圖　清道光二十五年(1845)阮氏影撫刻本　四冊

110000－0102－0011857　丙二/4287　史部/地理類/專志/祠廟

嶽廟志略十卷首一卷　（清）馮培編　清光緒五年(1879)浙江書局刻本　四冊

110000－0102－0011858　丙二/4289　史部/傳記類/總傳/通錄/地方

金陵通傳四十九卷　（清）陳作霖撰　清光緒三十年(1904)瑞華館刻本　十冊

110000－0102－0011859　丙二/4290　史部/傳記類/總傳/專錄/儒林

文獻徵存錄十卷　（清）錢林編　清咸豐八年(1858)有嘉樹軒刻本　十二冊

110000－0102－0011860　丙二/4291　史部/別史、雜史類

蒙古源流考八卷　（清）高宗弘曆敕撰　清末刻本　四冊

110000－0102－0011861　丙二/4294　史部/傳記類/總傳/專錄/仕宦

忠武志　（清）張鵬翮編　清嘉慶十九年(1814)周氏刻本　四冊

110000－0102－0011862　丙二/4297　史部/
傳記類/總傳/專錄/仕宦

歷代名臣傳三十五卷首一卷　（清）朱軾等纂
清江蘇書局刻本　二十二冊

110000－0102－0011863　丙二/4298　史部/
載記類

十六國春秋輯補一百卷　（清）湯球輯　清光
緒二十年(1894)廣雅書局刻本　十冊

110000－0102－0011864　丙二/4299　史部/
政書類/職官/官制

三國職官表三卷　（清）洪飴孫撰　清光緒十
七年(1891)廣雅書局刻本　三冊

110000－0102－0011865　丙二/4300　史部/
紀傳類/斷代

舊唐史逸文十二卷　（清）岑建功輯　清同治
十一年(1872)定遠方氏刻本　二冊

110000－0102－0011866　丙二/4301　史部/
載記類

十六國春秋纂錄十卷　（清）湯球輯　清光緒
三十一年(1905)廣雅書局刻本　二冊

110000－0102－0011867　丙二/4303　史部/
史評類/考訂

諸史考異十八卷　（清）洪頤煊撰　清光緒五
年(1879)廣雅書局刻本　三冊

110000－0102－0011868　丙二/4304　史部/
紀傳類/通代

史記索隱三十卷　（唐）司馬貞撰　清光緒十
九年(1893)廣雅書局刻本　四冊

110000－0102－0011869　丙二/4305　史部/
紀傳類/斷代

南北史補志十四卷　（清）汪士鐸撰　清光緒
四年(1878)淮南書局刻本　八冊

110000－0102－0011870　丙二/4306　史部/
傳記類/總傳/專錄/其它

碑傳集一百六十卷　（清）錢儀吉撰　清道光
六年(1826)江蘇書局刻本　六十冊

110000－0102－0011871　丙二/4307　史部/
紀傳類/斷代

兩漢疏證六十六卷　（清）沈欽韓撰　清光緒
二十六年(1900)浙江官書局刻本　四十冊

110000－0102－0011872　丙二/4308　史部/
紀傳類/斷代

後漢書補注三十四卷　（清）惠棟撰　清光緒
二十年(1894)廣雅書局刻本　十二冊

110000－0102－0011873　丙二/4309　史部/
傳記類/圖贊

聖諭像解二十卷　（清）梁延年輯　清光緒十
三年(1887)寶善堂刻本　十冊

110000－0102－0011874　丙二/4311　史部/
紀傳類/斷代

三國志旁證三十卷　（清）梁章鉅撰　清光緒
十六年(1890)廣雅書局刻本　六冊

110000－0102－0011875　丙二/4312　史部/
紀傳類/斷代

三國志注補六十五卷　（清）趙一清撰　清光
緒廣雅書局刻本　十冊

110000－0102－0011876　丙二/4313　史部/
紀傳類/斷代

漢書注校補五十六卷　（清）周壽昌撰　清光
緒十七年(1891)廣雅書局刻本　十冊

110000－0102－0011877　丙二/4314　史部/
紀傳類/斷代

兩漢刊誤補遺十卷　（宋）吳仁傑撰　清同治
七年(1868)金陵書局木活字印本　二冊

110000－0102－0011878　丙二/4316　史部/
紀傳類/斷代

後漢書補表　（清）錢大昭撰　清光緒十七年
(1891)廣雅書局刻本　三冊

110000－0102－0011879　丙二/4317　史部/
政書類/詔令奏議/詔令

清九朝聖訓九百二十二卷　（清）高宗弘曆敕
撰　清光緒鉛印本　二百四十冊

110000－0102－0011880　丙二/4318　史部/
傳記類/總傳/通錄/地方

兩浙名賢錄六十二卷 （清）徐家梅撰 清光緒二十六年（1900）浙江書局刻本 六十二冊

110000-0102-0011881 丙二/4319 史部/傳記類/別傳

金陀粹編 （宋）岳珂編 清光緒九年（1883）浙江書局刻本 十二冊

110000-0102-0011882 丙二/4320 史部/史評類/考訂

新舊唐書互證二十卷 （清）趙紹祖撰 清光緒十七年（1891）廣雅書局刻本 四冊

110000-0102-0011883 丙二/4321 史部/政書類/詔令奏議

雍正諭旨 （清）世宗胤禛敕撰 清光緒浙江書局刻本 三十二冊

110000-0102-0011884 丙二/4323 史部/傳記類/總傳/專錄/仕宦

貳臣傳十二卷逆臣傳四卷 （清）國史館編 清京都琉璃廠半松居士刻本 十六冊

110000-0102-0011885 丙二/4324 史部/別史、雜史類

黃梨洲行朝錄六卷 （清）黃宗羲撰 清光緒三十四年（1908）上海國學保存會鉛印本 一冊

110000-0102-0011886 丙二/4325 史部/別史、雜史類

黃梨洲行朝錄六卷 （清）黃宗羲撰 清光緒三十四年（1908）上海國學保存會鉛印本 一冊

110000-0102-0011887 丙二/4326 史部/紀傳類/通代

史記探源八卷 （清）崔適撰 清宣統元年（1909）鉛印本 二冊

110000-0102-0011888 丙二/4327 史部/紀傳類/通代

史記探源八卷 （清）崔適撰 清宣統元年（1909）鉛印本 二冊

110000-0102-0011889 丙二/4328 史部/傳記類/別傳

孟子略傳 （清）王倫正編 清光緒三十二年（1906）啟文書局鉛印本 一冊

110000-0102-0011890 丙二/4329 史部/政書類/詔令奏議/奏議

奏摺體例輯要四卷 步翼鵬撰 清宣統元年（1909）石印本 二冊

110000-0102-0011891 丙二/4330 史部/紀傳類/斷代

晉書校文五卷 （清）丁國鈞輯 清光緒二十年（1894）錫山文苑閣鉛印常熟丁氏叢書本 二冊

110000-0102-0011892 丙二/4331 史部/傳記類/總傳/專錄/仕宦

崇禎五十宰相傳 （清）曹溶撰 清宣統三年（1911）上海國學扶輪社鉛印本 一冊

110000-0102-0011893 丙二/4334 史部/編年類/通代

史鑑節要便讀六卷 （清）鮑東里編 清同治十三年（1874）江蘇書局刻本 二冊

110000-0102-0011894 丙二/4336 史部/傳記類/總傳/專錄/事蹟

江西忠義錄六十卷首一卷 （清）沈葆禎等纂 清同治十二年（1873）江西書局刻本 四冊

110000-0102-0011895 丙二/4337 史部/紀傳類/通代

史記正譌 （清）王元啟撰 清光緒十六年（1890）廣雅書局刻本 一冊

110000-0102-0011896 丙二/4338 史部/紀傳類/通代

史記注補正 （清）方苞撰 清光緒二十年（1894）廣雅書局刻本 一冊

110000-0102-0011897 丙二/4339 史部/史總類/諸史總義

史漢駢枝 （清）成孺撰 清光緒十四年（1888）廣雅書局刻本 一冊

110000-0102-0011898 丙二/4340 史部/史表類

史表功比說 （清）張錫瑜撰　清光緒十三年(1887)廣雅書局刻本　一冊

110000 – 0102 – 0011899　丙二/4341　史部/紀傳類/通代

史記月表正譌 （清）王元啟撰　清光緒二十年(1894)廣雅書局刻本　一冊

110000 – 0102 – 0011900　丙二/4342　史部/紀傳類/通代

史記毛本正誤 （清）丁晏撰　清光緒十八年(1892)廣雅書局刻本　一冊

110000 – 0102 – 0011901　丙二/4343　子部/天文地理類/天文

史記天官書補目 （清）孫星衍撰　清光緒十三年(1887)廣雅書局刻本　一冊

110000 – 0102 – 0011902　丙二/4344　史部/紀傳類/斷代

三國志補注續 （清）侯康撰　清光緒十七年(1891)廣雅書局刻本　一冊

110000 – 0102 – 0011903　丙二/4345　史表類

三國紀年表 （清）周嘉猷撰　清光緒十七年(1891)廣雅書局刻本　一冊

110000 – 0102 – 0011904　丙二/4346　史部/紀傳類/斷代

三國志證聞三卷 （清）錢儀吉撰　清光緒十一年(1885)江蘇書局刻本　二冊

110000 – 0102 – 0011905　丙二/4347　史部/紀傳類/斷代

三國志辨疑三卷 （清）錢大昭撰　清光緒十五年(1889)廣雅書局刻本　一冊

110000 – 0102 – 0011906　丙二/4348　史部/紀傳類/斷代

三國志注證遺四卷 （清）周壽昌撰　清光緒十七年(1891)廣雅書局刻本　一冊

110000 – 0102 – 0011907　丙二/4349　史部/紀傳類/斷代

魏書校勘記 王先謙編　清光緒十七年

(1891)廣雅書局刻本　一冊

110000 – 0102 – 0011908　丙二/4350　史部/別史、雜史類

東都事略校記二卷 （清）錢綺撰　清宣統三年(1911)繆氏刻適園叢書本　二冊

110000 – 0102 – 0011909　丙二/4351　史部/編年類/斷代

干寶晉紀六卷 （清）湯球撰　清光緒十三年(1887)廣雅書局刻本　一冊

110000 – 0102 – 0011910　丙二/4352　史部/編年類

晉陽秋輯本 （清）湯球輯　清光緒十三年(1887)廣雅書局刻本　一冊

110000 – 0102 – 0011911　丙二/4353　史部/載記類

三十國春秋 （清）湯球輯　清光緒十三年(1887)廣雅書局刻本　一冊

110000 – 0102 – 0011912　丙二/4354　史部/史表類

五代紀年表 （清）周嘉猷撰　清光緒十七年(1891)廣雅書局刻本　一冊

110000 – 0102 – 0011913　丙二/4355　史部/史表類

元史氏族表三卷 （清）錢大昕撰　清光緒二十年(1894)廣雅書局刻本　二冊

110000 – 0102 – 0011914　丙二/4356　史部/史總類/諸史總義

晉宋書故 （清）郝懿行撰　清光緒十七年(1891)廣雅書局刻本　一冊

110000 – 0102 – 0011915　丙二/4357　史部/史總類/諸史總義

晉宋書故 （清）郝懿行撰　清光緒十七年(1891)廣雅書局刻本　一冊

110000 – 0102 – 0011916　丙二/4358　史部/紀傳類/斷代

晉書校勘記五卷 （清）周家祿撰　清光緒十四年(1888)廣雅書局刻本　一冊

110000－0102－0011917　丙二/4359　史部/紀傳類/斷代

晉書校勘記三卷 （清）勞格撰　清光緒十八年(1892)廣雅書局刻本　一冊

110000－0102－0011918　丙二/4360　子部/雜家類/雜考

讀書叢錄七卷 （清）洪頤煊撰　清光緒廣雅書局刻本　一冊

110000－0102－0011919　丙二/4361　史部/紀傳類/斷代

續漢書辨疑九卷 （清）錢大昭撰　清光緒十三年(1887)廣雅書局刻本　一冊

110000－0102－0011920　丙二/4362　史部/紀傳類/斷代

後漢書注補正八卷 （清）周壽昌撰　清光緒十七年(1891)廣雅書局刻本　一冊

110000－0102－0011921　丙二/4363　史部/紀傳類/斷代

後漢書注又補 （清）沈銘彝撰　清光緒十四年(1888)廣雅書局刻本　一冊

110000－0102－0011922　丙二/4364　史部/紀傳類/斷代

後漢書補注續 （清）侯康撰　清光緒十七年(1891)廣雅書局刻本　一冊

110000－0102－0011923　丙二/4365　史部/紀傳類/斷代

漢書西域傳補注二卷 （清）徐松撰　清光緒二十年(1894)廣雅書局刻本　一冊

110000－0102－0011924　丙二/4366　史部/紀傳類/斷代

兩漢書注攷證二卷 （清）何若瑤撰　清光緒二十年(1894)廣雅書局刻本　一冊

110000－0102－0011925　丙二/4367　史部/編年類

通鑑校勘記七卷 （清）張瑛撰　清光緒八年(1882)江蘇書局刻本　二冊

110000－0102－0011926　丙二/4368　史部/傳記類/總傳/專錄/儒林

歷代名儒傳四卷 （清）朱軾等編　清末抄本　二冊

110000－0102－0011927　丙二/4369　史部/地理類/外紀

世界統計年鑑 謝蔭昌編譯　清宣統元年(1909)奉天圖書館鉛印本　一冊

110000－0102－0011928　丙二/4370　史部/紀傳類/斷代

三國志攷證八卷 （清）潘眉撰　清光緒十五年(1889)廣雅書局刻本　二冊

110000－0102－0011929　丙二/4371　史部/傳記類/總傳/專錄/仕宦

滿洲名臣傳四十八卷漢名臣傳三十二卷 （清）□□輯　清末刻本　八十冊

110000－0102－0011930　丙二/4372　史部/地理類/雜記

朔方備乘六十八卷 （清）何秋濤撰　清光緒七年(1881)石印本　八冊

110000－0102－0011931　丙二/4373　史部/別史、雜史類

中西紀事二十四卷 （清）夏燮撰　清光緒十三年(1887)鉛印本　八冊

110000－0102－0011932　丙二/4375　史部/地理類/方志/地方志

[道光]廣東通志三百三十四卷 （清）阮元等修　（清）江藩等纂　清同治三年(1864)刻本　一百二十冊

110000－0102－0011933　丙二/4376　史部/地理類/總錄

讀史方輿紀要一百三十卷附四卷 （明）顧祖禹輯　清光緒五年(1879)蜀南薛氏家塾刻本　六十冊

110000－0102－0011934　丙二/4377　史部/地理類

楚漢諸侯疆域志三卷 （清）劉文淇撰　清光緒十五年(1889)廣雅書局刻本　一冊

110000－0102－0011935　丙二/4378　史部/
地理類

歷代地理沿革表四十六卷　（清）陳芳績編
清光緒二十一年（1895）廣雅書局刻本　十
五冊

110000－0102－0011936　丙二/4380　史部/
地理類/總錄

輿地紀勝二百卷　（宋）王象之撰　清道光二
十九年（1849）懼盈齋刻本　六十四冊

110000－0102－0011937　丙二/4381　史部/
地理類/方志/地方志

[嘉慶]**廣西通志二百八十卷首一卷**　（清）謝
啟昆等修　清光緒十七年（1891）桂垣書局刻
本　八十一冊

110000－0102－0011938　丙二/4383　史部/
地理類/方志/總志

新斠注地理志十六卷　（清）錢坫撰　清嘉慶
二年（1797）岑陽官舍刻本　八冊

110000－0102－0011939　丙二/4384　史部/
地理類/方志/地方志

光緒順天府志一百三十卷　（清）萬青藜等修
　（清）張之洞等纂　清光緒十年至十二年
（1884－1886）京都書局刻本　六十四冊

110000－0102－0011940　丙二/4385　史部/
地理類/方志/地方志

[光緒]**吉林通志一百二十二卷**　（清）長順等
修　（清）李桂林等纂　清光緒十七年（1891）
刻本　四十八冊

110000－0102－0011941　丙二/4387　史部/
地理類

皇朝藩部要略　（清）祁韻士纂　（清）毛嶽生
等編　清光緒十年（1884）浙江書局刻本
八冊

110000－0102－0011942　丙二/4388　史部/
地理類/方志/地方志

[光緒]**江西通志一百八十五卷**　（清）李文敏
等奉旨重修　（清）劉繹等纂　清光緒七年
（1881）江西書局刻本　一百二十冊

110000－0102－0011943　丙二/4389　史部/
政書類/詔令奏議/奏議

駱文忠公奏議十六卷　（清）駱秉章撰　清光
緒南海駱氏刻本　十六冊

110000－0102－0011944　丙二/4390　史部/
地理類/方志/地方志

[光緒]**天津府志五十四卷首一卷**　（清）蔡啟
盛等修　（清）沈家本等纂　清光緒二十五年
（1899）天津府署刻本　二十八冊

110000－0102－0011945　丙二/4393　史部/
地理類/方志/地方志

[宣統]**西安縣志畧二卷**　（清）段盛梓等纂
清宣統三年（1911）陝西西安縣志局石印本
二冊

110000－0102－0011946　丙二/4394　史部/
地理類/方志/地方志

[宣統]**西安縣志畧二卷**　（清）段盛梓等纂
清宣統三年（1911）陝西西安縣志局石印本
二冊

110000－0102－0011947　丙二/4395　史部/
地理類/方志/地方志

[咸淳]**臨安志一百卷**　（宋）潛說友撰　清道
光十年（1830）汪氏振綺堂刻本　二十四冊

110000－0102－0011948　丙二/4396　史部/
地理類/總錄

宋州郡志校勘記　（清）成孺撰　清光緒十四
年（1888）廣雅書局刻本　一冊

110000－0102－0011949　丙二/4398　史部/
地理類

補三國疆域志二卷　（清）洪亮吉撰　清光緒
十七年（1891）廣雅書局刻本　一冊

110000－0102－0011950　丙二/4399　史部/
地理類

東晉疆域志四卷　（清）洪亮吉撰　清光緒十
七年（1891）廣雅書局刻本　二冊

110000－0102－0011951　丙二/4401　史部/
地理類/方志/地方志

[乾隆]**新疆識略十二卷**　（清）松筠等纂　清

道光刻本　十冊

110000－0102－0011952　丙二/4404　史部/
地理類/方志/地方志

[元豐]吳郡圖經續記三卷　（宋）朱長文撰
清同治十二年(1873)江蘇書局刻本　一冊

110000－0102－0011953　丙二/4405　史部/
政書類/詔令奏議/奏議

王文敏公奏疏　（清）王懿榮撰　清宣統三年
(1911)江寧印刷廠鉛印本　一冊

110000－0102－0011954　丙二/4406　史部/
地理類/總錄

地理講義　姚明輝撰　清宣統元年(1909)湖
北武昌同等師範學校鉛印本　三冊

110000－0102－0011955　丙二/4407　史部/
地理類/方志

[淳熙]新安志十卷　（宋）羅願撰　清光緒十
四年(1888)黟邑李氏刻本　四冊

110000－0102－0011956　丙二/4410　史部/
地理類/雜記

金陵瑣志五種　（清）陳作霖編　清光緒十一
年(1885)治麗山房刻本　四冊

110000－0102－0011957　丙二/4411　史部/
地理類/總錄

元豐九域志十卷　（宋）王存等撰　清乾隆三
十九年(1774)刻武英殿聚珍版叢書本　六冊

110000－0102－0011958　丙二/4412　史部/
地理類/方志/地方志

元和郡縣志四十卷　（唐）李吉甫撰　清乾隆
北京武英殿木活字印本　十二冊

110000－0102－0011959　丙二/4414　史部/
地理類/方志/地方志

[光緒]湖南通志二百八十八卷　（清）李瀚章
等修　（清）曾國荃等纂　清光緒十一年
(1885)府學宮尊經閣刻本　一百六十五冊

110000－0102－0011960　丙二/4415　史部/
地理類/方志/地方志

[道光]福建通志二百七十八卷　（清）孫爾準

等修　（清）陳壽祺等纂　清同治七年(1868)
正誼書院刻本　一百四十冊

110000－0102－0011961　丙二/4416　史部/
地理類/雜記

華陽國志十二卷　（晉）常璩撰　清嘉慶十九
年(1814)題襟館刻本　四冊

110000－0102－0011962　丙二/4417　史部/
地理類/方志/地方志

[雍正]浙江通志二百八十卷首三卷　（清）李
衛等修　（清）傅王露等纂　清光緒二十五年
(1899)浙江書局刻本　一百二十冊

110000－0102－0011963　丙二/4419　史部/
政書類/法令

萬國公法　（美國）惠頓撰　（清）何師孟等譯
清光緒鉛印本　四冊

110000－0102－0011964　丙二/4420　史部/
政書類/法令

萬國公法　（美國）惠頓撰　（清）何師孟等譯
清光緒鉛印本　四冊

110000－0102－0011965　丙二/4421　史部/
地理類/水道/總錄

水經注四十卷　（北魏）酈道元撰　清武英殿
木活字印本　十二冊

110000－0102－0011966　丙二/4422　史部/
地理類/地圖、圖志

欽定皇輿西域圖志四十八卷首四卷　（清）傅
恆等撰　清光緒鉛印本　二十四冊

110000－0102－0011967　丙二/4423　史部/
地理類/水道/總錄

水經注圖及附錄二卷　（清）汪士鐸撰　清咸
豐十一年(1861)長沙張氏刻本　一冊

110000－0102－0011968　丙二/4425　史部/
地理類/外紀

瀛寰志略十卷　（清）徐繼畬著　清同治五年
(1866)總理衙門刻本　六冊

110000－0102－0011969　丙二/4427　史部/
地理類/地圖、圖志

皇朝中外一統輿圖 （清）胡林翼撰 （清）嚴樹森補訂 清同治二年（1863）湖北撫署景恆樓刻本 三十二冊

110000－0102－0011970 丙二/4428 史部/地理類/地圖、圖志

皇朝中外一統輿圖 （清）胡林翼撰 （清）嚴樹森補訂 清同治二年（1863）湖北撫署景恆樓刻本 十二冊

110000－0102－0011971 丙二/4429 史部/地理類/地圖、圖志

湖北輿地圖記二十四卷 （清）湖北輿圖局纂 清光緒二十年（1894）湖北輿圖書局刻本 二十四冊

110000－0102－0011972 丙二/4430 史部/地理類/地圖、圖志

浙江全省輿圖並水陸道里記 （清）宗源瀚等撰 清光緒二十年（1894）石印本 二十冊

110000－0102－0011973 丙二/4431 史部/地理類/地圖、圖志

江西全省輿圖十四卷首一卷 （清）劉坤一等撰編 清光緒二十二年（1896）江西官書局石印本 十四冊

110000－0102－0011974 丙二/4433 史部/地理類/外紀

印度剳記二卷 （清）黄楙材撰 清刻本 一冊

110000－0102－0011975 丙二/4434 史部/地理類/專志/陵墓

兩浙防護錄 （清）阮元撰 清光緒十五年（1889）浙江書局刻本 二冊

110000－0102－0011976 丙二/4435 史部/地理類/地圖、圖志

福建沿海圖說 （清）朱正元撰 清光緒二十八年（1902）鉛印本 一冊

110000－0102－0011977 丙二/4436 史部/地理類/地圖、圖志

浙江沿海圖說 （清）朱正元撰 清光緒二十五年（1899）鉛印本 一冊

110000－0102－0011978 丙二/4437 史部/地理類/地圖、圖志

江蘇沿海圖說 （清）朱正元撰 清光緒二十五年（1899）鉛印本 一冊

110000－0102－0011979 丙二/4438 史部/地理類/地圖、圖志

廣東海圖說 （清）張之洞撰 清光緒十五年（1889）廣雅書局刻本 一冊

110000－0102－0011980 丙二/4439 史部/紀傳類/斷代

漢志水道疏證四卷 （清）洪頤煊撰 清光緒十八年（1892）廣雅書局刻本 一冊

110000－0102－0011981 丙二/4440 史部/地理類/雜記

吉林外記十卷 （清）薩英額輯 清光緒二十六年（1900）廣雅書局刻本 二冊

110000－0102－0011982 丙二/4441 子部/法家類

洗冤錄集證四卷 （宋）宋慈撰 （清）阮其新編 清光緒十七年（1891）江蘇書局刻本 五冊

110000－0102－0011983 丙二/4442 史部/紀傳類/斷代

補晉兵志一卷 （清）錢儀吉撰 清光緒十七年（1891）廣雅書局刻本 一冊

110000－0102－0011984 丙二/4443 史部/紀傳類/斷代

補宋書刑法食貨志一卷 （清）郝懿行撰 清光緒十七年（1891）廣雅書局刻本 一冊

110000－0102－0011985 丙二/4444 史部/地理類/遊記/遊各國

西輶日記四卷 （清）黄楙材撰 清光緒十二年（1886）夢花軒刻本 二冊

110000－0102－0011986 丙二/4445 史部/地理類/總錄

東晉南北朝輿地表二十七卷 （清）徐文範撰 清光緒二十四年（1898）廣雅書局刻本 十冊

110000－0102－0011987　丙二/4446　史部/
政書類/軍政/防務

防海紀略二卷　（清）芍唐居士編　清光緒二
十一年(1895)同文館鉛印本　二冊

110000－0102－0011988　丙二/4447　史部/
政書類/軍政/防務

防海紀略二卷　（清）芍唐居士編　清光緒二
十一年(1895)同文館鉛印本　二冊

110000－0102－0011989　丙二/4450　史部/
地理類/雜記

黑龍江外記　（清）西清撰　清光緒二十六年
(1900)廣雅書局刻本　二冊

110000－0102－0011990　丙二/4451　史部/
政書類/邦計/荒政

籌濟編三十二卷　（清）楊景仁編　清道光六
年(1826)江蘇書局刻本　八冊

110000－0102－0011991　丙二/4452　史部/
地理類/水道/地方

浙西水利備攷　（清）王鳳生輯　清光緒四年
(1878)浙江書局刻本　四冊

110000－0102－0011992　丙二/4453　史部/
地理類

海國圖志一百卷　（清）魏源著　清光緒二年
(1876)平慶涇固道署刻本　二十四冊

110000－0102－0011993　丙二/4454　史部/
傳記類/總傳/專錄/事跡

國朝江西節孝錄八十七卷　（清）李文敏編
清光緒五年(1879)江西書局刻本　四十冊

110000－0102－0011994　丙二/4457　史部/
政書類

列國政要續編九十四卷　（清）戴鴻慈等輯
清光緒三十四年(1908)石印本　三十二冊

110000－0102－0011995　丙二/4458　史部/
政書類

列國政要續編九十四卷　（清）戴鴻慈等輯
清光緒三十四年(1908)石印本　三十二冊

110000－0102－0011996　丙二/4460　史部/

地理類/遊記/遊各國

八述奇二十卷　（清）張德彝撰　清光緒三十
四年(1908)譯學館石印本　二十冊

110000－0102－0011997　丙二/4461　史部/
政書類/軍政

杭州八旗志二十五卷　（清）張大昌輯　清光
緒十九年(1893)浙江書局刻本　六冊

110000－0102－0011998　丙二/4463　史部/
地理類/山川/川

西湖志四十八卷　（清）李衛等纂　清光緒四
年(1878)浙江書局刻本　十冊　缺十冊

110000－0102－0011999　丙二/4464　史部/
政書類/通制

西江政要一百三十二卷　（清）□□編　清嘉
慶至光緒間江西按察司衙門刻本　四十冊

110000－0102－0012000　丙二/4465　史部/
地理類/專志/古跡

滄浪小志二卷　（清）宋犖撰　清光緒十年
(1884)江蘇書局刻本　一冊

110000－0102－0012001　丙二/4466　史部/
地理類/專志/古跡

滄浪小志二卷　（清）宋犖撰　清光緒十年
(1884)江蘇書局刻本　一冊

110000－0102－0012002　丙二/4467　史部/
地理類/雜記

吳地記一卷附後集一卷　（唐）陸廣微撰　清
同治十二年(1873)江蘇書局刻本　一冊

110000－0102－0012003　丙二/4469　史部/
地理類/山川/川

西湖遊覽志二十四卷志餘二十六卷　（明）田
汝成撰　清光緒二十二年(1896)錢塘丁氏嘉
惠堂刻本　十六冊

110000－0102－0012004　丙二/4470　史部/
地理類/方志/地方志

金陵通紀十四卷　（清）陳作霖纂　清光緒三
十三年(1907)瑞華館刻本　一冊

110000－0102－0012005　丙二/4477　史部/

政書類/詔令奏議/奏議

林文忠公政書 （清）林則徐撰 （清）李元度編 清咸豐元年（1851）平江李氏刻本 十二冊

110000－0102－0012006 丙二/4478 史部/地理類/專志/古跡

九華紀勝二十三卷 （清）陳蔚撰 清道光元年（1821）梅緣書屋刻本 四冊

110000－0102－0012007 丙二/4481 史部/地理類/外紀

阿富汗土耳其斯坦志 （清）學部圖書局編 清光緒三十三年（1907）鉛印本 一冊

110000－0102－0012008 丙二/4482 史部/地理類/外紀

阿富汗土耳其斯坦志 （清）學部圖書局編 清光緒三十三年（1907）鉛印本 一冊

110000－0102－0012009 丙二/4483 史部/地理類/水道

五省溝洫圖說 （清）沈夢蘭編 清光緒六年（1880）江蘇書局刻本 一冊

110000－0102－0012010 丙二/4485 史部/地理類/外紀

印度志 （清）學部圖書局編 清光緒三十三年（1907）鉛印本 一冊

110000－0102－0012011 丙二/4486 史部/地理類/外紀

印度志 （清）學部圖書局編 清光緒三十三年（1907）鉛印本 一冊

110000－0102－0012012 丙二/4494 史部/地理類/遊記/清

鳳臺祇謁筆記 （清）董恂撰 清同治九年（1870）荻芬書局刻本 一冊

110000－0102－0012013 丙二/4495 子部/法家類

洗冤錄義證四卷歌訣一卷 （宋）宋慈撰 （清）剛毅編 清光緒十七年（1891）江蘇書局刻本 二冊

110000－0102－0012014 丙二/4497 史部/政書類/考工

迴瀾紀要 （清）徐端撰 清道光二十三年（1843）刻本 二冊

110000－0102－0012015 丙二/4498 史部/政書類/軍政/防務

防海新論 （德國）布里哈著 （美國）傅蘭雅 （清）華蘅芳合譯 清同治十二年（1873）江南製造總局刻本 六冊

110000－0102－0012016 丙二/4501 史部/地理類/專志/祠廟

吳山伍公廟志六卷首一卷 （清）金文淳等輯 清光緒二年（1876）浙江刻本 一冊

110000－0102－0012017 丙二/4502 史部/地理類/外紀

印度新志 （清）學部圖書局編 清光緒三十三年（1907）鉛印本 一冊

110000－0102－0012018 丙二/4503 史部/地理類/外紀

印度新志 （清）學部圖書局編 清光緒三十三年（1907）鉛印本 一冊

110000－0102－0012019 丙二/4505 史部/地理類/雜記

[乾隆]澳門紀略二卷 （清）印光任 （清）張汝霖撰 清光緒六年（1880）江寧藩署刻本 二冊

110000－0102－0012020 丙二/4506 史部/政書類/法令/律例

三流道里表 （清）弘晝等纂修 清同治十一年（1872）江蘇書局刻本 二冊

110000－0102－0012021 丙二/4507 史部/地理類/外紀

海國輿地釋名十卷首一卷 （清）陳士芑纂 清光緒二十八年（1902）清芬堂刻本 八冊

110000－0102－0012022 丙二/4508 史部/地理類/外紀

爪哇志蘇門答拉志 （清）學部圖書局編 清光緒三十三年（1907）鉛印本 一冊

110000－0102－0012023　丙二/4509　史部/地理類/外紀

爪哇志蘇門答拉志　(清)學部圖書局編　清光緒三十三年(1907)鉛印本　一冊

110000－0102－0012024　丙二/4510　史部/地理類/外紀

亞斐利加洲志　(清)學部編譯局編　清宣統元年(1909)學部圖書局鉛印本　一冊

110000－0102－0012025　丙二/4511　史部/地理類/外紀

亞斐利加洲志　(清)學部編譯局編　清宣統元年(1909)學部圖書局鉛印本　一冊

110000－0102－0012026　丙二/4512　史部/地理類/外紀

阿達曼群島志婆羅島志　(清)學部編譯局編　清光緒三十四年(1908)鉛印本　一冊

110000－0102－0012027　丙二/4515　史部/地理類/專志/書院

嵩陽書院志　(清)耿介編　清康熙二十三年(1684)麗澤堂刻本　四冊

110000－0102－0012028　丙二/4516　史部/地理類/雜記

蒙古遊牧記十六卷　(清)張穆撰　清光緒二十六年(1900)上海掃葉山房石印本　六冊

110000－0102－0012029　丙二/4521　史部/地理類/山川

湖山便覽十二卷　(清)翟灝輯　(清)王維翰重訂　清光緒元年(1875)王氏槐蔭堂刻本　六冊

110000－0102－0012030　丙二/4523　史部/外國史類

英民史記　(英國)葛爾雲撰　(英國)瑪林譯　(清)李玉書述　清光緒三十三年(1907)美華書館鉛印本　三冊

110000－0102－0012031　丙二/4527　史部/地理類/雜記

西藏通覽　(日本)山縣初男著　(清)吳季昌譯　清光緒三十四年(1908)成都文倫書局鉛印本　四冊

110000－0102－0012032　丙二/4530　史部/地理類/遊記

徐霞客遊記二十卷　(明)徐宏祖著　清光緒三十四年(1908)集成圖書公司鉛印本　八冊

110000－0102－0012033　丙二/4531　史部/地理類/地圖、圖志

中國江海險要圖志二十二卷首一卷　(清)陳壽彭譯　清光緒二十五年(1899)經世文社石印本　十五冊

110000－0102－0012034　丙二/4532　史部/政書類/通制

三通考輯要七十六卷　湯壽潛輯　清光緒二十五年(1899)鉛印本　三十冊

110000－0102－0012035　丙二/4533　史部/政書類/通制

欽定大清會典一百卷　(清)德宗載湉敕撰　清光緒二十五年(1899)石印本　三十六冊

110000－0102－0012036　丙二/4534　史部/政書類/通制

欽定大清會典一百卷　(清)德宗載湉敕撰　清光緒二十五年(1899)石印本　三十六冊

110000－0102－0012037　丙二/4535　史部/政書類/通制

欽定大清會典事例一千二百二十卷　(清)德宗載湉敕撰　清光緒十一年(1885)石印本　三百八十四冊

110000－0102－0012038　丙二/4536　史部/政書類/通制

欽定大清會典事例一千二百二十卷　(清)德宗載湉敕撰　清光緒十一年(1885)石印本　三百八十四冊

110000－0102－0012039　丙二/4537　史部/政書類/通制

欽定大清會典圖二百七十卷　(清)德宗載湉敕撰　清光緒二十五年(1899)石印本　七十四冊

110000－0102－0012040　丙二/4538　史部/政書類/通制

欽定大清會典圖二百七十卷　（清）德宗載湉敕撰　清光緒二十五年（1899）石印本　三十六冊　缺一百十八卷（二十一至一百三十八）

110000－0102－0012041　丙二/4539　史部/政書類/職官類

歷代官職表七十二卷　（清）紀昀等纂修　清光緒二十二年（1896）廣雅書局刻本　二十二冊

110000－0102－0012042　丙二/4540　史部/傳記類/雜錄

先聖生卒年月日考二卷　（清）孔廣牧編　清光緒四年（1878）浙江書局刻本　一冊

110000－0102－0012043　丙二/4542　史部/政書類/通制

明會要八十卷　（清）龍文彬撰　清光緒廣雅書局刻本　二十冊

110000－0102－0012044　丙二/4543　史部/政書類/通制

唐會要一百卷　（宋）王溥撰　清光緒刻本　二十八冊

110000－0102－0012045　丙二/4544　史部/政書類/通制

五代會要三十卷　（宋）王溥撰　清光緒二十一年（1895）刻本　六冊

110000－0102－0012046　丙二/4547　史部/政書類/詔令奏議/奏議

李文忠公奏議二十卷　（清）李鴻章撰　清同治四年（1865）石印本　二十冊

110000－0102－0012047　丙二/4548　史部/政書類/詔令奏議/奏議

皇清奏議六十八卷　（清）琴川居士編　清光緒二十八年（1902）雲間麗澤學會石印本　八冊

110000－0102－0012048　丙二/4551　史部/紀事本末類/斷代

元史紀事本末二十七卷　（明）陳邦瞻編　清光緒十四年（1888）崇德堂鉛印本　二冊

110000－0102－0012049　丙二/4552　史部/別史、雜史類

餘生錄　（明）張茂滋撰　清光緒三十四年（1908）上海國學保存會鉛印本　一冊

110000－0102－0012050　丙二/4553－1　史部/別史、雜史類

餘生錄　（明）張茂滋撰　清光緒三十四年（1908）上海國學保存會鉛印本　一冊

110000－0102－0012051　丙二/4553－2　史部/別史、雜史類

東江始末　（清）柏起宗撰　清光緒三十二年（1906）上海國學保存會鉛印本　一冊

110000－0102－0012052　丙二/4554　史部/別史、雜史類

東江始末　（清）柏起宗撰　清光緒三十二年（1906）上海國學保存會鉛印本　一冊

110000－0102－0012053　丙二/4555　史部/別史、雜史類

湖西遺事　（明）彭孫貽撰　清光緒三十二年（1906）上海國學保存會刻本　一冊

110000－0102－0012054　丙二/4556　史部/別史、雜史類

虔臺逸史　（明）彭孫貽撰　清光緒三十二年（1906）上海國學保存會鉛印本　一冊

110000－0102－0012055　丙二/4557　史部/別史、雜史類

虔臺逸史　（明）彭孫貽撰　清光緒三十二年（1906）上海國學保存會鉛印本　一冊

110000－0102－0012056　丙二/4558　史部/別史、雜史類

湖隱外史　（明）葉紹袁撰　清光緒三十三年（1907）上海國學保存會鉛印本　一冊

110000－0102－0012057　丙二/4559　史部/別史、雜史類

湖隱外史　（明）葉紹袁撰　清光緒三十三年（1907）上海國學保存會鉛印本　一冊

110000－0102－0012058　丙二/4561　史部/

別史、雜史類

刧灰錄 （明）馮甦撰　清光緒三十四年（1908）上海國學保存會鉛印本　一冊

110000－0102－0012059　丙二/4562　史部/別史、雜史類

復社紀略四卷 （明）陸世儀撰　清光緒三十四年（1908）上海國學保存會鉛印本　一冊

110000－0102－0012060　丙二/4563　史部/別史、雜史類

復社紀略四卷 （明）陸世儀撰　清光緒三十四年（1908）上海國學保存會鉛印本　一冊

110000－0102－0012061　丙二/4564　史部/地理類/雜記

留都見聞錄 （明）吳應箕撰　清光緒三十三年（1907）國學保存會鉛印本　一冊

110000－0102－0012062　丙二/4565　史部/地理類/雜記

留都見聞錄 （明）吳應箕撰　清光緒三十三年（1907）國學保存會鉛印本　一冊

110000－0102－0012063　丙二/4566　史部/地理類/遊記

嶺上紀行一卷 （清）彭孫貽著　清光緒三十二年（1906）國學保存會鉛印本　一冊

110000－0102－0012064　丙二/4567　史部/地理類/遊記

嶺上紀行一卷 （清）彭孫貽著　清光緒三十二年（1906）國學保存會鉛印本　一冊

110000－0102－0012065　丙二/4568　史部/傳記類/年譜

葉天寥自撰年譜 （明）葉紹袁撰　清光緒三十三年（1907）國學保存會鉛印本　一冊

110000－0102－0012066　丙二/4569　史部/傳記類/年譜

葉天寥自撰年譜 （明）葉紹袁撰　清光緒三十三年（1907）國學保存會鉛印本　一冊

110000－0102－0012067　丙二/4571　史部/史料類

隨軺筆記四卷 吳宗濂撰　清光緒二十八年（1902）壽宣室鉛印本　四冊

110000－0102－0012068　丙二/4572　史部/別史、雜史類

明季三朝野史四卷 （明）顧炎武編　清光緒三十四年（1908）上海大雪山房石印本　一冊

110000－0102－0012069　丙二/4574　子部/雜家類/雜述

說儲 （清）包世臣撰　清光緒二十九年（1903）國學保存會鉛印本　一冊

110000－0102－0012070　丙二/4576　史部/傳記類/年譜

李恕谷年譜 （清）馮辰編　清光緒三十四年（1908）國學保存會鉛印本　一冊

110000－0102－0012071　丙二/4577　史部/傳記類/年譜

李恕谷年譜 （清）馮辰編　清光緒三十四年（1908）國學保存會鉛印本　一冊

110000－0102－0012072　丙二/4580　史部/地理類/總錄

讀史方輿紀要一百三十卷 （明）顧祖禹輯　清光緒二十七年（1901）二林齋鉛印本　三十二冊

110000－0102－0012073　丙二/4581　史部/政書類/法令/律例

大清現行刑律案語 （清）沈家本等編　清宣統三年（1911）普政社鉛印本　二十冊

110000－0102－0012074　丙二/4582　史部/政書類/法令/律例

大清宣統新法令 商務印書館編　清宣統二年（1910）鉛印本　三十五冊　缺三冊

110000－0102－0012075　丙二/4583　史部/政書類/法令/律例

大清宣統新法令 商務印書館編　清宣統二年（1910）鉛印本　三十五冊　存二十八冊（一至二十五、三十三至三十五）

110000－0102－0012076　丙二/4584　史部/政書類/法令/律例

大清光緒宣統新法令 商務印書館編 清宣統二年(1910)鉛印本 二十一冊

110000－0102－0012077 丙二/4585 史部/政書類/法令/律例

大清光緒新法令 商務印書館編 清宣統元年(1909)鉛印本 二十冊

110000－0102－0012078 丙二/4586 史部/政書類/法令/律例

大清教育新法令 商務印書館編 清宣統二年(1910)鉛印本 八冊

110000－0102－0012079 丙二/4587 史部/政書類/邦計

續富國策四卷 (清)瑤林館主編 清光緒二十三年(1897)桂垣書局刻本 四冊

110000－0102－0012080 丙二/4588 史部/政書類/通制

皇朝文獻通考輯要二十六卷 (清)湯斌輯 清光緒刻本 十冊

110000－0102－0012081 丙二/4592 史部/政書類/法令/律例

大清現行刑律案語 (清)沈家本等編 清宣統元年(1909)法律館鉛印本 二十一冊

110000－0102－0012082 丙二/4593 史部/政書類/法令/律例

大清現行刑律案語 (清)沈家本等編 清宣統元年(1909)法律館鉛印本 二十冊

110000－0102－0012083 丙二/4594 史部/政書類/詔令奏議/奏議

胡端敏公奏議十卷 (明)胡世寧撰 清光緒十九年(1893)浙江書局刻本 四冊

110000－0102－0012084 丙二/4595 史部/別史、雜史類

南詔野史二卷 (明)楊慎輯 清光緒六年(1880)雲南書局刻本 二冊

110000－0102－0012085 丙二/4596 史部/傳記類/別傳

陸清獻公莅嘉遺跡三卷 (清)黃維玉編 清

同治六年(1867)上海道署刻本 一冊

110000－0102－0012086 丙二/4597 史部/傳記類/別傳

陸清獻公莅嘉遺跡三卷 (清)黃維玉編 清同治六年(1867)上海道署刻本 一冊

110000－0102－0012087 丙二/4598 史部/外國史類

萬國國力比較二十三卷 (英國)默爾化著 出洋學生編輯所譯 清光緒二十九年(1903)上海商務印書館鉛印本 六冊

110000－0102－0012088 丙二/4601 史部/傳記類/總傳/專錄/列女

賢母錄四卷 (清)黃本騏撰 清道光四年(1824)如嵩堂刻本 二冊

110000－0102－0012089 丙二/4603 史部/別史、雜史類

兩淮戡亂記 (清)張瑞墀撰 清宣統元年(1909)鉛印本 一冊

110000－0102－0012090 丙二/4606 史部/時令類

歲時廣記四十卷 (宋)陳元靓撰 清刻本 八冊

110000－0102－0012091 丙二/4607 史部/政書類/邦計/交通運輸

路政彙鈔四卷 (清)馮照輯 清光緒三十年(1904)四川官報書局鉛印本 四冊

110000－0102－0012092 丙二/4608 史部/政書類/法令/律例

五軍道里表 (清)常泰等纂 清同治十二年(1873)江蘇書局刻本 十八冊

110000－0102－0012093 丙二/4609 史部/傳記類/家傳/宗譜/譜錄

南海學正黃氏家譜節本二卷首一卷末一卷 (清)黃任恆編 清宣統三年(1911)保粹堂刻本 二冊

110000－0102－0012094 丙二/4615 史部/政書類/法令/律例

刺字集四卷 （清）沈家本輯 清光緒十二年(1886)江蘇書局刻本 一冊

110000－0102－0012095 丙二/4617 史部/政書類/職官/官箴

吏治三書六卷 （清）劉簾舫撰 清同治七年(1868)江蘇書局刻本 二冊

110000－0102－0012096 丙二/4618 史部/政書類/職官類

察吏六條 （清）應寶時撰 清同治八年(1869)江蘇書局刻本 一冊

110000－0102－0012097 丙二/4619 史部/政書類/職官/官箴

牧令書輯要十卷 （清）徐棟編 清同治七年(1868)江蘇書局刻本 十冊

110000－0102－0012098 丙二/4621 史部/地理類/總錄

輿地廣記三十八卷校勘記二卷 （宋）歐陽忞撰 清光緒二十一年(1895)仿武英殿本刻本 七冊

110000－0102－0012099 丙二/4622 史部/政書類/法令/律例

秋審實緩比較條欵 （清）謝誠鈞撰 清光緒四年(1878)江蘇書局刻本 二冊

110000－0102－0012100 丙二/4623 叢部/自著叢書/清中晚期

龍莊遺書十五卷 （清）汪輝祖撰 （清）吳棠輯 清同治元年(1862)江蘇書局刻本 六冊

110000－0102－0012101 丙二/4624 叢部/自著叢書/清中晚期

龍莊遺書十五卷 （清）汪輝祖撰 （清）吳棠輯 清同治元年(1862)江蘇書局刻本 二冊

110000－0102－0012102 丙二/4626 史部/政書類/儀制

文廟丁祭譜 （清）□□編 清同治七年(1868)江蘇書局刻本 一冊

110000－0102－0012103 丙二/4630 子部/宗教類

教務紀略四卷 （清）周馥編 清光緒三十一年(1905)南洋官報局鉛印本 六冊

110000－0102－0012104 丙二/4631 史部/政書類

歐美政治要義 （清）戴鴻慈等編 清光緒三十二年(1906)政治館石印本 四冊

110000－0102－0012105 丙二/4632 史部/政書類

歐美政治要義 （清）戴鴻慈等編 清光緒三十二年(1906)政治館石印本 四冊

110000－0102－0012106 丙二/4633 史部/政書類/通制

三國會要二十二卷首一卷 （清）楊晨撰 清光緒二十六年(1900)浙江書局刻本 五冊

110000－0102－0012107 丙二/4634 史部/政書類/邦交/各國

各國立約始末記三十卷 （清）陸元鼎編 清光緒三十二年(1906)鉛印本 二十二冊

110000－0102－0012108 丙二/4635 史部/政書類/儀制

文廟祀位考 （清）陳錦撰 清光緒十二年(1886)橘蔭軒刻本 一冊

110000－0102－0012109 丙二/4636 史部/金石類/地方

山東考古錄 （明）顧炎武撰 清光緒八年(1882)山東書局刻本 一冊

110000－0102－0012110 丙二/4638 史部/政書類/儀制

文廟通考七卷首一卷 （清）牛樹梅輯 清同治十一年(1872)浙江書局刻本 二冊

110000－0102－0012111 丙二/4639 史部/政書類/職官/官箴

牧民忠告二卷 （元）張養浩撰 清同治七年(1868)江蘇書局刻本 一冊

110000－0102－0012112 丙二/4644 史部/政書類/職官/官箴

圖民錄四卷 （清）袁守定撰 清同治十二年

（1873）武林節署刻本　二册

110000－0102－0012113　丙二/4645　史部/傳記類/圖贊

三不朽圖贊　（明）張岱編　清光緒十四年（1888）鳳嬉堂刻本　一册

110000－0102－0012114　丙二/4646　史部/政書類/邦計

列國歲計政要　（英國）麥丁富德力著　（美國）林樂知　（清）鄭昌棪合譯　清光緒元年（1875）刻本　六册

110000－0102－0012115　丙二/4648　史部/傳記類/年譜

孟子編年四卷　（清）狄子奇編　清光緒十三年（1887）浙江書局刻本　一册

110000－0102－0012116　丙二/4650　史部/傳記類/年譜

明戚少保年譜節要六卷　（明）戚祚國撰　清光緒十七年（1891）山東書局刻本　四册

110000－0102－0012117　丙二/4653　史部/政書類/詔令奏議/奏議

戊戌奏稿　康有為撰　清宣統三年（1911）鉛印本　一册

110000－0102－0012118　丙二/4654　史部/政書類/詔令奏議/奏議

戊戌奏稿　康有為撰　清宣統三年（1911）鉛印本　一册

110000－0102－0012119　丙二/4655　史部/政書類/詔令奏議/奏議

戊戌奏稿　康有為撰　清宣統三年（1911）鉛印本　一册

110000－0102－0012120　丙二/4656　史部/紀傳類/斷代

唐書釋音二卷　（唐）董衝撰　清刻本　一册

110000－0102－0012121　丙二/4657　史部/傳記類/總傳/專錄/儒林

儒林宗派十六卷　（清）萬斯同撰　清宣統三年（1911）杭州浙江圖書館刻本　二册

110000－0102－0012122　丙二/4659　史部/地理類

補梁疆域志四卷　（清）洪齮孫撰　清光緒十七年（1891）廣雅書局刻本　二册

110000－0102－0012123　丙二/4660　史部/地理類/總錄

晉書地理志新補正五卷　（清）畢沅撰　清光緒二十年（1894）廣雅書局刻本　一册

110000－0102－0012124　丙二/4661　史部/地理類/總錄

晉太康三年地記　（清）畢沅撰　清光緒二十一年（1895）廣雅書局刻本　一册

110000－0102－0012125　丙二/4662　史部/政書類/邦計

富國策　（英國）法思德撰　（美國）丁韙良（清）汪鳳藻合編　清光緒六年（1880）同文館鉛印本　三册

110000－0102－0012126　丙二/4663　史部/傳記類/人表

三史同名錄四十卷　（清）汪輝祖等輯　清光緒二十三年（1897）廣雅書局刻本　六册

110000－0102－0012127　丙二/4664　史部/傳記類/總傳

九史同姓名略七十二卷　（清）汪輝祖撰　清光緒二十三年（1897）廣雅書局刻本　十二册

110000－0102－0012128　丙二/4666　史部/政書類/職官

後漢郡國令長攷　（清）錢大昭撰　清光緒十七年（1891）廣雅書局刻本　一册

110000－0102－0012129　丙二/4667　史部/政書類/儀制

大婚禮節　（清）□□編　清同治九年（1870）內務府刻本　一册

110000－0102－0012130　丙二/4668　史部/政書類/儀制

大清通禮五十四卷　（清）穆克登額等重修　清光緒九年（1883）江蘇書局刻本　十二册

110000－0102－0012131　丙二/4669　史部/史表類

後漢三公年表　（清）華湛恩撰　清光緒十七年(1891)廣雅書局刻本　一冊

110000－0102－0012132　丙二/4671　史部/地理類/雜記

五大洲女俗通考十集二十二卷首一卷　上海廣學會編　（美國）林樂知　（美國）任保羅合譯　清光緒二十九年(1903)上海美華書局鉛印本　十九冊

110000－0102－0012133　丙二/4672　史部/紀傳類/斷代

漢書人表考校補　（清）蔡雲撰　清光緒十四年(1888)廣雅書局刻本　一冊

110000－0102－0012134　丙二/4673　史部/政書類/儀制

太常因革禮一百卷校識一卷　（宋）歐陽修等撰　清光緒二十年(1894)廣雅書局刻本　八冊

110000－0102－0012135　丙二/4674　史部/政書類/儀制

大金集禮四十卷　（金）張瑋等撰　清光緒二十一年(1895)廣雅書局刻本　四冊

110000－0102－0012136　丙二/4676　子部/天文地理類/曆法

四史朔閏攷二卷　（清）錢大昕撰　清光緒十七年(1891)廣雅書局刻本　一冊

110000－0102－0012137　丙二/4677　史部/地理類/總錄

晉書地理志校補一卷　（清）方愷撰　清光緒二十一年(1895)廣雅書局刻本　一冊

110000－0102－0012138　丙二/4679　史部/政書類/詔令奏議/奏議

陸宣公奏議二十二卷　（唐）陸贄撰　清光緒十二年(1886)淮南書局刻本　四冊

110000－0102－0012139　丙二/4680　史部/政書類/儀制

直省釋奠禮樂記六卷　（清）王之春撰　清光緒十七年(1891)廣東藩署刻本　四冊

110000－0102－0012140　丙二/4681　經部/禮類/周禮/傳說

輪輿私箋二卷　（清）鄭珍撰　清光緒十七年(1891)廣雅書局刻本　一冊

110000－0102－0012141　丙二/4682　史部/傳記類/家傳、宗譜

許氏世譜八卷　（清）許玨撰　清光緒三十年(1904)許氏石印本　二冊

110000－0102－0012142　丙二/4684　史部/金石類

金石文鈔八卷　（清）趙紹祖輯　清嘉慶刻本　十六冊

110000－0102－0012143　丙二/4690　史部/政書類/法令/律例

刪除律例　（清）沈家本等纂修　清光緒三十一年(1905)鉛印本　一冊

110000－0102－0012144　丙二/4693　史部/政書類/法令/律例

律例便覽　（清）蔡逢年輯　清同治十年(1871)江蘇書局刻本　六冊

110000－0102－0012145　丙二/4694　史部/政書類/法令/律例

審看擬式四卷　（清）剛毅撰　清光緒十三年(1887)江蘇書局刻本　二冊

110000－0102－0012146　丙二/4695　史部/金石類/金

西清續鑑二十卷　（清）王傑等撰　清宣統二年(1910)涵芬樓影印本　四十二冊

110000－0102－0012147　丙二/4696　史部/政書類/法令

秋讞輯要六卷　（清）□□輯　清光緒十五年(1889)江蘇書局刻本　八冊

110000－0102－0012148　丙二/4697　經部/禮類/周禮/傳說

車制攷　（清）錢坫撰　清光緒十一年(1885)木犀軒刻本　一冊

110000－0102－0012149　丙二/4698　史部/
政書類/法令/律例

大清律例總類　（清）□□編　清光緒十五年
(1889)江蘇書局刻本　四冊

110000－0102－0012150　丙二/4699　史部/
地理類/雜記

揚州畫舫録十八卷　（清）李斗撰　清乾隆六
十年(1795)自然庵刻本　四冊

110000－0102－0012151　丙二/4702　史部/
史評類/論事

雷輯史事論　雷縉編　清宣統三年(1911)上
海掃葉山房石印本　九冊

110000－0102－0012152　丙二/4705　史部/
目錄類/著錄/學科專目/金石

金石書目一卷　（清）葉銘編　清宣統二年
(1910)西泠印社鉛印本　一冊

110000－0102－0012153　丙二/4707　史部/
金石類/地方/目錄

淮陰金石僅存録　羅振玉録　清光緒十年
(1884)鉛印本　一冊

110000－0102－0012154　丙二/4708　史部/
傳記類/總傳/專録/藝術

印人傳十五卷　（清）周亮工等撰　清宣統二
年(1910)西泠印社鉛印本　八冊

110000－0102－0012155　丙二/4709　史部/
史評類/論事

王船山讀通鑑論十六卷　（明）王夫之撰　清
光緒三十年(1904)上海商務印書館鉛印本
十冊

110000－0102－0012156　丙二/4710　史部/
史評類/論事

王船山讀通鑑論十六卷　（明）王夫之撰　清
光緒三十年(1904)上海商務印書館鉛印本
十冊

110000－0102－0012157　丙二/4726　史部/
目錄類/著錄/叢書目錄/總目

四庫全書總目提要二百卷　（清）紀昀等編
清宣統二年(1910)存古齋刻本　三十二冊

110000－0102－0012158　丙二/4735　史部/
目錄類/著錄/題跋及讀書記

開有益齋讀書志六卷　（清）朱緒曾撰　清光
緒六年(1880)金陵翁氏茹古閣刻本　四冊

110000－0102－0012159　丙二/4737　史部/
史評類/論事

歷代史論十二卷　（明）張溥撰　清光緒二十
四年(1898)善成堂刻本　十冊

110000－0102－0012160　丙二/4738　史部/
史評類

通鑑答問五卷　（宋）王應麟撰　清光緒九年
(1883)浙江書局刻玉海本　一冊

110000－0102－0012161　丙二/4740　史部/
目錄類/收藏/公藏/清

四庫全書敘　（清）姚彥長等撰　清光緒刻慎
始基齋叢書本　一冊

110000－0102－0012162　丙二/4741　史部/
目錄類/收藏/公藏/清

四庫全書敘　（清）姚彥長等撰　清光緒刻慎
始基齋叢書本　一冊

110000－0102－0012163　丙二/4752　史部/
紀傳類/通代

史記論文一百三十卷　（清）吳見思撰輯
（清）吳興祚參訂　清光緒十二年(1886)桂垣
書局刻本　二十二冊

110000－0102－0012164　丙二/4757　史部/
目錄類/收藏/私藏/清

天一閣見存書目六卷首一卷　（清）薛福成編
　清光緒十五年(1889)甬上崇實書院刻本
四冊

110000－0102－0012165　丙二/4760　史部/
編年類

讀鑑繹義三十二卷　（清）張鵬展撰　清道光
十七年(1837)詒古堂刻本　八冊

110000－0102－0012166　丙二/4762　史部/
金石類/石

寶刻叢編二十卷　（宋）陳思纂次　清光緒十
四年(1888)吳氏刻本　八冊

110000 – 0102 – 0012167　丙二/4769　史部/
金石類/總錄/文字

隨軒金石文字　（清）徐渭仁輯　清同治七年
(1868)徐氏春榮館刻本　四冊

110000 – 0102 – 0012168　丙二/4770　史部/
金石類/總錄/文字

小蓬萊閣金石文字　（清）黃易輯　清道光十
四年(1834)石墨軒刻本　五冊

110000 – 0102 – 0012169　丙二/4771　史部/
編年類/斷代

唐鑑二十四卷　（宋）范祖禹撰　（宋）呂祖謙
注　清光緒十八年(1892)浙江書局刻本
四冊

110000 – 0102 – 0012170　丙二/4772　史部/
編年類/斷代

唐鑑二十四卷　（宋）范祖禹撰　（宋）呂祖謙
注　清光緒十八年(1892)浙江書局刻本
四冊

110000 – 0102 – 0012171　丙二/4773　史部/
編年類

錢陛園考訂資治通鑑綱目五十九卷　（宋）朱
熹撰　（清）錢選考訂　清光緒八年(1882)惜
物軒刻本　五十七冊

110000 – 0102 – 0012172　丙二/4776　史部/
史評類/考訂

讀史舉正八卷　（清）張燸撰　清光緒十七年
(1891)廣雅書局刻本　二冊

110000 – 0102 – 0012173　丙二/4777　史部/
目錄類/著錄/藝文類

補元史藝文志四卷　（清）錢大昕撰　清光緒
十九年(1893)廣雅書局刻本　一冊

110000 – 0102 – 0012174　丙二/4778　史部/
目錄類/著錄/藝文類

補遼金元藝文志　（清）紀燦撰　清光緒十七
年(1891)廣雅書局刻本　一冊

110000 – 0102 – 0012175　丙二/4779　史部/
目錄類/著錄/藝文類

宋史藝文志補　（清）倪燦撰　清光緒十七年

(1891)廣雅書局刻本　一冊

110000 – 0102 – 0012176　丙二/4780　史部/
目錄類/著錄/藝文類

補晉書藝文志四卷附錄一卷　（清）丁國鈞撰
清光緒間(1875－1908)廣雅書局刻本
二冊

110000 – 0102 – 0012177　丙二/4781　史部/
目錄類/著錄/藝文類

補五代史藝文志　（清）顧櫰三撰　清光緒十
七年(1891)廣雅書局刻本　一冊

110000 – 0102 – 0012178　丙二/4782　史部/
目錄類/著錄/藝文類

補後漢書藝文志四卷　（清）侯康撰　清光緒
十七年(1891)廣雅書局刻本　一冊

110000 – 0102 – 0012179　丙二/4783　史部/
紀傳類/斷代

補續漢書藝文志　（清）錢大昭撰　清光緒十
四年(1888)廣雅書局刻本　一冊

110000 – 0102 – 0012180　丙二/4785　史部/
編年類/斷代

欽定明鑑二十四卷首一卷　（清）托津等纂輯
清嘉慶二十三年(1818)刻本　二十四冊

110000 – 0102 – 0012181　丙二/4786　子部/
兵家類

讀史兵略四十六卷　（清）胡林翼纂　清咸豐
十一年(1861)刻本　十六冊

110000 – 0102 – 0012182　丙二/4788　史部/
政書類/法令/律例

公法會通　（德國）布隆智利撰　（美國）丁韙
良譯　清光緒三年(1877)同文館鉛印本
五冊

110000 – 0102 – 0012183　丙二/4789　史部/
政書類/法令/律例

公法會通　（德國）布隆智利撰　（美國）丁韙
良譯　清光緒三年(1877)同文館鉛印本
五冊

110000 – 0102 – 0012184　丙二/4790　史部/

政書類/法令/律例

公法便覽 (美國)惠頓撰 (美國)丁韙良編
清光緒三年(1877)同文館鉛印本 六冊

110000－0102－0012185 丙二/4791 史部/
政書類/法令/律例

公法便覽 (美國)惠頓撰 (美國)丁韙良編
清光緒三年(1877)同文館鉛印本 六冊

110000－0102－0012186 丙二/4798 史部/
金石類/璽印

吉金齋古銅印譜六卷 (清)何昆玉編 清吉
金齋何氏刻本 六冊

110000－0102－0012187 丙二/4801 子部/
農家類/總錄

農政全書六十卷 (明)徐光啟撰 清宣統元
年(1909)上海求學齋書局石印本 八冊

110000－0102－0012188 丙二/4802 史部/
政書類/法令

各國交涉公法論 (英國)傅蘭雅 (清)俞世
爵等合譯 清光緒二十二年(1896)小倉山房
鉛印本 八冊

110000－0102－0012189 丙二/4806 史部/
政書類/通制

九通分類總纂二百四十卷 (清)王鍾麒纂
清光緒二十八年(1902)上海文瀾書局石印本
八十冊

110000－0102－0012190 丙二/4808 史部/
政書類/邦交/各國

新纂約章大全 (清)□□編 清宣統元年
(1909)上海中國圖書公司石印本 四十八冊

110000－0102－0012191 丙二/4809 史部/
政書類/邦交/各國

新纂約章大全 (清)□□編 清宣統元年
(1909)上海中國圖書公司石印本 二十一冊

110000－0102－0012192 丙二/4810 史部/
史表類

四裔編年表 (美國)林樂知 (清)嚴良勳合
譯 (清)李鳳苞編 清光緒二十三年(1897)
石印本 四冊

110000－0102－0012193 丙二/4811 史部/
政書類/邦計

中西度量權衡表 (清)□□編 清光緒石印
本 一冊

110000－0102－0012194 丙二/4812 史部/
政書類/法令/律例

明刑管見錄 (清)穆翰撰 清光緒三十年
(1904)浙江官書局刻本 一冊

110000－0102－0012195 丙二/4813 史部/
地理類/總錄

大清一統志 (清)高宗弘曆敕撰 清石印本
五十六冊 缺四冊(一至二、五、五十八)

110000－0102－0012196 丙二/4814 子部/
儒家類/清

校邠廬抗議 (清)馮桂芬撰 清光緒二十四
年(1898)益文堂刻本 二冊

110000－0102－0012197 丙二/4817 子部/
兵家類

練勇芻言 (清)王鑫撰 清光緒二十四年
(1898)江西書局刻本 一冊

110000－0102－0012198 丙二/4818 子部/
兵家類

紀效新書十八卷 (明)戚繼光撰 清邵陽縣
衙刻本 四冊

110000－0102－0012199 丙二/4819 史部/
金石類/璽印

清儀閣古印偶存四卷 (清)張廷濟編 清道
光十五年(1835)張氏刻本 四冊

110000－0102－0012200 丙二/4820 史部/
政書類/職官/官箴

牧令須知六卷 (清)剛毅撰 清光緒十八年
(1892)榮錄堂刻本 二冊

110000－0102－0012201 丙二/4821 史部/
政書類/法令/其它

洗冤錄集證 (宋)宋慈撰 (清)王又槐等增
輯 清光緒三十年(1904)北真文昌會刻本
六冊

110000 – 0102 – 0012202　丙二/4822　史部/
政書類/軍政

外國師船圖表十二卷　（清）許景澄等輯　清
光緒二十二年（1896）浙江書局石印本　四冊

110000 – 0102 – 0012203　丙二/4823　史部/
政書類/法令/律例

江蘇省例　（清）□□編　清光緒江蘇書局刻
本　六冊

110000 – 0102 – 0012204　丙二/4825　史部/
政書類/文牘檔冊

北洋公牘類纂　（清）甘厚慈編　清光緒三十
三年（1907）鉛印本　二十冊

110000 – 0102 – 0012205　丙二/4826　史部/
政書類/文牘檔冊

北洋公牘類纂續編　（清）甘厚慈編　清宣統
二年（1910）絳雪齋鉛印本　二十一冊

110000 – 0102 – 0012206　丙二/4828　史部/
政書類/法令/律例

新譯日本法規大全　張元濟等輯　清光緒三
十三年（1907）商務印書館鉛印本　八十一冊

110000 – 0102 – 0012207　丙二/4829　史部/
政書類/學制

教育叢書　（日本）原亮三郎等撰　（清）沈紘
等譯　清光緒二十七年（1901）教育世界社刻
本　二十冊

110000 – 0102 – 0012208　丙二/4832　史部/
政書類/法令

最新日本教育法規　（清）步其誥　（清）黃昌
驤等譯　清宣統二年（1910）奉天學務公所鉛
印本　十一冊

110000 – 0102 – 0012209　丙二/4833　史部/
政書類/軍政

湖北武學四十八卷　（德國）瑞乃爾　（清）蕭
誦芬合譯　清光緒二十六年（1900）湖北官書
處刻本　三十冊

110000 – 0102 – 0012210　丙二/4835　史部/
外國史類

日本議會史　（日本）工藤武重撰　汪有齡譯

清光緒三十年（1904）江蘇書局鉛印本
七冊

110000 – 0102 – 0012211　丙二/4836　史部/
史評類/論事

讀史大略六十卷　（清）沙張白著　清咸豐七
年（1857）刻本　十二冊

110000 – 0102 – 0012212　丙二/4837　史部/
史評類/考訂

十七史商榷一百卷　（清）王鳴盛撰　清光緒
六年（1880）太原王氏刻本　十六冊

110000 – 0102 – 0012213　丙二/4838　史部/
政書類/通制

皇朝通志一百二十六卷　（清）高宗弘曆敕撰
　清光緒八年（1882）浙江書局刻本　四十冊

110000 – 0102 – 0012214　丙二/4839　史部/
政書類/通制

欽定續通志六百四十卷　（清）高宗弘曆敕撰
　清光緒十二年（1886）浙江書局刻本　二
百冊

110000 – 0102 – 0012215　丙二/4840　史部/
政書類/通制

皇朝文獻通考三百卷　（清）高宗弘曆敕撰
清光緒八年（1882）浙江書局刻本　一百六
十冊

110000 – 0102 – 0012216　丙二/4841　史部/
政書類/通制

欽定續文獻通考二百五十卷　（清）高宗弘曆
敕撰　清光緒十三年（1887）浙江書局刻本
一百二十冊

110000 – 0102 – 0012217　丙二/4843　史部/
政書類/通制

通志二百卷　（宋）鄭樵撰　清光緒二十二年
（1896）浙江書局刻本　二百冊

110000 – 0102 – 0012218　丙二/4845　史部/
政書類/通制

通典二百卷　（唐）杜佑纂　清光緒二十二年
（1896）浙江書局刻本　五十冊

110000 – 0102 – 0012219　丙二/4846　史部/
政書類/通制

清通典一百卷　（清）高宗弘曆敕撰　清光緒
八年（1882）浙江書局刻本　四十冊

110000 – 0102 – 0012220　丙二/4847　史部/
政書類/法令/律例

法國律例四十六卷　（法國）畢利幹　（清）時
雨化合譯　清光緒六年（1880）同文館鉛印本
四十六冊

110000 – 0102 – 0012221　丙二/4849　史部/
編年類

通鑑釋文辯誤十二卷　（元）胡三省撰　清刻
本　二冊

110000 – 0102 – 0012222　丙二/4850　史部/
政書類/法令/律例

法律須知　（清）呂芝田撰　清光緒十三年
（1887）廣雅書局刻本　二冊

110000 – 0102 – 0012223　丙二/4851　史部/
政書類/職官/官箴

平平言四卷　（清）方大湜撰　清光緒二十二
年（1896）廣雅書局刻本　二冊

110000 – 0102 – 0012224　丙二/4852　史部/
金石類/石/義例

漢石例六卷　（清）劉寶楠撰　清同治八年
（1869）山東文友堂刻本　二冊

110000 – 0102 – 0012225　丙二/4853　史部/
紀傳類/斷代

漢書人表考九卷　（清）梁玉繩撰　清光緒十
四年（1888）廣雅書局刻本　四冊

110000 – 0102 – 0012226　丙二/4855　史部/
政書類/邦交

星軺指掌三卷續一卷　（清）聯芳　（清）慶常
合譯　清光緒二年（1876）同文館鉛印本　四冊

110000 – 0102 – 0012227　丙二/4856　史部/
政書類/邦交

星軺指掌三卷續一卷　（清）聯芳　（清）慶常
合譯　清光緒二年（1876）同文館鉛印本　四冊

110000 – 0102 – 0012228　丙二/4857　史部/
政書類/文牘檔冊

左文襄公書牘節要二十六卷　（清）左宗棠撰
（清）左京卿編　清光緒二十八年（1902）楊
氏刻本　十二冊

110000 – 0102 – 0012229　丙二/4859　史部/
政書類/法令/律例

大清律例新修統纂集成四十卷　（清）姚雨薌
原纂　（清）章畏之增輯　清道光二十四年
（1844）刻本　二十四冊

110000 – 0102 – 0012230　丙二/4874　子部/
雜誌類

京報　清光緒二十一年（1895）活字印本
三冊

110000 – 0102 – 0012231　丙二/4889　史部/
政書類/詔令奏議/奏議

江楚會奏變法摺　（清）劉坤一　（清）張之洞
合撰　清末鉛印本　一冊

110000 – 0102 – 0012232　丙二/4896　子部/
雜家類/雜考

日知堂筆記三卷　（清）郭沛霖撰　清光緒十
四年（1888）刻本　一冊

110000 – 0102 – 0012233　丙二/4902　史部/
別史、雜史類

經略洪承疇奏對筆記二卷　（清）洪承疇撰
清光緒十九年（1893）刻本　一冊

110000 – 0102 – 0012234　丙二/4903　史部/
政書類/詔令奏議/奏議

饒崧生先生摺譜　（清）饒句宣纂　清光緒九
年（1883）刻本　一冊

110000 – 0102 – 0012236　丙二/4927　集部/
小說類/筆記小說

京塵雜錄　（清）蘂珠舊史撰　清光緒十二年
（1886）上海同文書局石印本　二冊

110000 – 0102 – 0012237　丙二/4928　史部/
政書類/法令/章例

欽定六部處分則例五十二卷　（清）沈椒生
（清）孫眉山校勘　清同治十二年（1873）刻本

十六冊

110000－0102－0012238　丙二/4929　史部/
政書類/邦交/商約

通商章程成案彙編三十卷　（清）李鴻章撰
清光緒十二年（1886）鉛印本　十二冊

110000－0102－0012239　丙二/4930　史部/
政書類/法令/章例

刑統賦解二卷　（宋）傅霖撰　清宣統三年
（1911）大興徐氏刻本　一冊

110000－0102－0012240　丙二/4931　史部/
政書類/法令/章例

別本刑統賦解一卷　（元）□□撰　清宣統三
年（1911）沈家本刻沈氏枕碧樓叢書本　一冊

110000－0102－0012241　丙二/4932　史部/
政書類/法令/章例

粗解刑統賦一卷　（宋）傅霖撰　（元）孟奎解
清宣統三年（1911）刻沈氏枕碧樓叢書本
一冊

110000－0102－0012242　丙二/4933　史部/
目錄類/著錄/學科專目/科學

西學列表二卷　（比利時）郝師慎爾瞻撰　清
光緒彙報館石印本　二冊

110000－0102－0012243　丙二/4934　史部/
地理類/地圖、圖志

南湖總圖　（清）□□撰　清光緒刻本　一冊

110000－0102－0012244　丙二/4935　史部/
別史、雜史類

遂昌雜錄　（元）鄭元祐輯　清刻稗海本
二冊

110000－0102－0012245　丙二/4936　史部/
政書類/法令/律例

大清律例歌訣　（清）潘潤蒼定　清乾隆至嘉
慶刻本　二冊

110000－0102－0012246　丙二/4940　史部/
傳記類/人表

大清搢紳全書　（清）□□輯　清同治十一年
（1872）斌陞堂刻本　十六冊

110000－0102－0012247　丙二/4941　史部/
政書類/軍政

**欽定中樞政考[八旗三十二卷綠營四十卷續
纂四卷]**　（清）托津等撰　清刻本　七十
六冊

110000－0102－0012248　丙二/4942　集部/
別集類/唐至五代

陸宣公全集二十二卷增輯二卷　（唐）陸贄撰
（清）耆英重訂　清道光二十八年（1848）刻
本　八冊

110000－0102－0012249　丙二/4944　史部/
別史、雜史類

國語補音三卷　（宋）宋庠撰　清光緒二年
（1876）成都尊經書院刻本　一冊

110000－0102－0012250　丙二/4945　史部/
政書類/詔令奏議/奏議

宋包孝肅公奏議十卷　（宋）包拯撰　清同治
二年（1863）省心閣刻本　四冊

110000－0102－0012251　丙二/4946　史部/
編年類/通代

稽古錄二十卷　（宋）司馬光撰　清同治十一
年（1872）湖北崇文書局刻本　四冊

110000－0102－0012252　丙二/4947　史部/
地理類/總錄

皇朝中外一統輿圖　（清）胡林翼撰　（清）嚴
樹森補訂　清同治二年（1863）湖北刻本　十
二冊

110000－0102－0012253　丙二/4948　史部/
傳記類/雜錄

孫夏峰日譜　（清）孫奇逢著　清抄本　十
七冊

110000－0102－0012254　丙二/4949　史部/
金石類/石

碑版文廣例十卷　（清）王芑孫撰　清道光二
十一年（1841）刻本　八冊

110000－0102－0012255　丙二/4950　史部/
紀事本末類/斷代

綏寇紀略十二卷補遺三卷　（清）吳偉業撰

清康熙十三年(1674)照曠閣張氏刻本　八冊

110000－0102－0012256　丙二/4952　史部/編年類

御批通鑑輯覽一百二十卷　（清）聖祖玄燁撰　清光緒二十四年(1898)掃葉山房石印本　二十冊

110000－0102－0012257　丙二/4955　史部/傳記類/年譜

孫文正公年譜　（明）孫銓輯　清刻本　四冊

110000－0102－0012258　丙二/4958　史部/政書類/詔令奏議/詔令

雍正上諭　（清）蔣廷錫等修　清刻本　二十四冊

110000－0102－0012259　丙二/4962　史部/目錄類/收藏/私藏/宋

直齋書錄解題二十二卷　（宋）陳振孫撰　清刻本　八冊

110000－0102－0012260　丙二/4964　集部/別集類/宋

老泉先生全集錄四卷　（宋）蘇洵撰　（清）儲欣錄　清刻本　二冊

110000－0102－0012261　丙二/4966　集部/別集類/清

胡文忠遺集三十四卷　（清）鄭敦謹　（清）曾國荃編輯　清刻本　十冊

110000－0102－0012262　丙二/4968　史部/傳記類/年譜

王靖毅公年譜二卷　（清）王家勤編次　清刻本　二冊

110000－0102－0012263　丙二/4969　集部/總集類/文/斷代/清

皇朝經世文編一百二十卷續編一百二十卷三編四十八卷　（清）賀長齡　（清）盛康輯　清光緒二十三年(1897)掃葉山房影印本　五十四冊

110000－0102－0012264　丙二/4970　史部/政書類/通制

文獻通考二十四卷　（元）馬端臨撰　清光緒二十五年(1899)點石齋石印本　二十四冊

110000－0102－0012265　丙二/4971　史部/別史、雜史類

東觀漢記二十四卷　（漢）劉珍等撰　清乾隆福建刻武英殿聚珍版叢書本　四冊

110000－0102－0012266　丙二/4972　史部/政書類/雜錄

朝野類要五卷　（宋）趙叔撰　（清）紀昀輯　清乾隆福建刻本　一冊

110000－0102－0012267　丙二/4973　史部/紀傳類

五代史纂誤三卷　（宋）吳縝撰　（清）紀昀等輯　清乾隆福建刻本　一冊

110000－0102－0012268　丙二/4974　史部/紀傳類/彙編

二十四史論贊七十八卷目錄一卷　（清）陳闓編輯　清光緒二十年(1894)文淵山房石印本　十二冊

110000－0102－0012269　丙二/4975　史部/目錄類/著錄/叢書目錄/總目

欽定四庫全書簡明目錄二十卷首一卷　（清）永瑢纂　清乾隆四十七年(1782)聚文堂刻本　十二冊

110000－0102－0012270　丙二/4976　史部/政書類/通制

皇朝文獻通考三百卷　（清）嵇璜等撰　清光緒二十七年(1901)石印本　八冊

110000－0102－0012271　丙二/4977　史部/政書類/通制

文獻通考詳節二十四卷續二十六卷　（宋）馬貴與撰　清光緒二十七年(1901)石印本　十二冊

110000－0102－0012272　丙二/4978　子部/兵家類

武備地利四卷　（明）施永圖輯　清刻本　七冊

110000－0102－0012273　丙二／4984　史部／金石類／總錄／通考

京畿金石考二卷　（清）孫星衍撰　清乾隆五十七年(1792)刻惜陰軒叢書本　二冊

110000－0102－0012274　丙二／4986　集部／別集類／明

楊忠湣公集五卷首一卷末一卷　（明）楊繼盛撰　清同治七年(1868)楚醴景萊書室校刻本　二冊

110000－0102－0012275　丙二／4987　史部／地理類／方志／地方志／雲南

蠻書十卷　（唐）樊綽撰　清乾隆三十九年(1774)北京武英殿刻本　一冊

110000－0102－0012276　丙二／4989　史部／史評類

本朝史講義二編三編　京師譯學館編　清京師學務處官書局鉛印本　二冊

110000－0102－0012277　丙二／4998　史部／傳記類

華盛頓傳八卷　（清）黎汝謙　（清）蔡國昭同譯　清光緒十二年(1886)刻本　八冊

110000－0102－0012278　丙二／5000　史部／地理類／雜記

河北采風錄四卷　（清）王鳳生輯　清道光六年(1826)刻本　四冊　缺一卷(四)

110000－0102－0012279　丙二／5007　史部／史評類／考訂

廿二史考異一百卷　（清）錢大昕撰　清光緒二十年(1894)廣雅書局刻本　十八冊

110000－0102－0012280　丙二／5020　史部／紀傳類／斷代

陳書三十六卷　（唐）姚思廉撰　清同治十一年(1872)金陵書局刻本　四冊

110000－0102－0012281　丙二／5021　史部／紀傳類／斷代

魏書一百十四卷　（北齊）魏收撰　清同治十一年(1872)金陵書局刻本　二十冊

110000－0102－0012282　丙二／5022　史部／紀傳類／斷代

北齊書五十卷　（唐）李百藥撰　清同治十三年(1874)金陵書局刻本　四冊

110000－0102－0012283　丙二／5026　史部／紀傳類／斷代

北史一百卷　（唐）李延壽撰　清同治十一年(1872)金陵書局刻本　二十冊

110000－0102－0012284　丙二／5027　史部／紀傳類／斷代

舊唐書二百卷　（後晉）劉昫等撰　清同治十一年(1872)浙江書局刻本　四十八冊

110000－0102－0012285　丙二／5029　史部／史抄類

新舊唐書合鈔二百六十卷　（清）沈炳震輯　（清）丁子復補正　清嘉慶十八年(1813)刻本　二十冊　存七十七卷(唐書卷一百四十二至一百八十九、二百五十八至二百六十,唐書宰相世系表訂訛卷一至二十,唐書合鈔補正卷一至六)

110000－0102－0012286　丙二／5030　史部／紀傳類／斷代

舊五代史一百五十卷目錄二卷　（宋）薛居正等撰　清同治十一年(1872)湖北崇文書局刻本　十六冊

110000－0102－0012287　丙二／5038　史部／紀傳類／通代

史記集解索隱正義合刻本一百三十卷　（漢）司馬遷撰　（南朝宋）裴駰集解　（唐）司馬貞索隱　清同治五年(1866)金陵書局刻本　二十冊

110000－0102－0012288　丙二／5039　史部／紀傳類／斷代

晉書一百三十卷　（唐）太宗李世民御撰　清同治光緒五省局刻本　十八冊　缺十卷(一至四、九十至九十五)

110000－0102－0012289　丙二／5048　史部／紀傳類／斷代

隋書八十五卷　（唐）魏徵等撰　明末汲古閣

刻本補刻本　十二冊

110000－0102－0012290　丙二/5051　史部/
紀傳類/斷代

金史一百三十五卷　（元）脫脫等撰　清同治
十一年(1872)江蘇書局刻本　二十冊

110000－0102－0012291　丙二/5057　史部/
政書類/通制

晉政輯要四十卷　（清）剛毅等修　（清）安頤
等纂　清光緒十四年(1888)刻本　三十二冊

110000－0102－0012292　丙二/5063　史部/
政書類/詔令奏議/奏議

平番奏議四卷　（清）那彥成撰　清咸豐三年
(1853)蘭垣阿公祠刻本　四冊

110000－0102－0012293　丙二/5064　史部/
政書類/軍政/兵制

英國水師律例四卷　（英國）德麟　（英國）極
福德合纂　舒高第　（清）鄭昌棪合譯　清光
緒江南製造局鉛印本　二冊

110000－0102－0012294　丙二/5065　史部/
政書類/軍政

欽定兵部處分則例[八旗三十七卷綠營三十
九卷]　（清）伯麟等纂　清道光三年(1823)
刻本　七冊　存十七卷(八旗一、九至二十
一,欽定中樞政考二至四)

110000－0102－0012295　丙二/5066　史部/
政書類/軍政

海軍章程　（清）奕譞編　清光緒十四年
(1888)鉛印本　六冊

110000－0102－0012296　丙二/5067　史部/
別史、雜史類

東華續錄嘉慶朝五十卷　王先謙撰　清光緒
刻本　二十冊

110000－0102－0012297　丙二/5069　史部/
編年類/通代

資治通鑑綱目五十九卷凡例一卷　（宋）朱熹
撰　（明）陳仁錫評　清嘉慶八年(1803)敬書
堂刻本　一百五十二冊　缺六卷(二十八至
三十三)

110000－0102－0012298　丙二/5070　史部/
政書類/邦計/荒政

籌濟編三十二卷首一卷　（清）楊景仁輯　清
光緒四年(1878)詒硯齋刻本　六冊

110000－0102－0012299　丙二/5071　史部/
紀傳類/斷代

五代史七十四卷　（宋）歐陽修撰　（宋）徐無
黨注　清同治十一年(1872)湖北崇文書局刻
本　八冊

110000－0102－0012300　丙二/5073　史部/
政書類/邦計/交通運輸

江北運程四十卷首一卷　（清）董恂撰　清咸
豐十年(1860)刻本　四十一冊

110000－0102－0012301　丙二/5076　史部/
政書類

東三省政略十二卷首一卷　徐世昌編　清宣
統三年(1911)鉛印本　三十四冊　存七卷
(一至七)

110000－0102－0012302　丙二/5077　史部/
政書類/職官/官箴

牧令書輯要十卷　（清）徐棟撰　（清）丁日昌
輯　清同治七年(1868)江蘇書局刻本　十冊

110000－0102－0012303　丙二/5078　史部/
別史、雜史類

戰國策三十三卷　（漢）高誘注　清光緒三年
(1877)永康退補齋刻本　六冊

110000－0102－0012304　丙二/5080　史部/
編年類

明紀會通十五卷　（清）陳志襄輯　清東昌書
業德刻本　七冊

110000－0102－0012305　丙二/5083　史部/
地理類/水道/地方

楚漕江程十六卷　（清）董恂輯　清咸豐四年
(1854)刻本　十六冊

110000－0102－0012306　丙二/5084　史部/
政書類/詔令奏議/奏議

皇清奏議六十八卷　（清）琴川居士編　清刻
本　四十二冊　缺五卷(一至五)

110000－0102－0012307　丙二/5085　史部/政書類/法令/律例

大清律例刑案彙纂集成四十卷督捕則例附纂二卷 （清）沈之奇注　（清）姚潤輯　清同治九年(1870)蘇州桐石山房刻本　十二冊　缺十四卷(一至七、二十二至二十八)

110000－0102－0012308　丙二/5086　史部/傳記類/家傳、宗譜

增補姓氏族譜箋釋八卷 （清）熊峻運撰　清雍正二年(1724)刻本　六冊

110000－0102－0012309　丙二/5087　史部/地理類/雜記

金陵待徵錄十卷 （清）金鼇輯　清光緒二年(1876)刻本　二冊

110000－0102－0012310　丙二/5088　史部/傳記類/總傳/專錄/科舉

明經通譜 （清）孫家鼐撰　清同治元年(1862)刻本　四冊

110000－0102－0012311　丙二/5094　史部/紀傳類/通代

尚史七十一卷 （清）李鍇纂　清嘉慶十九年(1814)晚香草堂刻本　三十二冊

110000－0102－0012312　丙二/5097　史部/傳記類/總傳/專錄/仕宦

中興將帥別傳三十卷 （清）朱孔璋撰　清光緒二十三年(1897)江寧刻本　六冊

110000－0102－0012313　丙二/5098　史部/政書類/軍政/防務

苗防備覽二十二卷 （清）嚴如熤撰　清道光二十三年(1843)刻本　十冊　缺四卷(一至二、七至八)

110000－0102－0012314　丙二/5099　史部/編年類/斷代

欽定明鑑二十四卷首一卷 （清）托津等輯　清嘉慶刻本　四冊

110000－0102－0012315　丙二/5100　史部/政書類/軍政/防務

籌海初集四卷 （清）關天培撰　清道光十六年(1836)刻本　四冊

110000－0102－0012316　丙二/5101　史部/政書類/邦計/漕運

鄂省丁漕指掌十卷 （清）林遠村等撰　清光緒元年(1875)刻本　十冊

110000－0102－0012317　丙二/5102　史部/地理類/水道/江、淮、海

海道圖說十五卷附錄一卷 （英國）金約翰輯　（英國）傅蘭雅　（清）王德均合譯　清光緒江南製造局刻本　十冊

110000－0102－0012318　丙二/5103　史部/政書類/詔令奏議/奏議

駱大司馬奏稿十六卷 （清）駱秉章撰　清刻本　十六冊

110000－0102－0012319　丙二/5104　史部/政書類/邦計/交通運輸

重訂江蘇海運全案原編六卷 （清）王毓藻纂輯　清光緒十一年(1885)刻本　六冊

110000－0102－0012320　丙二/5107　史部/政書類/邦計/交通運輸

重訂江蘇海運全案續編八卷 （清）王毓藻纂輯　清光緒十一年(1885)刻本　八冊

110000－0102－0012321　丙二/5108　史部/政書類/邦計/交通運輸

重訂江蘇海運全案新編六卷 （清）王毓藻纂輯　清光緒十一年(1885)刻本　六冊

110000－0102－0012322　丙二/5111　史部/傳記類/總傳/專錄/儒林

道學淵源錄一百卷 （清）黃嗣東輯　清光緒三十四年(1908)鳳山學舍刻本　三十冊

110000－0102－0012323　丙二/5112　史部/傳記類/總傳/專錄/事蹟

國朝江西節孝錄八十七卷 江西省通志局編　清光緒五年(1879)江西書局刻本　四十冊

110000－0102－0012324　丙二/5115　史部/紀傳類/通代

史記一百三十卷 （漢）司馬遷撰　清廣東駱

氏翰墨園刻本　三十冊

110000－0102－0012325　丙二/5117　史部/
紀傳類/斷代

唐書二百二十五卷　（宋）歐陽修等纂　明崇
禎二年(1629)毛氏汲古閣刻本　三十三冊

110000－0102－0012326　丙二/5118　史部/
紀傳類/斷代

宋史二十卷　（元）脱脱修　（元）田舜年纂
清白鹿堂刻本　二十冊

110000－0102－0012327　丙二/5120　史部/
金石類/石/目錄

墨妙亭碑目考　（清）張鑑撰　清光緒十年
(1884)江蘇書局刻本　二冊

110000－0102－0012328　丙二/5125　史部/
政書類/通制

西漢會要七十卷　（宋）徐天麟撰　清光緒十
年(1884)江蘇書局刻本　十冊

110000－0102－0012329　丙二/5126　史部/
政書類/通制

東漢會要四十卷　（宋）徐天麟撰　清光緒十
年(1884)江蘇書局刻本　八冊

110000－0102－0012330　丙二/5127　史部/
史抄類

人壽金鑑二十二卷　（清）程得齡輯　清嘉慶
二十五年(1820)柳衣園刻本　六冊

110000－0102－0012331　丙二/5129　史部/
政書類/軍政

水師章程十四卷續編六卷　（英國）水師兵部
編　（美國）林樂知　（清）鄭昌棪合譯　清光
緒江南機器製造局刻本　九冊　缺十二卷
（二、五至六、八至十四,續編五至六）

110000－0102－0012332　丙二/5131　史部/
政書類/邦計/荒政

欽定康濟錄四卷　（清）左宗棠輯　清同治三
年(1864)浙江撫署刻本　三冊

110000－0102－0012333　丙二/5133　史部/
傳記類/人表

國朝兩浙科名錄　（清）黃安綏輯　清咸豐七
年(1857)刻本　二冊

110000－0102－0012334　丙二/5134　史部/
編年類

漢晉春秋　（清）湯球輯　清光緒廣雅書局刻
本　一冊

110000－0102－0012335　丙二/5138　史部/
編年類/通代

續資治通鑑二百二十卷　（清）畢沅編　清同
治六年(1867)金陵書局刻本　四十冊

110000－0102－0012336　丙二/5139　史部/
地理類/雜記

東槎紀略三卷　（清）姚瑩撰　清道光九年
(1829)刻本　二冊

110000－0102－0012337　丙二/5140　史部/
地理類/水道/地方

畿輔水利議　（清）林則徐輯　清光緒二年
(1876)三山林氏刻本　一冊

110000－0102－0012338　丙二/5141　史部/
政書類/學制

國朝右文掌錄　（清）自有餘齋輯　清光緒十
四年(1888)刻本　一冊

110000－0102－0012339　丙二/5142　史部/
地理類/遊記/清

廬山紀遊　（清）張祥珂撰　清光緒十四年
(1888)湘南縣署會心閣刻本　一冊

110000－0102－0012340　丙二/5145　史部/
別史、雜史類

行在陽秋二卷　（明）劉湘客撰　清刻本
二冊

110000－0102－0012341　丙二/5147　史部/
地理類/山川/山

洪山寶通志三卷　（清）釋天正相編輯　清嘉
慶刻本　一冊

110000－0102－0012342　丙二/5151　史部/
金石類/總錄

求古錄　（清）顧炎武撰　清光緒十四年

（1888）上海掃葉山房刻本　一冊

110000－0102－0012343　丙二/5155　史部/
史評類/史法

文史通義内外篇八卷校讐通義三卷 （清）章
學誠撰　清道光十二年（1832）刻本　五冊

110000－0102－0012344　丙二/5156　子部/
兵家類

洴澼百金方十四卷 （清）惠麓酒民編　清道
光二十年（1840）刻本　十冊

110000－0102－0012345　丙二/5157　史部/
政書類/儀制

司馬氏書儀十卷 （宋）司馬光撰　清同治七
年（1868）江蘇書局刻本　一冊

110000－0102－0012346　丙二/5158　史部/
目錄類/著錄/藝文類

補三史藝文志 （清）金門詔撰　清光緒十七
年（1891）廣州廣雅書局刻本　一冊

110000－0102－0012347　丙二/5159　史部/
政書類/詔令奏議/詔令

聖諭十六條附律易解 （清）夏炘撰　清同治
七年（1868）刻本　一冊

110000－0102－0012348　丙二/5162　史部/
傳記類/別傳

陳徵君行述 （清）王嘉善撰　清光緒十年
（1884）長沙刻本　一冊

110000－0102－0012349　丙二/5164　史部/
政書類/法令/刑法

鹿洲公案二卷 （清）藍鼎元撰　清康熙至雍
正刻光緒修補本　二冊

110000－0102－0012350　丙二/5165　史部/
政書類/詔令奏議/奏議

鹿洲奏疏 （清）藍鼎元撰　清康熙至雍正刻
光緒修補本　一冊

110000－0102－0012351　丙二/5167　史部/
傳記類

留溪外傳十八卷 （清）陳鼎撰　清光緒二十
四年（1898）武進盛氏刻本　四冊

110000－0102－0012352　丙二/5168　史部/
政書類/文牘檔冊

李勤恪公政書 （清）李瀚章撰　（清）李經畬
等輯　清光緒石印本　十冊

110000－0102－0012353　丙二/5171　史部/
紀事本末類/斷代

欽定剿捕臨清逆匪紀略十六卷 （清）舒赫德
（清）于敏中等撰　清乾隆北京武英殿刻本
六冊　缺八卷（一、三至六、十三至十五）

110000－0102－0012354　丙二/5172　史部/
目錄類/著錄/學科專目

西學書目表 梁啟超編　清光緒二十二年
（1896）刻本　一冊

110000－0102－0012355　丙二/5183　史部/
政書類/法令

國際公法志 蔡鍔編譯　清光緒二十九年
（1903）上海廣智書局鉛印本　一冊

110000－0102－0012356　丙二/5185　史部/
地理類/雜記

剡錄十卷 （宋）高似孫撰　清光緒邵武徐氏
刻邵武徐氏叢刊本　二冊

110000－0102－0012357　丙二/5186　史部/
外國史類

日本政治要覽 （清）政治官報編　清光緒三
十三年（1907）鉛印本　二冊

110000－0102－0012358　丙二/5189　史部/
外國史類

日本議會史 （日本）工藤武重著　汪有齡譯
清光緒三十年（1904）江蘇通州翰墨林書局
鉛印本　五冊

110000－0102－0012359　丙二/5190　史部/
地理類/雜記

金陵通紀 （清）陳作霖編輯　清光緒三十三
年（1907）瑞華館刻本　五冊

110000－0102－0012360　丙二/5191　史部/
地理類/專志/祠廟

南朝佛寺志 （清）陳作霖編纂　清光緒刻本
二冊

110000－0102－0012361　丙二/5193　史部/
目錄類/著錄/題跋及讀書記

知聖道齋讀書跋尾二卷　（清）彭元瑞撰　清
刻本　一冊

110000－0102－0012362　丙二/5198　史部/
地理類/水道/江、淮、海

長江圖說十二卷　（清）馬徵麟撰　清同治十
年(1871)湖北崇文書局刻本　五冊

110000－0102－0012363　丙二/5199　子部/
儒家類/清

明夷待訪錄　（清）黃宗羲撰　清光緒北洋官
報局鉛印本　一冊

110000－0102－0012364　丙二/5202　史部/
政書類/職官/官箴

牧令書二十三卷　（清）徐棟輯　清道光十八
年(1838)刻本　十八冊

110000－0102－0012365　丙二/5235　史部/
政書類/邦計/理財

覈定浙江省宣統三年歲入歲出預算總表
（清）□□撰　清宣統二年(1910)石印本
二冊

110000－0102－0012366　丙二/5250　史部/
政書類/邦計/理財

**撫院交令覆議宣統三年地方行政經費預算案
說明書**　（清）□□撰　清宣統二年(1910)鉛
印本　一冊

110000－0102－0012367　丙二/5255　史部/
政書類/學制/文化教育

軍官學堂學員應守規則　（清）□□編　清軍
咨處刻本　一冊

110000－0102－0012368　丙二/5259　史部/
政書類/邦計/交通運輸

浙江海運全案初編十卷　（清）黃宗漢等纂修
清咸豐三年(1853)刻本　十冊

110000－0102－0012369　丙二/5260　史部/
政書類/邦計/交通運輸

浙江海運全案續編　（清）黃宗漢等纂修　清
咸豐四年(1854)刻本　四冊

110000－0102－0012370　丙二/5263　史部/
政書類/詔令奏議/奏議

夏桂洲奏議二十一卷　（明）夏言撰　清光緒
十七年(1891)江西書局刻本　十二冊

110000－0102－0012371　丙二/5265　史部/
政書類/邦計/理財

奏定度量權衡畫一制度圖說總表推行章程
（清）溥頤等撰　清光緒三十四年(1908)鉛印
本　一冊

110000－0102－0012372　丙二/5266　史部/
金石類/總錄/題跋

古墨齋金石跋　（清）趙紹祖輯　清嘉慶十五
年(1810)刻聚學軒叢書本　二冊

110000－0102－0012373　丙二/5267　史部/
傳記類/總傳/專錄/仕宦

歷代節義名臣錄十卷　（清）陳炳纂輯　清光
緒十二年(1886)金陵書局刻本　十冊

110000－0102－0012374　丙二/5268　史部/
別史、雜史類

倖存錄二卷續一卷求野錄一卷　（明）夏允彝
（明）夏完淳撰　清刻本　一冊

110000－0102－0012375　丙二/5269　史部/
政書類/詔令奏議/詔令

御選詔疏鈔　（清）聖祖玄燁輯　清抄本
一冊

110000－0102－0012376　丙二/5270　史部/
紀傳類/斷代

兩漢刊誤補遺十卷　（宋）吳仁傑撰　（清）傅
鑫校　清光緒十八年(1892)寄傲軒刻本
三冊

110000－0102－0012377　丙二/5271　史部/
政書類/法令

清水澄憲法　（日本）清水澄撰　清末鉛印本
一冊

110000－0102－0012378　丙二/5275　史部/
政書類/詔令奏議/奏議

明臣奏議十二卷首一卷　（清）孫桐生輯　清
光緒十七年(1891)四影閣刻本　十一冊　缺

一卷(六)

110000－0102－0012379　丙二/5276　史部/
編年類

綱鑑易知錄九十二卷明紀二十卷　(清)吳乘
權輯　清康熙五十年(1711)尺木堂刻本　四
十八冊

110000－0102－0012380　丙二/5282　史部/
地理類/總錄

太平寰宇記二百卷　(宋)樂史撰　清乾隆五
十八年(1793)刻本　十五冊　缺六十九卷
(一至十八、二十七至六十、九十五至一百十
一)

110000－0102－0012381　丙二/5284　經部/
禮類/雜禮

庶人禮略　(清)江鍾秀述　清光緒二十九年
(1903)刻本　一冊

110000－0102－0012382　丙二/5286　史部/
目錄類/著錄/學科專目/經籍

經籍舉要一卷　(清)龍啟瑞撰　清光緒十九
年(1893)中江講院刻本　一冊

110000－0102－0012383　丙二/5288　史部/
政書類/軍政

保甲書四卷　(清)徐棟輯　清道光二十八年
(1848)刻本　一冊　存二卷(一至二)

110000－0102－0012384　丙二/5290　史部/
目錄類/著錄/題跋及讀書記

儀顧堂題跋十六卷　(清)陸心源撰　清光緒
十六年(1890)刻本　三冊　缺四卷(十三至
十六)

110000－0102－0012385　丙二/5295　史部/
傳記類

章母劉太夫人事略　(清)章鈺撰　清宣統三
年(1911)鉛印本　一冊

110000－0102－0012386　丙二/5306　子部/
藝術類/書畫

竹雲題跋四卷　(清)王澍撰　清經香居石印
本　四冊

110000－0102－0012387　丙二/5314　集部/
總集類/文/雜錄/雜纂

新聞學　(日本)松本君平撰　商務印書館譯
清光緒二十九年(1903)鉛印本　一冊

110000－0102－0012388　丙二/5315　史部/
政書類/軍政/防務

兩浙防護錄　(清)阮元撰　清光緒十五年
(1889)浙江書局刻本　二冊

110000－0102－0012389　丙二/5316　史部/
地理類/遊記/清

蜀輶日記四卷　(清)陶澍撰　清光緒七年
(1881)江州官舍刻本　二冊

110000－0102－0012390　丙二/5317　史部/
政書類/儀制

呂氏四禮翼　(明)呂坤撰　清光緒二十三年
(1897)刻本　一冊

110000－0102－0012391　丙二/5319　史部/
外國史類

拿破倫本紀　(英國)洛加德撰　林紓　魏易
合譯　清光緒三十一年(1905)京師學務處官
書局鉛印本　一冊

110000－0102－0012392　丙二/5320　史部/
地理類/雜記

康輶紀行十六卷　(清)姚瑩撰　清同治六年
(1867)刻中復堂全集本　六冊　缺一卷(十
三)

110000－0102－0012393　丙二/5321　史部/
地理類/雜記

東槎紀略五卷　(清)姚瑩撰　清刻本　一冊
缺二卷(一至二)

110000－0102－0012394　丙二/5324　史部/
地理類/山川/山

泰山道里記　(清)聶鈫撰　清同治五年
(1866)兩山堂刻本　一冊

110000－0102－0012395　丙二/5328　史部/
傳記類/別傳

管宜人節略　(清)黃如琳輯　清光緒六年
(1880)刻本　一冊

110000 – 0102 – 0012396　丙二/5329　史部/
地理類/水道/地方

畿輔水利議　（清）林則徐編　清光緒二年
(1876)三山林氏刻本　一冊

110000 – 0102 – 0012397　丙二/5342　史部/
政書類/邦計/交通運輸

西北國道路線計畫書附圖　（清）□□撰　清
末民國鉛印本　一冊　缺圖

110000 – 0102 – 0012398　丙二/5344　史部/
政書類/邦計/捐稅

壽張縣賦役全書　（清）□□撰　清光緒二十
二年(1896)刻本　一冊

110000 – 0102 – 0012399　丙二/5358　史部/
傳記類/雜錄

雲間吳湄州先生遺像緣起　吳葆誠等撰　清
宣統元年(1909)鉛印本　一冊

110000 – 0102 – 0012400　丙二/5361　史部/
史評類/考訂

國史考異六卷　（清）潘檉章撰　（清）吳炎訂
　清刻本　一冊　缺四卷(三至六)

110000 – 0102 – 0012401　丙二/5362　子部/
雜家類/學說

澗泉日記三卷　（宋）韓淲撰　清乾隆四十一
年(1776)刻本　一冊

110000 – 0102 – 0012402　丙二/5364　史部/
傳記類/家傳、宗譜

當湖奚氏述德錄　奚霆輯　清宣統三年
(1911)油印本　一冊

110000 – 0102 – 0012403　丙二/5387　史部/
政書類/邦計/錢法

鑄銅幣問答七卷　（清）昌言報館編輯　清光
緒上海會文學社石印本　一冊

110000 – 0102 – 0012404　丙二/5388　史部/
政書類/法令/律例

（日本）教育法令　日本文部省編　王我藏譯
　清宣統二年(1910)上海商務印書館鉛印本
四冊

110000 – 0102 – 0012405　丙二/5389　史部/
地理類/總錄

古今輿地考　（清）顧善慶撰　清光緒三十年
(1904)雄雉齋刻本　一冊

110000 – 0102 – 0012406　丙二/5394　史部/
政書類/法令/其它

寄簃文存十卷　（清）沈家本撰　清宣統元年
(1909)修訂法律館鉛印本　三冊

110000 – 0102 – 0012407　丙二/5396　史部/
傳記類/雜錄

病榻夢痕錄　（清）汪輝祖撰　清刻本　一冊

110000 – 0102 – 0012408　丙二/5405　史部/
政書類/通制

皇朝文獻通考輯要二十六卷　湯壽潛輯　清
光緒通雅堂鉛印本　十冊

110000 – 0102 – 0012409　丙二/5407　史部/
政書類/職官/官制

資治新書初集十四卷二集二十卷　（清）李漁
輯　清光緒二十年(1894)上海圖書集成印書
局鉛印本　十二冊

110000 – 0102 – 0012410　丙二/5408　史部/
傳記類/總傳/專錄/仕宦

歷代名臣言行錄二十四卷　（清）朱桓編　清
光緒三十年(1904)上海商務印書館鉛印本
八冊

110000 – 0102 – 0012411　丙二/5410　叢部/
彙編叢書/清中晚期

小方壺齋輿地叢鈔六十五卷　（清）王錫祺輯
　清光緒十七年(1891)上海著易堂鉛印本
六十冊　缺四卷(五、三十九、五十、五十三)

110000 – 0102 – 0012412　丙二/5411　史部/
外國史類

泰西新史攬要二十四卷　（英國）李提摩太譯
　（清）蔡爾康述稿　清光緒二十二年(1896)
上海廣學會刻本　十二冊

110000 – 0102 – 0012413　丙二/5412　集部/
總集類/文/斷代/清

皇朝經世文新編三十二卷　（清）麥仲華輯

清光緒二十七年(1901)上海書局石印本 十六冊

110000－0102－0012414　丙二/5413　集部/總集類/文/斷代/清

皇朝經世文三編八十卷 （清）陳忠倚輯　清光緒二十九年(1903)上海宏文閣鉛印本 十六冊

110000－0102－0012415　丙二/5414　集部/總集類/文/斷代/清

皇朝經世文四編五十二卷 （清）何良棟輯 清光緒二十八年(1902)上海書局石印本 八冊

110000－0102－0012416　丙二/5415　史部/政書類/文牘檔冊

南皮張宮保政書十二卷 （清）張之洞撰　清光緒二十七年(1901)上海圖書館集成印書局鉛印本　六冊

110000－0102－0012417　丙二/5423　史部/政書類/法令

駁案新編三十二卷 （清）全士潮等編　清鉛印本　一冊　存三卷(三十至三十二)

110000－0102－0012418　丙二/5430　史部/史評類/考訂

聖跡備攷 郭希仁編　清末鉛印本　一冊

110000－0102－0012419　丙二/5432　史部/政書類/學制/文化教育

學校制度 （日本）隈本繁吉講述　程家檉譯　清光緒三十二年(1906)京師學部官書局刻本　一冊

110000－0102－0012420　丙二/5439　史部/別史、雜史類

賜姓始末一卷 （清）黃宗羲撰　清末刻明季稗史彙編本　一冊

110000－0102－0012421　丙二/5440　史部/別史、雜史類

也是錄一卷 （明）自非逸史撰　清末刻明季稗史彙編本　一冊

110000－0102－0012422　丙二/5442　史部/傳記類/家傳、宗譜

永康太平呂氏世德源流集三卷 （清）呂觀光輯　清嘉慶二十五年(1820)刻本　二冊

110000－0102－0012423　丙二/5444　史部/史評類/考訂

十七史商榷一百卷 （清）王鳴盛撰　清光緒二十六年(1900)上海點石齋石印本　四冊

110000－0102－0012424　丙二/5445　史部/史評類/論事

史事論十六卷 （清）雷縉輯　清光緒二十九年(1903)硯耕山莊石印本　八冊

110000－0102－0012425　丙二/5446　史部/目錄類/著錄/題跋及讀書記

輶軒語書目答問 （清）張之洞撰　清光緒三年(1877)刻本　一冊

110000－0102－0012426　丙二/5447　史部/目錄類/著錄/叢書目錄/總目

欽定四庫全書總目二百卷 （清）永瑢等撰 清光緒十四年(1888)上海漱六山莊石印本 二十冊

110000－0102－0012427　丙二/5448　史部/傳記類/總傳/專錄/儒林

國朝宋學淵源記 （清）江藩輯　清咸豐四年(1854)刻本　一冊

110000－0102－0012428　丙二/5449　史部/地理類/雜記

武林舊事十卷 （宋）周密撰　清鮑氏知不足齋刻知不足齋叢書本　二冊　缺四卷(一至四)

110000－0102－0012429　丙二/5455　子部/雜誌類

官書局彙報 （清）□□編　清光緒鉛印本 五十九冊

110000－0102－0012430　丙二/5456　史部/傳記類/總傳/專錄/仕宦

歷代名臣言行錄二十四卷 （清）朱桓輯　清同治四年(1865)寶仁堂刻本　三十六冊

110000－0102－0012431　丙二/5460　子部/雜誌類

經濟選報　（清）□□編　清鉛印本　二十七冊

110000－0102－0012432　丙二/5470　史部/政書類/法令

駁案彙編三十二卷　（清）全士潮等纂輯　清光緒九年(1883)圖書集成局鉛印本　十二冊

110000－0102－0012433　丙二/5471　史部/政書類/通制

華制存考　（清）□□撰　清宣統元年(1909)擷華書局鉛印本　六冊

110000－0102－0012434　丙二/5472　史部/別史、雜史類

國語二十一卷劄記一卷　（三國吳）韋昭解（清）黃丕烈劄記　清嘉慶五年(1800)上海會文堂書局影印本　六冊

110000－0102－0012435　丙二/5479　史部/編年類/通代

袁王綱鑑合編三十九卷明紀綱目二十卷（明）袁黃　（明）王世貞合編　清光緒三十年(1904)上海商務印書館鉛印本　十六冊

110000－0102－0012436　丙二/5481　史部/外國史類

泰西新史攬要　（英國）李提摩太譯　（清）蔡爾康述　清光緒鉛印本　八冊

110000－0102－0012437　丙二/5488　史部/傳記類/總傳/通錄/通代

增廣尚友錄統編　（清）應祖錫編　清光緒二十八年(1902)鴻寶齋石印本　十二冊

110000－0102－0012438　丙二/5492　史部/政書類/法令/律例

大清律例增修統纂集成四十卷　（清）陶東皋（清）陶曉篔增修　清光緒三十三年(1907)刻本　二十四冊

110000－0102－0012439　丙二/5493　史部/傳記類/總傳/專錄/仕宦

歷代名臣言行錄二十四卷　（清）朱桓輯

（清）潘永季校定　（清）許時庚重校　清光緒十七年(1891)上海廣百宋齋鉛印本　十二冊

110000－0102－0012440　丙二/5494　史部/地理類/外紀

瀛環志略十卷　（清）徐繼畬輯　（清）陳慶偕（清）鹿澤長參訂　清光緒二十年(1894)鴻寶齋石印本　四冊

110000－0102－0012441　丙二/5495　史部/政書類/職官/官箴

州縣須知四卷佐雜須知四卷　（清）浩齋居士輯　清道光二十九年(1849)掃葉山房刻本　四冊

110000－0102－0012442　丙二/5496　史部/目錄類/著錄/學術總目

書目答問　（清）張之洞撰　清光緒四年(1878)上海淞隱閣刻本　四冊

110000－0102－0012443　丙二/5497　史部/外國史類

日本歷史　（日本）荻野田之撰　劉大猷譯　清光緒二十七年(1901)教育世界社石印本　五冊

110000－0102－0012444　丙二/5498　史部/編年類

尺木堂綱鑑易知錄九十二卷明紀十五卷（清）吳乘權等輯　清光緒三十一年(1905)商務印書館鉛印本　十六冊

110000－0102－0012445　丙二/5499　子部/儒家類/清

廣治平略三十六卷　（清）蔡方炳編　清光緒十六年(1890)廣百宋齋鉛印本　六冊

110000－0102－0012446　丙二/5500　史部/政書類/通制

文獻通考二十四卷　（元）馬端臨撰　（清）弘晝等重校　清光緒十一年(1885)上海點石齋石印本　二十冊

110000－0102－0012447　丙二/5501　史部/地理類/方志/地方志

[雍正]陝西通志一百卷首一卷　（清）劉於義

等修 （清）沈青崖等纂 清雍正十三年(1735)刻本 七十九冊 缺二十一卷(一至十、三十一至四十、五十二)

110000－0102－0012448 丙二/5502 史部/地理類/方志/地方志

[雍正]山西通志二百三十卷 （清）覺羅石麟等修 （清）儲大文等纂 （清）衡齡等重修 清嘉慶十六年(1811)刻本 一百冊

110000－0102－0012449 丙二/5503 史部/地理類/方志/地方志

[乾隆]濰縣志六卷首一卷末一卷 （清）張耀璧修 （清）王誦芬纂 清乾隆二十五年(1760)刻本 六冊

110000－0102－0012450 丙二/5504 史部/地理類/方志/地方志

[同治]河曲縣志八卷 （清）金福增修 （清）張兆魁等纂 清同治十一年(1872)河曲縣署刻本 八冊

110000－0102－0012451 丙二/5505 史部/地理類/方志/地方志/河南

[光緒]開州志八卷 （清）陳金式等修 （清）陳兆麟等纂 清光緒八年(1882)開州府署刻本 八冊

110000－0102－0012452 丙二/5510 史部/政書類/通制

東三省政略 徐世昌撰 清宣統三年(1911)鉛印本 四十冊

110000－0102－0012453 丙二/5511 史部/地理類/方志/地方志/山西

[乾隆]應州續志十卷 （清）吳炳等纂修 清乾隆三十四年(1769)刻本 五冊 （一函）

110000－0102－0012454 丙二/5512 史部/地理類/方志/地方志

[乾隆]解州全志十八卷首一卷 （清）言如泗等纂修 清嘉慶刻本 四冊 缺十卷(九至十八)

110000－0102－0012455 丙二/5513 史部/地理類/方志/地方志

[光緒]廣平府志六十三卷首一卷 （清）吳中彥修 （清）胡景桂等纂 清光緒二十年(1894)刻本 二十四冊

110000－0102－0012456 丙二/5514 史部/地理類/方志/地方志

[光緒]天津府志五十四卷 （清）沈家本等修 （清）徐宗亮纂 清光緒二十五年(1899)刻本 十四冊 缺二十九卷(一至二十九)

110000－0102－0012457 丙二/5517 史部/地理類/方志/地方志

[康熙]黎城縣誌四卷續志四卷 （清）程大夏修 （清）李御等纂 清光緒六年(1880)刻本 八冊

110000－0102－0012458 丙二/5521 史部/地理類/外紀

瀛寰志略十卷 （清）徐繼畬撰 清道光三十年(1850)紅杏山房刻本 六冊

110000－0102－0012459 丙二/5522 史部/地理類/外紀

瀛環志略十卷 （清）徐繼畬輯 清同治五年(1866)刻本 六冊

110000－0102－0012460 丙二/5533 史部/地理類/水道

海塘輯要十卷首一卷附釋一卷 （英國）韋更斯撰 （英國）馬日德釋 （英國）傅蘭雅 （清）趙元益合譯 清光緒江南製造局刻本 二冊

110000－0102－0012461 丙二/5538 史部/地理類/山川/山

清凉山志十卷 （明）釋鎮澄撰 清乾隆二十年(1755)刻本 四冊

110000－0102－0012462 丙二/5543 史部/地理類/方志/地方志

[光緒]撫寧縣誌十六卷 （清）張上和等修纂 清光緒三年(1877)刻本 五冊

110000－0102－0012463 丙二/5557 史部/地理類/方志/地方志

[宣統]重修恩縣誌十卷首一卷 （清）汪鴻孫

修 （清）劉儒臣等纂 清宣統元年(1909)恩縣刻本 四冊

110000－0102－0012464 丙二/5561 史部/地理類/方志/地方志/山西

[乾隆]絳縣志十四卷 （清）拉昌阿修 （清）王本智纂 清乾隆三十年(1765)刻本 四冊

110000－0102－0012465 丙二/5569 史部/地理類/方志/地方志

[光緒]南皮縣誌十五卷首一卷末一卷 （清）殷樹森等纂修 清光緒十四年(1888)刻本 八冊

110000－0102－0012466 丙二/5575 史部/地理類/方志/地方志

[同治]欒城縣志十四卷首一卷末一卷 （清）陳詠修 （清）張惇德等纂 清同治十二年(1873)刻本 六冊

110000－0102－0012467 丙二/5576 子部/兵家類

紀效新書十八卷首一卷 （明）戚繼光撰 清道光二十年(1840)山東刻本 六冊

110000－0102－0012468 丙二/5577 史部/地理類/方志/地方志

[光緒]滋陽縣志十四卷 （清）莫燨修 （清）黃恩彤纂 （清）李兆霖增修 （清）黃師閻續纂 清光緒十四年(1888)尊經閣刻本 十冊

110000－0102－0012469 丙二/5578 史部/地理類/方志/地方志

[道光]修武縣志十二卷首一卷 （清）馮繼照修 （清）金皋等纂 清道光二十年(1840)刻本 十二冊

110000－0102－0012470 丙二/5580 史部/地理類/方志/地方志

[光緒]長治縣志八卷 （清）李楨等修 （清）楊篤等纂 清光緒二十年(1894)刻本 十冊

110000－0102－0012471 丙二/5587 史部/

地理類/方志/地方志

[光緒]臨朐縣志十六卷 （清）姚延福等纂修 清光緒十年(1884)刻本 六冊

110000－0102－0012472 丙二/5595 史部/地理類/方志/地方志

[光緒]元氏縣志十四卷首一卷末一卷 （清）胡岳修 （清）趙文濂等纂 清光緒元年(1875)刻本 八冊

110000－0102－0012473 丙二/5596 史部/地理類/方志/地方志/河北

[康熙]靈壽縣志十卷末一卷 （清）陸隴其等纂修 清康熙二十五年(1686)刻本 四冊

110000－0102－0012474 丙二/5603 史部/地理類/方志/地方志

[光緒]屯留縣志八卷首一卷 （清）劉鍾麟等修 （清）楊篤等纂 清光緒十一年(1885)刻本 八冊

110000－0102－0012475 丙二/5609 史部/地理類/方志/地方志

[光緒]岢嵐州志十二卷 （清）吳光熊等修 （清）史文炳纂 清光緒十年(1884)刻本 四冊

110000－0102－0012476 丙二/5611 史部/地理類/方志/地方志

[光緒]長子縣志十二卷首一卷 （清）豫謙修 （清）楊篤等纂 清光緒八年(1882)刻本 八冊

110000－0102－0012477 丙二/5612 史部/地理類/方志/地圖、圖志

益都縣圖志五十四卷 （清）張承燮等修 （清）法偉堂等纂 清光緒三十三年(1907)刻本 十六冊

110000－0102－0012478 丙二/5613 史部/地理類/方志/地方志/陝西

[正德]朝邑縣志二卷韓五泉詩四卷遺詩一卷附錄二卷 （明）韓邦靖纂修 明萬曆四十年(1612)刻本 三冊

110000－0102－0012479 丙二/5614 史部/地理類/方志/地方志

[光緒]屯留縣志八卷首一卷　（清）劉鍾麟等修　（清）楊篤等纂　清光緒十一年(1885)刻本　八冊

110000－0102－0012480　丙二/5615　史部/地理類/方志/地方志

[道光]壺關縣志十卷首一卷　（清）茹金纂修　清道光十四年(1834)刻本　八冊

110000－0102－0012481　丙二/5616　史部/地理類/方志/地方志

[乾隆]襄垣縣志八卷續志二卷　（清）李廷芳修　（清）徐玨等纂　清光緒六年(1880)刻本　十冊

110000－0102－0012482　丙二/5617　史部/地理類/方志/地方志

[光緒]寧羌州志五卷　（清）馬毓華修　（清）鄭書香等纂　清光緒十四年(1888)刻本　五冊

110000－0102－0012483　丙二/5621　史部/地理類/方志/地方志/山西

[乾隆]五臺縣志八卷　（清）王秉韜等纂　清乾隆刻本　四冊

110000－0102－0012484　丙二/5622　史部/地理類/外紀

海國圖志一百卷　（清）魏源撰　清光緒二十一年(1895)上海積山書房石印本　十六冊

110000－0102－0012485　丙二/5623　史部/地理類/外紀

瀛寰志略十卷　（清）徐繼畬撰　清同治十二年(1873)椒雲樓刻本　六冊

110000－0102－0012486　丙二/5624　史部/地理類/外紀

海國圖志一百卷　（清）魏源撰　清光緒二十八年(1902)文賢閣石印本　十六冊

110000－0102－0012487　丙二/5625　史部/地理類/方志/地方志/河北

[乾隆]臨榆縣志十四卷　（清）鍾和梅等纂修　清乾隆二十一年(1756)刻本　五冊　缺一卷(一)

110000－0102－0012488　丙二/5628　史部/地理類/總錄

皇朝中外一統輿圖　（清）嚴樹森撰　清同治二年(1863)湖北撫署景桓樓刻本　二十四冊

110000－0102－0012489　丙二/5629　史部/地理類/水道/地方

浙江全省輿圖並水陸道里記　（清）宗源瀚等編修　清光緒二十年(1894)浙江輿圖總局石印本　二十冊

110000－0102－0012490　丙二/5632　史部/地理類/山川/山

焦山志二十六卷首一卷續志八卷　（清）吳雲撰　清同治九年(1870)刻本　十冊

110000－0102－0012491　丙二/5633　史部/地理類/水道

續海塘新志四卷　（清）琅玕撰　清道光刻本　四冊

110000－0102－0012492　丙二/5634　史部/地理類/方志/地方志

[道光]廣東通志三百三十四卷首一卷　（清）阮元等修　（清）陳昌齊等纂　清同治三年(1864)刻本　一百四十冊　缺二十一卷(四十一至六十一)

110000－0102－0012493　丙二/5635　史部/地理類/方志/地方志

[嘉慶]廣西通志二百七十九卷首一卷　（清）謝啟昆等纂修　清嘉慶六年(1801)刻同治四年(1865)補刻本　八十冊

110000－0102－0012494　丙二/5636　史部/地理類/方志/地方志

[咸豐]興義府志七十四卷首一卷　（清）張瑛等纂修　清宣統元年(1909)貴陽文通書局鉛印本　十冊　存十八卷(三十至四十六、首一卷)

110000－0102－0012495　丙二/5638　史部/地理類/方志/地方志

[同治]襄陽縣志七卷　（清）吳耀斗修　（清）李士彬纂　清同治十二年(1873)刻本　八冊

110000 – 0102 – 0012496　丙二/5639　史部/
地理類/外紀

瀛環志略　（清）徐繼畬輯　清道光二十八年
(1848)刻本　六冊

110000 – 0102 – 0012497　丙二/5640　史部/
地理類/外紀

瀛環志略　（清）徐繼畬輯　清道光二十八年
(1848)刻本　六冊

110000 – 0102 – 0012498　丙二/5641　史部/
地理類/方志/地方志

[嘉慶]四川通志二百〇四卷首二十二卷
（清）常明等修　（清）楊芳燦等纂　清刻本
七十冊　缺一百二十七卷(一至五十二、九十
二至九十四、一百〇二至一百〇三、一百三十
五至一百八十二、一百九十至二百〇四,首十
二、十七至二十二)

110000 – 0102 – 0012499　丙二/5643　史部/
地理類/方志/地方志

[乾隆]天津縣志二十四卷續志二十卷首一卷
　（清）朱奎揚等修　（清）吳廷華等纂　**[同
治]續天津縣志二十卷首一卷**　（清）吳惠元
修　（清）蔣玉虹　（清）俞樾纂　清同治九年
(1870)刻本　十六冊

110000 – 0102 – 0012500　丙二/5648　史部/
地理類/方志/地方志

[同治]貴溪縣誌　（清）□□撰　清刻本　四
冊　存六卷(一之四至五、二之一至四、三之
一至五、八之五至九)

110000 – 0102 – 0012501　丙二/5655　史部/
地理類/方志/地方志/浙江

乾道臨安志三卷　（宋）周淙撰　清光緒四年
(1878)會稽章氏刻本　二冊

110000 – 0102 – 0012502　丙二/5657　史部/
地理類/方志/地方志

[同治]靈壽縣志十卷末一卷　（清）劉廣年等
纂修　清同治十二年(1873)刻本　六冊

110000 – 0102 – 0012503　丙二/5660　史部/
地理類/方志/地方志

[同治]長樂縣誌　（清）□□撰　清刻本　一
冊　存二卷(十九至二十)

110000 – 0102 – 0012504　丙二/5661　史部/
地理類/方志/地方志

[光緒]三原縣新志八卷　（清）焦雲龍修
（清）賀瑞麟等纂　清光緒五年(1879)刻本
四冊

110000 – 0102 – 0012505　丙二/5666　史部/
地理類/方志/地方志

**[光緒]乾州志稿十四卷首一卷補正一卷別錄
四卷殉難士女錄一卷**　（清）周銘旗纂修　清
光緒十年(1884)乾陽書院刻本　七冊

110000 – 0102 – 0012506　丙二/5667　史部/
地理類/方志/地方志

[光緒]東光縣誌十二卷首一卷末一卷　（清）
周植瀛等修　（清）吳潯源等纂　清光緒十三
年(1887)刻本　九冊

110000 – 0102 – 0012507　丙二/5668　史部/
地理類/方志/地方志

[光緒]寧津縣誌十二卷首一卷　（清）祝嘉庸
修　（清）吳潯源等纂　清光緒二十六年
(1900)刻本　七冊　缺一卷(八)

110000 – 0102 – 0012508　丙二/5669　史部/
地理類/專志/寺觀

平山堂圖志十卷　（清）趙之壁輯　清光緒九
年(1883)刻本　四冊

110000 – 0102 – 0012509　丙二/5670　史部/
地理類/方志/地方志

[光緒]獲鹿縣誌十四卷首一卷末一卷　（清）
俞錫綱等修　（清）曹鑅等撰　清光緒七年
(1881)刻本　十冊

110000 – 0102 – 0012510　丙二/5672　史部/
地理類/方志/地方志

嘉慶海州直隸州志三十二卷　（清）唐仲冕修
　（清）汪梅鼎等纂　清刻本　五冊　存十八
卷(四至十、十六至十九、二十三至二十五、二
十九至三十二)

110000 – 0102 – 0012511　丙二/5673　史部/

地理類/專志/園林

約園志 （清）徐樹銘撰 清光緒二十三年
(1897)刻本 一冊

110000－0102－0012512 丙二/5677 史部/
地理類/方志/地方志

[光緒]定興縣誌二十六卷首一卷 （清）張諧
之等修 （清）楊晨等纂 清光緒十六年
(1890)刻民國二十一年(1932)定興縣第一工
廠重印本 八冊

110000－0102－0012513 丙二/5679 史部/
地理類/山川/山

疎山志略十卷首一卷末一卷 （清）吳峰輯
（清）吳奎星重纂 清同治十年(1871)疎溪刻
本 六冊

110000－0102－0012514 丙二/5681 史部/
地理類/方志/地方志

[光緒]重修新樂縣志六卷 （清）趙文濂等纂
修 清光緒十一年(1885)刻本 六冊

110000－0102－0012515 丙二/5682 史部/
地理類/方志/地方志

[康熙]隴州志八卷首一卷 （清）羅彰彝等纂
修 清康熙五十二年(1713)刻本 四冊 缺
一卷(八)

110000－0102－0012516 丙二/5683 史部/
地理類/方志/地方志

[光緒]天津府志五十四卷首末二卷 （清）沈
家本等修 （清）徐宗亮纂 清光緒二十五年
(1899)刻本 二十八冊

110000－0102－0012518 丙二/5685 史部/
地理類/方志/地方志

[同治]湖州府志九十六卷首一卷 （清）宗源
瀚等修 （清）周學濬纂 清同治十一年
(1872)愛山書院刻本 四十冊

110000－0102－0012519 丙二/5686 史部/
地理類/方志/地方志

[同治]湖州府志九十六卷首一卷 （清）宗源
瀚等修 （清）周學濬纂 清同治十一年
(1872)愛山書院刻本 四十冊

110000－0102－0012520 丙二/5690 史部/
地理類/專志/寺觀

香城志略二卷 （清）釋本源輯 （清）陳弘緒
訂 清南昌刻本 二冊

110000－0102－0012521 丙二/5691 史部/
地理類/方志/地方志

[道光]任邱縣志續編二卷 （清）鮑承燾修
（清）瞿光緗等纂 清道光十七年(1837)刻本
二冊

110000－0102－0012522 丙二/5692 史部/
地理類/方志/地方志

[光緒]永年縣誌四十卷首一卷 （清）夏詒鈺
纂修 清光緒三年(1877)刻本 八冊

110000－0102－0012523 丙二/5694 史部/
地理類/方志/地方志

[光緒]桐鄉縣誌二十四卷首四卷 （清）嚴辰
撰 清光緒十三年(1887)蘇州陶漱藝齋刻本
二十四冊

110000－0102－0012524 丙二/5696 史部/
地理類/方志/地方志

[咸豐]慶雲縣志三卷首一卷末一卷 （清）戴
綱孫編纂 清咸豐五年(1855)海雲堂崔氏刻
民國二十三年(1934)重印本 三冊

110000－0102－0012525 丙二/5704 史部/
地理類/方志/地方志/河北

[乾隆]祁州誌八卷 （清）羅以桂等修
（清）張萬銓等纂 [光緒]祁州志續志四卷
（清）趙秉恆等修 （清）劉學海等纂 清光緒
八年(1882)刻本 六冊

110000－0102－0012526 丙二/5705 史部/
地理類/方志/地方志

[光緒]黃梅縣誌四十卷 （清）覃瀚元修 清
光緒二年(1876)刻本 十二冊

110000－0102－0012527 丙二/5707 史部/
地理類/方志/地方志

[光緒]平鄉縣志十二卷首一卷 （清）蘇性纂
輯 （清）吳沂續修 清光緒十二年(1886)刻
本 四冊

110000－0102－0012528　丙二/5709　史部/
地理類/總錄

輿地廣記三十八卷　（宋）歐陽忞撰　清光緒
廣雅書局刻本　五冊

110000－0102－0012529　丙二/5712　史部/
地理類/方志/地方志

[道光]南宮縣志十六卷　（清）周栻修
（清）陳柱纂　清道光十一年(1831)刻本
八冊

110000－0102－0012530　丙二/5719　史部/
地理類/山川/山

廣雁蕩山志二十八卷首末二卷　（清）曾唯纂
輯　清乾隆二十五年(1760)刻本　八冊　缺
六卷(七至十、二十四至二十五)

110000－0102－0012531　丙二/5721　史部/
地理類/方志/地方志

[道光]許州志十六卷首一卷　（清）蕭元吉修
（清）李堯觀等纂　清道光十八年(1838)刻
本　六冊　缺十卷(七至十六)

110000－0102－0012532　丙二/5724　史部/
地理類/方志/地方志/河南

[乾隆]閿鄉縣志十二卷首末二卷　（清）梁溥
等纂修　清乾隆十二年(1747)刻本　六冊
缺四卷(九至十二)

110000－0102－0012533　丙二/5725　史部/
地理類/山川/山

泰山道里記　（清）聶欽撰　清道光六年
(1826)兩山堂刻本　一冊

110000－0102－0012534　丙二/5726　史部/
地理類/方志/地方志

[光緒]渾源州續志十卷　（清）賀澍恩等纂修
清光緒六年(1880)刻本　四冊　存六卷
(一至二、五至八)

110000－0102－0012535　丙二/5732　史部/
地理類/方志/地方志/河北

[乾隆]直隸易州志十八卷首一卷　（清）張登
高等纂修　清乾隆十二年(1747)刻本　二冊

110000－0102－0012536　丙二/5735　史部/

110000－0102－0012536　丙二/5735　史部/
地理類/方志/地方志

[光緒]綏遠旗志十卷首一卷　（清）貽穀修
高賡恩等纂　清光緒三十四年(1908)刻本
一冊

110000－0102－0012537　丙二/5740　子部/
雜家類

新增格古要論十三卷　（明）曹昭撰　（明）舒
敏編　（明）王佐增　清刻惜陰軒叢書本
六冊

110000－0102－0012538　丙二/5742　史部/
政書類/職官/政紀

政績彙覽十四卷　（清）糜奇瑜輯　清道光十
年(1830)毓德堂刻本　四冊

110000－0102－0012539　丙二/5744　史部/
政書類/法令/其它

重刊補注洗冤錄集證四卷補輯一卷附刊一卷
（宋）宋慈撰　（清）阮其新補注　清道光二
十二年(1842)貴陽府署刻朱藍墨套印本
四冊

110000－0102－0012540　丙二/5745　史部/
政書類/職官類

欽定歷代職官表七十二卷　（清）紀昀等撰
清光緒二十二年(1896)廣雅書局刻本　十冊
缺三十八卷(一至十、十八至三十九、五十
至五十五)

110000－0102－0012541　丙二/5746　史部/
政書類/學制/文化教育

輶軒語七卷　（清）張之洞撰　清光緒四年
(1878)刻本　一冊

110000－0102－0012542　丙二/5747　史部/
政書類/學制/文化教育

輶軒語七卷　（清）張之洞撰　清光緒四年
(1878)刻本　一冊

110000－0102－0012543　丙二/5748　子部/
儒家類

發落語六卷　（清）張之洞撰　清光緒元年
(1875)刻本　一冊

110000－0102－0012544　丙二/5749　子部/

雜家類/學說

西學考略 （美國）丁韙良著　清光緒九年(1883)同文館鉛印本　二冊

110000－0102－0012545　丙二/5750　子部/雜家類/學說

西學考略 （美國）丁韙良著　清光緒九年(1883)同文館鉛印本　二冊

110000－0102－0012546　丙二/5752　史部/政書類/通制

晉政輯要四十卷 （清）剛毅 （清）張煦等重輯　清光緒十四年(1888)刻本　三十一冊　缺三卷(三十八至四十)

110000－0102－0012547　丙二/5753　史部/政書類/通制

欽定大清會典八十卷事例九百二十卷圖一百三十二卷 （清）托津等續修　清嘉慶二十三年(1818)內府刻本　四百三十冊　缺五十五卷(事例五百三十至五百六十八、七百八十一至七百九十三、圖八十七至八十九)

110000－0102－0012548　丙二/5754　史部/政書類/通制

欽定大清會典一百卷事例一千二百二十卷圖二百七十卷 （清）德宗載湉敕撰　清光緒二十五年(1899)外交部石印本　四百八十七冊　第十五函缺七冊

110000－0102－0012549　丙二/5755　史部/政書類/詔令奏議/詔令

大清高宗純皇帝聖訓三百卷 （清）高宗弘曆撰　清光緒鉛印本　一百六十冊

110000－0102－0012550　丙二/5756　史部/政書類/詔令奏議/詔令

大清宣宗成皇帝聖訓 （清）宣宗旻寧撰　清光緒鉛印本　七十九冊　存一百〇一卷(二十九至一百〇九、一百十一至一百三十)

110000－0102－0012551　丙二/5757　史部/政書類/詔令奏議/詔令

大清聖祖仁皇帝聖訓六十卷 （清）聖祖玄燁撰　清活字本　二十四冊

110000－0102－0012552　丙二/5758　史部/政書類/詔令奏議/詔令

大清文宗顯皇帝聖訓一百十卷 （清）文宗奕詝撰　清光緒鉛印本　四十八冊

110000－0102－0012553　丙二/5759　史部/政書類/詔令奏議/詔令

大清世祖章皇帝聖訓六卷 （清）世祖福臨撰　清木活字印本　六冊

110000－0102－0012554　丙二/5760　史部/政書類/詔令奏議/詔令

大清仁宗睿皇帝聖訓 （清）仁宗顒琰撰　清光緒鉛印本　十冊　缺十三卷(一至十三)

110000－0102－0012555　丙二/5766　史部/紀傳類/斷代

後漢書九十卷 （南朝宋）范曄撰 （唐）李賢注　清光緒十三年(1887)刻本　十六冊

110000－0102－0012556　丙二/5769　史部/紀傳類/斷代

晉書 （唐）太宗李世民御撰　清同治刻本　二十四冊

110000－0102－0012557　丙二/5781　史部/紀傳類/斷代

南宋書六十八卷 （清）錢士升撰　清嘉慶二年(1797)掃葉山房刻本　十冊

110000－0102－0012558　丙二/5783　史部/紀傳類/斷代

契丹國志二十七卷 （宋）葉隆禮撰　清乾隆掃葉山房刻本　六冊

110000－0102－0012559　丙二/5784　史部/紀傳類/斷代

元史類編十二卷 （清）邵遠平撰　清乾隆六十年(1795)南沙席氏掃葉山房刻本　六冊

110000－0102－0012560　丙二/5795　史部/政書類/學制

欽定學政全書八十六卷 （清）童璜等纂 (清)汪梅鼎等修　清嘉慶十七年(1812)刻本　二十四冊

110000－0102－0012561　丙二/5796　史部/紀事本末類/斷代

聖武記十四卷　（清）魏源撰　清道光二十二年（1842）刻本　十二冊

110000－0102－0012562　丙二/5797　史部/傳記類/人表

關中同官錄　（清）□□編　清光緒十六年（1890）續刻本　八冊

110000－0102－0012563　丙二/5798　史部/傳記類/人表

關中同官錄　（清）□□編　清光緒十七年（1891）續刻本　八冊

110000－0102－0012564　丙二/5799　史部/編年類/通代

資治通鑑目錄三十卷　（宋）司馬光撰　清光緒閻氏刻本　十四冊

110000－0102－0012565　丙二/5800　史部/編年類/通代

資治通鑑二百九十四卷　（宋）司馬光撰（元）胡三省注　清光緒閻氏刻本　九十八冊

110000－0102－0012566　丙二/5801　史部/編年類/通代

資治通鑑外紀十卷目錄五卷　（宋）劉恕撰　清光緒閻氏刻本　五冊

110000－0102－0012567　丙二/5802　史部/編年類/通代

通鑑辯誤十二卷　（元）胡三省撰　清光緒閻氏刻本　三冊

110000－0102－0012568　丙二/5804　史部/地理類/雜記

經野規略三卷　（明）劉光復撰　清同治五年（1866）鉛印本重刻　四冊

110000－0102－0012569　丙二/5815　史部/政書類/文牘檔冊

光緒二一年分彙題各省節孝人等請旌原題檔冊　（清）□□編　清光緒刻本　一冊

110000－0102－0012570　丙二/5816　史部/政書類/文牘檔冊

光緒二〇年分彙題各省節孝人等請旌原題檔冊　（清）□□編　清光緒刻本　一冊

110000－0102－0012571　丙二/5820　子部/儒家類/宋以前

晏子春秋七卷附音義二卷校勘記二卷　（清）孫星衍校並撰　清光緒元年（1875）刻本　四冊

110000－0102－0012572　丙二/5823　史部/編年類

鑑史輯要六卷　諸葛汝楫撰　清宣統三年（1911）鉛印本　一冊

110000－0102－0012573　丙二/5824　史部/傳記類/人表

[清搢紳錄]　（清）□□編　清光緒刻本　四冊

110000－0102－0012574　丙二/5832　史部/目錄類/著錄/叢書目錄/總目

欽定四庫全書總目提要二百卷首四卷　（清）高宗弘曆敕撰　清同治光緒間刻本　一百十二冊

110000－0102－0012575　丙二/5833　集部/總集類/文/斷代/清

皇朝經世文新編二十一卷　（清）麥仲華輯　清石印本　十八冊

110000－0102－0012576　丙二/5834　史部/傳記類/總傳/專錄/其它

增補泰西名人傳六卷　（清）徐心鏡增訂　清光緒二十九年（1903）鴻寶齋石印本　四冊

110000－0102－0012577　丙二/5835　集部/別集類/清

志節編二卷　（清）李棠階輯　清刻本　一冊

110000－0102－0012578　丙二/5838　史部/傳記類/日記

夏峰日譜錄存三十六卷　（清）孫奇逢撰（清）武汝清　（清）王輅校訂　清光緒兼山堂刻本　二十四冊

110000－0102－0012579　丙二/5840　史部/
外國史類

俄國新志八卷　（英國）陝勒低撰　（英國）傅
蘭雅　（清）潘松譯　清光緒二十四年(1898)
上海製造總局刻本　三冊

110000－0102－0012580　丙二/5845　史部/
傳記類/年譜

顧亭林先生年譜　（清）張穆編　清道光二十
四年(1844)刻本　一冊

110000－0102－0012581　丙二/5846　史部/
傳記類/年譜

閻潛北先生年譜　（清）張穆編　清道光二十
六年(1846)刻本　一冊

110000－0102－0012582　丙二/5848　史部/
政書類/邦計/荒政

荒政輯要九卷首一卷　（清）汪志伊纂　清同
治八年(1869)楚北崇文書局刻本　二冊

110000－0102－0012583　丙二/5849　史部/
史表類

北宋經撫年表　吳廷燮編　清宣統三年
(1911)序鉛印本　二冊

110000－0102－0012584　丙二/5855　史部/
政書類/法令/律例

新增通行章程　（清）□□編　清光緒三十二
年(1906)鉛印本　一冊

110000－0102－0012585　丙二/5856　史部/
政書類/法令/律例

新增通行章程　（清）□□編　清宣統元年
(1909)鉛印本　一冊

110000－0102－0012586　丙二/5857　史部/
政書類/法令/律例

遵議滿漢通行刑律　（清）沈家本撰　清光緒
三十三年(1907)法律館鉛印本　一冊

110000－0102－0012587　丙二/5860　史部/
政書類/職官/官制

麟臺故事五卷　（宋）程俱撰　（清）陸錫熊等
纂　清同治十三年(1874)江西書局刻本
一冊

110000－0102－0012588　丙二/5866　史部/
政書類/法令/律例

修訂秋審條款　（清）廷傑撰　清宣統二年
(1910)抄本　一冊

110000－0102－0012589　丙二/5867　史部/
政書類/法令/律例

大理院開辦暫訂章程　（清）□□編　清光緒
三十三年(1907)油印本　一冊

110000－0102－0012590　丙二/5868　史部/
政書類/法令/律例

吉石笙比部審判要略三十則　（清）吉同鈞撰
清光緒三十四年(1908)油印本　一冊

110000－0102－0012591　丙二/5869　史部/
政書類/詔令奏議/奏議

薛大司寇審辦太監李莨材等奏稿　（清）吉同
鈞撰　清光緒二十二年(1896)油印本　一冊

110000－0102－0012592　丙二/5870　史部/
政書類/法令/律例

秋審應入可矜人犯酌擬隨案減等條款　（清）
□□撰　清光緒三十二年(1906)油印本
一冊

110000－0102－0012593　丙二/5871　史部/
政書類/法令/律例

律例館提調王斌卿郎中主稿　（清）王斌卿撰
清光緒油印本　一冊

110000－0102－0012594　丙二/5872　史部/
政書類/法令/律例

法部會奏編輯秋審條款清單　（清）□□編
清宣統二年(1910)鉛印本　一冊

110000－0102－0012595　丙二/5873　史部/
政書類/法令/律例

憲政編查館會奏現行刑律修改各條清單
（清）□□編　清宣統鉛印政治官報本　一冊

110000－0102－0012596　丙二/5874　史部/
政書類/法令/律例

律學館季考擬作　（清）吉同季撰　清抄本
一冊

110000－0102－0012597　丙二/5875　史部/
目錄類/圖書學/考證

古今僞書考　（清）姚際恆撰　清光緒三年
(1877)刻知不足齋叢書本　二冊

110000－0102－0012598　丙二/5878　史部/
時令類

月令粹編二十四卷　（清）秦嘉謨輯　清嘉慶
十四年(1809)刻本　六冊

110000－0102－0012599　丙二/5880　史部/
目錄類/收藏/私藏/宋

郡齋讀書志二十卷附志一卷校補一卷　（宋）
晁公武撰　清光緒十年(1884)長沙王氏刻本
十冊

110000－0102－0012600　丙二/5882　史部/
傳記類/年譜

李恕谷先生年譜　（清）馮辰纂　清道光十六
年(1836)李氏刻本　六冊

110000－0102－0012601　丙二/5883　史部/
政書類/通制

欽定大清會典八十卷　（清）托津等纂修　清
嘉慶二十三年(1818)內府刻本　四十冊

110000－0102－0012602　丙二/5884　史部/
目錄類/收藏/公藏/清

四庫簡明目錄標注二十卷　（清）邵懿辰撰
清宣統三年(1911)邵氏刻本　四冊

110000－0102－0012603　丙二/5886　史部/
地理類/地圖、圖志

歷代輿地圖　楊守敬撰　清光緒三十二年
(1906)觀海堂刻本　三十四冊

110000－0102－0012604　丙二/5887　史部/
政書類/通制

鄭氏通志二百卷　（宋）鄭樵撰　清光緒二十
七年(1901)鉛印本　六十冊

110000－0102－0012605　丙二/5888　史部/
政書類/通制

欽定續通志六百四十卷　（清）紀昀等撰　清
光緒二十七年(1901)鉛印本　六十冊

110000－0102－0012606　丙二/5890　史部/
政書類/詔令奏議/詔令

宮門抄　（清）□□撰　清光緒三十四年
(1908)鉛印本　二冊

110000－0102－0012607　丙二/5898　叢部/
彙編叢書/清中晚期

荆駝逸史五十二種八十五卷　（清）陳湖逸士
撰　清刻本　二十四冊

110000－0102－0012608　丙二/5903　史部/
史總類/諸史彙編

二十四史　清咸豐元年(1851)廣東新會陳氏
刻本　八百二十六冊

110000－0102－0012609　丙二/5903－2　史
部/傳記類/人表

山東鄉試第拾房同門姓氏鄉試硃卷　（清）
□□輯　清光緒二十年(1894)刻本　一冊

110000－0102－0012610　丙二/5909　史部/
政書類/詔令奏議/奏議

李肅毅伯奏議十卷　（清）章洪鈞　（清）吳汝
綸輯　清光緒石印本　十三冊

110000－0102－0012611　丙二/5911　史部/
地理類

東三省沿革表六卷　吳廷燮撰　清宣統元年
(1909)退耕堂刻本　六冊

110000－0102－0012612　丙二/5919　集部/
別集類/清

寄生草三卷附詩剩一卷　（清）曹儼撰　清同
治元年(1862)抄本　三冊

110000－0102－0012613　丙二/5921　集部/
別集類/清

不自慊齋漫存九卷　（清）徐賡陛撰　清光緒
八年(1882)刻本　八冊

110000－0102－0012614　丙二/5922　叢部/
自著叢書/清初期

楊氏全書三十六卷　（清）楊名時撰　清乾隆
五十九年(1794)刻本　八冊

110000－0102－0012615　丙二/5933　史部/

傳記類/人表

國朝虞陽科名錄四卷 （清）王元鍾輯　清道光三十年（1850）刻本　四冊

110000－0102－0012616　丙二/5935　史部/地理類/專志/書院

東林書院志二十二卷 （清）高廷撰　清光緒七年（1881）刻本　八冊

110000－0102－0012617　丙二/5937　史部/地理類/方志/地方志/河北

[乾隆]武清縣志 （清）吳翀　（清）張純等撰　清乾隆七年（1742）刻本　八冊

110000－0102－0012618　丙二/5938　史部/地理類/方志/地方志/河北

[乾隆]永清縣志十卷 （清）周震榮　（清）章學誠撰　清乾隆四十四年（1779）刻本　四冊

110000－0102－0012619　丙二/5948　集部/別集類/清

金源紀事詩八卷 （清）湯運泰撰　清嘉慶十八年（1813）刻本　四冊

110000－0102－0012620　丙二/5949　史部/政書類/詔令奏議/奏議

平番奏議四卷 （清）易崇階校　清咸豐三年（1853）刻本　四冊

110000－0102－0012621　丙二/5950　史部/地理類/雜記

都門彙纂 （清）楊靜亭編　（清）李靜山增補　清同治十二年（1873）刻本　一冊　缺一冊

110000－0102－0012622　丙二/5954　史部/地理類/方志/地方志/天津

[乾隆]天津縣志二十四卷 （清）朱奎揚修　（清）吳廷華等纂　清乾隆四年（1739）刻本　八冊

110000－0102－0012623　丙二/5963　史部/史料類

資政院第一次常年會議事錄[1－42號]附資政院公報[1－9號、33號] （清）□□編　清宣統二年（1910）鉛印本　一冊

110000－0102－0012624　丙二/5969　史部/地理類/方志

[光緒]趙州屬邑志 （清）□□纂修　清光緒刻本　四冊

110000－0102－0012625　丙二/5972　史部/目錄類/收藏/私藏/清

五桂樓書目四卷 （清）黃石泉撰　清光緒二十一年（1895）姚江黃氏刻本　二冊

110000－0102－0012626　丙二/6004　史部/政書類/職官類

欽定歷代職官表七十二卷 （清）紀昀等纂　清光緒二十二年（1896）廣雅書局刻本　二十四冊

110000－0102－0012627　丙二/6008　史部/編年類/通代

資治通鑑目錄三十卷 （宋）司馬光撰　清同治八年（1869）江蘇書局刻本　十冊

110000－0102－0012628　丙二/6012　史部/編年類/通代

資治通鑑地理今釋 （清）吳熙載撰　清刻本　三冊

110000－0102－0012629　丙二/6013　史部/編年類/通代

續資治通鑑 （清）畢秋帆撰　清刻本　六十四冊

110000－0102－0012630　丙二/6014　史部/政書類/通制

皇朝政典挈要 （日本）增田貢原撰　（清）毛淦補編　清光緒二十八年（1902）刻本　四冊

110000－0102－0012631　丙二/6015　史部/史抄類

通鑑總類二十卷 （清）蔣德明撰　清光緒二十年（1894）京都申榮堂刻本　二十冊

110000－0102－0012632　丙二/6018　史部/地理類/總錄

歷代地理志韻編今釋二十卷 （清）李兆洛輯　清同治九年（1870）刻本　八冊

110000－0102－0012633　丙二/6019　子部/雜家類/雜考

札樸十卷　（清）桂馥撰　清光緒九年（1883）刻本　八冊

110000－0102－0012634　丙二/6020　史部/編年類/通代

御批歷代通鑑輯覽　（清）傅恆等纂　清光緒五年（1879）刻本　五十九冊

110000－0102－0012635　丙二/6021　子部/儒家類

考信錄　（清）崔述著　清刻本　十六冊

110000－0102－0012636　丙二/6023　子部/兵家類

乾坤大略　（清）王餘佑撰　清光緒五年（1879）定州王氏德謙堂刻畿輔叢書本　二冊

110000－0102－0012637　丙二/6026　史部/編年類/斷代

兩漢紀六十卷附校記二卷　（宋）□□輯　清光緒二年（1876）嶺南述古堂刻本　十二冊

110000－0102－0012638　丙二/6027　史部/紀傳類/通代

歸方評點史記合筆　（清）王拯纂　清光緒元年（1875）刻本　四冊

110000－0102－0012639　丙二/6028　史部/地理類/方志/地方志/河北

[道光]承德府志六十卷　（清）海忠等纂修　清光緒十三年（1887）刻本　二十四冊

110000－0102－0012640　丙二/6029　史部/紀傳類/斷代

三國志　（晉）陳壽撰　（南朝宋）裴松之注　清粵東文雅齋刻本　十二冊

110000－0102－0012641　丙二/6033　史部/史總類/諸史彙編

二十四史　清同治八年（1869）嶺南萉古堂刻本　八百五十冊

110000－0102－0012642　丙二/6281　子部/儒家類/宋以前

孔叢子二卷　（漢）孔鮒撰　（漢）裘紹謨校　清刻漢魏叢書本　一冊

110000－0102－0012643　丙二/6371　子部/宗教類/道教

天后聖蹟全集二卷　（清）孫清標輯　（清）孫廣邁重訂　清道光二十九年（1849）刻本　一冊

110000－0102－0012644　丙三/3　子部/道家類

列子八卷　（唐）盧重元注　清嘉慶八年（1803）江都秦氏刻本　四冊

110000－0102－0012645　丙三/4　叢部/自著叢書/清中晚期

胡氏三種八卷　（清）胡敬輯　清嘉慶二十一年（1816）刻本　四冊

110000－0102－0012646　丙三/5　子部/儒家類/宋以前

揚子法言十三卷附音義一卷　（漢）揚雄撰　（晉）李軌注　清嘉慶二十三年（1818）秦氏石研齋刻本　二冊

110000－0102－0012647　丙三/10　子部/藝術類/書畫

嶽雪樓書畫錄五卷　（清）孔廣陶編　清光緒十五年（1889）三萬卷堂刻本　五冊

110000－0102－0012648　丙三/11　子部/藝術類/書畫/書法、畫帖/清

習苦齋畫絮十卷　（清）戴熙記　（清）惠年編　清光緒十九年（1893）刻本　十二冊

110000－0102－0012649　丙三/14　子部/藝術類/篆刻

小石山房印譜　（清）顧湘輯　清宣統三年（1911）石印本　六冊

110000－0102－0012650　丙三/18　子部/儒家類/宋以前

顏氏家訓二卷　（北齊）顏之推撰　清光緒元年（1875）湖北崇文書局刻本　一冊

110000－0102－0012651　丙三/24　子部/藝

術類/書畫

紅豆樹館書畫記八卷 （清）陶樑編輯　清光緒八年(1882)吳縣潘霨刻本　六冊

110000－0102－0012652　丙三/26　子部/儒家類/宋以前

文中子中說十卷　（隋）王通撰　（宋）阮逸注　清光緒十六年(1890)貴陽陳氏影印本　二冊

110000－0102－0012653　丙三/30　子部/藝術類/篆刻

譚氏印譜　（清）譚子猶輯　清道光十六年(1836)鈐印本　四冊

110000－0102－0012654　丙三/31　子部/藝術類/雜著

賞奇軒四種合編　（清）□□輯　清文德堂刻本　四冊

110000－0102－0012655　丙三/34　子部/藝術類/書畫

清朝名家書畫錄四卷　寶鎮輯　清宣統三年(1911)石印本　四冊

110000－0102－0012656　丙三/36　子部/雜家類/學說

五雜組十六卷　（明）謝肇淛撰　清抄本　八冊

110000－0102－0012657　丙三/38　子部/儒家類/清

漢學商兌四卷　（清）方東樹撰　清光緒八年(1882)刻本　四冊

110000－0102－0012658　丙三/39　史部/地理類/山川/山

五山志林八卷　（清）羅天尺撰　清道光三十年(1850)南海伍氏刻嶺南遺書本　二冊

110000－0102－0012659　丙三/40　子部/術數類/相宅相墓

相宅新編二卷　（清）焦循編　清抄本　二冊

110000－0102－0012660　丙三/41　子部/術數類/相宅相墓

地學二卷　（清）沈鎬撰　清道光十三年(1833)大文堂刻本　四冊

110000－0102－0012661　丙三/45　子部/譜錄類/草木

蘭蕙同心錄　（清）許霽穌撰　清光緒十七年(1891)石印本　二冊

110000－0102－0012662　丙三/52　子部/農家類/總錄

齊民要術八卷　（北魏）賈思勰撰　清光緒二十二年(1896)刻本　四冊

110000－0102－0012663　丙三/53　子部/天文地理類/演算法/各錄

弧失算術　（明）顧應祥撰　清光緒十年(1884)歸安陸氏刻本　二冊

110000－0102－0012664　丙三/57　子部/醫家類/醫經

重廣補註黃帝内經素問二十四卷　（唐）王冰注　清光緒十年(1884)京口文成堂刻本　十冊

110000－0102－0012665　丙三/59　子部/醫家類/雜病方論

温病條辨六卷首一卷　（清）吳瑭撰　清嘉慶十八年(1813)刻本　六冊

110000－0102－0012666　丙三/61　子部/醫家類/雜病方論

驗方新編正集十七卷續集七卷　（清）鮑相璈編輯　清上海廣益書局石印本　八冊

110000－0102－0012667　丙三/62　子部/醫家類/雜病方論

醫方經驗四卷　（清）郝瀛撰　清光緒十六年(1890)鉛印本　四冊

110000－0102－0012668　丙三/63　子部/術數類/占候

靈棋經二卷　（晉）顏幼明撰　（宋）何承天注　清咸豐十一年(1861)致遠堂刻本　四冊

110000－0102－0012669　丙三/67　子部/醫家類

蘇沈良方八卷 （宋）蘇軾 （宋）沈括撰 清
乾隆福建刻本 一冊

110000－0102－0012670 丙三/76 子部/醫
家類/兒婦科方論

小兒藥證真訣三卷 （宋）錢乙撰 清乾隆福
建刻本 一冊

110000－0102－0012671 丙三/77 子部/醫
家類/兒婦科方論

婦科一百十七症發明 （清）包巖撰 清光緒
二十九年（1903）刻本 一冊

110000－0102－0012672 丙三/78 子部/醫
家類/兒婦科方論

補注傅氏女科全集 （清）傅山撰 清光緒十
一年（1885）文成堂刻本 四冊

110000－0102－0012673 丙三/79 子部/醫
家類/雜病方論

温熱經緯五卷 （清）王士雄纂 清光緒三年
（1877）湖北書局刻本 四冊

110000－0102－0012674 丙三/80 史部/政
書類/通制

萬國政治藝學全書八十卷 （清）朱大文等編
輯 清光緒石印本 十二冊

110000－0102－0012675 丙三/82 子部/醫
家類/本草

本草從新十八卷 （清）吳儀洛編 清光緒六
年（1880）紫文閣刻本 六冊

110000－0102－0012676 丙三/87 子部/醫
家類/本草

本草三家合註六卷 （清）郭汝聰集註 清刻
本 一冊

110000－0102－0012677 丙三/91 子部/醫
家類/外科方論

外科證治全生 （清）王維德撰 清刻本
二冊

110000－0102－0012678 丙三/92 子部/醫
家類/總錄

醫學篇八卷 （清）曾懿撰 清光緒三十三年

（1907）刻本 二冊

110000－0102－0012679 丙三/93 子部/醫
家類/外科方論

外科正宗十二卷 （明）陳實功撰 清咸豐十
年（1860）刻本 六冊

110000－0102－0012680 丙三/94 子部/術
數類/相宅相墓

陽宅集要 （清）□□撰 清抄本 二冊

110000－0102－0012681 丙三/99 子部/宗
教類/釋教

翠微三要 （清）釋心興撰 清道光二年
（1822）刻本 二冊

110000－0102－0012682 丙三/100 子部/
術數類/相宅相墓

地理元宗圖說二卷 （清）秦蕙田撰 清咸豐
元年（1851）廣東撫署刻本 六冊

110000－0102－0012683 丙三/101 史部/
別史、雜史類

九朝野記四卷 （明）祝允明纂 清宣統三年
（1911）時中書局鉛印本 二冊

110000－0102－0012684 丙三/102 集部/
小說類/章回

爭駒奪婿記 （清）□□撰 清抄本 四冊

110000－0102－0012685 丙三/105 子部/
類書類/韻編

佩文韻府一百〇六卷拾遺一百〇六卷 （清）
張玉書等纂修 清影印本 六十冊

110000－0102－0012686 丙三/108 史部/
傳記類/總傳/專錄/儒林

學案小識十四卷首一卷末一卷 （清）唐鑑撰
清光緒十年（1884）刻本 十二冊

110000－0102－0012687 丙三/110 子部/
雜家類/雜纂

述記 （清）任兆麟撰 清乾隆五十三年
（1788）刻本 六冊

110000－0102－0012688 丙三/111 子部/
儒家類/清

養正類編十三卷　（清）張伯行纂　清同治五年(1866)福州正誼書局刻本　四冊

110000 – 0102 – 0012689　丙三/116　子部/雜家類/雜述

浪跡續談八卷　（清）梁章鉅撰　清道光二十八年(1848)刻本　四冊

110000 – 0102 – 0012690　丙三/117　史部/地理類/雜記

如夢錄　（□）□□撰　清寫夢庵鉛印本　一冊

110000 – 0102 – 0012691　丙三/119　子部/雜家類/雜述

嗇庵隨筆六卷末一卷　（清）陸文衡撰　清光緒二十三年(1897)刻本　二冊

110000 – 0102 – 0012692　丙三/120　集部/小說類/筆記小說

鑄鼎餘聞四卷　（清）姚福均輯　清光緒二十五年(1899)刻本　四冊

110000 – 0102 – 0012693　丙三/128　子部/儒家類/宋以前

孔子家語十卷　（三國魏）王肅注　清光緒元年(1875)湖北崇文書局刻本　二冊

110000 – 0102 – 0012694　丙三/129　子部/儒家類/宋以前

新序十卷　（漢）劉向撰　清刻本　三冊

110000 – 0102 – 0012695　丙三/131　子部/儒家類/宋以前

揚子法言十三卷　（漢）揚雄撰　（晉）李軌注　清光緒二年(1876)浙江書局刻本　一冊

110000 – 0102 – 0012696　丙三/134　子部/儒家類/清

近思錄集注十四卷　（宋）朱熹撰　（清）江永集注　清同治八年(1869)江蘇書局刻本　四冊

110000 – 0102 – 0012697　丙三/135　子部/儒家類/宋

小學正文六卷　（宋）朱熹撰　清光緒三十年

(1904)四川官報書局刻本　二冊

110000 – 0102 – 0012698　丙三/137　子部/儒家類/宋

小學集解　（宋）朱熹撰　（清）張伯行注　清同治六年(1867)湖北崇文書局刻本　三冊

110000 – 0102 – 0012699　丙三/138　子部/儒家類/宋

小學纂注六卷　（清）高愈纂　清同治八年(1869)江蘇書局刻本　四冊

110000 – 0102 – 0012700　丙三/140　子部/儒家類/宋

小學集解六卷　（明）吳訥撰　清同治八年(1869)江蘇書局刻本　二冊

110000 – 0102 – 0012701　丙三/143　子部/儒家類/宋以前

孔子集語二卷　（宋）薛據輯　清光緒元年(1875)湖北崇文書局刻本　一冊

110000 – 0102 – 0012702　丙三/144　子部/儒家類/宋

朱子讀書法四卷　（宋）張洪　（宋）齊熙合編　清光緒二十三年(1897)八旗書院刻本　四冊

110000 – 0102 – 0012703　丙三/145　子部/儒家類/宋

性理字訓　（宋）程若庸撰　清同治八年(1869)刻本　一冊

110000 – 0102 – 0012704　丙三/146　子部/儒家類/元

讀書分年日程三卷　（元）程端禮撰　清同治十年(1871)山東尚志堂刻本　一冊

110000 – 0102 – 0012705　丙三/147　子部/儒家類/明

中庸衍義十七卷　（明）夏良盛撰　清同治十年(1871)刻本　八冊

110000 – 0102 – 0012706　丙三/148　子部/儒家類

蕺山先生人譜一卷人譜類記二卷　（清）洪正

治編　清道光八年(1828)教忠堂刻本　二冊

110000－0102－0012707　丙三/149　史部/政書類/雜錄

資政要覽三卷　(清)世祖福臨撰　清刻本　四冊

110000－0102－0012708　丙三/150　子部/儒家類/清

内則衍義十六卷　(清)世祖福臨撰　清末木活字印本　八冊

110000－0102－0012709　丙三/151　子部/儒家類/清

聖諭十六條附律易解一卷　(清)聖祖玄燁撰　(清)夏炘注解　清同治七年(1868)刻本　一冊

110000－0102－0012710　丙三/152　子部/儒家類/清

庭訓格言　(清)聖祖玄燁撰　清刻本　一冊

110000－0102－0012711　丙三/153　子部/儒家類/清

聖諭廣訓　(清)世宗胤禛撰　清刻本　二冊

110000－0102－0012712　丙三/156　子部/儒家類/明

思辨錄輯要三十五卷　(明)陸世儀撰　清光緒三年(1877)江蘇書局刻本　八冊

110000－0102－0012713　丙三/157　子部/儒家類/清

志學會約困學錄　(清)湯斌撰　清光緒四年(1878)江蘇書局刻本　一冊

110000－0102－0012714　丙三/158　子部/儒家類

榕村講授三編　(清)李光地輯　清教忠堂刻本　三冊

110000－0102－0012715　丙三/159　子部/儒家類

儒門法語　(清)彭定求編　清光緒元年(1875)江蘇學政署刻本　一冊

110000－0102－0012716　丙三/160　子部/

儒家類/清

人範六卷　(清)蔣元編輯　清光緒鉛印本　一冊

110000－0102－0012717　丙三/162　子部/儒家類

從政遺規二卷　(清)陳弘謀編輯　清培元堂刻本　二冊

110000－0102－0012718　丙三/164　子部/儒家類/清

小學韻語　(清)羅澤南撰　清光緒五年(1879)江蘇書局刻本　一冊

110000－0102－0012719　丙三/165　子部/儒家類

知聖篇　四益主人編　清宣統三年(1911)上海國學扶輪社鉛印張氏適園叢書本　一冊

110000－0102－0012720　丙三/169　子部/兵家類

備預錄十四卷首一卷　(清)□□撰　清道光二十年(1840)刻本　五冊

110000－0102－0012721　丙三/171　史部/政書類/法令/律例

重刊補註洗冤錄集證六卷　(宋)宋慈撰　(清)王又槐增輯　清道光二十四年(1844)四色套印本　五冊

110000－0102－0012722　丙三/172　史部/政書類/法令/律例

洗冤錄集證六卷　(宋)宋慈撰　(清)王又槐增輯　清光緒十八年(1892)上海集成書局石印本　四冊　缺一卷(六)

110000－0102－0012723　丙三/173　史部/政書類/法令/律例

補註洗冤錄集證六卷　(宋)宋慈撰　(清)王又槐增輯　清光緒三十年(1904)北直文昌會刻四色套印本　六冊

110000－0102－0012724　丙三/174　史部/政書類/職官/官箴

學治臆說二卷　(清)汪輝祖纂　清同治七年(1868)湖北崇文書局刻本　一冊

110000 - 0102 - 0012725　丙三/175　史部/
政書類/職官/官箴

佐治藥言　（清）汪輝祖纂　清同治七年
(1868)湖北崇文書局刻本　一冊

110000 - 0102 - 0012726　丙三/176　子部/
農家類/其它

耕織圖　（清）聖祖玄燁題　清光緒十二年
(1886)上海點石齋石印本　二冊

110000 - 0102 - 0012727　丙三/179　子部/
農家類

蠶桑輯要　（清）沈秉成　清光緒元年(1875)
江西書局刻本　一冊

110000 - 0102 - 0012728　丙三/180　子部/
醫家類/醫經

黃帝內經靈樞十二卷　（□）□□撰　清刻本
　二冊

110000 - 0102 - 0012729　丙三/182　子部/
醫家類/醫經

黃帝素問直解九卷　（清）高世栻注解　清光
緒十二年(1886)浙江書局刻本　八冊

110000 - 0102 - 0012730　丙三/183　子部/
醫家類/醫經

校正圖註難經脈訣四卷　（明）張世賢註　清
末(1875－1908)上海廣益書局石印本　五冊

110000 - 0102 - 0012731　丙三/186　子部/
醫家類/總錄

醫宗金鑑內科七十四卷外科十六卷首一卷
(清)鄂爾泰撰　清光緒二十九年(1903)上海
經香閣石印本　二十四冊

110000 - 0102 - 0012732　丙三/189　子部/
醫家類/總錄

陳修園醫書五十種　（清）陳念祖撰　清光緒
三十一年(1905)上海商務印書館鉛印本　二
十八冊

110000 - 0102 - 0012733　丙三/191　子部/
醫家類/雜錄

理瀹駢文摘要　（清）吳尚先撰　清光緒元年
(1875)江蘇書局刻本　二冊

110000 - 0102 - 0012734　丙三/198　子部/
醫家類/總錄

唐氏醫書五種　（清）唐宗海撰　清光緒三十
四年(1908)千頃堂石印本　十一冊

110000 - 0102 - 0012735　丙三/206　子部/
天文地理類/曆法

御製曆象考成上編十六卷下編十卷　（清）聖
祖玄燁輯　清光緒二十四年(1898)杭州杭省
德記書莊石印本　十六冊

110000 - 0102 - 0012736　丙三/207　子部/
天文地理類/天文

經星彙考　（清）賈步緯撰　清同治十一年
(1872)刻本　一冊

110000 - 0102 - 0012737　丙三/209　子部/
天文地理類/其它

禦風要術三卷　（英國）白爾特撰　（美國）金
楷理　（清）華蘅芳合譯　清同治十二年
(1873)上海江南製造總局刻本　一冊　存二
卷(一至二)

110000 - 0102 - 0012738　丙三/210　子部/
天文地理類

測候叢談四卷　（清）華蘅芳　（美國）金楷理
合譯　清同治上海江南製造局刻本　二冊

110000 - 0102 - 0012739　丙三/213　子部/
天文地理類/演算法/總錄

演算法統宗十一卷首一卷　（明）程大位編輯
　清光緒三年(1877)上海江南機器製造局刻
本　四冊

110000 - 0102 - 0012740　丙三/215　子部/
天文地理類/演算法/各錄

九數外錄　（清）顧觀光撰　清刻本　一冊

110000 - 0102 - 0012741　丙三/216　子部/
天文地理類/演算法

九數存古九卷　（清）顧觀光撰　清光緒十八
年(1892)江蘇書局刻本　四冊

110000 - 0102 - 0012742　丙三/217　子部/
天文地理類/演算法

數理精蘊五十三卷　（清）聖祖玄燁輯　清光

緒二十二年(1896)上海博文書局石印本　二十四冊

110000－0102－0012743　丙三/218　子部/天文地理類/演算法/總錄

演算法大成上編十卷首一卷　（清）陳傑撰　清光緒二十四年(1898)浙江官書局刻本　二十冊

110000－0102－0012744　丙三/219　子部/天文地理類/演算法/總錄

衍元筆算今式二卷　（清）汪香祖撰　清光緒二十三年(1897)江蘇書局刻本　二冊

110000－0102－0012745　丙三/220　子部/天文地理類/演算法/各錄

對數表　（清）賈步緯編輯　清上海江南製造局鉛印本　五冊

110000－0102－0012746　丙三/221　子部/天文地理類/演算法/總錄

數學理九卷附卷一卷　（英國）棣麼甘撰（清）趙元益譯　清刻本　四冊

110000－0102－0012747　丙三/222　子部/天文地理類/演算法/總錄

算式集要四卷　（清）江衡譯　清刻本　二冊

110000－0102－0012748　丙三/223　子部/天文地理類/算法/總錄

器象顯真　（英國）白力蓋輯　（英國）傅蘭雅口譯　（清）徐建寅刪述　清上海江南製造局刻本　三冊

110000－0102－0012749　丙三/224　經部/易類/文字音義

易林釋文二卷　（清）丁晏撰　清光緒十六年(1890)廣雅書局刻本　一冊

110000－0102－0012750　丙三/236　子部/藝術類/音樂舞蹈

琴學叢書　楊宗稷撰　清宣統三年至民國七年(1911－1918)北京錦文齋刻本　八冊

110000－0102－0012751　丙三/237　子部/藝術類/音樂舞蹈

琴粹四卷　楊宗稷撰　清宣統三年(1911)刻琴學叢書本　一冊

110000－0102－0012752　丙三/240　史部/金石類/金/圖像

西清古鑑四十卷　（清）高宗弘曆敕撰　清光緒三十四年(1908)康成圖書公司石印本　二十四冊

110000－0102－0012753　丙三/241　史部/金石類/金/圖像

西清續鑑甲編二十卷附錄一卷　（清）王杰等撰　清宣統三年(1911)上海商務印書館石印本　四十二冊

110000－0102－0012754　丙三/243　史部/金石類/陶瓷

飲流齋說瓷　（清）許之衡輯　清上海朝記書莊鉛印本　四冊

110000－0102－0012755　丙三/244　子部/譜錄類/器物

匋雅　寂園叟撰　清光緒三十二年(1906)上海朝記書莊石印本　四冊

110000－0102－0012756　丙三/248　子部/雜家類/學說

淮南子校勘記　（清）汪文臺撰　清光緒十一年(1885)刻本　一冊

110000－0102－0012757　丙三/251　子部/儒家類

化愚俗歌　（清）潘席卿撰　清光緒十九年(1893)刻本　一冊

110000－0102－0012758　丙三/253　子部/雜家類/雜纂

格言聯璧　（清）金纓輯　清光緒四年(1878)北京永盛齋刻本　一冊

110000－0102－0012759　丙三/257　子部/雜家類/雜考

日知錄三十二卷　（清）顧炎武撰　清同治十一年(1872)湖北崇文書局刻本　十六冊

110000－0102－0012760　丙三/259　子部/

雜家類/雜考

十駕齋養新錄二十卷餘錄三卷 （清）錢大昕
撰 清光緒二年(1876)浙江書局刻本 八冊

110000－0102－0012761 丙三/260 子部/
雜家類/雜考

點勘記 （清）歐陽泉撰 清光緒四年(1878)
江蘇書局刻本 二冊

110000－0102－0012762 丙三/263 子部/
雜家類/雜纂

養吉齋叢錄二十六卷餘錄十卷 （清）吳振棫
纂 清光緒二十二年(1896)刻本 八冊

110000－0102－0012763 丙三/264 子部/
雜家類/雜考

愈愚錄六卷 （清）劉寶楠撰 清光緒十五年
(1889)廣雅書局刻本 二冊

110000－0102－0012764 丙三/265 子部/
雜家類/雜考

學古堂日記 （清）吳履剛編 清光緒十六年
(1890)刻本 二冊

110000－0102－0012765 丙三/281 子部/
雜家類/雜述

庸書內篇二卷庸書外篇二卷 （清）陳熾撰
清光緒二十二年(1896)刻本 四冊

110000－0102－0012766 丙三/282 子部/
雜家類/雜述

退補齋隨筆 （清）董廷策撰 清光緒十七年
(1891)刻本 一冊

110000－0102－0012767 丙三/293 子部/
類書類

玉海 （宋）王應麟撰 清嘉慶十一年(1806)
刻本 六十一冊

110000－0102－0012768 丙三/294 子部/
類書類

玉海附刻 （宋）王應麟撰 清刻本 二十
二冊

110000－0102－0012769 丙三/298 經部/
小學類/音韻/韻典

佩文詩韻釋要五卷 （清）周兆基撰 （清）陸
潤庠校 清宣統三年(1911)上海商務印書館
石印本 二冊

110000－0102－0012770 丙三/299 子部/
天文地理類

三才略 （清）杜詔撰 清光緒十九年(1893)
桂垣書局刻本 一冊

110000－0102－0012771 丙三/326 子部/
宗教類/釋教

五燈會元二十卷 （宋）釋慧明輯 清光緒三
十二年(1906)黃岡陶氏刻本 十六冊

110000－0102－0012772 丙三/338 史部/
傳記類/總傳/專錄/其它

歷代仙史八卷 （清）王建章撰 清光緒七年
(1881)常熟抱芳閣刻本 六冊

110000－0102－0012773 丙三/348 子部/
醫家類/總錄

醫學三書 （清）黃保康輯 清宣統三年
(1911)刻本 二冊

110000－0102－0012774 丙三/359 史部/
金石類/石

陶齋藏石記四十四卷首一卷 （清）端方撰
清宣統元年(1909)石印 十二冊

110000－0102－0012775 丙三/374 子部/
雜家類/雜述

定香亭筆談四卷 （清）阮元撰 清光緒二十
五年(1899)浙江書局刻本 四冊

110000－0102－0012776 丙三/377 子部/
子總類/諸子彙編

子書百家 崇文書局輯 清光緒元年(1875)
湖北崇文書局刻本 一百三十九冊

110000－0102－0012777 丙三/386 史部/
傳記類/總傳/專錄/其它

白雲仙表 （清）崇實編 清道光二十七年
(1847)刻本 二冊

110000－0102－0012778 丙三/390 子部/
術數類/相宅相墓

琢玉斧　（清）張九儀撰　清道光八年(1828)
宏道堂刻本　四冊

110000－0102－0012779　丙三/391　子部/
宗教類/道教
抱朴子八卷　（晉）葛洪撰　清嘉慶柏筠堂刻
本　八冊

110000－0102－0012780　丙三/392　子部/
兵家類
鬼谷子二卷　（南朝梁）陶宏景注　清嘉慶十
年(1805)江都秦氏刻本　二冊

110000－0102－0012781　丙三/395　子部/
宗教類/釋教/論
靈峰蕅益大師宗論十四卷首一卷　（清）釋成
時編輯　清嘉慶五年(1800)刻本　十冊

110000－0102－0012782　丙三/396　子部/
天文地理類/演算法/各錄
下學菴勾股六術　（清）項名達撰　清道光二
十三年(1843)刻本　三冊

110000－0102－0012783　丙三/398　子部/
雜家類/雜考
癸巳存稿十五卷　（清）俞正燮撰　清光緒十
年(1884)刻本　十冊

110000－0102－0012784　丙三/399　集部/
集評類
消夏錄　（清）汪汲輯　清乾隆五十九年
(1794)刻本　九冊

110000－0102－0012785　丙三/400　子部/
儒家類/清
國朝宋學淵源記二卷附記一卷　（清）江藩輯
　清光緒二十二年(1896)長沙周大文堂刻本
　一冊

110000－0102－0012786　丙三/403　叢部/
彙編叢書/清中晚期
南菁書院叢書第六集十種　王先謙　繆荃孫
輯　清光緒十四年(1888)江陰南菁書院刻本
　四冊

110000－0102－0012787　丙三/404　子部/

農家類/蔬菜花木
花鏡六卷　（清）陳淏子編　清康熙二十七年
(1688)金閶書業堂刻本　六冊

110000－0102－0012788　丙三/405　子部/
譜錄類/器物
墨史三卷　（元）陸友纂　清嘉蔭簃抄本
一冊

110000－0102－0012789　丙三/407　子部/
譜錄類/器物
墨藪　（唐）韋續纂　清刻本　二冊

110000－0102－0012790　丙三/409　集部/
別集類/明
竹懶雜著　（明）李日華撰　清刻本　三冊

110000－0102－0012791　丙三/412　子部/
宗教類/釋教
釋氏稽古略四卷續集三卷　（元）釋覺岸撰
清光緒十二年(1886)刻本　五冊

110000－0102－0012792　丙三/416　子部/
藝術類/書畫/畫法、畫帖/清
李躍門百蝶圖四卷　（清）李國龍繪　清道光
十七年(1837)刻本　二冊

110000－0102－0012793　丙三/426　子部/
天文地理類/其它
開煤要法十二卷　（英國）士密德輯　（清）王
德均譯　清刻本　二冊

110000－0102－0012794　丙三/427　子部/
藝術類/書畫/書法、碑帖
書法正傳十卷　（清）馮武編輯　清乾隆五十
年(1785)世爻堂刻本　五冊　缺二卷（九至
十）

110000－0102－0012795　丙三/432　史部/
地理類/雜記
閩雜記十二卷　（清）施鴻保輯　清光緒四年
(1878)上海申報館活字本　四冊

110000－0102－0012796　丙三/435　子部/
農家類
捕蝗要訣　（清）錢炘和輯　清光緒十七年

(1891)江蘇書局刻本　一冊

110000－0102－0012797　丙三/439　史部/地理類/雜記

粵西筆述　(清)張祥河輯　清光緒二十二年(1896)桂林蔣存遠堂刻本　一冊

110000－0102－0012798　丙三/440　子部/藝術類/書畫

吳越所見書畫錄六卷　(清)陸時化編輯　清宣統二年(1910)鉛印本　六冊

110000－0102－0012799　丙三/441　子部/類書類/類編/通錄

古今圖書集成一萬卷　(清)陳夢雷等原輯　清刻本　一冊　存一卷(二百二十五)

110000－0102－0012800　丙三/443　子部/宗教類/釋教

瑜伽施食集要儀範　(清)釋道穎重編　清道光十八年(1838)刻本　二冊

110000－0102－0012801　丙三/445　子部/宗教類/釋教/經

大佛頂經玄文十二卷　(明)釋智旭撰　清光緒三十一年(1905)刻本　六冊

110000－0102－0012802　丙三/446　子部/宗教類/釋教

梵網合註七卷　(明)釋智旭撰　清嘉慶二年(1797)刻本　四冊

110000－0102－0012803　丙三/447　子部/宗教類/釋教/經

楞嚴經指掌疏十卷　(清)釋通理撰　清德利書局刻本　十二冊

110000－0102－0012804　丙三/448　子部/雜家類/學說

論衡三十卷　(漢)王充撰　清光緒元年(1875)湖北崇文書局刻本　六冊

110000－0102－0012805　丙三/449　史部/政書類/雜錄

安清幫入幫手摺　(清)□□撰　清鉛印本　一冊

110000－0102－0012806　丙三/453　子部/藝術類/書畫/書法、畫帖

國朝畫識八卷　(清)馮金伯纂　清乾隆五十六年(1791)刻本　二冊

110000－0102－0012807　丙三/476　子部/醫家類/雜錄

十藥神書　(元)葛可久撰　清修敬堂刻本　一冊

110000－0102－0012808　丙三/479　子部/醫家類/雜病方論

弔腳痧方論　(□)□□撰　清光緒十六年(1890)浙江官書局刻本　一冊

110000－0102－0012809　丙三/480　子部/醫家類/諸專科方論/其它

增補痘疹玉髓金鏡錄四卷　(清)翁仲仁撰　清道光二十年(1840)掃葉山房刻本　二冊

110000－0102－0012810　丙三/481　經部/禮類/雜禮

九旗古義述　(清)孫詒讓撰　清光緒二十八年(1902)刻本　一冊

110000－0102－0012811　丙三/483　子部/儒家類/宋

周子全書九卷首二卷末一卷　(宋)周敦頤撰　(清)鄧顯鶴編　清道光二十七年(1847)新化鄧氏刻本　四冊

110000－0102－0012812　丙三/485　史部/政書類/法令

重刊補註洗冤錄集證六卷　(清)阮其新補注　(清)王又槐增輯　(清)李觀瀾補輯　清同治十一年(1872)刻本　五冊

110000－0102－0012813　丙三/489　集部/小說類/傳奇

三水小牘二卷　(唐)皇甫枚撰　清抄本　一冊

110000－0102－0012814　丙三/492　子部/雜家類/雜考

無邪堂答問五卷　(清)朱一新撰　清光緒二十一年(1895)廣雅書局刻本　五冊

110000－0102－0012815　丙三/494　子部/藝術類/雜著

錦繡乾坤應用錄　（清）□□撰　清抄本　二冊

110000－0102－0012816　丙三/495　子部/藝術類/書畫/畫法、畫帖

芥子園畫傳三集　（清）王槩等撰　清光緒十二年(1886)上海鴻文書局石印本　十二冊

110000－0102－0012817　丙三/497　子部/藝術類/書畫/書法、碑帖/清

御刻三希堂石渠寶笈法帖釋文十六卷　（清）高宗弘曆敕撰　清光緒二十三年(1897)上海鴻寶齋石印本　四冊

110000－0102－0012818　丙三/500　子部/宗教類/釋教/史傳

淨土聖賢錄九卷續四卷　（清）彭紹升編　清乾隆四十八年(1783)刻本　六冊

110000－0102－0012819　丙三/508　子部/雜家類/雜纂

陶龕語錄　（清）羅信南撰　清光緒三十二年(1906)刻本　一冊

110000－0102－0012820　丙三/509　子部/術數類/占卜

神峰通考命理正宗六卷　（清）張楠撰　清武林大成齋刻本　三冊

110000－0102－0012821　丙三/513　子部/譜錄類/器物

端溪硯史三卷　（清）吳蘭修編　清刻本　一冊

110000－0102－0012822　丙三/514　子部/醫家類/諸專科方論

海藏癥論萃英　（元）王好古撰　（明）吳勉學校　清刻本　一冊

110000－0102－0012823　丙三/519　子部/儒家類/明

呂子節錄四卷補遺二卷　（明）呂坤撰　（清）陳弘謀評輯　清嘉慶二十年(1815)長白武氏雙槐堂刻本　四冊

110000－0102－0012824　丙三/523　經部/四書類/孟子/傳說

增補蘇批孟子　（日本）井上揆纂評　清刻本　三冊

110000－0102－0012825　丙三/525　經部/四書類/總義/傳說

四書　（宋）朱熹集注　清光緒十六年(1890)蘭州刻本　六冊

110000－0102－0012826　丙三/528　子部/宗教類/道教/經論著作

太上混元道德真經　（唐）呂岩解　清同治二年(1863)刻本　二冊

110000－0102－0012827　丙三/529　子部/道家類

皇經五方雲篆　（□）□□撰　清刻本　一冊

110000－0102－0012828　丙三/536　子部/醫家類/醫經

金匱玉函經二註二十二卷　（宋）趙以德衍義　（清）周揚俊補註　清同治二年(1863)養恬齋刻本　六冊

110000－0102－0012829　丙三/538　子部/宗教類

古教彙參三卷　（英國）韋廉臣撰　（清）董樹堂譯　清光緒二十五年(1899)上海廣學會刻本　三冊

110000－0102－0012830　丙三/541　子部/宗教類/釋教

解惑編二卷　（清）釋弘贊編　清道光十一年(1831)刻本　一冊

110000－0102－0012831　丙三/542　子部/宗教類/釋教/論

妙法蓮華經臺宗會義七卷　（明）釋智旭撰　清刻本　十六冊

110000－0102－0012832　丙三/546　子部/儒家類/宋以前

潛夫論十卷　（漢）王符撰　清刻本　六冊

110000－0102－0012833　丙三/557　子部/

醫家類/諸專科方論

傅青主男科二卷 （明）傅山撰　清同治七年
(1868)刻本　四冊

110000－0102－0012834　丙三/558　子部/
醫家類/兒婦科方論

錢氏小兒藥證直訣三卷附方一卷 （宋）錢仲
陽撰　（宋）閻孝忠輯　清起秀堂刻本　四冊

110000－0102－0012835　丙三/559　子部/
醫家類/兒婦科方論

傅青主女科二卷產後編二卷 （明）傅山撰
清同治八年(1869)湖北崇文書局刻本　四冊

110000－0102－0012836　丙三/560　子部/
宗教類/道教

太上感應篇圖說 （清）許宮允纂輯　清咸豐
元年(1851)刻本　八冊

110000－0102－0012837　丙三/568　子部/
宗教類/釋教/論

宗範八卷 （清）錢伊庵輯　清光緒十二年
(1886)金陵刻經處刻本　三冊

110000－0102－0012838　丙三/569　子部/
宗教類/釋教/論

宗範八卷 （清）錢伊庵輯　清光緒十二年
(1886)金陵刻經處刻本　三冊

110000－0102－0012839　丙三/570　子部/
藝術類/音樂舞蹈

山門新語二卷 （清）周贇撰　清光緒十九年
(1893)大聲草堂刻本　二冊

110000－0102－0012840　丙三/571　子部/
雜家類/雜考

群書劄記十六卷 （清）朱亦棟撰　清光緒四
年(1878)武林竹簡齋刻本　六冊

110000－0102－0012841　丙三/575　史部/
政書類/通制

吾學錄二十四卷 （清）吳榮光撰　清道光十
二年(1832)南海吳氏筠清館刻本　八冊

110000－0102－0012842　丙三/576　子部/
宗教類/釋教

佛爾雅八卷 （清）周春撰　清宣統二年
(1910)上海國學扶輪社鉛印本　二冊

110000－0102－0012843　丙三/577　子部/
醫家類/雜病方論

新刊良朋彙集六卷 （清）孫偉輯　清光緒九
年(1883)上海掃葉山房刻本　六冊

110000－0102－0012844　丙三/578　子部/
宗教類/釋教/經

金剛經集解 （秦）釋鳩摩羅什譯　（清）姚子
莊集解　清刻本　二冊

110000－0102－0012845　丙三/579　子部/
藝術類/書畫/書畫史

重校書法正傳 （清）蔣和撰　清光緒十八年
(1892)刻本　一冊

110000－0102－0012846　丙三/581　子部/
醫家類/兒婦科方論

增補大生要旨五卷 （清）唐千頃撰　（清）馬
振蕃增補　清光緒七年(1881)刻本　五冊

110000－0102－0012847　丙三/582　子部/
醫家類/兒婦科方論

幼科鐵鏡六卷 （清）夏鼎撰　清光緒八年
(1882)刻本　四冊

110000－0102－0012848　丙三/583　子部/
醫家類/兒婦科方論

女科輯要二卷 （清）沈堯封輯　（清）徐正傑
補注　清道光三十年(1850)刻本　四冊

110000－0102－0012849　丙三/585　子部/
醫家類/雜錄

西醫略論二卷 （英國）合信　（清）管茂材合
撰　清咸豐七年(1857)上海仁濟醫館刻本
三冊

110000－0102－0012850　丙三/587　子部/
醫家類/養生

壽世彙編八卷 （清）祝韻梅輯　清光緒元年
(1875)金氏兩梅書屋刻本　四冊

110000－0102－0012851　丙三/589　子部/
醫家類/傷寒方論

尚論篇　（清）喻昌撰　清乾隆四年（1739）刻本　八冊

110000－0102－0012852　丙三/590　子部/醫家類/雜病方論

萬國藥方八卷　（美國）洪士提反編譯　清光緒二十四年（1898）鉛印本　八冊

110000－0102－0012853　丙三/591　子部/醫家類/總錄

景岳全書六十四卷　（明）張介賓撰　清大文堂刻本　三十二冊

110000－0102－0012854　丙三/592　子部/術數類/命書相書

神相全編十二卷　（宋）陳搏撰　（明）袁忠徹訂正　清刻本　六冊

110000－0102－0012855　丙三/593　子部/天文地理類/天文

測候叢談四卷　（美國）金楷理口譯　（清）華蘅芳筆述　清上海江南製造總局刻本　二冊

110000－0102－0012856　丙三/595　集部/楚辭類

離騷草木疏四卷　（宋）吳仁傑撰　清光緒三年（1877）湖北崇文書局刻本　一冊

110000－0102－0012857　丙三/599　子部/醫家類/雜錄

醫校秘傳三卷　（清）葉桂撰　清道光十一年（1831）刻本　四冊

110000－0102－0012858　丙三/600　子部/道家類

列子八卷　（晉）張湛注　（唐）殷敬順釋文　清光緒二年（1876）浙江書局刻本　二冊

110000－0102－0012859　丙三/601　經部/四書類/大學中庸/傳說

大學衍義補一百六十卷首一卷　（明）丘濬撰　清刻本　十七冊

110000－0102－0012860　丙三/602　子部/雜家類/學說

論衡三十卷　（漢）王充撰　清光緒元年

（1875）湖北崇文書局刻本　六冊

110000－0102－0012861　丙三/603　子部/雜家類/學說

風俗通義十卷　（漢）應劭撰　清光緒元年（1875）湖北崇文書局刻本　一冊

110000－0102－0012862　丙三/606　子部/法家類

管子譯注二十四卷　（唐）房玄齡等注釋　清嘉慶九年（1804）姑蘇聚文堂刻本　七冊

110000－0102－0012863　丙三/610　子部/宗教類/釋教

法璽印禪師語錄十二卷　（清）釋性圓等編　清康熙刻本　二冊

110000－0102－0012864　丙三/611　子部/儒家類

儒先晤語二卷　（清）王紱撰　清光緒二十二年（1896）刻本　四冊

110000－0102－0012865　丙三/615　子部/類書類/類編/通錄

萬卷讀餘五卷　（清）康基淵纂輯　清道光三年（1823）刻本　四冊

110000－0102－0012866　丙三/619　子部/雜家類/雜述

餘冬錄六十一卷　（明）何孟春輯　清同治三年（1864）恭壽堂刻本　十六冊

110000－0102－0012867　丙三/620　子部/醫家類/雜錄

醫學從眾八卷　（清）陳念祖撰　清光緒二十七年（1901）新化三味書局刻本　四冊

110000－0102－0012868　丙三/625　史部/傳記類/圖贊

於越先賢像傳贊二卷　（清）王齡編　清咸豐七年（1857）敬穌堂鉛印本　四冊

110000－0102－0012869　丙三/628　子部/農家類/其它

家菌長養法　（美國）威廉母和爾康尼撰　（清）陳壽彭譯　清光緒二十四年（1898）北洋

官報局石印本　一冊

110000－0102－0012870　丙三/630　子部/
法家類

補註洗冤錄集證四卷　（清）鍾淮輯　清道光
二十三年（1843）刻本　四冊

110000－0102－0012871　丙三/633　子部/
醫家類/兒婦科方論

女科二卷產後編二卷　（明）傅山撰　清道光
七年（1827）刻本　四冊

110000－0102－0012872　丙三/634　子部/
醫家類/傷寒方論

寒溫條辨七卷　（清）楊璿撰　清光緒二十三
年（1897）湖南書局刻本　六冊

110000－0102－0012873　丙三/636　集部/
小說類/筆記小說

清異錄二卷　（宋）陶穀撰　清光緒二年
（1876）刻本　二冊

110000－0102－0012874　丙三/637　子部/
類書類/類編/專錄

表異錄二十卷　（明）王志堅輯　清光緒二年
（1876）刻本　二冊

110000－0102－0012875　丙三/639　經部/
四書類/總義/傳說

四書集注　（宋）朱熹撰　清合志堂刻本
六冊

110000－0102－0012876　丙三/641　子部/
醫家類/本草

上醫本草四卷　（明）趙南星輯　清刻本
四冊

110000－0102－0012877　丙三/642　子部/
類書類/類編/通錄

目前集二卷　（明）□□撰　明崇禎刻清印本
二冊

110000－0102－0012878　丙三/643　集部/
詞類/詞別集

芳茹園樂府　（明）清都散客撰　明末刻本
一冊

110000－0102－0012879　丙三/644　子部/
儒家類/清

聖諭廣訓　（清）世宗福臨敕撰　清宣統二年
（1910）石印本　十二冊

110000－0102－0012880　丙三/645　子部/
儒家類/清

聖諭廣訓　（清）世宗福臨敕撰　清光緒三十
四年（1908）鉛印本　一冊

110000－0102－0012881　丙三/646　子部/
術數類/占卜

大六壬大全十三卷　（清）郭載騋輯　清康熙
四十三年（1704）刻本　十六冊

110000－0102－0012882　丙三/648　子部/
儒家類

五子近思錄發明十四卷　（清）施璜纂　清光
緒十四年（1888）新繁沈氏家塾刻本　八冊

110000－0102－0012883　丙三/649　子部/
宗教類/釋教

教觀綱宗釋義紀三卷　（明）釋智旭撰　清光
緒二十七年（1901）刻本　三冊

110000－0102－0012884　丙三/650　子部/
宗教類/釋教

四分戒本便學撮署記三卷　（唐）釋道宣刪定
清刻本　三冊

110000－0102－0012885　丙三/653　子部/
法家類

疑獄集十卷附錄一卷　（五代）和凝編　（清）
金鳳清校　清咸豐元年（1851）桐鄉金氏刻本
二冊

110000－0102－0012886　丙三/654　子部/
道家類

法言會纂五十卷　（清）劉沅撰　清道光元年
（1821）靈受齋刻本　十冊

110000－0102－0012887　丙三/656　子部/
醫家類/本草

本草綱目五十二卷　（明）李時珍撰　清道光
六年（1826）英德堂刻本　四十四冊

110000 – 0102 – 0012888　　丙三/659　　子部/
雜家類/雜述

簷曝雜記六卷　（清）趙翼撰　清刻本　四冊

110000 – 0102 – 0012889　　丙三/665　　經部/
孝經類/傳說

孝經注疏九卷　（唐）玄宗李隆基御注　（宋）
邢昺疏　清同治十年（1871）長沙尊經閣刻本
二冊

110000 – 0102 – 0012890　　丙三/666　　史部/
傳記類/總傳/專錄/儒林

名儒言行錄二卷　（清）竇鎮輯　清同治二年
（1863）活字本　六冊

110000 – 0102 – 0012891　　丙三/667　　史部/
傳記類/總傳/專錄/儒林

名儒言行錄二卷　（清）竇鎮輯　清同治二年
（1863）活字本　六冊

110000 – 0102 – 0012892　　丙三/668　　子部/
宗教類/釋教/論

大乘金剛論　（□）□□撰　清光緒二十九年
（1903）刻本　一冊

110000 – 0102 – 0012893　　丙三/669　　史部/
地理類/山川/山

金剛山志　（清）鄭海吉撰　清刻本　一冊

110000 – 0102 – 0012894　　丙三/671　　子部/
宗教類/釋教

續指月錄二十卷首一卷尊宿集一卷　（清）聶
先編　清光緒十二年（1886）金陵刻經處刻本
六冊

110000 – 0102 – 0012895　　丙三/675　　子部/
藝術類/書畫

國朝畫徵錄三卷續錄二卷　（清）張庚撰　清
乾隆四年（1739）刻本　四冊

110000 – 0102 – 0012896　　丙三/676　　子部/
藝術類/書畫

國朝畫徵錄三卷續錄二卷　（清）張庚撰　清
同治八年（1869）三元堂刻本　二冊

110000 – 0102 – 0012897　　丙三/679　　子部/
儒家類/明

思辨錄輯要二十二卷後集十三卷　（明）陸世
儀撰　清光緒三年（1877）江蘇書局刻本
八冊

110000 – 0102 – 0012898　　丙三/680　　子部/
藝術類/篆刻

選集漢印分韻二卷續集二卷　（清）袁日省撰
（清）謝景卿續撰　清嘉慶二年至八年
（1797–1803）漱蔭堂刻本　八冊

110000 – 0102 – 0012899　　丙三/681　　子部/
類書類/類編/通錄

增補萬寶全書二十卷　（明）陳繼儒纂輯
（清）毛煥文增補　清同治十年（1871）積善堂
刻本　四冊

110000 – 0102 – 0012900　　丙三/682　　子部/
儒家類/清

近思錄十四卷　（清）江永集注　清同治七年
（1868）崇文書局刻本　四冊

110000 – 0102 – 0012901　　丙三/683　　子部/
天文地理類/演算法/總錄

六九軒算書五種　（清）劉衡撰　清咸豐五年
（1855）陝西長安縣署刻本　四冊

110000 – 0102 – 0012902　　丙三/687　　子部/
天文地理類/演算法/各錄

代微積拾級十八卷　（美國）羅密士撰　（英
國）偉烈亞力　（清）李善蘭合譯　清咸豐九
年（1859）墨海刻本　三冊

110000 – 0102 – 0012903　　丙三/689　　子部/
天文地理類/演算法/各錄

幾何原本前六卷後九卷　（意大利）利瑪竇
（明）徐光啟合譯　清同治四年（1865）金陵刻
本　八冊

110000 – 0102 – 0012904　　丙三/692　　子部/
宗教類/釋教

淨土生無生論會集　（明）釋傳燈撰　（清）達
默集　清道光二十九年（1849）抄本　二冊

110000 – 0102 – 0012905　　丙三/696　　經部/
四書類/總義/傳說

四書集註直解說約二十七卷 （明)張居正解 （清)顧夢麟 （清)楊彝合輯 清光緒三年(1877)八旗經正書院刻本 十二冊

110000－0102－0012906 丙三/698 子部/宗教類/釋教

百丈叢林清規證義記九卷 （唐)釋懷海編 （清)釋儀潤證義 清同治元年(1862)廣州海幢寺刻本 四冊

110000－0102－0012907 丙三/702 子部/宗教類/釋教

寶倫集六卷 （清)釋超格撰 清康熙刻本 二冊

110000－0102－0012908 丙三/704 子部/宗教類/釋教

月心和尚笑巖集南集二卷北集二卷 （明)釋月心撰 （明)釋曇芝編 清光緒十八年(1892)京都長春寺刻本 四冊

110000－0102－0012909 丙三/705 經部/四書類/總義

四書摭餘說七卷 （清)曹之升輯 清嘉慶三年(1798)蕭山曹氏家塾刻本 四冊

110000－0102－0012910 丙三/706 子部/天文地理類/演算法/總錄

三統術詳說 （清)陳澧撰 清光緒廣東廣雅書局刻本 一冊

110000－0102－0012911 丙三/707 經部/四書類/總義/傳說

四書釋地補一卷續補一卷又續補二卷三續補二卷 （清)閻若璩撰 （清)樊廷枚校補 清嘉慶二十一年(1816)梅陽海涵堂刻本 五冊

110000－0102－0012912 丙三/708 子部/宗教類/釋教/論

淨土十要十卷 （明)釋智旭輯 清同治四年(1865)錢塘許氏刻本 四冊

110000－0102－0012913 丙三/709 子部/宗教類/釋教

萬法歸心錄三卷 （清)釋超溟撰 清同治九年(1870)杭州昭慶寺刻本 一冊

110000－0102－0012914 丙三/714 經部/四書類/總義

四書人物備考十二卷圖一卷 （清)陳仁錫撰 清乾隆二十一年(1756)雲林四美堂刻本 八冊

110000－0102－0012915 丙三/716 子部/天文地理類/演算法/各錄

格物測算八卷 （清)丁韙良撰 清光緒九年(1883)鉛印本 八冊

110000－0102－0012916 丙三/718 子部/藝術類/篆刻

柏葉盦印存 （清)戈履徵刻石 （清)俞廉三輯 清宣統二年(1910)俞廉三鈐印本 二冊

110000－0102－0012917 丙三/720 子部/儒家類

新增幼學故事瓊林四卷 （清)程允州撰 （清)鄒聖脉增補 清光緒二年(1876)本立堂刻本 四冊

110000－0102－0012918 丙三/722 子部/雜家類/雜考

書學手眼 毓亭鈔記 清嘉慶十三年(1808)抄本 一冊

110000－0102－0012919 丙三/723 子部/道家類

素書 （漢)黃石公撰 清刻本 一冊

110000－0102－0012920 丙三/725 子部/術數類/占卜

太玄經 （漢)揚雄撰 清宣統二年(1910)衍星社鉛印本 一冊

110000－0102－0012921 丙三/731 子部/兵家類

紀效新書十八卷 （明)戚繼光撰 清刻本 六冊

110000－0102－0012922 丙三/732 子部/藝術類/書畫/書法、畫帖

三萬六千頃湖中畫船錄 （清)迮朗撰 清道光世楷堂刻昭代叢書本 一冊

110000 – 0102 – 0012923　丙三/733　子部/天文地理類/其它

遠西奇器圖說錄最三卷諸器圖說一卷　（明）王征撰　清道光十年(1830)來鹿堂刻本　四冊

110000 – 0102 – 0012924　丙三/734　子部/儒家類/清

荆園小語集證四卷　（清）申涵光撰　清咸豐七年(1857)平原張氏刻本　二冊

110000 – 0102 – 0012925　丙三/735　子部/道家類

老子道德經解二卷首一卷　（周）李耳撰（明）釋德清解　清光緒十二年(1886)金陵刻經處刻本　二冊

110000 – 0102 – 0012926　丙三/739　子部/儒家類/明

呂子節錄四卷補遺二卷　（明）呂坤撰　清光緒二十四年(1898)刻本　四冊

110000 – 0102 – 0012927　丙三/740　子部/天文地理類/天文

高厚蒙求四卷　（清）徐朝俊撰　清嘉慶十二年至二十年(1807 – 1815)雲間徐氏刻本　四冊

110000 – 0102 – 0012928　丙三/741　子部/雜家類/學說

求己錄三卷　（清）蘆涇遯士編　清光緒二十四年(1898)東河節署刻本　三冊

110000 – 0102 – 0012929　丙三/742　子部/雜家類/雜述

閒居雜錄二卷　（清）觀我道人編　清咸豐四年(1854)竹柏山房刻本　一冊

110000 – 0102 – 0012930　丙三/743　子部/醫家類/雜錄

醫學心悟六卷　（清）程國彭撰　清光緒六年(1880)掃葉山房刻本　六冊

110000 – 0102 – 0012931　丙三/744　子部/醫家類/雜錄

醫學心悟六卷　（清）程國彭撰　清嘉慶二十

四年(1819)掃葉山房刻本　十二冊

110000 – 0102 – 0012932　丙三/748　子部/道家類

感應篇引經箋注　（清）惠棟撰　清同治六年(1867)刻本　一冊

110000 – 0102 – 0012933　丙三/749　子部/儒家類/清

漢學商兌三卷　（清）方東樹撰　清同治十年(1871)望三益齋刻本　四冊

110000 – 0102 – 0012934　丙三/750　子部/儒家類

癸巳類稿十五卷　（清）俞正燮撰　清道光十三年(1833)求日益齋刻本　十二冊

110000 – 0102 – 0012935　丙三/751　經部/四書類/總義/傳說

四書　（宋）朱熹集注　清光緒五年(1879)山西浚文書局刻本　六冊

110000 – 0102 – 0012936　丙三/752　子部/宗教類/道教

抱朴子內篇四卷外篇四卷　（晉）葛洪注　清嘉慶柏筠堂刻本　八冊

110000 – 0102 – 0012937　丙三/753　經部/四書類

監本四書　（宋）朱熹集注　清乾隆二十九年(1764)金閶文粹堂刻本　六冊

110000 – 0102 – 0012938　丙三/759　經部/四書類/總義/傳說

四書集註直解說約二十七卷　（明）張居正解（清）顧夢麟　（清）楊彝合輯　清康熙十六年(1677)八旗經正書院刻本翻刻　十二冊

110000 – 0102 – 0012939　丙三/760　經部/四書類/總義/傳說

四書改錯二十二卷　（清）毛奇齡撰　清嘉慶十六年(1811)學圃刻本　六冊

110000 – 0102 – 0012940　丙三/763　子部/宗教類/釋教/經

佛說梵網經直解十卷　（後秦）釋鳩摩羅什譯

（明）釋寂光解　清道光後刻本　四冊

110000 - 0102 - 0012941　丙三/764　子部/醫家類

厚德堂集驗方萃編四卷　（清）奇克唐阿輯
清光緒七年（1881）刻本　六冊

110000 - 0102 - 0012942　丙三/772　經部/四書類/論語/傳說

論語話解十卷　（清）陳澧解　清光緒五年（1879）廣仁堂刻本　五冊

110000 - 0102 - 0012943　丙三/774　子部/雜家類/雜考

困學紀聞五箋二十卷　（宋）王應麟撰　清嘉慶十三年（1808）刻本　六冊

110000 - 0102 - 0012944　丙三/777　史部/目錄類/著錄/題跋及讀書記

拙存堂題跋　（清）蔣衡撰　清宣統二年（1910）江浦陳氏刻江浦陳氏房山山房叢書本　一冊

110000 - 0102 - 0012945　丙三/781　子部/儒家類/清

繹志十九卷　（清）胡承諾撰　清同治十一年（1872）浙江書局刻本　八冊

110000 - 0102 - 0012946　丙三/782　子部/雜家類/雜考

困學紀聞集證二十卷　（清）萬希槐輯　清嘉慶八年（1803）承美堂刻本　八冊

110000 - 0102 - 0012947　丙三/784　經部/四書類/總義

四書便蒙　（清）許寶善輯注　清光緒十六年（1890）自怡軒刻本　六冊

110000 - 0102 - 0012948　丙三/790　子部/類書類

類林新詠三十六卷　（清）姚之駰撰　清末刻本　十二冊

110000 - 0102 - 0012949　丙三/797　子部/宗教類/釋教

大覺普濟玉林禪師語錄十二卷年譜二卷

（清）釋音緯等編　清同治十三年（1874）杭城昭慶寺刻本　六冊

110000 - 0102 - 0012950　丙三/798　子部/宗教類/釋教/經

楞嚴經正脈疏科文一卷懸示一卷經疏十卷
（明）釋眞鑑撰　清同治元年（1862）覺庵主人刻本　七冊

110000 - 0102 - 0012951　丙三/799　子部/宗教類/釋教

宗統編年三十二卷首一卷　（清）釋紀蔭編
清光緒十三年（1887）刻本　十冊

110000 - 0102 - 0012952　丙三/800　子部/儒家類/宋以前

鹽鐵論二卷　（漢）桓寬撰　清光緒元年（1875）湖北崇文書局刻本　二冊

110000 - 0102 - 0012953　丙三/801　子部/宗教類/釋教

衛燈錄十卷　（清）釋智楷編　清康熙刻徑山藏本　二冊

110000 - 0102 - 0012954　丙三/804　子部/宗教類/釋教

般若波羅蜜多心經便蒙略解　（清）釋海寬注
清康熙刻本　一冊

110000 - 0102 - 0012955　丙三/807　子部/宗教類/釋教/論

折疑論集註二卷　（元）釋子成撰　（明）釋師子註　清道光十年（1830）北京復古齋刻字鋪刻本　二冊

110000 - 0102 - 0012956　丙三/810　子部/宗教類/釋教

寶通賢首傳燈錄二卷　（清）釋興宗　（清）釋景林合輯　清嘉慶九年（1804）拈花寺刻本　四冊

110000 - 0102 - 0012957　丙三/811　子部/宗教類/釋教

閱藏知津四十四卷　（明）釋智旭輯　清乾隆五十七年（1792）京都覺生寺刻本　十二冊

110000 - 0102 - 0012958　丙三/812　子部/
天文地理類/演算法

**新編四元玉鑑細草三卷四象細草假令之圖一
卷附補增一卷**　（元）宋世傑撰　（清）羅士琳
補草並撰補增　清道光十六年（1836）刻本
八冊

110000 - 0102 - 0012959　丙三/813　子部/
天文地理類/演算法/各錄

代數術二十五卷　（英國）華里司輯　（英國）
傅蘭雅　（清）華蘅芳合譯　清同治十二年
（1873）刻本　六冊

110000 - 0102 - 0012960　丙三/814　子部/
醫家類/外科方論

外科明隱集四卷醫案錄匯二卷　（清）何景才
撰　清光緒二十八年（1902）北京文光樓刻本
四冊

110000 - 0102 - 0012961　丙三/819　子部/
雜家類/雜纂

退菴隨筆二十二卷　（清）梁章鉅編　清道光
十一年（1831）刻本　八冊

110000 - 0102 - 0012962　丙三/820　子部/
道家類

文子纘義十二卷　（宋）杜道堅撰　清光緒三
年（1877）浙江書局刻本　三冊

110000 - 0102 - 0012963　丙三/821　子部/
雜家類/雜考

困學紀聞二十卷　（宋）王應麟撰　清嘉慶九
年（1804）刻本　三冊

110000 - 0102 - 0012964　丙三/827　子部/
宗教類/道教/其它

指玄篇八卷　（唐）呂嵒撰　（清）本成子注
清屠蓮鈵刻本　一冊

110000 - 0102 - 0012965　丙三/830　子部/
天文地理類/其它

物理小識十二卷首一卷　（清）方以智撰　清
光緒十年（1884）刻本　六冊

110000 - 0102 - 0012966　丙三/831　子部/
天文地理類/演算法

求一得齋算學七種　（清）陳志堅撰　清光緒
三十年（1904）松江刻本　五冊

110000 - 0102 - 0012967　丙三/832　子部/
道家類

陰符經發隱一卷道德經發隱一卷　（清）楊文
會注　清光緒二十九年（1903）刻本　一冊

110000 - 0102 - 0012968　丙三/833　經部/
四書類/總義/傳說

監本四書　（宋）朱熹集注　清光緒三十一年
（1905）直隸官書局刻本　六冊

110000 - 0102 - 0012969　丙三/834　子部/
雜家類/雜考

讀書雜志八十二卷餘編二卷　（清）王念孫撰
清同治九年（1870）金陵書局刻本　二十
四冊

110000 - 0102 - 0012970　丙三/836　經部/
四書類/總義/傳說

四書集注講義　（宋）朱熹集注　清王廗言家
塾刻本　六冊

110000 - 0102 - 0012971　丙三/838　經部/
四書類/總義

四書集注正蒙　（宋）朱熹集注　清光緒十四
年（1888）八旗官學刻本　六冊

110000 - 0102 - 0012972　丙三/839　子部/
兵家類

金湯借箸十二卷　（清）李盤等輯　清末抄本
十二冊

110000 - 0102 - 0012973　丙三/844　子部/
道家類

道統正宗　（明）涵毂子撰　清光緒十五年
（1889）刻本　一冊

110000 - 0102 - 0012974　丙三/846　經部/
孝經類

孝經一卷　（唐）玄宗李隆基御注　（唐）陸德
明音義　清光緒六年（1880）山西浚文書局刻
本　一冊

110000 - 0102 - 0012975　丙三/847　子部/

宗教類/釋教

白光明禪師語錄五卷 （清）釋行豐 （清）釋行旭合編 清光緒三十年(1904)武漢歸元寺刻本 三冊

110000－0102－0012976 丙三/849 子部/藝術類

賞奇軒四種合編 （清）□□輯 清末文富堂刻本 四冊

110000－0102－0012977 丙三/853 子部/儒家類/宋

大學衍義體要十六卷 （宋）真德秀編 （清）徐桐輯 清光緒刻本 八冊

110000－0102－0012978 丙三/854 子部/雜家類/雜纂

傳家寶四集三十二卷 （清）石成金撰 清乾隆四年(1739)刻本 二十八冊

110000－0102－0012979 丙三/857 經部/孝經類/傳說

孝經讀本存解四卷首一卷 （清）趙長庚撰 清光緒十年(1884)京都龍雲齋刻本 一冊

110000－0102－0012980 丙三/860 子部/道家類

老子解二卷 （周）李耳撰 （宋）葉夢得解 清宣統元年(1909)葉氏觀古堂刻本 一冊

110000－0102－0012981 丙三/863 經部/四書類/總義

增訂四書補注備旨附考 （清）鄧林撰 （清）杜定基增訂 清乾隆二十七年(1762)刻本 八冊

110000－0102－0012982 丙三/866 子部/藝術類/篆刻

浮芥亭印存 （□）□□撰 清宣統二年(1910)俞廉三鈐印本 一冊

110000－0102－0012983 丙三/867 子部/天文地理類/演算法/各錄

形學備旨十卷 （美國）狄考文 （清）鄒立文合譯 清光緒二十九年(1903)上海美華書館鉛印本 二冊

110000－0102－0012984 丙三/868 子部/宗教類/釋教

徹悟禪師語錄二卷 （清）釋了亮等輯 清光緒十六年(1890)揚州藏經院刻本 一冊

110000－0102－0012985 丙三/869 子部/雜家類/雜纂

格言聯璧 （清）金纓輯 清光緒四年(1878)京都刻本 一冊

110000－0102－0012986 丙三/871 子部/宗教類/釋教/經

阿彌陀經 （後秦）釋鳩摩羅什譯 清光緒十五年(1889)金陵刻經處刻本 一冊

110000－0102－0012987 丙三/874 子部/醫家類/諸專科方論

喉科指掌六卷 （清）張宗良撰 清嘉慶元年(1796)合志堂刻本 二冊

110000－0102－0012988 丙三/875 子部/醫家類/兒婦科方論

產孕集二卷 （清）張曜孫撰 清同治七年(1868)蘊璞齋刻本 二冊

110000－0102－0012989 丙三/879 子部/天文地理類/演算法/各錄

代數通藝錄十六卷 （清）方愷撰 清光緒十六年(1890)刻本 四冊

110000－0102－0012990 丙三/880 子部/天文地理類/演算法

算學啓蒙述義三卷 （元）朱世傑編 清光緒十年(1884)刻本 三冊

110000－0102－0012991 丙三/883 子部/天文地理類/其它

化學初階四卷 （美國）嘉約翰 （清）何瞭然合譯 清同治九年(1870)羊城博濟醫局刻本 四冊

110000－0102－0012992 丙三/884 經部/小學類/文字/訓蒙

三字經注解備要二卷 （宋）王應麟撰 （宋）賀興思注解 清光緒十七年(1891)文成堂刻本 二冊

110000－0102－0012993　丙三/885　史部/傳記類/圖贊

百將圖傳　（清）丁日昌撰　清同治八年(1869)江蘇書局刻本　四冊

110000－0102－0012994　丙三/886　子部/宗教類/釋教/經

大佛頂首楞嚴經十卷　（唐天竺）釋般刺密帝譯　清同治八年(1869)金陵刻經處刻本　二冊

110000－0102－0012995　丙三/887　子部/宗教類/釋教/經

大方廣佛華嚴經著述集要　金陵刻經處輯　清光緒二十二年(1896)刻本　十二冊

110000－0102－0012996　丙三/890　子部/宗教類/釋教/經

坐禪三昧法門經二卷　（後秦）釋鳩摩羅什譯　清光緒刻本　一冊

110000－0102－0012997　丙三/891　子部/宗教類/釋教/經

坐禪三昧法門經二卷　（後秦）釋鳩摩羅什譯　清光緒刻本　一冊

110000－0102－0012998　丙三/892　子部/農家類

蠶桑說　（清）沈練清撰　清光緒十四年(1888)歸閬縣署刻本　一冊

110000－0102－0012999　丙三/894　子部/宗教類/釋教/經

妙法蓮華經七卷　（後秦）釋鳩摩羅什奉詔譯　清同治十年(1871)金陵刻經處刻本　三冊

110000－0102－0013000　丙三/897　子部/雜家類/雜纂

經餘必讀八卷　（清）雷琳等輯　清嘉慶十年(1805)刻本　六冊

110000－0102－0013001　丙三/899　子部/醫家類/雜錄

全體通考十八卷　（英國）德貞撰　清光緒十年(1884)鉛印本　十二冊

110000－0102－0013002　丙三/908　子部/儒家類/清

近思錄集注十四卷　（清）江永輯　清咸豐三年(1853)刻本　四冊

110000－0102－0013003　丙三/909　子部/儒家類/宋以前

文中子中說一卷　（隋）王通撰　清光緒元年(1875)湖北崇文書局刻本　一冊

110000－0102－0013004　丙三/912　子部/醫家類/兒婦科方論

女科輯要　（清）周紀常撰　清宣統二年(1910)千頃堂石印本　一冊

110000－0102－0013005　丙三/913　集部/別集類/清

慰雲書屋制藝二集二卷　（清）周鎮南撰　清道光二十年(1840)刻本　三冊

110000－0102－0013006　丙三/938　子部/宗教類/道教/經論著作

太乙統宗二十卷　（元）曉山老人撰　清末紅格抄本　十冊

110000－0102－0013007　丙三/943　子部/醫家類

百子金丹七卷　（明）郭偉撰　清乾隆八年(1743)天元堂刻本　八冊

110000－0102－0013008　丙三/945　子部/儒家類/明

人譜類記二卷　（明）劉宗周撰　清光緒三十二年(1906)文明會社石印本　四冊

110000－0102－0013009　丙三/948　子部/天文地理類/演算法/總錄

御製數理精蘊四卷　（清）聖祖玄燁敕撰　清光緒十九年(1893)江南製造局鉛印本　三冊

110000－0102－0013010　丙三/968　子部/宗教類/釋教

選僧圖說　釋一行撰　清光緒六年(1880)刻本　一冊

110000－0102－0013011　丙三/978　子部/藝術類/篆刻

證我堂摹印 （清）袁鍾慧輯 清道光三年
(1823）刻本 二冊

110000－0102－0013012 丙三/982 子部/
雜家類/西洋各派

哲學妖怪百談 （日本）井上圓了輯 （清）徐
渭臣譯 清光緒二十九年(1903)上海文明書
局鉛印本 二冊

110000－0102－0013013 丙三/987 子部/
醫家類/總錄

潛齋醫書五種 （清）王士雄撰 清光緒二十
二年(1896)上海圖書集成局活字本 六冊

110000－0102－0013014 丙三/988 子部/
儒家類/清

學仕遺規四卷 （清）陳弘謀輯 清宣統二年
(1910)學部圖書局石印本 四冊

110000－0102－0013015 丙三/989 子部/
類書類/類編/通錄

千金裘二十七卷 （清）蔣義彬輯 清嘉慶二
十一年(1816)三徑山房刻本 十冊

110000－0102－0013016 丙三/991 經部/
四書類/總義/傳說

四書集註 （宋）朱熹集註 清光緒三十一年
(1905)上海掃葉山房鉛印本 六冊

110000－0102－0013017 丙三/993 子部/
醫家類/雜病方論

筆花醫鏡四卷 （清）江涵暾撰 清道光四年
(1824)刻本 四冊

110000－0102－0013018 丙三/995 集部/
總集類/文/雜錄/課藝

策學備纂三十二卷 （清）蔡啟盛 （清）吳潁
炎輯 清光緒十三年(1887)點石齋石印本
四十八冊

110000－0102－0013019 丙三/998 子部/
雜家類/學說

七修類稿五十一卷 （明）郎瑛撰 清乾隆四
十年(1775)刻本 十六冊

110000－0102－0013020 丙三/999 子部/

術數類/命書相書

三命通會十二卷 （清）萬民英撰 清雍正十
三年(1735)善成堂補刻本 十二冊

110000－0102－0013021 丙三/1003 經部/
四書類/總義/白文讀本

四書古人典林十二卷 （清）江永輯 清同治
十二年(1873)刻本 十二冊

110000－0102－0013022 丙三/1006 子部/
醫家類/雜錄

中西醫學入門二卷 （清）唐宗海撰 清光緒
二十一年(1895)上海書局石印本 四冊

110000－0102－0013023 丙三/1007 集部/
總集類/文/雜錄/課藝

時藝引階 （清）陸潤生編 清光緒十三年
(1887)仁在堂刻本 七冊

110000－0102－0013024 丙三/1008 子部/
藝術類/書畫

清河書畫舫 （明）張丑撰 清乾隆二十八年
(1763)仁和吳氏池北草堂刻本 十六冊

110000－0102－0013025 丙三/1009 子部/
醫家類/本草

本草從新六卷 （清）吳儀洛輯 清乾隆二十
二年(1757)大文堂刻本 四冊

110000－0102－0013026 丙三/1010 子部/
農家類

農政全書六十卷 （明）徐光啟撰 清宣統元
年(1909)上海求學齋局石印本 八冊

110000－0102－0013027 丙三/1014 子部/
宗教類/釋教/經

般若波羅蜜多心經 （唐）釋玄奘譯 清嘉慶
十五年(1810)滄郡白衣庵刻本 一冊

110000－0102－0013028 丙三/1015 子部/
宗教類/釋教/論

報恩論二卷首一卷附一卷 （清）沈善登撰
清光緒二十四年(1898)豫恕堂刻本 四冊

110000－0102－0013029 丙三/1020 子部/
術數類

羅經解定七卷 （清）胡國楨撰 清同治刻本
三冊

110000－0102－0013030 丙三/1023 子部/
類書類/韻編

佩文韻府一百〇六卷 （清）聖祖玄燁敕編
清末影印本 一百四十冊

110000－0102－0013031 丙三/1024 子部/
類書類/韻編

韻府拾遺一百〇六卷 （清）聖祖玄燁敕編
清末影印本 二十四冊

110000－0102－0013032 丙三/1027 子部/
醫家類/雜錄

慎疾芻言 （清）徐大椿撰 清道光二十八年
(1848)刻本 一冊

110000－0102－0013033 丙三/1030 經部/
四書類/總義/傳說

四書反身錄八卷 （清）李顒撰 清道光十一
年(1831)三聲劉氏刻本 四冊

110000－0102－0013034 丙三/1031 子部/
醫家類/外科方論

重訂外科正宗十二卷 （明）陳實功撰 （清）
張鸞翼重訂 清光緒十四年(1888)京都泰山
堂刻本 六冊

110000－0102－0013035 丙三/1033 子部/
醫家類/外科方論

外科證治全生 （清）王維德撰 清同治八年
(1869)刻本 四冊

110000－0102－0013036 丙三/1034 子部/
醫家類/外科方論

外科正宗十二卷 （明）陳實功撰 （清）徐大
椿評 清光緒八年(1882)刻本 十二冊

110000－0102－0013037 丙三/1035 子部/
醫家類/雜錄

醫林改錯二卷 （清）王清任撰 清京都寶經
堂刻本 四冊

110000－0102－0013038 丙三/1042 子部/
醫家類/總錄

醫林指月十二種 （清）王琢崖輯 清光緒二
十二年(1896)上海圖書集成印書局鉛印本
八冊

110000－0102－0013039 丙三/1043 子部/
醫家類

醫學三字經四卷 （清）陳念祖撰 清嘉慶九
年(1804)南雅堂刻本 四冊

110000－0102－0013040 丙三/1054 子部/
醫家類/雜病方論

增補壽世保元十集 （清）龔廷賢編 清宣統
元年(1909)上海錦章圖書局石印本 八冊

110000－0102－0013041 丙三/1060 子部/
天文地理類/演算法/各錄

公式演算五卷 （清）陳修齡撰 清光緒三十
一年(1905)刻本 五冊

110000－0102－0013042 丙三/1061 子部/
醫家類/外科方論

瘍醫大全二十一卷 （清）顧世澄撰 清同治
九年(1870)敦仁堂刻本 二十四冊

110000－0102－0013043 丙三/1066 子部/
雜誌類

國粹學報第三年(丁未)一至十二號 （清）國
學保存會編 清光緒三十三年(1907)鉛印本
十二冊

110000－0102－0013044 丙三/1067 子部/
雜誌類

國粹學報第四年(戊申)一至十二號 （清）國
學保存會編 清光緒三十四年(1908)鉛印本
十二冊

110000－0102－0013045 丙三/1068 經部/
小學類/訓詁/群雅

疊雅十三卷雙名錄一卷 （清）史夢蘭撰 清
同治三年(1864)刻本 四冊

110000－0102－0013046 丙三/1077 子部/
儒家類

沈余遺書 （清）沈近思撰 清光緒二十二年
(1896)江蘇書局刻本 四冊

110000－0102－0013047　丙三/1081　子部/
天文地理類/其它

寶藏興焉十二卷　(英國)費而奔撰　(英國)
傅蘭雅　(清)徐壽合譯　清光緒江南製造總
局刻本　十六冊

110000－0102－0013048　丙三/1104　子部/
雜家類/學說

玉芝堂談薈三十六卷　(明)徐應秋輯　明崇
禎蒨園刻清乾隆遞修光緒元年(1875)補刻本
二十四冊

110000－0102－0013049　丙三/1106　集部/
總集類/文/斷代/明

明文必自集選本　(清)王惟梅編　清中期刻
本　二冊

110000－0102－0013050　丙三/1107　集部/
總集類/文/斷代/明

明文必自集選本　(清)王惟梅編　清中期刻
本　二冊

110000－0102－0013051　丙三/1108　集部/
總集類/文/斷代/明

明文必自集選本　(清)王惟梅編　清中期刻
本　二冊

110000－0102－0013052　丙三/1109　集部/
總集類/文/斷代/明

明文必自集選本　(清)王惟梅編　清中期刻
本　二冊

110000－0102－0013053　丙三/1110　集部/
總集類/文/斷代/明

明文必自集選本　(清)王惟梅編　清中期刻
本　二冊

110000－0102－0013054　丙三/1111　集部/
總集類/文/雜錄/課藝

註釋八銘塾鈔初集四卷二集四卷　(清)吳懋
政編　清光緒十八年(1892)益元書局刻本
八冊

110000－0102－0013055　丙三/1112　子部/
儒家類/宋

河南程氏粹言二卷　(宋)張栻編　**經說八卷**

清同治刻本　四冊

110000－0102－0013056　丙三/1169　子部/
宗教類/釋教/經

佛說無所希望經　(晉)釋竺法護譯　明萬曆
二十六年(1598)刻本　一冊

110000－0102－0013057　丙三/1184　子部/
宗教類/釋教

千手眼大悲心咒行法　(宋)釋知禮輯　清康
熙刻本　一冊

110000－0102－0013058　丙三/1185　子部/
宗教類/道教/經論著作

太上五斗金章受生真經北方真武妙經　(□)
□□撰　清光緒十三年(1887)刻本　一冊

110000－0102－0013059　丙三/1186　子部/
宗教類/道教/經論著作

太上全真功課經　(□)□□撰　清光緒十三
年(1887)刻本　一冊

110000－0102－0013060　丙三/1187　子部/
宗教類/道教/經論著作

太上三元賜福赦罪解厄消災延生保命妙經
(□)□□撰　清光緒十三年(1887)刻本
一冊

110000－0102－0013061　丙三/1188　子部/
宗教類/道教/經論著作

太上玄靈北斗本命延生真經　(□)□□撰
清光緒十三年(1887)刻本　一冊

110000－0102－0013062　丙三/1189　子部/
宗教類/釋教/經

三刼現在未來千佛名經三卷　(南朝宋)釋畺
良耶舍譯　清同治六年(1867)昭慶寺刻本
三冊

110000－0102－0013063　丙三/1254　子部/
宗教類/釋教/經

心經楞嚴咒大悲十咒經　(□)□□撰　清康
熙五十四年(1715)刻本　一冊

110000－0102－0013064　丙三/1255　子部/
宗教類/釋教/經

佛說阿彌陀經　（南朝宋）釋求那跋陀羅譯　清康熙五十四年(1715)刻本　一冊

110000－0102－0013065　丙三/1256　子部/宗教類/釋教/經

金剛般若波羅密經　（後秦）釋鳩摩羅什譯　清康熙五十四年(1715)刻本　一冊

110000－0102－0013066　丙三/1257　子部/醫家類/醫經

黃帝內經素問註證發微九卷　（明）馬蒔註　清嘉慶十年(1805)北京太醫院刻本　十二冊

110000－0102－0013067　丙三/1258　子部/醫家類/醫經

黃帝內經靈樞註證發微九卷　（明）馬蒔註　清光緒五年(1879)北京太醫院刻本　十冊

110000－0102－0013068　丙三/1259　子部/醫家類/雜錄

訂補明醫指掌十卷　（明）皇甫中編　（明）王肯堂補　清光緒二十一年(1895)學庫山房刻本　十冊

110000－0102－0013069　丙三/1260　子部/醫家類/醫案

臨證指南醫案十卷　（清）葉桂撰　清道光二十年(1840)吳郡寶善堂刻本　十二冊

110000－0102－0013070　丙三/1261　子部/醫家類/養生

壽世保元十卷　（明）龔廷賢編　清刻本　十八冊

110000－0102－0013071　丙三/1262　子部/醫家類/雜病方論

驗方新編十六卷　（清）鮑相璈編　清光緒十六年(1890)京都三槐來鹿堂刻本　十冊

110000－0102－0013072　丙三/1263　子部/醫家類/雜錄

公餘醫錄六卷　（清）陳念祖撰　清光緒十五年(1889)江左書林刻本　六冊

110000－0102－0013073　丙三/1264　子部/醫家類/雜病方論

驗方新編八卷首一卷　（清）鮑相璈編　清道光二十五年(1845)海山仙館刻本　八冊

110000－0102－0013074　丙三/1265　子部/醫家類/雜病方論

筆花醫鏡四卷　（清）江涵暾撰　清光緒十七年(1891)京都龍光齋刻本　四冊

110000－0102－0013075　丙三/1266　子部/醫家類

增補醫方一盤珠全集八卷　（清）洪金鼎編　清光緒十七年(1891)三讓堂刻本　三冊

110000－0102－0013076　丙三/1267　子部/醫家類

醫宗說約六卷　（清）蔣示吉撰　清康熙二年(1663)漁古山房刻本　四冊

110000－0102－0013077　丙三/1268　子部/醫家類/兒婦科方論

胎產心法三卷　（清）閻純璽撰　清同治六年(1867)緯文堂刻本　五冊

110000－0102－0013078　丙三/1269　子部/醫家類/傷寒方論

劉河間傷寒三六書　（金）劉完素撰　清宣統元年(1909)上海千頃堂石印本　八冊

110000－0102－0013079　丙三/1270　子部/醫家類/諸專科方論

丹溪先生心法五卷附錄一卷　（元）朱震亨撰　（明）吳中珩校　清二酉堂刻本　二十六冊

110000－0102－0013080　丙三/1272　子部/醫家類/雜錄

重校舊本湯頭歌訣　（清）汪昂編輯　清末上海錦章圖書局石印本　一冊

110000－0102－0013081　丙三/1273　子部/醫家類/傷寒方論

張仲景傷寒論原文淺注六卷　（清）陳念祖集注　清同治元年(1862)恭壽堂刻本　六冊

110000－0102－0013082　丙三/1275　子部/醫家類/諸專科方論/其它

麻疹全書　（元）滑壽撰　（清）湯鼎烜編　清

光緒三十一年(1905)蕭氏濟生堂刻本　八冊

110000－0102－0013083　丙三/1281　子部/醫家類/傷寒方論

傷寒醫訣串解六卷　(清)陳念祖撰　清咸豐七年(1857)遠安堂刻本　四冊

110000－0102－0013084　丙三/1283　子部/醫家類/總錄

醫門法律六卷　(清)喻昌撰　清末上海廣益書局石印本　六冊

110000－0102－0013085　丙三/1284　子部/醫家類/獸醫

新刊纂圖元亨療馬集六卷　(明)俞本元(明)俞本亨撰　清光緒三年(1877)京都聚文堂刻本　六冊

110000－0102－0013086　丙三/1290　子部/醫家類/雜病方論

同壽錄四卷末一卷　(清)項天瑞輯　清道光二十八年(1848)刻本　四冊

110000－0102－0013087　丙三/1293　子部/醫家類/雜病方論

醫方擇要二卷續集二卷　(清)李楘衡等輯　清道光十六年(1836)刻本　六冊

110000－0102－0013088　丙三/1296　子部/醫家類/總錄

醫宗必讀五卷　(明)李中梓撰　清道光十六年(1836)文星堂刻本　六冊

110000－0102－0013089　丙三/1299　子部/醫家類/雜病方論

千金翼方三十卷　(唐)孫思邈撰　(宋)林億等校　清末上海鴻寶齋書局石印本　六冊

110000－0102－0013090　丙三/1300　子部/醫家類/雜病方論

孫真人備急千金要方三十卷　(唐)孫思邈撰　(清)張璐衍義　清光緒三十四年(1908)上海久敬齋書莊刻本　十二冊

110000－0102－0013091　丙三/1301　子部/醫家類/雜病方論

長沙方歌括六卷　(清)陳念祖撰　清道光南雅堂刻本　六冊

110000－0102－0013092　丙三/1302　子部/醫家類/雜錄

醫學實在易十卷　(清)陳念祖撰　清道光二十四年(1844)光華堂刻本　八冊

110000－0102－0013093　丙三/1306　子部/醫家類/總錄

重刊巢氏諸病源候總論十二卷　(隋)巢元方等撰　清光緒二十二年(1896)博文書局石印本　六冊

110000－0102－0013094　丙三/1309　子部/醫家類/本草

雷公炮製藥性解六卷　(明)李中梓編　清末石印本　三冊

110000－0102－0013095　丙三/1312　子部/醫家類/兒婦科方論

濟生集六卷　(清)王上達撰　清光緒二十二年(1896)刻本　六冊

110000－0102－0013096　丙三/1321　子部/醫家類/總錄

醫宗必讀十卷　(明)李中梓撰　清末石印本　四冊

110000－0102－0013097　丙三/1325　子部/醫家類/雜錄

醫學心悟六卷　(清)程國彭撰　清末上海鑄記書局石印本　四冊

110000－0102－0013098　丙三/1327　子部/醫家類/諸專科方論/按摩

推拿廣意三卷　(清)熊應雄輯　清末石印本　二冊

110000－0102－0013099　丙三/1329　子部/醫家類/本草

增圖醫方集觧本草備要合編三十卷　(清)汪昂撰輯　清末上海廣益書局刻本　八冊

110000－0102－0013100　丙三/1334　子部/醫家類/雜病方論

回生集二卷續集二卷　（清）陳傑輯　清嘉慶刻本　二冊　存二卷（上、續集上）

110000－0102－0013101　丙三/1336　子部/醫家類/養生

保全生命論　（英國）古蘭肥勒著　（英國）秀耀春口譯　（清）趙元益筆述　清光緒二十七年（1901）上海製造局刻本　一冊

110000－0102－0013102　丙三/1339　子部/醫家類/養生

壽世保元十卷　（明）龔廷賢撰　清經元堂刻本　十冊

110000－0102－0013103　丙三/1340　子部/醫家類/醫經

黃帝內經素問二十四卷　（唐）王冰注　（宋）林億等校正　清光緒三年（1877）浙江書局刻本　十冊

110000－0102－0013104　丙三/1341　子部/醫家類/雜病方論

景岳新方砭四卷　（清）陳念祖撰　清嘉慶九年（1804）刻本　二冊

110000－0102－0013105　丙三/1342　子部/醫家類/雜錄

中西臟腑圖像合纂三卷首一卷　（清）朱沛文編　清光緒二十三年（1897）宏文閣石印本　六冊

110000－0102－0013106　丙三/1610　子部/天文地理類/其它

鑛學名詞　（美國）代那撰　清光緒九年（1883）鉛印本　一冊

110000－0102－0013107　丙三/1611　子部/天文地理類/其它

鑛學名詞　（美國）代那撰　清光緒九年（1883）鉛印本　一冊

110000－0102－0013108　丙三/1612　子部/醫家類/外科方論

臨陣傷科捷要四卷　（英國）帕脫撰　（清）舒高第　（清）鄭昌棪合譯　清光緒鉛印本　四冊

110000－0102－0013109　丙三/1620　子部/天文地理類/其它

金石識別十二卷　（美國）代那撰　（美國）瑪高溫　（清）華蘅芳合譯　清同治十一年（1872）江南製造局刻本　六冊

110000－0102－0013110　丙三/1623　子部/天文地理類/其它

航海簡法四卷　（英國）那麗撰　（美國）金楷理　（清）王德均合譯　清光緒江南機器製造局刻本　二冊

110000－0102－0013111　丙三/1624　子部/天文地理類/其它

航海簡法四卷　（英國）那麗撰　（美國）金楷理　（清）王德均合譯　清光緒江南機器製造局刻本　二冊

110000－0102－0013112　丙三/1631　子部/天文地理類/曆法

大清光緒三十四年時憲書　（清）欽天監編　清光緒三十三年（1907）刻本　一冊

110000－0102－0013113　丙三/1636　子部/雜家類/雜考

求闕齋讀書錄十卷　（清）曾國藩撰　清光緒二年（1876）傳忠書局刻本　四冊

110000－0102－0013114　丙三/1637　史部/傳記類/日記

求闕齋日記類鈔二卷　（清）曾國藩撰　清光緒二年（1876）傳忠書局刻本　二冊

110000－0102－0013115　丙三/1641　子部/宗教類/釋教

雲來集　（清）釋妙空輯　清光緒六年（1880）刻本　一冊

110000－0102－0013116　丙三/1642　子部/宗教類/釋教/論

西方確指　（清）釋常攝輯　清末杭州刻本　一冊

110000－0102－0013117　丙三/1643　子部/宗教類/釋教/論

大乘起信論　（南朝梁）釋真諦譯　清光緒二

十四年（1898）金陵刻經處刻本　　一冊

110000－0102－0013118　　丙三/1644　　子部/
宗教類/釋教/經

金剛般若波羅密經直解二卷　　孚佑帝君注
清咸豐十一年（1861）刻本　　一冊

110000－0102－0013119　　丙三/1645　　子部/
宗教類/釋教/論

大乘止觀法門釋要六卷　　（明）釋智旭撰　　清
光緒二十二年（1896）刻本　　二冊

110000－0102－0013120　　丙三/1646　　子部/
宗教類/釋教/經

佛說盂蘭盆鈔疏並序孝衡鈔二卷　　（宋）釋遇
榮鈔　　清刻本　　二冊

110000－0102－0013121　　丙三/1650　　子部/
宗教類/釋教/經

大乘本生心地觀經八卷　　（唐）釋般若等譯
清刻本　　二冊

110000－0102－0013122　　丙三/1651　　子部/
宗教類/釋教/論

菩提資糧論六卷　　（隋）釋達摩笈多譯　　清宣
統三年（1911）常州天寧寺刻本　　一冊

110000－0102－0013123　　丙三/1652　　子部/
宗教類/釋教/經

佛說無量壽經義疏六卷　　（隋）釋慧遠撰　　清
光緒二十年（1894）金陵刻經處刻本　　二冊

110000－0102－0013124　　丙三/1653　　子部/
宗教類/釋教/經

佛說無量壽經義疏六卷　　（隋）釋慧遠撰　　清
光緒二十年（1894）金陵刻經處刻本　　二冊

110000－0102－0013125　　丙三/1657　　子部/
宗教類/釋教/論

唯識二十論四卷　　（唐）釋玄奘譯　　清宣統二
年（1910）江西刻經處刻本　　二冊

110000－0102－0013126　　丙三/1658　　子部/
宗教類/釋教

集神州塔寺三寶感通錄四卷　　（唐）釋道宣撰
　　清宣統元年（1909）揚州藏經院刻本　　一冊

110000－0102－0013127　　丙三/1660　　子部/
宗教類/釋教

蓮社備覽　　（清）汪善慶注　　清同治六年
（1867）廣陵藏經院刻本　　一冊

110000－0102－0013128　　丙三/1661　　子部/
宗教類/釋教/經

弘明集　　（南朝梁）釋僧佑集　　清光緒二十二
年（1896）金陵刻經處刻本　　四冊　　存三卷
（一至三）

110000－0102－0013129　　丙三/1665　　子部/
宗教類/釋教/經

佛說阿彌陀經要解　　（明）釋智旭解　　清光緒
十一年（1885）金陵刻經處刻本　　一冊

110000－0102－0013130　　丙三/1666　　子部/
宗教類/釋教/經

佛說四十二章經解佛遺教經解　　（明）釋智旭
解　　清光緒十一年（1885）金陵刻經處刻本
一冊

110000－0102－0013131　　丙三/1667　　子部/
宗教類/釋教

修西定課　　（清）鄭學川定　　清光緒二十四年
（1898）金陵刻經處刻本　　一冊

110000－0102－0013132　　丙三/1668　　子部/
宗教類/釋教/論

成唯識論十卷　　（唐）釋玄奘譯　　清光緒二十
二年（1896）金陵刻經處刻本　　二冊

110000－0102－0013133　　丙三/1669　　子部/
宗教類/道教

文昌帝君陰騭文廣義節錄三卷　　（清）周安士
撰　　清光緒七年（1881）揚州藏經院刻本
三冊

110000－0102－0013134　　丙三/1670　　集部/
總集類/文/雜錄/課藝

制義叢話二十四卷　　（清）梁章鉅撰　　清咸豐
九年（1859）知足知不足齋刻本　　八冊

110000－0102－0013135　　丙三/1673　　子部/
宗教類

易知編四卷　　（清）李廷遴編輯　　清道光十七

年(1837)戶部堂房刻本　四冊

110000－0102－0013136　丙三/1676　子部/
藝術類/書畫/畫法、畫帖/清

芥子園畫傳二集九卷　（清）王概撰　清光緒
二十九年（1903）上海通文局石印本　四冊

110000－0102－0013137　丙三/1679　集部/
總集類/文/雜錄/課藝

策學淵萃四十六卷　（□）□□撰　清光緒十
四年（1888）積山書局石印本　四冊

110000－0102－0013138　丙三/1680　集部/
總集類/文/雜錄/書牘表啟

雙鯉軒尺牘問鮮四卷　雙鯉軒主人編輯　清
宣統三年（1911）石印本　六冊

110000－0102－0013139　丙三/1681　集部/
總集類/文/雜錄/課藝

小隱齋課蒙草四卷　（清）王振綱編　清光緒
十九年（1893）三義堂刻本　一冊

110000－0102－0013140　丙三/1685　子部/
醫家類/諸專科方論/其它

痧症全書三卷　（清）林森撰　清光緒二年
（1876）刻本　四冊

110000－0102－0013141　丙三/1687　子部/
藝術類/書畫/畫法、畫帖/清

芥子園畫傳三集六卷　（清）王概撰　清光緒
十三年（1887）石印本　四冊

110000－0102－0013142　丙三/1690　史部/
目錄類/著錄/題跋及讀書記

讀書法　（日本）澤柳政太郎撰　（清）大無畏
生譯　清光緒二十九年（1903）上海商務印書
館鉛印本　一冊

110000－0102－0013143　丙三/1691　史部/
目錄類/著錄/學科專目

讀西學書法　梁啟超撰　清光緒時務報館鉛
印本　一冊

110000－0102－0013144　丙三/1692　子部/
雜家類/雜述

人海記二卷　（清）查慎行編輯　清宣統二年

（1910）掃葉山房石印本　二冊

110000－0102－0013145　丙三/1693　子部/
類書類/類編/通錄

千金裘二十七卷　（清）蔣義彬纂　清咸豐三
年（1853）天祿閣刻本　四冊

110000－0102－0013146　丙三/1696　經部/
小學類/音韻

詩韻合璧　（清）湯文潞輯　清光緒四年
（1878）上海淞隱閣鉛印本　五冊

110000－0102－0013147　丙三/1701　子部/
雜家類/雜述

人海記　（清）查慎行編輯　清宣統二年
（1910）上海掃葉山房石印本　二冊

110000－0102－0013148　丙三/1702　子部/
雜家類/西洋各派

新學彙編四卷　（清）蔡爾康編輯　清光緒二
十四年（1898）上海廣學會鉛印本　四冊

110000－0102－0013149　丙三/1704　經部/
四書類/總義

類腋物部十六卷　（清）姚培謙　（清）張卿雲
合輯　清乾隆二十八年（1763）刻本　四冊

110000－0102－0013150　丙三/1712　子部/
宗教類/釋教

萬善先資集四卷　（清）周安士撰　清嘉慶十
三年（1808）刻光緒十三年（1887）重印本
二冊

110000－0102－0013151　丙三/1713　史部/
傳記類/總傳/專錄

求闕齋弟子記三十二卷　（清）王定安撰　清
光緒二年（1876）北京龍文齋刻本　十六冊

110000－0102－0013152　丙三/1716　子部/
雜家類/雜述

閒居雜錄二卷　（清）林春溥撰　清咸豐四年
（1854）竹柏山房刻本　一冊

110000－0102－0013153　丙三/1717　子部/
雜家類/雜述

閒居雜錄二卷　（清）林春溥撰　清咸豐四年

(1854)竹柏山房刻本　一冊

110000－0102－0013154　丙三/1726　子部/
雜家類/雜述

劍閑齋師門奮問　（清）陳瀚撰　清宣統二年
(1910)石印劍閑齋遺集本　一冊

110000－0102－0013155　丙三/1728　叢部/
彙編叢書

格致叢書　（清）徐建寅編　清光緒二十六年
(1900)石印本　三十二冊

110000－0102－0013156　丙三/1729　子部/
雜家類/雜考

困學紀聞二十卷　（宋）王應麟撰　清乾隆三
年(1738)祁門馬氏叢書樓刻本　十二冊

110000－0102－0013157　丙三/1730　子部/
醫家類/兒婦科方論

女科仙方四卷　（清）傅山撰　清光緒十三年
(1887)有餘堂刻本　四冊

110000－0102－0013158　丙三/1732　子部/
雜家類/雜纂

恆心守道三卷　倪戈氏撰　清光緒三十年
(1904)華北書會鉛印本　一冊

110000－0102－0013159　丙三/1741　子部/
宗教類/釋教/論

破邪論二卷　（唐）釋法琳撰　清光緒三十四
年(1908)揚州藏經院刻本　一冊

110000－0102－0013160　丙三/1742　子部/
宗教類/釋教/論

二教論笑道論合刊　（唐）釋道宣集　清光緒
二十二年(1896)金陵經房刻本　一冊

110000－0102－0013161　丙三/1743　子部/
宗教類/釋教/論

一乘決疑論　（清）彭際清撰　清同治八年
(1869)如皋刻經處刻本　一冊

110000－0102－0013162　丙三/1744　子部/
宗教類/釋教/論

續原教論二卷　（明）沈士榮撰　清光緒元年
(1875)金陵刻經處刻本　一冊

110000－0102－0013163　丙三/1746　子部/
宗教類

儒釋道平心論二卷　（宋）劉謐撰　清同治二
年(1863)刻本　一冊

110000－0102－0013164　丙三/1747　子部/
宗教類/釋教

道宣律師感通錄　（唐）釋道宣撰　清光緒十
五年(1889)江北刻經處刻本　一冊

110000－0102－0013165　丙三/1748　子部/
宗教類/釋教

集神州塔寺三寶感通錄四卷　（唐）釋道宣撰
清宣統元年(1909)揚州藏經院刻本　一冊

110000－0102－0013166　丙三/1749　子部/
宗教類/釋教/論

折疑論集註　（元）釋子成撰　（明）西域比丘
師子註　清光緒三十四年(1908)揚州藏經院
刻本　一冊

110000－0102－0013167　丙三/1752　子部/
宗教類/釋教/經

金剛三昧經二卷　（□）□□撰　清同治十二
年(1873)金陵刻經處刻本　一冊

110000－0102－0013168　丙三/1753　子部/
宗教類/釋教/經

大般涅槃經玄義二卷　（隋）釋灌頂撰　清光
緒八年(1882)金陵刻經處刻本　一冊

110000－0102－0013169　丙三/1754　子部/
宗教類/釋教/經

七俱胝佛母所說准提陀羅尼經會釋三卷
（清）釋宏贊會釋　清宣統三年(1911)常州天
寧寺刻本　一冊

110000－0102－0013170　丙三/1755　子部/
宗教類/釋教

佛爾雅八卷　（清）周春撰　清宣統二年
(1910)上海國學扶論社鉛印本　二冊

110000－0102－0013171　丙三/1756　子部/
宗教類/釋教

教觀綱宗　（明）釋智旭重述　清末刻本
一冊

110000－0102－0013172　丙三/1758　子部/
宗教類/釋教

**沖虛經發隱道德經發隱南華經發隱陰符經發
隱**　（清）楊文會注　清光緒金陵刻經處刻本
　一冊

110000－0102－0013173　丙三/1759　子部/
宗教類/釋教/論

護法論二卷　（宋）張商英撰　清光緒二年
（1876）常熟刻經處刻本　一冊

110000－0102－0013174　丙三/1761　子部/
宗教類/釋教

刻經僧妙空大師傳及塔銘　王丹忱節錄並撰
　清宣統三年至民國三年（1911－1914）刻本
　一冊

110000－0102－0013175　丙三/1764　子部/
宗教類/釋教

阿育王舍利瑞應集　（清）釋妙然輯　清光緒
元年（1875）育王寺刻本　一冊

110000－0102－0013176　丙三/1765　子部/
宗教類/釋教

仁王護國般若波羅密多經道場念誦儀軌
（唐）釋不空譯　清末刻本　一冊

110000－0102－0013177　丙三/1766　子部/
宗教類/釋教

法華擊節　（明）釋德清撰　清宣統元年
（1909）揚州藏經院刻本　一冊

110000－0102－0013178　丙三/1767　子部/
宗教類/釋教/經

佛垂般涅槃略說教誡經　（後秦）釋鳩摩羅什
譯　清光緒二十八年（1902）毗陵天寧寺刻本
　一冊

110000－0102－0013179　丙三/1768　子部/
宗教類/釋教

萬法歸心錄三卷　（清）釋超溟撰　清光緒三
十四年（1908）揚州刻本　一冊

110000－0102－0013180　丙三/1769　子部/
宗教類/釋教/經

華嚴經十地品離垢章　（唐）釋實叉難陀譯

清末刻本　一冊

110000－0102－0013181　丙三/1770　子部/
宗教類/釋教

高峰大師語錄　（元）釋原妙撰　清光緒十五
年（1889）金陵刻經處刻本　一冊

110000－0102－0013182　丙三/1771　子部/
宗教類/釋教

放生儀軌　（□）□□撰　清昭慶經房刻本
一冊

110000－0102－0013183　丙三/1772　子部/
宗教類/釋教

蒙山施食略解　（□）□□撰　清光緒四年
（1878）金陵刻經處刻本　一冊

110000－0102－0013184　丙三/1773　子部/
宗教類/釋教

溈山警策句釋記　（明）釋宏贊注　清宣統二
年（1910）常州天寧寺刻本　一冊

110000－0102－0013185　丙三/1774　子部/
宗教類/釋教

彌陀寶懺法三卷　清末刻本　一冊

110000－0102－0013186　丙三/1775　子部/
宗教類/釋教/論

大乘起信論　（南朝梁）釋真諦譯　（清）桂柏
華注　清光緒三十年（1904）廬陵黃氏刻本
一冊

110000－0102－0013187　丙三/1782　子部/
宗教類/釋教

法海觀瀾五卷　（明）釋智旭輯　清光緒二十
三年（1897）揚州藏經禪院刻本　二冊

110000－0102－0013188　丙三/1783　子部/
雜家類/雜纂

衛生集三卷　（清）梧棲主人輯　清同治八年
（1869）刻本　一冊

110000－0102－0013189　丙三/1784　史部/
政書類/詔令奏議

雍正上諭　（清）世宗胤禛撰　清同治八年
（1869）內府刻經處刻本　一冊

110000－0102－0013190　丙三/1785　子部/
藝術類/總錄

遊藝卮言二卷　葉德輝撰　清宣統三年
(1911)刻本　一冊

110000－0102－0013191　丙三/1788　子部/
雜家類/雜述

菜根譚　(清)洪應明撰　清光緒十三年
(1887)揚州藏經禪院刻本　一冊

110000－0102－0013192　丙三/1791　集部/
別集類/唐至五代

御選妙覺普度和聖寒山大士詩　(唐)閭邱胤
輯　清光緒二年(1876)揚州藏經院刻本
一冊

110000－0102－0013193　丙三/1792　子部/
宗教類/釋教

翻譯名義集選　(清)□□編　清同治十一年
(1872)江北刻經處刻本　一冊

110000－0102－0013194　丙三/1793　子部/
儒家類/明

昨非錄十二卷　(明)鄭誼明輯　清光緒二十
七年(1901)石印本　二冊

110000－0102－0013195　丙三/1795　經部/
四書類/總義/傳說

四書小參　(明)朱斯行撰　清光緒三年
(1877)姑蘇刻經處刻本　一冊

110000－0102－0013196　丙三/1796　經部/
四書類/大學中庸

中庸直指　(明)釋德清撰　清光緒十年
(1884)金陵刻經處刻本　一冊

110000－0102－0013197　丙三/1797　集部/
別集類/宋

慧日永明智覺壽禪師山居詩　(宋)釋延壽撰
清光緒十一年(1885)江北刻經處刻本
一冊

110000－0102－0013198　丙三/1798　子部/
宗教類/釋教

齋王科儀　(□)□□撰　清光緒三十四年
(1908)刻本　一冊

110000－0102－0013199　丙三/1800　子部/
宗教類/經

佛說五苦章句經　(晉)釋竺曇無蘭譯　清光
緒十一年(1885)杭州昭慶慧空經房刻本
一冊

110000－0102－0013200　丙三/1801　史部/
傳記類/別傳

明州定應大師布袋和尚傳　(元)釋曇噩撰
清同治十三年(1874)刻本　一冊

110000－0102－0013201　丙三/1802　子部/
宗教類/釋教

禪門日誦　(□)□□撰　清光緒二十六年
(1900)常州天寧寺刻本　一冊

110000－0102－0013202　丙三/1803　子部/
宗教類/釋教

瑜伽焰口施食要集　(清)釋定庵基刪輯　清
光緒三十四年(1908)常州天寧寺刻本　一冊

110000－0102－0013203　丙三/1804　子部/
儒家類/宋

真文忠公心政經二卷　(宋)真德秀撰　清刻
本　二冊

110000－0102－0013204　丙三/1805　子部/
儒家類

薛子條貫篇十三卷續篇十三卷　(清)戴楫撰
清光緒十九年(1893)廣州府署刻本　三冊

110000－0102－0013205　丙三/1806　子部/
雜家類/西洋各派

鏡鏡詅癡五卷　(清)鄭復光撰　清道光靈石
楊氏刻連筠簃叢書本　二冊

110000－0102－0013206　丙三/1810　子部/
宗教類/釋教

萬善先資集四卷　(清)周安士撰　清光緒十
三年(1887)刻本　二冊

110000－0102－0013207　丙三/1811　子部/
宗教類/釋教/經

慧上菩薩問大善權經二卷　(晉)釋竺法護譯
清光緒六年(1880)常熟刻經處刻本　一冊

110000－0102－0013208　丙三/1814　子部/宗教類/釋教/經

大金色孔雀王咒經九種同本　（□）□□撰　清宣統二年(1910)常州天寧寺刻本　二冊

110000－0102－0013209　丙三/1815　子部/宗教類/釋教/經

阿難問事佛吉凶經　（後漢)釋安世高譯　清同治九年(1870)如皋刻經處刻本　一冊

110000－0102－0013210　丙三/1820　子部/宗教類/釋教

法華擊節　（明)釋德清撰　清末刻本　一冊

110000－0102－0013211　丙三/1825　子部/宗教類/釋教

持名四十八法　（清)鄭韋庵撰　清末刻本　一冊

110000－0102－0013212　丙三/1826　子部/宗教類/釋教

般若波羅密多心經注解　（唐)釋玄奘譯　（明)釋宗泐　（明)釋如玘合注　清光緒二年(1876)長沙刻經處刻本　一冊

110000－0102－0013213　丙三/1828　子部/宗教類/釋教/經

佛說四諦經　（後漢)釋安世高譯　清光緒六年(1880)金陵刻經處刻本　一冊

110000－0102－0013214　丙三/1829　子部/宗教類/釋教/經

佛說十善業道經　（唐)釋實叉難陀譯　清末刻本　一冊

110000－0102－0013215　丙三/1830　子部/宗教類/釋教/經

佛說十善業道經　（唐)釋實叉難陀譯　清末刻本　一冊

110000－0102－0013216　丙三/1831　子部/宗教類/釋教/經

佛說四十二章經　（後漢)釋迦葉摩騰　（後漢)釋竺法蘭合譯　清同治九年(1870)金陵刻經處刻本　一冊

110000－0102－0013217　丙三/1832　子部/宗教類/釋教/經

佛說四十二章經　（後漢)釋迦葉摩騰　（後漢)釋竺法蘭合譯　清同治九年(1870)金陵刻經處刻本　一冊

110000－0102－0013218　丙三/1833　子部/宗教類/釋教

請觀音經疏　（隋)釋智顗說　（隋)釋頂法錄　清末刻本　一冊

110000－0102－0013219　丙三/1834　子部/宗教類/釋教

淨業知津　（清)釋悟開撰　清同治十三年(1874)金陵刻經處刻本　一冊

110000－0102－0013220　丙三/1850　子部/宗教類/釋教/論

大乘起信論纂注二卷　（南朝梁)釋真諦譯　（明)釋真界注　清光緒十一年(1885)金陵刻經院刻本　一冊

110000－0102－0013221　丙三/1851　子部/宗教類/釋教

大乘起信論直解二卷　（唐)釋法藏疏　（明)釋德清解　清光緒十六年(1890)金陵刻經處刻本　一冊

110000－0102－0013222　丙三/1853　子部/宗教類/釋教

禪關策進前後集　（明)釋袾宏輯　清光緒二十四年(1898)金陵刻經處刻本　一冊

110000－0102－0013223　丙三/1854　子部/宗教類/釋教

禪源諸詮集都序四卷　（唐)釋宗密撰　清光緒十八年(1892)金陵刻經處刻本　一冊

110000－0102－0013224　丙三/1857　子部/宗教類/釋教/經

佛說守護大千國土經三卷　（宋)釋施護譯　清同治十三年(1874)雞園刻經處刻本　一冊

110000－0102－0013225　丙三/1858　子部/宗教類/釋教

兜率龜鏡集三卷　（明)釋弘贊輯　清宣統三

年(1911)常州天寧寺刻本　一冊

110000－0102－0013226　丙三/1862　子部/
宗教類/釋教/經

大雲輪請雨經二卷　（唐）釋不空譯　清同治
十三年(1874)如皋刻經處刻本　一冊

110000－0102－0013227　丙三/1863　子部/
宗教類/釋教/經

**文殊師利菩薩及諸仙所說吉凶時日善惡宿曜
經二卷**　（宋）釋不空譯　清光緒二十一年
(1895)江北刻經處刻本　一冊

110000－0102－0013228　丙三/1871　子部/
宗教類/釋教

西歸直指四卷首一卷　（清）周安士輯　清光
緒十二年(1886)金陵刻經處刻本　一冊

110000－0102－0013229　丙三/1872　子部/
宗教類/釋教/經

大乘修行菩薩行門諸經要集三卷　（唐）釋智
嚴譯　清光緒二十一年(1895)江北刻經處刻
本　一冊

110000－0102－0013230　丙三/1873　子部/
宗教類/釋教/經

佛說目連問戒律中五百輕重事經二卷　（□）
□□撰　清光緒二年(1876)江北刻經處刻本
　一冊

110000－0102－0013231　丙三/1874　子部/
宗教類/釋教

西方公據二卷　（清）彭際清輯　清光緒四年
(1878)金陵刻經處刻本　一冊

110000－0102－0013232　丙三/1875　子部/
宗教類/釋教

修習止觀坐禪法要二卷附六妙法門一卷
(隋)釋智顗撰　清光緒二十九年(1903)金陵
刻經處刻本　一冊

110000－0102－0013233　丙三/1876　子部/
宗教類/釋教

讀誦佛母大孔雀明王經前啓請法三卷　（唐）
釋不空奉詔譯　清光緒十四年(1888)常熟刻
經處刻本　一冊

110000－0102－0013234　丙三/1877　子部/
宗教類/釋教

龐居士語錄三卷　（唐）于頔編　清咸豐元年
(1851)刻本　一冊

110000－0102－0013235　丙三/1878　子部/
宗教類/釋教

金陵毘盧寺印魁文祖法語　（清）釋清池記
清宣統三年(1911)刻本　一冊

110000－0102－0013236　丙三/1887　子部/
宗教類/釋教/論

百論二卷　（後秦）釋鳩摩羅什譯　清末鉛印
本　一冊

110000－0102－0013237　丙三/1892　子部/
宗教類/釋教

夢東禪師遺集二卷　（清）釋際醒撰　清嘉慶
北京通明寺刻本　一冊

110000－0102－0013238　丙三/1893　子部/
宗教類/釋教

地藏菩薩本願懺儀　（清）釋定慧輯　清光緒
十年(1884)杭州昭慶經房刻本　一冊

110000－0102－0013239　丙三/1894　子部/
宗教類/釋教

梵網經懺悔行法　（明）釋智旭撰　（清）釋戒
香輯　清光緒十年(1884)杭州昭慶經房刻本
　一冊

110000－0102－0013240　丙三/1895　子部/
宗教類/釋教

佛祖心要節錄二卷　（□）□□撰　清同治五
年(1866)杭州昭慶寺慧空經房刻本　一冊

110000－0102－0013241　丙三/1896　子部/
宗教類/釋教

經律異相二卷　（南朝梁）釋寶唱等撰　（清）
釋古昆摘錄　清同治十三年(1874)刻本
一冊

110000－0102－0013242　丙三/1897　子部/
宗教類/釋教/經

佛說末利支提婆華鬘經　（唐）釋不空譯　清
光緒十五年(1889)如皋刻經處刻本　一冊

110000－0102－0013243　丙三/1899　子部/
宗教類/釋教/論

佛說大乘金剛經論　（北魏）釋菩提留支譯
清中後期南匯比邱廣智刻本　一冊

110000－0102－0013244　丙三/1902　子部/
宗教類/釋教/經

心經別　（清）釋大璸撰　清宣統元年（1909）
揚州藏經院刻本　一冊

110000－0102－0013245　丙三/1904　子部/
宗教類/釋教/經

大乘般若出三界要集經　（清）釋靜參輯　清
光緒二十七年（1901）刻本　一冊

110000－0102－0013246　丙三/1905　子部/
宗教類/釋教

釋門真孝錄五卷　（明）張廣湉輯　清末刻本
　一冊

110000－0102－0013247　丙三/1913　子部/
宗教類/釋教/經

般若波羅密多心經　（唐）釋玄奘譯　**摩訶般
若波羅密大明呪經**　（後秦）釋鳩摩羅什譯
實相般若波羅密經　（唐）釋菩提流志譯　**文
殊師利所說摩訶般若波羅密經**　（南朝梁）釋
曼陀羅仙譯　清光緒元年（1875）揚州江北刻
經處刻本　一冊

110000－0102－0013248　丙三/1914　子部/
宗教類/釋教/經

六祖大師法寶壇經　（唐）釋慧能說　清同治
十一年（1872）如皋刻經處刻本　一冊

110000－0102－0013249　丙三/1915　子部/
宗教類/釋教/經

三經同卷　清光緒十五年（1889）揚州江北刻
經處刻本　一冊

110000－0102－0013250　丙三/1916　子部/
宗教類/釋教/經

般若波羅密多心經　（唐）釋玄奘譯　（唐）釋
靖邁撰疏　**紫柏老人集一卷般若波羅密多心
經略疏**　（唐）釋法藏撰　**般若波羅密多心經
注解**　（明）釋宗泐　（明）釋如玘合注　清光

緒二十三年（1897）金陵刻經處刻本　一冊

110000－0102－0013251　丙三/1919　子部/
宗教類/釋教/經

大方廣佛華嚴經吞海集三卷　（宋）釋道通撰
　清光緒十三年（1887）金陵刻經處刻本
一冊

110000－0102－0013252　丙三/1920　子部/
宗教類/釋教/論

解迷顯智成悲十明論　（唐）李通玄撰　清同
治八年（1869）如皋刻經處刻本　一冊

110000－0102－0013253　丙三/1923　子部/
宗教類/釋教/經

金剛經感應分類輯要　（清）王澤洼編　清刻
本　一冊

110000－0102－0013254　丙三/1924　子部/
宗教類/釋教/經

大方廣如來不思議境界經　（唐）釋實叉難陀
譯　清同治十三年（1874）雞園刻經處刻本
一冊

110000－0102－0013255　丙三/1925　子部/
宗教類/釋教

華嚴經旨歸一卷　（唐）釋法藏撰　清同治九
年（1870）如皋刻經處刻本　一冊

110000－0102－0013256　丙三/1926　子部/
宗教類/釋教

華嚴一乘十玄門　（唐）釋智儼撰　清光緒二
十二年（1896）金陵刻經處刻本　一冊

110000－0102－0013257　丙三/1927　子部/
宗教類/釋教

大華嚴經略策　（唐）釋澄觀撰　**答順宗心要
法門一卷三聖圓融觀門一卷華嚴念佛三昧論
一卷**　（清）彭際清撰　**原人論一卷**　（唐）釋
宗密撰　清光緒二十一年（1895）金陵刻經處
刻本　一冊

110000－0102－0013258　丙三/1928　子部/
宗教類/釋教

華嚴金師子章　（唐）釋法藏撰　**法界緣起章
一卷法身章一卷華嚴經明法品內立三寶章一**

卷流轉章一卷十世章一卷玄義章一卷圓音章
一卷　清同治九年(1870)如皋刻經處刻本
一冊

110000－0102－0013259　丙三/1936　子部/
宗教類/釋教

無隱禪師略錄　(清)普願居士輯　清光緒十
六年(1890)金陵刻經處刻本　一冊

110000－0102－0013260　丙三/1938　子部/
宗教類/釋教/論

大乘起信論直解二卷　(明)釋德清解　清光
緒十六年(1890)金陵刻經處刻本　一冊

110000－0102－0013261　丙三/1939　子部/
宗教類/釋教/經

金剛經句解　(清)臧志仁注　清光緒二年
(1876)揚州法藏寺刻本　一冊

110000－0102－0013262　丙三/1940　子部/
宗教類/釋教

修西聞見錄八卷　(清)釋咫觀輯　清光緒揚
州磚橋法藏寺刻本　一冊

110000－0102－0013263　丙三/1941　子部/
宗教類/釋教

法界宗五祖略記　(清)釋續法輯　清光緒二
年(1876)長沙刻經處刻本　一冊

110000－0102－0013264　丙三/1942　子部/
宗教類/釋教/經

大方廣佛華嚴經要解　(宋)釋戒環輯　清同
治十一年(1872)金陵刻經處刻本　一冊

110000－0102－0013265　丙三/1943　子部/
宗教類/釋教

佛祖心燈宗教律諸家演派　(清)釋守一重編
　清光緒十六年(1890)金陵刻經處刻本
一冊

110000－0102－0013266　丙三/1949　子部/
宗教類/釋教/經

佛說仁王護國般若波羅密經疏神寶記四卷
(宋)釋善月撰　清光緒十四年(1888)揚州江
北刻經處刻本　一冊

110000－0102－0013267　丙三/1950　子部/
宗教類/釋教/經

大般若波羅密多經卷　(唐)釋玄奘譯　清光
緒九年(1883)雞園刻經處刻本　一冊

110000－0102－0013268　丙三/1951　子部/
宗教類/釋教/經

金剛能斷般若波羅密多經　(清)裕恩譯　清
同治十年(1871)如皋刻經處刻本　一冊

110000－0102－0013269　丙三/1952　子部/
宗教類/釋教/經

摩訶般若波羅密鈔經五卷　(符秦)釋曇摩蜱
譯　清末普陀山法雨寺刻本　一冊

110000－0102－0013270　丙三/1953　子部/
宗教類/釋教

欲海回狂三卷附錄一卷　(清)周安士撰　清
同治三年(1864)邗江熊氏刻本　一冊

110000－0102－0013271　丙三/1966　子部/
宗教類/釋教

寶王三昧念佛直指　(明)釋妙葉集　清光緒
五年(1879)長沙刻經處刻本　一冊

110000－0102－0013272　丙三/1967　子部/
宗教類/釋教

受持佛說阿彌陀經行願儀　(明)釋成時輯
清同治九年(1870)如皋刻經處刻本　一冊

110000－0102－0013273　丙三/1969　子部/
宗教類/道教

文昌帝君陰騭文廣義節錄三卷　(清)周安士
撰　清光緒七年(1881)揚州藏經禪院刻本
三冊

110000－0102－0013274　丙三/1970　子部/
宗教類/道教

文昌帝君陰騭文廣義節錄三卷　(清)周安士
撰　清光緒七年(1881)揚州藏經禪院刻本
三冊

110000－0102－0013275　丙三/1971　子部/
宗教類/釋教/經

佛說大乘無量壽莊嚴經　(宋)釋法賢譯　清
光緒十年(1884)金陵刻經處刻本　一冊

110000－0102－0013276　丙三/1972　子部/宗教類/釋教

無量壽如來會二卷　（唐）釋菩提流志譯　清光緒二十二年(1896)金陵刻經處刻本　一冊

110000－0102－0013277　丙三/1973　子部/宗教類/釋教/經

佛說無量壽經二卷　（三國魏）釋康僧鎧譯　清同治十三年(1874)金陵刻經處刻本　一冊

110000－0102－0013278　丙三/1974　子部/宗教類/釋教

佛說阿彌陀經義疏　（宋）釋元照撰　清光緒二十四年(1898)金陵刻經處刻本　一冊

110000－0102－0013279　丙三/1975　子部/宗教類/釋教/經

佛說無量清淨平等覺經三卷　（漢）釋支婁迦讖譯　清同治十年(1871)金陵刻經處刻本　一冊

110000－0102－0013280　丙三/1976　子部/宗教類/釋教/論

無量壽經起信論三卷　（清）彭際清撰　清同治十一年(1872)如皋刻經處刻本　一冊

110000－0102－0013281　丙三/1977　子部/宗教類/釋教/經

金剛般若波羅密經　（後秦）釋鳩摩羅什譯　**金剛般若波羅密經**　（南朝陳）釋真諦譯　**金剛般若波羅密經**　（北魏）釋留支譯　**金剛般若波羅密經**　（北魏）釋留支譯　**金剛能斷般若波羅密經**　（隋）釋笈多譯　**能斷金剛般若波羅密多經**　（唐）釋玄奘譯　**能斷金剛般若波羅密經**　（唐）釋義淨譯　清同治八年(1869)金陵刻經處刻本　一冊

110000－0102－0013282　丙三/1978　子部/宗教類/釋教

淨業知津　（清）釋悟開撰　清同治十三年(1874)金陵刻經處刻本　一冊

110000－0102－0013283　丙三/1979　子部/宗教類/釋教/論

發菩提心論二卷　（後秦）釋鳩摩羅什譯　清

光緒十四年(1888)揚州江北刻經處刻本　一冊

110000－0102－0013284　丙三/1981　子部/宗教類/釋教

佛教初學課本附注　（清）楊文會撰　清光緒三十二年(1906)金陵刻經處刻本　一冊

110000－0102－0013285　丙三/1982　子部/宗教類/釋教

佛教初學課本附注　（清）楊文會撰　清光緒三十二年(1906)金陵刻經處刻本　一冊

110000－0102－0013286　丙三/1983　子部/宗教類/釋教

佛教初學課本附注　（清）楊文會撰　清光緒三十二年(1906)金陵刻經處刻本　一冊

110000－0102－0013287　丙三/1985　子部/宗教類/釋教/史傳

淨土聖賢錄略集一卷　（清）彭際清撰　（清）釋默庵節略　清光緒刻本　一冊

110000－0102－0013288　丙三/1986　子部/宗教類/釋教

八宗綱要二卷　（明）釋凝然撰　清宣統三年(1911)揚州藏經院刻本　一冊

110000－0102－0013289　丙三/1987　子部/宗教類/釋教

華嚴感應緣起傳　（清）釋弘璧輯　清光緒十五年(1889)江北刻經處刻本　一冊

110000－0102－0013290　丙三/1988　史部/傳記類/別傳

唐大薦福寺故寺主翻經大德法藏和尚傳　（唐）崔致遠撰　清光緒二十三年(1897)金陵刻經處刻本　一冊

110000－0102－0013291　丙三/1989　子部/宗教類/釋教

靈峰蕅益大師梵室偶談　（明）釋智旭撰　清同治十年(1871)金陵刻經處刻本　一冊

110000－0102－0013292　丙三/1990　子部/宗教類/釋教

華嚴法界玄鏡三卷 （唐）釋澄觀譯 清光緒二十一年（1895）金陵刻經處刻本 一冊

110000－0102－0013293 丙三/1993 子部/宗教類/釋教
無量壽經優婆提舍願生偈 （北魏）釋菩提留支譯 清光緒十九年（1893）金陵刻經處刻本 一冊

110000－0102－0013294 丙三/1994 子部/宗教類/釋教
無量壽經優婆提舍願生偈 （北魏）釋菩提留支譯 清光緒十九年（1893）金陵刻經處刻本 一冊

110000－0102－0013295 丙三/1996 子部/宗教類/釋教
佛祖心燈宗教律諸家演派 （清）釋守一重編 清光緒十六年（1890）金陵刻經處刻本 一冊

110000－0102－0013296 丙三/1997 子部/宗教類/釋教/經
入法界體性經 （隋）釋闍那崛多譯 清光緒四年（1878）金陵刻經處刻本 一冊

110000－0102－0013297 丙三/1998 子部/宗教類/釋教/經
大乘三聚懺悔經 （隋）釋闍那崛多譯 佛說犯罪輕重經 （漢）釋安世高譯 佛說迦葉禁戒經 （宋）沮渠京聲譯 佛說戒消災經 （三國吳）支謙譯 佛說優婆寒五戒相經 （南朝宋）釋求那跋摩譯 清同治十年（1871）常熟刻經處刻本 一冊

110000－0102－0013298 丙三/2000 子部/宗教類/釋教/經
分別經一卷 （晉）釋竺法護譯 佛說淨意優婆塞所問經一卷 （宋）釋施護譯 佛說羅雲忍辱經一卷 （晉）釋法炬譯 佛說五王經一卷佛說越難經一卷 （晉）聶承遠譯 五母子經一卷 （三國吳）支謙譯 佛說開覺自性般若波羅密多經四卷 （宋）釋惟淨譯 佛說了義般若波羅密經一卷 （宋）釋施護譯 佛說五十頌聖般若波羅密經一卷 （宋）釋施護

譯 孝子經 清末刻本 一冊

110000－0102－0013299 丙三/2002 子部/宗教類/釋教
般若波羅蜜多心經注解 （明）釋宗泐 （明）釋如玘合注 清光緒二年（1876）長沙刻經處刻本 一冊

110000－0102－0013300 丙三/2003 子部/宗教類/釋教
念佛百問 （清）釋悟開撰 清同治五年（1866）刻本 一冊

110000－0102－0013301 丙三/2004 子部/宗教類/釋教
念佛百問 （清）釋悟開撰 清同治五年（1866）刻本 一冊

110000－0102－0013302 丙三/2006 子部/宗教類/釋教/經
佛說無言童子經二卷 （晉）釋竺法護譯 清末刻本 一冊

110000－0102－0013303 丙三/2007 子部/宗教類/釋教
佛說阿彌陀經疏 （唐）釋元曉撰 無量壽經優波提舍 （北魏）釋菩提支譯 阿彌陀鼓音聲王陀羅尼經拔一切業障根本得生淨土神咒 （南朝宋）釋求那跋陀羅 稱讚淨土佛攝受經 （唐）釋玄奘譯 佛說阿彌陀經 （後秦）釋鳩摩羅什譯 佛說觀無量壽佛經 （南朝宋）釋畺良耶舍譯 觀世音菩薩得大勢菩薩受記經 （南朝宋）釋曇無竭譯 後出阿彌陀佛偈經 清同治十年（1871）江蘇金陵刻經處刻本 一冊

110000－0102－0013304 丙三/2008 子部/宗教類/釋教/經
阿彌陀鼓音聲王陀羅尼經稱讚淨土佛攝受經 （唐）釋玄奘譯 佛說阿彌陀經 （後秦）釋鳩摩羅什譯 佛說阿彌陀經疏 （唐）釋元曉撰 佛說觀無量壽佛經 （南朝宋）釋畺良耶舍譯 觀世音菩薩得大勢菩薩受記經 （南朝宋）釋曇無竭譯 後出阿彌陀佛偈經無量壽經優波提舍 （北魏）釋菩提支譯 清同治

十年(1871)江蘇金陵刻經處刻本　　一冊

110000－0102－0013305　　丙三/2009　　子部/
宗教類/釋教

淨土境觀要門一卷　　（元）釋懷則撰　　始終心
要　　（唐）釋湛然撰　　天台傳佛心印記　　（元）
釋懷剛撰　　一心三觀一編釋摩訶般若波羅密
經覺意三昧　　（隋）釋智顗撰　　清光緒二十九
年(1903)江蘇揚州刻經院刻本　　一冊

110000－0102－0013306　　丙三/2010　　子部/
宗教類/釋教/經

大佛頂如來密因修證了義諸菩薩萬行首楞嚴
經十卷　　（唐）釋般刺密帝譯　　清同治八年
(1869)江蘇金陵刻經處刻本　　二冊

110000－0102－0013307　　丙三/2011　　子部/
宗教類/釋教

大乘起信論義記七卷別記一卷　　（唐）釋法藏
撰　　清光緒二十三年(1897)江蘇金陵刻經處
刻本　　二冊

110000－0102－0013308　　丙三/2012　　子部/
宗教類/釋教/經

維摩詰所說經注八卷　　（後秦）釋鳩摩什譯
（後秦）釋僧肇注　　清光緒十三年(1887)江蘇
金陵刻經處刻本　　二冊

110000－0102－0013309　　丙三/2014　　子部/
宗教類/釋教/經

佛說阿彌陀經　　（後秦）釋鳩摩什譯　　清光緒
十五年(1889)江蘇金陵刻經處刻本　　一冊

110000－0102－0013310　　丙三/2015　　子部/
宗教類/釋教/經

安樂集二卷　　（唐）釋道綽撰　　清光緒二十三
年(1897)江蘇金陵刻經處刻本　　一冊

110000－0102－0013311　　丙三/2020　　子部/
宗教類/釋教/經

佛說阿彌陀經　　（三國吳）支謙譯　　清光緒五
年(1879)江蘇常熟刻經處刻本　　一冊

110000－0102－0013312　　丙三/2022　　子部/
宗教類/釋教/經

佛說十二頭陀經　　（南朝宋）釋求那跋陀羅譯

清末杭州七寶寺、瑪瑙寺經房刻本　　一冊

110000－0102－0013313　　丙三/2023　　子部/
宗教類/釋教/經

佛說造像量度經　　（清）工布查布譯　　清同治
十三年(1874)江蘇金陵刻經處刻本　　一冊

110000－0102－0013314　　丙三/2024　　子部/
宗教類/釋教/經

修西定課　　（清）鄭學川撰　　清光緒二十四年
(1898)江蘇金陵刻經處刻本　　一冊

110000－0102－0013315　　丙三/2025　　子部/
宗教類/釋教

修西日課　　（清）鄭學川集　　清末刻本　　一冊

110000－0102－0013316　　丙三/2026　　子部/
宗教類/釋教

修西輯要　　（清）釋信庵輯　　清光緒十年
(1884)江蘇揚州江北刻經處刻本　　一冊

110000－0102－0013317　　丙三/2027　　子部/
宗教類/釋教

搏山和尚參禪警語　　（明）釋元末說　　清光緒
三十四年(1908)江蘇金山江天寺刻本　　一冊

110000－0102－0013318　　丙三/2028　　子部/
宗教類/釋教

禪門鍛煉說　　（明）釋戒顯撰　　清同治十一年
(1872)如皋刻經處刻本　　一冊

110000－0102－0013319　　丙三/2030　　子部/
宗教類/釋教

顯密圓通成佛心要集二卷　　（宋）釋道殿輯
清同治十一年(1872)江蘇金陵刻經處刻本
一冊

110000－0102－0013320　　丙三/2031　　子部/
宗教類/釋教/經

佛說金剛般若波羅蜜經略疏二卷　　（唐）釋智
儼撰　　清光緒二十六年(1900)江蘇金陵刻經
處刻本　　一冊

110000－0102－0013321　　丙三/2032　　子部/
宗教類/釋教/經

金剛般若經疏　　（隋）釋智顗撰　　清光緒三十

三年(1907)江蘇金陵刻經處刻本　一冊

110000－0102－0013322　丙三/2033　子部/宗教類/釋教

金剛決疑　(明)釋德清撰　清末刻本　一冊

110000－0102－0013323　丙三/2034　子部/宗教類/論

金剛般若波羅蜜經破空論　(明)釋智旭撰　清同治十年(1871)江蘇如皋刻經處刻本　一冊

110000－0102－0013324　丙三/2035　子部/宗教類/經

華嚴一乘教義分齊章四卷　(唐)釋法藏撰　清末刻本　一冊

110000－0102－0013325　丙三/2038　子部/宗教類/釋教

三論玄義　(隋)釋吉藏撰　清光緒二十五年(1899)江蘇金陵刻經處刻本　一冊

110000－0102－0013326　丙三/2039　子部/宗教類/釋教

天目中峰和尚信心銘闢義解三卷　(元)釋慈寂撰　清同治十二年(1873)江蘇如皋刻經處刻本　一冊

110000－0102－0013327　丙三/2041　子部/宗教類/釋教

法華經安樂行義　(南朝陳)釋慧思撰　清光緒三年(1877)江蘇揚州江北刻經處刻本　一冊

110000－0102－0013328　丙三/2042　子部/宗教類/釋教

天台四教儀正文　(高麗)釋諦觀錄　清宣統元年(1909)江蘇揚州藏經院刻本　一冊

110000－0102－0013329　丙三/2043　子部/宗教類/釋教

仁山和尚寶華語錄　(清)釋海本記　清末香岩居士刻本　一冊

110000－0102－0013330　丙三/2046　子部/宗教類/經

大方廣圓覺修多羅了義經二卷　(唐)釋佛陀多羅譯　清同治八年(1869)江蘇金陵刻經處刻本　一冊

110000－0102－0013331　丙三/2048　子部/宗教類/論

金剛般若波羅蜜經論三卷　(隋)釋達摩笈多譯　清宣統三年(1911)江蘇常州天寧寺刻本　一冊

110000－0102－0013332　丙三/2049　子部/宗教類/釋教

大乘止觀法門四卷　(南朝陳)釋慧思撰　清光緒六年(1880)長沙刻經處刻本　一冊

110000－0102－0013333　丙三/2050　子部/宗教類/經

佛說彌勒成佛經　(後秦)釋鳩摩羅什譯　清同治十年(1871)杭州昭慶寺經房刻本　一冊

110000－0102－0013334　丙三/2051　子部/宗教類/經

菩薩瓔珞本業經二卷　(後秦)釋竺佛念初譯　清光緒十四年(1888)江蘇江北刻經處刻本　一冊

110000－0102－0013335　丙三/2054　子部/宗教類/釋教

華嚴經明法品內立三寶章二卷　(三國魏)釋法藏撰　清光緒二年(1876)江北刻經處刻本　一冊

110000－0102－0013336　丙三/2055　子部/宗教類/經

大明度無極經六卷　(三國吳)支謙譯　清末刻本　一冊

110000－0102－0013337　丙三/2057　子部/宗教類/釋教

佛說十善業道經節要　(明)釋智旭編訂　清末刻本　一冊

110000－0102－0013338　丙三/2063　子部/宗教類/經

金剛般若波羅蜜經　(後秦)釋鳩摩羅什譯　清同治四年(1865)刻本　一冊

110000－0102－0013339　丙三/2064　子部/宗教類/釋教

無所住齋隨筆 （清）無念居士撰　清嘉慶刻本　一冊

110000－0102－0013340　丙三/2068　子部/宗教類/釋教

淨土隨學二卷 （清）釋古昆編　清光緒元年(1875)杭州昭慶寺慧空經房刻本　一冊

110000－0102－0013341　丙三/2069　子部/宗教類/釋教

上品資糧 （清）釋古昆集　清光緒二年(1876)杭州昭慶寺慧空經房刻本　一冊

110000－0102－0013342　丙三/2070　集部/別集類/清

徹悟禪師遺稿二卷 （清）釋了亮等輯　清同治七年(1868)刻本　一冊

110000－0102－0013343　丙三/2072　子部/宗教類/釋教

戒殺放生文 （明）釋袾宏撰並注　清同治九年(1870)杭州昭慶寺慧空經房刻本　一冊

110000－0102－0013344　丙三/2073　子部/宗教類/釋教/經

龍藏般若經節要二卷 （清）釋戒香輯　清光緒三年(1877)杭州昭慶寺慧空經房刻本　一冊

110000－0102－0013345　丙三/2074　子部/宗教類/釋教

西歸行儀 （清）釋古昆輯　清光緒九年(1883)杭州昭慶寺慧空經房刻本　一冊

110000－0102－0013346　丙三/2075　子部/宗教類/釋教

念佛四大要訣 （清）釋古昆輯　清光緒七年(1881)杭州昭慶寺慧空經房刻本　一冊

110000－0102－0013347　丙三/2076　子部/宗教類/釋教

雲棲淨土彙語 （明）釋袾宏撰並釋　清杭州昭慶寺慧空經房刻本　一冊

110000－0102－0013348　丙三/2080　子部/宗教類/釋教/經

解深密經五卷 （唐）釋玄奘譯　清同治十年(1871)江蘇金陵刻經處刻本　一冊

110000－0102－0013349　丙三/2081　子部/宗教類/釋教

入楞伽心玄義 （唐）釋法藏撰　清光緒十八年(1892)江蘇金陵刻經處刻本　一冊

110000－0102－0013350　丙三/2083　子部/宗教類/釋教

性相通說 （明）釋德清撰　清同治十二年(1873)江蘇金陵刻經處刻本　一冊

110000－0102－0013351　丙三/2084　子部/宗教類/釋教/經

大乘密嚴經三卷 （唐）釋不空譯　清光緒二十三年(1897)江蘇金陵刻經處刻本　一冊

110000－0102－0013352　丙三/2087　子部/宗教類/釋教/經

菩薩戒本經 （北涼）釋曇無讖譯　清同治九年(1870)江蘇金陵刻經處刻本　一冊

110000－0102－0013353　丙三/2088　子部/宗教類/釋教/經

佛說梵網經二卷 （後秦）釋鳩摩羅什譯　清光緒十年(1884)江蘇金陵刻經處刻本　一冊

110000－0102－0013354　丙三/2089　子部/宗教類/釋教

蓮修起信錄六卷首一卷 （清）程兆鸞錄　清光緒二十二年(1896)揚州東鄉磚橋鎮來復堂刻經處刻本　一冊

110000－0102－0013355　丙三/2091　子部/宗教類/釋教/論

大智度論一百卷 （後秦）釋鳩摩羅什譯　清光緒九年(1883)江蘇姑蘇刻經處刻本　二十二冊　缺三冊(十三至十五)

110000－0102－0013356　丙三/2092　子部/宗教類/釋教/經

寶授菩薩菩提行經 （宋）釋法賢譯　**稱讚大乘功德經** （唐）釋玄奘譯　**大方等如來藏經**

（晉）釋佛陀跋陀羅譯　**佛說長者法老要經**
佛說長者女庵提遮師子吼了義經　（南朝梁）
□□譯　**佛說堅固女經**　（隋）釋那連提耶舍
譯　**佛說老女人經**　（三國吳）支謙譯　**莊嚴**
菩提心經　（後秦）釋鳩摩羅什譯　清光緒二
十二年(1896)江蘇金陵刻經處刻本　一冊

110000－0102－0013357　丙三/2093　子部/
宗教類/釋教/論

淨土論三卷　（唐）釋迦才譯　清末江蘇金陵
刻經處刻本　一冊

110000－0102－0013358　丙三/2094　子部/
宗教類/釋教

念佛伽陀　（清）釋際醒撰　清末江蘇金陵刻
經處刻本　一冊

110000－0102－0013359　丙三/2095　子部/
宗教類/釋教

念佛伽陀　（清）釋際醒撰　清末江蘇金陵刻
經處刻本　一冊

110000－0102－0013360　丙三/2097　子部/
雜家類/雜纂

啓信雜說　（清）周安士輯　清末刻本　一冊

110000－0102－0013361　丙三/2098　子部/
宗教類/釋教

淨土警語　（清）釋行策撰　清光緒六年
(1880)江蘇常熟刻經處刻本　一冊

110000－0102－0013362　丙三/2101　子部/
宗教類/釋教/經

淨土四經　（清）魏源訂　清同治五年(1866)
江蘇金陵書局刻本　一冊

110000－0102－0013363　丙三/2102　子部/
宗教類/釋教

念佛警策二卷　（清）彭際清纂　清同治十三
年(1874)刻本　一冊

110000－0102－0013364　丙三/2104　子部/
宗教類/釋教

四衆弟子淨土詩　（清）彭紹升等撰　清同治
十一年(1872)江蘇如皋刻經處刻本　一冊

110000－0102－0013365　丙三/2105　子部/
宗教類/釋教

龍舒淨土文十卷首一卷末一卷　（宋）王日休
撰　清光緒九年(1883)江蘇金陵刻經處刻本
　一冊

110000－0102－0013366　丙三/2108　子部/
宗教類/釋教

念佛切要　（清）陳熙願撰　清同治八年
(1869)刻本　一冊

110000－0102－0013367　丙三/2110　子部/
宗教類/釋教

永明禪師念佛訣　（清）釋古昆摘　清光緒十
年(1884)杭州昭慶寺慧空經房刻本　一冊

110000－0102－0013368　丙三/2111　子部/
宗教類/釋教

念佛開心頌　（清）釋古昆撰　清光緒十一年
(1885)杭州昭慶寺慧空經房刻本　一冊

110000－0102－0013369　丙三/2113　子部/
宗教類/釋教

淨土歸源五卷　（清）周克復纂　清道光十六
年(1836)武昌崇文堂刻本　一冊

110000－0102－0013370　丙三/2114　子部/
宗教類/釋教

釋迦譜十卷　（南朝齊）釋僧佑撰　清光緒四
年(1878)刻本　四冊

110000－0102－0013371　丙三/2117　子部/
宗教類/釋教/經

大方廣圓覺經大疏十六卷首一卷　（唐）釋宗
密撰　清宣統元年(1909)江蘇金陵刻經處刻
本　四冊

110000－0102－0013372　丙三/2118　子部/
宗教類/釋教/經

雜阿含經五十卷　（南朝宋）釋求那跋陀羅譯
　清光緒十四年(1888)江蘇常熟刻經處刻本
　十二冊

110000－0102－0013373　丙三/2119　子部/
宗教類/釋教

閱藏知津四十四卷總目四卷　（明）釋智旭編

清光緒十八年(1892)江蘇金陵刻經處刻本
十冊

110000－0102－0013374　　丙三/2122　　子部/
宗教類/釋教

大乘起信論裂網疏六卷　（明）釋智旭撰　　清
江蘇金陵書局刻本　　一冊

110000－0102－0013375　　丙三/2123　　子部/
宗教類/釋教/論

大宗地玄文本論略注四卷首一卷　　（南朝陳）
釋真諦譯　（清）楊文會略注　清光緒三十二
年(1906)江蘇金陵刻經處刻本　　一冊

110000－0102－0013376　　丙三/2124　　子部/
宗教類/釋教

筠州黃蘗山斷際禪師傳心法要二卷　　（唐）釋
希運說　（唐）裴休集　清光緒十年(1884)江
蘇金陵刻經處刻本　　一冊

110000－0102－0013377　　丙三/2125　　子部/
宗教類/釋教/經

六祖大師法寶壇經　（唐）釋慧能說　　清同治
十一年(1872)江蘇如皋刻經處刻本　　一冊

110000－0102－0013378　　丙三/2126　　子部/
宗教類/釋教

唯心五種　　（宋）釋延壽撰　　清同治九年
(1870)江蘇如皋刻經處刻本　　一冊

110000－0102－0013379　　丙三/2127　　子部/
宗教類/釋教

永嘉真覺大師證道歌　（元）釋德弘編　　清光
緒三十四年(1908)江蘇金陵刻經處刻本
一冊

110000－0102－0013380　　丙三/2129　　子部/
宗教類/釋教/經

佛頂尊勝陀羅尼經　（唐）釋佛陀波利譯　**佛
說七俱胝佛母准提大明陀羅尼經**　（唐）釋金
剛智譯　**穢跡金剛說神通大滿陀羅尼法術靈
要門經**　（天竺）釋無能勝譯　**千手千眼觀世
音菩薩廣大圓滿無礙大悲心陀羅尼經**　（唐）
釋伽梵達摩譯　清同治十年(1871)江蘇金陵
刻經處刻本　　一冊

110000－0102－0013381　　丙三/2130　　子部/
宗教類/釋教/論

大乘法界無差別論疏二卷　（唐）釋法藏釋
清光緒二十一年(1895)江蘇金陵刻經處刻本
一冊

110000－0102－0013382　　丙三/2131　　子部/
宗教類/釋教

大慧普覺禪師宗門武庫　（宋）釋道謙編　清
光緒七年(1881)江蘇常熟刻經處刻本　　一冊

110000－0102－0013383　　丙三/2132　　子部/
宗教類/釋教

永覺和尚洞上古轍二卷家言一卷續寱言一卷
（明）釋無賢輯　（明）釋道霈重編　清末刻
本　　二冊

110000－0102－0013384　　丙三/2133　　子部/
宗教類/釋教

佛果擊節錄二卷　（宋）釋重顯拈古　（宋）釋
克勤擊節　清光緒二十九年(1903)江蘇揚州
藏經院刻本　　一冊

110000－0102－0013385　　丙三/2134　　子部/
宗教類/釋教

智證傳　（宋）釋覺範撰　清光緒二年(1876)
江蘇金陵刻經處刻本　　一冊

110000－0102－0013386　　丙三/2135　　子部/
宗教類/釋教/經

大寶廣博樓閣善住秘密陀羅尼經　（唐）釋不
空譯　清同治六年(1867)［杭州］昭慶寺經房
刻本　　一冊

110000－0102－0013387　　丙三/2137　　子部/
宗教類/釋教/經

成具光明定意經　（漢）釋支曜譯　清末民國
刻本　　一冊

110000－0102－0013388　　丙三/2138　　子部/
宗教類/釋教/經

佛說德護長者經二卷　（隋）釋那連提黎耶舍
譯　清末民國刻本　　一冊

110000－0102－0013389　　丙三/2139　　子部/
宗教類/釋教/經

佛說阿閦佛國經二卷　（漢）釋支婁迦讖譯
清末刻本　一冊

110000－0102－0013390　丙三/2140　子部/
宗教類/釋教/經

佛說阿閦世王經二卷　（漢）釋支婁迦讖譯
清宣統元年（1909）常州天寧寺刻本　一冊

110000－0102－0013391　丙三/2141　子部/
宗教類/釋教/經

自在王菩薩經二卷　（後秦）釋鳩摩羅什譯
清同治十年（1871）［揚州］江北刻經處刻本
一冊

110000－0102－0013392　丙三/2146　子部/
宗教類/釋教/經

般舟三昧經三卷　（漢）釋支婁迦讖譯　清宣
統三年（1911）常州天寧寺刻本　一冊

110000－0102－0013393　丙三/2147　子部/
宗教類/釋教/經

拔陂菩薩經　（漢）釋支婁迦讖譯　清光緒八
年（1882）江蘇常熟刻經處刻本　一冊

110000－0102－0013394　丙三/2148　子部/
宗教類/釋教/經

大集譬喻王經二卷　（隋）釋闍那崛多譯　清
宣統三年（1911）常州天寧寺刻本　一冊

110000－0102－0013395　丙三/2150　子部/
宗教類/釋教

大乘起信論科注　（清）桂伯華注　清光緒三
十年（1904）廬陵董氏刻本　一冊

110000－0102－0013396　丙三/2160　子部/
宗教類/釋教

貪瞋癡注　（清）釋法化撰　清光緒元年
（1875）［杭州］昭慶寺慧空經房刻本　一冊

110000－0102－0013397　丙三/2164　子部/
宗教類/釋教/經

無量壽經宗要　（唐）釋元曉撰　清末民國刻
本　一冊

110000－0102－0013398　丙三/2165　子部/
宗教類/釋教/經

維摩詰所說經三卷　（後秦）釋鳩摩羅什譯
清同治九年（1870）江蘇金陵刻經處刻本
一冊

110000－0102－0013399　丙三/2166　子部/
道家類

樵陽經二卷　（宋）劉玉撰　（明）博金銓校訂
清光緒十三年（1887）江西乙照齋刻本
一冊

110000－0102－0013400　丙三/2171　子部/
宗教類/釋教

淨土極信錄　（清）釋戒香撰　清光緒四年
（1878）刻本　一冊

110000－0102－0013401　丙三/2174　子部/
宗教類/釋教

淨土儀式　（清）釋曉柔編　清同治十一年
（1872）杭州昭慶寺慧空經房刻本　一冊

110000－0102－0013402　丙三/2175　子部/
宗教類/釋教

淨業初學須知　（清）釋悟開撰　清光緒八年
（1882）杭州昭慶寺經房刻本　一冊

110000－0102－0013403　丙三/2184　子部/
宗教類/釋教/經

地藏菩薩本願經三卷　（唐）釋實義難陀譯　清
光緒三十年（1904）江蘇金陵刻經處刻本　一冊

110000－0102－0013404　丙三/2185　子部/
宗教類/釋教/經

藥師琉璃光如來本願功德經　（唐）釋玄奘譯
清同治十一年（1872）江蘇如皋刻經處刻本
一冊

110000－0102－0013405　丙三/2186　子部/
宗教類/釋教/經

藥師琉璃光如來本願功德經直解二卷　（清）
釋靈耀撰　清宣統二年（1910）常州天寧寺刻
本　一冊

110000－0102－0013406　丙三/2187　子部/
宗教類/釋教/經

金光明經四卷　（北涼）釋曇無讖譯　清同治
十年（1871）江蘇金陵刻經處刻本　一冊

110000－0102－0013407　丙三/2195　子部/宗教類/釋教

佛說大淨法門品經　（晉）釋竺法護譯　清光緒元年(1875)江北刻經處刻本　一冊

110000－0102－0013408　丙三/2198　子部/宗教類/釋教

淨土警語　（清）釋行策撰　清光緒六年(1880)江蘇常熟刻經處刻本　一冊

110000－0102－0013409　丙三/2199　子部/宗教類/釋教

禪源諸詮集都序四卷　（唐）釋宗密撰　清光緒十八年(1892)江蘇金陵刻經處刻本　一冊

110000－0102－0013410　丙三/2200　子部/宗教類/釋教

淨土生無生論親聞記二卷　（明）釋受教輯　清光緒二十七年(1901)江蘇揚州藏經院刻本　一冊

110000－0102－0013411　丙三/2202　子部/宗教類/釋教

楞嚴經勢至念佛圓通章疏鈔二卷首一卷　（清）釋續法集　清末刻本　一冊

110000－0102－0013412　丙三/2205　子部/宗教類/釋教

佛說觀無量壽佛經　（南朝宋）釋畺良耶舍譯　清末民國刻本　一冊

110000－0102－0013413　丙三/2207　子部/宗教類/釋教

勝鬘師子吼一乘大方便方廣經　（南朝宋）釋求那跋陀羅譯　清光緒二十二年(1896)江蘇金陵刻經處刻本　一冊

110000－0102－0013414　丙三/2208　子部/宗教類/釋教

佛說觀彌勒菩薩上生兜率陀天經　（南朝宋）沮渠京聲譯　清光緒三年(1877)江蘇金陵刻經處刻本　一冊

110000－0102－0013415　丙三/2210　子部/宗教類/釋教

佛說海龍王經四卷　（晉）釋竺法護譯　清宣統三年(1911)常州天寧寺刻本　一冊

110000－0102－0013416　丙三/2211　子部/宗教類/釋教

善住意天子所問經三卷　（元）釋智仙譯　清光緒六年(1880)江蘇常熟刻經處刻本　一冊

110000－0102－0013417　丙三/2212　子部/宗教類/釋教

佛說貝多樹下思維十二因緣經　（三國吳）支謙譯　清光緒三年(1877)江蘇金陵刻經處刻本　一冊

110000－0102－0013418　丙三/2213　子部/宗教類/釋教

佛說巨力長者所門大乘經三卷　（宋）釋智吉祥譯　清光緒元年(1875)［揚州］江北刻經處刻本　一冊

110000－0102－0013419　丙三/2214　子部/宗教類/釋教

佛說盂蘭盆經疏　（宋）釋淨源疏注　清光緒三十二年(1906)江蘇金陵刻經處刻本　一冊

110000－0102－0013420　丙三/2215　子部/宗教類/釋教

佛說盂蘭盆經新疏　（明）釋智旭撰　清刻本　一冊

110000－0102－0013421　丙三/2216　子部/宗教類/釋教

分別緣起初勝法門經二卷　（唐）釋玄奘譯　清宣統二年(1910)常州天寧寺刻本　一冊

110000－0102－0013422　丙三/2217　子部/宗教類/釋教

度諸佛境界智光嚴經　（秦）□□譯　**大乘金剛髻珠菩薩修行分經**　（唐）釋菩提流志譯　清宣統三年(1911)常州天寧寺刻本　一冊

110000－0102－0013423　丙三/2218　子部/宗教類/釋教

寶女所問經四卷　（晉）釋竺法護譯　清宣統三年(1911)常州天寧寺刻本　一冊

110000－0102－0013424　丙三/2219　子部/

仲真陀羅所問寶如來三昧經三卷 （後漢）釋支婁迦讖譯 清宣統二年(1910)常州天寧寺刻本 一冊

110000－0102－0013425 丙三/2224 子部/宗教類/釋教/論

華嚴念佛三昧論 （清）彭際清撰 清末刻本 一冊

110000－0102－0013426 丙三/2225 子部/宗教類/釋教/經

佛說阿彌陀經摘要易解 （清）釋真嵩撰 清光緒五年(1879)刻本 一冊

110000－0102－0013427 丙三/2226 子部/宗教類/釋教/經

三千諸佛名經三卷 （南朝宋）釋畺良耶舍譯 清光緒元年(1875)江蘇金陵刻經處刻本 一冊

110000－0102－0013428 丙三/2227 子部/宗教類/釋教/經

諸法無行經二卷 （後秦）釋鳩摩羅什譯 清末常州天寧寺刻本 一冊

110000－0102－0013429 丙三/2228 子部/宗教類/釋教/經

持世經四卷 （後秦）釋鳩摩羅什譯 清宣統二年(1910)常州天寧寺刻本 一冊

110000－0102－0013430 丙三/2230 子部/宗教類/釋教/經

諸法本無經三卷 （隋）釋闍那崛多譯 清宣統二年(1910)常州天寧寺刻本 一冊

110000－0102－0013431 丙三/2232 子部/宗教類/釋教

遊心安樂道 （唐）釋元曉撰 清末江蘇金陵刻經處刻本 一冊

110000－0102－0013432 丙三/2233 子部/宗教類/釋教

西方公據二卷 （清）彭際清撰 清光緒四年(1878)江蘇金陵刻經處刻本 一冊

110000－0102－0013433 丙三/2234 子部/

宗教類/釋教

西方要決釋疑通規 （唐）釋窺基撰 清末江蘇金陵刻經處刻本 二冊

110000－0102－0013434 丙三/2235 子部/宗教類/釋教/經

大乘造像功德經二卷 （唐）釋提曇般若譯 **佛說八吉祥經** （南朝梁）釋僧伽婆羅譯 **佛說觀藥上二菩薩經** （南朝宋）釋畺良耶舍譯 **佛說灌洗佛經乞伏** （秦）釋聖堅譯 **佛說八吉祥神咒經** （三國吳）支謙譯 **佛說龍施女經** （三國吳）支謙譯 **佛說八佛名號經** （隋）釋闍那崛多譯 **佛說校量數珠功德經一卷** （唐）釋寶思惟譯 **佛說浴像功德經** （唐）釋寶思惟譯 **曼殊室利咒藏中校量數珠功德經** （唐）釋義淨譯 **浴像功德經** （唐）釋義淨譯 **佛說灌佛經** （晉）釋法炬譯 **佛說八陽神咒經佛說龍施菩薩本起經佛說盂蘭盆經** （晉）釋竺法護譯 **佛說報恩奉盆經佛說造立形像福報經佛說作佛形像經** 清同治十一年(1872)江蘇常熟刻經處刻本 一冊

110000－0102－0013435 丙三/2237 子部/宗教類/釋教/論

阿毗答磨俱舍論三十卷 （唐）釋玄奘譯 清宣統三年(1911)常州天寧寺刻本 六冊

110000－0102－0013436 丙三/2238 子部/天文地理類/演算法/各錄

行素軒算稿 （清）華蘅芳撰 清光緒刻本 三冊 存七卷(學算筆談三至四,開方古義二卷,積較術三卷)

110000－0102－0013437 丙三/2242 子部/儒家類

續嘐嘐言四卷 （清）柏蔭撰 清光緒九年(1883)刻本 一冊

110000－0102－0013438 丙三/2243 經部/小學類/文字/訓蒙

徐氏三種 （清）徐士葉輯 清金陵味經堂刻本 一冊

110000－0102－0013439 丙三/2246 子部/宗教類

危司利訓言 （英國）梅理純輯譯 清宣統元年(1909)華美書局鉛印本 一冊

110000－0102－0013440 丙三/2251 子部/儒家類

教女遺規三卷 （清）陳弘謀輯 清光緒二十一年(1895)浙江書局刻本 一冊

110000－0102－0013441 丙三/2252 子部/儒家類

教女遺規三卷 （清）陳弘謀輯 清光緒二十一年(1895)浙江書局刻本 一冊

110000－0102－0013442 丙三/2253 子部/儒家類

教女遺規三卷 （清）陳弘謀輯 清光緒二十一年(1895)浙江書局刻本 一冊

110000－0102－0013443 丙三/2254 子部/宗教類/道教/經論著作

莊子南華真經内篇一卷外篇一卷雜篇一卷 （戰國）莊周撰 清光緒元年(1875)湖北崇文書局刻本 二冊

110000－0102－0013444 丙三/2282 集部/別集類/宋

周子全書四卷 （宋）周敦頤撰 清光緒十三年(1887)傳經堂刻本 一冊

110000－0102－0013445 丙三/2287 子部/譜錄類/草木

瓶華書屋竹譜 （清）楊士安撰 清光緒二年(1876)北京琉璃廠二酉齋書坊刻本 一冊

110000－0102－0013446 丙三/2288 史部/政書類/軍政

營工要覽四卷 （英國）傅蘭雅 （清）汪振聲合譯 清光緒[上海]江南機器製造總局刻本 二冊

110000－0102－0013447 丙三/2290 子部/宗教類/釋教

護法論 （宋）張商英撰 清光緒二年(1876)江蘇常熟刻經處刻本 一冊

110000－0102－0013448 丙三/2291 子部/

雜家類/西洋各派

群學肄言 （英國）斯賓塞爾撰 嚴復譯 清光緒二十九年(1903)上海文明編譯書局鉛印本 四冊

110000－0102－0013449 丙三/2292 史部/政書類/學制/文化教育

輶軒語 （清）張之洞撰 清光緒六年(1880)文琳堂刻本 一冊

110000－0102－0013450 丙三/2294 子部/宗教類/釋教

大方廣佛華嚴經入不思議解脱境界普賢行願品 （唐）釋般若譯 清末刻本 一冊

110000－0102－0013451 丙三/2295 子部/宗教類/釋教

頓悟入道要門論二卷 （唐）釋慧海撰 清宣統二年(1910)常州天寧寺刻本 一冊

110000－0102－0013452 丙三/2298 子部/宗教類/釋教/論

肇論三卷 （後秦）釋僧肇撰 清同治九年(1870)浙江杭省刻經處刻本 一冊

110000－0102－0013453 丙三/2299 子部/宗教類/釋教/論

寶藏論 （後秦）釋僧肇撰 清光緒二十三年(1897)江蘇金陵刻經處刻本 一冊

110000－0102－0013454 丙三/2301 子部/宗教類/釋教

文殊師利菩薩問菩提經論二卷 （北魏）釋菩提留支譯 清宣統三年(1911)常州天寧寺刻本 一冊

110000－0102－0013455 丙三/2302 經部/孝經類/傳説

孝經 （唐）玄宗注 （宋）司馬光解 （宋）范祖禹説 清道光二十七年(1847)刻本 一冊

110000－0102－0013456 丙三/2303 經部/四書類/孟子/傳説

孟子七卷 （宋）朱熹集注 清刻本 三冊

110000－0102－0013457　丙三/2314　經部/小學類/文字/訓蒙

千字文釋義　（清）汪嘯尹等注　清歙西徐氏刻本　一冊

110000－0102－0013458　丙三/2315　子部/雜家類/學說

莊子　王闓運注　清同治八年(1869)刻本　二冊

110000－0102－0013459　丙三/2316　子部/儒家類

人範六卷　（清）蔣元撰　清光緒十六年(1890)刻本　二冊

110000－0102－0013460　丙三/2318　子部/儒家類

曉讀書齋雜錄四錄各二卷　（清）洪亮吉撰　清光緒三年(1877)授經堂刻本　二冊

110000－0102－0013461　丙三/2326　子部/醫家類/雜錄

心靈學　（美國）謝衛樓撰　（清）管國全譯　清宣統三年(1911)鉛印本　一冊

110000－0102－0013462　丙三/2328　子部/宗教類/道教

文昌帝君大洞仙經　（□）□□撰　清光緒二年(1876)樂安孫氏刻本　一冊

110000－0102－0013463　丙三/2341　子部/宗教類/釋教

欲海回狂集三卷　（清）周安士撰　清同治三年(1864)邗江熊氏刻本　一冊

110000－0102－0013464　丙三/2342　子部/儒家類/清

養正遺規摘鈔一卷附補鈔　（清）陳弘謀編　清同治七年(1868)湖北楚北崇文書局刻本　一冊

110000－0102－0013465　丙三/2343　子部/儒家類

教女遺規摘鈔一卷附補鈔　（清）陳弘謀編　清同治七年(1868)湖北楚北崇文書局刻本　一冊

110000－0102－0013466　丙三/2344　史部/政書類/職官/官箴

在官法戒錄摘鈔四卷　（清）陳弘謀編　清同治七年(1868)湖北楚北崇文書局刻本　一冊

110000－0102－0013467　丙三/2345　子部/儒家類

從政遺規摘鈔二卷附補鈔　（清）陳弘謀編　清同治七年(1868)湖北楚北崇文書局刻本　二冊

110000－0102－0013468　丙三/2346　子部/儒家類

訓俗遺規摘鈔四卷　（清）陳弘謀編　清同治七年(1868)湖北楚北崇文書局刻本　二冊

110000－0102－0013469　丙三/2349　子部/藝術類/書畫/畫法、畫帖/清

國朝畫徵錄三卷續錄三卷　（清）張庚編　清光緒十三年(1887)上海掃葉山房刻本　二冊

110000－0102－0013470　丙三/2351　子部/藝術類/書畫/畫法、畫帖/清

畫錄識餘　（清）羅振鏞撰　清光緒十九年(1893)刻求志齋躍劍集本　一冊

110000－0102－0013471　丙三/2352　子部/藝術類/書畫

齊陳氏韶舞樂毳通釋二卷　（清）陳慶鏞撰　清道光二十六年(1846)刻本　一冊

110000－0102－0013472　丙三/2353　子部/藝術類/書畫/書法、碑帖/清

淳化閣帖集釋十卷　（清）徐朝弼輯　清嘉慶八年(1803)問心堂刻本　二冊

110000－0102－0013473　丙三/2354　史部/傳記類/圖贊

聖諭像解二十卷　（清）梁延年編　清光緒二十九年(1903)江蘇撫署石印本　十冊

110000－0102－0013474　丙三/2356　子部/類書類

古香齋新刻袖珍淵鑑類函四百五十卷目錄四卷　（清）張英等撰　清康熙(1662－1722)刻本　一百六十冊

110000－0102－0013475　丙三／2371　集部／總集類／文／雜錄／課藝

小題大觀　（清）陳其泰輯　清同治三年（1864）行素齋刻本　一冊

110000－0102－0013476　丙三／2373　子部／雜家類／雜纂

儗若思齋集　（清）薛陽桂撰　清道光二十三年（1843）刻本　二冊

110000－0102－0013477　丙三／2374　子部／天文地理類／演算法

九章算術細草圖說九卷　（清）李潢撰　清嘉慶二十五年(1820)語鴻堂刻本　八冊

110000－0102－0013478　丙三／2375　史部／政書類／邦記／漕運

行海要術四卷　（美國）金楷理　（清）李鳳苞合譯　清光緒江南機器製造總局刻本　三冊

110000－0102－0013479　丙三／2376　史部／政書類／邦記／漕運

行海要術四卷　（美國）金楷理　（清）李鳳苞合譯　清光緒江南機器製造總局刻本　三冊

110000－0102－0013480　丙三／2377　子部／天文地理類／其它

化學鑑原續編二十四卷　（英國）蒲陸山撰　（英國）傅蘭雅　（清）徐壽合譯　清光緒江南機器製造總局刻本　六冊

110000－0102－0013481　丙三／2379　子部／天文地理類／其它

化學考質八卷附表　（德國）富里西尼烏司撰　（英國）富蘭雅　（清）徐壽合譯　清光緒江南機器製造總局刻本　六冊

110000－0102－0013482　丙三／2380　史部／政書類／軍政

行軍測繪十卷首一卷附圖　（英國）連提撰　（英國）傅蘭雅　（清）趙元益合譯　清光緒江南機器製造總局刻本　二冊

110000－0102－0013483　丙三／2382　子部／天文地理類／其它

通物電光四卷附圖一卷　（美國）莫耳登撰

（英國）傅蘭雅　（清）王季烈合譯　清光緒二十五年(1899)江南機器製造總局刻本　一冊

110000－0102－0013484　丙三／2384　子部／天文地理類／演算法／各錄

代數難題解法十六卷　（英國）倫德編　（英國）傅蘭雅　（清）華蘅芳合譯　清光緒江南機器製造總局刻本　六冊

110000－0102－0013485　丙三／2392　子部／天文地理類／其它

制機理法八卷　（英國）覺顯祿斯撰　（英國）傅蘭雅　（清）華備鈺合譯　清光緒二十五年(1899)江南機器製造總局刻本　四冊

110000－0102－0013486　丙三／2393　子部／天文地理類／其它

制機理法八卷　（英國）覺顯祿斯撰　（英國）傅蘭雅　（清）華備鈺合譯　清光緒二十五年(1899)江南機器製造總局刻本　四冊

110000－0102－0013487　丙三／2394　子部／天文地理類／其它

克虜伯礮說四卷操法四卷附表　（德國）軍政局編　（美國）金楷理　（清）李鳳苞合譯　清光緒江南機器製造總局刻本　二冊

110000－0102－0013488　丙三／2395　史部／政書類／軍政

營城揭要二卷附圖　（英國）儲意比撰　（英國）傅蘭雅　（清）徐壽合譯　清光緒江南機器製造總局刻本　二冊

110000－0102－0013489　丙三／2396　史部／政書類／軍政

營城揭要二卷附圖　（英國）儲意比撰　（英國）傅蘭雅　（清）徐壽合譯　清光緒江南機器製造總局刻本　二冊

110000－0102－0013490　丙三／2397　子部／天文地理類／算法

微積溯源八卷　（英國）華里司輯　（英國）傅蘭雅　（清）華蘅芳合譯　清光緒江南機器製造總局刻本　六冊

110000－0102－0013491　丙三／2398　子部／

天文地理類/演算法

三角數理十二卷 （英國）海麻士輯 （英國）
傅蘭雅 （清）華蘅芳合譯 清光緒江南機器
製造總局刻本 六冊

110000－0102－0013492 丙三/2399 子部/
術數類/數學

三角數理十二卷 （英國）海麻士輯 （英國）
傅蘭雅 （清）華蘅芳合譯 清光緒江南機器
製造總局刻本 六冊

110000－0102－0013493 丙三/2400 子部/
天文地理類/其它

礦乘新法二卷首一卷圖一卷 （英國）製造官
局編 （清）舒高第 （清）鄭昌棪合譯 清光
緒江南機器製造總局刻本 五冊

110000－0102－0013494 丙三/2401 子部/
雜家類/西洋各派

格致啓蒙四卷 （英國）羅斯古撰 （美國）林
樂知 （清）鄭昌棪合譯 清光緒江南機器製
造總局刻本 四冊

110000－0102－0013495 丙三/2402 子部/
天文地理類/雜錄

繪地法原 （美國）金楷理 （清）王德均合譯
清光緒江南機器製造總局刻本 一冊

110000－0102－0013496 丙三/2403 子部/
天文地理類/其它

光學二卷 （英國）田大理輯 （美國）金楷理
（清）趙元益合譯 清光緒江南機器製造總
局刻本 二冊

110000－0102－0013497 丙三/2404 子部/
天文地理類/其它

光學二卷附視學諸器圖說一卷 （英國）田大
理輯 （美國）金楷理 （清）趙元益合譯 清
光緒江南機器製造總局刻本 二冊

110000－0102－0013498 丙三/2405 史部/
政書類/軍政

營工要覽四卷 （英國）傅蘭雅 （清）汪振聲
合譯 清光緒五年(1879)江南機器製造總局
鉛印本 二冊

110000－0102－0013499 丙三/2408 子部/
宗教類

救生船四卷附卷末 清光緒二年(1876)刻本
四冊

110000－0102－0013500 丙三/2409 子部/
天文地理類/其它

鑄錢工藝三卷 （英國）傅蘭雅 （清）鍾天緯
合譯 清光緒江南機器製造總局鉛印本
二冊

110000－0102－0013501 丙三/2410 子部/
天文地理類/其它

鑄錢工藝三卷 （英國）傅蘭雅 （清）鍾天緯
合譯 清光緒江南機器製造總局鉛印本 二冊

110000－0102－0013502 丙三/2411 史部/
政書類/軍政

輪船布陣十二卷首一卷佈陣圖一卷 （英國）
傅蘭雅 （清）徐達寅合譯 清光緒江南製造
總局刻本 二冊

110000－0102－0013503 丙三/2412 史部/
政書類/軍政

輪船布陣十二卷首一卷佈陣圖一卷 （英國）
傅蘭雅 （清）徐達寅合譯 清光緒江南製造
總局刻本 二冊

110000－0102－0013504 丙三/2413 子部/
天文地理類/其它

求礦指南十卷附卷一卷 （英國）安德孫撰
（英國）傅蘭雅 （清）潘松合譯 清光緒二十
五年(1899)江南製造總局刻本 二冊

110000－0102－0013505 丙三/2414 子部/
天文地理類/其它

求礦指南十卷附卷一卷 （英國）安德孫撰
（英國）傅蘭雅 （清）潘松合譯 清光緒二十
五年(1899)江南製造總局刻本 二冊

110000－0102－0013506 丙三/2415 子部/
天文地理類/其它

電氣鍍鎳一卷 （英國）傅蘭雅 （清）徐華封
合譯 清光緒江南製造總局刻本 一冊

110000－0102－0013507 丙三/2416 子部/

天文地理類/其它

電氣鍍鎳一卷　（英國）傅蘭雅　（清）徐華封合譯　清光緒江南製造總局刻本　一冊

110000－0102－0013508　丙三/2417　史部/政書類/邦記/交通運輸

航海章程一卷初議紀錄一卷　（美國）弗蘭克林輯　（清）鳳儀　（清）徐家寶合譯　清光緒江南機器製造總局刻本　一冊

110000－0102－0013509　丙三/2418　史部/政書類/邦記/交通運輸

航海章程一卷初議紀錄一卷　（美國）弗蘭克林輯　（清）鳳儀　（清）徐家寶合譯　清光緒江南機器製造總局刻本　一冊

110000－0102－0013510　丙三/2419　子部/天文地理類/其它

化學鑑原補編六卷附一卷　（英國）傅蘭雅（清）徐壽合譯　清光緒江南機器製造總局刻本　六冊

110000－0102－0013511　丙三/2420　子部/天文地理類/其它

電氣鍍金略法一卷　（英國）華特撰　（英國）傅蘭雅　（清）周郇合譯　清光緒江南機器製造總局刻本　一冊

110000－0102－0013512　丙三/2421　子部/天文地理類/其它

電氣鍍金略法一卷　（英國）華特撰　（英國）傅蘭雅　（清）周郇合譯　清光緒江南機器製造總局刻本　一冊

110000－0102－0013513　丙三/2422　子部/天文地理類/其它

汽機中西名目表　江南機器製造總局編　清光緒十五年(1889)鉛印本　一冊

110000－0102－0013514　丙三/2423　子部/天文地理類/其它

化學材料中西名目表　江南機器製造總局編　清光緒十二年(1886)鉛印本　一冊

110000－0102－0013515　丙三/2424　子部/兵家類

兵船汽機六卷附一卷　（英國）息尼德撰（英國）傅蘭雅　（清）華備鈺合譯　清光緒二十一年(1895)刻本　八冊

110000－0102－0013516　丙三/2425　子部/天文地理類/算法/總錄

器象顯真四卷圖一卷　（英國）白力蓋輯（英國）傅蘭雅　（清）徐建寅合譯　清光緒江南機器製造總局刻本　三冊

110000－0102－0013517　丙三/2426　子部/天文地理類/算法/總錄

器象顯真四卷圖一卷　（英國）白力蓋輯（英國）傅蘭雅　（清）徐建寅合譯　清光緒江南機器製造總局刻本　三冊

110000－0102－0013518　丙三/2435　子部/雜家類/雜述

客窗閒話八卷　（清）吳熾昌撰　清光緒元年(1875)滋本堂刻本　四冊

110000－0102－0013519　丙三/2438　集部/小說類/筆記小說

續聊齋志異四卷　湯用中撰　徐廷華評　清末鉛印本　四冊

110000－0102－0013520　丙三/2440　子部/譜錄類/草木

茶董補二卷　（明）陳繼儒輯　清道光二十七年(1847)刻海山仙館叢書本　一冊

110000－0102－0013521　丙三/2456　子部/宗教類/釋教/經

善思童子經二卷　（隋）釋闍那崛多譯　清宣統二年(1910)常州天寧寺刻本　一冊

110000－0102－0013522　丙三/2457　子部/宗教類/釋教/經

大方廣佛華嚴經不思議佛境界分　（唐）釋提雲般若譯　大方廣佛華嚴經修慈分　（唐）釋提雲般若譯　大方廣佛華嚴經續入法界品（唐）釋地婆訶婆譯　大方廣菩薩十地經（北魏）釋吉迦夜譯　大方廣普賢所說經大方廣如來不思議境界經大方廣入如來智德不思議經　（唐）釋實義難陀譯　佛說兜沙經

（漢）釋支婁迦讖譯　佛說菩薩本業經　（三國吳）支謙譯　顯無邊佛土功德經　（唐）釋玄奘譯　莊嚴菩提心經　（後秦）釋鳩摩羅什譯　清宣統二年（1910）常州天寧寺刻本　一冊

110000－0102－0013523　丙三/2458　子部/宗教類/釋教/經

等目菩薩所問三昧經三卷　（晉）釋竺法護譯　佛說菩薩十住經　（晉）釋祇多密譯　文殊師利問菩薩署經　（漢）釋支婁迦讖譯　諸菩薩求佛本業經　（晉）聶道真譯　清光緒十年（1884）常熟刻經處刻本　一冊

110000－0102－0013524　丙三/2459　子部/宗教類/釋教/經

虛空孕菩薩經二卷　（隋）釋闍那崛多譯　清光緒八年（1882）常熟刻經處刻本　一冊

110000－0102－0013525　丙三/2460　子部/宗教類/釋教/經

佛說羅摩伽經四卷　（西秦）釋聖堅譯　清光緒九年（1883）常熟刻經處刻本　一冊

110000－0102－0013526　丙三/2461　子部/宗教類/釋教/經

佛爲海龍王說法印經　（唐）釋義淨譯　清宣統三年（1911）常州天寧寺刻本　一冊

110000－0102－0013527　丙三/2483　子部/宗教類/釋教/經

成就妙法蓮法經王瑜伽觀智儀軌二卷　（唐）釋不空譯　大樂金剛薩埵修行成就儀軌二卷　（唐）釋不空譯　曼殊室利菩薩吉祥伽陀二卷　（宋）釋法賢譯　密跡力士大權神王經偈頌一卷　（元）釋廣福譯　一切秘密最上名義大教王儀軌二卷　（宋）釋施護譯　清末民國常州天寧寺刻經處刻本　一冊

110000－0102－0013528　丙三/2486　子部/宗教類/釋教/經

佛說內藏百寶經　（後漢）釋支婁迦讖譯　清宣統元年（1909）常州天寧寺刻本　一冊

110000－0102－0013529　丙三/2499　子部/

宗教類/釋教/經

觀世音菩薩秘密藏神咒經　（唐）釋實義難陀譯　觀世音菩薩如意摩尼陀羅尼經　（唐）釋寶思惟譯　千手千眼觀世音菩薩大圓滿無礙大悲心陀羅尼經　（唐）釋伽梵達摩譯　千手千眼觀世音菩薩姥陀羅尼身經　（唐）釋菩提流志譯　千眼千臂觀世音菩薩陀羅尼神咒經二卷　（唐）釋智通譯　清末常州天寧寺刻本　一冊

110000－0102－0013530　丙三/2503　子部/宗教類/釋教/經

比丘避女惡名欲自殺經　（晉）釋法炬譯　佛說八無暇有暇經　（唐）釋義淨譯　佛說禪行三十七品經　（漢）釋安世高譯　佛說燈指因緣經　（後秦）釋鳩摩羅什譯　佛說婦人遇辜經　（西秦）釋聖堅譯　佛說摩訶迦葉度貧母經　（南朝宋）釋求那跋陀羅譯　佛說身觀經　（晉）釋竺法護譯　佛說四天王經　（宋）釋智嚴譯　佛說無常經　（唐）釋義淨譯　佛說中心經　（晉）釋曇無蘭譯　佛說見正經佛說呵鵰阿那舍經佛說大魚事經佛說阿難七夢經　清宣統二年（1910）常州天寧寺刻本　一冊

110000－0102－0013531　丙三/2506　子部/宗教類/釋教/經

大集須彌藏經二卷　（北齊）釋那連提耶舍譯　清光緒九年（1883）江蘇常熟刻經處刻本　一冊

110000－0102－0013532　丙三/2507　子部/宗教類/釋教/經

大方廣三戒經三卷　（北涼）釋曇無讖譯　清宣統元年（1909）江蘇常熟刻經處刻本　一冊

110000－0102－0013533　丙三/2511　子部/宗教類/釋教/論

菩提資糧論六卷　（隋）釋達摩笈多譯　清宣統三年（1911）常州天寧寺刻本　一冊

110000－0102－0013534　丙三/2525　子部/宗教類/釋教/經

十八空論　（南朝陳）釋真諦譯　清宣統三年（1911）常州天寧寺刻本　一冊

110000－0102－0013535　丙三/2531　子部/宗教類/釋教

宗鑑語要　（隋）釋如紵編　清刻本　二冊

110000－0102－0013536　丙三/2532　子部/宗教類/釋教/經

大乘頂王經九卷　（南朝梁）釋月婆首那譯　清宣統二年（1910）常州天寧寺刻本　一冊

110000－0102－0013537　丙三/2533　子部/宗教類/釋教/經

無量壽如來會二卷　（唐）釋菩提流志譯　清光緒二十二年（1896）江蘇金陵刻經處刻本　一冊

110000－0102－0013538　丙三/2534　子部/宗教類/釋教

淨土自警錄　（唐）釋古昆編　清同治十一年（1872）刻本　一冊

110000－0102－0013539　丙三/2535　子部/宗教類/釋教

淨業染香集　（清）釋悟靈輯　清道光十七年（1837）刻本　一冊

110000－0102－0013540　丙三/2541　史部/傳記類/總傳/專錄/釋道

蓮宗九祖傳略　（清）釋悟開編　清道光四年（1824）刻本　一冊

110000－0102－0013541　丙三/2542　子部/宗教類/釋教

淨土承恩集　（清）釋芳慧編　清光緒二年（1876）杭州昭慶寺慧空經房刻本　一冊

110000－0102－0013542　丙三/2544　子部/宗教類/釋教

夢東禪師遺集二卷　（清）釋徹悟撰　（清）釋丁亮等輯　清嘉慶二十二年（1817）隆福寺觀音庵刻本　一冊

110000－0102－0013543　丙三/2545　子部/宗教類/釋教/經

佛說阿彌陀經略解　（明）釋大佑解　清同治十三年（1874）杭州昭慶寺慧空經房刻本　一冊

110000－0102－0013544　丙三/2546　子部/宗教類/釋教/經

佛說摩訶阿彌陀經衷論　（清）魏源會譯　（清）土耕心衷論　清光緒三十年（1904）刻本　一冊

110000－0102－0013545　丙三/2547　子部/宗教類/釋教

禪門日誦二卷　□□撰　清末江蘇金陵刻經處刻本　二冊

110000－0102－0013546　丙三/2548　子部/宗教類/釋教

淨業痛策　（清）釋照瑩輯　清光緒三年（1877）杭州昭慶寺慧空經房刻本　一冊

110000－0102－0013547　丙三/2549　子部/宗教類/釋教

淨土證心集三卷　（清）釋卍蓮撰　清光緒元年（1875）杭州昭慶寺慧空經房刻本　一冊

110000－0102－0013548　丙三/2550　子部/宗教類/釋教/經

受持大涅槃經懺悔儀　（清）釋實賢撰　**釋籤緣起序**　（清）釋靈耀撰　**妙法蓮華經杅海**（明）釋傳如撰　**禮佛舍利寶塔懺悔行儀繞塔散花佛事**　清同治七年（1868）刻本　一冊

110000－0102－0013549　丙三/2551　子部/宗教類/釋教/論

八識規矩頌　（明）釋廣益纂釋　清光緒四年（1878）杭州昭慶寺經房刻本　一冊

110000－0102－0013550　丙三/2552　子部/宗教類/釋教

淨土神珠　（清）釋古昆輯　清同治十三年（1874）杭州昭慶寺經房刻本　一冊

110000－0102－0013551　丙三/2553　子部/宗教類/釋教

唐玄奘法師八識規矩母頌　（清）釋性起論釋　清光緒三年（1877）刻本　一冊

110000－0102－0013552　丙三/2554　子部/宗教類/釋教

竺溪源大師語錄五卷首一卷末一卷　（清）釋

景才等編　清道光二年(1822)刻本　二冊

110000－0102－0013553　丙三/2555　子部/宗教類/釋教

往生論注二卷　（三國魏）釋菩提支譯　（三國魏）釋曇鸞注　清光緒十九年(1893)江蘇金陵刻經處刻本　一冊

110000－0102－0013554　丙三/2556　子部/宗教類/釋教

往生論注二卷　（三國魏）釋菩提支譯　（三國魏）釋曇鸞注　清光緒十九年(1893)江蘇金陵刻經處刻本　一冊

110000－0102－0013555　丙三/2559　子部/宗教類/釋教

諸經日誦集要二卷　（明）釋袾宏輯　清光緒二十四年(1898)江蘇金陵刻經處刻雲棲法彙本　一冊

110000－0102－0013556　丙三/2561　子部/宗教類/釋教

弘明集十四卷　（南朝梁）釋僧祐輯　清光緒二十二年(1896)江蘇金陵刻經處刻本　四冊

110000－0102－0013557　丙三/2567　子部/宗教類/釋教/史傳

淨土聖賢錄九卷　（清）彭際清撰　**淨土聖賢錄續編三卷**　（清）蓮歸居士輯　清末刻本　六冊

110000－0102－0013558　丙三/2568　史部/傳記類/總傳/專錄/釋道

居士傳五十六卷　（清）彭際清撰　清末刻本　四冊

110000－0102－0013559　丙三/2570　史部/傳記類/總傳/專錄/列女

善女人傳二卷　（清）彭際清撰　清同治十一年(1872)刻本　一冊

110000－0102－0013560　丙三/2571　子部/宗教類/釋教

戒殺放生文　（明）釋袾宏撰　清劉慧聞等刻本　一冊

110000－0102－0013561　丙三/2572　子部/宗教類/釋教/經

楞嚴咒疏　（清）釋續法集　清晚期三峰寺刻本　一冊

110000－0102－0013562　丙三/2581　子部/宗教類/釋教/經

佛說胞胎經　（晉）釋竺法護譯　清光緒六年(1880)常熟刻經處刻本　一冊

110000－0102－0013563　丙三/2586　子部/宗教類/釋教/經

入定不定印經　（唐）釋義淨譯　清宣統三年(1911)常州天寧寺刻本　一冊

110000－0102－0013564　丙三/2587　子部/宗教類/釋教

星相一掌經　（唐）釋一行撰　清常州天寧寺刻本　一冊

110000－0102－0013565　丙三/2588　子部/宗教類/釋教/經

獼狗經　（三國吳）支謙譯　**佛說罪業報應教化地獄經**　（漢）釋安世高譯　**阿鳩留經**　（漢）□□譯　**八關齋經**　（南朝宋）沮渠京聲譯　**佛說八師經佛說長者音悅經佛說龍王弟兄經佛說七女經黑氏梵志經四願經未生怨經**　（三國吳）支謙譯　**佛說越難經**　（晉）聶承遠譯　**阿闍世王問五逆經**　（晉）釋法炬譯　**分別經佛說所欲致患經**　（晉）釋竺法護譯　**孝子經**　（晉）□□譯　**佛爲阿支羅迦葉自化作苦經**　□□譯　清宣統常州天寧寺刻本　一冊

110000－0102－0013566　丙三/2589　子部/宗教類/釋教

法苑珠林一百卷　（唐）釋道世撰　清宣統二年(1910)毗陵天寧寺刻本　三十冊

110000－0102－0013567　丙三/2590　子部/宗教類/釋教

法苑珠林一百卷　（唐）釋道世撰　清宣統二年(1910)毗陵天寧寺刻本　三十冊

110000－0102－0013568　丙三/2591　子部/

宗教類/釋教/經

大方廣佛華嚴經疏鈔二百二十卷 （唐）釋澄觀撰 清刻本 四十一冊 缺八十卷（四至三十、四十八至五十八、六十三至八十一、八十九至一百〇四、一百三十六至一百三十八、一百五十一至一百五十四）

110000－0102－0013569 丙三/2592 子部/宗教類/釋教/經

大方廣佛華嚴經懸談二十八卷 （唐）釋澄觀撰 清光緒三十三年（1907）南京金陵刻經處刻本 八冊

110000－0102－0013570 丙三/2593 子部/宗教類/釋教/經

妙法蓮華經指掌疏七卷 （清）釋通理撰 清宣統元年（1909）江北刻經處刻本 十二冊

110000－0102－0013571 丙三/2594 子部/宗教類/釋教

徑中徑又徑四卷 （清）張師誠輯 清光緒二十九年（1903）揚州藏經院刻本 四冊

110000－0102－0013572 丙三/2596 子部/宗教類/釋教/經

佛頂楞嚴經會解二十卷 （唐）釋般刺密帝譯 （元）釋惟則會解 清宣統元年（1909）常州天寧寺刻本 六冊

110000－0102－0013573 丙三/2598 子部/宗教類/釋教

西歸直指四卷 （清）周安士撰 清光緒十二年（1886）南京金陵刻經處刻本 一冊

110000－0102－0013574 丙三/2599 子部/宗教類/釋教

西歸直指四卷 （清）周安士撰 清光緒十二年（1886）南京金陵刻經處刻本 一冊

110000－0102－0013575 丙三/2600 子部/宗教類/釋教

西歸直指四卷 （清）周安士撰 清光緒十二年（1886）南京金陵刻經處刻本 一冊

110000－0102－0013576 丙三/2601 子部/宗教類/釋教/經

大寶積經一百二十卷 （唐）釋菩提流志譯 清刻本 二十四冊

110000－0102－0013577 丙三/2606 子部/宗教類/釋教

緇門崇行錄 （明）釋袾宏輯 清光緒二十四年（1898）金陵刻經處刻本 一冊

110000－0102－0013578 丙三/2607 子部/宗教類/釋教

雲棲法彙 （明）釋袾宏撰 清光緒二十四年（1898）金陵刻經處刻本 二十四冊 缺十三冊（十八至二十一、二十六至三十四）

110000－0102－0013579 丙三/2608 子部/宗教類/釋教/經

佛說樓炭經六卷 （晉）釋法立 （晉）釋法炬合譯 清光緒刻本 二冊

110000－0102－0013580 丙三/2609 子部/宗教類/釋教

憨山老人夢遊集五十五卷 （明）釋德清撰 （清）釋福善 （清）釋通炯合編 清光緒五年（1879）江北刻經處刻本 十九冊 缺六卷（二至七）

110000－0102－0013581 丙三/2612 子部/宗教類/釋教

緇門警訓十卷 （明）釋如巹輯 清光緒十八年（1892）江北刻經處刻本 二冊

110000－0102－0013582 丙三/2613 子部/宗教類/釋教/經

首楞嚴經長水疏二十卷 （宋）釋子璿集 清光緒三十二年（1906）揚州藏經院刻本 八冊

110000－0102－0013583 丙三/2614 子部/宗教類/釋教/經

大方廣新華嚴經合論一百二十卷首一卷 （唐）釋實叉難陀譯 （唐）李玄通述論 （唐）釋志寧釐經合論 清同治十一年（1872）金陵刻經處刻本 三十冊

110000－0102－0013584 丙三/2616 子部/宗教類/釋教

沙彌十威儀 （明）釋智旭撰 清光緒十九年

（1893）江北刻經處刻本　一冊

110000－0102－0013585　丙三/2619　子部/
宗教類/釋教/論

釋摩訶衍論十卷　（後秦）波羅末陀譯　清末
金陵刻經處刻本　四冊

110000－0102－0013586　丙三/2621　子部/
宗教類/釋教

雲棲法彙　（明）釋袾宏撰　清光緒二十五年
（1899）金陵刻經處刻本　三十三冊

110000－0102－0013587　丙三/2622　子部/
宗教類/釋教/經

大宗地玄文本論略注　（清）楊文會注　清光
緒二十三年（1897）金陵刻經處刻本　一冊

110000－0102－0013588　丙三/2624　子部/
宗教類/釋教/經

佛說四十二章經　（後漢）釋迦葉摩騰譯　清
同治九年（1870）金陵刻經處刻本　一冊

110000－0102－0013589　丙三/2625　子部/
宗教類/釋教/經

大悲經五卷　（唐）釋那達提黎耶舍譯　清宣
統元年（1909）常州天寧寺刻本　二冊

110000－0102－0013590　丙三/2626　子部/
宗教類/釋教/經

大佛頂經序指味疏　（清）釋諦閑疏　清光緒
二十八年（1902）鉛印本　一冊

110000－0102－0013591　丙三/2628　子部/
宗教類/釋教/經

大方廣圓覺經大疏十六卷　（唐）釋宗密撰
清宣統元年（1909）金陵刻經處刻本　四冊

110000－0102－0013592　丙三/2629　子部/
宗教類/釋教/論

大智度論一百卷　（後秦）釋鳩摩羅什譯　清
光緒九年（1883）姑蘇刻經處刻本　二十五冊

110000－0102－0013593　丙三/2630　子部/
宗教類/釋教/經

**觀楞伽阿跋多羅寶經記十八卷首一卷補遺一
卷**　（明）釋德清記　清光緒三十一年（1905）

金陵刻經處刻本　六冊

110000－0102－0013594　丙三/2631　子部/
宗教類/釋教/經

大般涅槃經玄義二卷　（唐）釋灌頂撰　清光
緒八年（1882）金陵刻經處刻本　一冊

110000－0102－0013595　丙三/2632　子部/
宗教類/釋教

般若綱要十卷　（清）葛鼒撰　清光緒二十二
年（1896）揚州藏經院刻本　四冊

110000－0102－0013596　丙三/2633　子部/
宗教類/釋教/經

大方便佛報恩經七卷　（漢）闕名譯　清同治
十一年（1872）金陵刻經處刻本　二冊

110000－0102－0013597　丙三/2634　子部/
宗教類/釋教/經

大般涅槃經四十卷後分二卷　（北涼）釋曇無
讖譯　清光緒五年（1879）刻本　十一冊

110000－0102－0013598　丙三/2636　子部/
宗教類/釋教/經

大方廣佛華嚴經疏鈔懸談二十八卷首一卷
（唐）釋澄觀撰　清光緒三十三年（1907）金陵
刻經處刻本　八冊

110000－0102－0013599　丙三/2637　子部/
宗教類/釋教

重治毘尼事義集要十七卷首一卷　（明）釋智
旭彙譯　清刻本　六冊

110000－0102－0013600　丙三/2639　子部/
宗教類/釋教

禪林寶訓筆說三卷　（清）釋智祥撰　清光緒
十九年（1893）江北刻經處刻本　三冊

110000－0102－0013601　丙三/2640　子部/
宗教類/釋教/經

妙法蓮華經玄義十卷　（隋）釋智顗撰　清宣
統二年（1910）江北刻經處刻本　十冊

110000－0102－0013602　丙三/2642　子部/
宗教類/釋教/經

圓覺經析義疏四卷　（清）釋通理疏　清光緒

三十三年(1907)揚州藏經院刻本　　四冊

110000－0102－0013603　　丙三/2643　　子部/
宗教類/釋教/經

勝天王般若波羅蜜經七卷　　（南朝陳）釋月婆
首那譯　　清光緒二年(1876)江北刻經處刻本
　二冊

110000－0102－0013604　　丙三/2644　　子部/
宗教類/釋教/經

華嚴經普賢行願品別行疏鈔十五卷　　（唐）釋
宗密鈔　　清光緒三十二年(1906)金陵刻經處
刻本　　五冊

110000－0102－0013605　　丙三/2650　　子部/
宗教類/釋教/經

佛說四十二章經　　（後漢）釋迦葉摩騰譯
（宋）釋守遂注　　（明）釋古靈補注　　清光緒十
六年(1890)金陵刻經處刻本　　一冊

110000－0102－0013606　　丙三/2652　　子部/
宗教類/釋教

永嘉禪宗集注二卷　　（明）釋傳燈重編並注
清光緒二十二年(1896)刻本　　一冊

110000－0102－0013607　　丙三/2655　　子部/
宗教類/釋教

續指月錄二十卷首一卷尊宿集一卷　　（清）聶
先編　　清光緒十二年(1886)金陵刻經處刻本
　六冊

110000－0102－0013608　　丙三/2656　　子部/
宗教類/釋教/經

大方廣圓覺了義經二卷　　（唐）釋佛陀多羅譯
　清同治八年(1869)金陵刻經處刻本　　一冊

110000－0102－0013609　　丙三/2657　　子部/
宗教類/釋教

黃檗傳心法要　　（唐）裴休集　　清光緒十年
(1884)金陵刻經處刻本　　一冊

110000－0102－0013610　　丙三/2660　　子部/
宗教類/釋教

念佛警策二卷　　（清）彭際清纂　　清同治十三
年(1874)許氏刻本　　一冊

110000－0102－0013611　　丙三/2661　　子部/
宗教類/釋教/論

一乘決疑論　　（清）彭際清撰　　清同治八年
(1869)如皋刻經處刻本　　一冊

110000－0102－0013612　　丙三/2665　　子部/
宗教類/釋教/經

金光明最勝王經十卷　　（唐）釋義淨譯　　清同
治十年(1871)常熟刻經處刻本　　二冊

110000－0102－0013613　　丙三/2666　　子部/
宗教類/釋教/經

金光明最勝王經十卷　　（唐）釋義淨譯　　清同
治十年(1871)常熟刻經處刻本　　二冊

110000－0102－0013614　　丙三/2669　　子部/
宗教類/釋教/經

**大方廣佛華嚴經入不思議解脫境界普賢行願
品四十卷**　　（唐）釋般若譯　　清同治十三年
(1874)雞園刻經處刻本　　十冊

110000－0102－0013615　　丙三/2670　　子部/
宗教類/釋教/經

起世因本經十卷　　（隋）釋達摩笈多等譯　　清
宣統元年(1909)刻本　　二冊

110000－0102－0013616　　丙三/2675　　子部/
宗教類/釋教

諸經日誦集要二卷　　（明）釋袾宏輯　　清光緒
二十四年(1898)金陵刻經處刻本　　一冊

110000－0102－0013617　　丙三/2676　　子部/
宗教類/釋教

省庵法師語錄二卷　　（清）彭際清重訂　　清光
緒二十六年(1900)揚州藏經院刻本　　二冊

110000－0102－0013618　　丙三/2677　　子部/
宗教類/釋教

佛頂光明摩訶薩怛多般怛囉無上神咒　　（清）
釋續法輯疏　　清晚期三峰寺刻本　　一冊

110000－0102－0013619　　丙三/2680　　子部/
宗教類/釋教/經

**大佛頂首楞嚴經疏解蒙鈔六十卷首一卷末一
卷**　　（清）錢謙益撰　　清光緒十五年(1889)蘇
城瑪瑙經房刻本　　二十冊

110000－0102－0013620　丙三/2681　子部/
宗教類/釋教/論

大乘起信論疏二卷　（唐）釋法藏造疏　清光
緒三年（1877）長沙刻經處刻本　二冊

110000－0102－0013621　丙三/2682　子部/
宗教類/釋教/論

大乘起信論疏記會本六卷　（唐）釋元曉疏
清光緒二十五年（1899）金陵刻經處刻本
二冊

110000－0102－0013622　丙三/2684　子部/
宗教類/釋教/經

佛說觀無量壽佛經四帖疏四卷　（唐）釋善導
輯　清光緒二十年（1894）金陵刻經處刻本
二冊

110000－0102－0013623　丙三/2687　子部/
宗教類/釋教

佛果擊節錄二卷　（宋）釋重顯拈古　（宋）釋
克勤擊節　清光緒二十九年（1903）揚州藏經
院刻本　二冊

110000－0102－0013624　丙三/2688　子部/
宗教類/釋教/經

起世經十卷　（隋）釋闍那崛多等譯　清刻本
二冊

110000－0102－0013625　丙三/2689　子部/
宗教類/釋教/經

**觀楞伽阿跋多羅寶經記十八卷首一卷補遺一
卷**　（南朝宋）釋求那跋陀羅譯　（明）釋德清
筆記　清光緒三十一年（1905）金陵刻經處刻
本　六冊

110000－0102－0013626　丙三/2690　子部/
宗教類/釋教/經

大方等念佛三昧經十卷　（隋）釋達摩笈多譯
清宣統元年（1909）刻本　二冊

110000－0102－0013627　丙三/2691　子部/
宗教類/釋教/經

大方等念佛三昧經十卷　（隋）釋達摩笈多譯
清宣統元年（1909）刻本　二冊

110000－0102－0013628　丙三/2692　子部/

宗教類/釋教

修習止觀坐禪法要二卷　（隋）釋智顗撰　清
光緒十八年（1892）金陵刻經處刻本　一冊

110000－0102－0013629　丙三/2693　子部/
宗教類/釋教

修習止觀坐禪法要二卷　（隋）釋智顗撰　清
光緒十八年（1892）金陵刻經處刻本　一冊

110000－0102－0013630　丙三/2694　子部/
宗教類/釋教

修習止觀坐禪法要二卷　（隋）釋智顗撰　清
光緒十八年（1892）金陵刻經處刻本　一冊

110000－0102－0013631　丙三/2695　子部/
宗教類/釋教

御選語錄十九卷　（清）世宗胤禛敕撰　清光
緒四年（1878）金陵刻經處刻本　十四冊

110000－0102－0013632　丙三/2696　子部/
宗教類/釋教/經

大佛頂首楞嚴經正脉疏四十卷首一卷　（明）
釋眞鑑撰　清光緒二十二年（1896）金陵刻經
處刻本　十四冊

110000－0102－0013633　丙三/2703　子部/
宗教類/釋教

八宗綱要二卷　（明）釋凝然撰　清宣統三年
（1911）揚州刻經院刻本　一冊

110000－0102－0013634　丙三/2704　子部/
宗教類/釋教/經

解深密經五卷　（唐）釋玄奘奉詔譯　清同治
十年（1871）金陵刻經處刻本　一冊

110000－0102－0013635　丙三/2710　子部/
宗教類/釋教/經

阿彌陀經講義四卷　（明）釋古德撰　清光緒
刻本　四冊

110000－0102－0013636　丙三/2711　子部/
宗教類/釋教/經

增壹阿含經五十卷　（前秦）釋曇摩難提譯
清刻本　十二冊

110000－0102－0013637　丙三/2712　子部/

宗教類/釋教/經

大方廣佛華嚴經八十卷 （唐）釋實叉難陀譯
清金陵刻經處刻本 二十冊

110000－0102－0013638 丙三/2715 子部/
宗教類/釋教/經

佛說長阿含經二十二卷 （後秦）釋佛陀耶舍
譯 清光緒十三年(1887)姑蘇刻經處刻本
六冊

110000－0102－0013639 丙三/2716 子部/
宗教類/釋教

樂邦文類五卷 （宋）釋宗曉編 清揚州刻經
處刻本 五冊

110000－0102－0013640 丙三/2717 子部/
宗教類/釋教

增集人天眼目二卷 （清）釋仁岠輯 清光緒
七年(1881)長沙刻經處刻本 二冊

110000－0102－0013641 丙三/2720 子部/
宗教類/釋教

相宗八要直解八卷 （明）釋智旭撰 **因明入
正理論直解** （印度）商羯羅主菩薩造 （唐）
釋玄奘譯 （明）釋智旭述 清同治九年
(1870)金陵刻經處刻本 二冊

110000－0102－0013642 丙三/2721 子部/
宗教類/釋教

相宗八要直解八卷 （明）釋智旭撰 **因明入
正理論直解** （印度）商羯羅主菩薩造 （唐）
釋玄奘譯 （明）釋智旭述 清同治九年
(1870)金陵刻經處刻本 二冊

110000－0102－0013643 丙三/2722 子部/
宗教類/釋教

相宗八要解八種 （明）釋明昱解 **大乘百法
明門論贅言** （印度）天親菩薩造 （唐）釋玄
奘譯 （唐）窺基解 （明）釋明昱贅言 清光
緒二十八年(1902)金陵刻經處刻本 三冊

110000－0102－0013644 丙三/2728 子部/
宗教類/釋教/經

維摩詰所說經三卷 （後秦）釋鳩摩羅什譯
清同治九年(1870)金陵刻經處刻本 一冊

110000－0102－0013645 丙三/2730 子部/
宗教類/釋教

永覺和尚洞上古轍二卷 （元）釋元賢輯 清
揚州刻本 一冊

110000－0102－0013646 丙三/2731 子部/
宗教類/釋教

永覺和尚洞上古轍二卷 （元）釋元賢輯 清
揚州刻本 一冊

110000－0102－0013647 丙三/2732 子部/
宗教類/釋教/經

十住經六卷 （後秦）釋鳩摩羅什譯 清光緒
十年(1884)常熟刻經處刻本 二冊

110000－0102－0013648 丙三/2734 子部/
宗教類/釋教/經

須摩提長者經 （三國吳）支謙譯 **犍陀國王
經** （漢）釋安世高譯 **佛說得道梯隥錫杖經**
（晉）□□譯 **佛說進學經** （南朝宋）沮渠
京聲譯 **佛說貧窮老公經** （南朝宋）釋慧簡
譯 **阿難四事經** （三國吳）支謙譯 **佛說出
家十一經長者懊惱三處經佛說阿含正行經佛
說出家緣經佛說法受塵經佛說十八泥犁經**
清宣統二年(1910)常州天寧寺刻本 一冊

110000－0102－0013649 丙三/2735 子部/
宗教類/釋教/經

思議梵天所問經三卷 （後秦）釋鳩摩羅什譯
清光緒五年(1879)金陵刻經處刻本 一冊

110000－0102－0013650 丙三/2738 子部/
宗教類/釋教

佛爾雅八卷 （清）周春纂 清嘉慶二十一年
(1816)刻本 一冊

110000－0102－0013651 丙三/2739 子部/
宗教類/釋教

仙佛合宗語錄 （明）伍守陽撰 清刻本 一
冊 缺第一至二十六頁

110000－0102－0013652 丙三/2740 子部/
宗教類/釋教

蓮池大師語錄 （清）世宗胤禛敕輯 清光緒
四年(1878)金陵刻經處刻本 一冊

110000－0102－0013653　丙三/2741　子部/宗教類/釋教

蓮池大師語錄　（清）世宗胤禛敕輯　清光緒四年（1878）金陵刻經處刻本　一冊

110000－0102－0013654　丙三/2742　集部/別集類/唐至五代

寒山詩　（唐）閭邱胤輯　清光緒十一年（1885）金陵刻經處刻本　一冊

110000－0102－0013655　丙三/2743　集部/別集類/唐至五代

寒山詩　（唐）閭邱胤輯　清光緒十一年（1885）金陵刻經處刻本　一冊

110000－0102－0013656　丙三/2746　子部/宗教類/釋教/經

十六經同卷　清宣統元年（1909）刻本　一冊　缺佛說無垢賢女經、佛說腹中女聽經

110000－0102－0013657　丙三/2748　子部/宗教類/釋教/經

佛說長阿含經二十二卷　（後秦）釋佛陀耶舍譯　清光緒十三年（1887）姑蘇刻經處刻本　三冊　缺十二卷（一至十二）

110000－0102－0013658　丙三/2755　子部/宗教類/釋教

衛生集　（清）梧棲老人撰　清同治八年（1869）刻本　一冊

110000－0102－0013659　丙三/2758　子部/宗教類/釋教/經

大佛頂首楞嚴經十卷　（唐）般剌密帝譯（唐）彌伽釋迦譯語　（唐）房融筆受　清同治八年（1869）金陵刻經處刻本　二冊

110000－0102－0013660　丙三/2760　子部/宗教類/釋教/經

楞伽阿跋多羅寶經四卷　（南朝宋）釋求那跋陀羅譯　清同治九年（1870）金陵刻經處刻本　二冊

110000－0102－0013661　丙三/2769　子部/宗教類/釋教/經

集諸經禮懺悔文二卷禮懺儀二卷　（唐）釋智

升撰　清光緒十六年（1890）江北刻經處刻本　一冊

110000－0102－0013662　丙三/2770　子部/宗教類/釋教/經

佛說大安般守意經二卷　（漢）釋安世高譯　清末刻本　一冊

110000－0102－0013663　丙三/2771　子部/宗教類/釋教/經

五百弟子自說本起經　（晉）釋竺法護譯　清宣統二年（1910）常州天寧寺刻本　一冊

110000－0102－0013664　丙三/2774　子部/宗教類/釋教

緇門崇行錄　（明）釋袾宏輯　清光緒二十四年（1898）金陵刻經處刻雲棲法彙本　一冊

110000－0102－0013665　丙三/2780　子部/宗教類/其它

正教真詮二卷　（明）王岱輿撰　清光緒三十年（1904）刻本　四冊

110000－0102－0013666　丙三/2787　子部/道家類

道德經評注二卷　（漢）河上公章句　（明）文震孟訂正　（明）歸有光批　清嘉慶九年（1804）姑蘇聚文堂刻十子全書本　一冊

110000－0102－0013667　丙三/2788　子部/宗教類/釋教/經

妙法蓮華經科註六卷科文一卷　（明）釋一如集註　清刻本　七冊

110000－0102－0013668　丙三/2789　子部/宗教類/釋教/經

金光明經　（涼）釋曇無讖譯　（隋）釋智顗說　明末清初刻本　四冊　缺一卷（一）

110000－0102－0013669　丙三/2790　子部/宗教類/釋教/經

金光明經玄義二卷科文一卷　（宋）釋知禮撰　明末清初（1621－1735）刻本　二冊

110000－0102－0013670　丙三/2791　子部/宗教類/釋教

高峰大師語錄　（元）釋原妙說　清光緒十五年(1889)金陵刻經處刻本　一冊

110000－0102－0013671　丙三/2793　子部/宗教類/釋教/經

在家律要　（明）釋智旭箋要　清順治三年(1646)刻本　一冊　缺優婆塞戒經受戒品箋要、佛說齋經科注

110000－0102－0013672　丙三/2795　子部/宗教類/釋教

百丈叢林清規證義說八卷　（唐）釋懷海編（清）釋儀潤證義　清道光三年(1823)昭慶寺慧空經房刻本　六冊

110000－0102－0013673　丙三/2801　子部/宗教類/釋教/經

妙法蓮華經七卷　（後秦）釋鳩摩羅什譯　清道光十二年(1832)紅螺山資福寺刻本　三冊

110000－0102－0013674　丙三/2803　子部/宗教類/釋教

淨土隨學二集　（清）釋古昆撰　清光緒十三年(1887)杭州瑪瑙經房刻本　二冊

110000－0102－0013675　丙三/2804　子部/宗教類/釋教/經

佛說觀無量佛經疏妙宗鈔四卷　（宋）釋知禮撰　清同治十二年(1873)昭慶寺慧空經房刻本　四冊

110000－0102－0013676　丙三/2805　子部/宗教類/釋教

淨土隨學二卷　（清）釋古昆編　清光緒元年(1875)昭慶寺慧空經房刻本　一冊

110000－0102－0013677　丙三/2806　子部/宗教類/道教/其它

增補萬全玉厘記　（漢）許旌陽撰　清光緒十七年(1891)刻本　一冊

110000－0102－0013678　丙三/2808　子部/宗教類/道教/經論著作

道德經　（周）李耳撰　（清）徐大椿注　清善成堂刻本　一冊

110000－0102－0013679　丙三/2809　子部/宗教類/釋教

自知錄　（明）釋袾宏撰　清光緒二十五年(1899)金陵刻經處刻雲棲法彙本　一冊

110000－0102－0013680　丙三/2814　子部/宗教類/釋教

覺生訥堂老人念佛伽陀　（清）釋了如等輯　清嘉慶元年(1796)刻本　一冊

110000－0102－0013681　丙三/2815　子部/宗教類/釋教

森鑒徹禪師語錄　（清）釋玄奭輯　清康熙刻本　二冊　缺四卷(一至四)

110000－0102－0013682　丙三/2818　子部/宗教類/釋教

掐黑豆集一卷　（清）清心園居士撰　清乾隆火達居士刻本　一冊　缺三冊(二至四)

110000－0102－0013683　丙三/2819　子部/宗教類/釋教

淨土神珠　（清）釋古昆集　清同治十三年(1874)杭州昭慶慧空經房刻本　一冊

110000－0102－0013684　丙三/2820　子部/宗教類/釋教

授三皈五戒正範　（清）釋讀體撰　清初(1644－1735)刻本　一冊

110000－0102－0013685　丙三/2821　子部/宗教類/釋教

大明三藏法數五十卷　（明）釋一如等輯　清光緒六年(1880)杭州六通寺刻本　十六冊

110000－0102－0013686　丙三/2823　子部/雜家類/西洋各派

支那教案論四篇　（英國）宓克撰　嚴復譯　清光緒南洋公學譯書院鉛印本　一冊

110000－0102－0013687　丙三/2826　子部/宗教類/釋教

修設瑜加集要施食壇儀　（明）釋袾宏重訂　清光緒二十五年(1899)金陵刻經處刻雲棲法彙本　一冊

110000－0102－0013688　丙三/2827　子部/
宗教類/釋教

往生集三卷　（明）釋袾宏輯　清光緒二十五
年(1899)金陵刻經處刻雲棲法彙本　一冊

110000－0102－0013689　丙三/2828　子部/
宗教類/釋教/經

修設瑜加集要施食壇儀　（明）釋袾宏補注
清光緒二十五年(1899)金陵刻經處刻雲棲法
彙本　一冊

110000－0102－0013690　丙三/2834　子部/
宗教類/釋教

徑中徑又徑徵義三卷　（清）張師誠輯　（清）
徐槐廷徵義　清光緒陸智性刻本　一冊

110000－0102－0013691　丙三/2835　子部/
宗教類/釋教

無量壽如來會二卷　（唐）釋菩提流志奉詔譯
　清光緒二十二年(1896)金陵刻經處刻本
一冊

110000－0102－0013692　丙三/2838　子部/
宗教類/釋教/經

佛說無量清淨平等覺經三卷　（後漢）釋支婁
迦讖譯　清同治十年(1871)金陵刻經處刻本
　一冊

110000－0102－0013693　丙三/2841　子部/
宗教類/釋教/經

維摩詰所說經注八卷　（後秦）釋鳩摩羅什譯
　（後秦）釋僧肇注　清光緒十三年(1887)金
陵刻經處刻本　二冊

110000－0102－0013694　丙三/2847　子部/
宗教類/釋教

原人論　（唐）釋宗密撰　清同治十三年
(1874)雞園刻經處刻本　一冊

110000－0102－0013695　丙三/2848　子部/
宗教類/釋教/經

佛說受十善戒經　（□）□□撰　清光緒十四
年(1888)江北刻經處刻本　一冊

110000－0102－0013696　丙三/2849　子部/
宗教類/釋教

東遊記　（清）釋芳圃撰　清光緒三十一年
(1905)刻本　一冊

110000－0102－0013697　丙三/2850　子部/
宗教類/釋教

比丘尼傳四卷　（晉）釋寶唱撰　清光緒十一
年(1885)金陵刻經處刻本　一冊

110000－0102－0013698　丙三/2851　子部/
宗教類/釋教

翻譯名義集二十卷　（宋）釋法雲編　清光緒
四年(1878)金陵刻經處刻本　六冊

110000－0102－0013699　丙三/2852　子部/
宗教類/釋教

萬善同歸集三卷　（宋）釋延壽撰　清同治十
一年(1872)金陵刻經處刻本　三冊

110000－0102－0013700　丙三/2854　子部/
宗教類/釋教

永嘉禪宗集二卷　（唐）釋元覺撰　（明）釋傳
燈重編並注　清末刻本　一冊

110000－0102－0013701　丙三/2857　子部/
宗教類/釋教/經

通靈寶要　（□）□□撰　清末刻本　一冊

110000－0102－0013702　丙三/2861　子部/
宗教類/釋教/經

釋摩訶般若波羅密經覺意三昧　（隋）釋智者
說　（隋）門人記　清光緒五年(1879)刻本
一冊

110000－0102－0013703　丙三/2863　子部/
宗教類/釋教

四念處四卷　（隋）釋智者說　（隋）釋章安記
　清光緒三年(1877)江北刻經處刻本　一冊

110000－0102－0013704　丙三/2866　子部/
宗教類/釋教/經

慈悲道場水懺三卷　（唐）釋知玄撰　清同治
十二年(1873)江北刻經處刻本　一冊

110000－0102－0013705　丙三/2867　子部/
宗教類/釋教

千手千眼大悲懺法　（□）□□撰　清末民國

金陵刻經處刻本　一冊

110000－0102－0013706　丙三/2869　子部/
宗教類/釋教

**金剛經大悲心咒持誦簡法阿彌陀經多心經法
華經普門品高王經**　（□）□□撰　清末刻本
一冊

110000－0102－0013707　丙三/2870　子部/
宗教類/釋教

大佛頂首楞嚴懺悔行法　（清）釋諦閑撰　清
宣統刻本　一冊

110000－0102－0013708　丙三/2871　子部/
宗教類/釋教

水懺略疏三卷　（□）□□撰　清光緒十五年
(1889)如皋刻經處刻本　一冊

110000－0102－0013709　丙三/2874　子部/
宗教類/釋教/經

佛說四十二章經注　（明）釋了童撰　清光緒
十六年(1890)金陵刻經處刻本　一冊

110000－0102－0013710　丙三/2875　子部/
道家類

論法華二卷　恖觀老人口說　妙諦子筆受
清光緒三年(1877)刻本　一冊

110000－0102－0013711　丙三/2879　子部/
宗教類/釋教/經

四童子三昧經三卷　（隋）釋闍耶崛多譯　清
宣統元年(1909)常州天寧寺刻本　一冊

110000－0102－0013712　丙三/2885　子部/
宗教類/釋教/經

集一切福德三昧經三卷　（後秦）釋鳩摩羅什
譯　清光緒十四年(1888)江北刻經處刻本
一冊

110000－0102－0013713　丙三/2887　子部/
宗教類/釋教/經

無量義經　（南朝齊）曇摩伽陀耶舍譯　**涅槃
經本有今無偈論**　（南朝陳）釋真諦譯　**涅槃
經雲何得長壽偈論**　（北魏）釋達磨菩提譯
遺教經論　（南朝陳）釋真諦譯　清光緒七年
(1881)金陵刻經處刻本　一冊

110000－0102－0013714　丙三/2888　子部/
宗教類/釋教/經

佛說八大人覺經　（漢）釋安世高譯　清刻本
一冊

110000－0102－0013715　丙三/2889　子部/
宗教類/釋教/經

佛說四十二章經解　（明）釋智旭撰　清光緒
十一年(1885)金陵刻經處刻本　一冊

110000－0102－0013716　丙三/2892　子部/
雜家類/雜纂

菜根譚　（明）洪應明撰　清光緒元年(1875)
揚州藏經禪院刻本　一冊

110000－0102－0013717　丙三/2893　子部/
雜家類/雜纂

菜根譚　（明）洪應明撰　清光緒十三年
(1887)揚州藏經禪院刻本　一冊

110000－0102－0013718　丙三/2905　子部/
宗教類/釋教

宗鏡錄一百卷　（宋）釋延壽輯　清光緒刻本
二十冊

110000－0102－0013719　丙三/2906　子部/
宗教類/釋教/經

金剛般若波羅密經六譯　金陵刻經處輯　清
同治十一年(1872)刻本　一冊

110000－0102－0013720　丙三/2907　子部/
宗教類/釋教/經

大乘入楞伽經七卷　（唐）釋實叉難陀譯　清
光緒三十四年(1908)金陵刻經處刻本　二冊

110000－0102－0013721　丙三/2908　子部/
宗教類/釋教/經

**大佛頂如來密因修證了義諸菩薩萬行首楞嚴
經玄義二卷**　（明）釋智旭撰　清刻本　一冊

110000－0102－0013722　丙三/2909　子部/
宗教類/釋教/經

大方廣圓覺修多羅了義經二卷　（唐）釋佛陀
多羅譯　清同治八年(1869)金陵刻經處刻本
一冊

110000－0102－0013723　丙三/2910　子部/宗教類/釋教

入楞伽心玄義　（唐）釋法藏撰　清光緒十八年(1892)金陵刻經處刻本　一冊

110000－0102－0013724　丙三/2930　子部/宗教類/道教

太上感應篇圖說　（元）陳堅撰　清光緒二十六年(1900)刻本　八冊

110000－0102－0013725　丙三/2943　子部/宗教類/釋教

寶王三昧念佛直指　（明）釋妙葉集　清光緒五年(1879)長沙刻經處刻本　一冊

110000－0102－0013726　丙三/2949　子部/宗教類/釋教/經

金剛般若波羅密經　（後秦）釋鳩摩羅什譯　清光緒十五年(1889)金陵刻經處刻本　一冊

110000－0102－0013727　丙三/2952　子部/宗教類/釋教

因明入正理論疏八卷　（唐）釋窺基撰　清光緒二十二年(1896)金陵刻經處刻本　二冊

110000－0102－0013728　丙三/2953　子部/宗教類/釋教/經

大方廣圓覺修多羅了義經二卷　（唐）釋佛陀多羅譯　清同治八年(1869)金陵刻經處刻本　一冊

110000－0102－0013729　丙三/2954　子部/宗教類/釋教/經

大乘起信論直解二卷　（明）釋德清撰　清光緒十六年(1890)金陵刻經處刻本　一冊

110000－0102－0013730　丙三/2972　子部/宗教類/釋教

四教義　（隋）釋智顗撰　清刻本　一冊　存三卷(一至三)

110000－0102－0013731　丙三/2974　子部/宗教類/釋教

淨土要解　（明）釋智旭解　清杭州昭慶寺刻本　一冊

110000－0102－0013732　丙三/2976　子部/宗教類/其它

恆心守道三卷　倪戈氏撰　清光緒三十年(1904)華北書會鉛印本　一冊

110000－0102－0013733　丙三/2977　子部/宗教類/其它

耶穌實徵　（□）□□撰　清光緒二十九年(1903)華北書會鉛印本　一冊

110000－0102－0013734　丙三/2979　子部/宗教類/其它

至美之德　（美國）富善譯　清宣統二年(1910)華北學會鉛印本　一冊

110000－0102－0013735　丙三/2980　子部/宗教類

救世真詮　（□）□□撰　清宣統元年(1909)華北書會鉛印本　一冊

110000－0102－0013736　丙三/2982　子部/宗教類/其它

遵主聖範四卷　（□）□□撰　清光緒二十年(1894)華北書會鉛印本　一冊

110000－0102－0013737　丙三/2986　子部/宗教類/其它

天道覈較問答　（美國）丁韙良撰　清宣統二年(1910)上海中國聖教書會鉛印本　一冊

110000－0102－0013738　丙三/3008　子部/道家類

增補萬法歸宗五卷　（唐）李淳風撰　（唐）袁天罡補　清刻本　五冊

110000－0102－0013739　丙三/3011　子部/術數類/占卜

牙牌神數　岳慶山樵撰　清光緒十九年(1893)上海書局石印本　一冊

110000－0102－0013740　丙三/3013　子部/宗教類/其它

四教考略　（英國）季理斐撰　清宣統二年(1910)上海廣學會鉛印本　一冊

110000－0102－0013741　丙三/3019　子部

末七日聖蹟　（美國）梅子明　（清）景文合譯
清光緒二十四年(1898)華北書會鉛印本
一冊

110000－0102－0013742　丙三/3024　子部/
宗教類/其它

真道衡平十回　（德國）葉納清撰　清宣統三
年(1911)天津華北書會鉛印本　一冊

110000－0102－0013743　丙三/3031　子部/
宗教類/釋教/經

金剛般若波羅密經　（後秦）釋鳩摩羅什譯
清光緒三年(1877)刻本　一冊

110000－0102－0013744　丙三/3032　子部/
宗教類/釋教/經

大王觀世音經真本　（□）□□撰　清光緒十
九年(1893)上海博古齋石印本　一冊

110000－0102－0013745　丙三/3048　子部/
宗教類/其它

入門之光榮　（□）□□撰　清光緒三十二年
(1906)通州刻本　一冊

110000－0102－0013746　丙三/3062　子部/
宗教類/釋教/經

佛說梵網經　（後秦）釋鳩摩羅什譯　（明）章
藻書　明萬曆三十一年(1603)拓本　一冊

110000－0102－0013747　丙三/3063　子部/
宗教類/釋教/經

大方廣佛華嚴經入不思議解脫境界普賢行願
品　（唐）釋般若譯　（明）章藻書　明萬曆四
十年(1612)拓本　一冊

110000－0102－0013748　丙三/3079　子部/
宗教類/釋教

地藏寶燈　（□）□□撰　清寫本　一冊

110000－0102－0013749　丙三/3080　子部/
宗教類/釋教/經

佛說一切如來真實攝大乘現證三昧大教王經
三十卷　（宋）釋施護譯　明刻本　一冊

110000－0102－0013750　丙三/3097　子部/

宗教類/釋教/經

佛說大乘聖無量壽決定光明王如來陀羅尼經
（宋）釋法天譯　清刻本　一冊

110000－0102－0013751　丙三/3099　子部/
宗教類/釋教/經

佛頂心陀羅尼經　（□）□□撰　明萬曆四十
五年(1617)刻本　一冊

110000－0102－0013752　丙三/3100　子部/
宗教類/釋教/經

佛頂心陀羅尼經　（□）□□撰　明萬曆四十
五年(1617)刻本　一冊

110000－0102－0013753　丙三/3101　子部/
宗教類/釋教/經

佛頂心陀羅尼經　（□）□□撰　明萬曆四十
五年(1617)刻本　一冊

110000－0102－0013754　丙三/3103　子部/
宗教類/釋教/經

佛頂心陀羅尼經　（□）□□撰　明萬曆四十
五年(1617)刻本　一冊

110000－0102－0013755　丙三/3106　子部/
宗教類/釋教/經

佛說長壽滅罪讚諸童子陀羅尼經　（唐）佛陀
波利譯　明嘉靖二年(1523)刻本　一冊

110000－0102－0013756　丙三/3111　子部/
宗教類/釋教/經

地藏菩薩本願經三卷　（唐）釋實叉難陀譯
清刻本　三冊

110000－0102－0013757　丙三/3113　子部/
宗教類/釋教/經

金剛光焰止風雨陀羅尼經　（唐）釋菩提流志
志譯　清刻本　一冊

110000－0102－0013758　丙三/3115　子部/
宗教類/釋教

八識規矩隨疏科釋二卷　（□）□□撰　明刻
本　二冊

110000－0102－0013759　丙三/3116　子部/
宗教類/釋教

肇論新疏遊刃二卷　（元）釋文才撰　明刻本
二冊

110000－0102－0013760　丙三/3117　子部/
宗教類/釋教

蓮宗必讀　（清）釋古昆輯　清同治七年
(1868)杭州昭慶寺慧空經房刻本　一冊

110000－0102－0013761　丙三/3118　子部/
宗教類/釋教

大乘起信論疏筆削記會閱十卷　（清）釋續法
編　清光緒十五年(1889)刻本　十冊

110000－0102－0013762　丙三/3119　子部/
宗教類/釋教/經

維摩詰所說經無我疏十二卷　（明）釋傳燈撰
清光緒二十三年(1897)天台山真覺寺刻本
六冊

110000－0102－0013763　丙三/3121　子部/
宗教類/釋教

水月齋指月錄三十二卷　（明）瞿汝稷輯　清
同治十一年(1872)杭省昭慶寺刻本　十冊

110000－0102－0013764　丙三/3122　子部/
宗教類/釋教/經

佛頂首楞嚴經圓通疏十卷　（明）釋傳燈疏
清光緒三年(1877)杭城昭慶寺慧空經房刻本
十冊

110000－0102－0013765　丙三/3124　子部/
宗教類/釋教/經

佛本行經七卷　（宋）釋寶雲譯　清末刻本
二冊

110000－0102－0013766　丙三/3125　子部/
宗教類/釋教

唯識開蒙問答二卷　（元）釋雲峰輯　清宣統
三年(1911)揚州藏經禪院刻本　二冊

110000－0102－0013767　丙三/3127　子部/
宗教類/釋教/史傳

禪林僧寶傳三十卷首一卷補一卷附一卷
(宋)釋惠洪撰　清光緒五年(1879)常熟刻經
處刻本　三冊

110000－0102－0013768　丙三/3129　子部/
宗教類/釋教/經

大佛頂首楞嚴經正脉疏四十卷首一卷　（明）
釋真鑒撰　清光緒二十二年(1896)金陵刻經
處刻本　十四冊

110000－0102－0013769　丙三/3131　史部/
傳記類/總傳/專錄/釋道

居士傳五十六卷　（清）彭際清撰　清末刻本
四冊

110000－0102－0013770　丙三/3132　子部/
宗教類/釋教/經

大佛頂首楞嚴經纂註十卷首一卷末一卷
(明)釋真界註　清光緒三十四年(1908)金陵
刻經處刻本　五冊

110000－0102－0013771　丙三/3133　子部/
宗教類/釋教/經

大般涅槃經四十卷後分二卷　（北涼）釋曇無
懺譯　清光緒五年(1879)刻本　十一冊

110000－0102－0013772　丙三/3134　子部/
宗教類/釋教/經

增一阿含經五十卷　（前秦）釋曇摩難提譯
清光緒十二年(1886)江北刻經處刻本　十冊

110000－0102－0013773　丙三/3135　子部/
宗教類/釋教

翻譯名義集二十卷　（宋）釋法雲編　清光緒
四年(1878)金陵刻經處刻本　六冊

110000－0102－0013774　丙三/3136　子部/
宗教類/釋教

憨山大師夢遊摘要　（明）釋福善錄　清光緒
二十五年(1899)昭慶寺慧空經房刻本　一冊

110000－0102－0013775　丙三/3139　子部/
宗教類/釋教

大般若懺法　（清）釋誄震輯　清光緒九年
(1883)江北刻經處刻本　一冊

110000－0102－0013776　丙三/3140　子部/
宗教類/釋教/經

禪律淨三經三種後附一卷　（唐）釋佛陀多羅
等譯　清光緒昭慶慧空經房刻本　一冊

110000－0102－0013777　丙三/3141　子部/宗教類/釋教

三千有門頌略解　（明）釋真覺解　清光緒十一年(1885)昭慶慧空經房刻本　一冊

110000－0102－0013778　丙三/3142　子部/宗教類/釋教

不空圓禪師語錄　（清）釋真乾等輯　清光緒二十六年(1900)海潮禪寺刻本　一冊

110000－0102－0013779　丙三/3143　子部/宗教類/釋教

牧牛圖頌淨修指要合刊　（元）釋普明頌　清光緒二十四年(1898)刻本　一冊

110000－0102－0013780　丙三/3144　子部/宗教類/釋教

歷朝法華持驗記二卷　（清）周克復纂　清光緒十年(1884)刻本　一冊

110000－0102－0013781　丙三/3145　子部/宗教類/釋教

大明三藏法數五十卷　（明）釋一如等集注　清光緒六年(1880)刻本　十六冊

110000－0102－0013782　丙三/3146　子部/宗教類/釋教

淨土晨鍾　（清）周克復纂　清同治至光緒錢唐許氏積厚軒刻本　二冊

110000－0102－0013783　丙三/3149　子部/宗教類/釋教

大乘止觀法門四卷　（宋）釋遵式撰　清光緒六年(1880)長沙刻經處刻本　一冊

110000－0102－0013784　丙三/3150　子部/宗教類/道教/經論著作

道德經懸解　（清）黃元御撰　清乾隆二十一年(1756)抄本　二冊

110000－0102－0013785　丙三/3151　子部/宗教類/釋教/經

大乘妙法蓮華經七卷　（後秦）釋鳩摩羅什譯　清光緒常州天寧寺刻本　五冊

110000－0102－0013786　丙三/3152　子部/

宗教類/釋教

重訂教乘法數十二卷　（清）釋超海等重校　清光緒三十四年(1908)常州天寧寺刻本　六冊

110000－0102－0013787　丙三/3155　子部/宗教類/其它

清真解義　何馨桂撰　清光緒二十九年(1903)鉛印本　一冊

110000－0102－0013788　丙三/3161　子部/宗教類/釋教/經

佛說摩訶阿彌陀經衷論　（清）王耕心撰　清光緒三十年(1904)刻本　二冊

110000－0102－0013789　丙三/3164　子部/宗教類/釋教

法苑珠林一百卷　（唐）釋道世撰　清道光七年(1827)刻本　二十四冊

110000－0102－0013790　丙三/3186　子部/類書類

拾雅十卷　（清）李元春輯　清道光十五年(1835)劉際清等刻青照樓叢書本　六冊

110000－0102－0013791　丙三/3187　史部/金石類/陶瓷

千甓亭磚錄六卷　（清）陸心源纂　清光緒七年(1881)吳興陸氏十萬卷樓刻本　二冊

110000－0102－0013792　丙三/3188　經部/四書類/總義

四書體注　（清）范翔撰　清乾隆五十四年(1789)文盛堂刻本　六冊

110000－0102－0013793　丙三/3191　子部/兵家類

臨陣管見九卷　（德國）斯拉弗司撰　（德國）金楷理　（清）趙元益合譯　清光緒江南機器製造總局鉛印本　四冊

110000－0102－0013794　丙三/3192　子部/兵家類

臨陣管見九卷　（德國）斯拉弗司撰　（德國）金楷理　（清）趙元益合譯　清光緒江南機器製造總局鉛印本　四冊

110000－0102－0013795　丙三/3193　子部/宗教類/釋教

象教皮編六卷　（明）陳士元輯　清嘉慶十年(1805)張氏照曠閣刻本　三冊

110000－0102－0013796　丙三/3194　史部/政書類/考工

考工記要十七卷附圖一卷　（英國）瑪體生撰　（英國）傅蘭雅　（清）鍾天緯合譯　清光緒刻本　八冊

110000－0102－0013797　丙三/3196　子部/儒家類

論說十卷　（宋）朱熹集注　清末旌陽李氏刻本　二冊

110000－0102－0013798　丙三/3213　子部/法家類

管子二十四卷　（唐）房玄齡注　（明）劉績補注　清覆刻本　六冊

110000－0102－0013799　丙三/3214　子部/雜家類/雜纂

女學六卷　（清）藍鼎元編　清康熙五十七年(1718)刻本　四冊

110000－0102－0013800　丙三/3215　子部/儒家類/清

棉陽學準五卷　（清）藍鼎元撰　清雍正七年(1729)閑存堂刻清修版本　鈐"李氏景銘寄藏"朱文印　三冊

110000－0102－0013801　丙三/3216　子部/天文地理類/算法

數學理九卷附一卷　（英國）傅蘭雅　（清）趙元益合譯　清刻本　四冊

110000－0102－0013802　丙三/3224　子部/儒家類/清

荊園小語集證四卷　（清）申涵光撰　清咸豐七年(1857)平原張氏刻本　二冊

110000－0102－0013803　丙三/3227　子部/藝術類/書畫/畫法、畫帖/清

小歐波館畫識三卷畫寄一卷　（清）潘曾瑩撰　清光緒十四年(1888)文學山房活字本　二冊

110000－0102－0013804　丙三/3231　經部/四書類/總義/傳說

四書集注直解說約二十七卷　（明）張居正撰　清八旗經正書院刻本　二冊　存五卷(一至五)

110000－0102－0013805　丙三/3232　經部/四書類/總義/傳說

四書集注直解二十七卷　（明）張居正撰　清八旗經正書院刻本　十二冊

110000－0102－0013806　丙三/3233　史部/政書類/軍政

水師章程十四卷　（美國）林樂知　（清）鄭昌棪合譯　清光緒機器製造總局刻本　十二冊

110000－0102－0013807　丙三/3234　史部/政書類/軍政

水師章程十四卷　（美國）林樂知　（清）鄭昌棪合譯　清光緒機器製造總局刻本　十二冊　缺二卷(二、五)

110000－0102－0013808　丙三/3235　史部/政書類/軍政

水師章程續編六卷　（美國）林樂知　（清）鄭昌棪合譯　清光緒江南機器製造總局刻本　四冊

110000－0102－0013809　丙三/3236　子部/儒家類/宋以前

孟子注疏十四卷附音義考證　（漢）趙岐注　（宋）孫奭音義並疏　清同治十年(1871)刻十三經注疏本　八冊

110000－0102－0013810　丙三/3237　子部/藝術類/書畫/書法、碑帖

淳化秘閣法帖考正十二卷　（清）王澍撰　清光緒後知不足齋刻本　八冊

110000－0102－0013811　丙三/3238　子部/宗教類/其它

道原精華七種　（清）倪懷綸輯　清光緒十三年(1887)上海慈母堂鉛印本　八冊

110000－0102－0013812　丙三/3240　史部/金石類/總錄/通考

古刻叢鈔 （明）陶宗儀撰 （清）孫星衍重編
清刻本 二冊

110000－0102－0013813 丙三/3243 子部/
農家類

農場害蟲驅除法 （日本）松村松年撰 （清）
曾伯沅譯 清末石印江西農務叢編本 一冊

110000－0102－0013814 丙三/3247 史部/
目錄類/收藏/私藏

皕宋樓藏書源流考 （日本）島田翰撰 清光
緒三十三年（1907）武進董氏刻本 一冊

110000－0102－0013815 丙三/3248 經部/
小學類/訓詁

稱謂錄三十二卷 （清）梁章鉅撰 清光緒十
年（1884）刻本 八冊

110000－0102－0013816 丙三/3250 經部/
四書類/大學中庸/傳說

大學義疏 （日本）西師意撰 （清）金城子注
清光緒二十八年（1902）北京華北譯書局刻
本 一冊

110000－0102－0013817 丙三/3254 史部/
政書類/邦計

錢物轉流原理 （清）陳錦濤撰 清光緒三十
二年（1906）石印本 一冊

110000－0102－0013818 丙三/3256 子部/
儒家類

兒童矯弊論 （日本）大村仁太郎撰 （清）京
師編書局譯 清光緒三十一年（1905）北京京
師學務處官書局鉛印本 一冊

110000－0102－0013819 丙三/3257 子部/
雜家類/雜纂

格言聯璧 （清）□□撰 清光緒十六年
（1890）刻本 一冊

110000－0102－0013820 丙三/3258 子部/
雜家類/雜纂

宣講拾遺六卷首一卷 （清）莊跛二撰 清光
緒五年（1879）威邑中心堂刻本 六冊

110000－0102－0013821 丙三/3264 子部/

宗教類/其它

天方至聖實錄年譜二十卷 （清）劉介廉撰
清光緒元年（1875）啟承堂刻本 十冊

110000－0102－0013822 丙三/3265 子部/
藝術類/篆刻

楊龍石印存 （清）楊澥刻 清末有正書局鈐
印本 二冊

110000－0102－0013823 丙三/3266 子部/
儒家類/宋以前

傅子二卷 （晉）傅玄撰 （清）錢保瑭輯 清
光緒七年（1881）海甯錢氏清風室刻本 一冊

110000－0102－0013824 丙三/3276 史部/
目錄類/收藏/私藏/清

藏書十約 葉德輝撰 清宣統三年（1911）長
沙葉氏觀古堂刻本 一冊

110000－0102－0013825 丙三/3278 集部/
集評類/總評

藝槩六卷 （清）劉熙載撰 清同治十二年
（1873）刻本 二冊

110000－0102－0013826 丙三/3279 子部/
天文地理類/演算法/總錄

算術輯要四卷 （清）潘箬舟撰 清光緒十三
年（1887）船政政官廨刻本 四冊

110000－0102－0013827 丙三/3292 子部/
儒家類/清

論學酬答四卷 （清）陸世儀撰 清刻本
一冊

110000－0102－0013828 丙三/3294 子部/
道家類

松窗快筆一卷 （明）龔立本撰 清常熟顧氏
小石山房刻本 一冊

110000－0102－0013829 丙三/3295 經部/
小學類/音韻/韻典

漢魏音四卷 （清）洪亮吉撰 清光緒三年
（1877）授經堂刻北江全集本 一冊

110000－0102－0013830 丙三/3296 經部/
小學類/訓詁

比雅十卷 （清）洪亮吉撰 清光緒五年
(1879)授經堂刻北江全集本 二冊

110000－0102－0013831 丙三/3300 經部/
經總類/群經總義/傳說
漢碑經義輯略二卷 （清）淳于鴻恩輯 清光
緒二十八年(1902)濟南刻本 二冊

110000－0102－0013832 丙三/3301 子部/
道家類
老子一卷 （清）吳汝綸點勘 清宣統鉛印本
一冊

110000－0102－0013833 丙三/3302 子部/
道家類
莊子十卷 （清）吳汝綸點勘 清宣統鉛印本
二冊

110000－0102－0013834 丙三/3303 子部/
法家類
韓非子二十卷 （清）吳汝綸點勘 清宣統鉛
印本 二冊

110000－0102－0013835 丙三/3304 子部/
儒家類/宋以前
荀子二十卷 （清）吳汝綸點勘 清宣統鉛印
本 二冊

110000－0102－0013836 丙三/3305 子部/
道家類
老子道德經 （春秋）李耳撰 （晉）王弼注
清光緒元年(1875)浙江書局刻本 一冊

110000－0102－0013837 丙三/3306 史部/
政書類/法令/章例
欽定法院編制法 奕劻等編 清宣統元年
(1909)憲政編查館鉛印本 一冊

110000－0102－0013838 丙三/3307 史部/
政書類/軍政
外國師船圖表十二卷 （清）許景澄輯 清光
緒十四年(1888)上海蜚英館石印本 四冊

110000－0102－0013839 丙三/3309 經部/
四書類/論語/白文讀本
論語白文 清末刻本 一冊

110000－0102－0013840 丙三/3311 子部/
法家類
韓非子二十卷 （戰國）韓非撰 清光緒元年
(1875)浙江書局刻本 六冊

110000－0102－0013841 丙三/3313 子部/
天文地理類/演算法/各錄
八線備旨 （美國）羅密士撰 （清）潘慎文譯
清光緒二十八年(1902)上海美華書館鉛印
本 一冊

110000－0102－0013842 丙三/3314 子部/
儒家類
曾氏女訓 （清）劉鑒撰 清光緒三十四年
(1908)刻本 三冊

110000－0102－0013843 丙三/3322 子部/
子總類/諸子總義
諸子詹詹錄二卷 （清）袁樹輯 清光緒九年
(1883)濟南臥雪堂刻本 二冊

110000－0102－0013844 丙三/3324 經部/
四書類/總義/傳說
圖畫四書白話解十四卷 （清）彪蒙編譯所編
清光緒三十四年(1908)彪蒙書室石印本
十一冊

110000－0102－0013845 丙三/3326 經部/
孝經類/傳說
孝經一卷 （唐）玄宗李隆基御注 （唐）陸德
明音義 清末鉛印本 一冊

110000－0102－0013846 丙三/3328 經部/
孝經類/文字音義
孝經鄭注附音 （漢）鄭玄注 （唐）陸德明音
義 （清）孫季咸編 清光緒二十二年(1896)
濰縣剡園刻本 一冊

110000－0102－0013847 丙三/3340 子部/
儒家類/清
自鏡編四卷 （清）楊其烈編 清道光二十八
年(1848)刻本 二冊

110000－0102－0013848 丙三/3341 經部/
小學類/文字
六書轉注錄十卷 （清）洪亮吉撰 清光緒四

年(1878)授經堂刻北江全集本　四冊

110000－0102－0013849　丙三/3342　經部/
經總類/群經總義/傳說

傳經表二卷通經表二卷　（清）洪亮吉撰　清
光緒五年(1879)授經堂刻北江全集本　二冊

110000－0102－0013850　丙三/3343　集部/
別集類/清

寄簃文存八卷　（清）沈家本撰　清光緒三十
三年(1907)修訂法律館鉛印本　二冊

110000－0102－0013851　丙三/3344　子部/
宗教類/其它

古教彙參三卷　（英國）韋廉臣撰　（清）董樹
堂譯　清光緒二十五年(1899)上海廣學會刻
本　一冊　存一卷(一)

110000－0102－0013852　丙三/3346　史部/
地理類/專志/園林

山居瑣言　（清）王晉之撰　清光緒七年
(1881)刻本　一冊

110000－0102－0013853　丙三/3356　子部/
雜家類/雜纂

負暄閒語十二卷　（清）周馥撰　清宣統元年
(1909)鉛印本　二冊

110000－0102－0013854　丙三/3358　子部/
儒家類/清

樵香小記二卷　（清）何琇撰　清光緒五年
(1879)定州王氏德謙堂刻畿輔叢書本　一冊

110000－0102－0013855　丙三/3359　子部/
醫家類/雜病方論

萬國藥方八卷　（美國）洪士提反編譯　清光
緒二十四年(1898)鉛印本　八冊

110000－0102－0013856　丙三/3367　子部/
雜家類

群學肄言　嚴復譯　清光緒二十九年(1903)
上海文明編譯局刻本　四冊

110000－0102－0013857　丙三/3368　史部/
政書類/法令

各國交涉公法論三集十六卷　（英國）費利摩

羅巴德撰　（英國）傅蘭雅　（清）俞世爵合譯
清光緒二十四年(1898)江南機器製造總局
鉛印本　十六冊

110000－0102－0013858　丙三/3370　子部/
儒家類/清

中議公自义瑣言二卷　（清）袁保慶撰　清宣
統三年(1911)清芬閣鉛印本　一冊

110000－0102－0013859　丙三/3378　子部/
醫家類/兒婦科方論

達生編一卷增廣一卷　（□）□□撰　清刻本
一冊

110000－0102－0013860　丙三/3379　子部/
道家類

呂祖仙書　（□）□□撰　清抄本　一冊

110000－0102－0013861　丙三/3386　子部/
類書類/韻編

佩文詩韻釋要五卷　（清）周兆基撰　清光緒
十八年(1892)浙江書局刻本　一冊

110000－0102－0013862　丙三/3387　經部/
小學類/訓詁/爾雅/圖說

爾雅圖贊　（晉）郭璞撰　（清）嚴可鈞輯　清
光緒長沙葉氏郎園刻本　一冊

110000－0102－0013863　丙三/3390　經部/
四書類/大學中庸/傳說

大學　（宋）朱熹章句　清光緒二十年(1894)
寶興堂刻奎壁四書本　一冊

110000－0102－0013864　丙三/3393　史部/
政書類/法令/章例

法蘭西刑法四編　（清）修訂法律館輯　清光
緒三十三年(1907)鉛印本　一冊

110000－0102－0013865　丙三/3399　子部/
農家類

東山草堂邇言六卷　（清）邱嘉惠撰　清光緒
七年(1881)漢陽耕餘堂刻本　二冊

110000－0102－0013866　丙三/3405　子部/
儒家類/宋以前

弟子職箋釋一卷附史目表二卷　（清）洪亮吉

撰　清光緒三年(1877)授經堂刻北江全集本
　一冊

110000－0102－0013867　丙三/3406　集部/
總集類/文/斷代
註釋明文必自集選本　(清)王維海編　清刻
本　二冊

110000－0102－0013868　丙三/3412　子部/
雜家類/西洋各派
論理學綱要　(日本)十時彌撰　(清)田吳炤
譯　清光緒三十二年(1906)商務印書館鉛印
本　一冊

110000－0102－0013869　丙三/3419　史部/
政書類/邦計/理財
英國度支攷　(清)金匱　(清)華龍譯　清光
緒二十九年(1903)上海商務印書館鉛印財政
叢書本　一冊

110000－0102－0013870　丙三/3421　子部/
儒家類/清
學徵　(清)吳少渠撰　清光緒鉛印本　一冊

110000－0102－0013871　丙三/3424　史部/
政書類/法令
蕪湖巡警章程　(清)□□編　清光緒抄本
一冊

110000－0102－0013872　丙三/3426　子部/
術數類/占候
新纂選吉要函　(清)查栴輯　清嘉慶二十五
年(1820)刻本　一冊

110000－0102－0013873　丙三/3428　史部/
政書類/法令/律例
現行刑律修正各條清單　奕劻等編　清宣統
二年(1910)憲政編查館鉛印本　一冊

110000－0102－0013874　丙三/3429　史部/
政書類/法令/律例
現行刑律修正各條清單　奕劻等編　清宣統
二年(1910)憲政編查館鉛印本　一冊

110000－0102－0013875　丙三/3430　史部/
政書類/法令/律例

現行刑律修正各條清單　奕劻等編　清宣統
二年(1910)憲政編查館鉛印本　一冊

110000－0102－0013876　丙三/3432　史部/
政書類/法令
日本刑法　(日本)岩谷孫藏訂正　章宗祥
董康合譯　清光緒三十一年(1905)法律館鉛
印本　一冊

110000－0102－0013877　丙三/3433　史部/
政書類/法令/律例
德國民法　(□)□□編　清末清修訂法律館
鉛印本　一冊

110000－0102－0013878　丙三/3434　史部/
政書類/法令/章例
欽定內閣官制　奕劻等撰　清宣統三年
(1911)憲政編查館鉛印本　一冊

110000－0102－0013879　丙三/3435　子部/
雜家類/雜考
敬齋古今黈八卷　(元)李冶撰　清刻本
二冊

110000－0102－0013880　丙三/3438　經部/
四書類/論語
論語注疏解經二十卷附校勘記　(三國魏)何
晏注　(宋)邢昺疏　清道光六年(1826)南昌
府學刻本　四冊

110000－0102－0013881　丙三/3446　史部/
政書類/法令/章例
普魯士地方行政制度　(□)□□編　清末鉛
印本　一冊

110000－0102－0013882　丙三/3448　史部/
政書類/法令
訴願法　(□)□□編　清修訂法律館鉛印本
　一冊

110000－0102－0013883　丙三/3449　子部/
雜誌類
調查日本裁判監獄報告書　(清)董康輯　清
光緒三十三年(1907)北京農工商部印刷科鉛
印本　一冊

110000－0102－0013884　丙三/3451　史部/
政書類/法令

比較國法學　（日本）末岡精一撰　清光緒三
十二年(1906)商務印書館鉛印本　一冊

110000－0102－0013885　丙三/3453　子部/
天文地理類/演算法/各錄

對數表　（美國）赫士　（清）朱葆琛合譯　清
光緒三十一年(1905)上海美華書館鉛印本
一冊

110000－0102－0013886　丙三/3455　史部/
地理類/外紀

改正世界地理學六卷首一卷　（日本）失金昌
永撰　（清）吳闓生編譯　清光緒三十三年
(1907)上海文明書局鉛印本　二冊

110000－0102－0013887　丙三/3458　史部/
政書類/法令/章例

安徽諮議局籌辦處擬定章程表式摘要　（□）
□□撰　清末鉛印本　一冊

110000－0102－0013888　丙三/3459　子部/
藝術類/書畫/書法、碑帖/清

偶邸遺珍　偶園主人書　清宣統石印本
一冊

110000－0102－0013889　丙三/3460　子部/
儒家類/清

學畧　（清）吳少清撰　清光緒鉛印本　一冊

110000－0102－0013890　丙三/3468　子部/
天文地理類/其它

化學新編二卷　（清）吳仰曾　（清）董潛川合
譯　清光緒二十九年(1903)鉛印本　一冊

110000－0102－0013891　丙三/3472　史部/
政書類/詔令奏議/奏議

擬將官制提前官俸展後摺　奕劻等撰　清宣
統二年(1910)憲政編查館鉛印本　一冊

110000－0102－0013892　丙三/3473　史部/
政書類/法令

日本憲法疏證二卷　（□）□□撰　清光緒三
十三年(1907)政治官報局鉛印本　一冊

110000－0102－0013893　丙三/3474　史部/
政書類/學制

設立考核專科章程　奕劻等撰　清光緒三十
四年(1908)憲政編查館鉛印本　一冊

110000－0102－0013894　丙三/3475　史部/
政書類/學制

設立考核專科章程　奕劻等撰　清光緒三十
四年(1908)憲政編查館鉛印本　一冊

110000－0102－0013895　丙三/3488　子部/
類書類/韻編

佩文韻府一百〇六卷　（清）張玉書等編　清
光緒十三年(1887)上海點石齋石印本　六
十冊

110000－0102－0013896　丙三/3490　子部/
類書類/韻編

佩文詩韻五卷　（□）□□撰　清刻本　一冊

110000－0102－0013897　丙三/3491　子部/
類書類/韻編

佩文詩韻五卷　（□）□□撰　清刻本　一冊

110000－0102－0013898　丙三/3492　子部/
類書類/韻編

佩文詩韻五卷　（□）□□撰　清刻本　一冊

110000－0102－0013899　丙三/3507　子部/
類書類/韻編

韻府拾遺一百〇六卷　（清）張廷玉等撰　清
康熙刻本　二十冊

110000－0102－0013900　丙三/3510　經部/
四書類

四書人物備考十二卷　（清）陳仁錫增定　清
康熙五十九年(1720)刻本　八冊

110000－0102－0013901　丙三/3511　經部/
四書類/孟子/傳說

**孟子注疏解經十四卷附音義二卷校勘記十四
卷**　（漢）趙岐注　（宋）孫奭疏並撰音義　清
同治十年(1871)長沙尊經閣刻本　八冊

110000－0102－0013902　丙三/3512　經部/
四書類

增補四書人物備考十二卷圖一卷 （清）陳仁錫增定 清雍正十一年（1733）安定世榮堂刻本 五冊

110000－0102－0013903 丙三/3513 經部/四書類/總義/傳說

鳳儀四書 （宋）朱熹章句 清天德堂刻本 五冊

110000－0102－0013904 丙三/3514 子部/宗教類/道教/經論著作

性命雙修萬神圭旨四卷 （明）尹真人授 清康熙九年（1670）一山房刻本 四冊

110000－0102－0013905 丙三/3517 子部/類書類/類編

子史精華一百六十卷 （清）允祿等撰 清光緒十八年（1892）晉介書業德記刻本 二十四冊

110000－0102－0013906 丙三/3518 史部/政書類/詔令奏議/奏議

行政事務宜明定權酌擬辦法折 奕劻等撰 清宣統二年（1910）憲政編查館鉛印本 一冊

110000－0102－0013907 丙三/3574 子部/儒家類/清

曾氏女訓 （清）劉鑒撰 清光緒三十四年（1908）刻本 四冊

110000－0102－0013908 丙三/3575 子部/儒家類/清

曾氏女訓 （清）劉鑒撰 清光緒三十四年（1908）刻本 四冊

110000－0102－0013909 丙三/3576 子部/儒家類/清

曾氏女訓 （清）劉鑒撰 清光緒三十四年（1908）刻本 四冊

110000－0102－0013910 丙三/3578 史部/史總類

王先生十七史蒙求十六卷 （宋）王令撰 清道光二十八年（1848）粵東文雅齋刻本 六冊

110000－0102－0013911 丙三/3583 經部/

四書類/總義/傳說

四書集注直解二十七卷 （明）張居正撰 清八旗經正書院刻本 六冊

110000－0102－0013912 丙三/3584 經部/小學類/文字/字體

隸辨五卷 （清）顧藹吉撰 清乾隆八年（1743）刻本 五冊

110000－0102－0013913 丙三/3587 經部/四書類/總義/傳說

四書補注備旨附考 （明）鄧林撰 （清）杜定基增訂 清宣統元年（1909）有益堂刻本 八冊

110000－0102－0013914 丙三/3589 子部/雜家類/學說

淮南子二十一卷 （漢）劉安撰 （漢）高誘注 清光緒二年（1876）浙江書局刻本 六冊

110000－0102－0013915 丙三/3590 子部/類書類

類林新詠三十六卷 （清）姚之駰撰 清康熙四十六年（1707）刻本 十六冊

110000－0102－0013916 丙三/3591 史部/傳記類/圖贊

聖賢像贊 （清）孔憲蘭重輯 清光緒四年至十三年（1878－1887）曲阜會文堂、闕里硯寬亭刻本 六冊

110000－0102－0013917 丙三/3595 經部/小學類/文字/訓蒙

幼學故事瓊林四卷首一卷 （清）程允升撰 （清）鄒聖脉增補 清光緒二十三年（1897）京都泰山堂刻本 四冊

110000－0102－0013918 丙三/3598 子部/儒家類

性理大全七十卷 （明）胡廣等纂 清刻本 十八冊

110000－0102－0013919 丙三/3601 史部/地理類/地圖、圖志

地理圖說八卷 （清）杜奇英輯 清咸豐四年（1854）山左百硯堂刻本 四冊

110000 – 0102 – 0013920　丙三/3602　子部/
儒家類/清

五種遺規　（清）陳弘謀輯　清乾隆刻本
八冊

110000 – 0102 – 0013921　丙三/3603　子部/
儒家類/清

四種遺規　（清）陳弘謀輯　清乾隆刻本
八冊

110000 – 0102 – 0013922　丙三/3606　子部/
天文地理類/其它

重學二十卷圜錐曲線說三卷　（英國）艾約瑟
（清）李善蘭合譯　清同治鉛印本　六冊

110000 – 0102 – 0013923　丙三/3607　子部/
雜家類/學說

淮南鴻烈解二十一卷　（漢）劉安撰　（漢）高
誘注　清光緒元年(1875)湖北崇文書局刻本
四冊

110000 – 0102 – 0013924　丙三/3608　子部/
雜家類/學說

呂氏春秋二十六卷　（秦）呂不韋撰　（漢）高
誘注　清光緒元年(1875)崇文書局刻本
四冊

110000 – 0102 – 0013925　丙三/3609　子部/
雜家類/學說

墨子十五卷目一卷　（清）畢沅注　清光緒元
年(1875)湖北崇文書局刻本　四冊

110000 – 0102 – 0013926　丙三/3611　子部/
宗教類/道教

暗室燈注解二卷　（清）□□撰　清同治三年
(1864)登州蓬邑文會成書坊刻本　二冊

110000 – 0102 – 0013927　丙三/3612　集部/
總集類/文/雜錄/課藝

仁在堂時藝竅十七卷　（清）路德撰　清光緒
四年(1878)刻本　十二冊

110000 – 0102 – 0013928　丙三/3613　子部/
儒家類/清

心法源流內篇二卷外篇四卷附錄一卷　（清）
余寅止撰　清咸豐十一年(1861)梧陰書屋刻

本　三冊

110000 – 0102 – 0013929　丙三/3614　子部/
雜家類/學說

墨子十六卷　（清）吳汝綸點勘　清宣統鉛印
本　二冊

110000 – 0102 – 0013930　丙三/3616　子部/
術數類/占候

新鐫斷易大全四卷　知來子訂正　清善成堂
刻本　四冊

110000 – 0102 – 0013931　丙三/3618　集部/
別集類/清

探本錄　（清）雲茂琦撰　清末刻本　六冊

110000 – 0102 – 0013932　丙三/3619　經部/
四書類/總義

四書大全摘要四種　（清）李武纂輯　清雍正
九年(1731)刻本　八冊　存七卷(孟子七卷)

110000 – 0102 – 0013933　丙三/3622　經部/
四書類/總義

四書人物備考十二卷　（清）陳仁錫增訂　清
乾隆五十七年(1792)聚錦堂刻本　六冊

110000 – 0102 – 0013934　丙三/3730　子部/
藝術類/書畫/畫法、畫帖

海上名人畫稿　任薰等繪　清末石印本
一冊

110000 – 0102 – 0013935　丙三/3737　子部/
藝術類/書畫/書法、碑帖/隋唐

書譜　（唐）孫過庭書　（清）錢泳釋文　清嘉
慶十七年(1812)虞山錢泳拓本　三冊

110000 – 0102 – 0013936　丙三/3744　子部/
藝術類/書畫/畫法、畫帖

山水畫冊　（□）□□撰　清刻本　一冊

110000 – 0102 – 0013937　丙三/3746　子部/
藝術類/書畫/書法、碑帖/隋唐

八關齋會報德記十二卷　（唐）顏真卿書　清
乾隆拓本　二冊

110000 – 0102 – 0013938　丙三/3759　子部/
藝術類/書畫/書法、畫帖

神州國光集　鄧秋枚編輯　清光緒三十四年至清宣統二年(1908－1910)上海神州國光社珂羅版印本　二十冊

110000－0102－0013939　丙三/3778　子部/藝術類/書畫/書法、碑帖

法書真蹟　（□）□□撰　清寫本　一冊

110000－0102－0013940　丙三/3782　子部/藝術類/書畫/畫法、畫帖/清

西泠十二景冊　（清）王清照繪　清彩繪本　一冊

110000－0102－0013941　丙三/3803　子部/藝術類/書畫/畫法、畫帖/清

揚州山水寫生冊　（清）徐人龍繪　清彩墨繪本　一冊

110000－0102－0013942　丙三/3805　子部/藝術類/書畫/書法、碑帖/宋

淳化閣帖十卷　（宋）王著摹勒上石　清拓本重刻　十冊

110000－0102－0013943　丙三/3808　子部/藝術類/書畫/書法、碑帖/明

寶賢堂集古法帖　（明）朱鍾鉉勒石　明弘治二年(1489)刻石拓本　四冊

110000－0102－0013944　丙三/3813　子部/藝術類/書畫/畫法、畫帖/清

清代名人書畫扇面冊　（清）□□輯　清末拓本　一冊

110000－0102－0013945　丙三/3815　子部/藝術類/書畫/書法、碑帖/清

擬山園帖十卷　（清）王鐸書　清初刻本　十冊

110000－0102－0013946　丙三/3817　子部/雜誌類

全浙擴義園擴建募捐清冊　（清）□□編　清寫本　一冊

110000－0102－0013947　丙三/3819　子部/藝術類/書畫/書法、碑帖/明

戲鴻堂法帖　（明）董其昌審定　明末刻石拓本　一冊

110000－0102－0013948　丙三/3823　子部/藝術類/書畫/書法、碑帖

黃庭經　（清）□□撰　清拓種石山房藏帖本　一冊

110000－0102－0013949　丙三/3824　子部/藝術類/書畫/書法、碑帖/元

赤壁賦小楷帖　（元）趙孟頫書　清嘉慶拓本　一冊

110000－0102－0013950　丙三/3827　子部/藝術類/書畫/畫法、畫帖/清

知亭畫蘭冊　（清）□□繪　清嘉慶至道光墨繪本　一冊

110000－0102－0013951　丙三/3828　子部/藝術類/書畫/畫法、畫帖/清

竹禪畫蘭冊　（清）釋沛霖繪　清墨繪本　一冊

110000－0102－0013952　丙三/3829　子部/藝術類/書畫/書法、碑帖/清

贈言陳德　（清）曹振鏞書　清道光刻本　一冊

110000－0102－0013953　丙三/3832　子部/藝術類/書畫/書法、碑帖/清

清人楷書真蹟　（清）□□輯　清寫本　二冊

110000－0102－0013954　丙三/3833　子部/藝術類/書畫/書法、碑帖/清

崑山片玉　（清）□□撰　清寫本　一冊

110000－0102－0013955　丙三/3835　子部/藝術類/書畫/書法、碑帖/清

虛牕雅課　（清）紀昀臨　清末寫本　一冊

110000－0102－0013956　丙三/3846　子部/藝術類/書畫/畫法、畫帖

名人書畫扇面集第三冊　（清）□□輯　清宣統三年(1911)上海商務印書館珂羅版印本　一冊

110000－0102－0013957　丙三/3851　子部/藝術類/篆刻

敬吾心室識篆圖 （清）朱建卿輯　清光緒三十四年（1908）石印本　二冊

110000－0102－0013958　丙三/3863　子部/藝術類/書畫/書法、碑帖/元

遊天冠山詩帖 （元）趙孟頫書　清康熙二十一年（1682）刻石拓本　一冊

110000－0102－0013959　丙三/3864　經部/經總類/群經總義/文字音義

五經文字序例 （□）□□撰　唐開成二年（837）刻石拓本　三冊

110000－0102－0013960　丙三/3865　子部/藝術類/書畫/書法、碑帖

李公頌 （□）□□撰　清拓本　一冊

110000－0102－0013961　丙三/3870　子部/藝術類/書畫/書法、碑帖

濟寧石刻七種 （□）□□撰　清拓本　一冊

110000－0102－0013962　丙三/3871　子部/藝術類/書畫/書法、碑帖/隋唐

唐張嘉貞碑 （□）□□撰　唐開元十五年（727）刻石拓本　一冊

110000－0102－0013963　丙三/3872　子部/藝術類/書畫/書法、碑帖

漢孔君碑 （□）□□撰　清拓本　一冊

110000－0102－0013964　丙三/3882　子部/藝術類/書畫/書法、碑帖/清

松禪老人遺墨 （清）翁同龢書　清光緒石印本　一冊

110000－0102－0013965　丙三/3883　子部/藝術類/書畫/書法、碑帖/晉（六朝）

快雪堂法書 （晉）王羲之等書　清拓本　四冊

110000－0102－0013966　丙三/3885　子部/藝術類/書畫/畫法、畫帖

墨刻畫冊 （□）□□繪　清拓本　一冊

110000－0102－0013967　丙三/3897　子部/藝術類/書畫/書法、碑帖/隋唐

唐墓誌五種 （唐）王澍等書　清拓本　一冊

110000－0102－0013968　丙三/3898　子部/藝術類/書畫/書法、碑帖/隋唐

隋使持節大將軍故蘇使君墓誌銘 （□）□□撰　隋仁壽三年（603）刻石陝西省蒲城縣出土拓本清中晚期拓　一冊

110000－0102－0013969　丙三/3899　子部/藝術類/書畫/書法、碑帖/隋唐

隋使持節大將軍故蘇使君墓誌銘 （□）□□撰　隋仁壽三年（603）刻石陝西省蒲城縣出土拓本清中晚期拓　一冊

110000－0102－0013970　丙三/3900　子部/藝術類/書畫/書法、碑帖/隋唐

隋使持節大將軍故蘇使君墓誌銘 （□）□□撰　隋仁壽三年（603）刻石陝西省蒲城縣出土拓本清中晚期拓　一冊

110000－0102－0013971　丙三/3901　子部/藝術類/書畫/書法、碑帖/隋唐

隋使持節大將軍故蘇使君墓誌銘 （□）□□撰　隋仁壽三年（603）刻石陝西省蒲城縣出土拓本清中晚期拓　一冊

110000－0102－0013972　丙三/3902　子部/藝術類/書畫/書法、碑帖/隋唐

隋使持節大將軍故蘇使君墓誌銘 （□）□□撰　隋仁壽三年（603）刻石陝西省蒲城縣出土拓本清中晚期拓　一冊

110000－0102－0013973　丙三/3903　子部/藝術類/書畫/書法、碑帖/隋唐

隋使持節大將軍故蘇使君墓誌銘 （□）□□撰　隋仁壽三年（603）刻石陝西省蒲城縣出土拓本清中晚期拓　一冊

110000－0102－0013974　丙三/3908　子部/藝術類/書畫/書法、碑帖/明

文待詔行書 （明）文徵明書　清拓本　一冊

110000－0102－0013975　丙三/3925　子部/藝術類/書畫/畫法、畫帖/清

吳漁山山水冊 （清）吳曆繪　清光緒二十八年（1902）珂羅版印本　一冊

110000－0102－0013976　丙三/3927　子部/

藝術類/書畫/書法、碑帖/清

國朝名人手跡第八集 (清)□□編　清末上海有正書局石印本　一冊

110000－0102－0013977　丙三/3929　子部/藝術類/書畫/書法、碑帖/清

翁相國手劄第三集 (清)翁同龢書　清宣統上海有正書局石印本　一冊

110000－0102－0013978　丙三/3931　子部/藝術類/書畫/書法、碑帖/清

劉潤琴書靈飛經 (清)劉春霖書　清光緒三十一年(1905)雷雨琴石印本　一冊

110000－0102－0013979　丙三/3934　子部/藝術類/書畫/書法、碑帖/晉(六朝)

宋拓河南本十七帖 (晉)王羲之書　清末上海有正書局石印本　一冊

110000－0102－0013980　丙三/3935　子部/藝術類/書畫/書法、碑帖/宋

宋拓東坡雪堂帖 (宋)蘇軾書　清末上海有正書局石印本　一冊

110000－0102－0013981　丙三/3936　子部/藝術類/書畫/書法、碑帖/清

張廉卿書李剛介碑 (清)張裕釗書　清宣統三年(1911)上海文明書局石印本　一冊

110000－0102－0013982　丙三/3944　子部/藝術類/書畫/畫法、畫帖/清

水滸畫傳二卷 (清)裕厚繪　清光緒十四年(1888)上海點石齋石印本　二冊

110000－0102－0013983　丙三/3947　子部/藝術類/書畫/畫法、畫帖

畫楫 (□)□□撰　清末民國抄本　一冊

110000－0102－0013984　丙三/3950　子部/藝術類/書畫/畫法、畫帖/清

海上名人畫稿 (清)張熊等繪　清光緒十一年(1885)上海同文書局石印本　二冊

110000－0102－0013985　丙三/3954　子部/藝術類/書畫/書法、碑帖/隋唐

大唐皇帝述三藏聖教記 (□)□□撰　唐永徽三年(652)刻石拓本　一冊

110000－0102－0013986　丙三/3955　子部/藝術類/書畫/書法、碑帖/隋唐

麻姑山仙壇記 (唐)顏真卿書　明翻刻原石拓本　一冊

110000－0102－0013987　丙三/3959　子部/藝術類/書畫/書法、碑帖/宋

北宋拓蘇書醉翁亭記 (宋)蘇軾書　清光緒上海有正書局石印本　一冊

110000－0102－0013988　丙三/3961　子部/藝術類/書畫/書法、碑帖/元

平遠山房法帖 (元)趙孟頫書　清嘉慶七年(1802)拓本　一冊

110000－0102－0013989　丙三/3964　子部/藝術類/書畫/書法、碑帖/隋唐

雲麾將軍碑 (唐)李邕書　唐開元刻石拓本　一冊

110000－0102－0013990　丙三/3965　子部/藝術類/書畫/畫法、畫帖/清

飛影閣叢畫四卷 (清)吳嘉猷等繪　清光緒十七年(1891)影印本　六冊

110000－0102－0013991　丙三/3968　子部/藝術類/書畫/畫法、畫帖/清

李復堂畫小冊 (清)李鱓繪　清末民國上海有正書局影印袖珍名畫冊子本　一冊

110000－0102－0013992　丙三/3971　子部/藝術類/書畫

最新書畫譜 介眉等繪　清光緒三十四年(1908)錦文堂書莊石印本　二冊

110000－0102－0013993　丙三/3972　子部/藝術類/書畫/畫法、畫帖/清

點石齋叢畫 (清)尊聞閣主人輯　清光緒十二年(1886)上海點石齋石印本　八冊

110000－0102－0013994　丙三/3977　子部/藝術類/書畫/畫法、畫帖/清

芥子園畫傳四集 (清)巢勳輯　清光緒二十四年(1898)石印本　四冊

110000－0102－0013995　丙三/3982　子部/藝術類/書畫/畫法、畫帖/清

釋迦如來應化事跡　（清）釋永明繪　清嘉慶十三年(1808)和碩豫親王裕豐刻本　二冊　缺一冊

110000－0102－0013996　丙三/3986　子部/藝術類/書畫/書法、碑帖/宋

絳帖二十卷　（宋）潘師旦勒石　清末翻刻拓本　六冊

110000－0102－0013997　丙三/3987　子部/藝術類/書畫/書法、碑帖/宋

淳化閣帖　（宋）王著輯　清拓本　十冊

110000－0102－0013998　丙三/3989　子部/類書類/字編

分類字錦六十四卷　（清）張廷玉等纂　清刻本　六十四冊

110000－0102－0013999　丙三/3990　子部/藝術類/書畫/畫法、畫帖/明

十竹齋書畫譜　（明）胡正言摹繪　清光緒五年(1879)校經山房刻本　八冊

110000－0102－0014000　丙三/3991　史部/政書類/法令/律例

新譯日本法規大全　（清）劉崇傑等譯　清光緒三十三年(1907)商務印書館鉛印本　八十一冊

110000－0102－0014001　丙三/3998　子部/儒家類/清

宋元學案一百卷首一卷　（清）黃宗羲原撰（清）馮雲濠　（清）王梓材同輯　清末上海文瑞樓石印本　六十四冊

110000－0102－0014002　丙三/4047　子部/儒家類/宋以前

孔子家語十卷　（三國魏）王肅注　清光緒上海同文書局石印本　二冊

110000－0102－0014003　丙三/4059　經部/小學類/音韻

韻海大全　（清）仁壽室主人編　清光緒十三年(1887)上海積山書局石印本　六冊

110000－0102－0014004　丙三/4062　子部/法家類

韓非子集解二十卷首一卷　（清）王先慎注　清光緒二十二年(1896)上海掃葉山房鉛印本　六冊

110000－0102－0014005　丙三/4079　史部/地理類/水道/河

治河方略十卷首一卷　（清）靳輔撰　清嘉慶四年(1799)安瀾堂家刻本　十一冊

110000－0102－0014006　丙三/4081　子部/天文地理類/其它

地文學問答　邵義譯述　清光緒三十二年(1906)上海商務印書館刻本　一冊

110000－0102－0014007　丙三/4082　子部/天文地理類/其它

地文學問答　邵義譯述　清光緒三十二年(1906)上海商務印書館刻本　一冊

110000－0102－0014008　丙三/4085　子部/藝術類/書畫/畫法、畫帖

醉墨軒畫稿四卷　胡郯卿繪　清宣統天寶書局石印本　四冊

110000－0102－0014009　丙三/4087　子部/天文地理類/其它

格致進化　（英國）馬林　（清）李玉書合譯　清光緒三十年(1904)上海廣學會鉛印本　一冊

110000－0102－0014010　丙三/4094　子部/儒家類/宋以前

揚子法言十三卷附音義　（漢）揚雄撰　（晉）李軌注　清末上海掃葉山房石印本　一冊

110000－0102－0014011　丙三/4097　史部/傳記類/總傳

增廣尚友錄統編二十二卷　（清）應祖錫編　清光緒二十八年(1902)鴻寶齋石印本　十二冊

110000－0102－0014012　丙三/4098　子部/儒家類/宋

小學集注　（宋）朱熹撰　清光緒三十二年

（1906）鴻寶齋石印本　四冊

110000－0102－0014013　丙三/4105　子部/
儒家類/明

人譜類記二卷　（明）劉宗周撰　清光緒鉛印
本　二冊

110000－0102－0014014　丙三/4112　子部/
天文地理類/演算法/各錄

三角須知　（英國）傅蘭雅撰　清光緒十四年
（1888）刻本　一冊

110000－0102－0014015　丙三/4119　子部/
宗教類

福音大全　（美國）茅泰瑞撰　清光緒三十一
年（1905）華北書會鉛印本　一冊

110000－0102－0014016　丙三/4131　史部/
政書類/邦計

中國之金融　（清）潘承鍔撰　清光緒三十四
年（1908）中國圖書公司鉛印本　二冊

110000－0102－0014017　丙三/4133　子部/
類書類/類編

角山樓增補類腋　（清）姚增謙原撰　（清）趙
克宜增輯　清光緒十二年（1886）上海同文書
局石印本　六冊

110000－0102－0014018　丙三/4137　經部/
小學類/音韻

詩韻集成　（清）余照撰　清末石印本　一冊

110000－0102－0014019　丙三/4138　史部/
目錄類/著錄/學科專目/金石

菉竹堂碑目六卷　（明）葉盛撰　清道光光緒
間南海伍氏刻粵雅堂叢書本　一冊

110000－0102－0014020　丙三/4140　子部/
宗教類

瞻禮問答二卷　（□）□□撰　清宣統元年
（1909）北京救世堂鉛印本　一冊

110000－0102－0014021　丙三/4141　經部/
四書類/論語/傳說

論語八卷　（宋）朱熹集注　（三國魏）何晏集
解　清同治十二年（1873）稽古樓刻本　六冊

110000－0102－0014022　丙三/4143　經部/
小學類/音韻

詩韻集成　（清）余照輯　清末上海文瑞樓石
印本　四冊

110000－0102－0014023　丙三/4144　子部/
類書類/類編

子史精華一百六十卷　（清）允祿等纂　清光
緒十年（1884）上海同文書局石印本　八冊

110000－0102－0014024　丙三/4145　子部/
類書類/類編

子史精華一百六十卷　（清）允祿等纂　清光
緒十年（1884）上海同文書局石印本　八冊

110000－0102－0014025　丙三/4146　子部/
類書類/類編

子史精華一百六十卷　（清）允祿等纂　清光
緒十三年（1887）上海積山書局石印本　八冊

110000－0102－0014026　丙三/4147　子部/
類書類/類編

子史精華一百六十卷　（清）允祿等纂　清光
緒十三年（1887）上海積山書局石印本　十冊

110000－0102－0014027　丙三/4151　子部/
宗教類

談道遺稿六卷　原題聖味增爵會士編　清宣
統二年（1910）北京救古堂鉛印本　六冊

110000－0102－0014028　丙三/4158　經部/
小學類/音韻

詩韻集成十卷　（清）余照輯　清同治四年
（1865）善成堂刻本　四冊

110000－0102－0014029　丙三/4164　子部/
天文地理類/演算法/各錄

代數須知　（英國）傅蘭雅撰　清光緒十三年
（1887）刻格致須知本　一冊

110000－0102－0014030　丙三/4174　經部/
四書類/總義/傳說

四書味根錄　（清）金澄輯　清光緒二十五年
（1899）慎記書局石印本　八冊

110000－0102－0014031　丙三/4175　集部/

總集類/詩/斷代

唐詩金粉十卷 （清）沈炳震輯　清光緒十二年(1886)嶺南集成書局石印本　二冊

110000－0102－0014032　丙三/4176　子部/類書類/類編

事類統編九十三卷首一卷 （清）林意誠編輯　清光緒十年(1884)腹笥山房銅版印本　十二冊

110000－0102－0014033　丙三/4180　史部/傳記類/總傳/專錄/儒林

清儒學案二百〇八卷 徐世昌編　清光緒鉛印本　一百冊　第三冊有復本,缺第四冊

110000－0102－0014034　丙三/4182　史部/政書類/法令/律例

萬國公法四卷 （美國）丁韙良譯　清同治三年(1864)刻本　四冊

110000－0102－0014035　丙三/4184　子部/雜家類/西洋各派

全地五大洲女俗通考二十一卷首一卷 （美國）林樂知 （清）任保羅合譯　清光緒二十九年(1903)上海廣學會鉛印本　二十一冊

110000－0102－0014036　丙三/4186　子部/天文地理類/演算法/各錄

溥通新代數六卷 （清）徐虎臣編　清光緒三十一年(1905)京師大學堂鉛印本　六冊

110000－0102－0014037　丙三/4194　史部/政書類/法令/律例

不用刑審判書六卷 （清）魏息園輯　清光緒三十三年(1907)商務印書館鉛印本　二冊

110000－0102－0014038　丙三/4197　史部/政書類/邦交/商約

通商各國條約 （清）□□編　清光緒鉛印本　二十一冊

110000－0102－0014039　丙三/4201　子部/醫家類/外科方論

割症全書七卷 （美國）嘉約翰撰　清光緒十六年(1890)羊城博濟醫局刻本　七冊

110000－0102－0014040　丙三/4202　子部/醫家類/諸專科方論

儒門醫學三卷 （英國）海得蘭撰 （英國）傅蘭雅 （清）趙元益合譯　清刻本　四冊

110000－0102－0014041　丙三/4212　子部/儒家類/清

訓俗遺規四卷附補編 （清）陳弘謀輯　清光緒三十四年(1908)學部圖書局鉛印五種遺規本　四冊

110000－0102－0014042　丙三/4214　子部/儒家類/清

從政遺規二卷 （清）陳弘謀輯　清光緒三十四年(1908)學部圖書局鉛印五種遺規本　二冊

110000－0102－0014043　丙三/4215　經部/四書類/總義/傳說

四書集注闡微直解 （明）張居正撰　清宣統元年(1909)學部圖書局石印本　七冊

110000－0102－0014044　丙三/4217　子部/術數類

增補星平會海命學全書十卷首一卷 水中龍編　清末上海江左書林石印本　六冊

110000－0102－0014045　丙三/4221　史部/目錄類/著錄/學科專目

讀西學書法 梁啟超撰　清末鉛印本　一冊

110000－0102－0014046　丙三/4222　經部/小學類/音韻

詩韻合璧五卷 （清）許時庚編　清光緒十三年(1887)廣百宋齋鉛印本　二冊

110000－0102－0014047　丙三/4224　集部/別集類/清

曹寅毅制藝 （清）曹之升撰　清同治十二年(1873)味經堂刻本　六冊

110000－0102－0014048　丙三/4225　子部/藝術類/雜技

四子棋譜二卷 （清）過文年輯　清宣統三年(1911)上海千頃堂石印本　一冊

110000 – 0102 – 0014049　丙三/4226　子部/
儒家類/明

治家格言繹義　（明）朱用純撰　（清）戴翊清
解　清宣統元年(1909)石印本　一冊

110000 – 0102 – 0014050　丙三/4230　子部/
天文地理類/演算法

四元玉鑑三卷首一卷　（元）朱世傑撰　（清）
丁取忠輯　清光緒石印白芙堂算學叢書本
一冊

110000 – 0102 – 0014051　丙三/4232　子部/
醫家類

繪圖蒙學衛生實在易講義　許家惺編　清末
上海彪蒙書室石印本　一冊

110000 – 0102 – 0014052　丙三/4233　子部/
醫家類

繪圖蒙學衛生實在易講義　許家惺編　清末
上海彪蒙書室石印本　一冊

110000 – 0102 – 0014053　丙三/4234　史部/
外國史類

萬國近政考十六卷　（清）鄒弢輯　清光緒二
十四年(1898)慎記書莊石印本　四冊

110000 – 0102 – 0014054　丙三/4236　史部/
政書類/法令/其它

道德法律進化之理　（日本）加藤弘之撰　金
壽康　楊殿玉合譯　清光緒二十九年(1903)
上海慶智書局鉛印本　一冊

110000 – 0102 – 0014055　丙三/4245　集部/
總集類/文/雜錄/課藝

補學軒制藝四卷　（清）鄭獻甫編　清同治十
年(1871)黔南臬署刻本　四冊

110000 – 0102 – 0014056　丙三/4248　子部/
類書類/類編/通錄

新編古今事文類聚續編二十八卷　（宋）祝穆
編　清德壽堂刻本　十冊

110000 – 0102 – 0014057　丙三/4256　子部/
藝術類/書畫/畫法/清

芥子園畫傳三集六卷　（清）巢勳繪　清光緒
十四年(1888)上海天寶書石印本　四冊

110000 – 0102 – 0014058　丙三/4258　子部/
子總類/諸子彙編

二十五子彙函　（清）孫星衍輯　清光緒十九
年(1893)石印本　十四冊

110000 – 0102 – 0014059　丙三/4259　子部/
藝術類/篆刻

篆刻鍼度八卷　（清）陳克恕撰　清乾隆五十
一年(1786)嘯園刻本　二冊

110000 – 0102 – 0014060　丙三/4276　子部/
醫家類/雜錄

全體新論　（英國）合信氏撰　（清）陳修堂同
編　清咸豐鉛印西醫五種本　一冊

110000 – 0102 – 0014061　丙三/4277　子部/
醫家類/諸專科方論/針灸

補注銅人腧穴鍼灸圖經五卷　（宋）王惟一修
　清光緒三十三年至宣統元年(1907 – 1909)
石印貴池劉氏玉海堂景宋叢書本　二冊

110000 – 0102 – 0014062　丙三/4280　子部/
藝術類/篆刻

再續三十五舉一卷　（清）姚晏撰　清中晚期
刻本　一冊

110000 – 0102 – 0014063　丙三/4281　子部/
醫家類/雜病方論

長沙藥解四卷　（清）黃元御撰　清咸豐十年
(1860)刻黃氏醫書八種本　二冊

110000 – 0102 – 0014064　丙三/4282　子部/
醫家類/雜錄

醫學源流論二卷　（清）徐大椿撰　清同治半
松齋刻徐靈胎醫書十種本　二冊

110000 – 0102 – 0014065　丙三/4284　子部/
醫家類/醫案

洄溪醫案　（清）徐大椿撰　（清）王士雄編
清咸豐徐靈胎醫書十種本　一冊

110000 – 0102 – 0014066　丙三/4285　子部/
醫家類/傷寒方論

傷寒論類方一卷　（清）徐大椿撰　清同治半
松齋刻徐靈胎醫書十種本　一冊

110000－0102－0014067　丙三/4286　子部/醫家類/雜錄

醫貫砭二卷　(清)徐大椿撰　清同治半松齋刻徐靈胎醫書十種本　一冊

110000－0102－0014068　丙三/4287　子部/醫家類

濟陰綱目十四卷首一卷　(清)武之望撰 (清)汪淇注　清雍正六年(1728)宏道堂刻本　十冊

110000－0102－0014069　丙三/4293　子部/子總類/諸子彙編

子書百家　(清)湖北崇文書局輯　清光緒元年(1875)湖北崇文書局刻本　九十六冊

110000－0102－0014070　丙三/4294　經部/孝經類/傳說

孝經衍義四十七卷　(清)張能鱗纂輯　清順治十四年(1657)刻本　四冊

110000－0102－0014071　丙三/4296　子部/儒家類/宋

小學集注六卷　(宋)朱熹集注　清同治六年(1867)金陵書局刻本　二冊

110000－0102－0014072　丙三/4297　子部/醫家類

西藥大成十卷　(英國)耒拉　(英國)海德蘭合撰　(英國)傅蘭雅　(清)趙元益合譯　清光緒江南機器製造局刻本　十六冊

110000－0102－0014073　丙三/4303　子部/宗教類/釋教/經

金光明最勝王經　(唐)釋義淨譯　清刻本 六冊　存七卷(三至九)

110000－0102－0014074　丙三/4306　子部/宗教類/釋教/經

大方廣圓覺修多羅了義經　(唐)釋佛陀多羅譯　明嘉靖六年(1527)刻本　一冊

110000－0102－0014075　丙三/4308　子部/藝術類/書畫/書法、碑帖/元

太上玄元道德經　(元)趙孟頫書　元延祐五年(1318)刻石拓本　一冊

110000－0102－0014076　丙三/4309　經部/經總類/群經總義/傳說

經學輯要二十四卷　(清)吳穎炎輯　清光緒十九年(1893)上海點石齋石印本　七十七冊 缺二卷(郝氏爾雅義疏二卷)

110000－0102－0014077　丙三/4310　子部/類書類/韻編

佩文韻府一百○六卷拾遺一百○六卷　(清)張玉書等撰　清光緒十二年(1886)上海同文書局石印本　六十冊

110000－0102－0014078　丙三/4312　子部/類書類/韻編

佩文韻府一百○六卷拾遺一百○六卷　(清)張玉書等編修　清光緒十八年(1892)上海同文書局影印本　六十冊

110000－0102－0014079　丙三/4317　經部/四書類/總義/傳說

四書集注　(宋)朱熹章句　清光緒三十一年(1905)上海掃葉山房鉛印本　六冊

110000－0102－0014080　丙三/4318　經部/四書類/總義/傳說

四書集注　(宋)朱熹章句　清光緒三十一年(1905)上海掃葉山房鉛印本　六冊

110000－0102－0014081　丙三/4319　子部/類書類/類編/通錄

小嫏嬛山館彙刊類書十二種　清同治六年(1867)緯文堂刻本　八冊

110000－0102－0014082　丙三/4320　子部/類書類/類編

類腋五十五卷　(清)姚培謙輯　清末寶仁堂刻本　十五冊

110000－0102－0014083　丙三/4322　子部/雜家類/雜纂

三才略三卷　(清)蔣德鈞輯　清光緒二十八年(1902)寶華堂刻本　一冊

110000－0102－0014084　丙三/4324　子部/醫家類/諸專科方論

本草萬方鍼線八卷　(清)蔡烈先輯　清道光

六年(1826)英德堂刻本　四冊

110000－0102－0014085　丙三/4326　經部/
孝經類/傳說

孝經　（唐）玄宗李隆基注　清同治十二年
(1873)稽古樓刻本　一冊

110000－0102－0014086　丙三/4329　子部/
藝術類/雜著

鵝幻彙編十二卷　（清）唐再豐輯　清光緒十
五年(1889)刻本　六冊

110000－0102－0014087　丙三/4331　子部/
術數類/命書相書

算命不求人　（□）□□撰　清光緒二十七年
(1901)上海書局石印本　一冊

110000－0102－0014088　丙三/4336　子部/
醫家類/諸專科方論

增廣驗方新編十六卷　（清）鮑相璈輯　（清）
張紹棠增輯　清光緒二十七年(1901)同文俊
記石印本　四冊

110000－0102－0014089　丙三/4337　子部/
雜家類/雜述

冷廬雜識八卷　（清）陸以湉撰　清咸豐六年
(1856)玉山房書坊刻本　二冊

110000－0102－0014090　丙三/4338　子部/
醫家類/諸專科方論/針灸

鍼灸大成十卷　（明）楊繼洲撰　清光緒京都
泰山堂刻本　十冊

110000－0102－0014091　丙三/4339　子部/
醫家類/外科方論

外科證治全生二卷　（清）王維德輯　清光緒
六年(1880)粵東省城學院刻本　二冊

110000－0102－0014092　丙三/4340　子部/
醫家類/諸專科方論/其它

瘡瘍經驗全書六卷　（宋）竇漢卿輯著　清同
治元年(1862)經元堂刻本　六冊

110000－0102－0014093　丙三/4341　子部/
醫家類

御纂醫宗金鑑九十卷　（清）弘晝等纂輯　清

友于堂刻本　四十九冊

110000－0102－0014094　丙三/4342－1　子
部/雜家類/雜述

見聞隨筆二十六卷　（清）齊學裘撰　清同治
十年(1871)天空海闊之居刻本　八冊

110000－0102－0014095　丙三/4342　子部/
雜家類/雜述

見聞隨筆二十六卷　（清）齊學裘撰　清同治
十年(1871)天空海闊之居刻本　十二冊

110000－0102－0014096　丙三/4344　子部/
醫家類/總錄

陳修園醫書廿一種　（清）陳念祖撰　清光緒
十八年(1892)上海圖書集成公司鉛印本　二
十冊

110000－0102－0014097　丙三/4345　子部/
醫家類/總錄

醫書彙纂　（清）□□編　清中晚期抄本
四冊

110000－0102－0014098　丙三/4346　叢部/
彙編叢書

古今說海一百四十二卷　（明）陸楫編　清宣
統元年(1909)上海集成圖書公司鉛印本　十
二冊

110000－0102－0014099　丙三/4349　子部/
醫家類/雜病方論

集驗簡易良方四卷　（清）德豐輯　清道光七
年(1827)富春堂刻本　四冊

110000－0102－0014100　丙三/4353　子部/
醫家類

校正圖注八十一難經四卷圖注脉訣四卷
(清)張世賢注　清末鴻寶齋書局石印本
五冊

110000－0102－0014101　丙三/4357　子部/
醫家類

陳修園先生醫書四十八種　（清）陳念祖撰
清末上海錦章書局石印本　二十冊

110000－0102－0014102　丙三/4358　子部/

醫家類/傷寒方論

張仲景傷寒論原文淺注 （清）陳念祖注 清道光陳氏南雅堂刻本 六冊

110000－0102－0014103 丙三/4359 子部/醫家類/兒婦科方論

鄭氏瘄科保赤金丹四卷 （清）鄭卜年撰 清光緒二十六年至三十二年（1900－1906）鄭氏刻本 四冊

110000－0102－0014104 丙三/4360 子部/醫家類/諸專科方論

驗方新編八卷首一卷 （清）鮑相璈編輯 清同治十二年（1873）刻本 十冊

110000－0102－0014105 丙三/4361 子部/醫家類/雜病方論

雜症醫方 （□）□□撰 清末抄本 一冊

110000－0102－0014106 丙三/4362 子部/醫家類/雜錄

陸地仙經 （□）□□撰 清光緒六年（1880）文華堂刻本 一冊

110000－0102－0014107 丙三/4363 子部/醫家類/雜錄

行樂衛生秘訣 湖上漁父撰 清末鉛印本 一冊

110000－0102－0014108 丙三/4364 子部/雜家類/雜纂

玉曆鈔傳 （□）□□撰 清光緒十六年（1890）重印刻本 一冊

110000－0102－0014109 丙三/4365 子部/醫家類/雜錄

辨證冰鑑十二卷 （清）陳士鐸撰 清光緒二十二年（1896）京都擷華書局刻本 十二冊

110000－0102－0014110 丙三/4367 子部/醫家類/養生

大生要旨五卷 （清）唐千頃纂輯 清同治元年（1862）刻本 一冊

110000－0102－0014111 丙三/4368 子部/醫家類/諸專科方論/其它

痘疹心傳六卷 （清）呂希端撰 清嘉慶十年（1805）成錦堂刻本 五冊

110000－0102－0014112 丙三/4370 集部/小說類/筆記小說

異聞益智叢錄三十四卷 （清）種蕉藝蘭生輯 清光緒二十六年（1900）江南書局鉛印本 八冊

110000－0102－0014113 丙三/4372－1 子部/宗教類/道教

陰騭果報圖注 文昌帝君撰 （清）吳友如繪 清光緒十七年（1891）石印本 一冊

110000－0102－0014114 丙三/4372 子部/宗教類/道教

陰騭果報圖注 文昌帝君撰 （清）吳友如繪 清光緒十七年（1891）石印本 一冊

110000－0102－0014115 丙三/4374 子部/醫家類/雜病方論

金匱方歌括六卷 （清）陳念祖撰 清道光十六年（1836）刻本 二冊

110000－0102－0014116 丙三/4378 子部/醫家類/兒婦科方論

慈幼便覽 （清）文晟輯 清同治四年（1865）萍鄉文延慶堂刻本 一冊

110000－0102－0014117 丙三/4379 子部/醫家類/兒婦科方論

胎產秘書三卷 （□）□□撰 清光緒十八年（1892）刻本 一冊

110000－0102－0014118 丙三/4380 子部/醫家類/雜病方論

簡便應驗奇方 （清）重厚堂輯 清道光十五年（1835）刻本 一冊

110000－0102－0014119 丙三/4381 子部/術數類/占卜

增刪卜易十二卷首一卷 （清）野鶴老人撰 清金相堂刻本 六冊

110000－0102－0014120 丙三/4382 子部/藝術類/雜技

百局棋譜八卷 （宋）陳摶撰 清光緒十二年（1886）江左刻本 四冊

110000－0102－0014121 丙三/4383 集部/小說類/筆記小說

增訂解人頤廣集八卷 （清）錢德蒼重編 清晚期善成堂刻本 四冊

110000－0102－0014122 丙三/4384 子部/術數類

粜星秘要諏吉便覽 （清）俞榮寬編 清光緒十四年（1888）掃葉山房刻本 二冊

110000－0102－0014123 丙三/4385 子部/醫家類/雜錄

醫門棒喝初集四卷二集九卷 （清）章楠撰 清宣統元年（1909）蠡城三友益齋石印本 十冊

110000－0102－0014124 丙三/4386 子部/醫家類/雜錄

醫門棒喝初集四卷二集九卷 （清）章楠撰 清宣統元年（1909）蠡城三友益齋石印本 十冊

110000－0102－0014125 丙三/4399 子部/醫家類/本草

本草詩箋十卷 （清）朱鑰撰 清末上海千頃堂書局石印本 四冊

110000－0102－0014126 丙三/4400 子部/醫家類/總錄

訂正東醫寶鑑 （朝鮮）許俊輯 清光緒十六年（1890）上海錦章書局石印本 十六冊

110000－0102－0014127 丙三/4405 子部/宗教類/道教

接命要術秘法 （□）□□撰 清抄道書本 一冊

110000－0102－0014128 丙三/4406 子部/兵家類

彙集少林鳥龍槍六邊 （□）□□撰 清光緒二十一年（1895）抄本 一冊

110000－0102－0014129 丙三/4407 子部/術數類

鐵板神數 （□）□□撰 清抄本 十一冊

110000－0102－0014130 丙三/4413 子部/醫家類

醫宗必讀五卷 （明）李中梓撰 清大興堂刻本 五冊

110000－0102－0014131 丙三/4414 子部/醫家類/傷寒方論

金匱要略心典三卷 （漢）張仲景撰 （清）尤怡集注 清同治八年（1869）刻本 三冊

110000－0102－0014132 丙三/4415 子部/醫家類/諸專科方論/其它

增補痘疹玉髓金鏡錄四卷 （清）翁中仁輯撰 清光緒十六年（1890）鎮江文成堂刻本 二冊

110000－0102－0014133 丙三/4424 史部/地理類/雜記

永嘉聞見錄二卷 （清）孫同元撰 清光緒十四年（1888）刻本 二冊

110000－0102－0014134 丙三/4425 子部/術數類

八字詳評 （清）鄧鶴齡批 清嘉慶長沙鄧鶴齡寫本 一冊

110000－0102－0014135 丙三/4426 子部/類書類/類編/通錄

增補註釋故事白眉十卷 （清）許以忠輯 清康熙八年（1669）刻本 八冊

110000－0102－0014136 丙三/4428 子部/醫家類/雜病方論

溫疫論補注二卷 （清）吳有性撰 清同治三年（1864）樊川文成堂刻本 二冊

110000－0102－0014137 丙三/4429 子部/醫家類/諸專科方論

傅氏眼科審視瑤函六卷首一卷 （明）傅仁宇纂輯 （明）林長生校補 明小酉堂刻本 六冊

110000－0102－0014138 丙三/4431 子部/醫家類/諸專科方論/針灸

鍼灸大成十卷　（明）章廷珪重修　清咸豐二年(1852)善成堂刻本　十冊

110000－0102－0014139　丙三/4436　子部/醫家類/外科方論

外科正宗十二卷　（明）陳實功撰　（清）徐大椿譯　清咸豐十年(1860)掃葉山房刻本　六冊

110000－0102－0014140　丙三/4437　子部/醫家類/外科方論

外科正宗十二卷　（明）陳實功撰　（清）徐大椿譯　清光緒八年(1882)掃葉山房刻本　六冊

110000－0102－0014141　丙三/4438　子部/醫家類/外科方論

外治素世方初編四卷　（清）鄒存淦編輯　清光緒三年(1877)杭州勤陸堂刻本　二冊

110000－0102－0014142　丙三/4439－2　子部/醫家類/總錄

當歸草堂醫學叢書初編十種　（清）丁丙輯　清光緒四年(1878)錢唐丁氏當歸草堂刻本　十二冊

110000－0102－0014143　丙三/4440　子部/術數類

六壬類聚四卷　（清）紀大奎撰　清嘉慶至咸豐間紀氏家刻本　四冊

110000－0102－0014144　丙三/4442　子部/醫家類/傷寒方論

傷寒論三注八卷　（清）周楊俊撰　清光緒十三年(1887)漁古山房刻本　四冊

110000－0102－0014145　丙三/4443　子部/醫家類/兒婦科方論

保赤彙編七種　（□）□□撰　清光緒五年(1879)蘇州刻本　四冊

110000－0102－0014146　丙三/4444　子部/醫家類/兒婦科方論

錢氏小兒藥證直訣三卷附方一卷　（宋）閻孝忠集　清光緒五年(1879)蘇州刻保赤彙編本　一冊

110000－0102－0014147　丙三/4445　子部/醫家類/雜錄

理瀹駢文摘要　（清）吳尚先撰　清光緒元年(1875)江蘇書局刻醫方書本　二冊

110000－0102－0014148　丙三/4446　子部/醫家類/雜病方論

張仲景金匱要略論註二十四卷　（清）徐彬撰　清光緒五年(1879)校經山房刻本　六冊

110000－0102－0014149　丙三/4448　子部/醫家類/總錄

外壹秘要四十卷　（唐）王燾撰　（明）程衍道校　清同治十三年(1874)廣州翰墨園刻本　四十冊

110000－0102－0014150　丙三/4449　子部/醫家類/總錄

御纂醫宗金鑑九十卷首一卷　（清）弘晝等纂　清乾隆七年(1742)北京武英殿刻本　六十四冊

110000－0102－0014151　丙三/4454　子部/醫家類/諸專科方論

眼科神效方　（清）謝耀肴輯　清光緒七年(1881)刻本　一冊

110000－0102－0014152　丙三/4455　子部/醫家類/總錄

萬病回春八卷　（明）龔廷賢編　清光緒三十二年(1906)江東書局石印本　八冊

110000－0102－0014153　丙三/4457　子部/醫家類/雜錄

自求齋戒煙指南　（清）許子振撰　清光緒十七年(1891)無錫文苑閣活字本重印　一冊

110000－0102－0014154　丙三/4460　子部/醫家類/總錄

醫要集覽六卷　（清）唐盛公輯　清康熙二十八年(1689)刻本　五冊　缺一卷(四)

110000－0102－0014155　丙三/4461　子部/醫家類/總錄

萬病回春八卷　（明）龔廷賢編　清康熙七年(1668)本立堂刻本　六冊

110000－0102－0014156　丙三/4462　子部/醫家類/兒婦科方論

幼科鐵鏡六卷　（清）夏鼎撰　清漁古山房刻本　二冊

110000－0102－0014157　丙三/4463　子部/醫家類/諸專科方論/其它

痘疹定論四卷　（清）朱純嘏撰　清咸豐四年（1854）趙氏角山樓刻本重校　二冊

110000－0102－0014158　丙三/4465　子部/醫家類/諸專科方論

經驗良方彙集　（□）□□撰　清抄本　一冊

110000－0102－0014159　丙三/4466　子部/醫家類/外科方論

外科證治全生　（清）王維德撰　清光緒元年（1875）常州周氏刻本　一冊

110000－0102－0014160　丙三/4467　史部/傳記類/總傳/專錄/藝術

國朝書畫家筆錄四卷　（清）竇鎮輯　清宣統三年（1911）活字本　四冊

110000－0102－0014161　丙三/4468　子部/醫家類/總錄

醫學集成四卷　（清）劉仕廉纂輯　清同治十二年（1873）醉吟山房刻本　四冊

110000－0102－0014162　丙三/4469　子部/醫家類/外科方論

審視瑤函六卷首一卷　（明）傅仁宇輯　（明）林長生校補　清善成堂刻本　六冊

110000－0102－0014163　丙三/4470　子部/醫家類/雜錄

醫驗錄初集　（清）吳楚輯　清康熙二十三年（1684）畹香堂刻本　一冊

110000－0102－0014164　丙三/4474　子部/醫家類/雜病方論

經驗良方　（□）□□撰　清末刻本　一冊

110000－0102－0014165　丙三/4475　子部/醫家類/兒婦科方論

產寶諸方　（宋）闕名撰　清光緒四年（1878）當歸草堂刻本　一冊

110000－0102－0014166　丙三/4476　子部/醫家類/諸專科方論/其它

疩瘰論疏　（明）盧之頤撰　清光緒四年（1878）當歸草堂刻本　一冊

110000－0102－0014167　丙三/4478　子部/醫家類/雜病方論

景岳新方詩括注解四卷首一卷　（清）陳念祖　（清）林霆合纂　清道光二十四年（1844）寶仁堂刻本　四冊

110000－0102－0014168　丙三/4479　子部/醫家類/諸專科方論/其它

引痘略　（清）邱熺輯　清嘉慶二十二年（1817）百蘭堂刻本　三冊

110000－0102－0014169　丙三/4480　子部/醫家類/醫案

外證醫案彙編四卷　（清）余景和編輯　清光緒三十一年（1905）集古山房刻本　四冊

110000－0102－0014170　丙三/4483　子部/醫家類/兒婦科方論

育嬰彙講　（清）陳宗彝編輯　清光緒三十一年（1905）松郡育嬰堂刻本　一冊

110000－0102－0014171　丙三/4484　子部/醫家類/諸專科方論/其它

瘟症痳疹辨證一卷　（清）許汝楫撰　清光緒十四年（1888）刻本　一冊

110000－0102－0014172　丙三/4485　子部/醫家類/兒婦科方論

活幼心法二卷　（明）聶尚恆撰　（清）黃光會校　清道光二十二年（1842）刻本　二冊

110000－0102－0014173　丙三/4486　子部/醫家類/總錄

韡園醫學六種　（清）潘霨輯　清光緒九年至十年（1883－1884）江西書局刻本　十冊

110000－0102－0014174　丙三/4488　子部/醫家類/兒婦科方論

婦嬰新說　（英國）合信氏　（清）管茂才合撰

清咸豐八年（1858）上海仁濟醫館刻本
一冊

110000 – 0102 – 0014175　丙三/4489　子部/醫家類/明堂經脈

圖注難經脉訣　（明）張世賢撰　清咸豐八年（1858）無錫日升山房刻本　四冊

110000 – 0102 – 0014176　丙三/4490　子部/醫家類/本草

本草崇原集說三卷附錄一卷　（清）仲學輅撰　清宣統三年（1911）仲氏刻本　四冊

110000 – 0102 – 0014177　丙三/4492　子部/醫家類/雜錄

醫醇賸義四卷　（清）費伯雄撰　清光緒三年（1877）刻本　四冊

110000 – 0102 – 0014178　丙三/4493　子部/醫家類/雜病方論

醫方論四卷　（清）費伯雄撰　清光緒三年（1877）刻本　二冊

110000 – 0102 – 0014179　丙三/4494　子部/天文地理類/演算法

彗緯瑣言　（清）屬之鍔纂　清刻天文推步書本　二冊

110000 – 0102 – 0014180　丙三/4496　子部/醫家類/總錄

萬病回春八卷　（明）龔廷賢編　清道光十七年（1837）崇讓堂刻本　六冊

110000 – 0102 – 0014181　丙三/4497　子部/醫家類/諸專科方論

傅氏眼科審視瑤函六卷首一卷　（明）傅仁宇纂輯　清傅氏濟世堂刻本　六冊

110000 – 0102 – 0014182　丙三/4502　子部/醫家類/傷寒方論

傷寒準繩八卷　（明）王肯堂輯　清九思堂刻本　八冊

110000 – 0102 – 0014183　丙三/4503　集部/俗文學類/變文

湘子問道　（□）□□撰　清末刻本　一冊

110000 – 0102 – 0014184　丙三/4507　子部/藝術類/書畫/畫法、畫帖/清

點石齋畫報　（清）□□編　清末石印本　十九冊

110000 – 0102 – 0014185　丙三/4511　集部/小說類/總錄

宋人小說類編補鈔　（□）□□編　清同治刻本　一冊

110000 – 0102 – 0014186　丙三/4520　子部/醫家類/雜錄

內科理法後編十卷附錄一卷　（英國）虎伯茄撰　舒高第　（清）趙元益合輯　清末刻本　八冊

110000 – 0102 – 0014187　丙三/4521　子部/醫家類/雜病方論

增訂花柳指迷　（美國）嘉約翰　（清）林應祥合譯　清光緒十五年（1889）羊城博濟醫局刻本　一冊

110000 – 0102 – 0014188　丙三/4523　子部/醫家類/諸專科方論

蘭谷全書醫方　翟兆熹訂　清末抄本　四冊

110000 – 0102 – 0014189　丙三/4524　集部/別集類/清

郭祥伯四種　（清）郭麐撰　清嘉慶刻本　一冊

110000 – 0102 – 0014190　丙三/4527　子部/醫家類/外科方論

王洪緒先生外科證治全生　（清）王維德撰　清咸豐十一年（1861）武昌節署刻本　一冊

110000 – 0102 – 0014191　丙三/4530　子部/雜家類/雜纂

蘿藦亭劄記八卷　（清）喬松年撰輯　清同治十二年（1873）刻本　四冊

110000 – 0102 – 0014192　丙三/4531　子部/雜家類/雜纂

蕙榜雜記　（清）嚴元照撰　清光緒十一年（1885）新陽趙氏刻本　一冊

110000 – 0102 – 0014193　丙三/4533　子部/

藝術類/書畫/畫法、畫帖/清
紅樓夢圖詠 （清）改琦繪 （清）姜皋等題
清光緒刻本 四冊

110000－0102－0014194 丙三/4534 子部/
雜家類/雜考
札樸十卷 （清）桂馥撰 清光緒九年(1883)
長洲蔣氏心矩齋刻本 八冊

110000－0102－0014195 丙三/4554 史部/
地理類
鈔本地理書 （□）□□撰 清抄本 四冊

110000－0102－0014196 丙三/4556 史部/
政書類/考工
皇宮做法 （□）□□撰 清末抄本 二冊

110000－0102－0014197 丙三/4557 子部/
藝術類/書畫
蘇米齋蘭亭考八卷 （清）翁方綱撰 清道光
十六年(1836)漢陽葉氏刻本 四冊

110000－0102－0014198 丙三/4563 子部/
術數類/相宅相墓
陽宅愛衆編 （清）張覺正撰 清光緒十二年
(1886)大成堂刻本 四冊

110000－0102－0014199 丙三/4570 子部/
藝術類/雜技
新刻象棋譜式 （宋）陳博撰 清嘉慶六年
(1801)靜樂齋刻本 八冊

110000－0102－0014200 丙三/4571 子部/
醫家類/雜病方論
時疫喉證良方 （清）張紹修撰 清光緒十四
年(1888)刻本 一冊

110000－0102－0014201 丙三/4573 子部/
醫家類/雜病方論
新方八陣 （□）□□撰 清刻本 一冊

110000－0102－0014202 丙三/4574 子部/
醫家類/諸專科方論
治痢百效方 倪涵初撰 清抄本 一冊

110000－0102－0014203 丙三/4575 子部/
術數類

天醫祝由科秘訣真傳 （□）□□撰 清抄本
四冊

110000－0102－0014204 丙三/4576 子部/
醫家類/醫經
素靈微蘊 （清）黃元御撰 清刻本 二冊

110000－0102－0014205 丙三/4577 子部/
醫家類/雜病方論
新選驗方 （清）王漢皋撰 清同治十年
(1871)刻本 一冊

110000－0102－0014206 丙三/4579 子部/
醫家類/雜病方論
急救應驗良方 （□）□□撰 清同治十一年
(1872)刻本 一冊

110000－0102－0014207 丙三/4580 子部/
醫家類/諸專科方論/痘疹
痘疹專門二卷 （清）董維嶽撰 清中期刻本
二冊

110000－0102－0014208 丙三/4582 子部/
醫家類/兒婦科方論
達生保赤編四卷 （清）寄湘漁父輯 清光緒
十二年(1886)萼溪山館刻本 一冊

110000－0102－0014209 丙三/4583 子部/
醫家類/傷寒方論
傷寒方經解 （清）善國伊注 清光緒十三年
(1887)刻本 一冊

110000－0102－0014210 丙三/4585 子部/
儒家類/清
懺摩錄 （清）彭兆蓀撰 清光緒七年(1881)
刻本 一冊

110000－0102－0014211 丙三/4587 子部/
醫家類/雜病方論
金匱翼八卷 （清）尤在涇撰 清嘉慶十八年
(1813)宏道堂刻本 八冊

110000－0102－0014212 丙三/4588 子部/
醫家類/雜錄
**萬氏家傳保命歌括三十五卷萬氏家傳痘疹心
法二十三卷** （明）萬全撰 清刻本 五冊

存二十一卷(保命歌括一至六、十至十三、十九至二十四,痘疹心法十九至二十三)

110000－0102－0014213　丙三/4607　子部/醫家類/醫案

三家醫案合刻　（清）葉桂撰　（清）吳金壽纂　清道光十一年(1831)刻本　六冊

110000－0102－0014214　丙三/4608　子部/醫家類/雜錄

醫學金鍼八卷　（清）陳念祖撰　（清）潘霨增輯　清光緒四年(1878)潘氏敏德堂刻本　四冊

110000－0102－0014215　丙三/4609　子部/醫家類/本草

本草從新六卷　（清）吳儀洛纂輯　清乾隆二十二年(1757)刻本　四冊

110000－0102－0014216　丙三/4610　子部/醫家類/雜病方論

桃隝謝氏彙刻方書　（清）謝家福輯　清光緒二十一年(1895)蘇州謝氏望炊社刻本　九冊

110000－0102－0014217　丙三/4611　子部/醫家類/本草

本草簡明圖說四卷　（清）高承炳撰　清光緒十八年(1892)上海古香閣石印本　四冊

110000－0102－0014218　丙三/4612　子部/醫家類/雜錄

冷廬醫話五卷　（清）陸以湉撰　清光緒二十三年(1897)烏程龐氏刻本　四冊

110000－0102－0014219　丙三/4620　子部/醫家類/諸專科方論/其它

中風論　（清）熊笏撰　清光緒二十二年(1896)醉經閣刻本　一冊

110000－0102－0014220　丙三/4622　子部/醫家類/雜錄

類證治裁八卷首一卷附卷一卷　（清）林佩琴撰　清光緒十年(1884)丹陽林氏研經堂刻本　十冊

110000－0102－0014221　丙三/4623　子部/

醫家類/醫案

葉氏醫案存真四卷　（清）葉桂撰　（清）葉萬青輯　清光緒十二年(1886)常熟抱芳閣刻本　四冊

110000－0102－0014222　丙三/4624　子部/醫家類/傷寒方論

傷寒論註四卷　（漢）張機撰　（清）柯琴編註　清乾隆三十一年(1766)博古堂刻本　八冊

110000－0102－0014223　丙三/4625　子部/醫家類/諸專科方論/其它

天花精言五卷　（清）袁大宣撰　清嘉慶三年(1798)刻本　二冊

110000－0102－0014224　丙三/4626　子部/醫家類/傷寒方論

醫門棒喝二集傷寒論本旨九卷　（漢）張機撰　（清）章楠編輯　清道光刻本　十二冊

110000－0102－0014225　丙三/4627　子部/醫家類/總錄

古今名醫彙粹八卷　（清）羅美選輯　清道光三年(1823)刻本　四冊

110000－0102－0014226　丙三/4628　子部/醫家類/雜錄

時病論八卷　（清）雷豐撰　清光緒十年(1884)雷慎修堂刻本　四冊

110000－0102－0014227　丙三/4629　子部/醫家類/雜錄

醫家四要四卷　（清）江誠等纂　清光緒十二年(1886)上浣刻本　四冊

110000－0102－0014228　丙三/4630　子部/醫家類/雜錄

醫法心傳　（清）程芝田撰　清光緒十三年(1887)養鶴山房刻本　一冊

110000－0102－0014229　丙三/4631　子部/醫家類/雜錄

胡慶餘堂丸散膏丹全集　（清）胡光墉輯　清光緒三年(1877)刻本　一冊

110000－0102－0014230　丙三/4632　子部/

醫家類/傷寒方論

傷寒論淺注方論合編六卷 （漢）張機撰
（清）陸懋修纂輯　清宣統元年(1909)渭南嚴
氏刻本　六冊

110000－0102－0014231　丙三/4636　子部/
醫家類/本草

本草崇原集說三卷附錄一卷 （清）張志聰撰
　（清）仲學輅等纂集　清宣統二年(1910)刻
存誠藥室叢書本　四冊

110000－0102－0014232　丙三/4638　子部/
醫家類/傷寒方論

增輯傷寒論類方四卷 （清）潘霨增輯　清同
治五年(1866)潘氏刻本　四冊

110000－0102－0014233　丙三/4639　子部/
醫家類/雜錄

活人心法四卷 （清）劉以仁撰　（清）王文撰
輯　清咸豐九年(1859)三義公刻本　四冊

110000－0102－0014234　丙三/4640　子部/
醫家類/諸專科方論/其它

痧痘集解六卷 （清）俞茂鯤解　清光緒二年
(1876)李松書號刻本　四冊

110000－0102－0014235　丙三/4641　子部/
醫家類/諸專科方論

目科正宗十六卷首一卷末一卷 （清）鄧學禮
輯撰　清嘉慶十六年(1811)鄧氏刻本　八冊

110000－0102－0014236　丙三/4642　叢部/
自著叢書/清中晚期

聿修堂醫學叢書 （日本）丹波元簡撰　楊守
敬輯　清光緒十年(1884)刻本　四十冊

110000－0102－0014237　丙三/4643　子部/
醫家類/諸專科方論/其它

醫痘金丹二卷 （明）曹珣編　（清）劉衡校訂
　清道光二十七年(1847)善化劉氏刻本
四冊

110000－0102－0014238　丙三/4644　子部/
醫家類/雜病方論

便易經驗集濟世養生集 （清）洪達可輯　清
乾隆五十六年(1791)刻本　四冊

110000－0102－0014239　丙三/4645　子部/
醫家類/診法

寒溫條辨六卷 （清）楊璿撰　清光緒元年
(1875)黔陽藩署刻本　六冊

110000－0102－0014240　丙三/4649　子部/
醫家類/傷寒方論

傷寒總病論六卷 （宋）龐安石撰　清道光三
年(1823)董氏士禮居刻本　二冊

110000－0102－0014241　丙三/4654　子部/
醫家類/總錄

六醴齋醫書十種 （清）程永培輯　清光緒十
七年(1891)廣州儒雅堂刻本　二十冊

110000－0102－0014242　丙三/4656　子部/
醫家類/醫經

靈樞經九卷 （清）張志聰集注　清光緒十六
年(1890)浙江書局刻本　八冊

110000－0102－0014243　丙三/4657　子部/
醫家類/雜錄

醫理略述二卷 （清）尹端模編譯　清光緒十
八年(1892)羊城博濟醫局刻本　二冊

110000－0102－0014244　丙三/4660　子部/
醫家類/醫案

證治彙補八卷 （清）李用粹撰　清光緒十八
年(1892)簡玉山房刻本　八冊

110000－0102－0014245　丙三/4661　子部/
醫家類/本草

本草述鉤元三十二卷 （清）楊時泰輯　清同
治十一年(1872)刻本　十冊

110000－0102－0014246　丙三/4662　子部/
醫家類/醫經

黃帝內經素問二十四卷 （明）吳琨注　清刻
本　六冊　缺九卷(十至十八)

110000－0102－0014247　丙三/4663　子部/
醫家類/醫經

黃帝內經素問集注九卷 （清）張志聰集注
清光緒十六年(1890)浙江書局刻本　六冊

110000－0102－0014248　丙三/4664　子部/

醫家類/醫經

黃帝内經素問九卷　（清）高世栻注　清光緒
十三年（1887）浙江書局刻本　八冊

110000－0102－0014249　丙三/4667　子部/
醫家類/總錄

醫學叢書　（清）丁丙輯　清光緒四年（1878）
丁氏當歸草堂刻本　十二冊

110000－0102－0014250　丙三/4668　子部/
醫家類/總錄

醫學叢書　（清）丁丙輯　清光緒四年（1878）
丁氏當歸草堂刻本　十二冊

110000－0102－0014251　丙三/4669　子部/
醫家類/雜錄

化學衛生論四卷　（英國）真司騰撰　（英國）
傅蘭雅譯　清光緒十六年（1890）上海格致書
室刻本　四冊

110000－0102－0014252　丙三/4670　子部/
醫家類/本草

本草從新　（清）吳儀洛編　清光緒六年
（1880）上海掃葉山房刻本　六冊

110000－0102－0014253　丙三/4684　子部/
醫家類/養生

補增大生要旨五卷　（清）唐千頃撰　（清）馬
振蕃增補　清光緒十四年（1888）錢思永堂刻
本　二冊

110000－0102－0014254　丙三/4685　子部/
醫家類/體骼

全體闡微三卷　（美國）柯為良撰　清光緒三
十一年（1905）惜陰書屋石印本　四冊

110000－0102－0014255　丙三/4699　子部/
醫家類/諸專科方論

内科理法前後編十六卷附一卷　（英國）虎伯
撰　舒高第　（清）趙元益合譯　清末江南製
造書局刻本　十二冊

110000－0102－0014256　丙三/4700　子部/
醫家類/雜錄

增注類證活人書二十卷　（宋）朱肱撰　清光
緒十年（1884）刻本　四冊

110000－0102－0014257　丙三/4701　子部/
醫家類/雜病方論

千金翼方三十卷　（唐）孫思邈撰　（宋）林億
等校正　清刻本　八冊

110000－0102－0014258　丙三/4703　子部/
醫家類/諸專科方論/針灸

鍼灸擇日編集　（明）全循義　（明）全義孫合
編　清光緒十七年（1891）江寧藩署刻本
一冊

110000－0102－0014259　丙三/4704　子部/
醫家類/外科方論

割症全書　（美國）嘉約翰譯　清光緒十六年
（1890）羊城博濟醫局刻本　七冊　存七卷
（一至七）

110000－0102－0014260　丙三/4706　子部/
醫家類/本草

醫藥通考四卷　（英國）德氏編譯　清光緒二
十三年（1897）同文館鉛印本　四冊

110000－0102－0014261　丙三/4709　子部/
醫家類/雜病方論

厚德堂集驗方萃編四卷　（清）馬佳奇克唐阿
慎修輯　（清）馬佳松椿濟莊校　清光緒二十
二年（1896）上海珍藝書局石印本　四冊

110000－0102－0014262　丙三/4713　經部/
四書類/論語/傳說

論語注二十卷　康有爲注　清光緒二十八年
（1902）刻萬木草堂叢書本　十冊

110000－0102－0014263　丙三/4714　經部/
四書類/論語/傳說

論語注二十卷　康有爲注　清光緒二十八年
（1902）刻萬木草堂叢書本　十冊

110000－0102－0014264　丙三/4715　經部/
四書類/論語

論語後案二十卷　（清）黃式三撰　清光緒九
年（1883）浙江書局刻儆居叢書本　十冊

110000－0102－0014265　丙三/4719　經部/
四書類/總義/傳說

校正四書古注群義十一種　（□）□□編　清

上海漢讀樓石印本　二十冊

110000－0102－0014266　丙三/4728　經部/
四書類/論語/傳說

論語古訓十卷　（清）陳鱣撰　清末民國浙江
書局刻本　一冊　缺五卷(一至五)

110000－0102－0014267　丙三/4730　經部/
四書類/大學中庸/傳說

中庸注　康有爲撰　清光緒鉛印本　一冊

110000－0102－0014268　丙三/4732　經部/
四書類/大學中庸/傳說

大學古本質言　（清）劉沅撰　清光緒十七年
(1891)李氏刻本　一冊

110000－0102－0014269　丙三/4734　經部/
四書類/論語/文字音義

朱子論語集注訓詁考二卷　（清）潘衍桐輯
清光緒十七年(1891)浙江書局刻本　一冊

110000－0102－0014270　丙三/4735　經部/
四書類/大學中庸/傳說

朱柏廬先生大中講義三卷　（宋）朱用純撰
清光緒二年(1876)江蘇書局刻本　三冊

110000－0102－0014271　丙三/4736　經部/
四書類/總義

四書經史摘證七卷　（清）宋繼種撰　清光緒
元年(1875)廣州芝隱堂刻本　四冊

110000－0102－0014272　丙三/4737　經部/
四書類/總義/傳說

四書集注　（宋）朱熹集注　（清）儲欣批　清
刻本　六冊　存九卷(八至十六)

110000－0102－0014273　丙三/4738　經部/
四書類/大學中庸/傳說

大學衍義輯要六卷　（宋）真德秀撰　（清）陳弘
謀輯　清宣統元年(1909)大學堂鉛印本　三冊

110000－0102－0014274　丙三/4739　經部/
四書類/大學中庸/傳說

大學衍義補輯要十二卷　（明）邱浚撰　（清）
陳弘謀輯　清宣統元年(1909)大學堂鉛印本
九冊

110000－0102－0014275　丙三/4740　經部/
四書類/孟子/傳說

孟子趙注補正六卷　（清）宋翔鳳撰　清光緒
十七年(1891)廣雅書局刻本　一冊

110000－0102－0014276　丙三/4741　經部/
四書類/孟子/傳說

孟子要略五卷　（宋）朱熹撰　（清）劉淑雲輯
清光緒二十八年(1902)廣雅書局刻本
一冊

110000－0102－0014277　丙三/4746　經部/
四書類/韻編

佩文詩韻釋要五卷　（清）周兆基輯　清光緒
十二年(1886)上海商務印書館鉛印本　二冊

110000－0102－0014278　丙三/4750　子部/
子總類/諸子彙編

二十二子全書　清光緒浙江書局刻本　八十
二冊　缺四十六卷(孫子五卷、楊子十三卷、
文中子十卷、山海經十八卷)

110000－0102－0014279　丙三/4758　子部/
農家類/總錄

農政全書　（明）徐光啟撰　清道光曙海樓刻
本　二十四冊

110000－0102－0014280　丙三/4761　子部/
天文地理類/演算法/總錄

御製數理精蘊上編五卷下編四卷　（清）聖祖
玄燁敕撰　清光緒八年(1882)廣州潘司刻本
二十冊

110000－0102－0014281　丙三/4764　子部/
儒家類/宋

朱子全書六十六卷　（宋）朱熹撰　（清）李光
地等輯　清光緒十年(1884)江西書局刻本
四十冊

110000－0102－0014282　丙三/4765　子部/
儒家類/清

五種遺規十二卷　（清）陳弘謀編　清光緒二
十一年(1895)浙江書局刻本　十冊

110000－0102－0014283　丙三/4766　經部/
四書類/大學中庸/傳說

大學衍義四十三卷 （宋）真德秀撰　（清）徐桐輯　清同治十一年（1872）浙江書局刻本　八冊

110000－0102－0014284　丙三/4767　子部/醫家類/體骼

全體通考十八卷 （英國）德貞子固著　清光緒十二年（1886）同文館鉛印本　十四冊

110000－0102－0014285　丙三/4768　子部/醫家類/醫經

黃帝內經素問二十四卷 （唐）王冰注　（宋）林億等校正　清光緒三年（1877）浙江書局刻本　十冊

110000－0102－0014286　丙三/4769　經部/四書類/大學中庸/傳說

中庸衍義十七卷 （明）賈良盛撰　（清）曾國藩等校正　清同治十年（1871）江西書局刻本　十二冊

110000－0102－0014287　丙三/4770　子部/天文地理類/天文

星學發軔十六卷 （英國）駱三畏撰　清光緒二十年（1894）同文館鉛印本　十六冊

110000－0102－0014288　丙三/4771　子部/醫家類/總錄

張氏醫通十六卷 （清）張璐撰　清光緒二十五年（1899）浙江書局刻本　十六冊

110000－0102－0014289　丙三/4775　子部/農家類/各錄

蠶桑萃編十五卷 （清）衛傑撰輯　清光緒二十六年（1900）浙江書局刻本　八冊

110000－0102－0014290　丙三/4776　子部/天文地理類/其它

汽機發軔九卷表一卷 （英國）韋烈口譯　（清）徐壽筆述　清光緒刻本　四冊

110000－0102－0014291　丙三/4777　子部/天文地理類/其它

汽機發軔九卷表一卷 （英國）韋烈口譯　（清）徐壽筆述　清光緒刻本　四冊

110000－0102－0014292　丙三/4780　子部/天文地理類/演算法

幾何原本十五卷 （意大利）利瑪竇　（明）徐光啟等合譯　清同治四年（1865）金陵藩署刻本　八冊

110000－0102－0014293　丙三/4781　子部/天文地理類/其它

西藝知新十二卷 （英國）傅蘭雅　（清）徐壽合譯　清末民國江南機器製造總局刻本　十四冊

110000－0102－0014294　丙三/4783　子部/天文地理類/天文

星學發軔 （英國）駱三畏　（清）王鎮賢等譯　清光緒二十年（1894）鉛印本　十六冊

110000－0102－0014295　丙三/4784　子部/天文地理類/天文

星學發軔引說二卷 （英國）駱三畏　（清）熙璋譯　清光緒二十年（1894）同文館鉛印本　二冊

110000－0102－0014296　丙三/4785　子部/天文地理類/演算法/各錄

格物測算八卷 （美國）丁韙良撰　清光緒九年（1883）同文館鉛印本　八冊

110000－0102－0014297　丙三/4787　子部/雜家類/雜考

癸巳存稿十五卷 （清）俞正燮撰　清光緒十年（1884）刻本　八冊

110000－0102－0014298　丙三/4789　子部/儒家類/清

內則衍義十六卷 （清）世祖福臨撰　清光緒刻本　八冊

110000－0102－0014299　丙三/4790　子部/儒家類/清

內則衍義十六卷 （清）世祖福臨撰　清光緒刻本　八冊

110000－0102－0014300　丙三/4792　子部/雜家類/雜考

無邪堂答問五卷 （清）朱一新輯　清光緒二

十一年(1895)廣雅書局刻本　五冊

110000－0102－0014301　丙三/4794　子部/
天文地理類/演算法/各錄

弧三角闡微五卷　（法國）歐禮斐譯　清光緒
十五年(1889)同文館鉛印本　五冊

110000－0102－0014302　丙三/4795　子部/
天文地理類/演算法/各錄

弧三角闡微五卷　（法國）歐禮斐譯　清光緒
十五年(1889)同文館鉛印本　五冊

110000－0102－0014303　丙三/4796　子部/
天文地理類/演算法

衍元筆算今式二卷　（清）王香祖撰　清光緒
二十三年(1897)江蘇書局刻本　二冊

110000－0102－0014304　丙三/4798　子部/
天文地理類/演算法/各錄

割圓術輯要　盧靖輯　清末石印本　一冊

110000－0102－0014305　丙三/4799　子部/
天文地理類/演算法

九數存古九卷　（清）顧觀光撰　清光緒十八
年(1892)江蘇書局刻本　四冊

110000－0102－0014306　丙三/4802　子部/
雜家類/西洋各派

化學闡原十六卷　（法國）畢利幹　（清）王鍾
祥等合譯　清光緒八年(1882)同文館鉛印本
十六冊

110000－0102－0014307　丙三/4804　子部/
儒家類

蔡氏九儒書九卷首一卷　（明）蔡有鵾輯　清
同治七年(1868)三餘書屋刻本　六冊

110000－0102－0014308　丙三/4805　子部/
類書類/類編

壹是紀始二十二卷　（清）魏崧撰　清光緒十
七年(1891)影都文奎堂刻本　六冊

110000－0102－0014309　丙三/4818　子部/
雜家類/學說

池北偶談　（清）王士禎撰　清宣統上海震東
學社石印本　六冊

110000－0102－0014310　丙三/4825　子部/
儒家類/明

精校呻吟語四卷　（明）呂坤撰　（清）陳弘謀
校　清宣統元年(1909)上海文瑞樓石印本
二冊

110000－0102－0014311　丙三/4826　子部/
儒家類/明

精校呻吟語四卷　（明）呂坤撰　（清）陳弘謀
校　清宣統元年(1909)上海文瑞樓石印本
二冊

110000－0102－0014312　丙三/4839　叢部/
彙編叢書

唐人說薈十二集　（清）陳世熙輯　清宣統三
年(1911)掃葉山房石印本　十五冊　缺一集
（八）

110000－0102－0014313　丙三/4840　叢部/
彙編叢書

唐人說薈十二集　（清）陳世熙輯　清宣統三
年(1911)掃葉山房石印本　十六冊

110000－0102－0014314　丙三/4842　子部/
雜家類/學說

墨子十六卷　（戰國）墨翟撰　（清）畢沅注　清
光緒二年(1876)上海掃葉山房石印本　四冊

110000－0102－0014315　丙三/4843　子部/
雜家類/學說

墨子閒詁十五卷　（清）孫詒讓輯　清光緒十
九年(1893)上海掃葉山房石印本　八冊

110000－0102－0014316　丙三/4846　史部/
傳記類/總傳/專錄/藝術

墨林今話十九卷　（清）蔣寶齡撰　清宣統三
年(1911)上海掃葉山房石印本　六冊

110000－0102－0014317　丙三/4847　史部/
傳記類/總傳/專錄/藝術

墨林今話十九卷　（清）蔣寶齡撰　清宣統三
年(1911)上海掃葉山房石印本　六冊

110000－0102－0014318　丙三/4853　集部/
小說類/筆記小說

蝶階外史四卷　（清）蝶階外史撰　清宣統三

年(1911)上海廣益書局石印本　二冊

110000－0102－0014319　丙三/4854　集部/小說類/筆記小說

蝶階外史四卷　（清）蝶階外史撰　清宣統三年(1911)上海廣益書局石印本　二冊

110000－0102－0014320　丙三/4863　子部/雜家類/學說

浮邱子十二卷　（清）湯鵬撰　清宣統二年(1910)上海掃葉山房石印本　六冊

110000－0102－0014321　丙三/4865　子部/藝術類/書畫/書畫史

庚子銷夏記八卷　（清）孫退谷撰　清宣統三年(1911)上海掃葉山房石印本　四冊

110000－0102－0014322　丙三/4866　子部/藝術類/書畫/書畫史

庚子銷夏記八卷　（清）孫退谷撰　清宣統三年(1911)上海掃葉山房石印本　四冊

110000－0102－0014323　丙三/4869　叢部/彙編叢書

古今說部叢書十集　（清）王文儒編輯　清宣統二年(1910)國學扶輪社鉛印本　六十冊

110000－0102－0014324　丙三/4873　子部/雜家類/雜纂

鷗陂漁話六卷　（清）葉廷琯撰　清光緒三十二年(1906)上海掃葉山房石印本　六冊

110000－0102－0014325　丙三/4878　集部/小說類/筆記小說

粟香隨筆四十卷　（清）金武祥撰　清光緒十五年(1889)上海掃葉山房石印本　十六冊

110000－0102－0014326　丙三/4879　集部/小說類/筆記小說

梁氏筆記三種二十七卷　（清）梁章鉅撰　清宣統三年(1911)上海掃葉山房石印本　八冊

110000－0102－0014327　丙三/4880　子部/雜家類/雜纂

宣講大全八卷　西湖俠漢編輯　清宣統三年(1911)古今圖書館石印本　八冊

110000－0102－0014328　丙三/4890　子部/雜家類/雜述

觚賸正續編十二卷　（清）鈕琇輯　清宣統三年(1911)國學扶輪社鉛印本　六冊

110000－0102－0014329　丙三/4891　子部/雜家類/雜述

觚賸正續編十二卷　（清）鈕琇輯　清宣統三年(1911)國學扶輪社鉛印本　六冊

110000－0102－0014330　丙三/4898　集部/小說類/筆記小說

郎潛紀聞　（清）陳康祺著　清宣統二年(1910)掃葉山房石印本　十冊

110000－0102－0014331　丙三/4899　集部/小說類/筆記小說

郎潛紀聞　（清）陳康祺著　清宣統二年(1910)掃葉山房石印本　十冊

110000－0102－0014332　丙三/4900　子部/類書類/類編

子史精華一百六十卷　（清）允祿等撰　清宣統元年(1909)朝記書莊石印本　八冊

110000－0102－0014333　丙三/4901　子部/類書類/類編

子史精華一百六十卷　（清）允祿等撰　清宣統元年(1909)集成圖書公司石印本　八冊

110000－0102－0014334　丙三/4905　集部/總集類/詩/雜錄/題詠

天下名山勝景圖詠四卷　（清）沈錫齡輯　清光緒二年(1876)山谷書屋石印本　四冊

110000－0102－0014335　丙三/4907　子部/天文地理類/其它

重增格物入門　（美國）丁韙良撰　清光緒二十五年(1899)上海美華書館鉛印本　七冊

110000－0102－0014336　丙三/4918　集部/小說類/筆記小說

寄園寄所寄十二卷　（清）趙起士撰　清宣統三年(1911)文盛書局石印本　八冊

110000－0102－0014337　丙三/4919　子部/

類書類/類編

御定駢字類編二百四十卷 （清）世宗胤禛敕撰 清光緒十三年（1887）上海同文書局石印本 四十八冊

110000－0102－0014338 丙三/4934 集部/小說類/筆記小說

搜神記二十卷 （晉）干寶撰 清宣統三年（1911）上海幽光社石印本 三冊

110000－0102－0014339 丙三/4935 集部/小說類/筆記小說

搜神記二十卷 （晉）干寶撰 清宣統三年（1911）上海幽光社石印本 三冊

110000－0102－0014340 丙三/4936 集部/小說類/筆記小說

搜神後記十卷 （晉）陶潛撰 清宣統三年（1911）上海幽光社石印本 一冊

110000－0102－0014341 丙三/4937 集部/小說類/筆記小說

搜神後記十卷 （晉）陶潛撰 清宣統三年（1911）上海幽光社石印本 一冊

110000－0102－0014342 丙三/4938 集部/小說類/筆記小說

搜神後記十卷 （晉）陶潛撰 清宣統三年（1911）上海幽光社石印本 一冊

110000－0102－0014343 丙三/4946 子部/雜家類/西洋各派

新學彙編四卷 （美國）林樂知著 （清）蔡原康譯 清光緒二十四年（1898）上海廣學會鉛印本 四冊

110000－0102－0014344 丙三/4947 子部/天文地理類/演算法/總錄

算草叢存八卷 （清）華蘅芳撰 清光緒鉛印本 四冊

110000－0102－0014345 丙三/4957 子部/藝術類/篆刻

小石山房印譜 （清）顧湘 （清）顧浩合編 清道光十一年（1831）小石山房刻本 一冊 存一冊

110000－0102－0014346 丙三/4971 子部/藝術類/雜技

四子譜二卷 過文年輯 清宣統三年（1911）石印本 一冊 存一卷（上）

110000－0102－0014347 丙三/4980 史部/金石類

金石識別十二卷 （美國）代那撰 （美國）瑪高溫 （清）華蘅芳合譯 清光緒二十三年（1897）上海著易堂石印本 四冊

110000－0102－0014348 丙三/4983 子部/術數類

三命通會十二卷 萬民英撰 清宣統元年（1909）上海江左書林石印本 二冊

110000－0102－0014349 丙三/4984 子部/雜家類/雜纂

得一錄十六卷 （清）余蓮村撰 清同治十一年（1872）汴省聚文齋刻本 八冊

110000－0102－0014350 丙三/4985 子部/儒家類/清

養正遺規二卷補編一卷 （清）陳弘謀編 清光緒三十四年（1908）學部圖書局鉛印本 二冊

110000－0102－0014351 丙三/4993 集部/小說類/筆記小說

夷堅志五十卷 （宋）洪邁撰 清宣統三年（1911）上海藜光社石印本 十六冊

110000－0102－0014352 丙三/5000 子部/儒家類/清

小學韻語 （清）羅澤南著 清光緒二十九年（1903）北洋官報局石印本 一冊

110000－0102－0014353 丙三/5002 子部/宗教類/道教

太上寶筏圖說 （清）黃正元編輯 清光緒十八年（1892）鴻文書局石印本 八冊

110000－0102－0014354 丙三/5008 子部/宗教類/道教

暗室燈二卷 （清）胡世琦撰 清咸豐九年（1859）刻本 一冊

110000－0102－0014355　丙三/5009　子部/宗教類/道教/經論著作

太上老君清靜經　（□）□□撰　清光緒三十年(1904)刻本　一冊

110000－0102－0014356　丙三/5016　子部/類書類/韻編

詩韻合璧五卷　（清）汪立名輯　（清）許時庚增訂　清光緒十二年(1886)鉛印本　五冊

110000－0102－0014357　丙三/5018　子部/宗教類/釋教/經

般若波羅密多心經　（後秦）鳩摩羅什譯　清光緒八年(1882)北京楊梅竹斜街松本齋刻本　一冊

110000－0102－0014358　丙三/5026　子部/類書類/韻編

韻府拾遺一百〇六卷　（清）張廷玉等撰　清光緒十二年(1886)上海同文書局石印本　八冊

110000－0102－0014359　丙三/5031　子部/法家類

管子二十四卷　（春秋）管仲撰　（明）趙用賢校訂　清光緒二十九年(1903)新政書局石印本　四冊

110000－0102－0014360　丙三/5034　叢部/彙編叢書

古今說海一百四十二卷　（明）陸楫編　清宣統元年(1909)集成圖書公司鉛印本　十二冊

110000－0102－0014361　丙三/5039　子部/儒家類/清

返性圖十卷　（清）伍喬輯　清光緒四年(1878)析津思過齋刻本　十冊

110000－0102－0014362　丙三/5040　子部/儒家類/清

返性圖十卷　（清）伍喬輯　清光緒四年(1878)析津思過齋刻本　十冊

110000－0102－0014363　丙三/5041　子部/儒家類/清

返性圖十卷　（清）伍喬輯　清光緒四年(1878)析津思過齋刻本　十冊

110000－0102－0014364　丙三/5042　集部/小說類/筆記小說

新聊齋二集　補留生撰　清宣統二年(1910)上海章福記書局石印本　二冊

110000－0102－0014365　丙三/5047　子部/雜家/學說

人海記二卷　（清）查慎行撰　清宣統二年(1910)上海掃葉山房石印本　二冊

110000－0102－0014366　丙三/5048　子部/雜家/學說

人海記二卷　（清）查慎行撰　清宣統二年(1910)上海掃葉山房石印本　二冊

110000－0102－0014367　丙三/5052　子部/雜家類/學說

勸學篇書後　（清）何啟　（清）胡禮垣合編　清光緒二十五年(1899)格致新報館鉛印本　一冊

110000－0102－0014368　丙三/5057　子部/雜家類/雜纂

分類詳注百子金丹十卷　（清）郭偉選注　清光緒二十一年(1895)上海煥文書局石印本　九冊

110000－0102－0014369　丙三/5058　經部/四書類/總義/傳說

四書題鏡　（清）汪鯉翔纂　清乾隆九年(1744)刻本　十一冊

110000－0102－0014370　丙三/5061　史部/傳記類/雜錄

磨盾餘談　（清）張炳撰　清末廣州藏珍閣刻本　一冊

110000－0102－0014371　丙三/5062　子部/雜家類/雜述

桐陰清話八卷　（清）倪鴻撰　清同治十三年(1874)上海刻本　四冊

110000－0102－0014372　丙三/5067　子部/藝術類/音樂舞蹈

荀勖笛律圖注　（清）徐養原輯　清道光九年(1829)刻正覺樓叢書本　一冊

110000－0102－0014373　丙三/5079　子部/儒家類/清

養政遺規三卷　（清）陳弘謀編　清光緒三十四年(1908)學部圖書局石印本　二冊

110000－0102－0014374　丙三/5080　子部/儒家類/清

養政遺規三卷　（清）陳弘謀編　清光緒三十四年(1908)學部圖書局石印本　二冊

110000－0102－0014375　丙三/5081　子部/儒家類/清

養政遺規三卷　（清）陳弘謀編　清光緒三十四年(1908)學部圖書局石印本　二冊

110000－0102－0014376　丙三/5082　子部/儒家類/清

教女遺規三卷　（清）陳弘謀編　清光緒三十四年(1908)學部圖書局石印本　一冊

110000－0102－0014377　丙三/5083　子部/儒家類/清

教女遺規三卷　（清）陳弘謀編　清光緒三十四年(1908)學部圖書局石印本　一冊

110000－0102－0014378　丙三/5084　子部/儒家類/清

訓俗遺規四卷　（清）陳弘謀編　清光緒三十四年(1908)學部圖書局石印本　四冊

110000－0102－0014379　丙三/5085　子部/儒家類/清

訓俗遺規四卷　（清）陳弘謀編　清光緒三十四年(1908)學部圖書局石印本　四冊

110000－0102－0014380　丙三/5086　子部/儒家類/清

訓俗遺規四卷　（清）陳弘謀編　清光緒三十四年(1908)學部圖書局石印本　四冊

110000－0102－0014381　丙三/5088　子部/儒家類/清

從政遺規　（清）陳弘謀編　清光緒三十四年(1908)學部圖書局石印本　二冊

110000－0102－0014382　丙三/5090　子部/宗教類/道教

太上寶筏圖說　（清）施少欽輯　清光緒十八年(1892)鴻文書局石印本　七冊

110000－0102－0014383　丙三/5094　子部/儒家類

二論典故最豁集四卷　（清）劉珍輯　清光緒三十三年(1907)上海華文齋石印本　四冊

110000－0102－0014384　丙三/5096　子部/儒家類/清

李恕谷瘳忘編　（清）李塨編　清光緒上海國學保存會鉛印本　一冊

110000－0102－0014385　丙三/5097　子部/儒家類/清

李恕谷瘳忘編　（清）李塨編　清光緒上海國學保存會鉛印本　一冊

110000－0102－0014386　丙三/5103　子部/農家類/總錄

廣群芳譜一百卷　（清）劉灝纂修　清刻本　三十六冊

110000－0102－0014387　丙三/5112　集部/小說類/筆記小說

竹葉亭雜記四卷　（清）姚元之撰　清宣統二年(1910)上海掃葉山房石印本　二冊

110000－0102－0014388　丙三/5113　集部/小說類/筆記小說

竹葉亭雜記四卷　（清）姚元之撰　清宣統二年(1910)上海掃葉山房石印本　二冊

110000－0102－0014389　丙三/5128　史部/政書類/學制/文化教育

家庭教育　上海人演社譯　清光緒三十一年(1905)上海文明書局鉛印本　一冊

110000－0102－0014390　丙三/5136　子部/儒家類/明

呂語集粹四卷　（明）呂坤著　（清）陳弘謀評　清光緒五年(1879)江左書林石印本　二冊

110000 – 0102 – 0014391　丙三/5141　經部/
四書類/總義

增補四書人物聚考二十二卷　（清）陳弘謀增
訂　清聚寶樓刻本　十二冊

110000 – 0102 – 0014392　丙三/5144　經部/
小學類/音韻/韻典

韻字略十二卷　（清）毛謨撰　清光緒元年
(1875)薛氏家塾刻本　二冊

110000 – 0102 – 0014393　丙三/5152　子部/
儒家類

聶氏重編家政學二卷　（清）曾紀芬編　清光
緒三十年(1904)浙江官書局刻本　二冊

110000 – 0102 – 0014394　丙三/5154　子部/
儒家類/明

羅近溪先生語要　（明）陶望齡輯　清光緒二
十年(1894)江寧刻本　一冊

110000 – 0102 – 0014395　丙三/5155　子部/
儒家類/明

羅近溪先生語要　（明）陶望齡輯　清光緒二
十年(1894)江寧刻本　一冊

110000 – 0102 – 0014396　丙三/5156　子部/
儒家類/明

羅近溪先生語要　（明）陶望齡輯　清光緒二
十年(1894)江寧刻本　一冊

110000 – 0102 – 0014397　丙三/5157　子部/
儒家類/宋以前

晏子春秋七卷　（周）晏嬰撰　（清）蘇輿集注
　清光緒十八年(1892)思賢講舍刻本　二冊

110000 – 0102 – 0014398　丙三/5163　經部/
經總類/群經總義/傳說

娛親雅言六卷　（清）嚴元照撰　清光緒十年
(1884)吳興陸氏刻本　二冊

110000 – 0102 – 0014399　丙三/5165　子部/
宗教類/釋教/論

大乘起信論疏　（南朝梁）釋真諦譯　（唐）釋
法藏疏　清光緒三年(1877)長沙刻經處刻本
　　二冊

110000 – 0102 – 0014400　丙三/5166　子部/
宗教類/釋教/經

過去現在因果經四卷　（南朝宋）釋求那跋陀
羅譯　清光緒十年(1884)江北刻經處刻本
一冊

110000 – 0102 – 0014401　丙三/5172　子部/
宗教類/釋教

佛說金剛般若波羅蜜經略疏　釋智儼撰　清光
緒二十六年(1900)南京金陵刻經處刻本　一冊

110000 – 0102 – 0014402　丙三/5173　子部/
宗教類/釋教

佛說金剛般若波羅蜜經略疏二卷　（唐）釋智
儼撰　清光緒二十六年(1900)南京金陵刻經
處刻本　一冊

110000 – 0102 – 0014403　丙三/5174　子部/
儒家類/清

陸桴亭思辨錄輯要二十二卷　（清）陸世儀撰
　（清）張伯行重訂　清光緒張氏正誼堂刻正
誼堂全書本　五冊

110000 – 0102 – 0014404　丙三/5179　子部/
術數類/相宅相墓

張宗道先生地理全書　（明）張互撰　清康熙
三十四年(1695)光裕堂刻本　一冊

110000 – 0102 – 0014405　丙三/5188　子部/
儒家類/清

人生必讀書　（清）鄒祖堂輯　清道光鄒祖堂
刻本　四冊　存六卷(六至十一)

110000 – 0102 – 0014406　丙三/5192　經部/
四書類

增補四書人物備考十二卷　（清）薛方山輯
清乾隆二十一年(1756)刻本　六冊

110000 – 0102 – 0014407　丙三/5196　子部/
兵家類

趙注孫子四卷　（春秋）孫武撰　（明）趙虛舟
等注　清光緒三十一年(1905)北洋武備學堂
鉛印本　一冊

110000 – 0102 – 0014408　丙三/5200　經部/
小學類

小學集解六卷 （宋）朱熹撰 （清）張伯行輯 （清）李蘭汀校 清雍正九年(1731)文英閣刻本 五冊

110000－0102－0014409 丙三/5203 史部/傳記類/年譜

病榻夢痕錄二卷夢痕餘錄一卷 （清）汪輝祖編 清嘉慶刻本 三冊

110000－0102－0014410 丙三/5205 子部/雜家類/雜纂

益智圖 （清）童暌巢編 清光緒三十二年(1906)蔚縣拙翁抄本 一冊

110000－0102－0014411 丙三/5206 子部/道家類

地理易簡 （清）孫乾元撰 清雍正八年(1730)抄本 一冊

110000－0102－0014412 丙三/5213 子部/雜家類/雜纂

願體集四卷 （清）李仲麟輯 清光緒五年(1879)刻本 四冊

110000－0102－0014413 丙三/5214 經部/小學類/文字/訓蒙

幼學衍義三卷 （□）□□撰 清光緒十四年(1888)巴色傳道會刻本 一冊

110000－0102－0014414 丙三/5215 子部/天文地理類/其它

力學課編八卷 （英國）馬格訥斐立著 （清）嚴文炳譯 清光緒三十四年(1908)學部編譯圖書局鉛印本 四冊

110000－0102－0014415 丙三/5217 子部/雜家類/雜纂

龍文鞭影初二集四卷 （明）蕭良有撰 （清）楊臣諍增訂 （清）李暉言等續輯 清光緒十年(1884)北京文和堂刻本 四冊

110000－0102－0014416 丙三/5223 子部/儒家類/明

性理字訓 （明）程逢源撰 清同治八年(1869)上海權署刻本 一冊

110000－0102－0014417 丙三/5224 子部/儒家類/明

宋四子抄釋二十一卷 （明）呂柟撰 （清）李錫齡校 清光緒刻惜陰軒叢書本 四冊 存十一卷(朱子抄釋二卷、二程子抄釋五至十、張子抄釋四至六)

110000－0102－0014418 丙三/5225 子部/雜家類/雜纂

沈端恪公遺書四卷 （清）沈近思撰 清同治十二年(1873)浙江書局刻本 二冊

110000－0102－0014419 丙三/5226 子部/儒家類/清

儒門法語輯要 （清）彭定求編 （清）湯文端輯 清光緒十六年(1890)浙江書局刻本 一冊

110000－0102－0014420 丙三/5227 史部/傳記類/總傳/專錄/藝術

國朝書畫家筆錄四卷 （清）竇鎮輯 清宣統三年(1911)刻本(原缺二卷) 二冊

110000－0102－0014421 丙三/5230 子部/儒家類/清

治嘉格言 （清）陸隴其撰 清同治十年(1871)上海道署刻本 一冊

110000－0102－0014422 丙三/5231 史部/傳記類/總傳/專錄/其它

疇人傳四十六卷 （清）阮元撰 清道光二十年(1840)蛟川張氏花雨樓刻本 十六冊

110000－0102－0014423 丙三/5237 史部/傳記類/總傳/專錄/藝術

南宋院畫錄八卷 （清）厲鶚撰 清光緒十年(1884)錢塘丁氏竹書堂刻本 二冊 缺四卷(五至八)

110000－0102－0014424 丙三/5242 子部/宗教類/道教

陰騭文圖說 （清）黃正元撰 清同治二年(1863)刻本 四冊

110000－0102－0014425 丙三/5246 子部/術數類

地理知本金鎖秘二卷 （清）鄧恭撰 清嘉慶二十一年(1816)夢覺草堂刻本 二冊

110000－0102－0014426 丙三/5247 子部/術數類

相山撮要六卷 （清）曠學至編 清道光十八年(1838)一經堂刻本 六冊

110000－0102－0014427 丙三/5249 集部/小說類/筆記小說

世說新語六卷 （南朝宋）劉義慶撰 （南朝梁）劉孝標注 （清）李錫齡輯 清光緒長沙李氏刻惜陰軒叢書本 六冊

110000－0102－0014428 丙三/5250 子部/儒家類/宋以前

新書十卷 （漢）賈誼撰 清光緒元年(1875)浙江書局刻本 二冊

110000－0102－0014429 丙三/5252 經部/四書類/總義/傳說

四書翼注論三十八卷 （清）張甄陶撰 清嘉慶十五年(1810)浙湖竹下書堂刻本 十六冊

110000－0102－0014430 丙三/5264 子部/農家類/其它

築圩圖說 （清）孫峻繪圖 清末刻本 一冊

110000－0102－0014431 丙三/5265 子部/農家類

養蠶新法 （法國）巴士德著 （法國）拔維晏譯 清光緒二十八年(1902)浙江官書局刻本 一冊

110000－0102－0014432 丙三/5266 子部/農家類

柞蠶雜誌 （清）增韞撰 清光緒三十年(1904)浙江書局刻本 一冊

110000－0102－0014433 丙三/5267 史部/政書類/邦計/荒政

捕蝗圖說 （清）錢炘和撰 清光緒十七年(1891)江蘇書局刻本 一冊

110000－0102－0014434 丙三/5268 子部/天文地理類/演算法/各錄

八線備旨四卷 （美國）羅密士撰 （美國）潘慎文譯 （清）謝洪賚校錄 清光緒二十九年(1903)上海美華書館鉛印本 一冊

110000－0102－0014435 丙三/5269 子部/雜家類/雜纂

小滄浪筆談四卷 （清）阮元撰 清光緒二十六年(1900)江蘇書局刻本 二冊

110000－0102－0014436 丙三/5271 子部/藝術類/雜著

勇盧閒詰 （清）趙之謙撰 清光緒六年(1880)刻本 一冊

110000－0102－0014437 丙三/5272 史部/傳記類/總傳/專錄/其它

蘭芷零香錄三卷 蓬道人撰 清長沙楊氏刻本 一冊

110000－0102－0014438 丙三/5275 經部/四書類/總義

四書經史摘證七卷 （清）宋繼種輯 （清）宋廷英注 清光緒元年(1875)芝隱堂刻本 四冊

110000－0102－0014439 丙三/5276 經部/四書類/總義

四書補注備旨十卷 （明）鄧林著 清光緒十八年(1892)聚盛堂刻本 一冊

110000－0102－0014440 丙三/5278 子部/雜家類/雜纂

化愚俗歌 （清）李維均撰 清光緒十九年(1893)刻本 一冊

110000－0102－0014441 丙三/5279 子部/儒家類/明

讀書錄摘鈔 （明）薛暄撰 （清）沈兆沄輯 清道光十六年(1836)刻本 一冊

110000－0102－0014442 丙三/5280 子部/儒家類/清

先正讀書訣 （清）周永年輯 清光緒四年(1878)刻本 一冊

110000－0102－0014443 丙三/5281 集部/

小說類/筆記小說

唐語林　（宋）王讜撰　清光緒四年（1878）刻惜陰軒叢書本　四冊

110000 – 0102 – 0014444　丙三/5282　子部/雜家類/雜纂

玉曆至寶鈔　（清）李經述輯　清光緒北京聚文齋刻本　一冊

110000 – 0102 – 0014445　丙三/5283　子部/兵家類

武經團鏡十九卷　（清）王皞輯　清咸豐十一年（1861）東雍李廷樟刻本　二冊　缺八卷（孫子六至十三）

110000 – 0102 – 0014446　丙三/5284　子部/天文地理類/演算法/各錄

對數表解　（美國）路密斯撰　（美國）赫士（清）朱葆琛合譯　清光緒十九年（1893）上海美華書局鉛印本　一冊

110000 – 0102 – 0014447　丙三/5287　子部/藝術類/書畫

雲煙過眼錄二卷　（宋）周密撰　清光緒十三年（1887）陸氏十萬卷樓刻本　二冊

110000 – 0102 – 0014448　丙三/5323　子部/道家類

文子三卷　（周）辛鈃撰　（明）潘三槐評　清紅蘭署刻本　二冊

110000 – 0102 – 0014449　丙三/5333　子部/儒家類

儒門法語　（清）彭定求編　（清）湯金釗輯　清咸豐二年（1852）味道軒刻本　一冊

110000 – 0102 – 0014450　丙三/5336　子部/藝術類/書畫/畫法、畫帖/清

寫竹要訣　（清）楊士安撰　清道光二十六年（1846）刻本　一冊

110000 – 0102 – 0014451　丙三/5340　子部/儒家類/清

志學錄合刻輔仁錄　（清）方宗成撰　清光緒三年（1877）北華印刷局鉛印本　二冊

110000 – 0102 – 0014452　丙三/5347　子部/道家類

莊子章義五卷　（清）姚鼐撰　清光緒五年（1879）桐城徐氏刻惜抱軒遺書本　二冊

110000 – 0102 – 0014453　丙三/5354　子部/雜家類/雜纂

教女圖說　眘齋居士輯　清光緒二十二年（1896）北京永盛齋刻本　一冊

110000 – 0102 – 0014454　丙三/5360　子部/天文地理類/其它

形學備旨十卷　（美國）狄考文　（清）鄒立文合譯　清光緒三十年（1904）上海美華書館鉛印本七版　二冊

110000 – 0102 – 0014455　丙三/5362　子部/雜家類/雜纂

寸陰叢錄四卷　（清）姚瑩撰　清道光刻本　一冊

110000 – 0102 – 0014456　丙三/5364　子部/藝術類/音樂舞蹈

山門新語二卷　（清）周贇撰　清光緒十九年（1893）六聲草堂刻琴律之學本　二冊

110000 – 0102 – 0014457　丙三/5369　子部/雜家類/雜纂

公門果報錄　（清）宋楚望輯　清光緒十九年（1893）江西書局刻本　一冊

110000 – 0102 – 0014458　丙三/5370　子部/雜家類/雜纂

公門果報錄　（清）宋楚望輯　清光緒十九年（1893）江西書局刻本　一冊

110000 – 0102 – 0014459　丙三/5372　子部/天文地理類/天文

天文初階　（美國）赫士　（清）劉榮桂合譯　清光緒二十四年（1898）上海美華書館鉛印本　一冊

110000 – 0102 – 0014460　丙三/5384　子部/雜家類/學說

唐子潛書四卷　（清）唐甄撰　（清）王聞遠編　清光緒三十二年（1906）山東全省官書局鉛

印本 四冊

弟子箴言十六卷 （清）胡達源撰 清同治九
年（1870）刻本 四冊

110000 – 0102 – 0014462 丙三/5386 子部/
儒家類/清

人範六卷 （清）蔣元輯 清光緒鉛印本
一冊

110000 – 0102 – 0014463 丙三/5388 子部/
雜家類/雜纂

四益因緣 僵蠶子撰 清刻本 一冊

110000 – 0102 – 0014464 丙三/5391 子部/
雜家類/西洋各派

論理學綱要 （日本）十時彌撰 田吳炤譯
清光緒三十二年（1906）上海商務印書館鉛印
本 一冊

110000 – 0102 – 0014465 丙三/5393 子部/
雜家類/雜纂

庭訓格言 （清）聖祖玄燁撰制 清光緒二十
三年（1897）刻本 一冊

110000 – 0102 – 0014466 丙三/5394 子部/
儒家類/宋

上蔡謝先生語錄三卷 （宋）謝良佐著 （清）
韓果等校 清同治二年（1863）上蔡學署刻本
一冊

110000 – 0102 – 0014467 丙三/5395 子部/
天文地理類/演算法/各錄

代形合參三卷 （美國）羅密士撰 （美國）潘
慎文 （美國）謝鴻賚合譯 清光緒二十八年
（1902）上海美華書館鉛印本 一冊

110000 – 0102 – 0014468 丙三/5403 集部/
集評類/總評

點勘記二卷 （清）歐陽泉撰 童和謙等重校
清光緒四年（1878）江蘇書局刻本 二冊

110000 – 0102 – 0014469 丙三/5404 子部/
天文地理類/演算法/總錄

增刪算法統宗十一卷 （明）程大位輯 （清）
梅毂成增刪 清光緒二十四年（1898）江蘇書
局刻本 四冊

110000 – 0102 – 0014470 丙三/5408 子部/
子總類/諸子彙編

明珠 （清）鄔寶珍輯 清宣統二年（1910）刻
本 一冊

110000 – 0102 – 0014471 丙三/5409 子部/
農家類/其它

樗繭譜 （清）鄭珍纂 （清）莫友芝注 清光
緒二十四年（1898）西安刻本 一冊

110000 – 0102 – 0014472 丙三/5411 子部/
術數類/各錄

扒沙經五卷 （宋）廖禹撰 （明）江之棟輯
清嘉慶二十五年（1820）大文堂刻本 四冊

110000 – 0102 – 0014473 丙三/5412 子部/
天文地理類/演算法

形學備旨十卷 （美國）狄考文 （清）鄒立文
合譯 清光緒二十八年（1902）鉛印本五版
二冊

110000 – 0102 – 0014474 丙三/5413 子部/
藝術類/雜技

投壺儀節一卷 （明）汪禔編 清光緒十四年
（1888）觀自得齋刻本 一冊

110000 – 0102 – 0014475 丙三/5415 子部/
天文地理類/演算法/各錄

曲線新說堤積術辯 （清）蔣維鍾撰 清光緒
二十五年（1899）刻本 一冊

110000 – 0102 – 0014476 丙三/5416 史部/
傳記類/總傳/專錄/列女

婦人集 （清）陳維崧撰 清刻冒氏叢書本
一冊

110000 – 0102 – 0014477 丙三/5423 子部/
儒家類/清

小學韻語 （清）羅澤南撰 清光緒二十七年
（1901）山東書局刻本 一冊

110000 – 0102 – 0014478 丙三/5426 子部/

宗教類/釋教

瑜伽焰口施食集要 （唐）釋不空譯　清道光
十五年（1835）京師龍泉寺刻本　一冊

110000－0102－0014479　丙三/5427　子部/
宗教類/釋教

瑜伽焰口施食集要 （唐）釋不空譯　清道光
十五年（1835）京師龍泉寺刻本　一冊

110000－0102－0014480　丙三/5428　子部/
宗教類/釋教

瑜伽焰口施食集要 （唐）釋不空譯　清道光
十五年（1835）京師龍泉寺刻本　一冊

110000－0102－0014481　丙三/5429　子部/
宗教類/釋教

瑜伽焰口施食集要 （唐）釋不空譯　清道光
十五年（1835）京師龍泉寺刻本　一冊

110000－0102－0014482　丙三/5430　子部/
儒家類/宋以前

潛夫論十卷 （漢）王符撰　清刻本　二冊

110000－0102－0014483　丙三/5434　子部/
儒家類/清

勸學篇 （清）張之洞撰　清光緒二十四年
（1898）桂垣書局刻本　一冊

110000－0102－0014484　丙三/5435　子部/
儒家類/清

志學會約 （清）楊斌撰　清光緒四年（1878）
江蘇書局刻本　一冊

110000－0102－0014485　丙三/5437　子部/
雜家類/學說

黃學廬雜述三卷 （清）陳士芑撰　清宣統元
年（1909）鉛印本　一冊

110000－0102－0014486　丙三/5438　子部/
雜家類/學說

新刻譚子化書六卷 （五代）譚峭撰　明萬曆
胡氏刻本　一冊

110000－0102－0014487　丙三/5439　子部/
雜家類/學說

破邪詳辯四卷 （清）黃育楩撰　清光緒九年

（1883）荆州將軍署刻本　二冊

110000－0102－0014488　丙三/5440　子部/
儒家類

近思錄補注十四卷 （宋）朱熹　（宋）呂祖謙
合輯　（清）陳沆補注　清刻本　四冊

110000－0102－0014489　丙三/5441　子部/
儒家類

近思錄補注十四卷 （宋）朱熹　（宋）呂祖謙
合輯　（清）陳沆補注　清刻本　四冊

110000－0102－0014490　丙三/5445　子部/
藝術類/書畫/書法、碑帖

增補分部書法正傳 （清）蔣和撰　清光緒八
年（1882）京師善成堂刻本　一冊

110000－0102－0014491　丙三/5446　子部/
天文地理類/演算法/各錄

萬象一原九卷 （清）夏鸞翔撰　清光緒二十
四年（1898）江蘇書局刻本　二冊

110000－0102－0014492　丙三/5448　經部/
四書類/總義

四書反身錄八卷 （清）李顒撰　（清）王心敬
輯　清嘉慶二十二年（1817）蘭山湯氏刻本
四冊

110000－0102－0014493　丙三/5453　子部/
天文地理類/其它

地學淺釋 （美國）瑪高溫　（清）華蘅芳合譯
清同治十二年（1873）江南機器製造總局刻
本　六冊

110000－0102－0014494　丙三/5455　子部/
天文地理類/其它

禦風要術三卷 （德國）金楷理　（清）華蘅芳
合譯　清同治十二年（1873）刻本　二冊

110000－0102－0014495　丙三/5456　子部/
天文地理類/演算法/總錄

演算法大成十卷首一卷 （清）陳傑撰　清光
緒二十四年（1898）浙江官書局刻本　十冊

110000－0102－0014496　丙三/5457　子部/
天文地理類/演算法

代數難題解法十六卷　（英國）傅蘭雅　（清）華蘅芳合譯　清江南製造總局刻本　六冊

110000－0102－0014497　丙三/5459　子部/天文地理類/演算法/各錄

微積溯源八卷　（英國）傅蘭雅　（清）華蘅芳合譯　清同治十三年(1874)江南製造局刻本　六冊

110000－0102－0014498　丙三/5460　史部/史評類

古意新情　（日本）西師意撰　清光緒二十八年(1902)刻本　一冊

110000－0102－0014499　丙三/5461　子部/儒家類/清

弟子規　（清）李子潛撰　清宣統二年(1910)刻本　一冊

110000－0102－0014500　丙三/5463　子部/儒家類/明

王文成公集要七卷　（明）王守仁撰　（清）劉永宦輯　清嘉慶三年(1798)刻本　六冊

110000－0102－0014501　丙三/5465　子部/雜家類/雜纂

訓子語二卷　（清）張履祥撰　清刻楊園先生全集本　一冊

110000－0102－0014502　丙三/5467　子部/類書類/韻編

佩文韻溯原　（清）劉家鎮輯　清道光九年(1829)石芝山館刻本　二冊

110000－0102－0014503　丙三/5468　子部/天文地理類

格物質學　（美國）潘慎文　（清）謝洪賚合譯　清光緒二十八年(1902)上海美華書館鉛印本　一冊

110000－0102－0014504　丙三/5470　子部/儒家類

讀論語叢說二卷　（元）許謙撰　（清）胡鳳丹校　清同治十一年(1872)永康胡氏退補齋刻金華叢書本　二冊

110000－0102－0014505　丙三/5474　子部/宗教類/其它

忠言　（清）白齋主人輯　清光緒十八年(1892)上海土山灣印書館鉛印本　一冊

110000－0102－0014506　丙三/5476　子部/雜家類/雜纂

課子隨筆節鈔六卷　（清）張又蘗輯　清同治十二年(1873)刻本　四冊

110000－0102－0014507　丙三/5477　子部/雜家類/雜纂

課子隨筆節鈔六卷　（清）張又蘗輯　清同治十二年(1873)刻本　四冊

110000－0102－0014508　丙三/5483　子部/儒家類

家言一卷剩言一卷　（清）劉沅撰　清刻本　一冊

110000－0102－0014509　丙三/5484　子部/儒家類/宋

延平答問二卷　（宋）朱熹輯　清光緒五年(1879)延平府署刻本　二冊

110000－0102－0014510　丙三/5486　子部/道家類

莊子集釋十卷　（戰國）莊周撰　（清）郭慶藩輯　清光緒二十年(1894)思賢講舍刻本　八冊

110000－0102－0014511　丙三/5488　子部/天文地理類

化學求數十五卷　（英國）傅蘭雅　（清）徐壽合譯　清光緒刻本　十四冊

110000－0102－0014512　丙三/5490　子部/儒家類/明

敎學錄十卷　（明）李材撰　（明）羅懋忠等輯　清宣統二年(1910)刻本　四冊

110000－0102－0014513　丙三/5491　子部/儒家類/明

敎學錄十卷　（明）李材撰　（明）羅懋忠等輯　清宣統二年(1910)刻本　四冊

110000 - 0102 - 0014514　丙三/5493　子部/
兵家類

孫子十家注　（春秋）孫武撰　（宋）吉天保注
　（清）孫星衍　（清）吳人驥合校　清咸豐五
年(1855)淡香齋活字本　四冊

110000 - 0102 - 0014515　丙三/5495　子部/
道家類

老子章義　（清）姚鼐注　清同治九年(1870)
桐城吳氏刻本　一冊

110000 - 0102 - 0014516　丙三/5496　子部/
道家類

下學梯航　（清）劉沅撰　清同治九年(1870)
成都守經堂刻本　一冊

110000 - 0102 - 0014517　丙三/5497　子部/
宗教類/其它

最樂編二卷　（清）保光輯　清道光六年
(1826)長白德啟自新堂德心齋刻本　二冊

110000 - 0102 - 0014518　丙三/5498　子部/
宗教類/其它

最樂編二卷　（清）保光輯　清道光六年
(1826)長白德啟自新堂德心齋刻本　四冊

110000 - 0102 - 0014519　丙三/5502　子部/
儒家類/宋

正蒙二卷　（宋）張載撰　（清）李光地注　清
康熙刻本　一冊

110000 - 0102 - 0014520　丙三/5505　子部/
天文地理類

格物探原六卷　（英國）韋廉臣撰　清光緒六
年(1880)鉛印本　四冊

110000 - 0102 - 0014521　丙三/5506　子部/
儒家類/宋以前

潛夫論十卷　（漢）王符撰　清光緒元年
(1875)湖北崇文書局刻本　二冊

110000 - 0102 - 0014522　丙三/5508　子部/
法家類

弟子職集解　（清）莊述祖撰　清光緒十四年
(1888)江蘇書局刻本　一冊

110000 - 0102 - 0014523　丙三/5509　經部/
四書類/孟子

標孟　（清）汪有光撰　清光緒十三年(1887)
刻本　二冊

110000 - 0102 - 0014524　丙三/5511　子部/
天文地理類/演算法

算式集要四卷　（英國）傅蘭雅　（清）江衡合
譯　清刻本　二冊

110000 - 0102 - 0014525　丙三/5512　子部/
天文地理類/演算法/總錄

數學精詳十二卷首一卷末一卷　（清）屈曾發
撰　清光緒十六年(1890)刻本　五冊

110000 - 0102 - 0014526　丙三/5514　子部/
道家類

齊物論釋　章炳麟撰　清宣統三年(1911)刻
本　一冊

110000 - 0102 - 0014527　丙三/5515　子部/
宗教類/道教

質神錄　（清）彭紹升輯　清光緒十三年
(1887)刻本　一冊

110000 - 0102 - 0014528　丙三/5517　子部/
儒家類/宋以前

新書　（漢）賈誼撰　（明）陸良弼補輯
（清）盧文弨校　清光緒元年(1875)浙江書局
刻本　二冊

110000 - 0102 - 0014529　丙三/5520　子部/
道家類

文子纘義十二卷　（宋）杜道堅撰　（清）紀昀
等校　清光緒三年(1877)浙江書局刻本
二冊

110000 - 0102 - 0014530　丙三/5521　子部/
天文地理類/演算法/各錄

盈胸一得二卷　（清）崔朝慶撰　清光緒二十
四年(1898)江蘇書局刻本　一冊

110000 - 0102 - 0014531　丙三/5522　子部/
儒家類/明

呂子節錄四卷　（明）呂坤撰　（清）陳玄謀輯
　清光緒十三年(1887)江蘇書局刻本　一冊

110000－0102－0014532　丙三/5523　子部/術數類/陰陽五行

董公選要覽　（明）董潛撰　清光緒二十四年(1898)浙江官書局刻本　一冊

110000－0102－0014533　丙三/5524　子部/法家類

管子二十四卷　（唐）房玄齡注　（明）劉績補　清光緒二年(1876)浙江書局刻本　六冊

110000－0102－0014534　丙三/5525　子部/雜家類/雜纂

誡子書　（清）聶繼模撰　清光緒二十三年(1897)刻本　一冊

110000－0102－0014535　丙三/5526　子部/雜家類/學說

尸子二卷　（清）汪繼培輯　清光緒三年(1877)浙江書局刻本　一冊

110000－0102－0014536　丙三/5527　子部/天文地理類/演算法

割圜連比例述圖解三卷　（清）董祐誠撰　清光緒九年(1883)刻董方立遺書本　一冊

110000－0102－0014537　丙三/5528　子部/道家類

莊子十卷　（周）莊周撰　（晉）郭象注　（唐）陸德明音義　清光緒二年(1876)浙江書局刻本　四冊

110000－0102－0014538　丙三/5532　子部/類書類/韻編

佩文廣韻彙編五卷　（清）李元祺編輯　清同治十一年(1872)金陵書局刻本　二冊

110000－0102－0014539　丙三/5533　子部/天文地理類/演算法/各錄

運規約指三卷　（英國）傅蘭雅　（清）徐達寅合譯　清同治九年(1870)江南製造總局刻幾何學本　一冊

110000－0102－0014540　丙三/5534－2　子部/天文地理類/演算法/總錄

萬象一原演式　（清）夏鸞翔撰　清光緒石印本　一冊

110000－0102－0014541　丙三/5535　子部/天文地理類/天文

星學發軔引說　（美國）駱三畏撰　清光緒二十年(1894)鉛印本　二冊

110000－0102－0014542　丙三/5536　子部/儒家類/宋以前

顏氏家訓三卷　（北齊）顏之推撰　清光緒元年(1875)湖北崇文書局刻本　一冊

110000－0102－0014543　丙三/5538　子部/藝術類/書畫/書法、碑帖/清

郭筠老條答陳劍閭論學墨蹟　（清）陳爾錫輯　清宣統三年(1911)石印本　一冊

110000－0102－0014544　丙三/5539　子部/儒家類

朱子讀書法四卷　（宋）張洪　（宋）齊熙合編　（清）陸申甫校　清光緒二十三年(1897)八旗書館刻本　四冊

110000－0102－0014545　丙三/5540　集部/小說類/筆記小說

山海經十八卷　（晉）郭璞傳　（清）畢沅校　清光緒三年(1877)浙江書局刻本　三冊

110000－0102－0014546　丙三/5541　子部/天文地理類/雜錄

測地繪圖十一卷附卷一卷　（英國）傅蘭雅　（清）徐壽合譯　清刻本　四冊

110000－0102－0014547　丙三/5542　子部/天文地理類/其它

光學三卷　（德國）金楷理　（清）趙元益合譯　清光緒五年(1879)上海江南製造總局刻本　三冊

110000－0102－0014548　丙三/5545　子部/儒家類/清

庸言　（清）余元遴撰　清光緒二十二年(1896)江蘇書局刻本　二冊

110000－0102－0014549　丙三/5548　子部/法家類

管子二十四卷　（唐）房玄齡注　清光緒五年(1879)影印本　一冊

110000－0102－0014550　丙三/5550　子部/雜家類/雜纂

重訂增修安樂銘　（清）鐵珊增輯　清光緒八年(1882)石印本　一冊

110000－0102－0014551　丙三/5552　子部/藝術類/書畫/畫法、畫帖/清

蘭竹名世　（清）吳子嘉等繪　清光緒九年(1883)刻本　二冊

110000－0102－0014552　丙三/5553　子部/天文地理類/演算法/各錄

割圜通解　（清）吳誠撰　清光緒二十四年(1898)江蘇書局刻本　一冊

110000－0102－0014553　丙三/5556　子部/儒家類

朱子語類日鈔五卷　（清）陳澧編　清光緒二十六年(1900)廣雅書局刻本　一冊

110000－0102－0014554　丙三/5557　子部/雜家類、/雜纂

勸善要言　（清）世祖福臨撰　清末刻本　一冊

110000－0102－0014555　丙三/5560　子部/儒家類/元

讀書分年日程三卷　（元）程端禮撰　清同治八年(1869)江蘇書局刻本　二冊

110000－0102－0014556　丙三/5561　子部/天文地理類/演算法/各錄

算學啓蒙揔括　（元）朱世傑撰　（清）王鑒注　清光緒十年(1884)刻本　三冊

110000－0102－0014557　丙三/5563　子部/儒家類

賈子次詁十六卷　（清）王耕心注　清光緒二十九年(1903)刻本　二冊

110000－0102－0014559　丙三/5566　子部/儒家類/宋

大學衍義輯要六卷　（宋）真德秀撰　（清）陳弘謀纂輯　清道光二十二年(1842)寶恕堂刻本　四冊

110000－0102－0014560　丙三/5567　子部/道家類

淮南子校勘記　（漢）劉安撰　（清）汪文臺校　清光緒十一年(1885)湖北崇文書局刻本　一冊

110000－0102－0014561　丙三/5568　子部/天文地理類/天文

熒惑新解　（美國）駱三畏譯　清光緒二十五年(1899)同文館鉛印本　一冊

110000－0102－0014562　丙三/5569　子部/天文地理類/天文

熒惑新解　（美國）駱三畏譯　清光緒二十五年(1899)同文館鉛印本　一冊

110000－0102－0014563　丙三/5571　經部/四書類/總義/文字音義

四書典制類聯音注　（清）閻其淵編　清龍江書屋刻本　八冊　存十五卷(十九至三十三)

110000－0102－0014564　丙三/5572　經部/四書類/總義

四書人物類典十八卷　（清）臧志仁輯　清嘉慶四年(1799)尚德堂刻本　六冊

110000－0102－0014565　丙三/5574　集部/總集類/文/雜錄/課藝

欽定化治四書文　（清）方苞等輯　清末刻本　二十冊

110000－0102－0014566　丙三/5575　子部/術數類/占卜

增刪卜易十二卷　（清）野鶴老人撰　（清）李文輝增輯　清康熙二十九年(1690)刻本　八冊

110000－0102－0014567　丙三/5580　子部/儒家類/宋

近思錄十四卷　（宋）朱熹　（宋）呂祖謙合輯　清光緒二十五年(1899)浙江書局刻本　四冊

110000－0102－0014568　丙三/5584　子部/術數類

大六壬大全十三卷　（清）郭載騋編　清光緒

十三年(1887)掃葉山房刻本　十三冊

110000－0102－0014569　丙三/5587　子部/
譜錄類/草木

海棠譜三卷　(宋)陳思輯　清竹書堂刻本
三冊

110000－0102－0014570　丙三/5588　子部/
天文地理類/總錄

科學叢書第一集十一卷　(清)樊炳清譯　清
光緒二十七年(1901)教育世界出版所石印本
十冊

110000－0102－0014571　丙三/5593　子部/
宗教類/道教

呂祖全書三十二卷　(清)劉樵輯　清乾隆九
年(1744)憩園刻本　十二冊

110000－0102－0014572　丙三/5594　子部/
宗教類

觀禮堂三教真傳　(□)□□撰　清宣統三年
(1911)刻本　六冊

110000－0102－0014573　丙三/5595　子部/
宗教類

觀禮堂三教真傳　(□)□□撰　清宣統三年
(1911)刻本　六冊

110000－0102－0014574　丙三/5597　子部/
儒家類/宋

小學集注　(宋)朱熹撰　(明)陳選注　清同
治六年(1867)金陵書局刻本　二冊

110000－0102－0014575　丙三/5598　經部/
四書類/總義/傳說

四書章句　(宋)朱熹集注　清光緒二十九年
(1903)京都文成堂刻本　六冊

110000－0102－0014576　丙三/5599　子部/
雜家類/學說

墨子閒詁十五卷　(清)孫詒讓輯　清宣統二
年(1910)刻本　八冊

110000－0102－0014577　丙三/5602　經部/
四書類/論語/傳說

論語註疏解經二十卷　(三國魏)何晏集解

(宋)邢昺疏　清嘉慶二十年(1815)江西南昌
府學刻本　四冊

110000－0102－0014578　丙三/5604　子部/
儒家類/宋

小學纂注六卷　(宋)朱熹撰　(清)高愈注
清光緒三十一年(1905)刻本　四冊

110000－0102－0014579　丙三/5605　子部/
儒家類/宋

小學集解六卷　(宋)朱熹撰　(清)張伯行輯
注　清光緒七年(1881)刻本　四冊

110000－0102－0014580　丙三/5607　子部/
雜家類/雜考

日知錄集釋三十二卷　(清)顧炎武撰　(清)
黃汝成集釋　清同治十一年(1872)湖北崇文
書局刻本　十六冊

110000－0102－0014581　丙三/5609　史部/
傳記類/別傳

趙子言行錄二卷　(元)趙復撰　清同治九年
(1870)楚北崇文書局刻本　二冊

110000－0102－0014582　丙三/5610　子部/
藝術類/音樂舞蹈

琴學入門二卷　(清)張鶴輯　清同治六年
(1867)刻本　三冊

110000－0102－0014583　丙三/5611　子部/
儒家類

小學集解六卷　(宋)朱熹撰　(清)張伯行注
清同治十一年(1872)江西撫署刻本　四冊

110000－0102－0014584　丙三/5612　子部/
術數類/相宅相墓

陽宅三要四卷　(清)趙廷棟撰　清乾隆五十
四年(1789)聚盛堂刻本　六冊

110000－0102－0014585　丙三/5613　經部/
四書類/總義

四書集注　(宋)朱熹注　清寶書堂刻本
六冊

110000－0102－0014586　丙三/5615　經部/
四書類/總義

增訂四書通典人物備考 （清）陳仁錫增輯
清中晚期刻本 八冊

110000－0102－0014587 丙三/5616 集部/
小說類/筆記小說

侯鯖錄八卷 （宋）趙德麟撰 明刻本 四冊

110000－0102－0014588 丙三/5617 子部/
儒家類/宋以前

荀子箋釋二十卷 （唐）楊倞注 （清）謝墉考
證 清嘉慶九年(1804)姑蘇聚文堂刻本
四冊

110000－0102－0014589 丙三/5619 經部/
四書類/總義/傳說

四書章句便蒙 （宋）朱熹集注 清道光二十
二年(1842)寶恕堂刻本 十二冊

110000－0102－0014590 丙三/5620 子部/
天文地理類/天文

高厚蒙求 （清）徐朝俊撰 清光緒十三年
(1887)同文館鉛印本 四冊

110000－0102－0014591 丙三/5623 子部/
天文地理類/演算法

代數備旨 （美國）狄考文等合譯 清光緒十
七年(1891)刻本 二冊

110000－0102－0014592 丙三/5624 子部/
天文地理類/演算法

八線備旨四卷 （美國）羅密士撰 （美國）潘
慎文譯 清光緒十九年(1893)刻本 二冊

110000－0102－0014593 丙三/5627 子部/
儒家類/宋

大學衍義四十三卷 （宋）真德秀撰 清同治
十一年(1872)浙江書局刻本 十冊

110000－0102－0014594 丙三/5630 子部/
天文地理類/演算法

測圓海鏡十二卷 （元）李冶撰 清光緒三十
二年(1906)同文館鉛印本 四冊

110000－0102－0014595 丙三/5631 子部/
天文地理類/演算法

測圓海鏡十二卷 （元）李冶撰 清光緒三十

二年(1906)同文館鉛印本 四冊

110000－0102－0014596 丙三/5633 集部/
俗文學類/變文

七真天仙寶傳四卷 （唐）呂岩撰 （清）李正
旺輯 清宣統三年(1911)養真仙苑刻本
四冊

110000－0102－0014597 丙三/5634 集部/
俗文學類/變文

七真天仙寶傳四卷 （唐）呂岩撰 （清）李正
旺輯 清宣統三年(1911)養真仙苑刻本
四冊

110000－0102－0014598 丙三/5635 經部/
四書類/總義/傳說

四書集注二十六卷 （宋）朱熹集注 清嘉慶
十六年(1811)璜川吳氏真意堂刻本 八冊

110000－0102－0014599 丙三/5640 子部/
道家類

莊子十卷 （晉）郭象注 （唐）陸德明音義
清光緒二年(1876)浙江書局刻本 四冊

110000－0102－0014600 丙三/5647 子部/
農家類/其它

御製耕織圖 （清）聖祖玄燁敕繪 清光緒十
二年(1886)上海點石齋石印本 二冊

110000－0102－0014601 丙三/5648 子部/
藝術類/書畫/畫法、畫帖

芥子園畫傳 （清）王安節輯 清光緒十二年
(1886)上海鴻文書局石印本 四冊

110000－0102－0014602 丙三/5649 經部/
四書類

四書事類典賦二十四卷 （清）甘綾撰 清嘉
慶二年(1797)積秀堂刻本 十二冊

110000－0102－0014603 丙三/5650 子部/
宗教類/道教

神仙綱鑑二十二卷 徐衜等撰輯 黃掌綸評
定 清末刻本 二十二冊

110000－0102－0014604 丙三/5651 子部/
宗教類/道教

神仙綱鑑二十二卷　徐衢等撰輯　黃掌綸評定　清末刻本　十七冊　缺五卷(一至五)

110000－0102－0014605　丙三/5652　子部/儒家類/明

呻吟語六卷　(明)呂坤撰　清道光二十七年(1847)開封府署刻本　六冊

110000－0102－0014606　丙三/5653　子部/儒家類/明

呻吟語六卷　(明)呂坤撰　清道光二十七年(1847)開封府署刻本　六冊

110000－0102－0014607　丙三/5656　子部/儒家類/宋

小學纂注六卷　(宋)朱熹撰　(清)高愈注　清同治十一年(1872)浙江書局刻本　二冊

110000－0102－0014608　丙三/5657　子部/雜家類/雜考

讀書雜志八十二卷　(清)王念孫撰　清道光刻本　六冊　存五卷(志九之五至二十二、志九補、志十、志餘二卷)

110000－0102－0014609　丙三/5659　子部/儒家類/宋

河南程氏全書　(宋)程顥　(宋)程頤撰　(清)吳廷棟校　清同治十年(1871)安求我齋本刻本　十六冊

110000－0102－0014610　丙三/5661　子部/儒家類/清

松陽講義十二卷　(清)陸隴其撰　清同治十年(1871)公善堂刻本　四冊

110000－0102－0014611　丙三/5662　經部/四書類/總義

四書朱子本義匯參　(清)王步青輯　清刻本　六冊

110000－0102－0014612　丙三/5664　子部/儒家類/宋

朱子語類一百四十卷　(宋)朱熹撰　(宋)黎靖德輯　清同治十一年(1872)應元書院刻本　四十冊

110000－0102－0014613　丙三/5670　子部/儒家類/宋以前

荀子集解二十卷首一卷　(唐)楊倞注　王先謙集解　清光緒十七年(1891)刻本　六冊

110000－0102－0014614　丙三/5671　子部/儒家類/明

呻吟語　(明)呂坤撰　清嘉慶十四年(1809)刻本　二冊

110000－0102－0014615　丙三/5673　經部/四書類

四書反身錄八卷　(清)李顒撰　清咸豐湘陰奎樓蔣氏小嫏嬛山館刻本　三冊

110000－0102－0014616　丙三/5675　子部/儒家類/清

近思錄十四卷　(宋)朱熹　(宋)呂祖謙合輯　(清)江永集注　清同治八年(1869)江蘇書局刻本　四冊

110000－0102－0014617　丙三/5678　經部/四書類/總義/傳說

四書一貫講　(清)顧天健撰　清乾隆二十八年(1763)啟後堂刻本　八冊

110000－0102－0014618　丙三/5679　子部/法家類

韓非子集解二十卷首一卷　(清)王先慎撰　清光緒二十二年(1896)思賢書局刻本　六冊

110000－0102－0014619　丙三/5684　子部/儒家類/宋

朱子近思錄集解八卷　(宋)朱熹撰　(清)朱顯祖輯　清光緒二十八年(1902)刻本　四冊

110000－0102－0014620　丙三/5686　子部/藝術類/書畫/畫法、畫帖

十竹齋書畫譜　(明)胡正言輯選　清光緒五年(1879)校經山房刻彩色套印本　八冊

110000－0102－0014621　丙三/5688　子部/儒家類/清

近思錄集注十四卷　(宋)朱熹　(宋)呂祖謙合撰　(清)江永集注　清光緒十一年(1885)江西書局刻本　四冊

110000－0102－0014622　丙三/5690　經部/
四書類

四書集註闡微直解二十七卷　（明）張居正撰
清康熙十八年（1679）八旗經正書院刻本
十二冊

110000－0102－0014623　丙三/5691　經部/
四書類

四書集註闡微直解二十七卷　（明）張居正撰
清康熙十八年（1679）八旗經正書院刻本
十二冊

110000－0102－0014624　丙三/5692　子部/
宗教類

救生船四卷　清光緒二年（1876）永盛齋刻本
四冊

110000－0102－0014625　丙三/5693　子部/
道家類

全書正宗十六卷首一卷　（唐）呂岩撰　（清）
吳鳳洲輯　清嘉慶刻本　二十冊

110000－0102－0014626　丙三/5694　子部/
雜家類

墨子十五卷目一卷　（清）畢沅校注　清乾隆
四十九年（1784）靈巖岩山館刻本　四冊

110000－0102－0014627　丙三/5695　子部/
天文地理類/其它

井礦工程三卷　（英國）白爾捺輯　（英國）傅
蘭雅　（清）趙元益合譯　清光緒江南製造局
刻本　二冊

110000－0102－0014628　丙三/5696　子部/
天文地理類

化學鑑原補編八卷　（英國）傅蘭雅　（清）徐
壽合譯　清光緒江南機器製造總局刻本　六冊

110000－0102－0014629　丙三/5700　子部/
雜家類/西洋各派

格致啓蒙四卷　（英國）羅斯古撰　（美國）林
樂知　（清）鄭昌棪合譯　清光緒江南製造局
刻本　四冊

110000－0102－0014630　丙三/5701　子部/
子總類

十子全書一百二十二卷　（清）王子興輯　清
嘉慶九年（1804）姑蘇聚文堂刻本　三十二冊

110000－0102－0014631　丙三/5703　經部/
四書類/總義/傳說

四書釋文二十卷　（宋）朱熹注　（清）王廣言
增輯　清光緒十四年（1888）文美齋刻本
八冊

110000－0102－0014632　丙三/5704　子部/
天文地理類/其它

冶金錄三卷　（美國）阿發滿撰　（英國）傅蘭
雅　（清）趙元益合譯　清光緒刻本　二冊

110000－0102－0014633　丙三/5707　史部/
金石類/總錄

前塵夢影錄　（清）徐康撰　清光緒二十三年
（1897）仁和注氏刻元和江氏叢書本　二冊

110000－0102－0014634　丙三/5708　子部/
雜家類/學說

呂氏春秋二十六卷　（漢）高誘注　清光緒元
年（1875）浙江書局刻本　六冊

110000－0102－0014635　丙三/5709　子部/
雜家類/學說

墨子十六卷　（清）畢沅注　清光緒三年
（1877）浙江書局刻本　四冊

110000－0102－0014636　丙三/5710　子部/
雜家類/學說

墨子六卷　王闓運注　清光緒三十年（1904）
江西書局刻本　三冊

110000－0102－0014637　丙三/5711　子部/
儒家類/明

思辯錄輯要三十五卷　（明）陸世儀撰　清光
緒三年（1877）江蘇書局刻本　八冊

110000－0102－0014638　丙三/5713　子部/
儒家類/宋以前

文中子中說十卷　（隋）王通撰　（宋）阮逸注
清光緒二年（1876）浙江書局刻本　二冊

110000－0102－0014639　丙三/5716　子部/
儒家類

孔子集語十七卷 （清）孫星衍輯 清光緒三年(1877)浙江書局刻本 四冊

110000－0102－0014640 丙三/5717 子部/儒家類

沈余遺書 （清）趙舒翹輯 清光緒二十二年(1896)江蘇書局刻本 四冊

110000－0102－0014641 丙三/5718 子部/儒家類

小學集解六卷 （宋）朱熹撰 （清）張伯行輯注 清光緒二十七年(1901)廣雅書局刻本 四冊

110000－0102－0014642 丙三/5719 子部/法家類

韓非子二十卷 （清）顧廣圻校補 清光緒元年(1875)浙江書局刻本 六冊

110000－0102－0014643 丙三/5721 子部/天文地理類

化學考質八卷 （德國）富里西亞烏司撰 （英國）傅蘭雅 （清）徐壽合譯 清光緒江南製造局刻本 六冊

110000－0102－0014644 丙三/5723 子部/天文地理類/天文

天文算學纂要八卷首一卷 （清）陳松輯 清光緒十四年(1888)刻朱印本 六冊

110000－0102－0014645 丙三/5724 史部/政書類/邦計/錢法

鑄錢工藝三卷附圖 （英國）傅蘭雅 （清）鍾天緯合譯 清光緒江南製造局鉛印本 二冊

110000－0102－0014646 丙三/5725 子部/天文地理類/其它

汽機新制八卷 （英國）白爾格撰 （英國）傅蘭雅 （清）徐建寅合譯 清光緒江南製造局刻本 二冊

110000－0102－0014647 丙三/5726 子部/天文地理類

行軍測繪十卷首一卷 （英國）連提撰 （英國）傅蘭雅 （清）趙元益合譯 清光緒江南製造局刻本 二冊

110000－0102－0014648 丙三/5727 子部/天文地理類

化學鑑原續編二十四卷 （英國）蒲陸山撰 （英國）傅蘭雅 （清）徐壽合譯 清光緒江南製造局刻本 六冊

110000－0102－0014649 丙三/5728 子部/天文地理類/其它

克虜伯炮彈造法二卷圖一卷 （德國）軍政局撰 （美國）金楷理 （清）李鳳苞合譯 清光緒江南製造總局刻本 三冊

110000－0102－0014650 丙三/5729 經部/四書類/總義/傳說

晴窗隨筆四書講義四十一卷 （清）朝佇輯 （清）李湘棻校 清道光二十四年(1844)約堂刻本 四冊 存八卷(大學二卷、中庸五卷首一卷)

110000－0102－0014651 丙三/5730 集部/別集類/清

昭覽丈雪禪師青松集 （清）釋常熾輯 清康熙刻本 一冊

110000－0102－0014652 丙三/5733 子部/宗教類/其它

天經奧理 清咸豐刻回教經典本 二冊

110000－0102－0014653 丙三/5735 子部/天文地理類/演算法/總錄

算學課藝四卷 （清）席淦 （清）貴榮合編 清光緒六年(1880)同文館鉛印本 四冊

110000－0102－0014654 丙三/5737 子部/儒家類

人範六卷 （清）蔣元輯 清光緒二十七年(1901)廣雅書局刻本 一冊

110000－0102－0014655 丙三/5738 子部/儒家類

人範六卷 （清）蔣元輯 清光緒二十七年(1901)廣雅書局刻本 一冊

110000－0102－0014656 丙三/5739 經部/四書類/大學中庸/傳說

大學章句一卷 （宋）朱熹撰 （清）張元勳校

清光緒二十八年（1902）張氏刻本　二冊

110000－0102－0014657　丙三/5742　經部/四書類/總義/傳說

監本四書　（宋）朱熹集傳　清嘉慶十年（1805）刻本　六冊

110000－0102－0014658　丙三/5747　子部/儒家類/清

勸學篇　（清）張之洞撰　清光緒二十四年（1898）同文書館鉛印本　一冊

110000－0102－0014659　丙三/5750　子部/術數類/占卜

玉匣記　（晉）許遜撰　清光緒十七年（1891）刻本　一冊

110000－0102－0014660　丙三/5751　子部/儒家類/明

養正圖解　（明）焦竑撰　清光緒二十一年（1895）武英殿刻本　四冊

110000－0102－0014661　丙三/5753　子部/藝術類/書畫/書法、碑帖/宋

白雲居米帖十二卷　（宋）米芾書　清拓本　十二冊

110000－0102－0014662　丙三/5756　子部/藝術類/書畫/書法、碑帖

淳化閣帖釋文　（清）徐朝弼集釋　清嘉慶十七年（1812）刻本　一冊

110000－0102－0014663　丙三/5757　集部/總集類/文/雜錄/格言、語錄、楹聯

箴銘輯要類編後錄二卷　（清）寇寧信輯　清光緒七年（1881）刻本　二冊

110000－0102－0014664　丙三/5845　子部/藝術類/書畫/書法、碑帖

御刻三希堂法帖　清拓本　三十二冊

110000－0102－0014665　丙三/5846　子部/藝術類/書畫/書法、碑帖/宋

黃文節公法書石刻　（宋）黃庭堅書　清拓本　一冊

110000－0102－0014666　丙三/5849　子部/

藝術類/書畫/書法、碑帖

名賢手劄　（清）郭慶藩摹　清光緒十年（1884）湘陰郭氏岵瞻堂刻本　四冊

110000－0102－0014667　丙三/5859　子部/藝術類/書畫/書法、碑帖

泰山石經峪字　楊守敬縮摹　清宣統元年（1909）刻本　六冊

110000－0102－0014668　丙三/5866　子部/藝術類/書畫/書法、碑帖

石鼓文　清光緒七年（1881）拓本　一冊

110000－0102－0014669　丙三/5871　史部/地理類/地圖、圖志

風俗志圖說十集至十一集　（清）吳嘉猷繪　清末上海璧園石印本　一冊

110000－0102－0014670　丙三/5872　子部/藝術類/書畫/畫法、畫帖/清

中外百鳥圖第五集　（清）吳嘉猷繪　清末上海璧園石印本　二冊

110000－0102－0014671　丙三/5873　子部/藝術類/書畫/畫法、畫帖/清

中外百獸圖第四集　（清）吳嘉猷繪　清末上海璧園石印本　二冊

110000－0102－0014672　丙三/5874　子部/藝術類/書畫/畫法、畫帖/清

山海志奇圖第七集　（清）吳嘉猷繪　清末上海璧園石印本　二冊

110000－0102－0014673　丙三/5875　史部/地理類/地圖、圖志

古今名勝圖說第十二集　（清）吳嘉猷繪　清末上海璧園石印本　一冊

110000－0102－0014674　丙三/5876　子部/藝術類/書畫/畫法、畫帖/清

吳友如花卉冊第十二集　（清）吳嘉猷繪　清末上海璧園石印本　一冊

110000－0102－0014675　丙三/5877　史部/傳記類/圖贊

古今百美圖第二集　（清）吳嘉猷繪　清末上

海壁園石印本　二冊

110000－0102－0014676　丙三/5878　子部/藝術類/書畫/畫法、畫帖/清

古今人物圖第一集　（清）吳嘉猷繪　清宣統元年(1909)上海壁園石印本　二冊

110000－0102－0014677　丙三/5879　子部/藝術類/書畫/畫法、畫帖/清

海園叢談圖第六集　（清）吳嘉猷繪　清末上海壁園石印本　二冊

110000－0102－0014678　丙三/5880　子部/藝術類/書畫/畫法、畫帖/清

古今談叢圖八集至九集　（清）吳嘉猷繪　清末上海壁園石印本　四冊

110000－0102－0014679　丙三/5882　子部/藝術類/書畫/書法、碑帖/隋唐

顏氏家廟碑　（唐）顏真卿書　清拓本　一冊

110000－0102－0014680　丙三/5904　子部/藝術類/書畫/畫法、畫帖

神州國光集　清宣統元年(1909)上海神州國光社珂羅版印本　十二冊　存十集(三至四、九至十四、十七至十八)

110000－0102－0014681　丙三/5934　子部/藝術類/書畫/書法、碑帖/秦漢

漢孔宙碑　清拓本　一冊

110000－0102－0014682　丙三/5939　子部/藝術類/書畫

名人書畫扇面集一至九集　商務印書館輯　清宣統三年至民國七年(1911－1918)彩色影印本　九冊

110000－0102－0014683　丙三/5940　子部/藝術類/書畫

名人書畫扇面集一至六集　商務印書館輯　清宣統三年至民國七年(1911－1918)影印本　六冊

110000－0102－0014684　丙三/5960　子部/藝術類/書畫/畫法、畫帖/清

陳章侯人物冊　（清）陳洪綬繪　清宣統元年

(1909)上海神州國光社影印本　一冊

110000－0102－0014685　丙三/6017　子部/藝術類/書畫/畫法、畫帖/清

御題棉花圖　（清）高宗弘曆題　（清）方觀承繪　清拓本　一冊

110000－0102－0014686　丙三/6018　子部/藝術類/書畫/畫法、畫帖/清

御題棉花圖　（清）高宗弘曆題　（清）方觀承繪　清拓本　一冊

110000－0102－0014687　丙三/6025　子部/藝術類/書畫/書法、碑帖/宋

前後出師表　（宋）岳飛書　清拓本　二冊

110000－0102－0014688　丙三/6030　史部/傳記類/總傳/專錄/釋道

居士傳五十六卷　（清）彭際清輯　清末刻本　四冊

110000－0102－0014689　丙三/6035　子部/藝術類/雜著

益智圖二卷　（清）童葉庚撰　清宣統元年(1909)蘇州振新書社刻本　一冊

110000－0102－0014690　丙三/6037　子部/藝術類/雜著

列仙酒牌　（清）蔡照初編　清咸豐四年(1854)刻本　二冊

110000－0102－0014691　丙三/6045　子部/藝術類/書畫/書法、碑帖

靈飛經　（□）□□撰　清拓本　一冊

110000－0102－0014692　丙三/6046　子部/藝術類/書畫/書法、碑帖/秦漢

漢白石神君碑　（□）□□撰　清拓本　一冊

110000－0102－0014693　丙三/6054　子部/藝術類/書畫/書法、碑帖

滋蕙堂法帖八種　（□）□□撰　清拓本　八冊

110000－0102－0014694　丙三/6055　子部/藝術類/書畫/書法、碑帖/清

清秘堂帖　（□）□□撰　清拓本　四冊

110000－0102－0014695　丙三/6056　子部/藝術類/書畫/書法、碑帖/清

欽定三希堂法帖　（清）□□撰　清光緒石印本　十六冊

110000－0102－0014696　丙三/6059　子部/醫家類/雜病方論

白喉全生集　（清）李紀方輯　清鉛印本　一冊

110000－0102－0014697　丙三/6066　子部/醫家類/醫經

黃帝内經素問合纂十卷　（明）張志聰　（明）馬元台合注　清光緒二年(1876)醫學公會石印本　十六冊

110000－0102－0014698　丙三/6069　子部/醫家類/總錄

黃氏醫書八種　（清）黃元御等撰　清宣統元年(1909)上海江左書林石印本　十二冊

110000－0102－0014699　丙三/6073　子部/醫家類/總錄

御纂醫宗金鑑七十二卷　（清）弘晝等纂修　清宣統三年(1911)上海文盛書局石印本　二十冊

110000－0102－0014700　丙三/6076　子部/醫家類/雜錄

調疾飲食辯六卷末一卷　（清）章穆編　清道光三年(1823)經國堂刻本　八冊

110000－0102－0014701　丙三/6077　子部/醫家類/總錄

陳修園醫書五十種　（清）陳念祖撰　清光緒三十一年(1905)上海商務印書館鉛印本　二十六冊　存四十種(神農本草經讀四卷、痢症三字訣一卷、春温三字訣一卷、醫學三字經四卷、時方妙用四卷、時方歌括二卷、平辨脈法歌括一卷、神農本草經百種錄一卷、本草經便讀一卷、女科要旨四卷、婦科雜症一卷、景岳新方砭四卷、局方發揮一卷、醫法心傳一卷、醫學實在易八卷、醫學從眾錄八卷、金匱要略淺注十卷、金匱方歌括六卷、長沙方歌括六卷、傷寒論淺注六卷、靈素集注節要十二卷、傷寒醫訣串解六卷、傷寒真方歌括六卷、急救異痧奇方一卷、吊腳痧方論一卷、爛喉丹痧輯要一卷、急治喉疹要法一卷、喉痧正的一卷、洞主仙師白喉治法抉微一卷、白喉症治養陰忌表歌括一卷、咽喉脈證通論一卷、眼科捷徑一卷、食物秘書一卷、十藥神書注解一卷、瘧疾論一卷、福幼編一卷、達生編一卷、引痘略一卷、温熱贅言一卷、太乙神針方一卷、濕熱條辨一卷、霍亂論二卷、救迷良方一卷、醫曇元戎一卷、傷寒舌鑒一卷、名醫別錄一卷、外科症治全生集一卷、養生鏡一卷、經驗百病内外方一卷、保嬰要旨一卷、瘟疫明辨)

110000－0102－0014702　丙三/6078　子部/醫家類/總錄

陳修園醫書五十種　（清）陳念祖撰　清光緒三十一年(1905)上海商務印書館鉛印本　二十一冊　存四十種一百卷(神農本草經讀四卷、時方妙用四卷、女科要旨四卷、醫學實在易八卷、醫學從眾錄八卷、金匱要略淺注十卷、金匱方歌括六卷、傷寒論淺注六卷、養生鏡一卷、達生編一卷、醫曇元戎一卷、名醫別錄一卷、平辨脈法歌括一卷、局方發揮一卷、醫法心傳一卷、增補食物秘書一卷、本經便讀一卷、温熱贅言一卷、神農本草經百種錄一卷、婦科雜症一卷、喉痧正的一卷、外科症治全生集一卷、霍亂論二卷、吊腳痧方論一卷、爛喉丹痧輯要一卷、急治喉疹要法一卷、瘧疾論一卷、經驗百病内外方一卷、洞主仙師白喉治法抉微一卷、白喉症治養陰忌表歌括一卷、福幼編一卷、咽喉脈證通論一卷、救迷良方一卷、太乙神針方一卷、十藥神書注解一卷、急救異痧奇方一卷、瘟疫明辨一卷、傷寒舌鑒一卷、眼科捷徑一卷、長沙方歌括六卷、靈素集注節要十二卷)

110000－0102－0014703　丙三/6079　子部/醫家類/總錄

醫門法律　（清）喻昌編　清光緒二十六年(1900)上海掃葉山房石印本　六冊

110000－0102－0014704　丙三/6087　叢部/自著叢書/清中晚期

貽令堂醫學三書三卷　（清）黃保康撰　清宣統三年（1911）貽令堂刻本　二冊

110000－0102－0014705　丙三/6091　子部/藝術類/書畫/畫法、畫帖

耕香館叢畫　（日本）瀧謙輯　清宣統元年（1909）上海鴻文書局石印本　四冊

110000－0102－0014706　丙三/6094　子部/藝術類/書畫/畫法、畫帖

芥子園畫傳二十一卷　（清）王概輯　清光緒上海天寶書局石印本　十二冊

110000－0102－0014707　丙三/6098　子部/藝術類/書畫/畫法、畫帖

醉墨軒畫譜　胡鄭卿繪　清宣統元年（1909）上海海左書局石印本　三冊

110000－0102－0014708　丙三/6099　子部/藝術類/書畫/書畫史

歷代畫史彙傳七十二卷首一卷　（清）彭蘊璨編　清宣統二年（1910）上海文瑞樓書局石印本　十二冊

110000－0102－0014709　丙三/6101　子部/藝術類/書畫

桐陰論畫三卷　（清）秦祖永撰　清同治三年（1864）朱墨套印本　四冊

110000－0102－0014710　丙三/6103　子部/藝術類/書畫史

無聲詩史七卷　（清）姜紹書輯　清宣統二年（1910）杭州雲林閣石印本　六冊

110000－0102－0014711　丙三/6104　子部/藝術類/書畫

桐陰論畫三編六卷首一卷附錄一卷　（清）秦祖永撰　清同治三年（1864）朱墨套印本　八冊

110000－0102－0014712　丙三/6105　子部/藝術類/書畫

桐陰論畫二卷附一卷續桐陰論書一卷　（清）秦祖永撰　清同治三年（1864）朱墨套印本　四冊

110000－0102－0014713　丙三/6109　子部/類書類/類編/通錄

精校典林博覽十二卷　（清）鍾運堯編　清光緒袖海山房石印本　四冊

110000－0102－0014714　丙三/6111　子部/類書類/專編

策學淵萃四十六卷　（□）□□撰　清光緒十四年（1888）積山書局石印本　四冊

110000－0102－0014715　丙三/6112　子部/類書類/類編/通錄

增補事類統編九十三卷　（清）黃葆真增輯　清光緒十四年（1888）上海積山書局石印本　十二冊

110000－0102－0014716　丙三/6114　經部/小學類/音韻

詩韻集成十卷　（清）余照輯　清光緒元年（1875）刻本　三冊

110000－0102－0014717　丙三/6116　子部/雜家類/雜纂/訓蒙

小學義疏六卷　（宋）朱熹撰　（清）尹嘉銓疏　清末刻本　二冊

110000－0102－0014718　丙三/6117　經部/四書類/總義/傳說

廣增四書典腋二十卷　（清）松軒主人輯　清道光二十三年（1843）綺雲書屋刻本　五冊

110000－0102－0014719　丙三/6118　子部/類書類

小學紺珠十卷　（宋）王應麟輯　清乾隆二十五年（1760）鳳翩書堂刻本　六冊

110000－0102－0014720　丙三/6120　子部/雜家類/雜考

無邪堂答問五卷　（清）朱一新撰　清光緒二十二年（1896）石印本　五冊

110000－0102－0014721　丙三/6121　經部/四書類/總義/傳說

四書味根錄三十七卷　（清）金澄撰　清光緒十一年（1885）掃葉山房刻本　十六冊

110000－0102－0014722　丙三/6122　經部/
四書類/總義/傳說

四書味根錄三十七卷　（清）金澄撰　清光緒
三年(1877)京都寶善堂刻本　十六冊

110000－0102－0014723　丙三/6124　子部/
藝術類/書畫/畫法、畫帖/清

飛影閣叢畫初集　（清）吳嘉猷繪　清光緒十
七年(1891)石印本　四冊

110000－0102－0014724　丙三/6125　子部/
藝術類/書畫/畫法、畫帖/清

飛影閣叢畫初集　（清）吳嘉猷繪　清光緒十
七年(1891)石印本　四冊

110000－0102－0014725　丙三/6126　子部/
藝術類/書畫/畫法、畫帖/清

飛影閣叢畫初集　（清）吳嘉猷繪　清光緒十
七年(1891)石印本　三冊

110000－0102－0014726　丙三/6127　子部/
藝術類/書畫/畫法、畫帖/清

飛影閣叢畫二集　（清）吳嘉猷繪　清光緒十
九年(1893)石印本　八冊

110000－0102－0014727　丙三/6128　子部/
藝術類/書畫/畫法、畫帖/清

飛影閣叢畫二集　（清）吳嘉猷繪　清光緒十
九年(1893)石印本　八冊

110000－0102－0014728　丙三/6129　子部/
藝術類/書畫/畫法、畫帖/清

點石齋叢畫　（清）聞尊閣主人編　清光緒十
一年(1885)上海點石齋石印本　八冊

110000－0102－0014729　丙三/6137　子部/
雜家類/雜考

日知錄集釋三十二卷刊誤二卷　（清）顧炎武
撰　（清）黃汝成集釋　清光緒十三年(1887)
同文書局石印本　三冊　缺八卷(一至八)

110000－0102－0014730　丙三/6140　經部/
四書類/論語/傳說

四書古注群義彙解九種　（三國魏）何晏撰
（南朝梁）皇侃義疏　清光緒十四年(1888)上
海點石齋石印本　十六冊

110000－0102－0014731　丙三/6143　子部/
類書類/類編/通錄

類腋五十五卷　（清）姚培謙輯　清末聚業堂
刻本　十冊

110000－0102－0014732　丙三/6145　經部/
小學類/音韻

詩韻集成十卷　（清）余照輯　清光緒五年
(1879)掃葉山房刻本　四冊

110000－0102－0014733　丙三/6148　經部/
四書類/總義/傳說

四書題鏡　（清）汪鯉翔纂　清同治三年
(1864)刻本　十冊

110000－0102－0014734　丙三/6149　子部/
類書類/類編/通錄

廣事類賦三十卷　（宋）吳淑撰　清末刻本
九冊　存三十七卷(四至四十)

110000－0102－0014735　丙三/6152　子部/
醫家類/總錄

中西彙通醫書五種　（漢）張仲景撰　（清）陳
念祖注　清光緒三十四年(1908)上海千頃堂
書局石印本　十一冊

110000－0102－0014736　丙三/6155　子部/
藝術類/書畫/書畫史

國朝畫徵錄五卷　（清）張庚編　清光緒十九
年(1893)上海積山書局石印本　二冊

110000－0102－0014737　丙三/6156　叢部/
彙編叢書

唐代叢書二十卷一百六十一種　（清）陳世熙
輯　清乾隆五十七年(1792)挹秀軒刻本　二
十二冊　缺四十八種(國史補、因話錄、劇談
錄、法苑珠林、南楚新聞、宣室志、甘澤謠、金
華子雜編、耳目記、瀟湘錄、玉泉子、小說舊聞
記、摭言、記事珠、諧噱錄、義山雜纂、龍城錄、
嶺表錄異、來南錄、平泉山居草木記、北戶錄、
終南十志、洞天福地記、北里志、迷樓記、海山
記、開河記、吳地記、南部煙花記、洛中九老
會、教坊記、湘中怨詞、二十四詩品、本事詩、
比紅兒詩、貞娘墓詩、書法、畫學秘訣、續畫品
錄、公私畫史、歌者葉記、白猿傳、獵狐記、任

氏傳、袁氏傳、夜義傳、金剛經鳩異、鸚鵡舍利塔記)

110000－0102－0014738　丙三/6157　子部/醫家類/本草

繪圖芥子園本草綱目五十二卷　（明）李時珍撰　（清）蔡烈先編　清刻本　三十六冊

110000－0102－0014739　丙三/6158　子部/天文地理類/曆法

欽定協紀辨方書三十六卷　（清）允祿　（清）李廷耀纂　清末刻本　十八冊

110000－0102－0014740　丙三/6159　經部/四書類/總義/傳說

四書題鏡　（清）汪鯉翔纂　清道光十三年(1833)步月樓刻本　十二冊

110000－0102－0014741　丙三/6160　子部/類書類/類編/通錄

事類賦三十卷　（宋）吳淑撰並注　（明）華祥麟校刊　清芸生堂刻本　四冊

110000－0102－0014742　丙三/6161　子部/類書類/類編/通錄

續廣事類賦三十三卷　（清）王鳳喈撰注　清嘉慶芸生堂刻本　十冊

110000－0102－0014743　丙三/6162　子部/類書類/類編/通錄

廣廣事類賦三十二卷　（清）吳世旃撰注　清嘉慶十三年(1808)芸生堂刻本　六冊

110000－0102－0014744　丙三/6163　子部/類書類/類編/通錄

事類賦補遺十四卷　（清）張均編撰　清嘉慶十六年(1811)芸生堂刻本　四冊

110000－0102－0014745　丙三/6167　經部/經總類/群經總義/傳說

白虎通四卷　（漢）班固撰　（清）盧文弨校　清嘉慶七年(1802)抱經堂刻本　四冊

110000－0102－0014746　丙三/6169　子部/類書類/類編/通錄

增補事類賦統篇九十三卷首一卷　（宋）吳淑

撰　（清）黃葆真增輯　清道光二十六年(1846)刻本　三十五冊　缺二十五卷(六、八、十七、十九、四十三至四十六、五十一至五十二、六十一至六十七、七十四至七十五、八十至八十一、八十八至九十一)

110000－0102－0014747　丙三/6170　子部/藝術類/書畫/書畫史

墨香居畫識六卷　（清）馮金伯撰　清光緒刻本　一冊　缺四卷(七至十)

110000－0102－0014748　丙三/6171　子部/類書類/類編/通錄

角山樓增補類腋五十七卷　（清）姚培謙撰　（清）趙克宜增輯　清咸豐九年(1859)角山樓刻本　二十冊

110000－0102－0014749　丙三/6172　子部/雜家類/雜纂

至寶錄內外二篇四卷　（清）凝瑞堂主人編　清道光刻本　四冊

110000－0102－0014750　丙三/6190　史部/地理類/雜記

南越筆記十六卷　（清）李調元撰　清光緒七年(1881)刻本　四冊

110000－0102－0014751　丙三/6198　子部/儒家類/宋以前

女子四書讀本二卷　（漢）班昭撰　（清）王相箋注　清光緒二年(1876)上海錦章書局石印本　一冊

110000－0102－0014752　丙三/6200　子部/宗教類/道教

參同契秘解六卷　（漢）魏伯陽撰　（清）呂惠連解　清宣統三年(1911)刻本　六冊

110000－0102－0014753　丙三/6202　子部/宗教類/道教

悟性窮源　涵穀子撰　清晚期好善堂刻本　一冊

110000－0102－0014754　丙三/6204　子部/術數類

奇門輯要　（□）□□撰　清抄本　一冊　存

一冊（上冊）

110000－0102－0014755　丙三/6205　子部/
宗教類/道教

道書全集選抄　（□）□□選　清中晚期抄本
七冊

110000－0102－0014756　丙三/6206　子部/
術數類/陰陽五行

奇門秘書　（清）□□撰　清抄本　二冊

110000－0102－0014757　丙三/6208　子部/
宗教類/釋教/經

佛說高王觀世音菩薩真經　（□）□□選　清
刻本　一冊

110000－0102－0014758　丙三/6210　子部/
雜家類/雜述

忍齋叢說　李佳繼撰　清光緒二十八年
（1902）刻本　一冊

110000－0102－0014759　丙三/6213　子部/
術數類/數學

皇極經世緒言九卷首二卷　（宋）邵雍撰
（清）劉斯組輯　清道光十年（1830）錢塘徐樹
堂刻本　十二冊

110000－0102－0014760　丙三/6214　子部/
宗教類/道教

道書十二種　（清）劉一明撰　清嘉慶二十三
年（1818）刻本　十八冊

110000－0102－0014761　丙三/6215　子部/
宗教類/釋教/經

大佛頂經文句十卷玄義二卷　（唐）釋般剌諦
譯　（明）釋智旭解　清同治十三年（1874）金
陵刻經處刻本　十冊

110000－0102－0014762　丙三/6217　子部/
宗教類/釋教

佛教初學課本並注　（清）楊文會撰　清光緒
三十二年（1906）金陵刻經處刻本　一冊

110000－0102－0014763　丙三/6218　子部/
宗教類/釋教/經

佛說四十二章經解　（明）釋智旭撰　清光緒

十一年（1885）金陵刻經處刻本　一冊

110000－0102－0014764　丙三/6221　子部/
天文地理類/演算法/各錄

九九數附雜抄　（□）□□撰　清抄本　一冊

110000－0102－0014765　丙三/6223　子部/
儒家類

讀書鐙　鄒福保纂　清宣統元年（1909）鉛印
本　一冊

110000－0102－0014766　丙三/6228　子部/
天文地理類/演算法/總錄

小萬花樓叢書　（清）丁取忠輯　清同治十三
年（1874）長沙荷池精舍刻本　十六冊

110000－0102－0014767　丙三/6232　史部/
傳記類/圖贊

聖諭像解二十卷　（清）梁延年編輯　清光緒
二十九年（1903）北洋官報局石印本　十冊

110000－0102－0014768　丙三/6243　子部/
宗教類/道教

道書三種　（□）□□編　清光緒十一年
（1885）鎔經閣刻本　六冊

110000－0102－0014769　丙三/6245　子部/
法家類

韓非子集解二十卷首一卷　（清）王先慎集解
清光緒二十二年（1896）刻本　六冊

110000－0102－0014770　丙三/6246　子部/
術數類/命書相書

寶鏡　（□）□□撰　清光緒十八年（1892）寫
本　一冊

110000－0102－0014771　丙三/6248　子部/
宗教類/釋教/經

地藏經開蒙品題科判三卷　（清）釋品玕輯
清宣統二年（1910）刻本　四冊

110000－0102－0014772　丙三/6252　子部/
宗教類/釋教

大乘起信論裂網疏六卷　（明）釋智旭撰　清
乾隆六十年（1795）刻本　二冊

110000－0102－0014773　丙三/6253　集部/

小說類/筆記小說

里乘 （清）許奉恩撰　清同治十三年(1874)
刻本　十冊

110000－0102－0014774　丙三/6254　子部/
藝術類/書畫/畫法、畫帖/清

續劍俠傳圖說 （清）任渭長繪　清光緒十二
年(1886)上海同文書局石印本　一冊

110000－0102－0014775　丙三/6256　史部/
史表類

中外紀年通表 （清）胡天游輯　清光緒二十
三年(1897)上海著易堂石印本　八冊

110000－0102－0014776　丙三/6257　子部/
類書類/類編

續同書八卷 （清）福申撰　清道光三年
(1823)刻本　四冊

110000－0102－0014777　丙三/6275　集部/
俗文學類/變文

天降度劫經 （□)□□撰　清末杭州匯文齋
刻字鋪刻本　一冊

110000－0102－0014778　丙三/6279　子部/
宗教類

三教圓通一卷 （□)□□撰　清光緒刻本
一冊

110000－0102－0014779　丙三/6283　子部/
宗教類/道教

悟真篇三註三卷 （宋）張伯瑞撰　（宋）薛道
光注　清道光三年(1823)師慎堂刻本　六冊

110000－0102－0014780　丙三/6288　子部/
雜家類/雜纂

經濟尋源 （清）金鵝輯　清同治七年(1868)
刻本　一冊

110000－0102－0014781　丙三/6292　子部/
藝術類/書畫

絳帖考 （清）徐琪撰　清光緒二十九年
(1903)刻香海盦叢書本　一冊

110000－0102－0014782　丙三/6297　子部/
藝術類/篆刻

張抱初先生印正稿六卷 （明）張信民撰　清
刻本　一冊

110000－0102－0014783　丙三/6298　子部/
儒家類

仁書 （清）易佩紳撰　清光緒十年(1884)刻
本　一冊

110000－0102－0014784　丙三/6300　子部/
宗教類/道教

太上三元賜福寶懺朝暮課全 （□)□□撰
清同治五年(1866)抄本　一冊

110000－0102－0014785　丙三/6303　集部/
別集類/清

慎齋外集二卷 （清）紀大奎撰　清咸豐二年
(1852)刻本　二冊

110000－0102－0014786　丙三/6305　子部/
藝術類/書畫/畫法、畫帖/清

夢跡圖 （清）葛寶琳繪撰　清光緒元年
(1875)石印本　一冊

110000－0102－0014787　丙三/6332　子部/
儒家類/清

繪圖女四書白話解四卷 （清）沈朱坤注解
清光緒三十四年(1908)上海圖書學社石印本
一冊

110000－0102－0014788　丙三/6334　經部/
四書類/總義/白文讀本

四書白文十九卷 清光緒三十三年(1907)學
部圖書局石印本　十四冊

110000－0102－0014789　丙三/6337　經部/
四書類/總義/傳說

四書恆解 （清）劉沅撰　清光緒十年(1884)
豫誠堂刻本　十冊

110000－0102－0014790　丙三/6338　經部/
四書類/總義/傳說

四書集注十九卷 （宋）朱熹集注　清光緒三
年(1877)江蘇書局刻本　六冊

110000－0102－0014791　丙三/6339　經部/
四書類/總義/傳說

監本四書　（宋）朱熹集注　清同治十三年(1874)刻本　五冊

110000－0102－0014792　丙三/6340　經部/四書類/總義/傳說

監本四書　（宋）朱熹集注　（清）王賡言增訂　清光緒八年(1882)刻本　五冊

110000－0102－0014793　丙三/6341　經部/經總類

四書五經類典集成三十四卷　（清）戴兆春輯　清光緒十四年(1888)銅版縮印本　二十四冊

110000－0102－0014794　丙三/6347　經部/四書類/總義/傳說

四書補注備旨附考十卷　（清）鄧林撰　（清）杜定基增訂　清光緒十二年(1886)文成堂刻本　六冊

110000－0102－0014795　丙三/6348　經部/四書類/論語/傳說

論語古注集箋十卷附考一卷　（清）潘維城撰　清光緒七年(1881)江蘇書局刻本　六冊

110000－0102－0014796　丙三/6349　經部/四書類/論語/傳說

論語古注集箋十卷附考一卷　（清）潘維城撰　清光緒七年(1881)江蘇書局刻本　六冊

110000－0102－0014797　丙三/6354　子部/雜家類/雜纂

茶餘客話十二卷　（清）阮葵生著　（清）戴璐選　清刻本　三冊　存九卷(一至九)

110000－0102－0014798　丙三/6355　子部/天文地理類/總錄

梅氏叢書輯要六十二卷首一卷　（清）梅文鼎撰　清光緒十四年(1888)上海龍文書局石印本　六冊

110000－0102－0014799　丙三/6356　子部/藝術類/書畫/書畫史

畫史彙傳七十二卷　（清）邱步洲輯　清同治十三年(1874)邱氏刻本　三十二冊

110000－0102－0014800　丙三/6358　集部/別集類/清

陳勾山文稿　（清）陳兆崙撰　顧一經　蔡玉堂等評注　清光緒成堂刻本　三冊

110000－0102－0014801　丙三/6359　集部/總集類/文/雜錄/課藝

欽定四書文　清光緒二十年(1894)上海古香閣石印本　八冊

110000－0102－0014802　丙三/6360　子部/藝術類/書畫

清河書畫舫　（明）張丑撰　清光緒二年(1876)刻本　十二冊

110000－0102－0014803　丙三/6361　集部/總集類/文/雜錄/課藝

增注八名塾鈔　（清）吳懋政編次　（清）李文山注釋　清刻本　十冊

110000－0102－0014804　丙三/6362　子部/天文地理類/天文

天文大象賦　（隋）李播撰　（唐）苗為注　清咸豐六年(1856)刻本　二冊

110000－0102－0014805　丙三/6364　子部/兵家類

車營叩答合編四卷　（明）孫承宗撰　清同治八年(1869)刻本　四冊

110000－0102－0014806　丙三/6365　經部/四書類/孟子/傳說

增補蘇批孟子　（宋）蘇洵批　（清）趙大浣增補　清刻本　二冊

110000－0102－0014807　丙三/6370　集部/總集類/文/雜錄/雜纂

初學必讀名賢集　清刻本　一冊

110000－0102－0014808　丙三/6372　經部/孝經類/傳說

御注孝經　（清）世祖福臨注　清順治十三年(1656)補刻本　一冊

110000－0102－0014809　丙三/6376　子部/農家類

種樹書一卷廣蠶桑説輯補二卷 (元)俞宗本著 清光緒二十三年(1897)刻本 一册

110000－0102－0014810 丙三/6380 經部/四書類/論語/傳說
論語戴氏注二十卷 (清)戴望注 清同治十年(1871)刻本 二册

110000－0102－0014811 丙三/6381 經部/四書類/論語/傳說
論語戴氏注二十卷 (清)戴望注 清同治十年(1871)刻本 二册

110000－0102－0014812 丙三/6385 子部/藝術類/音樂舞蹈
棠湖塤譜 (清)吳潯源纂述 清光緒十四年(1888)刻本 一册

110000－0102－0014813 丙三/6388 子部/藝術類/篆刻
四百三十二峰草堂印章浚縣衙齋二十四詠印章 (清)黄璟撰 清光緒十六年(1890)石印本 四册

110000－0102－0014814 丙三/6389 子部/類書類/韻編
詩韻釋音五卷 (清)陳錦編輯 清光緒十三年(1887)刻本 二册

110000－0102－0014815 丙三/6391 經部/四書類/論語/傳說
論語意原四卷 (宋)鄭汝諧撰 (清)紀昀等輯 清乾隆福建刻武英殿聚珍版叢書本 二册

110000－0102－0014816 丙三/6392 子部/藝術類/書畫/書畫史
甌缽羅室書畫過目考四卷 (清)李玉棻撰 清光緒二十三年(1897)刻本 六册

110000－0102－0014817 丙三/6396 經部/小學類/文字/訓蒙
初學行文語類四卷 (清)孫埏輯 清乾隆三年(1738)三槐堂刻本 二册

110000－0102－0014818 丙三/6398 經部/四書類/論語/傳說
論語經正錄二十卷附年譜 (清)王用誥撰 清光緒二十年(1894)刻本 十一册

110000－0102－0014819 丙三/6408 子部/藝術類/雜技
桃花泉棋譜二卷 (清)范西屏著 (清)浦開宗定本 清光緒二十三年(1897)鉛印本 二册

110000－0102－0014820 丙三/6410 子部/儒家類
陸軍中學堂修身課本中編 (清)□□撰 清末陸軍部承政司印刷所鉛印本 一册

110000－0102－0014821 丙三/6417 子部/宗教類/道教
竈君靈籤 (□)□□撰 清光緒二十八年(1848)刻本 一册

110000－0102－0014822 丙三/6418 子部/儒家類/清
顏習齋先生言行録二卷闢異録二卷 (清)鍾錂纂 清光緒五年(1879)定州王氏德謙堂刻畿輔叢書本 一册

110000－0102－0014823 丙三/6419 子部/儒家類/清
存性編二卷 (清)顏元著 清康熙四十四年(1705)刻本 一册

110000－0102－0014824 丙三/6423 子部/儒家類/清
存學編二卷 (清)顏元著 清光緒五年(1879)定州王氏德謙堂刻畿輔叢書本 一册

110000－0102－0014825 丙三/6428 子部/宗教類/釋教/論
大乘起信論義記七卷別記一卷 (唐)釋法藏撰 (清)楊文會重編 清光緒二十四年(1898)刻本 二册

110000－0102－0014826 丙三/6434 史部/政書類
三通序三卷 (清)康綸鈞校 清嘉慶九年(1804)刻本 二册

110000－0102－0014827　丙三/6437　經部/
四書類/總義/傳說

論語十卷孟子七卷　（宋）朱熹注　清善成堂
刻本　五冊

110000－0102－0014828　丙三/6438　經部/
四書類/總義/傳說

四書釋地續補　（清）閻若璩撰　**四書釋地又
續補**　清嘉慶二十一年（1816）梅陽海涵堂刻
本　四冊

110000－0102－0014829　丙三/6440　子部/
宗教類/釋教/經

維摩詰所說經三卷　（後秦）釋鳩摩羅什譯
清刻本　一冊

110000－0102－0014830　丙三/6441　子部/
宗教類/釋教/經

大方廣圓覺經二卷　（唐）罽賓沙門佛陀多羅
譯　清刻本　一冊

110000－0102－0014831　丙三/6451　子部/
宗教類/道教

晨鍾錄　（清）江文瀾編　清光緒十二年
（1886）永盛齋刻本　四冊

110000－0102－0014832　丙三/6453　子部/
宗教類/其它

集說詮真　（清）黃伯祿輯　蔣超凡校　清光
緒五年（1879）上海慈母堂刻本　六冊

110000－0102－0014833　丙三/6454－1　子
部/宗教類/釋教

指月錄三十二卷　（明）瞿汝稷撰　清刻本
四冊　存六卷（八、十、十七、二十六、二十八
至二十九）

110000－0102－0014834　丙三/6454　子部/
宗教類/釋教

指月錄三十二卷　（明）瞿汝稷撰　清刻本
六冊　缺十七卷（一至五、十一至十七、二十
七至三十一）

110000－0102－0014835　丙三/6457　子部/
天文地理類/演算法

數理精蘊下編四十卷表八卷　（清）聖祖玄燁

敕撰　清光緒八年（1882）江寧藩署刻本　二
十冊　缺二十四卷（一至二十四）

110000－0102－0014836　丙三/6460　子部/
兵家類

練兵實紀九卷雜集六卷　（明）戚繼光撰　清
刻本　六冊

110000－0102－0014837　丙三/6461　子部/
兵家類

江南陸師學堂武備課程二十七卷　（清）錢培
德纂編　清光緒二十五年（1899）江南陸師學
堂刻本　十五冊　缺三卷（三至五）

110000－0102－0014838　丙三/6462　子部/
宗教類/釋教/經

佛說阿彌陀經　（後秦）釋鳩摩羅什譯　清光
緒十八年（1892）揚州藏經院刻本　一冊

110000－0102－0014839　丙三/6464　子部/
藝術類/書畫/書法、碑帖

襄陽八種　（清）□□編　清道光海豐吳式芬
拓本　二冊

110000－0102－0014840　丙三/6466　子部/
宗教類/道教

呂祖全書六十四卷　（唐）呂岩撰　清刻本
七冊　存十六卷（十七至三十二）

110000－0102－0014841　丙三/6468　子部/
宗教類/釋教

苦海金堤二卷　（清）精如子輯　清光緒二十
九年（1903）刻本　二冊

110000－0102－0014842　丙三/6469　子部/
天文地理類/演算法

筆算數學　（美國）狄考文輯　（清）鄒立文譯
清光緒二十九年（1903）上海美華書館刻本
二冊

110000－0102－0014843　丙三/6475　子部/
兵家類

車營圖制　（明）鹿繼善撰　清刻本　一冊

110000－0102－0014844　丙三/6476　子部/
宗教類/道教

太上感應篇圖說　（清）許宮允纂　（清）張錡重輯　清同治十一年(1872)刻本　八冊

110000－0102－0014845　丙三/6479　集部/別集類

蓬萊集　（清）釋聖律撰　清刻本　一冊

110000－0102－0014846　丙三/6480　子部/兵家類

槍法準繩　（清）吳清卿撰　清光緒十九年(1893)刻本　一冊

110000－0102－0014847　丙三/6482　集部/俗文學類/變文

清淨寶卷　胡清泉輯　清末刻本　一冊

110000－0102－0014848　丙三/6483　子部/宗教類/釋教

觀心論疏五卷　（隋）釋灌頂撰　清刻本　二冊

110000－0102－0014849　丙三/6484　史部/傳記類/圖贊

亭林顧先生小像　（清）□□繪　清光緒二十五年(1899)石印本　一冊

110000－0102－0014850　丙三/6489　子部/天文地理類/演算法/各錄

筆算數學二十四章　（美國）狄考文輯　（清）鄒立文述　清光緒三十年(1904)上海美華書館鉛印本　三冊

110000－0102－0014851　丙三/6492　子部/儒家類/清

明夷待訪錄　（清）黃宗羲撰　清光緒二十八年(1902)正文堂刻本　一冊

110000－0102－0014852　丙三/6494　子部/雜家類/雜纂

藤陰雜記十二卷　（清）戴璐撰　清光緒三年(1877)吳興會館刻本　一冊　缺六卷(七至十二)

110000－0102－0014853　丙三/6495　史部/政書類/法令

版權考　（英國）斯克羅敦　（英國）普南

（美國）羅白孫合撰　（清）周儀君譯　清光緒二十九年(1903)上海商務印書館鉛印本　一冊

110000－0102－0014854　丙三/6498　史部/政書類/學制

教育學問答　（日本）日下部三之介著　清光緒二十九年(1903)上海廣智書局鉛印本　一冊

110000－0102－0014855　丙三/6501　子部/術數類

卜筮正宗十四卷　（清）王洪緒輯　清光緒三年(1877)經九堂刻本　二冊　存四卷(一至四)

110000－0102－0014856　丙三/6505　子部/儒家類/宋以前

獨斷　（漢）蔡邕撰　清光緒元年(1875)湖北崇文書局刻本　一冊

110000－0102－0014857　丙三/6506　子部/雜家類/學說

金樓子六卷　（南朝梁）元帝蕭繹撰　清光緒元年(1875)湖北崇文書局刻本　三冊

110000－0102－0014858　丙三/6514　子部/雜家類/雜纂

曬書堂筆錄六卷　（清）郝懿行撰　清嘉慶至光緒棲霞郝氏刻本　一冊　存一卷(三)

110000－0102－0014859　丙三/6517　子部/天文地理類/演算法/總錄

五曹算經五卷夏侯陽算經三卷　（北周）甄鸞注　（清）陸錫熊等校　清乾隆武英殿木活字印本　一冊

110000－0102－0014860　丙三/6519　史部/目錄類/著錄/學術總目

書目答問　（清）張之洞編　清光緒二十二年(1896)寶善書局石印本　四冊

110000－0102－0014861　丙三/6520　史部/目錄類/著錄/學術總目

四庫全書簡明目錄　（清）永瑢等編　清末善成堂刻本　十冊

110000－0102－0014862　丙三/6521　集部/
小說類/章回

繡像韓湘子全傳　雉衡山人撰　清光緒二十
一年(1895)十萬卷樓石印本　四冊

110000－0102－0014863　丙三/6522　集部/
小說類

東遊志傳　(明)吳元泰撰　清小蓬萊館刻本
八冊

110000－0102－0014864　丙三/6526　子部/
法家類

商君書五卷　(清)嚴可均校　清光緒二年
(1876)浙江書局嚴氏刻本　一冊

110000－0102－0014865　丙三/6536　子部/
類書類/類編/專錄

增訂二三場群書備考四卷　(明)袁黃撰
(明)袁儼注　(明)沈昌世補　清致和堂刻本
二冊

110000－0102－0014866　丙三/6538　史部/
政書類/職官

牧令經驗方　(清)方戊昌撰　清光緒十四年
(1888)一拳石齋刻本　一冊

110000－0102－0014867　丙三/6539　子部/
宗教類/釋教/經

繪圖感應金剛經　(後秦)釋鳩摩羅什譯　清
光緒九年(1883)京都白雲觀刻本　二冊

110000－0102－0014868　丙三/6541　子部/
術數類/命書相書

精校神峰通考四卷　(清)張楠撰　清宣統二
年(1910)石印本　四冊

110000－0102－0014869　丙三/6542　史部/
政書類/法令/律例

洗冤寶鑑二卷　(清)方江謙撰　清光緒八年
(1882)刻本　一冊

110000－0102－0014870　丙三/6543　史部/
傳記類/日記

姚漱石遊學日記　(清)姚漱石撰　清宣統三
年(1911)抄本　一冊

110000－0102－0014871　丙三/6544　子部/
宗教類/其它

敬竈章　(清)全陽子撰　清光緒二十七年
(1901)杜崇善堂刻本　一冊

110000－0102－0014872　丙三/6546　子部/
儒家類/宋以前

文中子中說十卷　(隋)王通撰　(宋)阮逸注
清光緒二年(1876)浙江書局刻本　二冊

110000－0102－0014873　丙三/6547　子部/
醫家類/醫經

黃帝內經靈樞十二卷　(□)□□撰　清光緒
刻本　二冊

110000－0102－0014874　丙三/6548　子部/
道家類

莊子十卷　(晉)郭象注　(唐)陸德明言義
清光緒二年(1876)浙江書局刻本　四冊

110000－0102－0014875　丙三/6549　子部/
雜家類/學說

尸子二卷　(清)汪繼培輯　清光緒三年
(1877)浙江書局刻本　一冊

110000－0102－0014876　丙三/6550　子部/
雜家類/學說

墨子十六卷　(清)華阮校注　清光緒二年
(1876)浙江書局刻本　四冊

110000－0102－0014877　丙三/6551　子部/
道家類

文子纘義十二卷　(宋)杜道堅撰　清光緒三
年(1877)浙江書局鉛印本　二冊

110000－0102－0014878　丙三/6555　子部/
儒家類

孔子集語十七卷　(清)孫星衍輯　清光緒三
年(1877)浙江書局刻本　四冊

110000－0102－0014879　丙三/6557　集部/
小說類/章回

繪圖談笑奇觀　(清)□□撰　清宣統元年
(1909)文元書莊石印本　一冊

110000－0102－0014880　丙三/6558　集部/

小說類/章回

繡像封神演義八卷　（□）□□撰　清嘉慶二十四年(1819)刻本　八冊

110000－0102－0014881　丙三/6561　子部/醫家類/諸專科方論

神授急救異痧奇方　（□）□□撰　清光緒二十九年(1903)刻本　一冊

110000－0102－0014882　丙三/6562　子部/醫家類/諸專科方論

華氏醫方彙編六卷　（清）華嶽撰　清光緒十一年(1885)上海務本堂刻本　六冊

110000－0102－0014883　丙三/6566　子部/雜家類/雜述

紅杏山房聞見隨筆二十八卷　（清）盧秉鈞纂　清光緒十八年(1892)盧氏刻本　十冊

110000－0102－0014884　丙三/6567　子部/醫家類/醫史

疫痧溯源　（清）王敬義注　清刻本　四冊

110000－0102－0014885　丙三/6572　子部/醫家類/本草

本草綱目五十二卷圖三卷　（明）李時珍撰　清康熙五十六年(1717)刻本（卷二十一至二十三、二十六、三十五下係抄配）　六十四冊

110000－0102－0014886　丙三/6576　子部/天文地理類/其它

光學二卷　（英國）田大里輯　（清）趙元益譯述　清同治九年(1870)刻本　二冊

110000－0102－0014887　丙三/6577　子部/天文地理類/其它

聲學八卷　（英國）田大里撰　清同治九年(1870)刻本　二冊

110000－0102－0014888　丙三/6578　子部/兵家類

炮准演算法圖解第二編　（清）鄧鈞撰　清光緒二十九年(1903)石印本　四冊

110000－0102－0014889　丙三/6580　子部/藝術類/書畫/書法、碑帖/明

戲鴻堂法書　（明）董其昌輯　清宣統二年(1910)上海新學會社石印本　十六冊

110000－0102－0014890　丙三/6582　子部/類書類/類編/通錄

玉海二百卷　（宋）王應麟撰　（清）張大昌撰校補瑣記　清嘉慶十一年(1806)江甯修樸刻本　一百冊

110000－0102－0014891　丙三/6583　經部/易類

三才略　（清）蔣德鈞輯　清光緒二十八年(1902)鉛印本　一冊

110000－0102－0014892　丙三/6584　子部/雜家類/西洋各派

原富　（英國）斯密亞丹撰　嚴復譯　清光緒二十七年(1901)鉛印本　三冊

110000－0102－0014893　丙三/6585　子部/術數類

陽宅都天發用全書　（清）瞿天賚撰　清刻本　一冊

110000－0102－0014894　丙三/6586　子部/醫家類/兒婦科方論

達生編　（清）極齋居士編　清光緒二十七年(1901)刻本　一冊

110000－0102－0014895　丙三/6587　集部/小說類

海上繁華夢新書後集　（清）驚夢癡仙撰　清光緒三十二年(1906)鉛印本　八冊

110000－0102－0014896　丙三/6593　子部/儒家類/清

求復彔四卷　（清）孟超然撰　清刻本　一冊

110000－0102－0014897　丙三/6596　子部/兵家類

臨陣管見九卷　（比利時）斯拉弗司撰　（清）趙元益譯　清同治六年(1867)刻本　四冊

110000－0102－0014898　丙三/6598　子部/醫家類/總錄

醫理真傳一卷　（清）鄭壽全撰　清同治八年

(1869)刻本　一冊

110000－0102－0014899　丙三/6600　史部/政書類/法令/其它

爽鳩要錄二卷　（清）蔣超伯撰　清同治五年(1866)刻本　一冊

110000－0102－0014900　丙三/6606　子部/類書類/類編/通錄

永嘉先生八面鋒十三卷　（宋）陳傅良撰　清光緒二十八年(1902)鴻寶書局石印本　一冊

110000－0102－0014901　丙三/6608　子部/醫家類/總錄

醫學心鏡圖說　（□）□□撰　清抄本　一冊

110000－0102－0014902　丙三/6609　子部/醫家類/診法

脈訣捷徑　（□）□□撰　清抄本　一冊

110000－0102－0014903　丙三/6610　子部/儒家類

五子近思錄十四卷　（清）王啟我編　清刻本　六冊

110000－0102－0014904　丙三/6611　子部/藝術類/雜技

形意拳學　（□）□□撰　清抄本　一冊

110000－0102－0014905　丙三/6613　經部/小學類/音韻/圖說

聲律表　（清）易順豫撰　清光緒三十一年(1905)刻本　一冊

110000－0102－0014906　丙三/6615　子部/宗教類/釋教

雲棲法彙　（明）釋袾宏撰　清光緒金陵刻經處刻本　一冊

110000－0102－0014907　丙三/6616　史部/傳記類/圖贊

重印河大王將軍畫像　河南河務局重刊　清末石印本　一冊

110000－0102－0014908　丙三/6617　子部/雜家類/學說

墨子經說解二卷　（清）張惠言撰　清宣統元

年(1909)影印本　一冊

110000－0102－0014909　丙三/6619　子部/宗教類/釋教/經

大佛頂首楞嚴經十卷　（唐）般剌密帝譯　清刻本　二冊

110000－0102－0014910　丙三/6625　子部/宗教類/釋教

十宗略說　（□）□□撰　清刻本　一冊

110000－0102－0014911　丙三/6626　子部/宗教類/釋教/經

佛說出家功德經　（□）□□撰　清刻本　一冊

110000－0102－0014912　丙三/6629　子部/宗教類/道教/經論著作

太上訂正東嶽經　（清）劉沅注　清嘉慶十三年(1808)刻本　一冊

110000－0102－0014913　丙三/6630－1　子部/醫家類/諸專科方論

醫書六卷　（□）□□撰　清抄本　六冊

110000－0102－0014914　丙三/6630　子部/宗教類/釋教/經

紀慎齋先生祈雨全書　（清）紀大奎著　清光緒二年(1876)直隸藩署刻本　一冊

110000－0102－0014915　丙三/6632　子部/醫家類/診法

四言脈訣　李涵虛述　清抄本　一冊

110000－0102－0014916　丙三/6633　集部/戲曲類/地方

舊抄本書囊記三卷　（□）□□撰　清抄本　三冊

110000－0102－0014917　丙三/6634　子部/藝術類/音樂舞蹈

棠湖壎譜　（清）吳潯源纂述　清光緒十四年(1888)刻本　一冊

110000－0102－0014918　丙三/6635　子部/雜家類/雜述

薑露庵雜記六卷　（清）駢葉道人撰　清光緒

至宣統申報館鉛印本　二冊

110000－0102－0014919　丙三/6636　經部/經總類/群經總義/傳說

癸巳類稿十五卷　（清）俞正燮撰　清光緒五年(1879)章氏刻本　八冊

110000－0102－0014920　丙三/6637　集部/曲類/曲別集/傳奇

畫錦堂記十五卷　（清）□□撰　清抄本　十五冊

110000－0102－0014921　丙三/6638　子部/農家類/其它

農學報二百七十九卷　（清）江南總農會編　清光緒二十三年至三十年(1897－1904)石印本　十八冊

110000－0102－0014922　丙三/6640　子部/類書類/韻編

佩文韻府一百〇六卷拾遺一百〇六卷　（清）陳廷敬　（清）勵廷儀等撰　清光緒十五年(1889)英石齋刻本　二十四冊

110000－0102－0014923　丙三/6643　集部/總集類/文/雜錄/課藝

策論秘訣二卷　（清）漁陸散人撰　清光緒二十四年(1898)石印本　一冊

110000－0102－0014924　丙三/6645　集部/小說類/翻譯小說

巴黎茶花女遺事　（清）冷紅生譯述　清光緒二十五年(1899)林氏刻本　一冊

110000－0102－0014925　丙三/6647　集部/俗文學類/變文

蔴姑寶卷　（清）□□撰　清刻本　一冊

110000－0102－0014926　丙三/6691　子部/術數類/相宅相墓

增補音義淵海子評五卷　（宋）徐升編　（明）楊綜增校　清光緒上海富文書局石印本　四冊

110000－0102－0014927　丙三/6698　子部/醫家類/兒婦科方論

達生保嬰稀痘全編二卷　（清）極齋居士原編　清光緒二十四年(1898)刻本　一冊

110000－0102－0014928　丙三/6699　子部/兵家類

練兵實紀九卷　（明）戚繼光撰　清刻本　六冊

110000－0102－0014929　丙三/6700　子部/雜家類/西洋各派

道原精萃圖　（清）倪司牧撰　清光緒十三年(1887)鉛印本　一冊

110000－0102－0014930　丙三/6702　子部/道家類

承志錄十卷　（清）彭純撰　清康熙抄本　一冊

110000－0102－0014931　丙三/6703　子部/天文地理類/天文

星宿圖解　（□）□□撰　清刻本　一冊

110000－0102－0014932　丙三/6704　子部/兵家類

守城要覽　（明）宋祖舜編　清道光九年(1829)刻本　一冊

110000－0102－0014933　丙三/6705　子部/宗教類/道教/經論著作

文昌孝經注　（□）□□撰　清光緒二十四年(1898)經正書院刻算經十種本　一冊

110000－0102－0014934　丙三/6706　子部/宗教類/釋教/經

金剛經石注　（清）石成金集注　清乾隆四十九年(1784)刻本　一冊

110000－0102－0014935　丙三/6707　子部/宗教類/釋教

淨業染香集　（清）釋悟靈錄　清道光十七年(1837)刻本　一冊

110000－0102－0014936　丙三/6712　子部/儒家類/宋

朱子注釋濂關三書　（宋）朱熹撰　清刻本　三冊

110000－0102－0014937　丙三/6713　子部/兵家類

營壘圖說炮准心法　（清）李鳳苞譯述　**爆藥記要**　（清）趙元益譯述　清末刻本　四冊

110000－0102－0014938　丙三/6714　史部/傳記類/年譜

康熙譜　（明）潘游龍輯　清道光七年(1827)刻本　八冊

110000－0102－0014939　丙三/6716　子部/儒家類

朱子晚年全論　（清）李紱編　清末傳經堂鉛印本　四冊

110000－0102－0014940　丙三/6717　經部/四書類

朱子四書語類　（宋）朱熹撰　清康熙十七年(1678)刻本　十六冊

110000－0102－0014941　丙三/6719　子部/天文地理類

琅環天文集四卷　（清）陳太初編　清嘉慶八年(1803)刻本　二冊

110000－0102－0014942　丙三/6723　子部/農家類/其它

閩産錄異六卷　（清）郭柏蒼撰　清光緒十二年(1886)刻本　五冊

110000－0102－0014943　丙三/6726　子部/農家類/其它

海錯百一錄五卷　（清）郭柏蒼輯　清光緒十二年(1886)刻本　三冊

110000－0102－0014944　丙三/6728　子部/宗教類/道教

金蓋心燈　（清）閔懶雲撰　（清）鮑廷博注　清光緒二年(1876)刻本　六冊

110000－0102－0014945　丙三/6729　子部/醫家類/醫經

素問直講　（清）高德撰　清同治十一年(1872)刻本　九冊

110000－0102－0014946　丙三/6731　子部/醫家類/諸專科方論/按摩

推拿廣意　（清）熊應雄輯　清金閶書業堂刻本　二冊

110000－0102－0014947　丙三/6732　子部/醫家類/諸專科方論/針灸

銅人腧穴針灸圖經五卷　（元）王維一撰　清宣統元年(1909)刻本　四冊

110000－0102－0014948　丙三/6734　子部/醫家類/醫經

玉機微義　（明）劉宗厚撰　清刻本　十二冊

110000－0102－0014949　丙三/6735　子部/兵家類

戊笈談兵　（清）汪紱撰　清光緒二十年(1894)刻本　十一冊

110000－0102－0014950　丙三/6742　子部/宗教類/道教

南華真經正義　（清）陳壽昌輯　清光緒十九年(1893)怡顏齋刻本　六冊

110000－0102－0014951　丙三/6743　史部/金石類/金/文字

攈古錄金文　（清）吳式芬撰　清光緒刻本　九冊

110000－0102－0014952　丙三/6745　子部/儒家類/宋以前

孔子家語十卷　（三國魏）王肅注　清光緒上海同文書局石印本　五冊

110000－0102－0014953　丙三/6746　子部/子總類/諸子彙編

廿二子　（清）浙江書局輯　清光緒元年至三年(1875－1877)浙江書局刻本　八十三冊

110000－0102－0014954　丙三/6747　子部/法家類

管子二十四卷　（唐）房玄齡注　清光緒五年(1879)常熟張氏刻本影刻　四冊

110000－0102－0014955　丙三/6749　子部/農家類/總錄

齊民要術十卷　（北魏）賈思勰撰　**農桑輯要**

七卷 （元）司農司撰　清光緒二十二年
（1896）刻本　六冊

110000－0102－0014956　丙三/6750　子部/
天文地理類/演算法/總錄

算經十書 （清）孔繼涵輯　清光緒十六年
（1890）刻本　十冊

110000－0102－0014957　丙三/6752　集部/
小說類/筆記小說

山海經十八卷圖贊補注一卷 （晉）郭璞撰
離騷箋二卷 （清）龔景瀚撰　楚辭八卷
（宋）朱熹注　清光緒元年（1875）湖北崇文書
局刻本　五冊

110000－0102－0014958　丙三/6753　子部/
兵家類

重刊武經七書彙解七卷首一卷末一卷 （清）
朱鹿岡 （清）國英輯　清光緒二年（1876）刻
本　十冊

110000－0102－0014959　丙三/6754　子部/
雜家類/學說

鬼谷子三卷附錄一卷 （南朝梁）陶宏景注
清嘉慶十年（1805）刻本　一冊

110000－0102－0014960　丙三/6755　經部/
四書類/總義/傳說

四書說約 （明）鹿善繼撰　清道光二十八年
（1848）刻本　四冊

110000－0102－0014961　丙三/6756　經部/
四書類/總義/傳說

日講四書解義 （清）喇沙里等撰　清鉛印本
十冊

110000－0102－0014962　丙三/6758　經部/
四書類/論語/傳說

論語古注集箋十卷附考一卷 （清）潘維城纂
清光緒七年（1881）江蘇書局刻本　六冊

110000－0102－0014963　丙三/6779　子部/
藝術類/書畫/書法、碑帖

攀雲閣臨漢碑 （清）錢泳摹　清道光拓本
七冊

110000－0102－0014964　丙四/2　集部/總
集類/文/雜錄/課藝

塾課古文滙選八卷 （清）溫承惠評選　清嘉
慶十八年（1813）刻本　二十冊

110000－0102－0014965　丙四/4　集部/總
集類/文/通代/編選

東萊集註類編觀瀾文集七十卷 （宋）林之奇
編　清光緒十年（1884）碧琳琅館刻本　六冊

110000－0102－0014966　丙四/6　集部/總
集類/文/通代/編選

古文辭類纂七十四卷 （清）姚鼐輯　清同治
八年（1869）江蘇書局刻本　十二冊

110000－0102－0014967　丙四/11　集部/總
集類/文/通代/文選

文選六十卷 （南朝梁）蕭統撰 （唐）李善注
清同治八年（1869）金陵書局刻本　十冊

110000－0102－0014968　丙四/17　集部/總
集類/文/通代/編選

續古文苑二十卷 （清）孫星衍撰　清嘉慶十
七年（1812）冶城山館刻本　六冊

110000－0102－0014969　丙四/19　集部/詞
類/詞總集

詞學叢書五種 （清）秦恩復輯　清嘉慶十六
年（1811）享帚精舍刻本　五冊　缺一種（詞
林韻釋）

110000－0102－0014970　丙四/21　集部/總
集類/詩/斷代/宋

宋詩記事補遺一百卷補正四卷 （清）陸心源
輯　清光緒十九年（1893）刻本　二十冊

110000－0102－0014971　丙四/26　集部/別
集類/漢至隋

陶淵明文集十卷 （晉）陶潛撰　清光緒五年
（1879）刻本　三冊

110000－0102－0014972　丙四/27　集部/別
集類/唐至五代

王狀元集百家注編年杜陵詩史三十二卷
（唐）杜甫撰　清宣統三年（1911）貴池劉氏玉
海堂影印本　十二冊

110000－0102－0014973　丙四/32　集部/別集類/清

玉屏山莊詩鈔初集二卷　（清）徐夢熊撰　清咸豐八年（1858）刻本　二冊

110000－0102－0014974　丙四/35　集部/別集類/宋

簡齋集十六卷　（宋）陳與義撰　清乾隆福建刻道光、同治遞修本　四冊

110000－0102－0014975　丙四/44　集部/總集類/文/斷代/上古至隋

六朝文絜四卷　（清）許槤評選　清光緒五年（1879）朱墨套印本　二冊

110000－0102－0014976　丙四/46　集部/別集類/唐至五代

樊川文集二十卷外集一卷別集一卷　（唐）杜牧撰　清光緒二十二年（1896）影印本　六冊

110000－0102－0014977　丙四/56　集部/別集類/宋

林和靖詩集四卷拾遺一卷　（宋）林逋撰　清同治十二年（1873）長洲朱氏依抱經堂刻本四冊

110000－0102－0014978　丙四/66　集部/別集類/唐至五代

柳州外集一卷附錄一卷　（唐）柳宗元撰　清光緒四年（1878）合肥蒯氏刻本　一冊

110000－0102－0014979　丙四/70　集部/別集類/唐至五代

沈下賢文集十二卷　（唐）沈亞之撰　清抄本六冊

110000－0102－0014980　丙四/76　集部/別集類/明

楊忠愍公全集四卷首一卷　（明）楊繼盛撰（清）章鈺輯　清光緒十九年（1893）味菜廬刻本　四冊

110000－0102－0014981　丙四/77　集部/別集類/唐至五代

昌黎先生詩集注十一卷　（唐）韓愈撰　（清）顧嗣立刪補　清道光十六年（1836）膺德堂刻本　四冊

110000－0102－0014982　丙四/78　集部/總集類/詩/斷代/明

明詩紀事甲籤三十卷乙籤二十二卷丙籤十二卷丁籤十七卷　（清）陳田輯　清光緒二十三年至三十三年（1897－1907）貴陽陳氏聽詩齋刻本　十六冊

110000－0102－0014983　丙四/85　集部/別集類/清

曇香精舍詩草四卷　（清）釋宏度撰　清道光十七年（1837）刻本　二冊

110000－0102－0014984　丙四/88　集部/總集類/文/斷代/上古至隋

全後魏文六十卷　（清）嚴可均輯　清光緒二十年（1894）廣州黃岡王毓藻刻本　七冊

110000－0102－0014985　丙四/89　集部/別集類/清

桐華吟館詩稿六卷　（清）楊揆撰　清嘉慶十二年（1807）刻本　二冊

110000－0102－0014986　丙四/91　集部/別集類/清

誦清閣集四卷首一卷　（清）石景芬撰　清同治十年（1871）刻本　四冊

110000－0102－0014987　丙四/93　集部/別集類/宋

浪語集三十五卷　（宋）薛季宣撰　清同治十年（1871）金陵書局刻本　十二冊

110000－0102－0014988　丙四/94　集部/別集類/宋

武夷新集二十卷　（宋）楊億撰　清嘉慶十六年（1811）留香室祝氏刻本　六冊

110000－0102－0014989　丙四/95　集部/別集類/清

鑑止水齋集二十卷　（清）許宗彥撰　清刻本三冊

110000－0102－0014990　丙四/97　集部/別集類/遼金元

虞文靖公道園全集四十四卷 （元）虞集撰
清道光十七年(1837)岷陽鵝溪孫氏刻本 十
二冊

110000 – 0102 – 0014991 丙四/98 集部/別
集類/清

琴隱園詩集三十六卷詞集四卷 （清）湯貽汾
撰 清光緒元年(1875)上元宗氏心遠樓刻本
八冊

110000 – 0102 – 0014992 丙四/106 集部/
別集類/明

漱玉齋文集三卷 （明）鄧雲霄撰 清刻本
三冊

110000 – 0102 – 0014993 丙四/107 集部/
別集類/清

綠天蘭若詩鈔 （清）釋含澈撰 清咸豐三年
(1853)刻本 四冊

110000 – 0102 – 0014994 丙四/108 集部/
別集類/清

五百四峯堂詩鈔二十五卷 （清）黎簡撰 清
同治十三年(1874)南海陳氏刻本 七冊

110000 – 0102 – 0014995 丙四/109 集部/
集評類/文評

文心雕龍十卷 （南朝梁）劉勰撰 （清）黃叔
琳注 清道光十三年(1833)朱墨套印本
四冊

110000 – 0102 – 0014996 丙四/110 集部/
別集類/清

天根文鈔正集四卷續集一卷詩集二卷 （清）
何家琪撰 清光緒三十二年(1906)刻本
六冊

110000 – 0102 – 0014997 丙四/112 集部/
總集類/文/斷代/宋

南宋文範七十卷外編四卷 （清）莊仲方編
清光緒十四年(1888)江蘇書局刻本 十六冊

110000 – 0102 – 0014998 丙四/114 集部/
總集類/詩/地方

國朝杭郡詩輯十六卷 （清）吳顥輯 清嘉慶
五年(1800)刻本 八冊

110000 – 0102 – 0014999 丙四/116 集部/
別集類/清

萬善花室文稿七卷 （清）方履籛撰 清光緒
七年(1881)刻本 四冊

110000 – 0102 – 0015000 丙四/117 集部/
別集類/宋

摛文堂集十五卷附錄一卷 （宋）慕容彥逢撰
清光緒二十三年(1897)武進盛氏刻本
六冊

110000 – 0102 – 0015001 丙四/119 集部/
俗文學類/民歌民謠

越諺三卷附賸語二卷 （清）范寅輯 清光緒
八年(1882)刻本 三冊

110000 – 0102 – 0015002 丙四/120 集部/
別集類/宋

淮海集十七卷後集詩文二卷詞一卷補遺一卷
（宋）秦觀撰 清道光十七年(1837)刻本
六冊

110000 – 0102 – 0015003 丙四/125 集部/
總集類/詩/地方

徐州詩徵八卷 （清）桂中行編 清光緒十七
年(1891)刻本 四冊

110000 – 0102 – 0015004 丙四/128 集部/
總集類/文/地方

京江耆舊集十三卷 （清）張學仁 （清）王豫
同輯 清宣統元年(1909)刻本 八冊

110000 – 0102 – 0015005 丙四/130 集部/
總集類/詩/斷代/唐至五代

古唐詩合解二十卷 （清）王堯衢注 清光緒
十二年(1886)刻本 六冊

110000 – 0102 – 0015006 丙四/131 集部/
別集類/清

練溪集四卷 （明）凌震撰 清嘉慶十九年
(1814)刻本 四冊

110000 – 0102 – 0015007 丙四/132 集部/
別集類/清

笥河文鈔二卷 （清）朱筠撰 清刻本 二冊

110000 – 0102 – 0015008　丙四/133　集部/別集類/宋

鶴山文鈔三十二卷 （宋）魏了翁撰　清宣統二年(1910)刻本　十一冊

110000 – 0102 – 0015009　丙四/134　集部/總集類/詩/斷代/清

方外詩選八卷 （清）釋含澈編　清光緒三年(1877)刻本　六冊

110000 – 0102 – 0015010　丙四/137　集部/總集類/詩/地方

吳興詩存四集四十八卷 （清）陸心源輯　清光緒十六年(1890)刻本　八冊

110000 – 0102 – 0015011　丙四/141　集部/總集類/詩/斷代/唐至五代

廣唐賢三昧集十卷 （清）文昭輯　清宣統元年(1909)荊州田氏後博古堂影印本　十冊

110000 – 0102 – 0015012　丙四/142　集部/詞類/詞總集/通代

樂府雅詞三卷拾遺二卷 （宋）曾慥輯　清嘉慶二十一年(1816)刻本　八冊

110000 – 0102 – 0015013　丙四/143　集部/總集類/詩/地方

即墨詩乘十二卷 （清）周翕鐄輯　清道光二十年(1840)刻本　八冊

110000 – 0102 – 0015014　丙四/145　集部/總集類/詩/斷代/清

欽定熙朝雅頌集一百三十四卷凡例一卷目錄一卷 （清）鐵保輯　清嘉慶九年(1804)刻本　二十四冊

110000 – 0102 – 0015015　丙四/146　集部/總集類/文/斷代/明

明文在一百卷 （清）薛熙纂　（清）何潔輯　清光緒十五年(1889)江蘇書局刻本　十冊

110000 – 0102 – 0015016　丙四/147　集部/總集類/文/斷代/遼金元

元文類七十卷目錄三卷 （元）蘇天爵編　清光緒十五年(1889)江蘇書局刻本　十冊

110000 – 0102 – 0015017　丙四/149　集部/別集類/清

寒支集十卷二集六卷首一卷 （清）李世熊撰　清道光八年(1828)刻本　十四冊

110000 – 0102 – 0015018　丙四/150　集部/總集類/詩/地方

黔詩紀略三十三卷 （清）黎兆勳輯　清同治十二年(1873)遵義唐氏夢研齋刻本　八冊

110000 – 0102 – 0015019　丙四/152　集部/別集類/宋

楊龜山先生集四十二卷首一卷末一卷 （宋）楊時撰　清光緒五年(1879)補修本　十冊

110000 – 0102 – 0015020　丙四/153　集部/別集類/明

鈐山堂集四十卷 （明）嚴嵩撰　清嘉慶刻本　十二冊

110000 – 0102 – 0015021　丙四/155　集部/總集類/文/斷代/遼金元

金文雅十六卷 （清）莊仲方編　清光緒十七年(1891)江蘇書局刻本　四冊

110000 – 0102 – 0015022　丙四/157　集部/別集類/清

留影龕餘草二卷 （清）閻南圖撰　清末刻本　二冊

110000 – 0102 – 0015023　丙四/161　集部/別集類/清

潘少白先生集古文八卷詩五卷常語二卷 （清）潘諮撰　清道光二十四年(1844)瞻園刻本　八冊

110000 – 0102 – 0015024　丙四/162　集部/別集類/宋

南海百詠一卷 （宋）方信孺撰　清光緒八年(1882)學海堂刻本　四冊

110000 – 0102 – 0015025　丙四/163　集部/總集類/詩/通代

漁洋山人古詩選五言詩十七卷七言詩歌行鈔十五卷五七言今體詩鈔九卷 （清）王士禛選　清同治五年(1866)金陵書局刻本　十冊

110000－0102－0015026　丙四/164　集部/別集類/清

養雲山館試帖四卷　（清）許球撰　（清）王榮紱注釋　清同治四年（1865）刻本　四冊

110000－0102－0015027　丙四/167　集部/別集類/宋

寇忠愍公詩集三卷　（宋）寇準撰　清宣統三年（1911）中國圖書館影印本　二冊

110000－0102－0015028　丙四/168　集部/總集類/文/雜錄/雜纂

囊膌　（清）趙古農纂　清道光十一年（1831）刻本　四冊

110000－0102－0015029　丙四/171　集部/別集類/清

桐鳳集　（清）曾彥撰　清光緒十五年（1889）蘇州書局刻本　二冊

110000－0102－0015030　丙四/172　集部/詞類/詞別集/清

養一齋詞三卷　（清）潘德輿撰　清咸豐三年（1853）刻本　二冊

110000－0102－0015031　丙四/173　集部/集評類/總評/通評

文心雕龍十卷　（南朝梁）劉勰撰　（清）黃叔琳注　（清）紀昀評　清光緒十九年（1893）思賢講舍刻本　四冊

110000－0102－0015032　丙四/175　集部/別集類/清

天遊閣集五卷　（清）顧太清撰　清宣統二年（1910）鉛印本　一冊

110000－0102－0015033　丙四/176　集部/別集類/清

史梅叔詩選十二卷　（清）史密撰　（清）文康選　清道光十五年（1835）刻本　二冊

110000－0102－0015034　丙四/177　集部/別集類/清

古歡室全集　（清）曾懿撰　清光緒三十三年（1907）刻本　六冊

110000－0102－0015035　丙四/184　史部/史評類/詠史

十六國宮詞二卷　（清）周昇撰並注　清道光十二年（1832）刻本　二冊

110000－0102－0015036　丙四/186　集部/總集類/詩/雜錄/其它

蘭言詩鈔四卷　（清）李瑞選　清光緒七年（1881）刻本　四冊

110000－0102－0015037　丙四/188　集部/總集類/文/通代

忠雅堂評選四六法海八卷　（清）蔣士銓評選　清同治十年（1871）朱墨套印本　八冊

110000－0102－0015038　丙四/189　子部/雜家類/雜纂

李氏蒙求集註八卷　（後唐）李日新撰　（清）楊迦懌集註　清道光十四年（1834）刻本　八冊

110000－0102－0015039　丙四/190　集部/別集類/唐至五代

昌黎先生詩集注十一卷　（唐）韓愈撰　（清）顧嗣立刪補　清光緒九年（1883）廣州翰墨園刻本　四冊

110000－0102－0015040　丙四/191　集部/總集類/文

吳顧賦稾合刻詳注　（清）黃蟾桂注　清光緒十年（1884）刻本　二冊

110000－0102－0015041　丙四/192　集部/別集類/外國譯著

邵亭詩稿二卷　（朝鮮）金永爵撰　清同治六年（1867）刻本　二冊

110000－0102－0015042　丙四/193　集部/別集類/遼金元

閑閑老人滏水文集二十卷附錄一卷　（金）趙秉文撰　清光緒二十九年（1903）海豐吳氏刻本　八冊

110000－0102－0015043　丙四/194　集部/別集類/清

六觀樓文集拾遺　（清）許鴻磐撰　（清）李福

泰編　清同治九年(1870)刻本　二冊

110000－0102－0015044　丙四/195　集部/
總集類/詩/通代

詩比興箋四卷　（清）陳沆撰　清咸豐二年
(1852)刻本　六冊

110000－0102－0015045　丙四/196　集部/
別集類/宋

柯山集五十卷　（宋）張耒撰　清乾隆福建刻
本　八冊

110000－0102－0015046　丙四/199　集部/
別集類/清

西圃集四卷　（清）潘遵祁撰　清光緒八年
(1882)刻本　二冊

110000－0102－0015047　丙四/201　集部/
別集類/唐至五代

李義山詩集三卷　（唐）李商隱撰　（清）朱鶴
齡箋注　（清）沈厚塽輯評　清光緒十四年
(1888)聶氏刻本　四冊

110000－0102－0015048　丙四/205　集部/
總集類/文/斷代/清

國朝駢體正宗十二卷　（清）曾燠輯　清光緒
十三年(1887)上海蜚英館石印本　六冊

110000－0102－0015049　丙四/207　集部/
總集類/文/雜錄/課藝

玉玲瓏四卷　（清）徐瑄撰　清善成堂刻本
二冊

110000－0102－0015050　丙四/210　集部/
別集類/宋

山谷詩外集注十七卷集補四卷別集注二卷
(宋)黃庭堅撰　（宋）史容注　清嘉慶刻本
十冊

110000－0102－0015051　丙四/211　集部/
別集類/宋

**歐陽文忠公全集一百五十三卷首一卷附錄五
卷**　（宋）歐陽修撰　清嘉慶二十四年(1819)
刻本　二十四冊

110000－0102－0015052　丙四/212　集部/

總集類/文/地方

容城三賢集十二卷　（清）愈廷獻重輯　清光
緒二十四年(1898)刻本　十二冊

110000－0102－0015053　丙四/213　集部/
楚辭類/楚辭

楚辭十七卷　（漢）劉向集　（漢）王逸章句
清同治十一年(1872)金陵書局刻本　四冊

110000－0102－0015054　丙四/214　集部/
總集類/文/通代/文選

文選六十卷考異十卷　（南朝梁）蕭統選
(唐)李善注　清同治八年(1869)湖北崇文書
局刻本　二十四冊

110000－0102－0015055　丙四/218　經部/
小學類/音韻/韻典

詩韻全璧五卷　惜陰主人編輯　清光緒十七
年(1891)暢懷古屋石印本　六冊

110000－0102－0015056　丙四/221　集部/
別集類/清

胡文忠公遺集十卷首一卷　（清）胡林翼撰
清同治七年(1868)醉六堂刻本　八冊

110000－0102－0015057　丙四/222　集部/
總集類/文

敬修堂詞賦課鈔十六卷　（清）胡敬編　清道
光二十二年(1842)刻本　四冊

110000－0102－0015058　丙四/225　經部/
小學類/音韻/韻典

詩韻釋要五卷　（清）周兆基輯　清同治九年
(1870)南皮張氏刻本　二冊

110000－0102－0015059　丙四/227　集部/
集評類/文評

文心雕龍十卷　（南朝梁）劉勰撰　（清）黃叔
琳注　（清）紀昀評　清道光十三年(1833)朱
墨套印本　一冊

110000－0102－0015060　丙四/228　集部/
總集類/文/斷代/清

國朝駢體正宗十二卷　（清）曾燠輯　清光緒
十九年(1893)善化章氏鴻運樓刻本　二冊

110000－0102－0015061　丙四/230　集部/
總集類/詩/通代

小學弦歌八卷　（清）李元度輯　清光緒五年
(1879)刻本　四冊

110000－0102－0015062　丙四/231　集部/
總集類/詩/雜錄/題詠

金陵百詠一卷　（宋）曾極撰　清光緒二十九
年(1903)長沙葉氏刻本　一冊

110000－0102－0015063　丙四/233　集部/
別集類/清

孟晉齋文集五卷　（清）顧壽禎撰　清同治五
年(1866)刻本　三冊

110000－0102－0015064　丙四/235　集部/
別集類/清

冰壺山館詩鈔　（清）王夢庚撰　清嘉慶二十
年(1815)刻本　一冊

110000－0102－0015065　丙四/238　集部/
別集類/清

悟雪樓詩十二卷　（清）徐謙撰　清嘉慶十六
年(1811)刻本　四冊

110000－0102－0015066　丙四/239　經部/
小學類/文字

龍文鞭影三集　（明）蕭良有撰　（明）楊臣諍
增訂　清光緒二十七年(1901)刻本　五冊
缺一卷(初集下)

110000－0102－0015067　丙四/240　集部/
總集類/文/雜錄/課藝

制藝選讀　李景銘重輯　清刻本　六冊

110000－0102－0015068　丙四/241　集部/
總集類/詩/斷代/唐至五代

古唐詩合解十六卷　（清）王堯衢注　清光緒
南京李光明莊刻本　六冊

110000－0102－0015069　丙四/244　集部/
別集類/清

二南文集二卷　（清）周樂撰　清道光二十六
年(1846)刻本　二冊

110000－0102－0015070　丙四/246　叢部/
自著叢書

亭林遺書　（清）顧炎武撰　清光緒十一年
(1885)上海文瑞樓石印本　十二冊

110000－0102－0015071　丙四/248　子部/
雜誌類

國粹學報第一年七號第二年十三號　（清）國
粹學報社編輯　清光緒三十二年至三十三年
(1906－1907)鉛印本　二十冊

110000－0102－0015072　丙四/249　子部/
雜誌類

國粹學報第五年八號第六年十二號　（清）國
粹學報社編輯　清宣統元年至二年(1909－
1910)鉛印本　二十冊

110000－0102－0015073　丙四/251　集部/
別集類/宋

劉左史文集四卷　（宋）劉安節撰　清同治十
二年(1873)里安孫氏詒善祠塾刻永嘉叢書本
二冊

110000－0102－0015074　丙四/252　集部/
別集類/清

因寄軒文初集十卷二集六卷　（清）管同撰
清光緒五年(1879)刻本　四冊

110000－0102－0015075　丙四/253　集部/
總集類/文

駢體文鈔三十一卷　（清）李兆洛輯　清同治
六年(1867)刻本　五冊

110000－0102－0015076　丙四/254　集部/
別集類/明

空同詩集三十四卷　（明）李夢陽撰　清光緒
十五年(1889)渭南嚴氏刻本　六冊

110000－0102－0015077　丙四/256　集部/
別集類/遼金元

遺山詩集二十卷　（金）元好問撰　清宣統二
年(1910)成都萌古書局刻本　四冊

110000－0102－0015078　丙四/257　集部/
別集類/遼金元

遺山詩集二十卷　（金）元好問撰　清宣統二
年(1910)成都萌古書局刻本　六冊

110000－0102－0015079　丙四/259　集部/
別集類/清

歸樸龕叢稿十二卷續編四卷　(清)彭蘊章撰
　清道光二十八年(1848)刻本　二冊

110000－0102－0015080　丙四/261　集部/
別集類/唐至五代

莆陽黃御史集附錄一卷　(唐)黃滔撰　清光
緒十年(1884)福山王氏刻息壤閣叢書本
二冊

110000－0102－0015081　丙四/262　集部/
總集類/文/通代

賦學正鵠十卷　(清)李元度輯　清光緒十七
年(1891)益元書局刻本　六冊

110000－0102－0015082　丙四/264　集部/
總集類/文/通代/文選

文選旁證四十六卷　(清)梁章鉅撰　清光緒
八年(1882)刻本　十二冊

110000－0102－0015083　丙四/265　集部/
集評類/詩評

閨秀詩評　棣華園主人編輯　清光緒三年
(1877)申報館活字本　一冊

110000－0102－0015084　丙四/266　集部/
集評類/文評

賦學指南六卷　(清)余炳照編輯　清道光二
十三年(1843)刻本　一冊

110000－0102－0015085　丙四/268　集部/
總集類/詩/地方

金陵覽勝詩考十卷　(清)周寶偀撰　清道光
元年(1821)刻本　四冊

110000－0102－0015086　丙四/269　集部/
總集類/詩/地方

廣陵詩事十卷　(清)阮元撰　清光緒十六年
(1890)刻本　二冊

110000－0102－0015087　丙四/271　集部/
總集類/文/通代/編選

文章軌範　(宋)謝枋得撰　清光緒二十一年
(1895)湖北官書局朱墨套印本　二冊

110000－0102－0015088　丙四/276　集部/
別集類/宋

山谷詩集內集二十卷外集十七卷別集二卷
(宋)黃庭堅撰　清光緒二十五年(1899)刻本
二十冊

110000－0102－0015089　丙四/278　集部/
總集類/文/通代

駢文類纂四十六卷　王先謙纂　清光緒二十
八年(1902)思賢書局刻本　二十四冊

110000－0102－0015090　丙四/280　集部/
總集類/文/通代/編選

文章軌範七卷　(宋)謝枋得編　清朱墨套印
本　四冊

110000－0102－0015091　丙四/283　集部/
總集類/詩/地方

國朝湖州詩續錄十六卷　(清)鄭佶編　清道
光十一年(1831)刻本　八冊

110000－0102－0015092　丙四/285　集部/
別集類/明

袁中郎先生全集二十四卷　(明)袁宏道撰
清道光九年(1829)刻本　十六冊

110000－0102－0015093　丙四/286　集部/
別集類/宋

王臨川全集一百卷目錄二卷　(宋)王安石撰
　清光緒九年(1883)刻本　二十冊

110000－0102－0015094　丙四/287　集部/
別集類/明

花王閣賸稿　(明)紀坤撰　清乾隆四十一年
(1776)刻本　一冊

110000－0102－0015095　丙四/288　集部/
別集類/清

呂晚邨東莊詩集　(清)呂留良撰　清宣統三
年(1911)鉛印本　一冊

110000－0102－0015096　丙四/290　集部/
詞類/詞選/斷代

清朝詞綜四十八卷　(清)王昶纂　清嘉慶七
年(1802)刻本　十冊

110000 - 0102 - 0015097　丙四/293　集部/
別集類/清

唯心集三卷末一卷　（清）釋昌仁撰　清光緒
十三年(1887)刻本　四冊

110000 - 0102 - 0015098　丙四/295　集部/
總集類/文/通代/文選

文選補遺四十卷　（宋）陳仁子編　清刻本
十五冊

110000 - 0102 - 0015099　丙四/296　集部/
總集類/文/通代

重校古文釋義八卷　（清）余誠評注　清光緒
二十三年(1897)刻本　八冊

110000 - 0102 - 0015100　丙四/297　集部/
別集類/清

半螺龕詩存二編　（清）吳文錫撰　清咸豐元
年(1851)刻本　二冊

110000 - 0102 - 0015101　丙四/299　集部/
總集類/詩/家族

莫如樓詩選合刻　（清）蔣湘培等撰　清同治
六年(1867)金穀園刻本　三冊

110000 - 0102 - 0015102　丙四/300　集部/
總集類/文/通代/編選

斯文正統十二卷　（清）刁包選輯　清道光五
年(1825)刻本　十二冊

110000 - 0102 - 0015103　丙四/301　集部/
別集類/清

多歲堂集　（清）成書撰　清刻本　四冊

110000 - 0102 - 0015104　丙四/304　集部/
總集類/文/通代

古文辭類纂七十五卷續二十八卷　（清）姚鼐
編　清光緒二十七年(1901)滁州李氏求要堂
刻本　二十四冊

110000 - 0102 - 0015105　丙四/306　史部/
目錄類/著錄/題跋及讀書記

蘇黃題跋五卷　（宋）蘇軾　（宋）黃庭堅撰
清同治十一年(1872)石印本　五冊

110000 - 0102 - 0015106　丙四/307　集部/

總集類/文/雜錄/書牘表啟

秋水軒尺牘四卷　（清）許思湄撰　（清）管斯
駿補注　清光緒十一年(1885)朱墨套印本
四冊

110000 - 0102 - 0015107　丙四/309　集部/
總集類/詩/斷代/唐至五代

古唐詩合解古詩四卷唐詩十二卷　（清）王堯
衢注　清光緒十七年(1891)石印本　八冊

110000 - 0102 - 0015108　丙四/310　集部/
總集類/文/斷代/清

戴段合刻二十四卷首一卷　（清）戴震　（清）
段玉裁撰　清光緒十年(1884)刻本　十二冊

110000 - 0102 - 0015109　丙四/312　集部/
別集類/清

變雅堂遺集　（清）杜濬撰　清光緒二十年
(1894)刻本　六冊

110000 - 0102 - 0015110　丙四/313　集部/
別集類/清

面城樓集鈔四卷　（清）曾釗撰　（清）陳璞編
清光緒十一年(1885)刻本　四冊

110000 - 0102 - 0015111　丙四/314　子部/
雜家類/雜述

十二石齋叢錄七卷詩話四卷　（清）梁九圖輯
清道光二十八年(1848)刻本　五冊

110000 - 0102 - 0015112　丙四/315　集部/
別集類/宋

止齋先生文集五十二卷　（宋）陳傅良撰　清
刻本　八冊

110000 - 0102 - 0015113　丙四/316　集部/
別集類/清

俞俞齋文稿四卷詩稿二卷　（清）史念祖撰
清光緒三十二年(1906)刻本　六冊

110000 - 0102 - 0015114　丙四/317　集部/
總集類/詩/地方

國朝山右詩存二十四卷附集八卷　（清）陳錫
麟等輯　清嘉慶六年(1801)刻本　十冊

110000 - 0102 - 0015115　丙四/318　集部/

總集類/文/斷代/清

戴南山文鈔六卷 （清）戴名世撰 **方望溪文鈔六卷** （清）方苞撰 清宣統二年(1910)上海國學扶輪社鉛印本 八冊

110000－0102－0015116 丙四/320 集部/別集類/清

二林居集二十四卷 （清）彭紹升撰 清光緒七年(1881)刻本 六冊

110000－0102－0015117 丙四/321 集部/別集類/遼金元

郝文忠公陵川文集三十九卷首一卷附錄一卷 （元）郝經撰 （清）王鐸編 清嘉慶三年(1798)刻本 十冊

110000－0102－0015118 丙四/322 集部/總集類/詩/婦女

國朝閨閣詩鈔 （清）蔡殿齋編 清道光二十四年(1844)刻本 十冊

110000－0102－0015119 丙四/326 集部/總集類/文/通代/文選

文選六十卷 （南朝梁）蕭統撰 （唐）李善注 清同治八年(1869)金陵書局刻本 十冊

110000－0102－0015120 丙四/327 集部/總集類/文/通代/文選

文粹一百卷 （宋）姚鉉編 清光緒十六年(1890)杭州許氏榆園刻本 十六冊

110000－0102－0015121 丙四/329 子部/雜家類/雜述

曬書堂筆記二卷 （清）郝懿行輯 清刻本 二冊

110000－0102－0015122 丙四/334 集部/別集類/清

餐芍華館詩集八卷詞一卷 （清）周騰虎撰 清光緒十九年(1893)木活字印本 二冊

110000－0102－0015123 丙四/335 集部/別集類/清

織齋文集八卷 （清）李煥章撰 清光緒十三年(1887)刻本 二冊

110000－0102－0015124 丙四/336 集部/別集類/清

屺思堂詩集 （清）劉子壯撰 清中晚期刻本 一冊

110000－0102－0015125 丙四/337 集部/別集類/清

龍璧山房文集五卷詩草十七卷 （清）王拯撰 清光緒九年(1883)善華向氏刻本 六冊

110000－0102－0015126 丙四/342 集部/俗文學類/迷語及其它

龍山社謎 （清）賦筍齋主人輯 清光緒六年(1880)刻本 一冊

110000－0102－0015127 丙四/343 集部/別集類/清

秣陵集六卷表一卷圖考一卷 （清）陳文述撰 清道光三年(1823)刻本 三冊

110000－0102－0015128 丙四/345 集部/別集類/清

聽香禪室詩集四卷 （清）釋笠雲撰 清光緒二十二年(1896)刻本 二冊

110000－0102－0015129 丙四/347 集部/別集類/清

寄素堂詩稿二卷雜著二卷 （清）李永標撰 清道光二十五年(1845)刻本 二冊

110000－0102－0015130 丙四/349 集部/別集類/清

古春軒詩鈔二卷 （清）梁德繩撰 清道光二十九年(1849)刻本 二冊

110000－0102－0015131 丙四/350 集部/別集類/清

借庵詩鈔五卷 （清）釋青恆撰 清道光三年(1823)刻本 二冊

110000－0102－0015132 丙四/356 集部/別集類/清

六瑩堂集九卷二集八卷 （清）梁佩蘭撰 清道光二十年(1840)南海伍氏詩雪軒刻粵十三家集本 六冊

110000－0102－0015133　丙四/357　集部/別集類/清

香雪齋詩鈔四卷　（清）嚴鈖撰　清光緒十九年(1893)刻本　二冊

110000－0102－0015134　丙四/358　集部/總集類/詩/地方

京江七子詩鈔七卷　（清）張學仁輯　清道光九年(1829)刻本　二冊

110000－0102－0015135　丙四/359　集部/別集類/清

孟晉齋文集五卷　（清）顧壽禎撰　清同治五年(1866)見素抱樸齋刻本　四冊

110000－0102－0015136　丙四/365　集部/別集類/清

無近名齋文集　（清）彭翊撰　清光緒十年(1884)刻本　四冊

110000－0102－0015137　丙四/366　集部/別集類/清

青門集簏稿十六卷旅稿六卷賸稿八卷　（清）邵長蘅撰　清光緒二十三年(1897)武進盛氏刻本　四冊

110000－0102－0015138　丙四/369　集部/詞類/詞別集

飲水詞鈔二卷　（清）納蘭性德撰　清道光十一年(1831)刻本　一冊

110000－0102－0015139　丙四/370　集部/別集類/宋

燭湖集二十卷附編二卷　（宋）孫應時撰　清嘉慶八年(1803)靜遠軒刻本　八冊

110000－0102－0015140　丙四/371　集部/別集類/清

劍虹居文集二卷　（清）秦煥撰　清光緒三十一年(1905)刻本　二冊

110000－0102－0015141　丙四/372　集部/別集類/清

湛園未定稿六卷　（清）姜宸英撰　清刻本　四冊

110000－0102－0015142　丙四/376　集部/別集類/清

利於不息齋初集　（清）孔昭焜撰　清道光刻本　二冊

110000－0102－0015143　丙四/377　集部/別集類/清

朱九江集十卷首一卷　（清）朱次琦撰　清光緒二十三年(1897)刻本　四冊

110000－0102－0015144　丙四/378　集部/別集類/清

南雷文定　（清）黃宗羲撰　清刻本　八冊

110000－0102－0015145　丙四/380　集部/別集類/清

蜨庵詩鈔八卷　（清）楊榮撰　清同治二年(1863)刻本　二冊

110000－0102－0015146　丙四/381　集部/別集類/清

蜨庵詩鈔八卷　（清）楊榮撰　清同治二年(1863)刻本　二冊

110000－0102－0015147　丙四/382　集部/別集類/清

饅飢亭集三十二卷後集十二卷　（清）祁雋藻撰　清咸豐六年至七年(1856－1857)刻本　六冊

110000－0102－0015148　丙四/383　集部/別集類/清

友竹草堂文集五卷　（清）蔣慶第撰　清光緒十九年(1893)刻本　二冊

110000－0102－0015149　丙四/384　集部/別集類/清

癸巳類稿十五卷　（清）俞正燮撰　清道光十三年(1833)求日益齋刻本　八冊

110000－0102－0015150　丙四/385　集部/別集類/清

易簡齋詩鈔四卷　（清）和瑛撰　清道光三年(1823)刻本　二冊

110000－0102－0015151　丙四/386　集部/

別集類/清

雙牖堂集 （清）韓廷秀撰　清道光二十六年(1846)刻本　一冊

110000 – 0102 – 0015152　丙四/387　集部/別集類/清

果園詩鈔十卷 （清）郭恩孚撰　清光緒三十三年(1907)京都松華齋刻本　二冊

110000 – 0102 – 0015153　丙四/388　集部/別集類/清

松雪精舍詩錄四卷 （清）釋慧霖撰　清咸豐八年(1858)刻本　一冊

110000 – 0102 – 0015154　丙四/397　集部/別集類/清

見山堂詩草 （清）范桂園撰　清嘉慶二十五年(1820)刻本　一冊

110000 – 0102 – 0015155　丙四/398　集部/別集類/清

餐楓館文集二卷 （清）張紈英撰　清道光三十年(1850)刻本　一冊

110000 – 0102 – 0015156　丙四/399　集部/別集類/清

養一齋文集二十卷詩集四卷 （清）李兆洛撰　清光緒四年(1878)刻本　十二冊

110000 – 0102 – 0015157　丙四/404　集部/別集類/清

槃薖文甲乙集五卷 （清）湯紀尚撰　清光緒二十三年(1897)蕭山湯氏刻本　二冊

110000 – 0102 – 0015158　丙四/406　集部/別集類/宋

劉給諫文集五卷 （宋）劉安上撰　清同治十二年(1873)里安孫氏刻本　二冊

110000 – 0102 – 0015159　丙四/407　集部/別集類/清

虛白室文鈔二卷 （清）方昌翰撰　清光緒十三年(1887)刻本　一冊

110000 – 0102 – 0015160　丙四/411　集部/別集類/清

思益堂集十九卷 （清）周壽昌撰　清光緒十四年(1888)刻本　六冊

110000 – 0102 – 0015161　丙四/412　集部/別集類/清

仰蕭樓文集 （清）張星鑒撰　清光緒六年(1880)刻本　四冊

110000 – 0102 – 0015162　丙四/413　集部/別集類/清

蒿庵集三卷 （清）張爾岐撰　清刻本　二冊

110000 – 0102 – 0015163　丙四/414　子部/雜家類/雜述

蒿庵閒話二卷 （清）張爾岐輯　清嘉慶二十一年(1816)刻本　二冊

110000 – 0102 – 0015164　丙四/415　集部/總集類/詩/雜錄/唱和

桐華竹實之軒梅花唱酬集 （清）謙福編　清咸豐六年(1856)刻本　一冊

110000 – 0102 – 0015165　丙四/416　集部/別集類/清

楓南山館遺集八卷 （清）莊受祺撰　清同治十三年(1874)刻本　二冊

110000 – 0102 – 0015166　丙四/418　集部/總集類/詩/地方

松陵詩徵前編十二卷 （清）殷增編　清光緒九年(1883)刻本　四冊

110000 – 0102 – 0015167　丙四/420　集部/別集類/清

湘中草六卷 （清）湯傳楹撰　清末刻本　二冊

110000 – 0102 – 0015168　丙四/421　集部/別集類/清

南雷文約四卷 （清）黃宗羲撰　清刻本　四冊

110000 – 0102 – 0015169　丙四/422　集部/總集類/文/地方

續岡州遺稿八卷 （清）言良鈺編輯　清道光二十二年(1842)刻本　八冊

110000－0102－0015170　丙四/423　集部/
楚辭類/楚辭

楚詞集註八卷辯證二卷後語六卷　（宋）朱熹
集注　清光緒八年（1882）江蘇書局刻本
四冊

110000－0102－0015171　丙四/424　集部/
楚辭類/離騷

屈原賦十二卷　（清）戴震注　清光緒十七年
（1891）廣雅書局刻本　一冊

110000－0102－0015172　丙四/425　集部/
別集類/漢至隋

靖節先生集十卷首一卷末一卷　（晉）陶潛撰
（清）陶澍集注　清光緒九年（1883）江蘇書
局刻本　四冊

110000－0102－0015173　丙四/426　集部/
別集類/漢至隋

陶淵明文集十卷　（晉）陶潛撰　清光緒五年
（1879）仿宋刻本　二冊

110000－0102－0015174　丙四/432　集部/
別集類/唐至五代

讀杜小箋三卷二箋二卷　（唐）杜甫撰　（清）
錢謙益箋　清宣統三年（1911）上海國學扶輪
社石印本　一冊

110000－0102－0015175　丙四/436　集部/
別集類/唐至五代

韓集補注一卷　（唐）韓愈撰　（清）沈欽輯注
清光緒十七年（1891）廣雅書局刻本　一冊

110000－0102－0015176　丙四/443　集部/
別集類/宋

司馬温公文集八十二卷　（宋）司馬光撰　清
同治四年（1865）山西刻本　二十四冊

110000－0102－0015177　丙四/445　集部/
別集類/宋

曾南豐全集五十卷首一卷　（宋）曾鞏撰　清
光緒十六年（1890）慈利漁浦書院刻本　十
二冊

110000－0102－0015178　丙四/451　集部/
別集類/宋

**蘇文忠公詩編注集成四十六卷總案四十五卷
首一卷目錄一卷雜綴一卷識餘四卷**　（宋）蘇
軾撰　清光緒十四年（1888）浙江書局刻本
二十三冊

110000－0102－0015179　丙四/455　集部/
集評類/詩評

眉山詩案廣證六卷　（清）張鑒撰　清光緒十
年（1884）江蘇書局刻本　二冊

110000－0102－0015180　丙四/456　集部/
別集類/宋

黃文節公全集　（宋）黃庭堅撰　清光緒二十
年（1894）義寧州署刻本　二十八冊

110000－0102－0015181　丙四/464　子部/
儒家類/宋

朱子大全一百卷目錄二卷　（宋）朱熹撰　清
末刻本　六十一冊　缺一卷（目錄上）

110000－0102－0015182　丙四/475　集部/
別集類/宋

鶴山文鈔三十二卷　（宋）魏了翁撰　清宣統
二年（1910）官印刷局刻本　十二冊

110000－0102－0015183　丙四/476　集部/
別集類/宋

西山集　（宋）真德秀撰　清同治三年（1864）
刻本　一百冊

110000－0102－0015184　丙四/485　集部/
別集類/明

甫田集三十六卷　（明）文徵明撰　清宣統三
年（1911）千頃堂書莊鉛印本　十二冊

110000－0102－0015185　丙四/492　集部/
別集類/明

金忠節公文集八卷　（明）金聲撰　清光緒十
四年（1888）黟色李氏刻本　四冊

110000－0102－0015186　丙四/493　集部/
別集類/清

棗林詩集三卷附錄一卷　（清）談遷撰　清宣
統三年（1911）上海國學扶輪社鉛印本　一冊

110000－0102－0015187　丙四/494　集部/

別集類/明

顧仲恭文集　（明）顧大詔撰　清宣統元年(1909)上海國學扶輪社鉛印本　二冊

110000－0102－0015188　丙四/495　集部/別集類/清

楊園先生全集五十四卷年譜一卷　（清）張履祥撰　（清）姚璉輯　清同治十年(1871)江蘇書局刻本　十六冊

110000－0102－0015189　丙四/498　集部/別集類/清

梅村文集二十卷　（清）吳偉業撰　清宣統二年(1910)國光印刷所鉛印本　四冊

110000－0102－0015190　丙四/501　集部/別集類/清

西廬文集四卷　（清）張雋撰　清宣統二年(1910)上海國學扶輪社鉛印本　二冊

110000－0102－0015191　丙四/502　集部/別集類/清

湖海樓文集　（清）陳維崧撰　清光緒十七年(1891)弇山鐸署刻本　十六冊

110000－0102－0015192　丙四/507　集部/別集類/清

沈端洛公遺書二卷年譜二卷　（清）沈近思撰　清同治十二年(1873)浙江書局刻本　二冊

110000－0102－0015193　丙四/509　集部/別集類/清

紀文達公遺集三十二卷　（清）紀昀撰　清刻本　十二冊

110000－0102－0015194　丙四/510　集部/別集類/清

陳一齋先生文集　（清）陳梓撰　清宣統三年(1911)上海國學扶輪社鉛印本　一冊

110000－0102－0015195　丙四/511　集部/別集類/清

陳一齋詩集　（清）陳梓撰　清宣統三年(1911)上海國學扶輪社鉛印本　一冊

110000－0102－0015196　丙四/512　子部/

雜家類/雜述

定香亭筆談　（清）阮元撰　清光緒二十五年(1899)浙江書局刻本　四冊

110000－0102－0015197　丙四/516　集部/別集類/清

切問齋集十二卷首一卷　（清）陸燿撰　清光緒十八年(1892)江蘇書局刻本　四冊

110000－0102－0015198　丙四/517　集部/別集類/清

有正味齋駢體文箋注十六卷　（清）吳錫麒撰　（清）葉聯芳箋注　清同治七年(1868)慈北葉氏刻本　八冊

110000－0102－0015199　丙四/518　集部/別集類/清

劉氏遺書八卷　（清）劉台拱撰　清光緒十五年(1889)廣雅書局刻本　二冊

110000－0102－0015200　丙四/522　集部/別集類/清

洪北江文鈔四卷　（清）洪亮吉撰　清宣統二年(1910)上海國學扶輪社鉛印本　二冊

110000－0102－0015201　丙四/524　集部/別集類/清

培遠堂手劄節存三卷　（清）陳弘謀撰　清同治十一年(1872)江蘇書局刻本　一冊

110000－0102－0015202　丙四/525　集部/別集類/清

茗柯文編四編　（清）張惠言撰　清光緒七年(1881)刻本　二冊

110000－0102－0015203　丙四/526　子部/雜家類/雜考

禮耕堂叢說　（清）施國祁撰　清宣統三年(1911)上海國學扶輪社鉛印本　一冊

110000－0102－0015204　丙四/530　集部/別集類/清

歸樸龕叢稿十二卷　（清）彭蘊章撰　清道光二十九年(1849)刻本　四冊

110000－0102－0015205　丙四/531　集部/

別集類/清

松風閣詩鈔二十六卷 （清）彭蘊章撰 清同治七年(1868)刻本 六冊

110000－0102－0015206 丙四/532 集部/別集類/清

學詁齋文集二卷 （清）薛壽撰 清光緒十五年(1889)廣雅書局刻本 一冊

110000－0102－0015207 丙四/539 集部/別集類/清

胡文忠公遺集八十六卷首一卷 （清）胡林翼撰 清光緒元年(1875)湖北崇文書局刻本 三十二冊

110000－0102－0015208 丙四/540 集部/別集類/清

曾文正公家書十卷家訓二卷大事記四卷榮哀錄一卷 （清）曾國藩撰 清光緒十九年(1893)上海圖書集成印書局石印本 八冊 缺二卷(家書五至六)

110000－0102－0015209 丙四/542 集部/別集類/清

周文忠公尺牘二卷雜文附錄一卷 （清）周天爵撰 清同治七年(1868)蘇松太道署刻本 一冊

110000－0102－0015210 丙四/546 集部/別集類/清

廣經室文鈔一卷 （清）劉恭冕撰 清光緒十五年(1889)廣雅書局刻本 一冊

110000－0102－0015211 丙四/549 集部/別集類/清

退思軒詩集六卷補遺一卷 （清）張百熙撰 清宣統三年(1911)京師鉛印本 一冊

110000－0102－0015212 丙四/550 集部/別集類/清

退思軒詩集六卷補遺一卷 （清）張百熙撰 清宣統三年(1911)京師鉛印本 一冊

110000－0102－0015213 丙四/551 集部/別集類/清

吳摯甫文集四卷 （清）吳汝綸撰 清宣統二年(1910)上海國學扶輪社石印本 五冊

110000－0102－0015214 丙四/560 集部/別集類/清

止足齋詩存四卷 （清）葉赫銘安撰 清光緒三十一年(1905)刻本 一冊

110000－0102－0015215 丙四/561 集部/別集類/清

崇蘭堂詩初存十卷 （清）張預撰 清光緒二十年(1894)刻本 二冊

110000－0102－0015216 丙四/562 集部/別集類/清

味陶軒集 （清）吳載勳撰 清宣統二年(1910)刻本 一冊

110000－0102－0015217 丙四/569 集部/別集類/民國

散原精舍詩二卷 陳三立撰 清宣統二年(1910)上海商務印書館鉛印本 二冊

110000－0102－0015218 丙四/570 集部/別集類/民國

抱潤軒文集一卷 馬其昶撰 清宣統元年(1909)安徽官紙印書局石印本 一冊

110000－0102－0015219 丙四/574 集部/別集類/清

小雅樓詩文集八卷首一卷遺文二卷 （清）鄧方撰 清光緒二十六年(1900)廣州刻本 五冊

110000－0102－0015220 丙四/575 集部/別集類/民國

海藏樓詩 鄭孝胥撰 清光緒二十八年(1902)武昌刻本 一冊

110000－0102－0015221 丙四/584 集部/集評類/文評

文選集評十五卷首一卷末一卷 （清）于光華編 清同治十一年(1872)江蘇書局刻本 十六冊

110000－0102－0015222 丙四/585 集部/總集類/文/通代/文選

文選考異十卷　（清）胡克家撰　清同治八年(1869)湖北崇文書局刻本　四冊

110000－0102－0015223　丙四/588　集部/總集類/詩/斷代/唐至五代

才調集補注十卷　（後蜀）韋穀撰　（清）殷元勳箋注　（清）宋邦綏補注　清光緒二十五年(1899)江蘇書局刻本　四冊

110000－0102－0015224　丙四/589　集部/總集類/文/斷代/唐至五代

唐文粹一百卷　（宋）姚鉉編　清光緒九年(1883)江蘇書局刻本　十六冊

110000－0102－0015225　丙四/592　集部/總集類/文/家族

三蘇全集四種　（清）弓翊清等編　清道光十二年(1832)眉州三蘇祠刻本　八十冊

110000－0102－0015226　丙四/595　集部/總集類/文/斷代/遼金元

元文類七十卷目錄三卷　（元）蘇天爵編　清光緒十五年(1889)江蘇書局刻本　十冊

110000－0102－0015227　丙四/596　集部/總集類/文/斷代/上古至隋

漢魏六朝一百三名家集　（明）張溥輯　清光緒三年(1877)滇南唐氏刻本　一百二十冊

110000－0102－0015228　丙四/598　集部/總集類/詩/通代

列朝詩集　（清）錢謙益選　清宣統二年(1910)上海神州國光社鉛印本　五十六冊

110000－0102－0015229　丙四/601　集部/總集類/文/斷代/遼金元

金文最六十卷　（清）張金吾輯　清光緒二十一年(1895)江蘇書局刻本　十六冊

110000－0102－0015230　丙四/603　集部/總集類/文/通代

古文淵鑒正集六十四卷　（清）聖祖玄燁選　（清）徐乾學等編注　清宣統二年(1910)北京學部圖書局石印本　二十四冊

110000－0102－0015231　丙四/605　集部/

總集類/詩/通代

唐宋詩醇四十七卷目錄二卷　（清）高宗弘曆選　清光緒七年(1881)浙江書局刻本　二十冊

110000－0102－0015232　丙四/606　集部/總集類/文/斷代/唐至五代

欽定全唐文一千卷　（清）董誥等纂　清光緒二十七年(1901)廣雅書局刻本　二百冊

110000－0102－0015233　丙四/614　集部/總集類/文/斷代/唐至五代

唐文續拾十六卷　（清）陸心源輯　清刻本　六冊

110000－0102－0015234　丙四/615　集部/總集類/文/通代

唐宋八大家類選十四卷　（清）儲欣評選　清光緒十八年(1892)湖北官書處刻本　六冊

110000－0102－0015235　丙四/616　集部/總集類/文/通代

唐宋十大家全集錄　（清）儲欣輯　清光緒八年(1882)江蘇書局刻本　三十二冊

110000－0102－0015236　丙四/617　集部/總集類/文/通代

古文辭類纂七十五卷　（清）姚鼐纂　清光緒二十七年(1901)安徽滁州求要堂刻本　十二冊

110000－0102－0015237　丙四/622　集部/總集類/詩/地方

兩浙輶軒錄四十卷補遺十卷　（清）阮元編　清光緒十六年(1890)浙江書局刻本　三十二冊

110000－0102－0015238　丙四/623　集部/總集類/文/地方

西泠五布衣遺著　（清）丁丙輯　清同治十二年(1873)錢塘丁氏刻本　十冊

110000－0102－0015239　丙四/625　集部/總集類/詩/斷代/宋

南宋群賢小集　（宋）陳起輯　清嘉慶六年(1801)讀畫齋刻本　三十一冊　缺二種二卷（梅花衲一卷、剪綃集一卷）

110000－0102－0015240　丙四/626　集部/總集類/文/斷代/宋

江湖後集二十四卷　（宋）陳起輯　清嘉慶六年(1801)讀畫齋刻本　八冊

110000－0102－0015241　丙四/627　集部/總集類/詩/婦女

閨秀正始集二十卷附錄一卷補遺一卷續集十卷附錄一卷補遺一卷　（清）惲珠輯　清道光十一年(1831)紅香館刻本　十冊

110000－0102－0015242　丙四/628　史部/傳記類/總傳/專錄/列女

蘭閨寶錄六卷　（清）惲珠輯　清道光十一年(1831)紅香館刻本　六冊

110000－0102－0015243　丙四/629　集部/總集類/詩/通代

歷代大儒詩鈔六十卷　（清）谷際岐編　清嘉慶十九年(1814)梅花書院刻本　四十冊

110000－0102－0015244　丙四/635　集部/總集類/文/通代/編選

桐城吳氏古文讀本十三卷　（清）吳汝綸評選　清光緒三十四年(1908)上海文明書局鉛印本　四冊

110000－0102－0015245　丙四/637　集部/總集類/詩/家族

項城袁氏家集　丁振鐸輯　清宣統三年(1911)清芬閣鉛印本　五十六冊

110000－0102－0015246　丙四/644　集部/總集類

新安吳氏詩文存　（清）吳蔭培輯　清宣統刻本　一冊

110000－0102－0015247　丙四/657　經部/禮類/禮記

汪批檀弓二卷　（清）汪有光評　清光緒十三年(1887)刻本　一冊

110000－0102－0015248　丙四/668　集部/詞類/詞別集

坐花閣詩餘　（清）吳之騄撰　清宣統二年(1910)刻本　一冊

110000－0102－0015249　丙四/671　集部/別集類/清

濯絳宦存稿　（清）劉毓盤撰　清宣統元年(1909)刻本　一冊

110000－0102－0015250　丙四/681　集部/曲類/曲譜、曲韻

六也曲譜初集　（清）張芬編輯　清光緒三十四年(1908)衢州振新書社石印本　四冊

110000－0102－0015251　丙四/687　集部/別集類/宋

宛陵集六十卷　（宋）梅堯臣撰　清宣統二年(1910)上海石印本　十冊

110000－0102－0015252　丙四/691　集部/別集類/清

北山樓集　（清）吳保初撰　清光緒二十七年(1901)上海商務印書館鉛印本　二冊

110000－0102－0015253　丙四/695　集部/別集類/清

讀書堂綵衣全集八卷　（清）趙士麟撰　清光緒十九年(1893)浙江書局刻本　四冊

110000－0102－0015254　丙四/699　集部/別集類/清

逢吉堂焚餘稿　（清）黃錫深撰　清光緒三十年(1904)刻本　一冊

110000－0102－0015255　丙四/701　集部/別集類/清

白香亭詩集三卷　（清）鄧輔綸撰　清光緒十九年(1893)刻本　二冊

110000－0102－0015256　丙四/718　集部/別集類/清

簡學齋館課賦存　（清）陳沆撰　清咸豐二年(1852)刻本　一冊

110000－0102－0015257　丙四/719　集部/別集類/清

簡學齋館課賦續鈔　（清）陳沆撰　清刻本　二冊

110000－0102－0015258　丙四/720　集部/

別集類/清

簡學齋詩刪四卷 （清）陳沆撰 清咸豐二年(1852)靳水陳氏刻本 一冊

110000－0102－0015259 丙四/721 集部/別集類/清

簡學齋試律續鈔 （清）陳沆撰 清刻本 一冊

110000－0102－0015260 丙四/722 集部/別集類/清

讀騷閣賦存二卷 （清）李恩綬撰 清光緒十六年(1890)金陵刻本 二冊

110000－0102－0015261 丙四/723 集部/別集類/清

唐確慎公集十卷首一卷末一卷 （清）唐鑑撰 清光緒元年(1875)刻本 六冊

110000－0102－0015262 丙四/731 集部/別集類/清

曾惠敏公遺集十七卷 （清）曾紀澤撰 清光緒十九年(1893)江南製造總局鉛印本 八冊

110000－0102－0015263 丙四/748 集部/總集類/文/家族

三蘇策論十二卷 （宋）蘇洵等撰 清光緒二十七年(1901)上海書局石印本 三冊

110000－0102－0015264 丙四/751 集部/總集類/詩/雜錄/題詠

黃花晚節圖題詞 黃榮康輯 清光緒二十八年(1902)刻本 一冊

110000－0102－0015265 丙四/757 集部/別集類/唐至五代

昌黎先生集四十卷 （唐）韓愈撰 清同治八年(1869)江蘇書局刻本 十冊

110000－0102－0015266 丙四/762 集部/別集類/清

茗柯文編四編 （清）張惠言撰 清光緒七年(1881)刻本 二冊

110000－0102－0015267 丙四/763 集部/別集類/清

廣經室文鈔一卷 （清）劉恭冕撰 清光緒十五年(1889)廣雅書局刻本 一冊

110000－0102－0015268 丙四/766 集部/總集類/文/通代/文選

古文淵鑒六十四卷 （清）聖祖玄燁選 （清）徐乾學等編注 清宣統二年(1910)學部圖書局石印本 二十四冊

110000－0102－0015269 丙四/769 集部/總集類/詩/通代

唐宋詩醇四十七卷 （清）高宗弘曆選 清光緒七年(1881)浙江書局刻本 二十冊

110000－0102－0015270 丙四/778 集部/集評類/詩評/詩話/個人

藻川堂譚藝 鄧繹撰 清光緒刻本 一冊

110000－0102－0015271 丙四/784 集部/別集類/清

顧亭林先生詩箋注十七卷首一卷校補一卷 （清）顧炎武撰 （清）徐嘉輯 清光緒二十七年(1901)徐氏味靜齋刻本 六冊

110000－0102－0015272 丙四/789 集部/別集類/明

劉武慎公遺書二十四卷 （清）劉長佑撰 清光緒二十六年(1900)刻本 八冊 存八卷（奏稿一至八）

110000－0102－0015273 丙四/790 子部/儒家類

淛嗳存愚二卷 （清）李清植撰 清光緒十八年(1892)浙江書局刻本 一冊

110000－0102－0015274 丙四/791 集部/別集類/清

南屏豁堂禪師尺牘三卷 （清）釋大訥編 清宣統元年(1909)浩如抄本 三冊

110000－0102－0015275 丙四/792 子部/藝術類/書畫/畫法、畫帖/元

圖繪寶鑑八卷 （元）夏文彥纂 清乾隆刻本 六冊

110000－0102－0015276 丙四/794 集部/

別集類/清

靈芬館詩二集十卷 （清）郭麐撰　清嘉慶九年(1804)刻本　四冊

110000－0102－0015277　丙四/796　集部/別集類/清

蕭麈堂遺集文二卷詩二卷 （清）戴望撰　清宣統三年(1911)鉛印本　一冊

110000－0102－0015278　丙四/798　集部/總集類/文/雜錄/課藝

李氏蒙求詳註四卷 （清）陳宸書纂註　清嘉慶二十年(1815)刻本　四冊

110000－0102－0015279　丙四/804　集部/別集類/清

湘舲詩稿四卷 （清）錢棻撰　清嘉慶十年(1805)刻本　一冊

110000－0102－0015280　丙四/805　集部/別集類/明

冷邸小言一卷 （明）鄧雲霄撰　清道光二十七年(1847)刻本　一冊

110000－0102－0015281　丙四/806　集部/別集類/清

歸樸龕叢槁十二卷續編四卷 （清）彭蘊章撰　清刻本　六冊

110000－0102－0015282　丙四/811　集部/別集類/遼金元

湛然居士文集十四卷 （元）耶律楚材撰　清光緒二十一年(1895)刻本　四冊

110000－0102－0015283　丙四/813　集部/別集類/宋

鴻慶居士集四十二卷 （宋）孫覿撰　清光緒二十一年(1895)刻本　四冊

110000－0102－0015284　丙四/819　集部/別集類/遼金元

清容居士集五十卷劄記一卷 （元）袁桷撰　清道光二十年(1840)刻宜稼堂叢書本　十三冊

110000－0102－0015285　丙四/822　集部/

別集類/唐至五代

重訂李義山詩文集箋註詩三卷集外詩一卷文十卷 （唐）李商隱撰　（清）程夢星刪補（清）徐樹穀箋　清順治十六年(1659)刻本　八冊

110000－0102－0015286　丙四/823　集部/別集類/遼金元

剡源集三十卷 （元）戴表元撰　清道光二十年(1840)上海鬱氏刻宜稼堂叢書本　六冊

110000－0102－0015287　丙四/825　集部/別集類/清

缾水齋詩集十六卷 （清）舒位撰　清嘉慶二十年(1815)刻本　四冊

110000－0102－0015288　丙四/826　集部/別集類/清

小謨觴館詩文集十三卷續四卷 （清）彭兆蓀撰　清嘉慶十一年(1806)刻本　六冊

110000－0102－0015289　丙四/828　集部/別集類/清

籜石齋詩集五十卷文集二十六卷 （清）錢載撰　清刻本　八冊

110000－0102－0015290　丙四/829　集部/別集類/清

思元主人詩集三種 （清）裕瑞撰　清嘉慶七年至十三年(1802－1808)刻本　三冊

110000－0102－0015291　丙四/832　集部/別集類/遼金元

金淵集六卷 （元）仇遠撰　清同治十三年(1874)江西書局刻本　二冊

110000－0102－0015292　丙四/833　集部/別集類/金

拙軒集六卷 （金）王寂撰　清同治十三年(1874)江西書局刻本　二冊

110000－0102－0015293　丙四/834　集部/別集類/遼金元

至正集八十一卷 （元）許有壬撰　清宣統三年(1911)河南教育總會石印本　十冊

110000 – 0102 – 0015294　丙四／840　集部／總集類／文／地方

易堂九子文鈔　（清）彭士望等輯　清道光十七年(1837)刻本　十二冊

110000 – 0102 – 0015295　丙四／841　集部／別集類／宋

紹陶錄二卷　（宋）王質撰　清光緒歸安陸心源十萬卷樓刻本　一冊

110000 – 0102 – 0015296　丙四／842　集部／總集類／詩／地方

國朝嶺海詩鈔二十卷　（清）凌揚藻輯　清道光六年(1826)刻十萬卷樓叢書本　八冊

110000 – 0102 – 0015297　丙四／843　集部／別集類／清

壹齋集二卷　（清）黃鉞撰　清咸豐九年(1859)廣東蕪湖許氏刻本　二冊

110000 – 0102 – 0015298　丙四／844　集部／別集類／民國

讀書舫文稿一卷　胡捷撰　清同治四年(1865)刻本　一冊

110000 – 0102 – 0015299　丙四／845　集部／總集類／文

張含中文談　（清）梁積章編　清光緒十八年(1892)關中書院刻本　一冊

110000 – 0102 – 0015300　丙四／846　集部／別集類／清

棗香書屋詩鈔　（清）黃樂之撰　清咸豐六年(1856)刻本　一冊

110000 – 0102 – 0015301　丙四／847　集部／總集類／詩／雜錄／題詠

滇遊雜詠　（清）姜其垓撰　清同治十一年(1872)刻本　一冊

110000 – 0102 – 0015302　丙四／849　集部／別集類／清

懺盦詩鈔二卷詞鈔一卷　（清）沈澤棠撰　清光緒二十九年(1903)刻本　二冊

110000 – 0102 – 0015303　丙四／852　集部／別集類／清

齊雲山人文集一卷　（清）洪符孫撰　清光緒九年(1883)江陰繆荃孫雲自在龕刻雲自在龕叢書本　一冊

110000 – 0102 – 0015304　丙四／853　集部／別集類／清

賈靜子先生文集四卷　（清）賈開宗撰　清道光八年(1828)刻本　四冊

110000 – 0102 – 0015305　丙四／854　集部／別集類／遼金元

丹邱生集五卷附錄一卷　（元）柯九思撰　清光緒三十四年(1908)刻本　一冊

110000 – 0102 – 0015306　丙四／857　集部／別集類／清

梓園詩鈔　（清）釋江叡撰　清刻本　一冊

110000 – 0102 – 0015307　丙四／859　集部／別集類／清

水西閒館詩二十卷　（清）程虞卿撰　清嘉慶二十五年(1820)刻本　四冊

110000 – 0102 – 0015308　丙四／860　集部／別集類／清

石堂全集十卷　（清）釋元玉撰　清光緒七年(1881)刻本　四冊

110000 – 0102 – 0015309　丙四／862　集部／別集類／清

復堂類集文四卷詩九卷日記八卷　（清）譚獻撰　清光緒十一年(1886)鉛印本　六冊

110000 – 0102 – 0015310　丙四／863　集部／別集類

居東集二卷　蔣智由撰　清宣統二年(1910)鉛印本　一冊

110000 – 0102 – 0015311　丙四／864　集部／別集類／清

北墅緒言二卷　（清）陸次雲撰　清刻本　二冊

110000 – 0102 – 0015312　丙四／865　集部／別集類／清

秋士先生遺集六卷　(清)彭績撰　清刻本
一冊

110000－0102－0015313　丙四/866　集部/
別集類/清

謝梅莊先生遺集八卷　(清)謝濟世撰　清光
緒三十四年(1908)鉛印本　二冊

110000－0102－0015314　丙四/867　集部/
別集類/清

悔翁詩鈔十五卷補遺一卷　(清)汪士鐸撰
清光緒十年(1884)合肥張氏味古齋刻本
三冊

110000－0102－0015315　丙四/868　集部/
別集類/明

野古集三卷附錄一卷　(明)龔詡撰　清光緒
二十八年(1902)新陽趙氏刻本　二冊

110000－0102－0015316　丙四/869　集部/
別集類/清

懷荊堂詩槀四卷　(清)恆慶撰　清道光十三
年(1833)浙西館碧雲仙館刻本　一冊

110000－0102－0015317　丙四/874　集部/
別集類/清

香蘇山館詩鈔三十六卷　(清)吳嵩梁撰　清
嘉慶二十三年(1818)刻本　四冊

110000－0102－0015318　丙四/878　集部/
別集類/清

柯家山館遺詩六卷　(清)嚴元照撰　清嘉慶
二十二年(1817)刻本　四冊

110000－0102－0015319　丙四/879　集部/
別集類/清

沈四山人詩鈔六卷附錄一卷　(清)沈謹學撰
清光緒三年(1877)八喜齋刻本　一冊

110000－0102－0015320　丙四/881　集部/
別集類/清

純甫左文鈔六卷　(清)戴楫撰　清同治九年
(1870)刻本　二冊

110000－0102－0015321　丙四/886　集部/
別集類/清

遊道堂集四卷　(清)朱彬撰　清同治七年
(1868)刻本　二冊

110000－0102－0015322　丙四/888　集部/
別集類/清

千里樓詩草　(清)周維德撰　清光緒二年
(1876)刻本　二冊

110000－0102－0015323　丙四/889　集部/
總集類/詩/斷代/上古至隋

漢詩統箋一卷　(清)陳本禮箋訂　清嘉慶十
五年(1810)刻本　一冊

110000－0102－0015324　丙四/894　集部/
別集類/清

芳茂山人詩錄　(清)孫星衍撰　清嘉慶二十
三年(1818)刻本　四冊

110000－0102－0015325　丙四/896　集部/
別集類/明

王忠文公文集二十五卷　(明)王禕撰　清嘉
慶十四年(1809)刻本　十冊

110000－0102－0015326　丙四/901　集部/
別集類/清

玉井山館文續一卷　(清)許宗衡撰　清同治
四年(1865)刻本　一冊

110000－0102－0015327　丙四/902　集部/
別集類/清

樊謝山房集十卷續十卷文集八卷　(清)厲鶚
撰　清光緒七年(1881)嶺南述軒刻本　六冊

110000－0102－0015328　丙四/906　集部/
別集類/明

宋文憲公全集五十三卷首四卷　(明)宋濂撰
清嘉慶十五年(1810)刻本　二十冊

110000－0102－0015329　丙四/916　集部/
別集類/清

龍泉園集　(清)李江撰　清刻本　一冊

110000－0102－0015330　丙四/919　集部/
別集類/明

夏節湣全集十卷首一卷末一卷補遺二卷　(明)
夏完淳撰　清嘉慶十二年(1807)刻本　二冊

110000－0102－0015331　丙四/920　集部/別集類/清

紀城詩稿四卷　（清）安致遠撰　清刻本
一冊

110000－0102－0015332　丙四/921　集部/別集類/清

木庵居士詩四卷附補遺一卷　（清）陳書撰
清光緒三十二年（1906）刻本　一冊

110000－0102－0015333　丙四/922　集部/別集類/清

鳳池仙館詩存　（清）郭佩芳撰　清道光二十年（1840）刻本　一冊

110000－0102－0015334　丙四/924　集部/別集類/清

儲遜菴文集六卷　（清）儲方慶撰　清刻本
三冊　缺一卷（一）

110000－0102－0015335　丙四/926　集部/別集類/清

華峰文集六卷　（清）吳光耀撰　清光緒二十四年（1898）刻　二冊

110000－0102－0015336　丙四/928　集部/別集類/清

盤隱山樵詩集八卷　（清）李孚青撰　清刻本
四冊

110000－0102－0015337　丙四/929　集部/別集類/清

魏興士文集六卷　（清）魏士傑撰　清刻本
一冊

110000－0102－0015338　丙四/932　集部/別集類/清

通隱堂詩存四卷　（清）張京度撰　清同治六年（1867）五百梅花草堂刻本　一冊

110000－0102－0015339　丙四/937　集部/別集類/清

劉太史文集二卷　（清）劉葆貞撰　清宣統二年（1910）刻本　一冊

110000－0102－0015340　丙四/938　集部/

別集類/明

桐菴文稿　（明）鄭敷教撰　清光緒十三年（1887）刻本　一冊

110000－0102－0015341　丙四/950　史部/傳記類/年譜

左文襄公年譜十卷　（清）羅正鈞纂　清光緒二十三年（1897）湘陰左氏刻本　十冊

110000－0102－0015342　丙四/954　集部/總集類

清列朝詩文集一千二百六十八卷　（清）□□編　清光緒五年（1879）鉛印本　五百四十二冊

110000－0102－0015343　丙四/964　史部/傳記類/總傳/專錄/藝術

明僮合錄　山劍石主人撰　清同治六年（1867）刻本　一冊

110000－0102－0015344　丙四/972　集部/別集類/清

揅經室集四集四十卷續集九卷　（清）阮元撰　清道光三年（1823）文選樓刻本　十八冊

110000－0102－0015345　丙四/973　集部/別集類/清

雙藤老屋詩鈔十三卷　（清）張家杙撰　清道光二十四年（1844）刻本　四冊

110000－0102－0015346　丙四/975　集部/別集類/清

丁文誠公遺稿　（清）丁寶楨撰　清光緒二十年（1894）刻本　一冊

110000－0102－0015347　丙四/977　集部/總集類/文/通代

續古文辭類纂三十四卷　王先謙輯　清光緒八年（1882）王氏虛受堂刻畿輔叢書本　八冊

110000－0102－0015348　丙四/979　集部/別集類/唐至五代

劉隨州詩集十一卷　（唐）劉長卿撰　清光緒五年（1879）謙德堂刻本　四冊

110000－0102－0015349　丙四/983　集部/

別集類/清

變雅堂遺集文八卷詩十卷附錄二卷 （清）杜濬撰　清光緒二十年(1894)黃岡沈氏刻本　六冊

110000－0102－0015350　丙四/985　集部/別集類/宋

徐騎省集三十卷 （宋）徐鉉撰　清光緒十九年(1893)黔南李氏刻本　八冊

110000－0102－0015351　丙四/993　集部/別集類/遼金元

牧庵文集三十六卷 （元）姚燧撰　清北京武英殿刻本　十冊

110000－0102－0015352　丙四/994　集部/總集類/文/雜錄/課藝

同館賦鈔三十二卷 （清）法式善輯　清嘉慶十七年(1812)刻本　三十二冊

110000－0102－0015353　丙四/997　史部/金石類/石/目錄

集古錄目五卷跋尾十卷 （宋）歐陽棐撰　清光緒十三年(1887)行素草堂刻本　四冊

110000－0102－0015354　丙四/1000　集部/別集類/清

受祺堂文集四卷 （清）李因篤撰　（清）馮雲杏輯　清道光七年(1827)刻本　八冊

110000－0102－0015355　丙四/1001　集部/別集類/清

南樓吟草二卷 （清）宋璿撰　清道光二十八年(1848)刻本　二冊

110000－0102－0015356　丙四/1002　集部/別集類/清

石村詩集二卷 （清）岳虞廷撰　清道光二十四年(1844)刻本　二冊

110000－0102－0015357　丙四/1003　集部/別集類/清

醉山草堂詩集二卷 （清）黃仲騏撰　清光緒三年(1877)刻本　二冊

110000－0102－0015358　丙四/1009　集部/

別集類/清

味鐙聽葉廬詩草二卷 （清）李振鈞撰　清光緒十五年(1889)刻本　二冊

110000－0102－0015359　丙四/1013　集部/別集類/清

樹堂詩鈔 （清）朱滋年撰　清嘉慶九年(1804)江甯顧晴崖刻本　一冊

110000－0102－0015360　丙四/1023　集部/別集類/清

梅村詩集箋注十八卷 （清）吳偉業撰　（清）吳翌鳳箋注　清嘉慶十九年(1814)滄浪吟榭刻本　十一冊　缺二卷(十六至十七)

110000－0102－0015361　丙四/1024　集部/別集類/清

桐城吳先生文集四卷 （清）吳汝綸撰　清光緒三十年(1904)吳氏(家)刻本　五冊

110000－0102－0015362　丙四/1025　集部/別集類/宋

王臨川全集一百卷 （宋）王安石撰　清光緒九年(1883)繆氏小岯山館刻本　二十冊

110000－0102－0015363　丙四/1028　集部/別集類/清

郘亭詩鈔六卷遺詩八卷 （清）莫友芝撰　清同治五年(1866)江甯三山客舍刻本　二冊

110000－0102－0015364　丙四/1030　集部/別集類/唐至五代

禪月集十二卷 （唐）釋貫休撰　清同治八年(1869)退補齋刻金華文萃本　二冊

110000－0102－0015365　丙四/1036　集部/別集類/清

檉華館全集散體文六卷駢體文一卷古近體詩四卷雜錄一卷 （清）路德撰　清光緒七年(1881)刻本　十冊

110000－0102－0015366　丙四/1038　集部/總集類/文/斷代/清

駢文類纂四十六卷 王先謙輯　清光緒二十八年(1902)思賢書局刻本　二十四冊

110000－0102－0015367　丙四/1040　集部/
別集類/清

詒晉齋集八卷　（清）成親王撰　清光緒十二
年(1886)成郡王載銳刻本　四冊

110000－0102－0015368　丙四/1042　集部/
總集類/文/雜錄/課藝

同館賦續鈔十八卷　（清）徐桐輯　清光緒十
六年(1890)翰林院刻本　十六冊

110000－0102－0015369　丙四/1043　集部/
別集類/清

茹古山房駢體文二卷　（清）田依渠撰　清同
治十一年(1872)稷山縣官署刻本　一冊

110000－0102－0015370　丙四/1044　集部/
別集類/宋

橫塘集二十卷　（宋）許景衡撰　清光緒二年
(1876)武昌書局刻本　四冊

110000－0102－0015371　丙四/1046　集部/
總集類/詩/雜錄/會社

蓮湖吟社稿二卷　（清）楊高德　（清）朱庭珍
合輯　清光緒十四年(1888)集翠軒刻本
二冊

110000－0102－0015372　丙四/1048　集部/
別集類/清

芙蓉山館文鈔　（清）楊芳燦撰　清乾隆五十
六年(1791)松花庵刻本　一冊

110000－0102－0015373　丙四/1050　集部/
別集類/清

芙蓉山館文鈔續刻　（清）楊芳燦撰　清嘉慶
三年(1798)松花菴刻本　一冊

110000－0102－0015374　丙四/1051　集部/
別集類/清

顧鳳翔遺集　（清）顧騄撰　清光緒三十二年
(1906)刻本　一冊

110000－0102－0015375　丙四/1052　集部/
別集類/清

荻芬書屋文稿　（清）董恂撰　清末甘泉董氏
刻本　一冊

110000－0102－0015376　丙四/1054　史部/
傳記類

清權留繡　（清）俞曲園輯　清光緒二十九年
(1903)刻本　一冊

110000－0102－0015377　丙四/1058　集部/
別集類/宋

陶邕州小集一卷　（宋）陶弼撰　清李氏宜秋
館刻本　一冊

110000－0102－0015378　丙四/1059　集部/
別集類/清

金源紀事詩八卷　（清）湯運泰撰　（清）湯顯
業　（清）湯顯幹合注　清同治十二年(1873)
淮南書局刻本　四冊

110000－0102－0015379　丙四/1065　集部/
別集類/清

歷亭吟稿　（清）何德水撰　清光緒二十一年
(1895)刻本　一冊

110000－0102－0015380　丙四/1067　集部/
總集類/文/通代

六朝唐賦讀本　（清）馬傳庚輯注　清光緒十
三年(1887)蜚英館石印本　二冊

110000－0102－0015381　丙四/1070　集部/
總集類/文/雜錄/書牘表啟

分類詳注飲香尺牘四卷首一卷　（清）飲香居
士輯　清道光元年(1821)金閶經義堂刻本
四冊

110000－0102－0015382　丙四/1072　集部/
別集類/清

紀文達公文集十六卷　（清）紀昀撰　清宣統
二年(1910)上海保粹樓石印本　八冊

110000－0102－0015383　丙四/1074　集部/
總集類/文/斷代/唐至五代

唐人三家集十卷　（清）秦恩復輯　清宣統三
年(1911)藏古園圖書館石印本　八冊

110000－0102－0015384　丙四/1075　集部/
總集類/詩/地方

國朝歷下詩鈔四卷　（清）王鍾霖輯　清光緒
四年(1878)王氏刻本　四冊

110000 – 0102 – 0015385　丙四/1076　集部/
別集類/清

大雲山房文稿初集四卷二集四卷言事二卷
（清）惲敬撰　清同治二年(1863)刻本　十冊

110000 – 0102 – 0015386　丙四/1077　集部/
別集類/清

玄白詩草八卷　（清）張向安撰　清光緒七年
(1881)玉道堂刻本　二冊

110000 – 0102 – 0015387　丙四/1078　集部/
別集類/清

船山詩草二十卷補遺六卷　（清）張向陶撰
清嘉慶二十年(1815)刻本　八冊

110000 – 0102 – 0015388　丙四/1079　集部/
總集類/文/家族

甯都三魏全集　（清）林時益輯　清道光二十
五年(1845)絅園書塾刻本　五十冊

110000 – 0102 – 0015389　丙四/1080　集部/
別集類/清

樊榭山房集正集十卷續集十卷　（清）厲鶚撰
清光緒七年(1881)嶺南述軒刻本　四冊

110000 – 0102 – 0015390　丙四/1081　集部/
別集類/明

邊華泉集八卷集稿六卷　（明）邊貢撰　清嘉
慶十年(1805)刻本　六冊

110000 – 0102 – 0015391　丙四/1083　集部/
別集類/明

弇州詩集五十二卷　（明）王世貞撰　清光緒
三十三年(1907)渭南嚴氏刻本　十六冊

110000 – 0102 – 0015392　丙四/1084　集部/
別集類/清

景益軒文集四卷　（清）劉恆毓撰　清末抄本
二冊

110000 – 0102 – 0015393　丙四/1085　集部/
別集類/清

復初齋文集三十五卷　（清）翁方綱撰　清光
緒三年(1877)刻本　八冊

110000 – 0102 – 0015394　丙四/1086　集部/

別集類/清

青虛山房集十一卷　（清）王太岳撰　清光緒
十九年(1893)定興鹿氏刻本　四冊

110000 – 0102 – 0015395　丙四/1087　史部/
史評類/詠史

南宋雜事詩七卷　（清）沈嘉轍等撰　清同治
十一年(1872)淮南書局刻本　四冊

110000 – 0102 – 0015396　丙四/1089　史部/
傳記類/雜錄

病榻夢痕錄二卷夢痕餘錄一卷　（清）汪輝祖
撰　清同治十一年(1872)刻本　三冊

110000 – 0102 – 0015397　丙四/1091　集部/
總集類/文

駢體南鍼十六卷　（清）汪傳懿編　清咸豐元
年(1851)刻本　八冊

110000 – 0102 – 0015398　丙四/1092　集部/
總集類/詩/通代

唐宋四家詩鈔十八卷　（清）張懷溥輯　清道
光十二年(1832)抱經堂刻本　六冊

110000 – 0102 – 0015399　丙四/1094　集部/
總集類/詩/雜錄/會社

清尊集十六卷　（清）吳德旋輯　清道光十九
年(1839)錢唐振綺堂刻本　八冊

110000 – 0102 – 0015400　丙四/1098　集部/
別集類/清

砥齋集十二卷　（清）王弘撰　清光緒二十年
(1894)敬義堂刻本　六冊

110000 – 0102 – 0015401　丙四/1100　集部/
別集類/清

古微堂集內集三卷外集七卷　（清）魏源撰
清光緒四年(1878)淮南書局刻本　四冊

110000 – 0102 – 0015402　丙四/1101　集部/
總集類/文/斷代/宋

南宋文範七十卷外編四卷作者考二卷　（清）
莊仲方輯　清光緒十四年(1888)江蘇書局刻
本　十六冊

110000 – 0102 – 0015403　丙四/1103　集部/

別集類/清

青草堂集一集十二卷二集十六卷三集十六卷
（清）趙國華撰　清光緒十八年（1892）刻本
十四冊

110000－0102－0015404　丙四/1105　集部/
別集類/清

玉芝堂集文集六卷詩集三卷昭文邵氏聯珠集一卷　（清）邵齊燾撰　清光緒五年（1879）湘南節署刻本　四冊

110000－0102－0015405　丙四/1106　集部/
別集類/清

鑑止水齋集二十卷　（清）許宗彥撰　清咸豐八年（1858）刻本　六冊

110000－0102－0015406　丙四/1107　集部/
別集類/清

劉孟塗集四十四卷　（清）劉開撰　清道光六年（1826）姚氏檗山草堂刻本　八冊

110000－0102－0015407　丙四/1109　集部/
小說類/傳奇

桃花扇傳奇　（清）孔尚任撰　清光緒二十一年（1895）蘭雪堂刻本　五冊

110000－0102－0015408　丙四/1110　集部/
總集類/文/通代

古文釋義新編八卷　（清）余誠評注　清光緒十七年（1891）三義堂刻本　八冊

110000－0102－0015409　丙四/1111　集部/
別集類/清

方雪齋詩集十二卷　（清）何道生撰　清嘉慶十二年（1807）雕藻齋刻本　二冊

110000－0102－0015410　丙四/1115　集部/
別集類/清

海門文鈔　（清）李符清撰　清嘉慶三年（1798）鏡古堂刻本　一冊

110000－0102－0015411　丙四/1116　集部/
別集類/明

花王閣賸稿　（明）紀坤撰　清光緒順德龍氏刻朱印知服齋叢書本　一冊

110000－0102－0015412　丙四/1119　集部/
別集類/清

扁善齋詩存一卷文存二卷　（清）鄧嘉緝撰
清光緒二十七年（1901）刻本　三冊

110000－0102－0015413　丙四/1120　集部/
別集類/清

六硯草堂詩集四卷　（清）延君壽撰　清道光六年（1826）刻本　四冊

110000－0102－0015414　丙四/1121－2　集部/別集類/清

更生齋集文甲集四卷乙集二卷詩集八卷詩餘二卷　（清）洪亮吉撰　清嘉慶七年（1802）渾川書院刻本　七冊

110000－0102－0015415　丙四/1122　集部/
別集類/清

曾文正公文集　（清）曾國藩撰　清同治十三年（1874）傳忠書局刻本　四冊

110000－0102－0015416　丙四/1125　集部/
別集類/清

紀文達公遺集十六卷　（清）紀昀撰　清嘉慶十七年（1812）刻本　十六冊

110000－0102－0015417　丙四/1127－2　集部/別集類/唐

李義山詩集三卷　（唐）李商隱撰　（清）朱鶴齡箋注　（清）沈厚塽輯　清同治九年（1870）廣州倅署刻三色套印本　四冊

110000－0102－0015418　丙四/1128　集部/
別集類/遼金元

元遺山詩集箋注元集十四卷附錄一卷補載一卷　（金）元好問撰　（清）施國祁箋注　清道光七年（1827）吳氏醉六堂刻本　九冊

110000－0102－0015419　丙四/1130　集部/
別集類/清

馤訒亭集三十二卷　（清）祁寯藻撰　清咸豐六年（1856）刻本　六冊

110000－0102－0015420　丙四/1132　集部/
別集類/清

癸巳存稿十五卷　（清）俞正燮撰　清光緒十

年(1884)刻本　六冊

110000－0102－0015421　丙四/1133　集部/
別集類/清

炳燭齋文集初集二十三篇續集六十五篇
(清)顧大韶撰　清宣統元年(1909)國學扶輪
社鉛印本　一冊

110000－0102－0015422　丙四/1136　集部/
別集類/清

拙尊園叢稿六卷　(清)黎庶昌撰　清光緒十
九年(1893)上海醉六堂石印本　二冊

110000－0102－0015423　丙四/1140　集部/
別集類/清

豔雪堂詩集四卷　(清)張晉撰　清嘉慶十二
年(1807)刻本　二冊

110000－0102－0015424　丙四/1142　集部/
別集類/清

存素堂文稿四卷補遺一卷　(清)錢寶琛撰
清咸豐元年(1851)刻本　一冊

110000－0102－0015425　丙四/1145　集部/
總集類/詩/斷代

九僧詩　(唐)□□撰　清道光十五年(1835)
刻朱印本　一冊

110000－0102－0015426　丙四/1146　集部/
別集類/清

無欲齋詩鈔　(清)鹿善繼撰　清道光四年
(1824)刻本　一冊

110000－0102－0015427　丙四/1149　集部/
別集類/清

松壽堂詩鈔四卷　(清)陳夔龍撰　清宣統三
年(1911)刻本　二冊

110000－0102－0015428　丙四/1151　集部/
別集類/清

篁村集十二卷　(清)陸錫熊撰　清道光二十
九年(1849)刻本　四冊

110000－0102－0015429　丙四/1161　集部/
別集類/清

青山書屋詩稿　(清)曹汝愚撰　清同治八年

(1869)刻本　一冊

110000－0102－0015430　丙四/1174　史部/
政書類/職官類

學仕錄十六卷　(清)戴肇辰撰　清同治五年
(1866)刻本　八冊

110000－0102－0015431　丙四/1175　集部/
別集類/清

刻燭集　(清)曹仁虎撰　(清)吳省蘭
(清)張興鏞輯校　清嘉慶南匯吳省蘭聽彝堂
刻藝海珠塵本　一冊

110000－0102－0015432　丙四/1176　集部/
別集類/清

葉忠節公遺稿十二卷　(清)葉映榴撰　清咸
豐十年(1860)刻同治五年(1866)重印本
四冊

110000－0102－0015433　丙四/1179　集部/
別集類/清

求志居集　(清)陳世鎔撰　清道光二十五年
(1845)獨秀山莊刻本　二十四冊

110000－0102－0015434　丙四/1180　史部/
地理類/遊記/清

南遊記一卷　(清)孫嘉淦撰　清道光二十四
年(1844)刻本　一冊

110000－0102－0015435　丙四/1181　集部/
別集類/遼金元

元遺山詩集箋注十四卷首一卷末一卷　(金)
元好問撰　(清)施國祁箋注　清道光二年
(1822)南潯蔣氏瑞松堂刻本　四冊

110000－0102－0015436　丙四/1189　集部/
別集類/清

蓉谷偶存集三卷　(清)王祖蔭撰　清光緒刻
本　一冊

110000－0102－0015437　丙四/1190　集部/
別集類/清

陳一齋先生文集六卷　(清)陳梓撰　清宣統
三年(1911)鉛印張氏適園叢書本　一冊

110000－0102－0015438　丙四/1192　集部/

總集類/文

古文詞略二十四卷 （清）梅曾亮輯　清同治六年（1867）合肥李氏刻本　六冊

110000－0102－0015439　丙四/1194　集部/總集類/詩/雜錄/其它

敘德書情集 （清）吳嵩梁輯　清道光十九年（1839）刻本　一冊

110000－0102－0015440　丙四/1196　集部/別集類/清

望溪先生全集 （清）方苞撰　（清）戴鈞衡編校　清咸豐元年（1851）戴鈞衡刻本　十四冊

110000－0102－0015441　丙四/1202　集部/別集類/清

寒支初集十卷 （清）李世熊撰　清道光二年（1822）木活字印本　八冊

110000－0102－0015442　丙四/1205　集部/總集類/文/雜錄

回文類聚原編四卷續編十卷 （宋）桑世昌編　（清）朱象賢續編　清裕文堂刻本　八冊

110000－0102－0015443　丙四/1207　集部/別集類/唐至五代

王子安集註二十卷首一卷末一卷 （唐）王勃撰　（清）蔣清翊註　清光緒九年（1883）吳縣蔣氏雙唐碑館刻本　六冊

110000－0102－0015444　丙四/1208　集部/別集類/遼金元

雁門集十四卷詩餘一卷 （元）薩都剌撰（清）孫龍光編注　清嘉慶十二年（1807）刻本　八冊

110000－0102－0015445　丙四/1209　集部/別集類/清

忠雅堂全集文十二卷詩二卷補遺二卷詞二卷（清）蔣士銓撰　清道光二十三年（1843）藏園刻本　十冊

110000－0102－0015446　丙四/1210　集部/別集類/清

絳雪山房詩鈔二十卷 （清）楊慶琛撰　清道光二十八年（1848）刻本　六冊

110000－0102－0015447　丙四/1212　集部/別集類/遼金元

雁門集六卷 （元）薩都剌撰　清宣統二年（1910）刻本　四冊

110000－0102－0015448　丙四/1213　集部/別集類/明

白谷山人詩鈔二卷 （明）孫傳庭撰　清道光二十七年（1847）刻本　四冊

110000－0102－0015449　丙四/1214　集部/別集類/清

柏梘山房文集文十六卷書後一卷詩集十二卷駢體文二卷 （清）梅曾亮撰　清咸豐六年（1856）刻本　十冊

110000－0102－0015450　丙四/1216　集部/別集類/清

念堂詩鈔樹君詞鈔 （清）崔旭撰　（清）梅成棟撰　清刻本　四冊

110000－0102－0015451　丙四/1219　集部/總集類/詩/雜錄/其它

罷讀樓彙刻贈言十卷 （清）陳雲乃輯　清道光十八年（1838）刻本　十冊

110000－0102－0015452　丙四/1221　集部/總集類/文/雜錄/書牘表啟

昭代名人尺牘續集二十四卷 （清）陶湘輯　清宣統三年（1911）文寶石印局石印本　十二冊

110000－0102－0015453　丙四/1223　集部/別集類/唐至五代

韋蘇州集 （唐）韋應物撰　清宣統元年（1909）冰雪山房石印本　六冊

110000－0102－0015454　丙四/1227　集部/別集類/遼金元

元遺山先生全集四十卷 （元）元好問撰（元）張德輝輯　清光緒八年（1882）京都翰文齋書坊刻本　十六冊

110000－0102－0015455　丙四/1231　集部/總集類/文/通代/編選

古文苑九卷 清光緒五年（1879）飛青閣影刻

本　三冊

110000－0102－0015456　丙四/1236　集部/別集類/明

耻躬堂詩文鈔文十卷詩十六卷　（明）彭士望撰　清咸豐二年(1852)刻本　八冊

110000－0102－0015457　丙四/1237　子部/雜家類/雜考

敬齋古今黈八卷　（元）李冶撰　清刻本　二冊

110000－0102－0015458　丙四/1239　集部/別集類/漢至隋

陶淵明全集八卷首一卷末一卷　（晉）陶潛撰　清光緒六年(1880)刻本　四冊

110000－0102－0015459　丙四/1241　集部/別集類/明

滄溟詩集十四卷　（明）李攀龍撰　清光緒三十三年(1907)渭南嚴氏刻本　四冊

110000－0102－0015460　丙四/1242　集部/別集類/明

滄溟詩集十四卷　（明）李攀龍撰　清光緒二十一年(1895)長沙張氏湘雨樓刻本　四冊

110000－0102－0015461　丙四/1243　集部/別集類/清

潛菴先生遺稿四卷　（清）湯斌撰　清光緒十年(1884)抄本　四冊

110000－0102－0015462　丙四/1244　集部/別集類/清

藝風堂文集七卷外篇一卷　繆荃孫撰　清光緒二十七年(1901)刻本　四冊

110000－0102－0015463　丙四/1247　集部/總集類

所至錄八卷　（清）盧戌原　（清）吳寅邦合編　清咸豐四年(1854)翰墨林刻本　八冊

110000－0102－0015464　丙四/1248　集部/別集類/漢至隋

顏光祿集一卷　（南朝宋）顏延之撰　清刻本　一冊　缺一冊(上)

110000－0102－0015465　丙四/1249　集部/別集類/清

養知書屋詩文集文二十八卷詩十五卷　（清）郭嵩燾撰　清光緒十八年(1892)刻本　十六冊

110000－0102－0015466　丙四/1250　集部/別集類/清

樂志堂集文正集十八卷文續集二卷詩十二卷文略四卷　（清）譚瑩撰　清咸豐九年(1859)吏隱園刻本　十四冊

110000－0102－0015467　丙四/1254　集部/詞類/詞別集

漱玉詞斷腸詞　（宋）李清照撰　（宋）朱淑真撰　清光緒十五年(1889)四印齋刻本　一冊

110000－0102－0015468　丙四/1257　集部/別集類/宋

水心先生別集十六卷　（宋）葉適撰　清同治九年(1870)刻本　四冊

110000－0102－0015469　丙四/1259　集部/別集類/清

函樓詩鈔十六卷　（清）易佩紳撰　清光緒八年(1882)刻本　六冊

110000－0102－0015470　丙四/1262　集部/別集類/清

澹靜齋全集文八卷詩六卷　（清）龔景瀚撰　清同治八年(1869)恩錫堂刻本　八冊

110000－0102－0015471　丙四/1264　集部/別集類/宋

斜川集六卷　（宋）蘇過撰　清道光六年(1826)刻本　二冊

110000－0102－0015472　丙四/1267　集部/別集類/清

函樓文鈔九卷　（清）易佩紳撰　清光緒二十年(1894)刻本　四冊

110000－0102－0015473　丙四/1281　史部/別史、雜史類

金壺七墨　（清）黃鈞宰撰　清同治十二年(1873)刻本　八冊

110000－0102－0015474　丙四/1283　集部/
總集類/詩/地方

國朝畿輔詩傳六十卷　（清）陶樑輯　清道光
十九年（1839）紅豆樹館刻本　十六冊

110000－0102－0015475　丙四/1285　集部/
別集類/清

吳詩集覽二十卷　（清）吳偉業撰　（清）靳榮
藩輯　清乾隆四十年（1775）凌雲亭刻本　十
六冊　缺一卷（十七）

110000－0102－0015476　丙四/1286　集部/
別集類/清

居業堂文集二十卷　（清）王源撰　清光緒五
年（1879）謙德堂刻本　四冊

110000－0102－0015477　丙四/1287　集部/
別集類/清

**龔定盦全集文三卷補編四卷續錄一卷古今體
詩二卷雜詩一卷詞選一卷續集四卷**　（清）龔
自珍撰　清光緒二十四年（1898）萬本書堂刻
本　六冊

110000－0102－0015478　丙四/1292　集部/
別集類/清

樊山集二十四卷　樊增祥撰　清光緒十九年
（1893）渭南縣署刻本　六冊

110000－0102－0015479　丙四/1293　集部/
總集類/文/雜錄/格言、語錄、楹聯

楹聯叢話十二卷續四卷　（清）梁章鉅輯　清
道光二十年（1840）桂林署齋刻本　六冊

110000－0102－0015480　丙四/1297　集部/
別集類/漢至隋

庾子山集十六卷　（南朝梁）庾信撰　（清）倪
璠注釋　清光緒十六年（1890）廣州經史閣刻
本　十二冊

110000－0102－0015481　丙四/1298　集部/
別集類/明

宋學士全集三十二卷附錄二卷　（明）宋濂撰
清同治十三年（1874）退補齋刻本　三十
二冊

110000－0102－0015482　丙四/1299　集部/

別集類/宋

歐陽文忠公全集四十卷首一卷　（宋）歐陽修
撰　清嘉慶二十四年（1819）友善書屋刻本
六冊

110000－0102－0015483　丙四/1300　集部/
別集類/宋

歐陽文忠公全集　（宋）歐陽修撰　清光緒十
九年（1893）澹雅書局刻本　三十二冊

110000－0102－0015484　丙四/1303　集部/
別集類/宋

蘇文忠公詩合註五十卷首一卷　（宋）蘇軾撰
（清）馮應榴輯　清同治九年（1870）踵息齋
刻本　二十四冊

110000－0102－0015485　丙四/1304　集部/
別集類/清

窳翁文鈔四卷　（清）陸懋修撰　清光緒二十
三年（1897）元和陸氏刻本　一冊

110000－0102－0015486　丙四/1307　集部/
別集類/清

杏瓊齋詩集三卷　（清）李廷儀撰　清嘉慶元
年（1796）刻本　一冊

110000－0102－0015487　丙四/1314　集部/
總集類/文/通代

古文辭類纂七十四卷　（清）姚鼐纂　清道光
合河康氏家塾刻本　十二冊

110000－0102－0015488　丙四/1324　集部/
詞類/詞總集/婦女

小檀欒室彙刻閨秀詞十集　（清）胡培系輯
清光緒二十一年至二十二年（1895－1896）南
陵徐乃昌刻本　一冊　存九種九卷（第五集：
秋笳詞一卷、聞妙香室詞一卷、長真閣詩餘一
卷、秋庋閣詞一卷、綠夢軒遺詞一卷、賦燕廎
詞一卷、光霽樓詞一卷、翠螺閣詞一卷、彈綠
詞一卷）

110000－0102－0015489　丙四/1329　集部/
總集類/詩/地方

國朝滄州詩續鈔四卷　（清）王國均輯　清咸
豐七年（1857）刻本　二冊

110000 – 0102 – 0015490　丙四/1334　集部/總集類/文/斷代/明

明文才調集　（清）許振褘輯　清光緒十九年(1893)刻本　六冊

110000 – 0102 – 0015491　丙四/1335　集部/總集類/文/斷代/清

國朝文才調集　（清）許振褘輯　清光緒十九年(1893)刻本　八冊

110000 – 0102 – 0015492　丙四/1337　集部/別集類/清

霜紅龕全集四卷補遺五卷咳唾珠玉二卷　（清）傅山撰　清光緒三十三年(1907)刻本　四冊

110000 – 0102 – 0015493　丙四/1338　集部/別集類/清

馬佳氏詩存　（清）升寅等撰　清光緒二十七年(1901)刻本　五冊

110000 – 0102 – 0015494　丙四/1339　集部/別集類/清

芸香館遺詩二卷　（清）那遜蘭保撰　清同治十三年(1874)刻本　一冊

110000 – 0102 – 0015495　丙四/1341　集部/別集類/清

天真閣集二十卷　（清）孫原湘撰　清嘉慶刻本　四冊

110000 – 0102 – 0015496　丙四/1346　集部/別集類/漢至隋

庾子山集十六卷　（北周）庾信撰　（清）倪璠注釋　清道光十九年(1839)同文堂刻本　十六冊

110000 – 0102 – 0015497　丙四/1347　集部/別集類/清

㟰山文集八卷　（清）賈聲槐撰　清道光七年(1827)刻本　三冊

110000 – 0102 – 0015498　丙四/1348　集部/別集類/清

意苕山館詩稿十六卷　（清）陸嵩撰　清光緒十八年(1892)刻本　四冊

110000 – 0102 – 0015499　丙四/1357　集部/別集類/清

李二曲先生全集二十六卷　（清）李顒撰　清光緒三年(1877)石陽彭氏刻本　六冊

110000 – 0102 – 0015500　丙四/1359　集部/總集類/文/地方

滄州明詩鈔　（清）王國均輯　清道光二十六年(1846)刻本　一冊

110000 – 0102 – 0015501　丙四/1360　集部/別集類/清

謝梅莊先生遺集八卷　（清）謝濟世撰　清光緒三十四年(1908)鉛印本　二冊

110000 – 0102 – 0015502　丙四/1361　集部/別集類/宋

劉給諫文集五卷　（宋）劉安上撰　清刻本　一冊

110000 – 0102 – 0015503　丙四/1364　集部/詞類/詞總集/地方

粵西詞見二卷　況周頤輯　清光緒二十二年(1896)刻本　一冊

110000 – 0102 – 0015504　丙四/1365　集部/詞類/詞別集

山中白雲詞八卷　（宋）張炎撰　清光緒八年(1882)娛園刻本　二冊

110000 – 0102 – 0015505　丙四/1366　集部/總集類/文/斷代/遼金元

金文雅十六卷　（清）張仲方輯　清光緒十七年(1891)江蘇書局刻本　四冊

110000 – 0102 – 0015506　丙四/1367　集部/別集類/清

天韻閣詩存　（清）黃篋撰　清光緒三十一年(1905)上海謝文漪書畫室鉛印本　一冊

110000 – 0102 – 0015507　丙四/1368　集部/別集類/清

鬱華閣遺集四卷　（清）盛昱撰　清光緒二十八年(1902)上海有正書局石印本　一冊

110000 – 0102 – 0015508　丙四/1372　集部/

別集類/漢至隋

陶詩彙評四卷 （晉）陶潛撰 **東坡和陶合箋四卷** （宋）蘇軾撰 （清）溫汝能纂評 清宣統二年(1910)掃葉山房石印本 四冊

110000－0102－0015509 丙四/1378 集部/別集類/清

迂菴語存一卷迂菴箋存一卷 （清）釋明慧撰 清道光十年(1830)刻本 一冊

110000－0102－0015510 丙四/1379 集部/別集類/清

吳古餘制義二卷 （清）吳舒惟撰 清嘉慶二十二年(1817)德經堂刻本 二冊

110000－0102－0015511 丙四/1382 集部/別集類/清

兩當軒全集二十二卷附錄四卷 （清）黃景仁撰 清咸豐八年(1858)刻本 六冊

110000－0102－0015512 丙四/1385 集部/別集類/清

韞山堂時文三集 （清）管世銘撰 清光緒十五年(1889)雲陽束氏刻本 四冊

110000－0102－0015513 丙四/1386 集部/別集類/宋

河南先生文集二十七卷 （宋）尹洙撰 清宣統二年(1910)守政書局刻本 四冊

110000－0102－0015514 丙四/1387 集部/別集類/清

洛間山人詩鈔十二卷 （清）薛寧廷撰 清嘉慶十五年(1810)樹德堂刻本 四冊

110000－0102－0015515 丙四/1394 集部/別集類/清

濂亭文集八卷 （清）張裕釗撰 清光緒小紅鵝池館抄本 五冊

110000－0102－0015516 丙四/1395 集部/總集類/文/雜錄/課藝

崇川紫琅書院課藝 （清）吳雲士選 清嘉慶二十四年(1819)紫琅書院刻本 四冊

110000－0102－0015517 丙四/1396 集部/

總集類/詩/斷代/唐至五代

唐詩鼓吹十卷 （元）郝天挺注 （明）廖文炳解 清三樂齋刻本 五冊

110000－0102－0015518 丙四/1397 集部/詞類/詞總集/地方

閩詞鈔四卷 （清）葉申薌編輯 清道光十四年(1834)葉氏刻本 五冊

110000－0102－0015519 丙四/1398 集部/別集類/明

四溟山人集十卷 （明）謝榛撰 **鈍吟集三卷** （清）馮班撰 **馮舍人集六卷** （清）馮廷櫆撰 清宣統元年(1909)間影樓鉛印本 四冊

110000－0102－0015520 丙四/1399 集部/別集類/清

佩蘅詩鈔 （清）寶鋆撰 清咸豐九年(1859)刻本 四冊

110000－0102－0015521 丙四/1400 集部/別集類/清

栩湖文集十二卷 （清）吳敏樹撰 清光緒十九年(1893)思賢講舍刻本 四冊

110000－0102－0015522 丙四/1401 集部/別集類/清

因寄軒文集初集十卷二集六卷補遺一卷 （清）管同撰 清光緒五年(1879)刻本 四冊

110000－0102－0015523 丙四/1402 集部/別集類/清

正聲集四卷 （清）施朝幹撰 清嘉慶五年(1800)刻本 四冊

110000－0102－0015524 丙四/1405 集部/別集類/遼金元

郝文忠公陵川文集三十九卷 （元）郝經撰 （清）王鏐編訂 清道光八年(1828)刻本 十冊

110000－0102－0015525 丙四/1409 集部/別集類/清

養一齋文集二十卷 （清）李兆洛撰 清光緒四年(1878)刻本 十冊

110000－0102－0015526　丙四/1410　集部/別集類/明

空同詩集三十四卷　（明）李夢陽撰　清光緒二十六年(1900)渭南嚴氏刻本　四冊

110000－0102－0015527　丙四/1412　集部/別集類/明

鄭少谷先生全集二十四卷首一卷　（明）鄭善夫撰　清道光四年(1824)桑苧古園刻本　六冊

110000－0102－0015528　丙四/1413　集部/總集類/文/通代

忠雅堂評選四六法海八卷　（清）蔣士銓輯　清同治十年(1871)步月山房刻本　八冊

110000－0102－0015529　丙四/1414　集部/總集類/文/通代/文選

文選六十卷　（南朝梁）蕭統輯　（唐）李善注　清同治八年(1869)湖北崇文書局刻本　二十四冊

110000－0102－0015530　丙四/1420　集部/別集類/清

茗柯文編四編　（清）張惠言撰　清光緒七年(1881)刻本　二冊

110000－0102－0015531　丙四/1423　集部/別集類/清

南雷文定　（清）黃宗羲撰　清末耕餘樓刻本　八冊

110000－0102－0015532　丙四/1424　集部/總集類/文/斷代/清

國朝駢體正宗十二卷　（清）曾燠輯　清嘉慶十一年(1806)賞雨茅屋刻本　六冊

110000－0102－0015533　丙四/1425　集部/別集類/清

陳檢討集二十卷　（清）陳維崧撰　（清）程師恭注　清道光二年(1822)金閶步月樓刻本　六冊

110000－0102－0015534　丙四/1433　集部/別集類/清

鐵橋漫稿八卷　（清）嚴可均撰　清光緒十一年(1885)長洲蔣氏心矩齋刻本　四冊

110000－0102－0015535　丙四/1436　集部/別集類/清

兩當軒詩鈔十四卷詞二卷　（清）黃景仁撰　（清）黎兆棠校　清道光十三年(1833)廣州刻本　四冊

110000－0102－0015536　丙四/1440　集部/總集類/文/雜錄/課藝

陝西闈墨　清光緒二十八年(1902)衡鑒堂刻本　一冊

110000－0102－0015537　丙四/1443　集部/別集類/清

尊聞居士集八卷　（清）羅有高撰　（清）彭紹升輯　清光緒八年(1882)刻本　四冊

110000－0102－0015538　丙四/1444　集部/別集類/清

柏梘山房文集十六卷續集一卷　（清）梅曾亮撰　清咸豐六年(1856)刻本　二冊

110000－0102－0015539　丙四/1445　集部/別集類/清

劉海峰詩文集文十卷詩四卷　（清）劉大櫆撰　（清）徐宗亮重編　清同治十三年(1874)刻本　六冊

110000－0102－0015540　丙四/1451　集部/別集類/清

湘綺樓文集八卷　王闓運撰　清光緒二十六年(1900)桂陽陳氏刻本　四冊

110000－0102－0015541　丙四/1452　集部/集評類/總評

文心雕龍十卷　（南朝梁）劉勰撰　（清）黃叔琳注　（清）紀昀評　清道光十三年(1833)兩廣節署刻朱墨印本　四冊

110000－0102－0015542　丙四/1458　集部/別集類/遼金元

金淵集六卷　（元）仇遠撰　（清）陸錫熊等輯　清同治十三年(1874)江西書局刻本　一冊

110000－0102－0015543　丙四/1459　集部/

別集類/宋

陶山集十六卷　（宋）陸佃撰　（清）陸錫熊等輯　清同治十三年（1874）江西書局刻本　三冊

110000－0102－0015544　丙四/1460　集部/別集類/宋

南陽集六卷　（宋）趙湘撰　（清）陸錫熊等輯　清同治十三年（1874）江西書局刻本　一冊

110000－0102－0015545　丙四/1465　集部/別集類/漢至隋

陶淵明集八卷首一卷末一卷　（晉）陶潛撰　清光緒二十三年（1897）廣州翰墨園刻朱墨套印本　二冊

110000－0102－0015546　丙四/1466　集部/別集類/宋

忠正德文集十卷　（宋）趙鼎撰　清道光十一年（1831）刻本　四冊

110000－0102－0015547　丙四/1470　集部/別集類/遼金元

滹南遺老王先生文集四十五卷續集一卷　（金）王若虛撰　清光緒十二年（1886）刻本　四冊

110000－0102－0015548　丙四/1471　集部/別集類/遼金元

閑閑老人詩集十卷年譜二卷目錄二卷　（金）趙秉文撰　（清）王樹枏編　清光緒十三年（1887）文莫堂刻陶廬叢刻本　四冊

110000－0102－0015549　丙四/1472　集部/別集類/清

琴隱園詩集三十六卷詞集四卷　（清）湯貽汾撰　清光緒元年（1875）刻本　六冊

110000－0102－0015550　丙四/1475　集部/別集類/清

太乙舟文集八卷　（清）陳用光撰　清道光二十三年（1843）孝友堂刻本　四冊

110000－0102－0015551　丙四/1477　集部/別集類/清

清風草堂詩鈔八卷　（清）余崢撰　清道光四年（1824）廣東康簡書齋寫刻本　四冊

110000－0102－0015552　丙四/1478　集部/別集類/唐至五代

陸宣公集二十二卷　（唐）陸贄撰　清道光四年（1824）留餘堂刻本　六冊

110000－0102－0015553　丙四/1479　集部/別集類/宋

後山集二十四卷　（宋）陳師道撰　清光緒十一年（1885）番禺陶氏愛盧刻本　四冊

110000－0102－0015554　丙四/1480　集部/別集類/清

曾文正公文鈔四卷　（清）曾國藩撰　（清）張瑛編　清同治十二年（1873）上洋醉六堂刻本　四冊

110000－0102－0015555　丙四/1481　集部/別集類/清

伏敔堂詩錄十五卷續錄四卷首一卷　（清）江湜撰　清同治五年（1866）刻本　四冊

110000－0102－0015556　丙四/1483　集部/別集類/清

文靖公遺集十二卷補遺一卷詩鈔十二卷　（清）寶鋆撰　清光緒三十四年（1908）羊城刻本　十冊

110000－0102－0015557　丙四/1484　集部/別集類/清

讀書堂綵衣全集四十六卷　（清）趙士麟撰　清光緒十九年（1893）浙江書局刻本　十二冊

110000－0102－0015558　丙四/1485　集部/別集類/清

仲實類稿　（清）魯賁撰　清光緒刻本　一冊

110000－0102－0015559　丙四/1491　集部/總集類/詩/地方

金陵名勝詩鈔四卷秦淮詩鈔二卷　（清）李黼輯　清道光十二年（1832）寶仁堂刻本　六冊

110000－0102－0015560　丙四/1492　集部/別集類/遼金元

松雪齋集十卷外集一卷　（元）趙孟頫撰　清

清德堂刻本　四冊

110000 - 0102 - 0015561　丙四/1493　集部/別集類/清

一山文存十二卷　（清）章梫撰　清宣統二年（1910）刻本　四冊

110000 - 0102 - 0015562　丙四/1499　集部/別集類/宋

白石道人詩集二卷　（宋）姜夔撰　清光緒十年（1884）娛園刻本　二冊

110000 - 0102 - 0015563　丙四/1501　集部/別集類/宋

宋宗忠簡公集七卷　（宋）宗澤撰　清同治四年（1865）刻本　二冊

110000 - 0102 - 0015564　丙四/1502　集部/別集類/清

健修堂詩集十八卷　（清）邊浴禮撰　清咸豐七年（1857）刻本　六冊

110000 - 0102 - 0015565　丙四/1504　集部/別集類/清

陋軒詩十二卷詩續二卷　（清）吳嘉紀撰　清道光刻本　六冊

110000 - 0102 - 0015566　丙四/1505　集部/別集類/清

曝書亭全集八十卷　（清）朱彝尊撰　清光緒會稽陶氏刻本　二十冊

110000 - 0102 - 0015567　丙四/1508　集部/別集類/清

石笥山房文集五卷補遺一卷　（清）胡天游撰　清宣統二年（1910）上海國學扶社鉛印本　四冊

110000 - 0102 - 0015568　丙四/1511　集部/總集類/詩/通代

古詩源十四卷　（清）沈德潛輯　清光緒十七年（1891）湖南思賢書局刻本　四冊

110000 - 0102 - 0015569　丙四/1512　集部/別集類/明

信陽詩集二十六卷　（明）何景明撰　清光緒

三十三年（1907）渭南嚴氏續刻本　四冊

110000 - 0102 - 0015570　丙四/1516　集部/別集類/遼金元

剡源集三十卷　（元）戴表元撰　清道光二十年（1840）上海鬱氏刻宜稼堂叢書本　八冊

110000 - 0102 - 0015571　丙四/1517　集部/別集類/清

聽松濤館詩鈔十卷　（清）阮文藻撰　清道光十一年（1831）刻本　八冊

110000 - 0102 - 0015572　丙四/1521　集部/別集類/清

繼雅堂詩集三十四卷　（清）陳僅撰　清道光二十七年（1847）刻本　六冊

110000 - 0102 - 0015573　丙四/1522　集部/總集類/文/斷代/明

明文在一百卷　（清）薛熙編　清光緒十五年（1889）江蘇書局刻本　十冊

110000 - 0102 - 0015574　丙四/1523　集部/總集類/詩

惜抱軒今體詩選五言今體詩九卷七言今體詩九卷　（清）姚鼐編　清同治五年（1866）金陵書局刻本　二冊

110000 - 0102 - 0015575　丙四/1524　集部/總集類/詩/通代

漁洋山人古詩選五言詩十七卷七言詩十五卷　（清）王士禛編　清同治五年（1866）金陵書局刻本　八冊

110000 - 0102 - 0015576　丙四/1528　集部/別集類/清

勉行堂詩集二十四卷首一卷　（清）程晉芳撰　清嘉慶二十二年（1817）刻本　四冊

110000 - 0102 - 0015577　丙四/1530　集部/別集類/宋

楊龜山先生集四十二卷首一卷末一卷　（宋）楊時撰　清光緒九年（1883）延平府刻本　十冊

110000 - 0102 - 0015578　丙四/1531　集部/

別集類/清

巢經巢詩鈔九卷後集一卷 　（清）鄭珍撰　清咸豐四年(1854)刻本　四冊

110000－0102－0015579　丙四/1532　集部/別集類/清

虛受堂文集十五卷虛受堂詩存十五卷 　王先謙撰　清光緒二十六年(1900)刻本　七冊

110000－0102－0015580　丙四/1533　集部/總集類/詩/斷代/明

明三十家詩選初集八卷二集八卷 　（清）汪端輯　清同治十二年(1873)蘊蘭吟館刻本　八冊

110000－0102－0015581　丙四/1535　集部/別集類/宋

歐陽文忠公全集一百五十三卷首一卷附錄五卷 　（宋）歐陽修撰　清嘉慶二十四年(1819)友善書屋刻本　二十四冊

110000－0102－0015582　丙四/1537　集部/總集類/文/斷代/唐至五代

文粹一百卷 　（宋）姚鉉編　清光緒十六年(1890)杭州刻本　二十四冊

110000－0102－0015583　丙四/1538　集部/別集類/清

拙尊園叢稿六卷 　（清）黎庶昌撰　清光緒十九年(1893)刻本　四冊

110000－0102－0015584　丙四/1540　集部/別集類/清

存素堂全集文稿四卷詩稿十四卷續編(奏疏)四卷壬癸志稿二十八卷年譜二卷 　（清）錢寶琛撰　清同治九年至光緒六年(1870－1880)刻本　十三冊

110000－0102－0015585　丙四/1541　集部/別集類/唐

李衛公文集二十卷 　（唐）李德裕撰　清光緒十六年(1890)常慊慊齋刻會昌一品制集本　六冊

110000－0102－0015586　丙四/1542　集部/別集類/唐至五代

柳文惠公全集四十三卷別集二卷外集二卷附錄一卷 　（唐）柳宗元撰　（唐）劉禹錫編（唐）宋穆修訂　清同治七年(1868)刻本　十冊

110000－0102－0015587　丙四/1543　集部/別集類/清

有正味齋駢文箋注十六卷補注一卷 　（清）吳錫麒撰　（清）葉聯芳箋注　清同治七年(1868)慈北葉氏刻本　八冊

110000－0102－0015588　丙四/1548　集部/別集類/唐至五代

王子安集註二十卷首一卷末一卷 　（唐）王勃撰　（清）蔣清翊註　清光緒九年(1883)蔣氏雙唐碑館刻本　六冊

110000－0102－0015589　丙四/1552　集部/別集類/清

有正味齋續集詩八卷詞二卷外集二卷駢文二卷 　（清）吳錫麒撰　清同治七年(1868)刻本　五冊

110000－0102－0015590　丙四/1553　集部/總集類

六朝四家集 　（明）張溥輯　清光緒二十年(1894)善化章氏經濟堂刻本　八冊

110000－0102－0015591　丙四/1554　集部/別集類/清

石笥山房文集六卷補遺一卷詩集十二卷補遺二卷續補遺二卷 　（清）胡天游撰　清咸豐二年(1852)刻本　十冊

110000－0102－0015592　丙四/1555　集部/總集類/詩/斷代/清

欽定熙朝雅頌集一百〇六卷餘集二卷 　（清）鐵保等編　清嘉慶九年(1804)刻本　二十四冊

110000－0102－0015593　丙四/1557　集部/別集類/清

太乙舟詩集十三卷 　（清）陳石士撰　清咸豐五年(1855)孝友堂刻本　十二冊

110000－0102－0015594　丙四/1561　集部/

別集類/清

袁文箋正十六卷 （清）袁枚撰 （清）石韞玉
箋 清嘉慶十七年（1812）鶴壽山堂刻本
八冊

110000－0102－0015595 丙四/1564 集部/
別集類/清

東洲草堂詩鈔三十卷文鈔二十卷詩餘一卷
（清）何紹基撰 清同治六年（1867）長沙無園
刻本 十四冊

110000－0102－0015596 丙四/1565 集部/
別集類/明

滄溟先生集三十卷附錄一卷 （明）李攀龍撰
清道光二十七年（1847）景福堂刻本 八冊

110000－0102－0015597 丙四/1566 集部/
別集類/清

小隱齋制藝 （清）王振綱撰 清光緒三年
（1877）新城王氏刻本 八冊

110000－0102－0015598 丙四/1568 集部/
別集類/宋

忠肅集二十卷 （宋）劉摯撰 清光緒五年
（1879）謙德堂刻畿輔叢書本 四冊

110000－0102－0015599 丙四/1569 集部/
總集類/詩/地方

國朝滄洲詩補鈔二卷補遺一卷 （清）王國均
輯 清咸豐八年（1858）刻本 一冊

110000－0102－0015600 丙四/1570 集部/
別集類/宋

重刊明成化本東坡七集 （宋）蘇軾撰 清光
緒三十四年（1908）寶華盦刻本 四十冊

110000－0102－0015601 丙四/1571 集部/
別集類/唐至五代

昌黎先生詩集註 （唐）韓愈撰 （清）顧嗣立
補註 （清）朱彝尊 （清）何焯合評 清光緒
九年（1883）廣州翰墨園刻本 四冊

110000－0102－0015602 丙四/1572 集部/
詞類/詞別集

山中白雲詞八卷 （宋）張炎撰 明正統五年
（1440）北京内府刻永樂北藏本 二冊

110000－0102－0015603 丙四/1573 集部/
總集類/詩/通代

宋元明詩約鈔二卷 （清）朱梓 （清）冷昌言
合輯 （清）華黼臣注 清咸豐五年（1855）保
墨閣刻本 二冊

110000－0102－0015604 丙四/1574 集部/
別集類/清

龍岡山人全集文十卷詩十八卷詩鈔二卷駢文
一卷 （清）洪良品撰 清光緒十七年（1891）
刻本 十冊

110000－0102－0015605 丙四/1578 集部/
別集類/明

懷星堂全集三十卷 （明）祝允明撰 清宣統
二年（1910）中國書畫會鉛印本 八冊

110000－0102－0015606 丙四/1580 集部/
別集類/清

忠雅堂集三十卷 （清）蔣士銓撰 清刻本
十二冊

110000－0102－0015607 丙四/1581 集部/
別集類/清

徵息齋遺詩二卷補錄一卷 （清）潘慎生撰
清宣統二年（1910）石印本 一冊

110000－0102－0015608 丙四/1583 集部/
別集類/宋

蘇東坡全集 （宋）蘇軾撰 繆荃孫校 清宣
統元年（1909）影印縮影本 四十八冊

110000－0102－0015609 丙四/1584 集部/
總集類/詩/雜錄/其它

七家試帖輯注彙鈔 （清）張熙宇 （清）王植
桂輯注 清光緒十一年（1885）京都大成堂刻
本 八冊

110000－0102－0015610 丙四/1585 集部/
別集類/清

水屋賸稿二卷 （清）張道渥撰 清同治十三
年（1874）神山官舍刻本 二冊

110000－0102－0015611 丙四/1586 集部/
別集類/明

石臼集前集九卷後集七卷 （明）邢昉撰 清

光緒四年（1878）刻本　　六冊

110000－0102－0015612　丙四/1587　集部/別集類/清

小巢壺詩二卷　（清）鮑善基撰　清嘉慶二十一年（1816）刻觀古閣叢書本　　二冊

110000－0102－0015613　丙四/1588　集部/別集類/唐至五代

魏鄭公文集三卷詩集一卷　（唐）魏徵撰　清光緒五年（1879）刻畿輔叢書本　　二冊

110000－0102－0015614　丙四/1589　集部/別集類/唐至五代

沈下賢文集十二卷　（唐）沈亞之撰　清光緒二十一年（1895）刻本　　一冊

110000－0102－0015615　丙四/1591　集部/別集類/清

乖庵文錄二卷　（清）秦樹聲撰　清光緒三十四年（1908）刻本　　一冊

110000－0102－0015616　丙四/1592　集部/別集類/清

香草齋詩註六卷　（清）黃任撰　（清）陳應魁註　清嘉慶十九年（1814）刻本　　五冊

110000－0102－0015617　丙四/1595　集部/別集類/宋

乖崖先生文集十二卷附錄一卷　（宋）張詠撰　清光緒八年（1882）獨山莫氏刻本　　二冊

110000－0102－0015618　丙四/1596　集部/別集類/清

寶奎堂集文十二卷詩十二卷　（清）陸錫熊撰　清道光二十九年（1849）刻本　　八冊

110000－0102－0015619　丙四/1598　集部/別集類/宋

淮海集十七卷後集二卷詞一卷補遺一卷　（宋）秦觀撰　清道光十七年（1837）高郵儒學刻本　　六冊

110000－0102－0015620　丙四/1602　集部/總集類/詩/斷代/唐至五代

才調集補注　（後蜀）韋縠編　（清）宋邦綏補

注　清光緒二十年（1894）江蘇書局刻本　四冊

110000－0102－0015621　丙四/1604　集部/別集類/明

唐荊川先生文集十二卷外集三卷補遺五卷　（明）唐順之撰　清江南書局刻本　　十冊

110000－0102－0015622　丙四/1605　集部/別集類/遼金元

文獻公全集十一卷首一卷　（元）黃溍撰　清咸豐元年（1851）刻本　　十冊

110000－0102－0015623　丙四/1606　集部/別集類/清

衣讔山房詩集八卷　（清）林昌彝撰　清同治二年（1863）廣州刻本　　四冊

110000－0102－0015624　丙四/1609　集部/別集類/清

有正味齋駢體文箋二十四卷　（清）吳錫麒撰　（清）王廣業箋　清咸豐九年（1859）青箱墅刻本　　八冊

110000－0102－0015625　丙四/1613　集部/總集類/詩/雜錄/其它

集唐初刻二卷二刻二卷三刻二卷　（清）韓步鼇輯　清道光九年（1829）刻本　　六冊

110000－0102－0015626　丙四/1614　集部/別集類/清

月齋文集八卷詩集四卷　（清）張穆撰　清咸豐八年（1858）刻本　　四冊

110000－0102－0015627　丙四/1616　集部/別集類/宋

道鄉先生文集四十卷補遺一卷附錄一卷　（宋）鄒浩撰　清道光十一年（1831）鄒氏留餘堂刻本　　八冊

110000－0102－0015628　丙四/1618　集部/總集類/詩/斷代/唐至五代

唐四家詩集　（清）胡鳳丹輯　清同治九年（1870）退補齋刻本　　六冊

110000－0102－0015629　丙四/1619　集部/

別集類/清

惜抱軒全集 （清）姚鼐撰　清嘉慶元年(1796)刻本　十六冊

110000－0102－0015630　丙四/1621　集部/別集類/清

韞山堂時文初集一卷二集二卷三集一卷（清）管世銘撰　清光緒八年(1882)文昌書局刻本　四冊

110000－0102－0015631　丙四/1623　集部/總集類/詩

玉臺新詠箋註十卷（南朝陳）徐陵編　清光緒五年(1879)宏達堂刻本　六冊

110000－0102－0015632　丙四/1624　集部/別集類/外國譯著

御製詩初集（越南）聖祖阮福晈撰　清刻本　四冊　存四卷(一至四)

110000－0102－0015633　丙四/1626　集部/別集類/清

劍虹居古文詩集文二卷詩二卷（清）秦燡撰　清光緒三十一年(1905)刻本　四冊

110000－0102－0015634　丙四/1630　集部/別集類/清

濂亭詩文集文八卷詩二卷（清）張裕釗撰　清光緒八年(1882)蘇州查氏木漸齋刻本　四冊

110000－0102－0015635　丙四/1632　集部/別集類/清

味燈聽葉廬詩草二卷（清）李振鈞撰　清光緒十五年(1889)刻本　二冊

110000－0102－0015636　丙四/1633　集部/別集類/清

簡學齋詩存詩存四卷詩刪四卷（清）陳沆撰　清咸豐二年(1852)刻本　二冊

110000－0102－0015637　丙四/1634　集部/別集類/清

松風閣詩鈔八卷（清）彭蘊章撰　清道光元年(1821)刻本　二冊

110000－0102－0015638　丙四/1636　集部/小說類/筆記小說

搜神記二十卷（晉）干寶撰　清光緒元年(1875)湖北崇文書局刻本　二冊

110000－0102－0015639　丙四/1637　集部/小說類/筆記小說

搜神後記十卷（晉）陶潛撰　清光緒元年(1875)湖北崇文書局刻本　一冊

110000－0102－0015640　丙四/1638　經部/詩類/三家詩

韓詩外傳十卷（漢）韓嬰撰　清光緒三年(1877)湖北崇文書局刻本　二冊

110000－0102－0015641　丙四/1639　集部/總集類/詩/雜錄/唱和

琴音三疊集二卷（清）徐琪等撰　清光緒二十六年(1900)刻本　二冊

110000－0102－0015642　丙四/1641　子部/譜錄類/回文

奚囊寸錦（清）張潮撰　清嘉慶二十五年(1820)刻本　六冊

110000－0102－0015643　丙四/1642　集部/別集類/清

兩當軒詩詞鈔詩十四卷詞二卷（清）黃景仁撰　清嘉慶二十二年(1817)書帶草堂刻本　四冊

110000－0102－0015644　丙四/1643　集部/總集類/詩/通代

惜抱軒今體詩選五言詩九卷七言詩九卷（清）姚鼐輯　清嘉慶十三年(1808)刻本　六冊

110000－0102－0015645　丙四/1644　集部/別集類/清

凝齋先生遺集（清）陳道撰　清嘉慶四年(1799)刻本　四冊

110000－0102－0015646　丙四/1645　集部/別集類/宋

黃山谷集內集二十卷外集十七卷（宋）黃庭堅撰　（宋）史容注　清光緒二十六年(1900)

刻本　二十册

110000－0102－0015647　丙四/1647　集部/總集類/文

學海堂集初集十六卷　（清）阮元輯　清道光五年（1825）啟秀山房刻本　四十册

110000－0102－0015648　丙四/1649　集部/別集類/清

煮石齋稿　（清）鮑家瑞撰　清光緒十八年（1892）刻本　一册

110000－0102－0015649　丙四/1653　史部/史評類/詠史

全史宮詞二十卷　（清）史夢蘭撰　清同治二年（1863）刻本　六册

110000－0102－0015650　丙四/1655　集部/總集類/文/雜錄/格言、語錄、楹聯

楹聯集錦八卷　清光緒刻本　二册

110000－0102－0015651　丙四/1656　集部/別集類/清

秋江集註六卷　（清）黃任撰　（清）王元麟註　清道光二十三年（1843）東山家塾刻本　六册

110000－0102－0015652　丙四/1657　集部/別集類/清

筠心堂存稿八卷　（清）張孝時撰　清光緒五年（1879）刻本　三册

110000－0102－0015653　丙四/1658　集部/別集類/唐至五代

羅昭諫集八卷　（唐）羅隱撰　清道光四年（1824）刻本　一册

110000－0102－0015654　丙四/1664　史部/政書類/職官類

槐廳載筆二十卷　（清）法式善編　清嘉慶四年（1799）刻本　六册

110000－0102－0015655　丙四/1665　集部/總集類/文/通代/文選

文選李善注四十卷　（南朝梁）蕭統選　（唐）李善注　清宣統三年（1911）上海會文堂粹記

石印本　十六册

110000－0102－0015656　丙四/1666　集部/別集類/清

鞾芬室詞甲稿四卷　（清）何震彝撰　清光緒二十九年（1903）鉛印本　一册

110000－0102－0015657　丙四/1668　集部/曲類/曲別集/傳奇

牡丹亭還魂記二卷　（明）湯顯祖撰　清宣統二年（1910）上海育文書局石印本　四册

110000－0102－0015658　丙四/1669　集部/楚辭類/楚辭

楚辭集注八卷　（宋）朱熹集註　清宣統三年（1911）上海掃葉山房石印本　四册

110000－0102－0015659　丙四/1671　子部/雜家類/學說

香祖筆記十二卷　（清）王世禎撰　清宣統二年（1910）上海掃葉山房石印本　四册

110000－0102－0015660　丙四/1672　集部/別集類/清

梅柏言全集文集十六卷續集二卷詩集十卷續集二卷　（清）梅曾亮撰　清宣統二年（1910）上海國學扶輪社石印本　八册

110000－0102－0015661　丙四/1674　集部/別集類/宋

蘇學士文集十六卷　（宋）蘇舜欽撰　清宣統三年（1911）北京龍文閣書局石印本　六册

110000－0102－0015662　丙四/1675　集部/別集類/唐至五代

孟東野詩集十卷附一卷追昔遊詩三卷　（唐）孟郊撰　清宣統二年（1910）上海著易堂石印本　四册

110000－0102－0015663　丙四/1676　集部/別集類/清

紀文達公文集十六卷　（清）紀昀撰　清宣統二年（1910）上海保粹樓石印本　八册

110000－0102－0015664　丙四/1677　集部/總集類/文

粵十三家集　（清)伍元薇輯　清道光二十年
(1840)南海伍氏詩雪軒刻本　三十册

110000－0102－0015665　丙四/1678　集部/
別集類/清

漸西村人集彙刻　（清)袁昶撰　清光緒刻本
八册

110000－0102－0015666　丙四/1679　史部/
傳記類/總傳/專錄/文苑

國朝詩人徵略六十卷　（清)張維屏輯　清道
光十年(1830)粤東超華齋刻本　十四册

110000－0102－0015667　丙四/1680　集部/
別集類/明

枝山文集四卷　（明)祝允明撰　清同治十三
年(1874)元和祝氏刻本　二册

110000－0102－0015668　丙四/1682　集部/
別集類/清

制義叢話二十四卷　（清)梁章鉅撰　清咸豐
九年(1859)知足知不足齋刻本　八册

110000－0102－0015669　丙四/1683　集部/
別集類/明

陳忠裕公全集三十卷首一卷年譜三卷末一卷
（明)陳子龍撰　（清)王昶輯　清嘉慶八年
(1803)簳山草堂刻本　十册

110000－0102－0015670　丙四/1684　集部/
別集類/漢至隋

嵇中散集一卷　（三國魏)嵇康撰　清光緒刻
漢魏六朝百三名家集本　一册

110000－0102－0015671　丙四/1690　集部/
別集類/清

恪靖侯盾鼻餘瀋　（清)左宗棠撰　清光緒七
年(1881)刻本　一册

110000－0102－0015672　丙四/1692　集部/
別集類/遼金元

湛然居士文集十四卷　（元)耶律楚材撰　清
光緒元年(1875)袁氏漸西村舍刻本　四册

110000－0102－0015673　丙四/1696　子部/
雜家類/雜考

東湖叢記六卷　（清)蔣光煦編　清咸豐六年
(1856)朱印本　六册

110000－0102－0015674　丙四/1697　集部/
別集類/清

悔餘菴詩文稿詩十三卷文九卷　（清)何栻撰
清同治四年(1865)刻本　七册

110000－0102－0015675　丙四/1699　集部/
詞類/詞別集

八十一寒詞　何震彝撰　清宣統元年(1909)
鉛印本　一册

110000－0102－0015676　丙四/1701　子部/
雜家類/雜述

潛皖偶錄十一卷　錢麟書撰　清宣統元年
(1909)安慶鉛印本　四册

110000－0102－0015677　丙四/1702　集部/
別集類/清

寶奎堂集十二卷　（清)陸錫熊撰　清道光二
十九年(1849)陸氏刻本　四册

110000－0102－0015678　丙四/1704　集部/
別集類/清

冬心先生集四卷續集一卷拾遺一卷三體詩一
卷自度曲一卷雜著六卷隨筆一卷　（清)金農
撰　清同治七年(1868)錢唐丁氏當歸草堂刻
本　四册

110000－0102－0015679　丙四/1705　集部/
集評類/詩評/詩話

閩川閨秀詩話四卷　（清)梁章鉅撰　清道光
二十九年(1849)刻本　一册

110000－0102－0015680　丙四/1709　集部/
別集類/清

紀城詩稿四卷　（清)安致遠撰　清同治二年
(1863)自鉏園刻本　一册

110000－0102－0015681　丙四/1711　集部/
別集類/清

西堂全集　（清)尤侗撰　清末兩儀堂刻本
八册

110000－0102－0015682　丙四/1719　集部/

總集類/文/婦女

漢魏六朝女子文選二卷　張維輯　清宣統三年(1911)刻本　一冊

110000－0102－0015683　丙四/1720　集部/別集類/清

岱遊集一卷　(清)陳文述撰　清宣統元年(1909)江浦陳氏刻房山山房叢書本　一冊

110000－0102－0015684　丙四/1721　集部/總集類/詩/雜錄/題詠

百美新詠集　(清)顏希原輯　清同治九年(1870)義盛堂刻本　四冊

110000－0102－0015685　丙四/1723　集部/別集類/清

思益堂集詩六卷文二卷詞一卷日劄十卷　(清)周壽昌撰　清光緒十四年(1888)刻本　六冊

110000－0102－0015686　丙四/1724　集部/別集類/清

龔定盦全集　(清)龔自珍撰　清宣統二年(1910)上海國學扶輪社鉛印本　七冊

110000－0102－0015687　丙四/1728　集部/總集類/文

藏書樓駢文鈔二卷　(清)鮑桂生撰　清咸豐三年(1853)刻本　四冊

110000－0102－0015688　丙四/1729　集部/別集類/宋

雙峰猥藁九卷首一卷末一卷　(宋)舒邦佐撰　清咸豐八年(1858)舒氏刻本　四冊

110000－0102－0015689　丙四/1753　集部/別集類/清

小倉山房尺牘輯註十卷　(清)袁枚撰　(清)馬步元箋註　清光緒十八年(1892)刻本　四冊

110000－0102－0015690　丙四/1755　集部/別集類/宋

王臨川全集二十四卷　(宋)王安石撰　清宣統三年(1911)上海掃葉山房石印本　十二冊

110000－0102－0015691　丙四/1761　集部/別集類/明

炳燭齋文集二卷　(明)顧大韶撰　清宣統元年(1909)國學扶輪社鉛印本　二冊

110000－0102－0015692　丙四/1765　集部/別集類/清

尤西堂全集　(清)尤侗撰　清康熙二十三年(1684)刻本　八冊

110000－0102－0015693　丙四/1766　集部/別集類/清

江忠烈公遺集二卷附錄一卷　(清)江忠源撰　清同治三年(1864)四川藩署刻本　二冊

110000－0102－0015694　丙四/1768　集部/別集類/清

羞園詩草　(清)續廉撰　清光緒三十三年(1907)刻本　一冊

110000－0102－0015695　丙四/1769　集部/別集類/宋

宋王忠文公全集五十卷　(宋)王十朋撰　(清)唐傳鈺重編　清光緒二年(1876)梅溪書院刻本　十二冊

110000－0102－0015696　丙四/1773　集部/別集類/唐至五代

昌黎先生詩增注証訛十一卷　(唐)韓愈撰　(清)顧嗣立　(清)黃鉞合注　清咸豐七年(1857)四明鮑氏一客軒刻本　四冊

110000－0102－0015697　丙四/1782　集部/小說類/筆記小說

右台仙館筆記十六卷　(清)俞樾撰　清宣統二年(1910)上海朝記書莊石印春在堂全書本　八冊

110000－0102－0015698　丙四/1783　集部/小說類/翻譯小說

黑奴籲天錄四卷　(美國)斯士活撰　林紓魏易合譯　清光緒二十七年(1901)刻本　四冊

110000－0102－0015699　丙四/1798　集部/總集類/詩/通代

五言詩十七卷　（清）王士禛輯　清同治五年（1866）金陵書局刻本　四冊

110000－0102－0015700　丙四/1804　經部/小學類/文字/字典詞典等

文科大詞典十二集　國學扶輪社編　清宣統三年（1911）鉛印本　十二冊

110000－0102－0015701　丙四/1806　集部/小說類/翻譯小說

新包探案二金臺　葉啓標譯　清光緒二十九年（1903）上海牖明社鉛印本　一冊

110000－0102－0015702　丙四/1809　集部/總集類/詩/雜錄/其它

試帖詩鏡十四卷　（清）馮午璜撰　清同治十二年（1873）宣南紫藤花館刻本　四冊

110000－0102－0015703　丙四/1810　集部/小說類/章回

白圭志四卷　（清）崔象川輯　清光緒二十一年（1895）上海書局石印繪圖第八才子書本　四冊

110000－0102－0015704　丙四/1812　集部/小說類/章回

異說後唐傳三集薛丁山征西樊梨花全傳九十回　如蓮居士輯　清道光二十七年（1847）金穀園刻本　三冊　缺二冊

110000－0102－0015705　丙四/1813　集部/俗文學類/彈詞

繪圖天雨花　（清）陶貞懷撰　清光緒二十二年（1896）上海書局石印本　二十冊

110000－0102－0015706　丙四/1814　集部/別集類/清

曾文正公全書一百七十卷首一卷　（清）曾國藩撰　清光緒二年（1876）傳忠書局刻本　八十二冊

110000－0102－0015707　丙四/1815　集部/別集類/清

湖海樓全集古文六卷儷體文十二卷古今體詩十二卷　（清）陳維崧撰　清光緒十七年（1891）弇山鐸署刻本　十二冊

110000－0102－0015708　丙四/1818　集部/別集類/清

忠雅堂全集文十二卷詩二十九卷詞二卷　（清）蔣士銓撰　清嘉慶刻本　十四冊

110000－0102－0015709　丙四/1819　集部/別集類/清

試畯堂賦鈔四卷　（清）王蘇撰　清道光二年（1822）王氏（家）刻本　四冊

110000－0102－0015710　丙四/1820　集部/別集類/清

邃雅堂集十卷　（清）姚文田撰　清道光元年（1821）江陰學署刻本　十二冊

110000－0102－0015711　丙四/1823　集部/別集類/清

碧琅玕館詩鈔四卷詩續四卷　（清）楊光儀撰　清光緒九年（1883）刻本　六冊

110000－0102－0015712　丙四/1824　集部/別集類/清

淮南雜箸二卷　（清）曹允源撰　清光緒十七年（1891）刻本　四冊

110000－0102－0015713　丙四/1826　集部/別集類/清

萬善花室文稿六卷續集一卷　（清）方履籛撰　清道光刻本　六冊

110000－0102－0015714　丙四/1842　集部/別集類/遼金元

遺山詩集二十卷　（金）元好問撰　清宣統二年（1910）山陰周氏刻本　六冊

110000－0102－0015715　丙四/1843　集部/別集類/宋

山谷詩集註內集二十卷外集十七卷別集二卷　（宋）黃庭堅撰　（宋）任淵等註　清光緒二十一年至二十五年（1895－1899）湖北陳氏刻本影刻　二十冊

110000－0102－0015716　丙四/1844　集部/別集類/清

御製詩初集四十八卷目錄六卷　（清）高宗弘曆撰　（清）慶桂等輯　清嘉慶八年（1803）刻

本　三十冊

110000－0102－0015717　丙四/1845　集部/
總集類/文/斷代/清

八旗文經五十六卷作者考三卷敘錄一卷
(清)盛昱　(清)楊鍾羲合輯　清光緒二十七
年(1901)武昌刻本　十二冊

110000－0102－0015718　丙四/1849　集部/
別集類/清

西堂全集　(清)尤侗撰　清末善成堂刻本
二十六冊

110000－0102－0015719　丙四/1850　集部/
別集類/清

柈湖文集十二卷　(清)吳敏樹撰　清光緒十
九年(1893)思賢講舍刻本　四冊

110000－0102－0015720　丙四/1851　集部/
總集類/文/斷代/宋

宋文鑑一百五十卷　(宋)呂祖謙編　清刻本
二十四冊

110000－0102－0015721　丙四/1854　集部/
別集類/宋

羅豫章先生集十二卷首一卷末一卷　(宋)羅
從彥撰　清光緒九年(1883)延平府署刻本
四冊

110000－0102－0015722　丙四/1855　集部/
別集類/清

桐城吳先生文集四卷詩集一卷　(清)吳汝綸
撰　清光緒三十年(1904)刻本　四冊

110000－0102－0015723　丙四/1856　集部/
別集類/清

顧亭林先生詩箋注十七卷首一卷　(清)顧亭
林撰　(清)徐嘉輯注　清光緒二十六年
(1900)刻本　六冊

110000－0102－0015724　丙四/1857　集部/
總集類/詩/地方

國朝畿輔詩傳六十卷　(清)陶樑輯　清道光
十九年(1839)紅豆樹館刻本　十六冊

110000－0102－0015725　丙四/1861　集部/

別集類/清

鹿洲全集　(清)藍鼎元撰　清光緒六年
(1880)刻本　二十四冊

110000－0102－0015726　丙四/1862　集部/
總集類/詩/通代

七言詩歌行鈔十五卷　(清)王士禛輯　清同
治五年(1866)金陵書局刻本　四冊

110000－0102－0015727　丙四/1864　集部/
總集類/詩

庚辰集五卷　(清)紀昀編　清乾隆二十六年
(1761)太和堂刻本　六冊

110000－0102－0015728　丙四/1866　子部/
雜家類/雜述

悔翁筆記六卷　(清)汪士鐸撰　清光緒九年
(1883)合肥味古齋刻本　二冊

110000－0102－0015729　丙四/1868　集部/
別集類/明

陳巖野先生全集四卷　(明)陳邦彥撰　(清)
溫汝能輯　清嘉慶十年(1805)聽松閣刻本
四冊

110000－0102－0015730　丙四/1869　子部/
雜家類/雜述

阮盦筆記五種　況周頤撰　清光緒三十三年
(1907)刻本　三冊

110000－0102－0015731　丙四/1870　子部/
雜家類/雜述

竹葉亭雜記八卷　(清)姚元之撰　清光緒十
九年(1893)刻本　四冊

110000－0102－0015732　丙四/1871　集部/
別集類/清

釋耒集四卷　(清)施元孚撰　清道光十一年
(1831)甌城淩峰堂書坊刻本　四冊

110000－0102－0015733　丙四/1873　子部/
類書類/類編/通錄

白眉故事　(明)皆窳子輯　(明)許以忠註釋
清嘉慶十年(1805)同德堂刻本　六冊

110000－0102－0015734　丙四/1874　子部/

類書類/類編/通録

精選黃眉故事十卷 （明）鄧志謨編　清康熙三十九年(1700)刻本　八冊

110000－0102－0015735　丙四/1875　集部/別集類/清

存研樓文集十六卷 （清）儲大文撰　清光緒元年(1875)靜遠堂刻本　八冊

110000－0102－0015736　丙四/1876　集部/別集類/唐至五代

盧昇之集七卷 （唐）盧照鄰撰　清鄒氏叢雅居刻本　三冊

110000－0102－0015737　丙四/1879　集部/總集類/詩/斷代/唐至五代

十種唐詩選存 （清）王士禛刪纂　清康熙三十一年(1692)刻本　五冊

110000－0102－0015738　丙四/1881　史部/史評類/詠史

宮詞 （明）毛晉輯　清同治十二年(1873)淮南書局刻本　一冊

110000－0102－0015739　丙四/1882　集部/總集類/文

駢體文鈔三十一卷 （清）吳育輯　清同治六年(1867)婁江徐氏刻本　十二冊

110000－0102－0015740　丙四/1884　集部/總集類/文/通代/編選

古文雅正十四卷 （清）蔡世遠評選　清同治七年(1868)刻本　八冊

110000－0102－0015741　丙四/1897　集部/別集類/清

切問齋集十二卷 （清）陸燿撰　清光緒十八年(1892)江蘇書局刻本　四冊

110000－0102－0015742　丙四/1898　集部/別集類/宋

淮海集四十卷後集九卷 （宋）秦觀撰　清嘉慶十一年(1806)刻本　六冊

110000－0102－0015743　丙四/1899　子部/類書類/韻編

杜韓集韻二卷 （清）汪文柏撰　清光緒八年(1882)姑蘇未青閣刻本　六冊

110000－0102－0015744　丙四/1900　集部/別集類/清

鮚埼亭集三十八卷首一卷 （清）全祖望撰　清同治十一年(1872)姚江借樹山房刻本　三十二冊

110000－0102－0015745　丙四/1901　集部/別集類/清

有正味齋駢文箋註十六卷 （清）吳錫麒撰　（清）葉聯芬箋註　清光緒十七年(1891)羊城文寶閣刻本　八冊

110000－0102－0015746　丙四/1902　集部/別集類/明

歸震川先生集三十卷別集十卷 （清）歸有光撰　清光緒六年(1880)常熟歸氏刻本　十六冊

110000－0102－0015747　丙四/1906　史部/史評類/詠史

全史宮詞二十卷 （清）史夢蘭撰　清咸豐六年(1856)史氏(家)刻本　四冊

110000－0102－0015748　丙四/1910　集部/別集類/宋

龍川文集三十卷辨偽考異二卷附錄一卷 （宋）陳亮撰　清同治七年(1868)刻本　十冊

110000－0102－0015749　丙四/1912　集部/別集類/宋

後山先生集二十四卷首一卷 （宋）陳師道撰　清光緒十一年(1885)愛盧刻本　六冊

110000－0102－0015750　丙四/1920　集部/小說類/章回

繪圖廿四史通俗演義六卷 （清）呂撫撰　清石印本　六冊

110000－0102－0015751　丙四/1935　集部/詞類/詞選/通代

歷朝名人詞選十三卷 （清）夏秉衡輯　清宣統元年(1909)掃葉山房石印本　六冊

110000－0102－0015752　丙四/1945　集部/總集類/詩/地方

國朝全閩詩錄二十一卷續集十一卷 （清）鄭傑輯　清嘉慶六年(1801)刻本　十冊

110000－0102－0015753　丙四/1947　集部/別集類/清

二林居集二卷 （清）彭紹升撰　清光緒六年(1880)刻本　二冊

110000－0102－0015754　丙四/1952　集部/小說類/章回

繡像第五才子書水滸傳十五卷 （元）施耐庵撰　（清）金聖嘆批　清雍正十二年(1734)芥子園刻本　二十冊

110000－0102－0015755　丙四/1953　集部/總集類/詩/斷代/清

隨園三十種 （清）袁枚輯撰　清刻本　七十二冊

110000－0102－0015756　丙四/1958　集部/總集類/文/通代

陶蘇合箋 （清）温汝能纂　清宣統元年(1909)上海掃葉山房石印本　四冊

110000－0102－0015757　丙四/1969　集部/別集類/唐至五代

杜工部集二十卷首一卷 （唐）杜甫撰　清光緒十三年(1887)玉勾草堂刻本　十二冊

110000－0102－0015758　丙四/1978　集部/總集類/文/雜錄/雜纂

天下同文集四十四卷 （元）周南瑞輯　清鉛印本　二冊

110000－0102－0015759　丙四/1980　集部/別集類/清

冬心先生集四卷 （清）金農撰　清宣統二年(1910)北京書業公司石印本　四冊

110000－0102－0015760　丙四/1981　集部/別集類/清

冬心先生集四卷 （清）金農撰　清宣統二年(1910)北京書業公司石印本　四冊

110000－0102－0015761　丙四/1983　集部/總集類/文/斷代/清

續同人集 （清）袁枚輯　清末刻本　四冊

110000－0102－0015762　丙四/1987　集部/總集類/文/斷代/清

國朝文錄八十二卷 （清）姚椿輯　清光緒二十六年(1900)掃葉山房石印本　十五冊　缺五卷(四十至四十四)

110000－0102－0015763　丙四/1994　集部/小說類/章回

燕山外史註釋二卷 （清）陳球著　（清）若駿子輯註　清光緒上海六藝书局鉛印本　二冊

110000－0102－0015764　丙四/1999　集部/總集類/詩/斷代/清

詩群五卷　沈宗畸輯　清宣統元年(1909)鉛印晨風閣叢書本　五冊

110000－0102－0015765　丙四/2029　集部/總集類/文/雜錄/課藝

國朝小題文瀋靈集 （清）張躍鱗編　清道光六年(1826)刻本　十二冊

110000－0102－0015766　丙四/2050　集部/別集類/清

翁山文外十六卷 （清）屈大均撰　清宣統二年(1910)上海國學扶輪社鉛印本　五冊

110000－0102－0015767　丙四/2051　集部/別集類/清

陔蘭書屋試帖三卷 （清）潘曾綬撰　清末刻本　一冊

110000－0102－0015768　丙四/2052　集部/別集類/清

陔蘭書屋試帖三卷 （清）潘曾綬撰　清末刻本　一冊

110000－0102－0015769　丙四/2054　集部/總集類/文

見星樓賦話十卷 （清）林聯桂撰　清道光六年(1826)刻本　四冊

110000－0102－0015770　丙四/2055　集部/

別集類/清

閟莒草堂遺草四卷 （清）王拓撰 清同治十三年（1874）刻本 二冊

110000－0102－0015771 丙四/2061 集部/別集類/清

容甫先生遺詩五卷附補遺 （清）汪中撰 清宣統二年（1910）風雨樓鉛印本 一冊

110000－0102－0015772 丙四/2062 集部/別集類/清

夢湘樓詩槁二卷 （清）宋婉撰 清光緒六年（1880）刻本 一冊

110000－0102－0015773 丙四/2064 集部/別集類/清

小謨觴館詩文集注 （清）彭兆蓀撰 孫元培等輯注 清光緒二十年（1894）觀自得齋刻本 八冊

110000－0102－0015774 丙四/2065 集部/集評類/詩評

詩學圓機活法大成二十四卷 （明）王世貞等校訂 明萬曆文錦堂刻本 二十四冊

110000－0102－0015775 丙四/2067 集部/別集類/唐至五代

唐陸宣公翰苑集二十四卷 （唐）陸贄撰 （清）張佩芳注 清光緒李氏師竹堂刻本 八冊

110000－0102－0015776 丙四/2072 集部/總集類/文/通代

駢體文鈔三十一卷 （清）李兆洛輯 清光緒八年（1882）刻本 八冊

110000－0102－0015777 丙四/2073 集部/別集類/清

有正味齋詩文集詩十六卷又續集八卷詞八卷續集二卷駢文二十四卷續集八卷外集五卷又二卷 （清）吳錫麟撰 清嘉慶十三年（1808）刻本 二十四冊

110000－0102－0015778 丙四/2074 集部/別集類/宋

蘇文忠公詩集五十卷目錄二卷 （宋）蘇軾撰

（清）紀昀評點 清道光十四年（1834）兩廣節署刻朱墨印本 二十四冊

110000－0102－0015779 丙四/2075 集部/總集類/文/通代/編選

斯文精萃 （清）尹繼善編 清同治七年（1868）刻本 十一冊

110000－0102－0015780 丙四/2076 集部/總集類/文/地方

西湖集覽四十五卷 （清）丁丙輯 清光緒九年（1883）丁氏嘉惠堂刻本 十二冊

110000－0102－0015781 丙四/2077 集部/總集類/文/通代/編選

續古文辭類纂三十四卷 王先謙輯 清光緒二十七年（1901）善成堂刻本 十冊

110000－0102－0015782 丙四/2078 集部/別集類/清

蕙襟集十二卷 （清）馮秀瑩撰 清宣統三年（1911）刻本 二冊

110000－0102－0015783 丙四/2080 集部/別集類/宋

後山詩選十二卷 （宋）陳師道撰 （宋）任淵注 清乾隆四十一年（1776）刻本 四冊

110000－0102－0015784 丙四/2087 集部/集評類/總評

文心雕龍十卷 （南朝梁）劉勰撰 （清）黃叔琳注 （清）紀昀評 清道光十三年（1833）刻朱墨印本 四冊

110000－0102－0015785 丙四/2089 集部/詞曲/詞別集/清

雙紅豆館詞鈔四卷 （清）周悺然撰 清光緒九年（1883）刻本 二冊

110000－0102－0015786 丙四/2091 集部/別集類/清

詒卿詩鈔二卷 （清）李明農撰 清道光二十四年（1844）刻本 一冊

110000－0102－0015787 丙四/2094 集部/別集類/清

逊學齋全集文鈔十二卷文續五卷詩鈔十卷詩續五卷 （清）孫衣言撰 清同治十二年（1873）刻本 十册

110000 - 0102 - 0015788 丙四/2095 集部/集評類/詩評/詩話

眉韻樓詩話四卷 （清）孫雄輯 清光緒三十四年（1908）鉛印晨風閣叢書本 二册

110000 - 0102 - 0015789 丙四/2097 集部/總集類/文/斷代/清

生氣千秋集三卷 （清）王利亨輯 清道光十五年（1835）刻本 二册

110000 - 0102 - 0015790 丙四/2099 集部/總集類/文/通代/文選

重訂文選集評十五卷首一卷末一卷 （南朝梁）蕭統選 （清）于光華注 清同治九年（1870）刻本 十六册

110000 - 0102 - 0015791 丙四/2101 集部/別集類/清

惜道味齋集 （清）姚大榮撰 清宣統三年（1911）刻本 一册

110000 - 0102 - 0015792 丙四/2103 集部/別集類/清

魏昭士文集十卷 （清）魏士效撰 清道光二十五年（1845）謝氏刻本 四册

110000 - 0102 - 0015793 丙四/2105 集部/總集類/文/斷代/清

皇朝文典七十四卷 （清）李兆洛撰 清嘉慶二十年（1815）刻本 十六册

110000 - 0102 - 0015794 丙四/2107 集部/別集類/明

聖雨齋詩文集十卷 （明）周拱辰撰 清道光三年（1823）聖雨齋刻本 六册

110000 - 0102 - 0015795 丙四/2108 集部/別集類/明

問魚篇二卷 （明）周拱辰撰 清道光三年（1823）聖雨齋刻本 二册

110000 - 0102 - 0015796 丙四/2109 集部/

總集類/文/雜錄/格言、語錄、楹聯

京師地名對二卷 （清）杏芬輯 清光緒二十六年（1900）刻本 二册

110000 - 0102 - 0015797 丙四/2110 集部/總集類/文/雜錄

八家四六文註八卷首一卷 （清）孫星衍撰 （清）許貞幹註 清光緒十七年（1891）刻本 十六册

110000 - 0102 - 0015798 丙四/2112 集部/別集類/清

望溪先生全集正集十八卷集外文十卷集外文補遺二卷年譜二卷 （清）方苞撰 清咸豐元年（1851）刻本 十四册

110000 - 0102 - 0015799 丙四/2118 集部/別集類/清

更生齋文甲集四卷乙集四卷續集二卷詩集八卷續集十卷附鮚軒詩集八卷 （清）洪亮吉撰 清光緒三年（1877）授經堂刻本 十四册

110000 - 0102 - 0015800 丙四/2119 集部/別集類/清

湘綺樓文集八卷 王闓運撰 清光緒三十四年（1908）京師湘靈文社鉛印本 四册

110000 - 0102 - 0015801 丙四/2120 集部/別集類/清

友松吟館詩鈔十五卷 （清）毓俊撰 清光緒二十五年（1899）刻本 四册

110000 - 0102 - 0015802 丙四/2121 集部/總集類/詩/雜錄/其它

七家試帖輯註彙鈔 （清）王植桂輯 清光緒十四年（1888）京師文成堂刻本 八册

110000 - 0102 - 0015803 丙四/2126 集部/總集類/詩/通代

八代詩選二十卷 王闓運撰 清光緒十九年（1893）章氏經濟堂刻本 十二册

110000 - 0102 - 0015804 丙四/2127 集部/別集類/明

寒松堂全集十二卷年譜一卷 （明）魏象樞撰

清嘉慶十六年(1811)刻本　十三冊

110000－0102－0015805　丙四/2132　史部/
別史、雜史類

金華子二卷　（南唐）劉崇遠撰　清光緒元年
(1875)湖北崇文書局刻本　一冊

110000－0102－0015806　丙四/2133　集部/
小說類/筆記小說

玉泉子一卷　（唐）闕名撰　清光緒元年
(1875)湖北崇文書局刻本　一冊

110000－0102－0015807　丙四/2134　集部/
小說類/筆記小說

燕丹子三卷　（清）孫星衍校輯　清光緒元年
(1875)湖北崇文書局刻本　一冊

110000－0102－0015808　丙四/2135　集部/
別集類/清

味靈華館詩六卷　（清）商廷煥撰　清宣統二
年(1910)刻本　二冊

110000－0102－0015809　丙四/2136　子部/
雜家類/雜述

無事爲福齋隨筆二卷　（清）韓泰華撰　清光
緒刻本　一冊

110000－0102－0015810　丙四/2141　集部/
總集類/文/斷代/清

國朝駢體正宗十二卷　（清）曾燠輯　清同治
十三年(1874)聚賢堂刻本　六冊

110000－0102－0015811　丙四/2145　集部/
總集類/文/通代/編選

古文眉詮七十九卷　（清）浦起龍輯　清光緒
二十四年(1898)嶺南良產書屋刻本　二十
六冊

110000－0102－0015812　丙四/2146　集部/
總集類/文/地方

蜀秀集九卷　（清）譚宗浚輯　清光緒五年
(1879)成都試院刻本　八冊

110000－0102－0015813　丙四/2151　集部/
總集類/文/雜錄/課藝

雙藤書屋試帖二卷　（清）何道生撰　清道光

八年(1828)刻本　一冊

110000－0102－0015814　丙四/2153　集部/
別集類/清

虛白山房詩集四卷　（清）朱鳳毛撰　清光緒
廣州刻本　一冊

110000－0102－0015815　丙四/2154　集部/
別集類/清

虛白山房駢體文二卷　（清）朱鳳毛撰　清光
緒十五年(1889)廣州刻本　一冊

110000－0102－0015816　丙四/2155　集部/
別集類/清

一簾花影樓律詩賦　（清）朱鳳毛撰　清光緒
十五年(1889)刻本　一冊

110000－0102－0015817　丙四/2157　集部/
別集類/清

紫亭詩鈔四卷　（清）李長垣撰　清道光十六
年(1836)河南開封郡署刻本　二冊

110000－0102－0015818　丙四/2161　集部/
別集類/宋

張南軒先生文集七卷　（宋）張栻撰　（清）張
伯行輯　清同治五年(1866)福州正誼書局刻
本　三冊

110000－0102－0015819　丙四/2165　集部/
別集類/清

居業堂文集二十卷　（清）王源撰　清光緒五
年(1879)謙德堂刻畿輔叢書本　四冊

110000－0102－0015820　丙四/2170　集部/
別集類/唐至五代

唐陸宣公集二十二卷增輯二卷　（唐）陸贄撰
　清道光二十七年(1847)刻本　八冊

110000－0102－0015821　丙四/2171　集部/
別集類/清

韋廬詩內集四卷外集四卷　（清）李秉禮撰
清道光十年(1830)知稼堂刻本　四冊

110000－0102－0015822　丙四/2177　集部/
詞類/詞別集/清

藻香館詞鈔　（清）鄧承宗撰　清道光二十七

年(1847)刻本　一冊

110000－0102－0015823　丙四/2179　集部/
總集類/文

四家賦鈔　（清）殷壽彭輯　清咸豐三年
(1853)誦芬堂刻本　四冊

110000－0102－0015824　丙四/2187　集部/
別集類/清

西堂全集六十一卷　（清）尤侗撰　清末刻本
二十冊

110000－0102－0015825　丙四/2189　集部/
別集類/唐至五代

陸宣公集二十二卷首一卷附錄一卷　（唐）陸
贄撰　清光緒二年(1876)江蘇書局刻本
四冊

110000－0102－0015826　丙四/2190　集部/
別集類/清

求志居集三十六卷外集一卷　（清）陳世鎔撰
清道光二十五年(1845)獨秀山莊刻本
八冊

110000－0102－0015827　丙四/2191　集部/
總集類/詩/家族

講筵四世詩鈔十卷　（清）張英撰　清光緒十
九年(1893)刻本　四冊

110000－0102－0015828　丙四/2194　集部/
別集類/清

玉山朱氏遺書二種　（清）朱集璜撰　清光緒
南通五山書院刻本　三冊

110000－0102－0015829　丙四/2195　集部/
別集類/清

悔餘菴文稿七卷　（清）何栻撰　清同治四年
(1865)鴆紅書屋刻本　二冊

110000－0102－0015830　丙四/2196　集部/
別集類/清

潛西精舍詩稿　（清）釋含澈撰　清光緒刻本
一冊

110000－0102－0015831　丙四/2197　集部/
別集類/明

江陵張文忠公全集四十七卷　（明）張居正撰
清江陵鄧氏刻本　十六冊

110000－0102－0015832　丙四/2203　集部/
總集類/文/斷代/唐至五代

唐文粹補遺二十六卷　（清）郭麐纂　清光緒
十一年(1885)江蘇書局刻本　四冊

110000－0102－0015833　丙四/2205　集部/
總集類/文/通代/編選

古文釋義八卷　（清）余誠輯　清光緒三十年
(1904)上海掃葉山房石印本　八冊　缺三卷
(六至八)

110000－0102－0015834　丙四/2207　集部/
別集類/清

曾文正公家書五卷家訓二卷　（清）曾國藩撰
清光緒五年(1879)長沙傳忠書局刻本　六
冊　缺一卷(家訓上)

110000－0102－0015835　丙四/2209　集部/
別集類/清

桐城吳先生詩文集文四卷詩一卷傳狀一卷
（清）吳汝綸撰　清光緒三十年(1904)吳氏
(家)刻本　四冊

110000－0102－0015836　丙四/2210　集部/
別集類/清

潛研堂文集　（清）錢大昕撰　清乾隆嘉慶
(1736－1820)刻本　四冊

110000－0102－0015837　丙四/2213　集部/
別集類/宋

浪語集三十五卷　（宋）薛季宣撰　清同治十
一年(1872)刻本　六冊

110000－0102－0015838　丙四/2214　集部/
別集類/明

滄溟先生集三十卷附錄一卷　（明）李攀龍撰
清道光二十七年(1847)景福堂刻本　八冊

110000－0102－0015839　丙四/2215　集部/
總集類/文/斷代/唐至五代

御選唐宋文醇五十八卷　（清）高宗弘曆御輯
清光緒三年(1877)浙江書局刻本　二十冊

110000－0102－0015840　　丙四/2216　　集部/總集類/文

容城三賢集十二卷　（清）張裴然　（清）楊藩合輯　清光緒二十二年(1896)正義書院刻本　十二冊

110000－0102－0015841　　丙四/2217　　集部/總集類/文/家族

項城袁氏家集　（清）丁振鐸輯　清宣統三年(1911)清芬閣鉛印本　五十六冊

110000－0102－0015842　　丙四/2218　　集部/別集類/清

項城袁氏家集　（清）丁振鐸輯　清宣統三年(1911)清芬閣鉛印本　五十六冊

110000－0102－0015843　　丙四/2219　　集部/總集類/詩/通代

古詩源十四卷　（清）沈德潛輯注　清光緒刻本　四冊

110000－0102－0015844　　丙四/2223　　集部/別集類/清

養一齋詩文集詩四卷文二十卷　（清）李兆洛撰　清光緒四年(1878)刻本　十二冊

110000－0102－0015845　　丙四/2229　　集部/別集類/清

蔗查集五七言古二卷五七言律二卷七言絕句一卷　（清）釋實乘撰　清嘉慶刻本　一冊

110000－0102－0015846　　丙四/2230　　集部/別集類/清

湘綺樓文集八卷　王闓運撰　清光緒三十四年(1908)京師湘靈文社鉛印本　四冊

110000－0102－0015847　　丙四/2231　　集部/別集類/清

述古堂文集十二卷　（清）錢兆鵬撰　清光緒七年(1881)刻本　四冊

110000－0102－0015848　　丙四/2234　　集部/別集類/清

飲冰室文集二卷　梁啟超撰　清光緒三十年(1904)上海廣智書局鉛印本　二冊

110000－0102－0015849　　丙四/2241　　集部/總集類/文/雜錄/課藝

溥通國文讀本六卷　澄衷學堂輯　清光緒三十年(1904)鉛印本　六冊

110000－0102－0015850　　丙四/2242　　集部/總集類/文/通代/編選

高等國文讀本四卷　（清）唐文治編　清宣統元年(1909)上海文明書局鉛印本　四冊

110000－0102－0015851　　丙四/2243　　集部/別集類/清

麻園遺集　（清）謝焜樞撰　清宣統元年(1909)鉛印本　一冊

110000－0102－0015852　　丙四/2246　　子部/儒家類/清

跋南雷文定一卷　（清）方東樹撰　清宣統元年(1909)江浦陳氏刻陳氏房山山房叢書本　一冊

110000－0102－0015853　　丙四/2256　　集部/別集類/清

何焯先生集十二卷　（清）何焯撰　（清）翁大年等輯　清宣統元年(1909)廣州平江吳氏刻本　四冊

110000－0102－0015854　　丙四/2260　　集部/總集類/文/通代

唐宋八大家類選十四卷　（清）儲欣輯　清末刻本　十二冊

110000－0102－0015855　　丙四/2261　　集部/別集類/唐至五代

麟角集一卷　（唐）王棨撰　清光緒十一年(1885)福山王氏天壤閣刻本　二冊

110000－0102－0015856　　丙四/2262　　集部/別集類/唐至五代

麟角集一卷　（唐）王棨撰　清光緒十一年(1885)福山王氏天壤閣刻本　二冊

110000－0102－0015857　　丙四/2263　　集部/小說類/總錄

唐開元小說六種　葉德輝輯　清宣統三年(1911)葉氏觀古堂刻本　一冊　缺一冊（第

六種小說安祿山事）

110000－0102－0015858　丙四/2264　集部/別集類/明

章柳州集四卷 （明）章世純撰　清康熙三年（1664）刻本　四冊

110000－0102－0015859　丙四/2267　集部/集評類/詩評/詩話

眉韻樓詩話八卷 （清）孫雄撰　清光緒三十四年（1908）鉛印鄭齋叢書本　四冊

110000－0102－0015860　丙四/2280　集部/總集類/文/通代/編選

七十家賦鈔六卷 （清）張惠言輯　清道光元年（1821）刻本　六冊

110000－0102－0015861　丙四/2283　集部/總集類/詩/雜錄/題詠

慕萊堂詩文徵存十卷 （清）李維翰輯　清光緒十七年（1891）刻本　六冊

110000－0102－0015862　丙四/2284　集部/別集類/清

胡文忠公遺集八十六卷首一卷 （清）胡林翼撰　清同治六年（1867）刻本　三十二冊

110000－0102－0015863　丙四/2285　集部/別集類/清

翁山詩外十九卷 （清）屈大均撰　清宣統二年（1910）國學扶輪社鉛印本　十二冊

110000－0102－0015864　丙四/2286　集部/總集類/文/通代/文選

文選補遺四十卷 （宋）陳仁子輯　清道光二十五年（1845）湖南小琅嬛山館刻本　十六冊

110000－0102－0015865　丙四/2288　集部/總集類/詩/地方

閩詩錄甲集六卷乙集四卷丙集二十三卷丁集一卷戊集七卷 （清）鄭傑輯　陳衍補訂　清宣統三年（1911）刻朱印本　十冊

110000－0102－0015866　丙四/2290　集部/別集類/清

復初齋文集三十五卷 （清）翁方綱撰　清道光十六年（1836）刻本　十冊

110000－0102－0015867　丙四/2291　集部/總集類/詩/家族

于氏詩鈔四集 （清）于修儒等撰　清同治十一年（1872）于氏家刻本　四冊

110000－0102－0015868　丙四/2292　集部/別集類/清

悟雪樓詩存四卷 （清）徐謙撰　清道光二十九年（1849）刻本　二冊

110000－0102－0015869　丙四/2295　集部/別集類/清

蘐香書屋詩草二卷 （清）董文燦撰　清光緒十三年（1887）刻本　一冊

110000－0102－0015870　丙四/2297　集部/詞類/詞別集

茂陵秋雨詞四卷 （清）王錫振撰　清同治三年（1864）鉛印本　一冊

110000－0102－0015871　丙四/2300　集部/詞類/詞別集

燈昏鏡曉詞二卷 宋謙撰　清宣統二年（1910）鉛印本　一冊

110000－0102－0015872　丙四/2305　集部/別集類/清

大雲山房文稿初集四卷二集四卷言事二卷 （清）惲敬撰　清嘉慶二十年（1815）武甯盧氏刻本　十冊

110000－0102－0015873　丙四/2308　集部/別集類/清

聽秋山館詩鈔十卷 （清）林楓撰　清同治十一年（1872）鉛印本　一冊

110000－0102－0015874　丙四/2311　集部/別集類/清

愛吾廬文鈔一卷 （清）呂世宜撰　清光緒三年（1877）京師吳縣潘氏八喜齋刻滂喜齋叢書本　二冊

110000－0102－0015875　丙四/2314　集部/別集類/清

容甫先生遺詩五卷補遺一卷　（清）汪中撰
清宣統二年(1910)鉛印本　一冊

110000－0102－0015876　丙四/2320　集部/
總集類/文/斷代/唐至五代

唐駢體文鈔十七卷　（清）陳均輯　清同治十
二年(1873)刻本　四冊

110000－0102－0015877　丙四/2322　集部/
別集類/清

紅豆詩人集十六卷　（清）董潮撰　清道光十
九年(1839)刻本　三冊

110000－0102－0015878　丙四/2323　史部/
地理類/遊記/清

辛卯侍行記六卷　（清）陶保廉編　清光緒二
十三年(1897)養樹山房刻本　六冊

110000－0102－0015879　丙四/2327　集部/
詞類/詞別集/清

時晴齋詞鈔　（清）張集馨撰　清光緒二十一
年(1895)鉛印本　四冊

110000－0102－0015880　丙四/2335　集部/
別集類/清

花農詩鈔六卷　（清）查林撰　清道光十二年
(1832)雲南通志局刻本　二冊

110000－0102－0015881　丙四/2336　集部/
別集類/清

小謨觴館詩文全集詩八卷續詩二卷附詞一卷
文四卷文續二卷　（清）彭兆蓀撰　清同治十
三年(1874)吳縣潘氏刻本　六冊

110000－0102－0015882　丙四/2337　集部/
別集類/清

頻羅庵遺集十六卷　（清）梁同書撰　清光緒
十三年(1887)蛟川修綆山莊刻本　二冊

110000－0102－0015883　丙四/2339　集部/
總集類/文/雜錄/格言、語錄、楹聯

集褉楹聯　（□）□□輯　清中晚期刻本
一冊

110000－0102－0015884　丙四/2348　集部/
總集類/文/地方

國朝常州駢體文錄三十一卷　（清）屠寄輯
清光緒十六年(1890)廣州刻本　十二冊

110000－0102－0015885　丙四/2349　集部/
別集類/清

錢南園先生遺集五卷　（清）錢灃撰　清光緒
十九年(1893)浙江書局刻本　二冊

110000－0102－0015886　丙四/2350　史部/
史評類/詠史

十國宮詞　（清）吳省蘭撰　清同治十二年
(1873)淮南書局刻本　一冊

110000－0102－0015887　丙四/2351　集部/
別集類/清

笥河文集十六卷首一卷　（清）朱筠撰　清光
緒十三年(1887)刻本　六冊

110000－0102－0015888　丙四/2352　集部/
小說類/筆記小說

情史類略二十四卷　（清）詹詹外史輯　清嘉
慶十四年(1809)刻本　十二冊

110000－0102－0015889　丙四/2355　集部/
別集類/宋

河南集三卷　（宋）穆修撰　清宣統二年
(1910)刻本　一冊

110000－0102－0015890　丙四/2358　集部/
別集類/清

微尚齋詩二卷　（清）汪兆鏞撰　清宣統三年
(1911)鉛印本　一冊

110000－0102－0015891　丙四/2367　集部/
俗文學類/民歌民謠

外國竹枝詞一卷百末詞六卷　（清）尤侗撰
清康熙刻本　二冊

110000－0102－0015892　丙四/2368　集部/
別集類/清

看雲草堂集八卷　（清）尤侗撰　清後期
(1851－1911)刻本　二冊

110000－0102－0015893　丙四/2369　集部/
別集類/清

述祖詩一卷于京集五卷　（清）尤侗撰　清末

刻本　二冊

110000－0102－0015894　丙四/2372　集部/
別集類/清

通甫類稿四卷詩存四卷詩存之餘二卷　（清）
魯一同撰　清咸豐九年(1859)刻本　四冊

110000－0102－0015895　丙四/2376　集部/
別集類/清

瀛仙閣詩集四卷　（清）釋敬宗撰　清光緒二
十三年(1897)刻本　一冊

110000－0102－0015896　丙四/2377　史部/
地理類/雜記

北隅掌錄二卷　（清）黃士珣撰　清道光二十
五年(1845)錢塘汪氏振綺堂刻本　四冊

110000－0102－0015897　丙四/2378　集部/
別集類/清

銅劍堂存稿一卷續稿一卷　（清）王佑曾撰
清光緒二十八年(1902)刻本　二冊

110000－0102－0015898　丙四/2380　集部/
別集類/宋

象山先生全集三十六卷　（宋）陸九淵撰　清
同治十年(1871)大儒家廟刻本　十二冊

110000－0102－0015899　丙四/2382　集部/
別集類/清

沈文忠公集十卷　（清）沈兆霖撰　清同治八
年(1869)刻本　四冊

110000－0102－0015900　丙四/2386　集部/
別集類/清

韻山堂詩集七卷附補遺　（清）王文誥撰　清
光緒十四年(1888)浙江書局刻本　一冊

110000－0102－0015901　丙四/2386－1　集
部/別集類/清

韻山堂詩集七卷附補遺　（清）王文誥撰　清
光緒十四年(1888)浙江書局刻本　一冊

110000－0102－0015902　丙四/2387　集部/
詞類/詞選/斷代

薇省詞鈔十卷附錄一卷　況周頤輯　清光緒
三十四年(1908)刻本　四冊

110000－0102－0015903　丙四/2388　集部/
總集類/文/斷代

切問齋文鈔三十卷　（清）陸燿輯　清同治三
年(1864)金陵乙照堂刻本　十二冊

110000－0102－0015904　丙四/2389　集部/
別集類/清

尊聞居士集八卷　（清）羅有高撰　清光緒八
年(1882)刻本　二冊

110000－0102－0015905　丙四/2394　集部/
總集類/詩/地方

甬上高僧詩二卷　（清）李鄴嗣輯　清敬義堂
刻本　二冊

110000－0102－0015906　丙四/2396　集部/
別集類/清

因寄軒文集初集十卷二集六卷補遺一卷
（清）管同撰　清光緒五年(1879)刻本　四冊

110000－0102－0015907　丙四/2403　集部/
詞類/詞別集/清

吳梅村詞　（清）吳偉業撰　清宣統二年
(1910)掃葉山房石印本　一冊

110000－0102－0015908　丙四/2404　集部/
別集類/民國

梅湖吟稿四卷　林棟撰　清宣統二年(1910)
鉛印本　一冊

110000－0102－0015909　丙四/2405　集部/
別集類/清

龔定盦全集　（清）龔自珍撰　清光緒二十三
年(1897)萬本書堂刻本　六冊

110000－0102－0015910　丙四/2407　集部/
別集類/清

白華樓詩鈔四卷焚餘稿一卷　（清）薩玉衡撰
清光緒二十九年(1903)武城縣署薩氏刻本
三冊

110000－0102－0015911　丙四/2408　集部/
別集類/清

玉井搴蓮集　（清）嚴長明撰　清宣統三年
(1911)江浦陳氏房山山房刻江浦陳氏房山山
房叢書本　一冊

110000－0102－0015912　丙四/2409　集部/
別集類/清

虛舟詩草四卷　（清）賴學海撰　清光緒二十
一年(1895)邱園刻本　一冊　存二卷（一至
二）

110000－0102－0015913　丙四/2412　集部/
別集類/清

怡志堂文初編六卷　（清）朱琦撰　清同治三
年(1864)運甓軒刻本　二冊

110000－0102－0015914　丙四/2413　集部/
別集類/清

德蔭堂集十六卷首一卷　（清）阿克敦撰　清
嘉慶二十一年(1816)刻本　四冊

110000－0102－0015915　丙四/2416　集部/
別集類/唐至五代

孫可之文集二卷　（唐）孫樵撰　清光緒二十
二年(1896)遂園刻本　二冊

110000－0102－0015916　丙四/2418　集部/
別集類/明

劉文安公文集十五卷　（明）劉定之撰　清咸
豐三年(1853)培桂堂刻本　八冊

110000－0102－0015917　丙四/2421　集部/
別集類/清

正誼堂遺集文二十二卷詩十卷　（清）董詔撰
　清道光四年(1824)刻光緒二十年(1894)補
刻本　十冊

110000－0102－0015918　丙四/2424　集部/
別集類/清

吟香室詩草二卷　（清）楊蘊輝撰　清光緒二
十三年(1897)南海縣署刻本　二冊

110000－0102－0015919　丙四/2440　集部/
小說類/翻譯小說

兒童的智慧　（俄國）托爾斯泰撰　常惠譯
清末至民國北京孔德學校鉛印本　一冊

110000－0102－0015920　丙四/2443　子部/
雜家類/雜述

閒居雜錄二卷　（清）林春溥撰　清咸豐四年
(1854)侯官林春溥竹柏山房刻本　一冊

110000－0102－0015921　丙四/2449　集部/
總集類/詩/斷代

五言今體詩鈔九卷七言今體詩鈔九卷　（清）
姚鼐輯　清嘉慶十三年(1808)刻本　三冊

110000－0102－0015922　丙四/2451　集部/
總集類/文/通代/編選

賦則四卷　（清）鮑桂星輯　清道光二年
(1822)刻本　二冊

110000－0102－0015923　丙四/2452　集部/
總集類/文/通代/編選

賦則四卷　（清）鮑桂星輯　清道光二年
(1822)刻本　二冊

110000－0102－0015924　丙四/2459　集部/
別集類/清

定盦文集三卷　（清）龔自珍撰　清同治七年
(1868)鉛印本　一冊

110000－0102－0015925　丙四/2461　集部/
別集類/清

文貞公集十二卷首一卷　（清）張玉書撰　清
光緒二十七年(1901)京口嚴良輔刻本　十
二冊

110000－0102－0015926　丙四/2462　史/
政書類/法令

棠蔭比事　（宋）桂萬榮撰　清光緒三十年
(1904)刻本　一冊

110000－0102－0015927　丙四/2467　集部/
俗文學類/彈詞/清

新刻玉釧緣全傳三十二卷　（清）□□撰　清
石印本　二十四冊

110000－0102－0015928　丙四/2470　集部/
小說類/短篇小說

詳註聊齋志異圖詠十六卷　（清）蒲松齡撰
（清）呂湛恩註　清光緒十三年(1887)上海同
文書局石印本　八冊

110000－0102－0015929　丙四/2478　集部/
別集類/清

樊山詩鈔六卷　樊增祥撰　清光緒玲碧書屋
石印本　六冊

110000－0102－0015930　丙四/2494　集部/
小說類/筆記小說

庸閑齋筆記十二卷　（清）陳其元撰　清宣統
三年(1911)上海掃葉山房石印本　四冊

110000－0102－0015931　丙四/2495　集部/
小說類/筆記小說

青泥蓮花記十四卷　（明）梅禹金纂輯　清宣
統二年(1910)北平古槐書屋石印本　四冊

110000－0102－0015932　丙四/2496　集部/
小說類/總錄

屑玉叢譚初集六卷　（清）錢徵　（清）蔡爾康
合輯　清光緒四年(1878)上海中華圖書館石
印本　六冊

110000－0102－0015933　丙四/2504　集部/
小說類/章回

精訂綱鑑廿四史通俗衍義六卷四十四回
（清）呂撫撰　清宣統元年(1909)上海章福記
書局石印本　六冊

110000－0102－0015934　丙四/2505　集部/
小說類/章回

安家樂十四回　（清）□□撰　清光緒二十九
年(1903)京都華北書會鉛印本　一冊

110000－0102－0015935　丙四/2507　集部/
小說類/章回

水滸全傳七十回　（元）施耐庵撰　（清）金聖
嘆評釋　清宣統三年(1911)上海蘇琺書局石
印本　一冊

110000－0102－0015936　丙四/2509　集部/
小說類/總錄

梁氏筆記三種合刻　（清）梁章鉅撰　清宣統
三年(1911)上海掃葉山房石印本　八冊

110000－0102－0015937　丙四/2510　集部/
別集類/宋

王臨川文集四卷　（宋）王安石撰　清宣統二
年(1910)上海會文堂石印本　四冊

110000－0102－0015938　丙四/2511　集部/
別集類/宋

宋大家蘇文忠公文集二十八卷　（宋）蘇軾撰

（明）茅坤批評　清宣統三年(1911)上海彪
蒙書局石印本　六冊

110000－0102－0015939　丙四/2513　集部/
總集類/文/雜錄/雜纂

古文未曾有集八卷　（清）王甫白輯　清光緒
九年(1883)寶林堂刻本　二冊

110000－0102－0015940　丙四/2516　集部/
別集類/清

有正味齋律賦詳注二卷試帖詳注四卷　（清）
吳錫麒撰　胡玉樹等注　清嘉慶十一年
(1806)刻本　六冊

110000－0102－0015941　丙四/2521　集部/
小說類/章回

繡像繪圖後西遊記四十回　（清）□□撰　清
末上海進步書局石印本　四冊

110000－0102－0015942　丙四/2533　集部/
總集類/詩/雜錄/唱和

續同人集十三卷文四卷　（清）袁枚輯　清末
刻本　十冊

110000－0102－0015943　丙四/2534　集部/
小說類/章回

忠烈俠義傳一百二十回　（清）問竹主人編
清光緒刻本　二十四冊

110000－0102－0015944　丙四/2539　集部/
總集類/文/斷代/清

國朝駢體正宗十二卷　（清）曾燠輯　清光緒
十三年(1887)上海蜚英館鉛印本　六冊

110000－0102－0015945　丙四/2564　集部/
小說類/章回

繪圖南宋慈雲走國全傳八卷　（□）□□撰
清宣統三年(1911)上海華英書局石印本
六冊

110000－0102－0015946　丙四/2580　集部/
曲類/曲別集/傳奇

小蓬萊傳奇十種　（清）劉清韻撰　清光緒二
十六年(1900)上海澡文石印本　六冊

110000－0102－0015947　丙四/2581　集部/

小說類/章回

繪圖平金川四卷三十二回 （清）張小山撰
清光緒二十五年（1899）石印本　四冊

110000－0102－0015948　丙四/2583　集部/
小說類/章回

李公案奇聞四卷 （清）惜紅居士編纂　清光
緒二十八年（1902）序石印本　四冊

110000－0102－0015949　丙四/2584　集部/
小說類/章回

繡像昇仙演義傳八卷 （清）息游館主人撰
清宣統二年（1910）上海廣益書局石印本
四冊

110000－0102－0015950　丙四/2589　集部/
總集類/文/通代

賦海大觀三十二卷 鴻寶齋書局輯　清光緒
十六年（1890）上海鴻寶齋書局石印縮影本
二十八冊

110000－0102－0015951　丙四/2591　集部/
總集類/詩/雜錄/其它

涵德堂詩鏡四卷續編二卷 （清）馮午璜輯
清光緒元年（1875）京都明道堂書坊刻本
六冊

110000－0102－0015952　丙四/2592　集部/
總集類/文

雞蹠賦續刻二十八卷擬古二卷 （清）應泰泉
等輯　清光緒十年（1884）影印本　六冊

110000－0102－0015953　丙四/2596　集部/
小說類/筆記小說

虞初新志二十卷 （清）張潮輯　清咸豐元年
（1851）娜嬛山館刻本　八冊

110000－0102－0015954　丙四/2611　集部/
總集類/文/雜錄/課藝

直省闈墨十卷 大學堂輯　清光緒三十年
（1904）上海書局石印本　五冊

110000－0102－0015955　丙四/2618　集部/
總集類/文

竹笑軒賦鈔二集 （清）孫清達輯　清咸豐三
年（1853）文德堂刻本　四冊

110000－0102－0015956　丙四/2619　集部/
小說類/筆記小說

續談助五卷 （宋）晁載之輯　清咸豐三年
（1853）粵雅堂刻粵雅堂叢書本　四冊

110000－0102－0015957　丙四/2620　集部/
總集類/文/雜錄/課藝

備選文法四卷 （清）梁有成撰　清同治八年
（1869）刻本　二冊

110000－0102－0015958　丙四/2625　集部/
別集類/清

補校袁文箋正七卷首一卷 （清）袁枚撰
（清）石韞玉箋　清道光三年（1823）刻本
八冊

110000－0102－0015959　丙四/2630　集部/
別集類/唐至五代

李太白全集三十六卷 （唐）李白撰　（清）王
琦輯注　清光緒三十四年（1908）上海掃葉山
房石印本　二十冊

110000－0102－0015960　丙四/2639　集部/
別集類/清

劉武慎公遺書二十四卷首一卷年譜三卷
（清）劉長佑撰　清光緒二十六年（1900）鉛印
本　二十八冊

110000－0102－0015961　丙四/2641　叢部/
彙編叢書

顧氏明朝四十家小說 （明）顧元慶編　清宣
統三年（1911）上海國學扶輪社鉛印本　八冊

110000－0102－0015962　丙四/2644　集部/
別集類/唐至五代

李長吉歌詩四卷首一卷外集一卷 （唐）李賀
撰　（清）王琦彙解　清宣統元年（1909）掃葉
山房石印本　四冊

110000－0102－0015963　丙四/2646　集部/
別集類/清

板橋全集 （清）鄭燮撰　清光緒十八年
（1892）上海積山書局石印本　四冊

110000－0102－0015964　丙四/2647　集部/
別集類/清

冬心先生集四卷　（清）金農撰　清宣統二年
(1910)上海掃葉山房石印本　四冊

110000－0102－0015965　丙四/2652　集部/
別集類/清

左文襄公全集　（清）左宗棠撰　清光緒刻本
二十五冊

110000－0102－0015966　丙四/2656　集部/
總集類/文/雜錄/書牘表啟

國朝名人書劄二卷　吳曾祺編輯　清宣統元
年(1909)上海商務印書館鉛印本　四冊

110000－0102－0015967　丙四/2662　集部/
曲類/曲譜、曲韻

遏雲閣曲譜初集　（清）王錫純輯　清光緒十
九年(1893)鉛印本　八冊

110000－0102－0015968　丙四/2693　史部/
史料類

隨軺筆記四種　吳宗濂撰　清光緒二十八年
(1902)著易堂鉛印本　四冊

110000－0102－0015969　丙四/2699　集部/
小說類/筆記小說

淞濱瑣話　（清）王韜撰　清宣統三年(1911)
上海著易堂石印本　六冊

110000－0102－0015970　丙四/2712　集部/
小說類/章回

繪圖廿四史通俗演義六卷　（清）呂撫撰　清
宣統元年(1909)上海章福記書局石印本
六冊

110000－0102－0015971　丙四/2713　集部/
小說類/章回

大明英烈傳五卷　（明）徐渭撰　清鳴盛堂刻
本　四冊

110000－0102－0015972　丙四/2716　集部/
小說類/章回

圖像三國志演義六十卷一百二十回　（明）羅
貫中撰　清光緒二十一年(1895)上海文瑞樓
鉛印本　十二冊

110000－0102－0015973　丙四/2718　集部/

別集類/宋

王臨川文集四卷　（宋）王安石撰　清宣統三
年(1911)上海會文堂石印本　四冊

110000－0102－0015974　丙四/2723　集部/
小說類/總錄

說鈴　（清）吳震方輯　清光緒五年(1879)文
富堂刻本　三十冊

110000－0102－0015975　丙四/2724　集部/
小說類/章回

繪圖走馬春秋全傳六卷　（□）□□撰　清宣
統元年(1909)上海茂記書莊石印本　六冊

110000－0102－0015976　丙四/2730　集部/
小說類/章回

英雲夢傳　九容樓主人松雲氏撰　清寶華順
刻本　八冊

110000－0102－0015977　丙四/2731　集部/
別集類/明

疑雨集四卷　（明）王彥泓撰　清宣統元年
(1909)掃葉山房石印本　二冊

110000－0102－0015978　丙四/2739　集部/
小說類/章回

繡像英烈全傳十卷　（明）徐渭撰　清文達堂
刻本　十冊

110000－0102－0015979　丙四/2741　集部/
俗文學類/彈詞

繪圖安邦志八卷　（□）□□撰　清宣統二年
(1910)上海章福記書局石印本　八冊

110000－0102－0015980　丙四/2742　集部/
集評類/詩評/詩話

隨園詩話十六卷補遺十卷　（清）袁枚撰　清
末刻本　八冊

110000－0102－0015981　丙四/2747　集部/
小說類/總錄

小說六則　華北書會編　清宣統二年(1910)
鉛印本　一冊

110000－0102－0015982　丙四/2748　集部/
小說類/筆記小說

老學庵筆記二卷　（宋）陸游撰　清宣統三年(1911)掃葉山房石印本　二冊

110000－0102－0015983　丙四/2751　集部/別集類/清

袁文箋正十六卷　（清）袁枚撰　（清）石韞玉注　清光緒二十三年(1897)松壽山房刻本　六冊

110000－0102－0015984　丙四/2776　集部/總集類/文/雜錄/課藝

國朝小題文瀋靈集六編　（清）張躍鱗編　清道光刻本　十二冊

110000－0102－0015985　丙四/2788　集部/總集類/文/通代/文選

文選六十卷考異十卷　（南朝梁）蕭統撰（唐）李善注　清光緒二十一年(1895)成都同文書局刻本　二十四冊

110000－0102－0015986　丙四/2790　集部/總集類/文/通代/編選

古文析義十六卷　（清）林雲銘評注　清道光三年(1823)務本堂刻本　六冊

110000－0102－0015987　丙四/2803　集部/別集類/漢至隋

陶淵明文集十卷　（晉）陶潛撰　清宣統元年(1909)上海著易堂石印本　四冊

110000－0102－0015988　丙四/2804　集部/總集類/文/通代/文選

文選六十卷　（南朝梁）蕭統撰　（唐）李善注（清）何焯批　清光緒二十四年(1898)上海古香閣石印本　六冊

110000－0102－0015989　丙四/2807　集部/別集類/清

功甫小集八卷　（清）潘曾沂撰　清嘉慶二十三年(1818)刻本　一冊

110000－0102－0015990　丙四/2808　集部/別集類/唐至五代

昌黎先生詩集註十一卷　（唐）韓愈撰　（清）朱彝尊　（清）何焯輯　（清）顧嗣立刪補　清道光膺德堂重刻硃墨印本　四冊

110000－0102－0015991　丙四/2814　經部/經總類/群經總義

句溪雜著六卷　（清）陳立撰　清光緒十四年(1888)廣雅書局刻本　一冊

110000－0102－0015992　丙四/2818　集部/楚辭類/楚辭

楚辭十七卷　（漢）劉向輯　（漢）王逸章句　清同治十一年(1872)金陵書局刻本　四冊

110000－0102－0015993　丙四/2819　集部/別集類/唐至五代

李翰林集三十卷　（唐）李白撰　清光緒二十二年(1896)杭州西泠印社刻本　六冊

110000－0102－0015994　丙四/2820　集部/別集類/清

梅村詩集箋註十八卷　（清）吳翌鳳撰　清嘉慶十九年(1814)嚴榮滄浪吟榭刻本　八冊

110000－0102－0015995　丙四/2824　集部/總集類/文/通代/編選

古文苑九卷　闕名輯　清影刻本　二冊

110000－0102－0015996　丙四/2825　集部/別集類/清

海峰先生詩集十卷　（清）劉大櫆撰　（清）姚鼐校　清光緒二十五年(1899)刻本　二冊

110000－0102－0015997　丙四/2826　集部/別集類/清

嶺上白雲集十二卷　（清）陸懋修撰　清光緒二十三年(1897)刻本　三冊

110000－0102－0015998　丙四/2827　集部/別集類/清

李光祿公遺集八卷　（清）[李文安]撰　李國傑編輯　清光緒三十一年(1905)刻本　四冊

110000－0102－0015999　丙四/2828　集部/別集類/清

惜抱軒全集　（清）姚鼐撰　清光緒三十三年(1907)上海校經山房刻本　十六冊

110000－0102－0016000　丙四/2829　集部/別集類/清

邵亭詩鈔六卷　（清）莫友芝撰　清同治五年(1866)江寧三山客舍補刻本　六冊

110000－0102－0016001　丙四/2833　集部/別集類/清

全謝山文鈔十六卷　（清）全祖望撰　清宣統二年(1910)國學扶輪社鉛印本　八冊

110000－0102－0016002　丙四/2836　集部/別集類/清

止齋遺書十六卷　（清）黃俊苑撰　清光緒元年(1875)福州黃氏家塾刻本　八冊

110000－0102－0016003　丙四/2842　集部/別集類/清

木庵居士詩四卷附補遺　（清）陳書撰　清光緒三十二年(1906)武昌刻本　一冊

110000－0102－0016004　丙四/2847　集部/總集類/文/通代/編選

賦則四卷　（清）鮑桂星評選　清道光二年(1822)刻本　一冊

110000－0102－0016005　丙四/2868　集部/別集類/清

顯志堂集十二卷　（清）馮桂芬撰　清光緒二年(1876)校邠廬刻本　七冊

110000－0102－0016006　丙四/2873　集部/別集類/唐至五代

張說之文集二十五卷補遺五卷　（唐）張說撰　清光緒三十一年(1905)刻朱印朱氏結一廬賸餘叢書本　四冊

110000－0102－0016007　丙四/2874　集部/別集類/唐至五代

新雕校證大字白氏諷諫　（唐）白居易撰　清光緒十九年(1893)影刻本　二冊

110000－0102－0016008　丙四/2875　集部/別集類/清

問湘樓駢文初稿二卷　（清）胡念修撰　清光緒十四年(1888)刻鵠齋叢書本　一冊

110000－0102－0016009　丙四/2876　集部/總集類/文/通代/編選

續古文辭類纂二十八卷　（清）黎庶昌輯　清光緒二十一年(1895)金陵狀元閣刻本　十二冊

110000－0102－0016010　丙四/2880　集部/別集類/清

道古堂全集七十七卷　（清）杭世駿撰　清光緒十四年(1888)錢唐汪氏振綺堂刻本　十六冊

110000－0102－0016011　丙四/2885　集部/總集類/詩/雜著/酬贈慶吊

壽詩彙編　李根源撰　清光緒鉛印本　一冊

110000－0102－0016012　丙四/2889　史部/傳記類/日記

寓杭日記　（清）劉佳撰　清同治十三年(1874)蘇州刻本　一冊

110000－0102－0016013　丙四/2893　集部/別集類/清

李襲侯遺集八卷　（清）李國傑輯　清光緒三十年(1904)刻本　四冊

110000－0102－0016014　丙四/2894　集部/總集類/詩/通代

瀛奎律髓刊誤四十九卷　（宋）方回輯　（清）紀昀批點　清嘉慶雙桂堂刻本　十冊

110000－0102－0016015　丙四/2895　集部/別集類/清

石笥山房集文集六卷補遺一卷詩集十二卷補遺二卷續補遺二卷　（清）胡天游撰　清咸豐二年(1852)刻本　十冊

110000－0102－0016016　丙四/2909　集部/總集類/詩/地方/江蘇

廣陵詩事十卷　（清）阮元輯　清光緒十六年(1890)京師揚州會館刻本　二冊

110000－0102－0016017　丙四/2910　集部/別集類/宋

後山詩注十二卷　（宋）陳師道撰　（宋）任淵注　清同治十三年(1874)江西書局刻本　四冊

110000－0102－0016018　丙四/2924　集部/
別集類/清

莫如樓時義合稿四集　（清）蔣湘培撰　清同
治五年(1866)廣東粵東府署刻本　六冊

110000－0102－0016019　丙四/2925　集部/
總集類/詩/家族

莫如樓詩選合刻六卷　（清）蔣湘培　（清）蔣
湘墉　（清）蔣湘垣撰　清同治五年(1866)廣
東粵東府署刻本　四冊

110000－0102－0016020　丙四/2933　集部/
總集類/文/雜錄/書牘表啟

歸震川錢牧齋尺牘合刊　（清）顧械輯　清宣
統二年(1910)河北保定官書局刻本　六冊

110000－0102－0016021　丙四/2934　集部/
總集類/文/地方

國朝常州駢體文錄三十一卷　（清）屠寄輯
清光緒十六年(1890)石印本　六冊

110000－0102－0016022　丙四/2943　集部/
小說類/翻譯小說

露漱格蘭小傳　普通學書室編譯　清光緒二
十八年(1902)鉛印本　一冊

110000－0102－0016023　丙四/2949　集部/
總集類/文/斷代/唐至五代

初唐四傑文集二十一卷　（清）闕名輯　清末
刻本　四冊

110000－0102－0016024　丙四/2951　集部/
別集類/清

留春草堂詩鈔七卷　（清）伊秉綬輯　清嘉慶
十九年(1814)廣州秋水園刻本　二冊

110000－0102－0016025　丙四/2954　集部/
別集類/明

張忠敏公遺集九卷首一卷　（明）張國維撰
（清）張振珂輯　清光緒五年(1879)江蘇書局
刻本　六冊

110000－0102－0016026　丙四/2955　集部/
別集類/唐至五代

昌黎先生集四十卷　（唐）韓愈撰　清同治八
年(1869)江蘇書局刻本　十冊

110000－0102－0016027　丙四/2960　集部/
別集類/清

有正味齋續集詩八卷駢文八卷外集二卷
（清）吳錫麒撰　清嘉慶二年(1797)刻本
五冊

110000－0102－0016028　丙四/2962　集部/
總集類/文/地方

兩浙輶軒續錄五十四卷補遺六卷　（清）潘衍
桐輯　清光緒十七年(1891)江蘇書局刻本
四十冊

110000－0102－0016029　丙四/2964　集部/
別集類/清

**樊榭山房全集正集十卷續集十卷文集八卷附
集外詩詞文三卷**　（清）厲鶚撰　清光緒十年
(1884)錢唐汪氏振綺堂刻本　十二冊

110000－0102－0016030　丙四/2965　集部/
總集類/詩/斷代/唐至五代

唐詩合解箋註十二卷古詩四卷　（清）王堯衢
註　清光緒十二年(1886)大成堂刻本　六冊

110000－0102－0016031　丙四/2967　集部/
別集類/清

吳詩集覽二十卷首一卷談藪二卷補注二十卷
（清）吳偉業撰　（清）靳榮藩輯　清乾隆四
十年(1775)蘇州江左書林刻本　二十冊

110000－0102－0016032　丙四/2969　集部/
別集類/清

知稼軒詩稿　（清）張元奇撰　清光緒鉛印本
二冊

110000－0102－0016033　丙四/2971　集部/
別集類/清

水明樓集一卷　（清）西溪老漚撰　清宣統元
年(1909)湛然精舍鉛印本　一冊

110000－0102－0016034　丙四/2977　集部/
別集類/宋

方泉先生詩集三卷　（宋）周文璞撰　清宣統
元年(1909)國光社抄本　一冊

110000－0102－0016035　丙四/2979　集部/
總集類/文/雜錄/格言、語錄、楹聯

求志居楹聯約錄　（清）高德銘撰　清光緒二十二年（1896）刻本　一冊

110000－0102－0016036　丙四/2980　集部/別集類/清

初枖齋詩集二卷　（清）程梯功撰　清同治二年（1863）刻本　一冊　存一卷（上）

110000－0102－0016037　丙四/2984　集部/別集類/清

柳洲遺彙二卷　（清）魏之琇撰　清同治十一年（1872）錢塘丁氏當歸草堂刻本　一冊

110000－0102－0016038　丙四/2999　集部/小說類/章回

天道傳十六回　（清）□□撰　清光緒三十二年（1906）中國聖教書會鉛印本　一冊

110000－0102－0016039　丙四/3004　子部/雜家類/雜纂

經史百家雜鈔二十六卷　（清）曾國藩輯　清光緒二十年（1894）金城刻本　二十四冊

110000－0102－0016040　丙四/3007　集部/別集類/明

懷麓堂集文後稿三十卷詩後稿十卷雜記十卷　（明）李東陽撰　清嘉慶八年（1803）刻本　十冊

110000－0102－0016041　丙四/3011　集部/別集類/清

涇西書屋詩文稿六卷　（清）汪元爵撰　清道光刻本　一冊　存二卷（詩稿二卷）

110000－0102－0016042　丙四/3012　集部/總集類/文/家族

後邨周氏淵源錄十三卷　（清）周源編輯　清道光刻本　四冊

110000－0102－0016043　丙四/3013　集部/別集類/宋

先天集十卷附錄二卷　（宋）許月卿撰　清無錫許氏簡素堂刻本　一冊

110000－0102－0016044　丙四/3015　集部/總集類/文/雜錄/課藝

小試新學準繩初編四卷二編四卷　（清）求是齋選輯　清宣統三年（1911）江左書林石印本　七冊　缺一卷（二編第三）

110000－0102－0016045　丙四/3023　集部/別集類/明

甲乙雜箸　（明）孫肩撰　清光緒會稽趙氏刻仰視千七百二十九鶴齋叢書本　一冊

110000－0102－0016046　丙四/3024　集部/小說類/章回

花月痕全書十六卷　（清）眠鶴主人編　清光緒十八年（1892）上海圖書集成印書局鉛印本　四冊

110000－0102－0016047　丙四/3026　集部/詞類/詞別集/清

丹徒周石君詞四卷　（清）周天麟撰　清光緒十七年（1891）石印本　一冊

110000－0102－0016048　丙四/3027　集部/總集類/文/通代/編選

陳太僕批選八家文抄　（清）陳兆崙評選　清光緒二十六年（1900）天津文美齋石印本　六冊　存二卷（韓文二卷）

110000－0102－0016049　丙四/3028　集部/別集類/唐至五代

李義山詩三卷　（唐）李商隱撰　清宣統元年（1909）上海神州國光社石印本　二冊

110000－0102－0016050　丙四/3034　集部/別集類/明

憨山老人夢遊集五十五卷　（明）釋德清撰　（明）釋通炯　（明）劉起相合輯　清光緒五年（1879）江北刻經處刻本　二十冊

110000－0102－0016051　丙四/3035　集部/別集類/明

邊華泉詩集七卷　（明）邊貢撰　清光緒二十一年（1895）長沙張氏湘雨樓刻弘正四傑詩集本　四冊

110000－0102－0016052　丙四/3036　集部/總集類/文/雜錄/課藝

詁經精舍文集十四卷　（清）阮元輯　清嘉慶

六年(1801)揚州阮氏瑯環仙館刻本　六冊

110000－0102－0016053　丙四/3037　集部/
別集類/唐至五代

杜詩詳注二十五卷附卷二卷　(清)仇兆鰲輯
註　清康熙刻本　七冊　存二十三卷(一至
二十三)

110000－0102－0016054　丙四/3041　集部/
別集類/明

震川先生集三十卷別集十卷　(明)歸有光撰
清光緒六年(1880)常熟歸氏刻本　十五冊
缺三卷(別集三至五)

110000－0102－0016055　丙四/3042　集部/
別集類/明

震川先生集三十卷別集十卷　(明)歸有光撰
清光緒六年(1880)常熟歸氏刻本　十一冊
存二十八卷(文集四至三十、別集一)

110000－0102－0016056　丙四/3043　集部/
別集類/清

曝書亭集八十卷目錄一卷　(清)朱彝尊撰
清康熙刻本　十四冊

110000－0102－0016057　丙四/3045　集部/
別集類/清

**望溪先生文集十八卷首一卷集外文四卷集外
文補遺二卷年譜一卷**　(清)方苞撰　清咸豐
元年(1851)味經山館刻本　十二冊　缺三卷
(文集二至四)

110000－0102－0016058　丙四/3050　集部/
別集類/明

去偽齋集十卷首一卷　(明)呂坤撰　清道光
七年(1827)開封府署刻本　十二冊

110000－0102－0016059　丙四/3056　集部/
小說類/章回

繡像薛仁貴征東全傳六卷　(清)如蓮居士編
清末三和堂刻本　二冊

110000－0102－0016060　丙四/3057　集部/
集評類/詩評/詩話

三山詩話三卷　(清)徐賢傑撰　清光緒刻本
一冊

110000－0102－0016061　丙四/3058　集部/
總集類/文/通代/編選

古文辭類纂七十四卷　(清)姚鼐輯　清光緒
八年(1882)潛文書局刻本　十二冊

110000－0102－0016062　丙四/3061　集部/
別集類/清

**小倉山房全集詩集三十一卷補遺二卷文集不
分卷**　(清)袁枚撰　清末刻本　九冊

110000－0102－0016063　丙四/3062　史部/
地理類/遊記/清

白水紀勝二卷首一卷　(清)李朴安輯　清光
緒十七年(1891)刻本　一冊

110000－0102－0016064　丙四/3063　集部/
總集類/文/通代/編選

重訂古文雅正十四卷　(清)蔡世遠撰　(清)
李季長等重訂　清道光八年(1828)懷清書屋
刻本　八冊

110000－0102－0016065　丙四/3065　集部/
總集類/文/通代/編選

續古文辭類纂二十八卷　(清)黎庶昌輯　清
光緒二十一年(1895)金陵狀元閣刻本　十
二冊

110000－0102－0016066　丙四/3068　集部/
總集類/文/通代/編選

續古文辭類纂二十八卷　(清)黎庶昌輯　清
光緒十五年(1889)商務印書館鉛印本　十一
冊　缺二卷(二十四至二十五)

110000－0102－0016067　丙四/3073　集部/
別集類/遼金元

靜修先生文集十二卷　(元)劉因撰　清光緒
刻畿輔叢書初編本　四冊

110000－0102－0016068　丙四/3074　集部/
總集類/文/通代/編選

古文辭類纂七十四卷　(清)姚鼐編纂　清道
光廣州合河康氏家塾刻本　十二冊

110000－0102－0016069　丙四/3075　集部/
總集類/文/通代/編選

續古文辭類纂三十四卷　王先謙纂　清光緒

十八年(1892)席氏掃葉山房刻本　六冊

110000－0102－0016070　丙四/3076　集部/
總集類/文/通代/編選

續古文辭類纂三十四卷　王先謙纂　清光緒
十八年(1892)席氏掃葉山房刻本　六冊

110000－0102－0016071　丙四/3079　集部/
別集類/清

鮚埼亭集外編五十卷　(清)全祖望撰　清中
後期刻本　十二冊

110000－0102－0016072　丙四/3080　集部/
總集類/文/家族

項城袁氏家集　(清)丁振鐸編　清宣統三年
(1911)清芬閣鉛印本　五十六冊

110000－0102－0016073　丙四/3081　集部/
總集類/文/通代

漢魏六朝一百三家集　(明)張溥輯　清光緒
十八年(1892)善化章氏經濟堂刻本　六十冊
　缺二十六卷(郭弘農集二卷、王右軍集一
卷、王大令集一卷、孫廷尉集一卷、陶彭澤集
一卷、何衡陽集一卷、傅光祿集一卷、謝康樂
集二卷、顏光祿集一卷、鮑參軍集二卷、袁陽
源集一卷、謝法曹集一卷、謝光祿集一卷、竟
陵王集二卷、王文憲集一卷、王寧朔集一卷、
謝宣城集一卷、張長史集一卷、孔詹事集一
卷、武帝御製集一卷、昭明太子集一卷、續齊
諧記一卷)

110000－0102－0016074　丙四/3083　集部/
總集類/文/雜錄/格言、語錄、楹聯

滇黔浙閩四省名勝楹聯　雲水散人選輯　清
末刻本　一冊

110000－0102－0016075　丙四/3084　集部/
總集類/文/雜錄/課藝

墨選觀止　(清)梁葆慶輯　清道光十二年
(1832)松竹齋刻本　四冊

110000－0102－0016076　丙四/3085　集部/
小說類/章回

繡像八續彭公案四卷　(□)□□撰　清宣統
二年(1910)江左書林石印本　一冊

110000－0102－0016077　丙四/3089　集部/
別集類/清

劍懷堂詩草內外二編　(清)宋謙撰　清宣統
二年(1910)鉛印本　二冊

110000－0102－0016078　丙四/3090　集部/
別集類/清

劍懷堂詩草內外二編　(清)宋謙撰　清宣統
二年(1910)鉛印本　二冊

110000－0102－0016079　丙四/3091　集部/
別集類/唐至五代

杜工部集二十卷　(唐)杜甫撰　(清)錢謙益
箋注　清宣統二年(1910)上海集成圖書公司
鉛印本　三冊

110000－0102－0016080　丙四/3093　集部/
總集類/詩/雜錄/其它

衲蘇集二卷　(清)何杕纂　清同治元年
(1862)章門刻本　二冊

110000－0102－0016081　丙四/3097　集部/
總集類/文/斷代/清

國朝文匯二百卷首一卷　王文濡等編輯　清
宣統元年(1909)上海國學扶輪社石印本　一
百冊　缺二卷(甲集五十三至五十四)

110000－0102－0016082　丙四/3099　集部/
別集類/清

穆堂初稿五十卷穆堂別稿五十卷　(清)李紱
撰　清道光十一年(1831)奉國堂刻本　三十
冊　缺四卷(初稿一至二、別稿四十九至五
十)

110000－0102－0016083　丙四/3100　集部/
別集類/清

趙甌北全集七種　(清)趙翼撰　清光緒三年
(1877)雲南壽考堂刻本　五十八冊　缺二冊
(十八、二十)

110000－0102－0016084　丙四/3101　集部/
總集類/詩/斷代/遼金元

元詩選癸集　(清)顧嗣立輯　清光緒十四年
(1888)席氏掃葉山房補刻本　十五冊

110000－0102－0016085　丙四/3103　集部/

別集類/遼金元

許文正公遺書十二卷首一卷末一卷 （元）許衡撰　清光緒十三年（1887）傳經堂刻本　四冊

110000－0102－0016086　丙四/3105　集部/別集類/清

琴隱園詩集三十六卷詞集四卷　（清）湯貽芬撰　清光緒元年（1875）曹氏刻本　八冊

110000－0102－0016087　丙四/3106　集部/別集類/清

樊榭山房文集八卷　（清）厲鶚撰　清後期（1851－1911）刻本　二冊

110000－0102－0016088　丙四/3107　集部/別集類/清

敬孚類稿十六卷　（清）蕭穆撰　清光緒三十二年至三十三年（1906－1907）刻本　三冊

110000－0102－0016089　丙四/3108　集部/別集類/清

董若雨詩文集十六卷　（明）董說撰　清康熙嘉業堂刻本　六冊

110000－0102－0016090　丙四/3110　集部/總集類/文/通代/編選

古文摭逸八卷　（清）傅以成輯　清同治七年（1868）金礪堂刻本　三冊　缺二卷（三至四）

110000－0102－0016091　丙四/3111　集部/別集類/清

雙藤書屋詩集十二卷　（清）何道生撰　清道光元年（1821）刻本　三冊

110000－0102－0016092　丙四/3116　集部/別集類/唐至五代

温飛卿詩集箋註九卷　（唐）温庭筠撰　（明）曾益註　（清）顧予咸補註　清光緒八年（1882）萬軸山房刻本　二冊

110000－0102－0016093　丙四/3120　集部/別集類/清

古微堂全集內集二卷外集八卷　（清）魏源撰　清宣統元年（1909）上海國學扶輪社鉛印本　六冊

110000－0102－0016094　丙四/3122　集部/別集類/唐至五代

韓集點勘四卷　（清）陳景雲撰　清同治九年（1870）刻本　一冊

110000－0102－0016095　丙四/3123　集部/別集類/清

東塾集六卷附申范一卷　（清）陳澧撰　清光緒十八年（1892）菊坡精舍刻本　三冊

110000－0102－0016096　丙四/3124　集部/別集類/清

靜遠小草八卷　（清）釋覺銘撰　清嘉慶刻本　二冊

110000－0102－0016097　丙四/3126　集部/別集類/清

甘泉鄉人稿二十四卷餘稿二卷年譜一卷　（清）錢泰吉撰　清光緒十一年（1885）刻本　八冊

110000－0102－0016098　丙四/3129　集部/別集類/清

冬花庵燼餘稿三卷　（清）奚岡撰　清同治十一年（1872）錢塘丁氏當歸草堂刻本　一冊

110000－0102－0016099　丙四/3130　子部/儒家類/宋

河南程氏遺書二十五卷附錄一卷　（宋）程顥（宋）程頤撰　（宋）朱熹輯　清光緒三十四年（1908）澹雅局刻本　四冊

110000－0102－0016100　丙四/3132　集部/總集類/文/斷代/唐至五代

唐人萬首絕句選七卷　（宋）洪邁輯　（清）王士禎重輯　清光緒二十三年（1897）金陵書局刻本　二冊

110000－0102－0016101　丙四/3133　集部/小說類/筆記小說

島居隨錄二卷　（明）盧若騰撰　清道光十四年（1834）集古堂刻本　二冊

110000－0102－0016102　丙四/3138　集部/別集類/清

高石齋文鈔三卷附縣誌議一卷　（清）劉光謨

撰　清光緒十年（1884）蜀南富順縣刻本
三冊

110000－0102－0016103　丙四/3139　集部/
總集類/文/通代/編選

文章軌範七卷　（宋）謝枋得輯　清同治五年
（1866）吳氏望三益齋刻本　二冊

110000－0102－0016104　丙四/3140　經部/
詩類/三家詩

韓詩外傳十卷　（漢）韓嬰撰　（清）周廷寀注
清光緒元年（1875）吳氏望三益齋刻本
二冊

110000－0102－0016105　丙四/3141　集部/
別集類/宋

宋宗忠簡公集七卷附考異一卷　（宋）宗澤撰
（清）胡鳳丹校輯　清同治八年（1869）胡氏
退補齋刻金華叢書本　二冊

110000－0102－0016106　丙四/3142　史部/
傳記類/總傳/通錄/斷代

兩漢淵源錄八卷附表三　（清）黃嗣東輯　清
光緒三十四年（1908）鳳山學舍鉛印本　一冊

110000－0102－0016107　丙四/3143　史部/
傳記類/總傳/通錄/地方

江漢淵源錄八卷附表一　（清）黃嗣東輯　清
光緒三十四年（1908）鳳山學舍鉛印本　一冊

110000－0102－0016108　丙四/3144　集部/
別集類/清

十五弗齋詩存　（清）丁寶楨撰　清光緒二十
年（1894）京師刻本　一冊

110000－0102－0016109　丙四/3145　集部/
詞類/詞別集/宋

夢窗詞甲乙丙丁稿四卷　（宋）吳文英撰　清
光緒二十五年（1899）刻本　一冊　存二卷
（甲、乙）

110000－0102－0016110　丙四/3146　集部/
別集類/清

雲悅山房偶存稿六卷　（清）楊維屏撰　清宣
統二年（1910）福州侯官楊氏刻本　一冊　存
三卷（一至三）

110000－0102－0016111　丙四/3147　集部/
別集類/宋

文恭集四十卷　（宋）胡宿撰　清同治十三年
（1874）江西書局刻本　八冊

110000－0102－0016112　丙四/3148　集部/
別集類/清

紅豆詩人集　（清）董潮撰　清道光十九年至
二十年（1839－1840）陽湖董敏善刻本　二冊
存十一卷（六至十六）

110000－0102－0016113　丙四/3151　集部/
總集類/文/斷代/上古至隋

南北朝文鈔二卷　（清）彭兆蓀輯　清嘉慶四
年（1799）刻本　一冊

110000－0102－0016114　丙四/3152　集部/
別集類/清

船山詩草補遺六卷　（清）張問陶撰　清同治
十三年（1874）敦仁堂刻本　二冊

110000－0102－0016115　丙四/3154　史部/
金石類/總錄/題跋

潛研堂金石文跋尾二十卷　（清）錢大昕撰
清光緒十年（1884）長沙龍氏家塾刻嘉興錢氏
潛研堂全書本　八冊

110000－0102－0016116　丙四/3156　集部/
別集類/漢至隋

徐孝穆全集六卷　（南朝陳）徐陵撰　（清）吳
兆宜箋注　清善化經濟書堂刻本　四冊

110000－0102－0016117　丙四/3157　史部/
史評類/詠史

南宋雜事詩七卷　（清）沈嘉轍等撰　清同治
十一年（1872）淮南書局刻本　四冊

110000－0102－0016118　丙四/3159　集部/
別集類/清

樂余靜廉齋文稿　（清）顧棟高撰　清同治六
年（1867）成都刻本　一冊

110000－0102－0016119　丙四/3160　集部/
別集類/清

錢牧齋文鈔　（清）錢謙益撰　清宣統元年
（1909）上海國學扶輪社鉛印本　二冊

110000－0102－0016120　丙四/3161　子部/雜家類/雜纂

竹葉亭雜記八卷　（清）姚元之撰　清光緒十九年(1893)刻本　二冊

110000－0102－0016121　丙四/3162　集部/別集類/清

思適齋集十八卷　（清）顧廣圻撰　清同治八年(1869)上海徐氏補刻本　四冊

110000－0102－0016122　丙四/3163　集部/別集類/清

何端簡公集十二卷附卷一卷　（清）何世璂撰　清道光二十四年(1844)澹志堂刻本　六冊

110000－0102－0016123　丙四/3164　集部/別集類/清

胡文忠公遺集十卷首一卷　（清）胡林翼撰（清）閻敬銘編　清同治三年(1864)武昌節署刻本　八冊

110000－0102－0016124　丙四/3165　集部/別集類/清

松心詩集十集　（清）張維屏撰　清道光二十年(1840)刻本　六冊

110000－0102－0016125　丙四/3171　集部/別集類/明

姚文敏公遺稿九卷附補缺一卷　（明）姚夔撰（明）張元禎校　清光緒二十四年(1898)水明樓刻本　二冊

110000－0102－0016126　丙四/3172　集部/別集類/清

悼亡室沈淑人十六首　（清）周之琦撰　清道光刻本　一冊

110000－0102－0016127　丙四/3174　集部/總集類/詩/斷代/唐至五代

唐詩三百首註釋　（清）章燮註　清光緒十四年(1888)北京龍文閣刻本　七冊

110000－0102－0016128　丙四/3175　集部/別集類/清

鑄廬詩賸　（清）裕貴撰　清光緒石印本　一冊

110000－0102－0016129　丙四/3177　集部/詞類/詞總集/通代

詞選二卷附錄一卷　（清）張惠言輯　清同治六年(1867)刻本　一冊

110000－0102－0016130　丙四/3178　集部/詞類/詞總集/通代

續詞選二卷　（清）董毅輯　清道光十年(1830)刻本　一冊

110000－0102－0016131　丙四/3180　集部/別集類/清

蔗香集　（清）釋實乘撰　清刻本　一冊

110000－0102－0016132　丙四/3182　集部/別集類

屈原賦二十五篇　（□）□□撰　清光緒十六年(1890)退想齋石印本　一冊

110000－0102－0016133　丙四/3183　子部/儒家類/清

聰訓齋語　（清）張英撰　清宣統三年(1911)石印本　一冊

110000－0102－0016134　丙四/3189　集部/總集類/文/雜錄/雜纂

儷白妃黃冊八卷　（清）董恂輯　清同治十二年(1873)董氏荻芬書屋刻本　一冊

110000－0102－0016135　丙四/3190　經部/春秋類/左傳/評論

東萊博議四卷　（宋）呂祖謙撰　清光緒十七年(1891)益元堂書局刻本　六冊

110000－0102－0016136　丙四/3193　子部/雜家類/雜述

歸田瑣記八卷　（清）梁章鉅撰　清道光二十五年(1845)北東園刻本　四冊

110000－0102－0016137　丙四/3194　集部/總集類/文/雜錄/課藝

陸軍中學堂國文課本　陸軍部編譯局編　清末鉛印本　二冊

110000－0102－0016138　丙四/3195　集部/詞類/詞別集/清

燈昏鏡曉詞四卷　（清）宋謙撰　清宣統二年（1910）鉛印本　二冊

110000－0102－0016139　丙四/3196　集部/集評類/詩評/通評

道咸同光四朝詩史甲集八卷乙集八卷　孫雄撰　清宣統三年（1911）鉛印本　一冊

110000－0102－0016140　丙四/3202　集部/小說類/筆記小說

宋豔十二卷　（清）徐士鑾輯　清光緒十七年（1891）蝶園刻蝶訪居所輯書本　六冊

110000－0102－0016141　丙四/3204　集部/別集類/清

容齋千首詩　（清）李天馥撰　（清）毛奇齡等選　清光緒十二年（1886）鉛印本　六冊

110000－0102－0016142　丙四/3207　史部/傳記類/人表

百家姓古人名　（□）□□撰　清京都刻本　一冊

110000－0102－0016143　丙四/3208　集部/別集類/清

顧堂詩存　（清）周貞亮撰　清宣統三年（1911）序寶聚山房石印本　一冊

110000－0102－0016144　丙四/3209　集部/曲類/曲別集/傳奇

臨川夢二卷　（清）蔣士銓撰　清中期刻清容外集本　四冊

110000－0102－0016145　丙四/3213　集部/別集類/宋

蘇東坡禪喜集　（宋）蘇軾撰　清末抄本　三冊

110000－0102－0016146　丙四/3215　集部/詞類/詞別集/清

揚州畫舫詞一百首　（清）韓日華撰　清道光七年（1827）刻本　一冊

110000－0102－0016147　丙四/3219　集部/集評類/總評

制義叢話二十四卷　（清）梁章鉅撰　清咸豐

九年（1859）知足知不足齋刻本　八冊　存七卷（八至十四）

110000－0102－0016148　丙四/3221　集部/別集類/清

寄簃文存八卷二編二卷　（清）沈家本撰　清宣統元年至三年（1909－1911）修訂法律館鉛印本　三冊

110000－0102－0016149　丙四/3223　集部/別集類/清

思適齋集十八卷　（清）顧廣圻撰　清道光二十九年（1849）上海徐氏刻本　五冊

110000－0102－0016150　丙四/3224　集部/小說類/翻譯小說

巴黎茶花女遺事　林紓譯　清光緒二十七年（1901）玉情瑤怨館刻本　一冊

110000－0102－0016151　丙四/3225　史部/金石類/石/文字

瘞鶴銘考　（清）汪士鋐編　清咸豐二年（1852）粵東督署刻本　一冊

110000－0102－0016152　丙四/3229　集部/別集類/清

妙香齋詩集四卷　（清）趙德懋撰　清道光二十九年（1849）刻本　三冊　缺一卷（四）

110000－0102－0016153　丙四/3230　集部/總集類/詩/雜錄/其它

詩苑衆芳一卷　（宋）劉瑄輯　清刻本　一冊

110000－0102－0016154　丙四/3231　集部/總集類/文/地方

金陵文徵小傳彙刊　（清）夏家鎬輯　清光緒二年（1876）京師金陵夏氏刻本　一冊

110000－0102－0016155　丙四/3232　集部/別集類/唐至五代

孫可之文集十卷　（唐）孫樵撰　清松鱗堂刻本　一冊　缺八卷（三至十）

110000－0102－0016156　丙四/3233　集部/別集類/清

述古堂文集十二卷　（清）錢兆鵬撰　清光緒

七年(1881)刻本　四冊

110000－0102－0016157　丙四/3235　集部/
別集類/清

周文忠公尺牘二卷　（清）周天爵撰　清同治
七年(1868)蘇松太道署刻本　一冊

110000－0102－0016158　丙四/3236　集部/
詞類/詞別集/清

秦川焚餘草六卷首一卷補遺一卷　（清）董平
章撰　清光緒二十七年(1901)容齋刻本
六冊

110000－0102－0016159　丙四/3237　集部/
別集類/清

醉墨畫禪詩草一卷　（清）書紳撰　清咸豐刻
本　一冊

110000－0102－0016160　丙四/3243　集部/
總集類/詩/雜錄/其它

童子吟六卷　（清）劉飛輯　清嘉慶刻本　一
冊　缺三卷(一至三)

110000－0102－0016161　丙四/3244　集部/
別集類/清

臨江鄉人詩四卷拾遺一卷　（清）吳穎芳撰
清同治十二年(1873)錢塘丁氏當歸草堂刻西
泠五布衣遺著本　二冊

110000－0102－0016162　丙四/3245　集部/
別集類/清

硯林集拾遺一卷附三丁詩文拾遺一卷硯林印
款一卷　（清）丁敬撰　清光緒六年(1880)福
州丁氏刻西泠五布衣遺著本　一冊

110000－0102－0016163　丙四/3246　集部/
別集類/清

硯林詩集四卷　（清）丁敬撰　清同治十年
(1871)錢塘丁氏正修堂刻西泠五布衣遺著本
一冊

110000－0102－0016164　丙四/3248　子部/
雜家類/雜纂

嶺雲軒瑣記續選四卷　（□）□□撰　清末抄
本　五冊

110000－0102－0016165　丙四/3249　集部/
別集類/清

通甫詩存四卷詩存之餘二卷　（清）魯一同撰
清咸豐九年(1859)刻本　四冊

110000－0102－0016166　丙四/3254　集部/
總集類/詩/通代

五七言今體詩鈔十八卷　（清）姚鼐選　清嘉
慶十三年(1808)刻把殘守闕齋叢書本　一冊
存九卷(五言今體詩鈔九卷)

110000－0102－0016167　丙四/3255　集部/
別集類/清

陸桴亭先生遺書二十二種　（清）陸世儀撰
清光緒二十六年(1900)京師刻本　十九冊

110000－0102－0016168　丙四/3256　集部/
別集類/清

洪北江先生遺集　（清）洪亮吉撰　清光緒三
年(1877)授經堂刻本　十八冊

110000－0102－0016169　丙四/3257　集部/
詞類/詞選/通代

清綺軒詞選十三卷　（清）夏秉衡輯　清光緒
二十一年(1895)刻本　四冊

110000－0102－0016170　丙四/3258　集部/
別集類/清

一枝山房詩集四卷　（清）姚官澄撰　清光緒
二十八年(1902)刻本　五冊

110000－0102－0016171　丙四/3266　集部/
小說類/筆記小說

繪圖諧鐸十三卷　（清）沈起鳳撰　清宣統元
年(1909)上海錦文堂書莊石印本　二冊

110000－0102－0016172　丙四/3272　集部/
別集類/清

海雲詩鈔十卷　（清）方江撰　清同治六年
(1867)悟香音室刻本　三冊

110000－0102－0016173　丙四/3273　集部/
總集類/詩/雜錄/唱和

春蟄吟　（清）鶩翁等撰輯　清光緒二十七年
(1901)刻本　一冊

110000－0102－0016174　丙四/3275　集部/別集類/清

荷亭古文存二卷　（清）李葆元撰　清刻本　一冊

110000－0102－0016175　丙四/3278　集部/詞類/詞總集/通代

宋元名家詞　（□）□□編　清光緒二十一年(1895)湖南思賢書局刻本　一冊

110000－0102－0016176　丙四/3281　集部/別集類/明

楊忠湣公集五卷首一卷末一卷　（明）楊繼盛撰　清景萊書室刻本　二冊

110000－0102－0016177　丙四/3282　集部/總集類/詩/斷代/明

明人詩品二卷　（清）杜蔭棠輯　清同治十三年(1874)常熟顧氏小石山房刻本　一冊

110000－0102－0016178　丙四/3283　集部/別集類/清

尋花日記一卷看花雜詠一卷　（清）歸莊撰　清同治十三年(1874)常熟顧氏小石山房刻小石山房叢書本　一冊

110000－0102－0016179　丙四/3285　集部/總集類/文/通代/編選

經史百家簡編二卷　（清）曾國藩輯　清刻本　一冊

110000－0102－0016180　丙四/3286　集部/總集類/文/通代/編選

七十家賦鈔六卷　（清）張惠言輯　清光緒四年(1878)宏達堂刻本　一冊

110000－0102－0016181　丙四/3288　集部/總集類/詩/雜錄/其它

鄧尉探梅詩四卷　（清）謝家福輯　清光緒二十年(1894)吳中文氏謫存廬刻本　一冊

110000－0102－0016182　丙四/3289　集部/總集類/詩/雜錄/其它

鄧尉探梅詩四卷　（清）謝家福輯　清光緒二十年(1894)吳中文氏謫存廬刻本　一冊

110000－0102－0016183　丙四/3290　集部/別集類/唐至五代

新雕校證大字白氏諷諫　（唐）白居易撰　清光緒十九年(1893)影印本　一冊

110000－0102－0016184　丙四/3303　集部/總集類/文/雜錄/書牘表啟

新撰女子尺牘二卷　商務印書館編輯所編　清光緒三十四年(1908)石印本　二冊

110000－0102－0016185　丙四/3313　集部/別集類/清

惜抱軒尺牘八卷　（清）姚鼐撰　清上海文瑞樓石印本　二冊

110000－0102－0016186　丙四/3317　集部/別集類/宋

後山詩注十二卷　（宋）陳師道撰　（宋）任淵注　清三榆書屋石印本　四冊

110000－0102－0016187　丙四/3318　集部/別集類/清

梅伯言全集　（清）梅曾亮撰　清光緒二十七年(1901)石印本　五冊　存十七卷(文集第四至十六、詩集一至四)

110000－0102－0016188　丙四/3323　集部/小說類/章回

精忠宋岳武穆王全傳十二卷　（□）□□撰　清上海廣益書局石印本　八冊

110000－0102－0016189　丙四/3324　集部/集評類/詩評/詩話/斷代

全唐詩話六卷　（宋）尤袤撰　（明）毛晉訂　清宣統三年(1911)三樂堂石印本　六冊

110000－0102－0016190　丙四/3325　集部/總集類/文

八家四六文註八卷　（清）孫星衍撰　清光緒鉛印本　七冊

110000－0102－0016191　丙四/3327　集部/小說類/章回

增評全圖金玉緣一百二十回　（清）曹霑撰　清光緒三十四年(1908)求不負齋石印本　十六冊

110000－0102－0016192　丙四/3336　集部/別集類/唐至五代

昌黎先生全集四十卷外集十卷遺文四卷
(唐)韓愈撰　清宣統三年(1911)石印本
十冊

110000－0102－0016193　丙四/3337　集部/別集類/唐至五代

韓昌黎詩集編年箋注十二卷　(唐)韓愈撰
(清)方世舉箋註　(清)朱彝尊　(清)何焯
評　清宣統二年(1910)石印本　十二冊

110000－0102－0016194　丙四/3341　集部/別集類/清

亭林文集六卷餘集一卷　(清)顧炎武撰　清
光緒山隱居刻本　四冊

110000－0102－0016195　丙四/3345　集部/別集類/清

**甌北詩鈔五言古四卷五言律二卷七言律七卷
七言古五卷絕句二卷**　(清)趙翼撰　清宣統
三年(1911)掃葉山房石印本　八冊

110000－0102－0016196　丙四/3345－1　集部/別集類/清

**甌北詩鈔五言古四卷五言律二卷七言律七卷
七言古五卷絕句二卷**　(清)趙翼撰　清宣統
三年(1911)掃葉山房石印本　八冊

110000－0102－0016197　丙四/3351　集部/小說類/筆記小說

夷堅志五十卷　(宋)洪邁撰　清宣統三年
(1911)上海黎光社石印本　十六冊

110000－0102－0016198　丙四/3352　集部/總集類/文/雜錄/書牘表啟

近世名人尺牘教本　顧新亞編輯　清宣統元
年(1909)上海文明書局石印本　七冊

110000－0102－0016199　丙四/3360　子部/雜家類/雜纂

香祖筆記十二卷　(清)王士禛撰　清宣統三
年(1911)掃葉山房石印本　四冊

110000－0102－0016200　丙四/3363　集部/小說類/章回

增評補像全圖金玉緣一百二十回　(清)曹霑
撰　(清)高鶚續　(清)王希廉等評　清光緒
三十四年(1908)求不負齋石印本　十六冊

110000－0102－0016201　丙四/3371　集部/小說類/筆記小說

兩般秋雨盦隨筆八卷　(清)梁紹壬撰　清宣
統元年(1909)掃葉山房石印本　四冊

110000－0102－0016202　丙四/3375　集部/小說類/章回

改良新西遊記十六回　(清)□□撰　清宣統
元年(1909)海左書局石印本　二冊

110000－0102－0016203　丙四/3376　集部/總集類/文/雜錄/書牘表啟

歷代名人書剳二卷　吳曾祺輯　清光緒三十
四年(1908)商務印書館鉛印本　二冊

110000－0102－0016204　丙四/3377　集部/集評類/詩評/詩話

平等閣詩話二卷　狄楚青撰　清宣統二年
(1910)鉛印本　二冊

110000－0102－0016205　丙四/3385　集部/別集類/宋

曾南豐文集四卷　(宋)曾鞏撰　清宣統二年
(1910)上海會文堂粹記石印本　二冊

110000－0102－0016206　丙四/3386　集部/總集類/文/通代/編選

涵芬樓古今文鈔一百卷　吳曾祺輯　清宣統
二年(1910)上海涵芬樓鉛印本　一百冊

110000－0102－0016207　丙四/3387　集部/總集類/文/地方

海虞文徵三十卷　(清)邵松年輯　清光緒三
十一年(1905)上海鴻文書局石印本　十六冊

110000－0102－0016208　丙四/3389　集部/總集類/文/斷代/清

國朝十家四六文鈔　王先謙輯　清光緒二十
一年(1895)上海書局石印本　四冊

110000－0102－0016209　丙四/3390　集部/別集類/漢至隋

陶淵明集十卷　（晉）陶潛撰　清光緒二年（1876）桐城徐氏刻本　二冊

110000－0102－0016210　丙四/3391　集部/總集類/文/斷代/上古至隋

六朝文絜箋註十二卷　（清）許槤評選　（清）黎經誥箋註　清末上海朝記書莊石印本　一冊

110000－0102－0016211　丙四/3392　集部/小說類/章回

新刊繡像評演濟公傳初集十二卷二集十二卷三集四卷　（□）□□撰　清末上海廣益書局石印本　二冊

110000－0102－0016212　丙四/3395　史部/金石類/總錄/文字

金石續編二十一卷首一卷　（清）陸耀遹撰（清）陸增祥校　清光緒十九年（1893）上海鴻寶齋石印本　六冊

110000－0102－0016213　丙四/3396　集部/小說類/筆記小說

六合內外瑣言二十卷　（清）屠紳編　清宣統三年（1911）上海國學扶輪社石印本　六冊

110000－0102－0016214　丙四/3403　集部/別集類/清

有正味齋駢體文二十四卷　（清）吳錫麒撰（清）王廣業箋　（清）葉聯芬注　清光緒十五年（1889）上海蜚英館石印本　四冊

110000－0102－0016215　丙四/3404　集部/小說類/翻譯小說

巴黎茶花女遺事　林紓譯　清光緒二十五年（1899）素隱書屋鉛印本　一冊

110000－0102－0016216　丙四/3429　集部/別集類/清

小倉山房文集三十五卷外集八卷　（清）袁枚撰　清光緒十八年（1892）上海圖書集成印書局銅活字本　八冊

110000－0102－0016217　丙四/3430　集部/別集類/清

曾文正公家書十卷　（清）曾國藩撰　清光緒

二十九年（1903）上海鴻寶書局石印本　四冊

110000－0102－0016218　丙四/3431　集部/別集類/清

醉山草堂詩集二卷　（清）黃沖騏撰　清光緒三年（1877）潙寧學署刻本　二冊

110000－0102－0016219　丙四/3437　集部/總集類/文/家族

二程全書　（宋）程顥　（宋）程頤合撰　清星沙小嫏嬛山館刻本　十二冊

110000－0102－0016220　丙四/3440　集部/別集類/清

雨當軒詩鈔十四卷　（清）黃景仁撰　清嘉慶二年（1797）南河高堰廳署刻本　四冊

110000－0102－0016221　丙四/3441　集部/別集類/清

韞山堂全稿　（清）管世銘撰　清光緒二十年（1894）龍文閣刻本　七冊　存二集（第一、三）

110000－0102－0016222　丙四/3442　集部/別集類/明

陸子遺書二十二種　（明）陸世儀撰　清光緒二十六年（1900）刻本　二十冊

110000－0102－0016223　丙四/3448　集部/別集類/清

有正味齋駢體文二十四卷　（清）吳錫麒撰清嘉慶刻本　六冊

110000－0102－0016224　丙四/3450　集部/別集類/清

悔餘菴樂府稿五卷我媿之集　（清）何栻撰清咸豐七年（1857）刻本　五冊

110000－0102－0016225　丙四/3452　集部/別集類/明

夢白先生集三十一卷　（明）趙南星撰　清光緒刻本　三十一冊

110000－0102－0016226　丙四/3453　集部/別集類/明

夢白先生集三十一卷　（明）趙南星撰　清光

緒刻本　十七冊

110000－0102－0016227　丙四/3459　集部/
集評類/詩評

清詩話　丁福保編纂　清光緒鉛印本　十冊

110000－0102－0016228　丙四/3463　叢部/
彙編叢書

奇書快覩十卷　（清）陳琰編　清宣統三年
（1911）古今圖書館鉛印本　四冊

110000－0102－0016229　丙四/3466　集部/
別集類/宋

淨德集三十八卷　（宋）呂陶撰　（清）高宗弘
曆敕輯　清乾隆四十二年（1777）福建刻道光
至同治遞修武英殿聚珍版叢書本　八冊

110000－0102－0016230　丙四/3468　集部/
別集類/宋

南澗甲乙稿二十二卷　（宋）韓元吉撰　（清）
高宗弘曆敕輯　清乾隆四十二年（1777）福建
刻道光至同治遞修武英殿聚珍版叢書本
八冊

110000－0102－0016231　丙四/3469　集部/
別集類/宋

西臺集二十卷　（宋）畢仲游撰　（清）高宗弘
曆敕輯　清乾隆四十二年（1777）福建刻道光
至同治遞修武英殿聚珍版叢書本　六冊

110000－0102－0016232　丙四/3470　集部/
別集類/宋

元憲集三十六卷　（宋）宋庠撰　（清）高宗弘
曆敕輯　清乾隆四十二年（1777）福建刻道光
至同治遞修武英殿聚珍版叢書本　八冊

110000－0102－0016233　丙四/3471　集部/
總集類/詩/地方/江蘇

江蘇詩徵一百八十三卷　（清）王豫輯　清道
光刻本　四十八冊

110000－0102－0016234　丙四/3472　叢部/
彙編叢書/清中晚期

觀古堂所著書一集八種二集八種　葉德輝撰
　清光緒二十一年至三十四年（1895－1908）
湘潭葉氏刻本　十六冊

110000－0102－0016235　丙四/3473　集部/
集評類/詩評/詩話

全浙詩話五十四卷　（清）陶元藻輯　清嘉慶
元年（1796）怡雲閣刻本　二十四冊

110000－0102－0016236　丙四/3475　集部/
別集類/宋

**歐陽文忠公全集一百五十三卷首二卷附錄五
卷**　（宋）歐陽修撰　清光緒十九年（1893）澹
雅書局刻本　三十一冊　缺四卷（附錄二至
五）

110000－0102－0016237　丙四/3480　叢部/
自著叢書/清中晚期

曾文正公全集　（清）曾國藩撰　清光緒二年
（1876）傳忠書局刻本　六十冊

110000－0102－0016238　丙四/3481　集部/
小說類/筆記小說

聊齋志異新評十六卷　（清）蒲松齡撰　清光
緒十八年（1892）上海古香閣鉛印本　八冊

110000－0102－0016239　丙四/3482　集部/
別集類/清

紅樓夢竹枝詞一卷　（清）盧先駱撰　**紅樓夢
賦**　（清）沈謙撰　**紅樓夢評贊**　（清）王雪香
撰　**紅樓夢題詞一卷**　（清）周綺撰　**續紅樓
夢雜記一卷**　（清）願為明鏡室主人撰　清光
緒二年（1876）刻本　四冊

110000－0102－0016240　丙四/3483　集部/
小說類/短篇小說

評註聊齋志異圖詠十六卷　（清）蒲松齡撰
清光緒十九年（1893）上海鴻文書局石印本
八冊

110000－0102－0016241　丙四/3485　集部/
小說類/章回

繪圖精忠說岳圖全傳八卷　（清）□□撰　清
光緒三十三年（1907）上海廣益書局石印本
八冊

110000－0102－0016242　丙四/3486　集部/
小說類/章回

繪圖施公案全十集　（清）□□撰　清光緒二

十九年(1903)上海書局石印本　二十冊

110000－0102－0016243　丙四/3488　集部/
小說類/章回

繪圖後紅樓夢六卷三十二回　（清）［逍遙子］
撰　清宣統二年(1910)上海章福記石印本
六冊

110000－0102－0016244　丙四/3490　集部/
曲類/曲別集/傳奇

玉獅堂傳奇十種　（清）陳烺撰　清光緒十四
年(1888)石印本　十四冊

110000－0102－0016245　丙四/3496　子部/
儒家類/清

曾文正公家訓二卷　（清）曾國藩撰　清光緒
三十二年(1906)上海商務印書館鉛印本
一冊

110000－0102－0016246　丙四/3497　子部/
儒家類/清

曾文正公家訓二卷　（清）曾國藩撰　清光緒
三十二年(1906)上海商務印書館鉛印本
一冊

110000－0102－0016247　丙四/3507　集部/
小說類/筆記小說

對山書屋墨餘錄十六卷　（清）毛祥麟撰　清
同治九年(1870)湖州吳氏醉六堂刻本　六冊

110000－0102－0016248　丙四/3508　集部/
總集類/文/雜錄/書牘表啟

分類尺牘備覽十卷　（清）王虎榜輯　清光緒
二十年(1894)上海同文祠鉛印本　七冊　缺
一卷(八)

110000－0102－0016249　丙四/3509　集部/
楚辭類/楚辭

楚辭八卷末一卷　（戰國）屈原等撰　（清）屈
復新注　清乾隆四十年(1775)居易堂刻本
四冊

110000－0102－0016250　丙四/3510　子部/
類書類/類編/通錄

太平廣記五百卷　（宋）李昉等撰　清道光二
十六年(1846)三讓睦記刻本　四十八冊

110000－0102－0016251　丙四/3511　集部/
俗文學類/彈詞

再生緣全傳二十卷　（清）侯香葉撰　清光緒
十七年(1891)學庫山房刻本　九冊　存九卷
(一至七、九至十)

110000－0102－0016252　丙四/3512　集部/
小說類/筆記小說

夷堅志十集　（宋）洪邁撰　清刻本　二十冊

110000－0102－0016253　丙四/3515　集部/
總集類/文/雜錄/書牘表啟

歷朝名媛尺牘二卷　（清）陳韶輯　清同治十
二年(1873)申江刻本　二冊

110000－0102－0016254　丙四/3523　集部/
小說類/筆記小說

螢窗異草初編四卷二編四卷三編四卷　（清）
長白浩歌子撰　清光緒三十一年(1905)進步
書局石印本　六冊

110000－0102－0016255　丙四/3524　集部/
小說類/筆記小說

諧鐸十二卷　（清）沈起鳳撰　清同治五年
(1866)刻本　四冊

110000－0102－0016256　丙四/3525　集部/
總集類/文/雜錄/雜纂

鑄史駢言十二卷　（清）孫玉田編　清光緒十
三年(1887)上海鴻寶齋石印本　二冊

110000－0102－0016257　丙四/3527　集部/
詞類/詞總集/斷代/清

國朝常州詞錄三十一卷　繆荃孫輯　清光緒
二十二年(1896)雲自在龕刻本　十二冊

110000－0102－0016258　丙四/3528　集部/
小說類/章回

繡像海公小紅袍四十一回　（清）□□撰　清
光緒二十七年(1901)石印本　四冊

110000－0102－0016259　丙四/3529　叢部/
彙編叢書/清中晚期

隨園全集四十四種　（清）袁枚等撰　清末民
國上海校經山房成記書局石印本　六十冊

110000－0102－0016260　丙四/3530　集部/小說類/章回

繪圖鏡花緣一百回　（清）李汝珍撰　（清）謝葉梅繪圖　清光緒十四年(1888)上海校經山房成記石印本　六冊

110000－0102－0016261　丙四/3531　集部/總集類/文/雜錄/書牘表啟

歷代名人書劄二卷續編二卷小簡二卷續編二卷　商務印書館編　清宣統元年(1909)鉛印本　十冊

110000－0102－0016262　丙四/3532　集部/小說類/章回

繪圖施公案一至十集　（清）□□撰　清光緒二十九年(1903)上海廣益書局石印本　十九冊

110000－0102－0016263　丙四/3538　集部/小說類/章回

二度梅奇說全傳六卷　（清）槐蔭堂主人編　清末書業德刻本　六冊

110000－0102－0016264　丙四/3539　集部/別集類/清

白華絳柎閣詩十卷　（清）李慈銘撰　清光緒十六年(1890)石印本　六冊

110000－0102－0016265　丙四/3544　集部/小說類/章回

繡像全圖東周列國志一百〇八回　（明）余邵漁撰　（清）蔡元放評　清光緒二十七年(1901)上海公興書局鉛印本　八冊

110000－0102－0016266　丙四/3546　集部/小說類/章回

增評補像全圖金玉緣一百二十回　（清）曹霑撰　清光緒十五年(1889)石印本　十六冊

110000－0102－0016267　丙四/3553　集部/小說類/章回

繪圖永慶昇平前傳九十七回　（清）郭廣瑞編撰　**繪圖永慶昇平後傳一百回**　（清）貪夢道人續　清光緒二十九年(1903)上海簡青齋石印本　八冊

110000－0102－0016268　丙四/3554　集部/俗文學類/彈詞/清

繪圖定國志八卷　（清）□□撰　清宣統二年(1910)上海章福記書局石印本　八冊

110000－0102－0016269　丙四/3562　集部/小說類/筆記小說

瓊林霏屑八卷　（清）望海樓主人編輯　清光緒三十二年(1906)灌文書局石印本　八冊

110000－0102－0016270　丙四/3566　集部/俗文學類/彈詞

倭袍傳十二卷　（清）□□撰　清木活字印本　十二冊

110000－0102－0016271　丙四/3569　集部/詞類/詞選/斷代

三莊精舍詞鈔　（□）□□撰　清末抄本　二冊

110000－0102－0016272　丙四/3572　集部/俗文學類/彈詞/清

再造天　（清）侯香葉撰　清同治八年(1869)愛日堂刻本　十六冊

110000－0102－0016273　丙四/3573　集部/俗文學類/彈詞/清

再造天　（清）侯香葉撰　清同治八年(1869)愛日堂刻本　八冊

110000－0102－0016274　丙四/3574　集部/俗文學類/彈詞/清

再造天　（清）侯香葉撰　清同治八年(1869)愛日堂刻本　八冊

110000－0102－0016275　丙四/3578　集部/小說類/章回

反唐演義一百回　（清）如蓮居士編　清光緒十年(1884)京都泰山堂刻本　六冊

110000－0102－0016276　丙四/3582　集部/曲類/曲譜、曲韻

遏雲閣曲譜　（清）王錫純輯　清光緒十九年(1893)著易堂鉛印本　八冊

110000－0102－0016277　丙四/3590　集部/

小說類/章回

官場現形記六十卷 （清）李寶嘉撰 （清）歐陽矩元增注 清宣統元年(1909)崇文堂石印本 十五冊

110000－0102－0016278 丙四/3594 集部/集評類

石頭記評贊 （清）王雪香撰 （清）張春陵錄 清光緒二年(1876)刻本 四冊

110000－0102－0016279 丙四/3598 集部/曲類/曲別集/傳奇

燕子箋二卷 （明）阮大鋮撰 清末刻本 四冊

110000－0102－0016280 丙四/3599 集部/曲類/曲別集/傳奇

燕子箋 （明）阮大鋮撰 清同治十三年(1874)寄傲山房刻本 二冊

110000－0102－0016281 丙四/3606 集部/總集類/文/樂府/辭賦/駢體

樂府詩集 （宋）郭茂倩輯 清同治十三年(1874)湖北崇文書局刻本 八冊 存五十二卷(四十九至一百)

110000－0102－0016282 丙四/3609 集部/小說類/章回

說唐後傳四十二回 （清）如蓮居士編 清中晚期刻本 六冊

110000－0102－0016283 丙四/3611 集部/小說類/章回

平山冷燕四卷 （清）荻岸散人撰 清末聚秀堂刻本 四冊

110000－0102－0016284 丙四/3613 集部/小說類/章回

繡像宋史奇書十二卷 （□）□□撰 清光緒十九年(1893)上海書局鉛印本 六冊

110000－0102－0016285 丙四/3614 集部/小說類/章回

水滸後傳 （清）陳忱撰 清光緒三年(1877)上海申報館鉛印本 十冊

110000－0102－0016286 丙四/3615 集部/小說類/章回

鏡花緣二十卷 （清）李汝珍撰 清道光元年(1821)刻本 十冊

110000－0102－0016287 丙四/3616 集部/小說類/話本

今古奇觀四十卷 （明）抱甕老人撰 清經元堂刻本 十二冊

110000－0102－0016288 丙四/3617 集部/小說類/章回

續四才子四卷 （□）□□撰 清光緒十四年(1888)姑蘇紅葉山房刻本 四冊

110000－0102－0016289 丙四/3618 集部/俗文學類/彈詞

繡像六美圖三十卷繡像雙帥印十四卷繡像鬧盧莊十六卷繡像九龍陣十六卷 （清）江章撰 清同治九年(1870)刻本 十六冊

110000－0102－0016290 丙四/3619 集部/俗文學類/彈詞

繡像鳳凰圖六卷 （清）□□撰 清同治三年(1864)味蘭軒刻本 四冊

110000－0102－0016291 丙四/3620 集部/俗文學類/彈詞

繡像芙蓉洞全傳十卷 （清）陳遇乾撰 清道光十六年(1836)刻本 十冊

110000－0102－0016292 丙四/3621 集部/俗文學類/彈詞

安邦誌 （清）□□撰 清道光二十九年(1849)學海堂刻本 四十八冊

110000－0102－0016293 丙四/3623 集部/小說類/章回

新編鳳雙飛全傳四十二回 （清）程蕙英撰 清光緒二十四年(1898)石印本 二十冊

110000－0102－0016294 丙四/3624 集部/俗文學類/彈詞

再生緣二十卷 （清）侯香葉撰 清光緒十七年(1891)學庫山房刻本 四十冊

110000－0102－0016295　丙四/3625　集部/小說類/章回

五虎平西前傳一百十二回　（清）□□撰　清道光十六年(1836)刻本　十四冊

110000－0102－0016296　丙四/3626　集部/小說類/筆記小說

姑妄聽之四卷　（清）紀昀撰　清末在園草堂刻本　四冊

110000－0102－0016297　丙四/3627　集部/俗文學類/彈詞

新刻玉釧緣全傳三十二卷二百三十四回　（清）□□撰　清道光二十二年(1842)北京學庫山房刻本　六十四冊

110000－0102－0016298　丙四/3628　集部/小說類/章回

鏡花緣一百回　（清）李汝珍撰　清光緒三年(1877)刻本　二十冊

110000－0102－0016299　丙四/3629　集部/小說類/章回

繪圖綠牡丹全傳六卷　（清）二如亭主人撰　清道光十一年(1831)文善堂刻本　六冊

110000－0102－0016300　丙四/3630　集部/俗文學類/彈詞

繡像黃金印六卷　（□）□□撰　清同治十二年(1873)集古山房刻本　六冊

110000－0102－0016301　丙四/3631　集部/俗文學類/彈詞

繡像黃金印六卷　（□）□□撰　清同治十二年(1873)集古山房刻本　四冊

110000－0102－0016302　丙四/3632　集部/總集類/詩/雜錄/其它

粧樓摘豔十卷首一卷　（清）錢三錫輯　清道光十三年(1833)香雨軒刻本　四冊

110000－0102－0016303　丙四/3633　集部/小說類/章回

天雨花三十回　（清）陶貞懷撰　清嘉慶九年(1804)刻本　三十二冊

110000－0102－0016304　丙四/3634　集部/小說類/章回

繡像說唐全傳六十八回後傳四十二回　（清）如蓮居士撰　（清）鴛湖漁叟訂　清光緒鉛印本　六冊

110000－0102－0016305　丙四/3635　集部/小說類/章回

繡像批點紅樓夢一百二十回　（清）曹霑撰　清末三讓堂刻本　二十冊

110000－0102－0016306　丙四/3636　集部/小說類/章回

後宋慈雲太子逃難走國全傳八卷　（□）□□撰　清四美堂刻本　八冊

110000－0102－0016307　丙四/3637　集部/俗文學類/彈詞

再生緣全傳二十卷　（清）侯香葉編　清光緒三年(1877)世德堂刻本　二十冊

110000－0102－0016308　丙四/3638　集部/小說類/章回

說岳全傳二十卷　（清）錢彩編　清末刻本一冊　存一卷八回(卷五第十七至二十四)

110000－0102－0016309　丙四/3640　集部/小說類/章回

兒女英雄傳十九卷　（清）文康撰　清光緒十八年(1892)刻本　二十冊

110000－0102－0016310　丙四/3641　集部/俗文學類/彈詞

繡像換空箱全傳二十一卷　（清）□□撰　清咸豐七年(1857)刻本　六冊

110000－0102－0016311　丙四/3642　集部/小說類/話本

龍圖公案十卷　（清）□□撰　清經文堂刻本　六冊

110000－0102－0016312　丙四/3643　集部/俗文學類/彈詞

孝義真蹟珍珠塔全傳二十四回　（清）周殊士補　清末刻本　六冊

110000－0102－0016313　丙四/3644　集部/俗文學類/彈詞

繡像抽金鳳十二卷　（清）□□撰　清光緒二年(1876)刻本　十二冊

110000－0102－0016314　丙四/3645　集部/小說類/筆記小說

里乘十卷　（清）許奉恩輯　清光緒五年(1879)常熟抱芳閣刻本　十冊

110000－0102－0016315　丙四/3646　集部/小說類/筆記小說

兩般秋雨盦隨筆七卷　（清）梁紹壬撰　清光緒十八年(1892)貴谿乾元銅活字印本　八冊

110000－0102－0016316　丙四/3647　集部/俗文學類/彈詞

繡像玉連環八卷　（清）朱素仙撰　清道光三年(1823)亦芸書屋刻本　八冊

110000－0102－0016317　丙四/3648　集部/小說類/章回

夏商合傳夏志六卷商志四卷　（明）鍾惺編輯　清嘉慶十九年(1814)稽古堂刻本　八冊

110000－0102－0016318　丙四/3649　集部/小說類/章回

說岳全傳八十回　（清）錢彩編　清奎元堂刻本　十冊

110000－0102－0016319　丙四/3650　史部/傳記類/總傳/專錄/列女

宮閨聯名譜二十二卷　（清）董恂原輯　（清）陸繼輅補輯　清光緒二年(1876)鉛印本　十冊

110000－0102－0016320　丙四/3651　集部/小說類/章回

海公大紅袍全傳六十回　（清）李春芳編　清末經國堂刻本　十二冊

110000－0102－0016321　丙四/3652　集部/小說類/章回

封神演義一百回　（明）許仲琳撰　（明）鍾惺評　清康熙三十四年(1695)粵東三元堂刻本　二十冊

110000－0102－0016322　丙四/3653　集部/俗文學類/彈詞

繡像百花臺全集四卷　（清）鴛水主人編　清光緒元年(1875)刻本　四冊

110000－0102－0016323　丙四/3654　集部/小說類/章回

繡像四香緣四卷三十二回　（清）朱鏡江撰　清道光五年(1825)刻本　十冊

110000－0102－0016324　丙四/3656　集部/俗文學類/鼓詞

新刻小八義全傳十四卷二續十二卷四續四卷　（□）□□撰　清光緒十六年(1890)京都泰山堂刻本　三十冊

110000－0102－0016325　丙四/3657　集部/曲類/曲別集

小蓬萊仙館傳奇十種　（清）劉清韻撰　清光緒二十六年(1900)上海藻文石印本　六冊

110000－0102－0016326　丙四/3658　集部/小說類/章回

五美緣八十回　（□）□□撰　清道光二十五年(1845)聚文堂刻本　八冊

110000－0102－0016327　丙四/3659　集部/俗文學類/變文

目連記五十部　（清）闕名撰　清末刻本　八冊　存八卷(三十九、四十二至四十四、四十六至四十八、五十)

110000－0102－0016328　丙四/3660　集部/小說類/章回

新刻天花藏批評平山冷燕二十回　（清）荻岸散人編　清末維經堂刻本　四冊

110000－0102－0016329　丙四/3661　集部/小說類/章回

海國春秋四十卷　（清）闕名撰　清光緒三十年(1904)上海書局石印本　八冊　缺八卷(二十二至二十五、三十四至三十七)

110000－0102－0016330　丙四/3662　集部/小說類/章回

繡像大唐瓦崗寨演義全傳五卷　（□）□□撰

清同治十三年(1874)會元樓刻本　四冊

110000－0102－0016331　丙四/3663　集部/小說類/章回

繡像草木春秋三十二回　（清）王洪撰　清末經綸堂刻本　五冊

110000－0102－0016332　丙四/3664　集部/俗文學類/彈詞/清

來生福彈詞三十六回　橘中逸叟撰　清刻本　二十三冊

110000－0102－0016333　丙四/3665　集部/俗文學類/彈詞

再造天十六卷　（清）侯香葉撰　清同治八年(1869)香葉閣刻本　六冊

110000－0102－0016334　丙四/3666　集部/總集類/詩/雜著/其它

海上繁華圖　（清）古吳閱世客編　清光緒十年(1884)刻本　一冊

110000－0102－0016335　丙四/3667　史部/史抄類

兩漢博聞十二卷　（宋）楊侃撰　清光緒上海申報館鉛印本　六冊

110000－0102－0016336　丙四/3668　集部/總集類/文/雜錄

文章遊戲初編八卷　（清）繆艮輯　清道光五年(1825)文聚堂刻本　五冊

110000－0102－0016337　丙四/3669　集部/小說類/章回

飛龍全傳十二卷　（清）吳璿編　清嘉慶二年(1797)刻本　十二冊

110000－0102－0016338　丙四/3670　集部/俗文學類/彈詞

繡像六美圖三十卷　（□）□□撰　清同治九年(1870)刻本　四冊

110000－0102－0016339　丙四/3671　集部/小說類/章回

新刻三寶太監西洋記通俗演義　（明）羅懋登編　清光緒上海申報館鉛印本　十冊

110000－0102－0016340　丙四/3672　集部/俗文學類/彈詞

繡像八美圖初集二十卷二集二十九卷　（□）□□撰　清刻本　八冊

110000－0102－0016341　丙四/3674　集部/小說類/章回

三合明珠寶劍全傳六卷　（清）□□撰　清道光二十八年(1848)經綸堂刻本　六冊

110000－0102－0016342　丙四/3675　集部/小說類/筆記小說

庸閑齋筆記八卷　（清）陳其元撰　清光緒上海申報館鉛印本　四冊

110000－0102－0016343　丙四/3676　集部/小說類/章回

海公大紅袍全傳六十卷　（清）李春芳編　清道光二十年(1840)聚星堂刻本　十二冊

110000－0102－0016344　丙四/3678　集部/小說類/章回

兒女英雄傳四十回首一回　（清）文康撰　清光緒四年(1878)刻本　八冊

110000－0102－0016345　丙四/3679　集部/集評類/文評

鳴原堂論文二卷　（清）曾國藩輯　清光緒四年(1878)上海淞隱閣鉛印本　二冊

110000－0102－0016346　丙四/3680　集部/俗文學類/彈詞

繪圖筆生花十六卷　（清）心如女史撰　清光緒鉛印本　十六冊

110000－0102－0016347　丙四/3681　集部/小說類/總錄

小說叢刊第一集　（清）□□編　清光緒三十四年(1908)上海裕記石印本　六冊

110000－0102－0016348　丙四/3682　集部/小說類/傳奇

剪燈叢話　（□）□□撰　清同治十年(1871)鎮江三星堂刻本　六冊

110000－0102－0016349　丙四/3683　集部/

小說類/章回

南宋志傳十卷北宋志傳十卷 （明）研石山樵
編訂　清光緒五年(1879)刻本　十二冊

110000－0102－0016350　丙四/3686　集部/
小說類/筆記小說

竹西花事小錄 （清）芬利它行者編　清光緒
三年(1877)上海申報館鉛印本　一冊

110000－0102－0016351　丙四/3687　集部/
曲類/曲別集/雜劇

增像第六才子書五卷 （元）王實甫撰　清光
緒十五年(1889)上海鴻寶齋鉛印本　六冊

110000－0102－0016352　丙四/3688　集部/
小說類/章回

增注繪圖官場現形記全三編六十卷 （清）李
寶嘉撰　清光緒二十九年(1903)鉛印本　十
七冊

110000－0102－0016353　丙四/3690　集部/
小說類/章回

繡像九美圖全傳十二卷 （□）□□撰　清道
光二十三年(1843)刻本　十二冊

110000－0102－0016354　丙四/3691　集部/
小說類/筆記小說

十三日備嘗記事略附記 （清）曹晟撰　清光
緒二年(1876)上海申報館鉛印本　一冊

110000－0102－0016355　丙四/3692　集部/
小說類/章回

官場現形記十二卷 （清）李寶嘉撰　清光緒
二十九年(1903)上海世界繁華報館鉛印本
六冊

110000－0102－0016356　丙四/3694　集部/
小說類/章回

紅樓後夢一百回 （清）小和山樵南陽氏編
清光緒上海申報館鉛印本　十冊

110000－0102－0016357　丙四/3695　集部/
小說類/短篇小說

西湖佳話古今遺蹟十六卷 （清）古吳墨浪子
編　清末刻本　六冊

110000－0102－0016358　丙四/3696　集部/
俗文學類/鼓詞

繡像節義錄前集二十八卷後集三十一卷
（□）□□撰　清刻本　十二冊

110000－0102－0016359　丙四/3698　集部/
俗文學類/彈詞

繡像蘊香丸二十回 （清）□□撰　清嘉慶二
十二年(1817)雅賢堂刻本　四冊

110000－0102－0016360　丙四/3699　集部/
俗文學類/彈詞

玉鴛鴦五集 （□）□□撰　清同治七年
(1868)刻本　四冊

110000－0102－0016361　丙四/3701　集部/
小說類/章回

繪圖鐵花仙史二十六回 （清）雲封山人編
清光緒十八年(1892)石印本　六冊

110000－0102－0016362　丙四/3703　集部/
小說類/總錄

繪圖譚瀛八種二集四卷 （清）夢蘭居士輯
清光緒二十二年(1896)上海鴻寶齋刻本
四冊

110000－0102－0016363　丙四/3704　史部/
別史、雜史類

西巡迴鑾始末記六卷 （清）□□撰　清光緒
三年(1877)上海書局石印本　六冊

110000－0102－0016364　丙四/3705　集部/
俗文學類/彈詞/清

繡像四香緣全傳六卷 （清）朱鏡江編　清光
緒二十年(1894)上海書局鉛印本　六冊

110000－0102－0016365　丙四/3706　集部/
小說類/章回

繪圖女仙外史一百回 （清）呂熊撰　清宣統
元年(1909)上海玉麟書局石印本　十六冊

110000－0102－0016366　丙四/3707　集部/
俗文學類/彈詞

繪圖雙珠球彈詞 （清）黃予貞撰　清光緒三
年(1877)鉛印本　六冊

110000－0102－0016367　丙四/3708　集部/小說類/章回

繡像飛龍傳十卷　（清）吳璿撰　清光緒十九年(1893)上海寶文書局石印本　四冊

110000－0102－0016368　丙四/3709　子部/雜家類/雜纂

解人頤廣集八卷　（清）錢德蒼重訂　清光緒三十二年(1906)善記書莊石印本　四冊

110000－0102－0016369　丙四/3712　集部/小說類/章回

繪圖善惡圖全傳　（□）□□撰　清光緒二十三年(1897)上海書局石印本　四冊

110000－0102－0016370　丙四/3713　集部/曲類/曲別集/雜劇

繡像第六才子書八卷　（元）王實甫撰　清嘉慶三年(1798)懷永堂刻本　六冊

110000－0102－0016371　丙四/3714　子部/宗教類/釋教

校正勸善因果惡報錄八卷　（清）海芝濤輯　清光緒三十年(1904)石印本　八冊

110000－0102－0016372　丙四/3715　集部/小說類/章回

繪圖續四才子四卷　（□）□□撰　清光緒二十年(1894)鉛印本　四冊

110000－0102－0016373　丙四/3717　集部/小說類/章回

繪圖第二奇書林蘭香八卷　（□）□□撰　清光緒二十八年(1902)上海日新書莊石印本　八冊

110000－0102－0016374　丙四/3719　集部/小說類/章回

爭春園全傳四十八回　（清）寄生氏撰　清光緒十一年(1885)刻本　十冊

110000－0102－0016375　丙四/3720　集部/小說類/筆記小說

挑燈新錄六卷　（清）吳荊園撰　清光緒二十年(1894)上海崇文書局石印本　四冊

110000－0102－0016376　丙四/3721　集部/曲類/曲別集/傳奇

桃花夢四卷　（清）陳蝶仙撰　清光緒二十六年(1900)大觀報館鉛印本　四冊

110000－0102－0016377　丙四/3722　集部/小說類/章回

繪圖才子奇緣四卷　（□）□□撰　清光緒二十五年(1899)石印本　四冊

110000－0102－0016378　丙四/3724　集部/小說類/章回

繡像京本雲合奇踪玉茗英烈全傳十卷　（明）徐渭編　清光緒十八年(1892)石印本　四冊

110000－0102－0016379　丙四/3727　集部/小說類/章回

花田金玉緣四卷　（□）□□撰　清光緒三十年(1904)上海書局石印本　四冊

110000－0102－0016380　丙四/3729　集部/小說類/章回

全像通俗演義隋煬帝豔史　（清）齊東野人編　清光緒二十一年(1895)上海書局石印本　六冊

110000－0102－0016381　丙四/3730　子部/雜家類/雜纂

繪圖怕老婆　（清）芙蓉外史輯　清光緒二十二年(1896)上海書局石印本　三冊

110000－0102－0016382　丙四/3732　集部/小說類/章回

聖朝鼎盛四十四回　（□）□□撰　清光緒二十二年(1896)上海書局石印本　十三冊

110000－0102－0016383　丙四/3733　集部/小說類/章回

繪圖描金鳳十二卷　（□）□□撰　清光緒二十五年(1899)石印本　四冊

110000－0102－0016384　丙四/3734　集部/俗文學類/彈詞

繡像蘊香丸四卷　（□）□□撰　清光緒石印本　四冊

110000 - 0102 - 0016385　丙四/3735　集部/曲類/曲別集/傳奇

繪圖新刊鍾情傳八卷　（清）陸廷采編　清光緒二十五年(1899)上海書局石印本　八冊

110000 - 0102 - 0016386　丙四/3736　集部/俗文學類/彈詞

繪圖前笑中緣金如意全傳四卷　（清）□□撰　清光緒石印本　四冊

110000 - 0102 - 0016387　丙四/3737　集部/小說類/章回

增像繪圖青樓夢六十四回　（清）俞達撰　清光緒二十一年(1895)上海書局石印本　八冊

110000 - 0102 - 0016388　丙四/3739　集部/小說類/章回

繪圖金陵十二釵後傳四卷　（清）長白臨鶴山人撰　清光緒二十四年(1898)上海書局石印本　四冊

110000 - 0102 - 0016389　丙四/3740　集部/曲類/曲別集/傳奇

還金鐲八卷　（清）□□撰　清光緒二十二年(1896)上海書局石印本　四冊

110000 - 0102 - 0016390　丙四/3741　集部/俗文學類/彈詞

繪圖雲外飄香四卷　（清）□□撰　清光緒二十一年(1895)上海書局石印本　四冊

110000 - 0102 - 0016391　丙四/3742　集部/小說類/章回

虎口餘生四卷　（清）遺民外史撰　清末同德堂刻本　四冊

110000 - 0102 - 0016392　丙四/3743　集部/小說類/章回

繪圖俠義風月傳四卷　（清）名教中人編　清光緒上海文宜書局石印本　四冊

110000 - 0102 - 0016393　丙四/3744　集部/小說類/章回

繪圖增批麟兒報四卷　（清）隨山樵者編　清光緒二十一年(1895)石印本　四冊

110000 - 0102 - 0016394　丙四/3745　集部/總集類/文/雜錄/雜纂

海上遊戲圖說四卷　（清）滬上遊戲主編　清光緒二十四年(1898)石印本　四冊

110000 - 0102 - 0016395　丙四/3746　集部/俗文學類/彈詞

續笑中緣圖說四卷　（□）□□撰　清光緒十九年(1893)上海書局石印本　四冊

110000 - 0102 - 0016396　丙四/3747　集部/俗文學類/彈詞

繪圖拱璧緣傳奇二十四回　（清）陸怡安編　清光緒二十一年(1895)上洋文盛堂石印本　二冊　缺十三回(十二至二十四)

110000 - 0102 - 0016397　丙四/3748　集部/小說類/章回

第十才子綠雲緣四卷　（清）吳航野客編　清光緒二十年(1894)群玉山房石印本　四冊

110000 - 0102 - 0016398　丙四/3749　集部/俗文學類/彈詞

繡像忠烈姻緣奇傳四卷　（清）天外山樵編　清光緒二十一年(1895)胥浦楊氏九皋石印本　二冊

110000 - 0102 - 0016399　丙四/3750　集部/小說類/章回

繪圖蝴蝶緣四卷　（清）南嶽道人編　清光緒二十一年(1895)上海書局石印本　四冊

110000 - 0102 - 0016400　丙四/3751　集部/俗文學類/彈詞

繪真記四卷　（清）朱素仙編　清光緒二十一年(1895)上海書局石印本　四冊

110000 - 0102 - 0016401　丙四/3752　集部/小說類/章回

品花寶鑑　（清）陳森撰　清光緒二十五年(1899)上海書局石印本　八冊

110000 - 0102 - 0016402　丙四/3753　集部/小說類/章回

繪圖第九才子書平鬼傳　（清）樵雲山人編　清光緒十九年(1893)上海古香閣鉛印本　四冊

110000－0102－0016403　丙四/3754　集部/小說類/筆記小說

繪圖吉祥花六卷　(清)紀棠氏輯評　清光緒二十一年(1895)上海古香閣鉛印本　四冊

110000－0102－0016404　丙四/3755　集部/小說類/章回

繡像繪圖大明正德皇遊江南傳七卷　(清)古鹽補留生輯　清光緒三十三年(1907)石印本　四冊　缺三卷(五至七)

110000－0102－0016405　丙四/3758　集部/小說類/章回

繪圖群英傑後宋奇書四卷　(□)□□撰　清光緒二十年(1894)上海書局石印本　四冊

110000－0102－0016406　丙四/3759　集部/小說類/章回

繪圖俠義烈婦征西傳初集二卷二集二卷　(清)□□撰　清光緒二十五年(1899)上海書局刻本　四冊

110000－0102－0016407　丙四/3760　集部/小說類/章回

天寶圖十卷　(清)□□撰　清道光十年(1830)刻本　十冊

110000－0102－0016408　丙四/3761　集部/小說類/章回

說唐薛家將傳六卷　(清)如蓮居士編　清光緒元年(1875)羊城古經閣刻本　六冊

110000－0102－0016409　丙四/4049　集部/俗文學類/變文

繡像十嘆觀音寶卷　(□)□□撰　清宣統三年(1911)三元堂刻本　一冊

110000－0102－0016410　丙四/4051　集部/俗文學類/彈詞

彈詞十種　(□)□□撰　清末京都文盛堂、泰山堂等刻本　十二冊

110000－0102－0016411　丙四/4116　集部/小說類/章回

施案奇聞九十七回　(□)□□撰　清道光十年(1830)刻本　四冊

110000－0102－0016412　丙四/4117　集部/小說類/章回

濟顛大師醉菩提全傳二十回　(□)□□撰　清末刻本　六冊

110000－0102－0016413　丙四/4121　集部/小說類/章回

繡像雙珠球四十九回　(清)黃子貞撰　清光緒三年(1877)刻本　十冊

110000－0102－0016414　丙四/4124　集部/小說類/章回

玉茗堂繡像昭君和番雙鳳奇緣八十回　(□)□□撰　清嘉慶二十四年(1819)刻本　四冊

110000－0102－0016415　丙四/4125　集部/小說類/章回

繪圖蕩寇志七十回　(清)俞萬春撰　清光緒二十九年(1903)上海廣益書局石印本　四冊

110000－0102－0016416　丙四/4136　集部/俗文學類/鼓詞

木皮子詞　(清)賈鳧西撰　清中晚期藤林草堂刻本　一冊

110000－0102－0016417　丙四/4137　集部/小說類/章回

繡像花月痕全傳五十二回　(清)魏秀仁撰　清光緒三十四年(1908)上海詠記書莊石印本　四冊

110000－0102－0016418　丙四/4139　集部/別集類/明

返生香　(明)葉小鸞撰　清光緒二十二年(1896)石印本　四冊

110000－0102－0016419　丙四/4145　集部/俗文學類/彈詞

繪圖繡像四雲亭新書全傳二十四卷　(清)彭靚娟撰　清光緒二十五年(1899)鉛印本　八冊

110000－0102－0016420　丙四/4148　集部/小說類/章回

綱鑑通俗演義六卷　(清)呂撫輯　清光緒二十一年(1895)珍藝書局鉛印本　六冊

110000－0102－0016421　丙四/4150　集部/
小說類/章回

紅樓夢補四十八回　（清）歸鋤子撰　清光緒
二十五年(1899)上海圖書集成局鉛印本
四冊

110000－0102－0016422　丙四/4152　集部/
小說類/長篇小說

繡像東西漢演義十卷　（□）□□撰　清宣統
三年(1911)上海會文堂石印本　六冊

110000－0102－0016423　丙四/4154　集部/
小說類/章回

新說西遊記圖像一百回　（明）吳承恩撰
(清)張書紳注　清光緒十四年(1888)江味潛
齋石印本　八冊

110000－0102－0016424　丙四/4156　集部/
小說類/章回

繪圖今古奇觀四十回　（明）抱甕老人輯　清
宣統二年(1910)上海石印本　六冊

110000－0102－0016425　丙四/4157　集部/
小說類/章回

增像全圖西漢演義一百回東漢演義六十回
（□）□□撰　清光緒三十年(1904)上海文興
書局石印本　六冊

110000－0102－0016426　丙四/4158　集部/
小說類/筆記小說

聊齋志異評註十六卷　（清）蒲松齡撰　（清）
王士正評　（清）呂湛恩註　清刻本　十六冊

110000－0102－0016427　丙四/4159　集部/
小說類/章回

大隋志傳四十六回　（明）鍾惺編　清同治十
一年(1872)經綸堂刻本　四冊

110000－0102－0016428　丙四/4160　集部/
別集類/遼金元

秋聲集四卷　（元）黃鎮城撰　王譽命　蕭雯
合編　清刻本　一冊

110000－0102－0016429　丙四/4163　集部/
別集類/清

中國魂二卷　梁啟超撰　清光緒二十八年

(1902)上海廣智書局鉛印本　一冊

110000－0102－0016430　丙四/4164　集部/
別集類/清

中國魂二卷　梁啟超撰　清末共合會社鉛印
本　一冊

110000－0102－0016431　丙四/4167　集部/
曲類/曲別集/雜劇

第六才子書　（元）王實甫撰　清道光馮氏刻
本　二冊

110000－0102－0016432　丙四/4168　集部/
俗文學類/變文

江南松江府華亭縣白沙邨孝修回郎寶卷
（□）□□撰　清光緒大酉山房刻本　一冊

110000－0102－0016433　丙四/4170　集部/
小說類/章回

西遊真詮六卷　（明）吳承恩撰　（明）澹漪子
評　清大文堂刻本　六冊

110000－0102－0016434　丙四/4172　集部/
小說類

岳武穆精忠傳六卷　（明）鄒元標編　清末刻
本　六冊

110000－0102－0016435　丙四/4174　集部/
小說類/章回

東周列國志　（清）蔡元放評點　清光緒十一
年(1885)上海江左書林刻本　二十四冊

110000－0102－0016436　丙四/4175　集部/
小說類/筆記小說

鐙窗瑣話十卷　（清）于源撰　清道光二十七
年(1847)刻本　二冊

110000－0102－0016437　丙四/4178　集部/
小說類/筆記小說

繡像東周列國全志二十三卷一百○八回
（清）蔡元放評點　清乾隆十七年(1752)宏道
堂刻本　十二冊

110000－0102－0016438　丙四/4179　集部/
總集類/文/家族

黎氏家集　（清）黎庶昌輯　清光緒十四年

(1888)鉛印本石印　十一冊

110000－0102－0016439　丙四/4180　集部/
小説類/章回

續英烈傳五卷　(清)空谷老人編　清集古齋
刻本　五冊

110000－0102－0016440　丙四/4182　集部/
總集類/文/雜錄/雜纂

宮閨文選二十六卷　(清)周壽昌輯　清道光
二十六年(1846)小蓬萊山館刻本　十冊

110000－0102－0016441　丙四/4185　集部/
俗文學類/變文

何仙姑寶卷二卷　(□)□□撰　清光緒三十
年(1904)刻本　一冊

110000－0102－0016442　丙四/4186　集部/
俗文學類/彈詞

繡像雙金錠全傳六卷　(□)□□撰　清光緒
二十年(1894)石印本　二冊

110000－0102－0016443　丙四/4187　集部/
小説類/傳奇

繪圖睢陽忠毅錄四卷　(清)素庵主人編　清
光緒二十年(1894)上海書局石印本　四冊

110000－0102－0016444　丙四/4188　集部/
小説類/章回

新編前明正德白牡丹傳八卷　(清)石琮編
清光緒二十七年(1901)上海書局石印本
四冊

110000－0102－0016445　丙四/4189　集部/
小説類/章回

繪圖平金川四卷　(清)張小山撰　清光緒二
十五年(1899)富文書局石印本　四冊

110000－0102－0016446　丙四/4190　集部/
小説類/章回

繪圖武則天四大奇案六卷　(□)□□撰　清
光緒二十八年(1902)上海耕石書局石印本
四冊

110000－0102－0016447　丙四/4191　集部/
小説類/章回

繪圖聖朝鼎盛十三回　(□)□□撰　清光緒
十九年(1893)上海英商五彩公司石印本
二冊

110000－0102－0016448　丙四/4192　集部/
小説類/章回

繡像綠牡丹全傳六卷　(□)□□撰　清光緒
二十七年(1901)上海書局石印本　六冊

110000－0102－0016449　丙四/4195　集部/
小説類/短篇小説

繪圖三公奇案三卷　(清)藍鼎元撰　清光緒
二十八年(1902)山左書林石印本　一冊

110000－0102－0016450　丙四/4196　集部/
小説類/章回

續小五義一百二十四回　(清)石玉昆撰　清
光緒十七年(1891)文光樓書坊刻本　二十
四冊

110000－0102－0016451　丙四/4200　集部/
戲曲類

梨園集成　(清)李世忠輯　清光緒六年
(1880)刻本　八冊

110000－0102－0016452　丙四/4201　集部/
別集類/清

碣東詩鈔二卷　(清)歐陽輅撰　清光緒十五
年(1889)長沙王氏刻本　一冊

110000－0102－0016453　丙四/4202　集部/
別集類/清

磨綺室詩存一卷　(清)丁蓉綬撰　清光緒十
年(1884)長沙王氏刻本　一冊

110000－0102－0016454　丙四/4204　史部/
別史、雜史類

經略洪承疇奏對筆記二卷　(清)洪承疇撰
清光緒十九年(1893)京都榮錄堂刻本　一冊

110000－0102－0016455　丙四/4209　集部/
別集類/清

古榦亭詩集六卷文集二卷嶺外雜言一卷
(清)黃桐孫撰　清道光二十六年(1846)今是
樓刻本　四冊

110000 – 0102 – 0016456　丙四/4210　集部/別集類/清

墨花吟館詩鈔十六卷　（清）嚴辰撰　清光緒八年(1882)嚴氏家刻本　四冊

110000 – 0102 – 0016457　丙四/4211　集部/別集類/清

龍泉園集十二卷　（清）李江撰　清光緒二十年(1894)刻本　四冊

110000 – 0102 – 0016458　丙四/4212　集部/總集類/詩/雜錄/唱和

鴛水聯唫二十集　（清）岳鴻慶等輯　清道光十八年(1838)刻本　四冊

110000 – 0102 – 0016459　丙四/4213　集部/別集類/清

春農草堂文集二卷　（清）張論撰　清道光十年(1830)思靜軒刻本　二冊

110000 – 0102 – 0016460　丙四/4215　集部/總集類/文/雜錄/雜纂

江漢炳靈集二卷　（清）張之洞輯　清同治刻本　四冊

110000 – 0102 – 0016461　丙四/4217　集部/別集類/清

大滌山房詩錄八卷試帖一卷　（清）張古安撰　清道光十四年(1834)刻本　四冊

110000 – 0102 – 0016462　丙四/4218　集部/別集類/清

白湖詩槁八卷文槁八卷　（清）葉燕撰　清嘉慶二十三年(1818)葉氏又次居刻本　四冊

110000 – 0102 – 0016463　丙四/4219　集部/總集類/詩/家族

寶山錢氏家集　（清）錢谷等撰　清光緒刻本　一冊

110000 – 0102 – 0016464　丙四/4220　集部/總集類/文/雜錄/雜纂

三百三十二喜箋序目　（清）徐琪輯　清光緒三十四年(1908)刻本　三冊

110000 – 0102 – 0016465　丙四/4225　集部/小說類/章回

西遊原旨二十四卷一百回　（明）吳承恩撰（清）劉一明解　清嘉慶二十四年(1819)夏復恆刻同治十二年(1873)常德同善社重印本　二十四冊

110000 – 0102 – 0016466　丙四/4226　集部/小說類/章回

西遊原旨二十四卷一百回　（明）吳承恩撰（清）劉一明解　清嘉慶二十四年(1819)夏復恆刻同治十二年(1873)常德同善社重印本　二十四冊

110000 – 0102 – 0016467　丙四/4227　集部/小說類/章回

後三國石珠演義三十回　（清）遇安氏撰　清三與堂刻本　六冊

110000 – 0102 – 0016468　丙四/4228　集部/小說類/章回

南宋志傳十卷五十回　（清）研石山樵編訂　清善成堂刻本　五冊

110000 – 0102 – 0016469　丙四/4230　集部/別集類/宋

後山詩注十二卷　（宋）陳師道撰　清刻本　四冊

110000 – 0102 – 0016470　丙四/4234　集部/別集類/清

瓶水齋詩集十七卷詩別集二卷詩話一卷　（清）舒位撰　清光緒十二年(1886)刻本　八冊

110000 – 0102 – 0016471　丙四/4236　史部/地理類/雜記

越詠二卷　（清）周調梅撰　清咸豐四年(1854)刻本　四冊

110000 – 0102 – 0016472　丙四/4240　集部/別集類/清

巢經巢詩集九卷　（清）鄭珍撰　清咸豐四年(1854)刻本　四冊

110000 – 0102 – 0016473　丙四/4242　集部/別集類/清

墨香閣集十三卷首一卷末一卷　（清）彭維新撰　（清）彭青萊等編輯　清道光二年(1822)彭氏家刻本　四冊

110000 – 0102 – 0016474　丙四/4251　集部/別集類/清

容齋千首詩九卷　（清）李天馥撰　（清）李孚青等校　（清）毛奇齡選　清光緒十二年(1886)鉛印本　六冊

110000 – 0102 – 0016475　丙四/4253　集部/曲類/曲別集/傳奇

鶴歸來二卷　（清）瞿頡填詞　（清）周昂評點　清秋水閣刻本　二冊

110000 – 0102 – 0016476　丙四/4259　集部/別集類/宋

陳潛室先生木鍾集十一卷　（宋）陳埴撰　清同治六年(1867)東甌郡齋刻本　四冊

110000 – 0102 – 0016477　丙四/4262　集部/別集類/宋

河南先生文集二十七卷附錄一卷　（宋）尹洙撰　清嘉慶十三年(1808)刻本　二冊

110000 – 0102 – 0016478　丙四/4265　集部/別集類/清

家蔭堂全集　（清）周際華撰　清道光十九年(1839)刻本　四冊

110000 – 0102 – 0016479　丙四/4266　集部/總集類/詩/斷代/唐至五代

王孟詩集　（清）方功惠輯　清光緒五年(1879)碧琳琅館刻朱墨印本　六冊

110000 – 0102 – 0016480　丙四/4267　集部/別集類/唐至五代

重刊校正笠澤叢書四卷補遺一卷續補遺一卷　（唐）陸龜蒙撰　清末刻本　二冊

110000 – 0102 – 0016481　丙四/4268　集部/別集類/明

無欲齋詩鈔一卷　（明）鹿善繼撰　清道光四年(1824)刻本　二冊

110000 – 0102 – 0016482　丙四/4269　集部/

總集類/詩/斷代/清

貞豐詩萃五卷　（清）陶煦輯　清同治三年(1864)陶氏儀一堂刻本　二冊

110000 – 0102 – 0016483　丙四/4270　集部/別集類/清

養晦堂文集十卷　（清）劉蓉撰　清光緒三年(1877)思賢講舍刻本　五冊

110000 – 0102 – 0016484　丙四/4272　集部/別集類/清

高山堂詩文鈔四卷　（清）周琳撰　清嘉慶十一年(1806)刻本　二冊

110000 – 0102 – 0016485　丙四/4275　集部/別集類/清

寒支集初集十卷首一卷二集四卷　（清）李世熊撰　清同治十三年(1874)刻本　十四冊

110000 – 0102 – 0016486　丙四/4278　集部/別集類/清

小潛樓詩集四卷文集四卷　（清）袁梓貴撰　（清）梁振芳輯　清光緒十一年(1885)端州梁氏怡園刻本　四冊

110000 – 0102 – 0016487　丙四/4279　集部/小說類/章回

狐仙口授人見樂妓館藏書東遊記　（清）顧道民撰　清抄本　一冊

110000 – 0102 – 0016488　丙四/4280　集部/別集類/清

噉蔗全集文八卷詩八卷　（清）張義年撰　（清）錢大昕　（清）陳以綱評輯　清光緒十九年(1893)上海著易堂鉛印本　六冊

110000 – 0102 – 0016489　丙四/4281　集部/別集類/明

月鹿堂文集八卷　（明）張師繹撰　清道光六年(1826)蝶花樓刻本　四冊

110000 – 0102 – 0016490　丙四/4285　集部/別集類/清

冬青館甲集六卷乙集八卷　（清）張鑒撰　清道光十九年至二十六年(1839 – 1846)刻本　六冊

110000－0102－0016491　丙四/4286　集部/總集類/文/斷代/清

吳會英才集二十卷　（清）畢沅輯　清嘉慶刻本　四冊

110000－0102－0016492　丙四/4287　集部/別集類/清

兼濟堂集二十四卷　（清）魏裔介撰　清光緒十年(1884)刻本　二十四冊

110000－0102－0016493　丙四/4288　集部/別集類/清

所願學齋書鈔四種　（清）沈夢蘭撰　清光緒七年(1881)刻本　六冊

110000－0102－0016494　丙四/4291　集部/別集類/清

崇百藥齋文集二十卷續集四卷三集四卷　(清)陸繼輅撰　清嘉慶至道光合肥學舍、安徽臬署刻本　六冊

110000－0102－0016495　丙四/4294　集部/別集類/清

小硯山人詩集二十六卷文集六卷文續集二卷　（清）秦瀛撰　清嘉慶二十二年(1817)秦氏城西草堂刻本　十六冊

110000－0102－0016496　丙四/4297　集部/別集類/清

雕菰樓集二十四卷　（清）焦循撰　清道光四年(1824)嶺南阮氏刻本　十四冊

110000－0102－0016497　丙四/4298　集部/總集類/詩/地方

白田風雅二十四卷　（清）朱彬輯　清光緒十二年(1886)金陵刻本　四冊

110000－0102－0016498　丙四/4299　集部/別集類/清

衍石齋記事稿十卷續稿十卷附旅逸小稿二卷刻楮集四卷　（清）錢儀吉撰　清道光十四年(1834)錢氏刻本　十冊

110000－0102－0016499　丙四/4300　叢部/自著叢書/明

曹月川遺書六種　(明)曹端撰　清刻本　七冊

110000－0102－0016500　丙四/4302　集部/別集類/唐至五代

權載之文集五十卷　（唐）權德輿撰　清嘉慶十一年(1806)刻本　八冊

110000－0102－0016501　丙四/4303　集部/別集類/清

范伯子詩集十九卷　（清）范當世撰　清光緒三十四年(1908)刻本　四冊

110000－0102－0016502　丙四/4304　集部/總集類/詩/通代

莫刻三種　（清）莫友芝輯　清咸豐元年至二年(1851－1852)刻本　七冊

110000－0102－0016503　丙四/4305　集部/別集類/清

儀衛軒文集十二卷文外集一卷附錄一卷　(清)方東樹撰　清同治七年(1868)刻本　四冊

110000－0102－0016504　丙四/4306　集部/別集類/唐至五代

陳伯玉文集三卷詩集二卷首一卷附錄一卷　(唐)陳子昂撰　清咸豐四年(1854)刻本　四冊

110000－0102－0016505　丙四/4307　集部/別集類/清

犢山詩稿四類稿九卷　（清）周鎬撰　清光緒十年(1884)刻本　八冊

110000－0102－0016506　丙四/4308　集部/別集類/清

芝庭先生集詩六卷文十二卷附錄一卷　（清）彭啟豐撰　清光緒二年(1876)惠州刻長洲彭氏家集本　六冊

110000－0102－0016507　丙四/4310　集部/別集類/清

無近名齋文鈔四卷　（清）彭翊撰　清道光二十七年(1847)刻長洲彭氏家集本　二冊

110000－0102－0016508　丙四/4311　集部/別集類/清

松風閣詩鈔二十六卷　（清）彭蘊章撰　清咸

豐二年(1852)家刻長洲彭氏家集本　八冊

110000 – 0102 – 0016509　丙四/4312　集部/別集類/清

雙佩齋詩集八卷文集四卷駢體文一卷　（清）王友亮撰　清嘉慶刻本　四冊

110000 – 0102 – 0016510　丙四/4313　集部/別集類/清

紅粟山莊詩六卷詩續六卷詩餘一卷　（清）朱寶善撰　清同治九年(1870)福州朱崇官刻民國十四年(1925)補刻本　四冊

110000 – 0102 – 0016511　丙四/4317　集部/別集類/清

淵雅堂全集　（清）王芑孫撰　清嘉慶九年(1804)王氏家刻本　三十二冊

110000 – 0102 – 0016512　丙四/4318　集部/別集類/清

伊蒿室文集六卷詩集二卷詩餘一卷　（清）王效成撰　清咸豐五年(1855)望三益齋刻本　三冊

110000 – 0102 – 0016513　丙四/4319　集部/別集類/清

寒支集八卷二集四卷　（清）李世熊撰　清道光二十年(1840)武陵徐氏木活字印本　十二冊

110000 – 0102 – 0016514　丙四/4322　集部/別集類/明

陳巖野先生全集四卷　（明）陳邦彥撰　（清）溫汝能輯　清嘉慶十年(1805)聽松閣刻本　八冊

110000 – 0102 – 0016515　丙四/4323　集部/詞類/詞選/斷代

薇省詞鈔十卷附錄一卷　況周頤輯錄　清光緒二十四年(1898)廣陵刻本　三冊

110000 – 0102 – 0016516　丙四/4325　集部/別集類/清

尊聞居士集八卷遺稿一卷　（清）羅有高撰　清光緒七年(1881)刻本　四冊

110000 – 0102 – 0016517　丙四/4326　集部/別集類/明

唐漁石集四卷　（明）唐龍撰　清道光二十九年(1849)春暉堂活字本　四冊

110000 – 0102 – 0016518　丙四/4328　集部/別集類/清

東淘吳野人先生詩集十二卷　（清）吳嘉紀撰　清嘉慶十九年(1814)一草亭刻本　四冊

110000 – 0102 – 0016519　丙四/4329　集部/別集類/清

崇百藥齋詩文集二十卷續集四卷三集十二卷　（清）陸繼輅撰　清光緒四年(1878)興國州署刻本　十六冊

110000 – 0102 – 0016520　丙四/4330　集部/別集類/清

重訂厲廉州先生詩全集　（清）厲同勳撰　清道光刻本　六冊

110000 – 0102 – 0016521　丙四/4331　集部/總集類/文/通代/編選

斯文精萃　（清）尹繼善編　清嘉慶二十五年(1820)刻本　十六冊

110000 – 0102 – 0016522　丙四/4333　集部/別集類/清

健修堂詩集十八卷附空青館詞稿三卷　（清）邊浴禮撰　清咸豐十一年(1861)刻本　七冊

110000 – 0102 – 0016523　丙四/4334　集部/別集類/清

知足齋詩集二十卷　（清）朱珪撰　清嘉慶刻本　八冊

110000 – 0102 – 0016524　丙四/4335　集部/別集類/清

古歡堂全集　（清）田雯撰　清康熙至乾隆刻本　十二冊

110000 – 0102 – 0016525　丙四/4337　集部/別集類/清

覆瓿集　（清）張文虎撰　清同治十三年(1874)金陵冶城賓館刻本　十二冊

110000－0102－0016526　丙四/4338　集部/
總集類/文/家族

長洲彭氏家集　（清）彭定求撰輯　清光緒十
年(1884)刻本　二十八冊

110000－0102－0016527　丙四/4339　集部/
別集類/清

求真是齋詩草二卷　（清）恩華撰　清咸豐十
一年(1861)刻本　二冊

110000－0102－0016528　丙四/4340　集部/
別集類/清

洽園詩稿二十卷詩餘二卷　（清）范來宗撰
清嘉慶六年(1801)有容堂刻本　四冊

110000－0102－0016529　丙四/4341　集部/
別集類/清

嚴樂園詩稿五卷　（清）嚴如熤撰　清道光刻
本　二冊

110000－0102－0016530　丙四/4342　集部/
別集類/清

聽桐廬殘草　（清）王繼穀撰　清光緒七年
(1881)刻本　四冊

110000－0102－0016531　丙四/4343　集部/
別集類/清

寒松閣集詩八卷詞四卷文一卷文續一卷說文
佚字考四卷　（清）張鳴珂撰　清光緒十年至
十九年(1884－1893)刻本　五冊

110000－0102－0016532　丙四/4346　集部/
別集類/清

隨侯書屋詩集十一卷　（清）劉錫五撰　清嘉
慶二十三年(1818)刻本　六冊

110000－0102－0016533　丙四/4348　集部/
別集類/清

雙藤書屋詩集十二卷　（清）何道生撰　清道
光元年(1821)何氏刻本　四冊

110000－0102－0016534　丙四/4351　集部/
別集類/清

春雨齋詩集十六卷　（清）蔣元龍撰　清嘉慶
十一年(1806)延澤堂刻本　四冊

110000－0102－0016535　丙四/4357　集部/
別集類/清

穆堂別稿五十卷　（清）李紱撰　清光緒十一
年(1885)奉國堂刻本　十六冊

110000－0102－0016536　丙四/4358　集部/
別集類/清

澂潭山房古文四卷　（清）程襄龍撰　清嘉慶
二年(1797)刻本　二冊

110000－0102－0016537　丙四/4359　集部/
別集類/清

復初齋詩集六十二卷　（清）翁方綱撰　清乾
隆五十八年(1793)刻本　十二冊

110000－0102－0016538　丙四/4360　集部/
別集類/清

南畇詩文稿文稿十二卷詩稿十七卷年譜一卷
　（清）彭定求撰　清光緒七年(1881)刻本
十一冊

110000－0102－0016539　丙四/4368　集部/
別集類/清

壹齋集二十五卷別集二卷　（清）黃鉞撰　清
嘉慶二十年(1815)當塗黃鉞刻本　七冊

110000－0102－0016540　丙四/4369　集部/
別集類/清

花蕚交輝閣集八卷　（清）曹福元撰　清光緒
三十四年(1908)刻本　四冊

110000－0102－0016541　丙四/4383　集部/
詞類/詞選/斷代

陽春白雪前集五卷後集五卷　（元）楊朝英選
清光緒三十一年(1905)南陵徐乃昌影刻本
一冊

110000－0102－0016542　丙四/4385　集部/
別集類/遼金元

楚國文憲公雪樓程先生文集三十卷　（元）程
鉅夫撰　（明）程大本輯錄　清宣統二年
(1910)陽湖陶氏涉園影印本　十冊

110000－0102－0016543　丙四/4394　集部/
別集類/清

楓江草堂全集詩十卷文一卷詞三卷　（清）朱

紫貴撰　清咸豐五年(1855)吳興劉氏嘉業堂刻本　四冊

110000－0102－0016544　丙四/4396　集部/總集類/文/斷代

八旗文經五十六卷作者考三卷敘錄一卷
(清)盛昱輯　清光緒二十七年(1901)武昌刻本　十二冊

110000－0102－0016545　丙四/4399　集部/總集類/詩

清尊集十六卷　(清)汪遠孫輯　清道光十八年(1838)刻本　八冊

110000－0102－0016546　丙四/4401　集部/總集類/詩/斷代/清

離憂集二卷　(清)陳瑚輯　清咸豐二年(1852)昆山趙氏峭帆樓刻本　四冊

110000－0102－0016547　丙四/4402　集部/別集類/清

樓邨詩集二十五卷　(清)王式丹撰　清道光十六年(1836)刻本　六冊

110000－0102－0016548　丙四/4404　集部/別集類/清

養拙齋集十四卷附一卷　(清)王必達撰　清光緒十八年(1892)刻本　四冊

110000－0102－0016549　丙四/4407　集部/別集類/清

漱琴室存稿　(清)高驤雲撰　清道光二十七年(1847)時術堂漱琴仙館刻本　十冊

110000－0102－0016550　丙四/4408　集部/別集類/清

潛穎詩十卷文四卷　(清)何維棣撰　清光緒二十七年(1901)刻本　四冊

110000－0102－0016551　丙四/4417　集部/總集類/文/斷代/遼金元

遼文存六卷　繆荃孫輯　清光緒二十二年(1896)繆氏雲自在龕刻本　二冊

110000－0102－0016552　丙四/4419　集部/俗文學類/變文

太華山紫金嶺兩世修行劉香寶卷二卷　(□)□□撰　清末浙甯縣秀文齋經房刻本　二冊

110000－0102－0016553　丙四/4420　集部/俗文學類/變文

浙江溫州府平陽縣白梅村七世修行玉英寶卷　(□)□□撰　清光緒三年(1877)西湖瑪瑙經房刻本　一冊

110000－0102－0016554　丙四/4421　集部/俗文學類/變文

浙江溫州府平陽縣白梅村七世修行玉英寶卷　(□)□□撰　清光緒三年(1877)西湖瑪瑙經房刻本　一冊

110000－0102－0016555　丙四/4422　集部/俗文學類/變文

妙英寶卷　(□)□□撰　清光緒西湖瑪瑙經房刻本　一冊

110000－0102－0016556　丙四/4423　集部/俗文學類/變文

觀世音菩薩本行經二卷　(宋)釋普明禪師編　清光緒四年(1878)南海普陀山常明禪院刻本　二冊

110000－0102－0016557　丙四/4424　集部/俗文學類/變文

江南松江府上海縣太平邨蘭英寶卷二卷　(□)□□撰　清光緒十年(1884)西湖瑪瑙經房刻本　一冊

110000－0102－0016558　丙四/4425　集部/別集類/清

拙尊園叢稿六卷　(清)黎庶昌撰　清光緒十九年(1893)上海醉六堂石印本　二冊

110000－0102－0016559　丙四/4427　集部/別集類/清

朱九江先生集十卷　(清)朱次琦撰　清光緒二十三年(1897)刻本　四冊

110000－0102－0016560　丙四/4431　集部/別集類/清

師鄭堂集六卷　(清)孫同康撰　清光緒十七年(1891)無錫文苑閣銅活字印本　四冊

110000－0102－0016561　丙四/4434　集部/别集類/清

掃葉亭詠史詩四卷　（清）來秀撰　清同治十二年(1873)掃葉亭刻本　四冊

110000－0102－0016562　丙四/4435　集部/别集類/清

知止堂詩錄十二卷　（清）朱綬撰　清道光二十年(1840)刻本　六冊

110000－0102－0016563　丙四/4440　集部/别集類/清

冬生艸堂詩文錄詩八卷文四卷　（清）夏寶晉撰　清咸豐四年(1854)刻本　八冊

110000－0102－0016564　丙四/4441　集部/别集類/清

崇本堂文集八卷　（清）徐筠亭撰　清乾隆嘉慶間刻本　四冊

110000－0102－0016565　丙四/4442　集部/别集類/清

琴隱園詩集三十六卷詞集四卷　（清）湯貽芬撰　清光緒元年(1875)上元宗氏心遠樓刻本　八冊

110000－0102－0016566　丙四/4444　集部/别集類/清

磨甋齋文存一卷　（清）張杓撰　清光緒刻學海堂叢刻本　二冊

110000－0102－0016567　丙四/4445　集部/俗文學類/變文

太華山紫金嶺兩世修行劉香寶卷二卷　（□）□□撰　清光緒元年(1875)甯城三餘堂書坊刻本　二冊

110000－0102－0016568　丙四/4450　集部/總集類/詩/斷代/唐至五代

唐詩三百首補注八卷　（清）陳婉俊輯　清光緒十一年(1885)四藤吟社刻本　四冊

110000－0102－0016569　丙四/4451　集部/總集類/詩/雜錄/題詠

觀劇絕句三卷　（清）金德瑛等撰　清光緒三十三年(1907)葉氏觀古堂刻本　一冊

110000－0102－0016570　丙四/4452　集部/别集類/清

南村草堂詩鈔二十四卷文鈔二十卷　（清）鄧顯鶴撰　清道光咸豐間刻本　十四冊

110000－0102－0016571　丙四/4453　集部/别集類/清

小樓詩稿八卷　（清）王嵩高撰　清道光十六年(1836)刻本　二冊

110000－0102－0016572　丙四/4454　集部/别集類/清

樓邨詩集二十五卷　（清）王式丹撰　清道光十六年(1836)刻本　四冊

110000－0102－0016573　丙四/4457　集部/别集類/清

瑞芍軒詩鈔四卷詞稿一卷　（清）許乃穀撰　清同治七年(1868)刻本　二冊

110000－0102－0016574　丙四/4458　集部/别集類/唐至五代

陳伯玉文集三卷詩集三卷附錄一卷　（唐）陳子昂撰　清道光二十二年(1842)尊德堂刻本　四冊

110000－0102－0016575　丙四/4461　集部/俗文學類/變文

延壽寶卷　（□）□□撰　清抄本　一冊

110000－0102－0016576　丙四/4463　集部/别集類/清

滄靜齋全集　（清）龔景瀚撰　清道光六年(1826)恩錫堂刻本　十二冊

110000－0102－0016577　丙四/4464　集部/小說類/章回

鍾伯敬評封神演義十九卷　（明）許仲琳撰　清光緒九年(1883)掃葉山房刻本　二十冊

110000－0102－0016578　丙四/4465　集部/曲類/曲別集/傳奇

鶴歸來傳奇二卷　（清）瞿頡撰　清嘉慶刻本　二冊

110000－0102－0016579　丙四/4466　叢部/

自著叢書/清初期

蛾術堂集十六卷 （清）沈豫撰　清道光十八年(1838)漢讀齋刻本　四冊

110000－0102－0016580　丙四/4471　集部/別集類/清

聽松廬詩鈔十六卷 （清）張維屏撰　清嘉慶十八年(1813)刻本　四冊

110000－0102－0016581　丙四/4472　集部/別集類/宋

廣陵先生文集二十卷拾遺一卷附錄一卷 （宋）王令撰　清吳興劉氏嘉業堂刻本　四冊

110000－0102－0016582　丙四/4473　集部/曲類/曲別集/傳奇

清容外集 （清）蔣士銓撰　清咸豐刻本　十冊

110000－0102－0016583　丙四/4474　集部/別集類/清

聽雨齋詩集二十二卷別集一卷補編一卷 （清）吳照撰　清嘉慶刻本　二冊

110000－0102－0016584　丙四/4475　集部/別集類/清

天岳山館文鈔四十卷 （清）李元度撰　清光緒四年(1878)爽谿精舍刻本　十五冊

110000－0102－0016585　丙四/4477　集部/別集類/清

梅麓詩鈔 （清）齊彥槐撰　清光緒二年(1876)婺源齊學裘刻本　二冊

110000－0102－0016586　丙四/4478　集部/別集類/清

范伯子詩集十九卷 （清）范當世撰　清光緒三十四年(1908)刻本　四冊

110000－0102－0016587　丙四/4481　集部/別集類/清

虛直軒文集十卷外集六卷 （清）姚文然撰　清光緒十三年(1887)廣仁堂刻本　六冊

110000－0102－0016588　丙四/4483　集部/別集類/清

讀騷樓詩初集四卷二集四卷 （清）陳逢衡撰　清道光十二年(1832)刻本　二冊

110000－0102－0016589　丙四/4485　集部/別集類/清

萬善花室文稿七卷 （清）方履籛撰　清光緒五年(1879)謙德堂刻畿輔叢書本　四冊

110000－0102－0016590　丙四/4487　集部/別集類/清

高陶堂遺集詩五卷文一卷恤誦一卷碑扐一卷 （清）高心夔撰　（清）李鴻裔刪定　清光緒八年(1882)平湖朱氏注經齋刻本　四冊

110000－0102－0016591　丙四/4489　集部/別集類/明

返生香一卷 （明）葉小鸞撰　清光緒二十二年(1896)羊城刻本　二冊

110000－0102－0016592　丙四/4496　集部/別集類/清

茶餘客話十九卷 （清）阮葵生撰　清光緒十四年(1888)鉛印本　四冊　缺三卷(十三至十五)

110000－0102－0016593　丙四/4497　集部/小說類

賣橄欖蘇灘 （□）□□撰　清末抄本　一冊

110000－0102－0016594　丙四/4499　集部/總集類/詩/斷代/唐至五代

唐詩三百首 （清）蘅塘退士輯注　清末李光明莊刻本　二冊

110000－0102－0016595　丙四/4501　集部/別集類/清

秕庵詩集十卷 （清）梅植之撰　清道光十六年(1836)刻本　二冊

110000－0102－0016596　丙四/4503　集部/別集類/清

白華樓詩鈔四卷 （清）薩玉衡撰　清末刻本　二冊

110000－0102－0016597　丙四/4504　集部/詞類/詞別集

苾芻館詞集六卷 （清）胡延撰 清光緒二十九年（1903）金陵糧儲道廨刻本 四冊

110000－0102－0016598 丙四/4505 集部/別集類/清

文靖公遺集文集十二卷補遺一卷詩集六卷 （清）寶鋆撰 清光緒三十四年（1908）羊城刻本 十冊

110000－0102－0016599 丙四/4525 集部/戲曲類/京劇

國劇詞 （清）□□撰 清末抄本 一冊

110000－0102－0016600 丙四/4527 集部/別集類/清

雙藤書屋詩集十二卷試帖二卷 （清）何道生撰 清道光刻本 四冊

110000－0102－0016601 丙四/4528 集部/別集類/清

桂馨堂詩集八卷 （清）張廷濟撰 清道光二十八年（1848）張氏清儀閣刻本 二冊

110000－0102－0016602 丙四/4529 集部/戲曲類/京劇

京劇劇詞 （清）□□撰 清末抄本 一冊

110000－0102－0016603 丙四/4530 集部/總集類

麟角集黃御史集合刻 （唐）王棨 （唐）黃滔撰 （清）陸旦華編校 清咸豐三年（1853）刻本 一冊

110000－0102－0016604 丙四/4531 集部/別集類/清

補讀書齋遺稿十卷 （清）沈維鐈撰 清光緒元年（1875）廣州刻本 四冊

110000－0102－0016605 丙四/4532 集部/別集類/清

雙橋小築詞存四卷 （清）江人鏡撰 清光緒十九年（1893）揚州運署刻本 二冊

110000－0102－0016606 丙四/4533 集部/別集類/清

知白齋詩鈔四卷 （清）江人鏡撰 清光緒十九年（1893）揚州鏈障山房刻本 二冊

110000－0102－0016607 丙四/4537 子部/藝術類/書畫/畫法、畫帖

戊申全年畫報 時事報館輯 清光緒元年（1875）上海時事報館石印本 三十六冊

110000－0102－0016608 丙四/4543 集部/俗文學類/變文

三茅真君宣化度世寶卷二卷 （□）□□撰 清光緒三年（1877）蘇州元妙觀內得見齋刻本 一冊

110000－0102－0016609 丙四/4548 集部/總集類/詩/斷代

漢鏡歌釋文箋正 王先謙撰 清同治十一年（1872）長沙王氏虛受堂刻本 一冊

110000－0102－0016610 丙四/4553 集部/別集類/清

椒生詩草六卷續六卷 （清）王之春撰 清光緒刻本 四冊

110000－0102－0016611 丙四/4554 集部/別集類/清

函雅堂集四十卷 （清）王詠霓撰 清光緒刻本 十冊

110000－0102－0016612 丙四/4559 集部/總集類/文/雜錄/格言、語錄、楹聯

詩經類句對 （清）何國鎮輯 清咸豐八年（1858）何氏刻本 一冊

110000－0102－0016613 丙四/4561 集部/小說類/章回

金鍾傳全書八卷六十四回 （清）正一子 （清）克明子撰 清光緒二十年（1894）刻本 八冊

110000－0102－0016614 丙四/4566 集部/俗文學類/變文

浙江溫州府平陽縣白梅村七世修行玉英寶卷 （□）□□撰 清光緒三年（1877）杭州瑪瑙經房刻本 一冊

110000－0102－0016615 丙四/4574 集部/

楚辭類/楚辭

楚辭燈四卷 （清）林雲銘撰 清三讓堂刻本
二冊

110000－0102－0016616 丙四/4575 集部/
小說類/章回

繪圖金魚緣二十卷 （清）孫德英撰 清光緒
二十九年（1903）上海書局石印本 九冊 缺
二卷（十九至二十）

110000－0102－0016617 丙四/4576 集部/
小說類/章回

繪圖施公案全傳十集五百四十回 （□）□□
撰 清光緒二十九年（1903）上海書局石印本
二十二冊 缺三十八回（二集八十四至一
百、十集二十至四十）

110000－0102－0016618 丙四/4579 集部/
總集類/詩/斷代/唐至五代

唐詩三百首註疏六卷 （清）蘅塘退士編
（清）章燮註 清刻本 四冊

110000－0102－0016619 丙四/4581 集部/
俗文學類/雜曲

湖南唱本十三種 （清）□□撰 清末長沙文
星堂刻本 二十一冊

110000－0102－0016620 丙四/4582 集部/
別集類/清

退一步齋文集四卷 （清）方濬師撰 清光緒
十八年（1892）鉛印本 四冊

110000－0102－0016621 丙四/4584 集部/
別集類/清

古歡堂集四卷 （清）田雯撰 清刻本 一冊

110000－0102－0016622 丙四/4588 集部/
別集類/明

鬱洲遺稿十卷 （明）梁儲撰 清刻本 四冊

110000－0102－0016623 丙四/4589 集部/
別集類/清

關夫子覺世真經詩潛齋存草 （清）邱龍章撰
清宣統二年（1910）鉛印本 一冊

110000－0102－0016624 丙四/4591 集部/

小說類/章回

海上花列傳六十四回 （清）花也憐儂撰 清
光緒二十七年（1901）江南書局石印本 八冊

110000－0102－0016625 丙四/4592 集部/
曲類/曲別集

李笠翁十種曲 （清）李漁撰 清刻本 十四
冊 存七種（蜃中樓、奈何天、巧團圓、慎鸞
交、比目魚、風箏誤、鳳求凰）

110000－0102－0016626 丙四/4595 集部/
小說類/筆記小說

豈有此理四卷 （□）□□撰 清嘉慶四年
（1799）絳月草廬刻本 二冊

110000－0102－0016627 丙四/4596 子部/
雜家類/雜纂

藝林伐山二十卷 （明）楊慎撰 清光緒上海
申報館鉛印本 一冊

110000－0102－0016628 丙四/4597 集部/
總集類/詩/雜錄/其它

藝林清賞 （清）黃沅輯 清道光刻本 一冊

110000－0102－0016629 丙四/4599 集部/
小說類/章回

新增全圖珍珠塔全傳十二卷 （清）周珠士編
清光緒十八年（1892）上海書局石印本
四冊

110000－0102－0016630 丙四/4600 集部/
俗文學類/彈詞

天豹圖全傳三十五卷 （□）□□撰 清乾隆
四十一年（1776）飛春閣刻本 七冊

110000－0102－0016631 丙四/4605 集部/
總集類

天花亂墜 題（□）寅半生輯 清光緒二十九
年（1903）崇寔齋刻本 一冊

110000－0102－0016632 丙四/4617 集部/
小說類/長篇小說

海上塵天影六十章 （清）鄒弢撰 清光緒二
十年（1894）石印本 十二冊

110000－0102－0016633 丙四/4618 經部/

小學類/文字/訓蒙

眉公先生四言群珠雜字二卷　（明）陳繼儒撰
清光緒七年（1881）抄本　一冊

110000－0102－0016634　丙四/4621　集部/
別集類/清

紅豆樹館詩詞集十四卷詞八卷　（清）陶樑撰
清咸豐七年（1857）刻本　六冊

110000－0102－0016635　丙四/4622　集部/
別集類/清

小酉腴山館詩集八卷文集十二卷年譜二卷
（清）吳大廷撰　清光緒五年（1879）刻本
八冊

110000－0102－0016636　丙四/4624　集部/
俗文學類/雜曲

湖南唱本一百四十四種　（清）□□撰　清末
至解放初長沙三元堂、文星堂等刻本及影印
本　二百九十五冊

110000－0102－0016637　丙四/4626　集部/
俗文學類/彈詞

繡像鳳凰圖　（□）□□撰　清光緒二十一年
（1895）上海啟秀堂書莊石印本　四冊

110000－0102－0016638　丙四/4627　子部/
類書類/韻編

湖山分韻題考四卷　（清）李述彭纂輯　清光
緒八年（1882）古墊留耕室刻本　四冊

110000－0102－0016639　丙四/4629　集部/
小說類/章回

繪圖癡人福四卷　（□）□□撰　清光緒二十
九年（1903）上海書局石印本　四冊

110000－0102－0016640　丙四/4630　集部/
小說類/筆記小說

繡像閨閣才子奇書四卷　（清）鴛湖煙水散人
撰　清光緒三十二年（1906）上海書局石印本
四冊

110000－0102－0016641　丙四/4631　集部/
小說類/章回

繪圖大明正德皇帝遊江南傳七卷四十五回
（清）何夢梅撰　清光緒二十六年（1900）上海

源記書莊石印本　四冊

110000－0102－0016642　丙四/4632　集部/
小說類/章回

遊俠異聞錄初集四卷　（清）張文澤輯　清光
緒二十二年（1896）凌雲閣石印本　八冊

110000－0102－0016643　丙四/4634　集部/
小說類

笑中緣圖說十二卷　（□）□□撰　清光緒十
四年（1888）上海書局石印本　四冊

110000－0102－0016644　丙四/4635　集部/
小說類/短篇小說

西湖佳話古今遺蹟十六卷　（清）墨浪子輯
清光緒二十一年（1895）上海寶文書局石印本
四冊

110000－0102－0016645　丙四/4636　集部/
俗文學類/彈詞

繡像龍鳳金釵十集　（□）□□撰　清咸豐八
年（1858）寧城汲古齋刻本　一冊　存七集
（一至七）

110000－0102－0016646　丙四/4637　集部/
小說類/章回

新增玉連環二十卷　（□）□□撰　清光緒二
十二年（1896）上海書局鉛印本　六冊

110000－0102－0016647　丙四/4639　集部/
小說類/短篇小說

繪圖諧鐸十二卷　（清）沈鳳起撰　清光緒三
十三年（1907）上海文蔚書局石印本　四冊

110000－0102－0016648　丙四/4640　集部/
俗文學類/彈詞

金閨傑十六回　（清）侯香葉撰　清道光四年
（1824）懷古堂刻本　十六冊

110000－0102－0016649　丙四/4641　集部/
小說類/章回

繡像芙蓉洞十卷　清道光刻本　十冊

110000－0102－0016650　丙四/4642　集部/
總集類/文/雜錄/課藝

新刻注釋近科同館賦四卷　（清）葉昌祺評選

（清）劉子經等注釋　清光緒三年(1877)友益堂刻本　二冊

110000－0102－0016651　丙四/4645　史部/傳記類/人表

國朝名人小簡二卷　商務印書館輯　清宣統上海商務印書館鉛印本　一冊

110000－0102－0016652　丙四/4648　集部/總集類/文/雜錄/課藝

初等小學女子國文讀本　許家惺編輯　清光緒三十一年(1905)上海群學社圖書發行所石印本　三冊

110000－0102－0016653　丙四/4653　集部/別集類/清

紀昀詩注釋四卷　（清）紀昀撰　（清）郭斌評注　清嘉慶二年(1797)刻朱墨印本　四冊

110000－0102－0016654　丙四/4655　集部/俗文學類/鼓詞

繡像麒麟豹十卷　（清）陸士珍撰　清光緒元年(1875)玉積山房刻本　十冊

110000－0102－0016655　丙四/4657　集部/戲曲類/昆曲類

昆曲粹存初集　昆山國樂保存會編　清宣統三年(1911)上海朝記書莊石印本　六冊

110000－0102－0016656　丙四/4658　集部/俗文學類/雜曲

新刻陰陽寶扇八集八十卷　（清）梁紹仁輯　清末廣東以文堂刻本　八冊

110000－0102－0016657　丙四/4664　史部/傳記類/人表

祖國女界文豪譜　（清）咀雪子編　清宣統元年(1909)京華印書局鉛印本　一冊

110000－0102－0016658　丙四/4668　集部/總集類/文/通代/編選

名文前選六卷　（清）李光地輯　清刻本　四冊　存四卷(上論、下論、下孟、中庸)

110000－0102－0016659　丙四/4670　集部/小說類/章回

真本玉釧緣三十二卷三百二十回　（□）□□撰　清抄本　三十二冊

110000－0102－0016660　丙四/4671　集部/別集類/清

好雲樓初集二十八卷首一卷二集十六卷首一卷　（清）李聯琇撰　清咸豐十一年(1861)恩養堂刻本　十二冊

110000－0102－0016661　丙四/4673　集部/總集類/詩/婦女

香咳集十卷附錄一卷　（清）許豫臣輯　清光緒上海申報館鉛印本　四冊

110000－0102－0016662　丙四/4674　集部/別集類/清

養一齋詩話四卷　（清）潘德輿撰　清道光十六年(1836)刻本　一冊

110000－0102－0016663　丙四/4676　集部/別集類

作文稿　（□）□□撰　清寫本　一冊

110000－0102－0016664　丙四/4677　集部/總集類/文/雜錄/格言、語錄、楹聯

象山岩新書　（清）南成心庵輯　清抄本　二冊

110000－0102－0016665　丙四/4680　集部/小說類

果報錄十二卷　（清）海蘭濤輯　清刻本　十二冊

110000－0102－0016666　丙四/4685　集部/總集類/文/斷代/清

塵海妙品十四卷　（清）陳琰輯　清宣統三年(1911)上海六藝書局石印本　四冊

110000－0102－0016667　丙四/4686　經部/小學類/文字/訓蒙

新增幼學雜字　（□）□□撰　清末江南李光明莊抄本　一冊

110000－0102－0016668　丙四/4689　子部/儒家類/清

新增幼學故事瓊林四卷　（清）程允升撰

（清）鄒聖脉增輯　清光緒十三年(1887)文成堂刻本　四冊

110000－0102－0016669　丙四/4690　集部/別集類/清

圭盦詩錄一卷　（清）吳觀禮撰　清光緒五年(1879)刻本　一冊

110000－0102－0016670　丙四/4695　集部/別集類/清

牧齋全集有學集五十卷補遺二卷投筆集一卷初學集一百十卷　（清）錢謙益撰　清宣統二年(1910)遼漢齋鉛印本　四十冊

110000－0102－0016671　丙四/4696　集部/別集類/清

桐窗散存二卷殘章二卷拾遺二卷　（清）李元春撰　清光緒二十九年(1903)刻本　六冊

110000－0102－0016672　丙四/4697　集部/曲類/曲總集

藏園九種曲　（清）蔣士銓撰　清漁古堂刻本　十六冊

110000－0102－0016673　丙四/4698　集部/別集類/清

願學堂詩鈔二十八卷　（清）王宗燿撰　清咸豐十年(1860)刻本　六冊

110000－0102－0016674　丙四/4699　集部/別集類/清

汲庵文存六卷　（清）楊象濟撰　清光緒七年(1881)刻本　四冊

110000－0102－0016675　丙四/4700　集部/別集類/清

越縵堂集　（清）李慈銘撰　清光緒十六年(1890)刻本　六冊

110000－0102－0016676　丙四/4701　集部/別集類/清

汲庵文存八卷　（清）楊象濟撰　清光緒八年(1882)刻本　四冊

110000－0102－0016677　丙四/4702　集部/別集類/清

易園集七卷　（清）李林松撰　清道光十七年(1837)濟寧州署刻光緒二十九年(1903)修本　六冊

110000－0102－0016678　丙四/4703　集部/別集類/清

東山草堂全集　（清）邱嘉穗撰　清光緒八年(1882)漢陽邱氏刻本　十六冊

110000－0102－0016679　丙四/4705　集部/別集類/清

陳學士文鈔一卷　（清）陳儀撰　清道光四年(1824)益津吳邦慶刻畿輔河道水利叢書本　一冊

110000－0102－0016680　丙四/4707　集部/詞類/詞別集

翠薇花館詞二十二卷　（清）戈載撰　清嘉慶刻本　四冊

110000－0102－0016681　丙四/4708　集部/別集類/清

柳營詩傳四卷　（清）三多六橋輯　清光緒十七年(1891)刻本　一冊

110000－0102－0016682　丙四/4709　集部/別集類/清

味燈聽葉廬詩草二卷　（清）李振鈞撰　清光緒十五年(1889)刻本　二冊

110000－0102－0016683　丙四/4716　集部/總集類/詩/地方

梁溪詩鈔五十八卷　（清）顧光旭輯　清宣統三年(1911)文苑閣木活字印本　二十四冊

110000－0102－0016684　丙四/4717　集部/總集類/詩/地方

永平詩存二十四卷　（清）史夢蘭輯　清同治十年(1871)刻本　六冊

110000－0102－0016685　丙四/4719　集部/別集類/清

張亨甫全集詩二十七卷文六卷首一卷　（清）張際亮撰　清同治六年(1867)刻本　十四冊

110000－0102－0016686　丙四/4720　集部

總集類/詩/地方

朐海詩存十六卷 （清）許喬林編　清道光十二年（1832）刻本　四冊

110000－0102－0016687　丙四/4724　集部/別集類/清

綠雪堂遺集二十卷 （清）王衍梅撰　清道光二十年（1840）刻本　六冊

110000－0102－0016688　丙四/4726　集部/曲類/曲別集/傳奇

繡像雙玉燕四卷 （□）□□撰　清刻本　一冊

110000－0102－0016689　丙四/4728　集部/俗文學類/變文

佛曲十九種 （□）□□撰　清光緒至民國抄本　二十七冊

110000－0102－0016690　丙四/4732　集部/別集類/清

記過齋文稿二卷 （清）蘇源生撰　清咸豐三年（1853）刻本　二冊

110000－0102－0016691　丙四/4733　經部/小學類/文字/訓蒙

龍文鞭影四卷 （明）蕭良有纂輯　（明）楊臣諍增編　清光緒十一年（1885）江南李光明莊刻本　四冊

110000－0102－0016692　丙四/4735　集部/別集類/清

青嶁遺稿二卷 （清）盛錦撰　清同治十一年（1872）刻本　一冊

110000－0102－0016693　丙四/4736　集部/別集類/清

琴韻樓詩鈔二卷 （清）胡緣撰　清嘉慶十三年（1808）刻本　一冊

110000－0102－0016694　丙四/4743　集部/別集類/清

古杼秋館遺稿文二卷詩一卷 （清）侯楨撰　清光緒二十三年（1897）無錫吳氏禮讓堂刻本　二冊

110000－0102－0016695　丙四/4749　集部/別集類/清

韻香閣詩草一卷 （清）孔祥淑撰　清光緒十二年（1886）刻本　一冊

110000－0102－0016696　丙四/4754　集部/總集類/詩/家族

趙氏三集三卷 （清）趙元紹等撰　清咸豐五年（1855）刻本　一冊

110000－0102－0016697　丙四/4756　集部/別集類/民國

補松廬詩錄六卷 吳慶坻撰　清宣統三年（1911）湖南學務公所鉛印本　二冊

110000－0102－0016698　丙四/4757　集部/別集類/民國

停雲集 袁克文輯　清宣統二年（1910）石印本　一冊

110000－0102－0016699　丙四/4759　集部/別集類/宋

蘭雪集二卷補遺一卷 （宋）張玉娘撰　清光緒八年（1882）松陽縣署補刻本　一冊

110000－0102－0016700　丙四/4761　集部/別集類/清

延綠閣集十二卷 （清）華希閔撰　清光緒二十二年（1896）吉水官廨刻本　六冊

110000－0102－0016701　丙四/4762　集部/別集類/清

精刊定盦全集 （清）龔自珍撰　清宣統元年（1909）上海國學扶輪社鉛印本　六冊

110000－0102－0016702　丙四/4767　集部/別集類/清

綠雪堂遺集二十卷 （清）王衍梅撰　清道光十九年（1839）會稽王文瑋刻二十九年（1849）會稽王文瑋增刻本　十冊

110000－0102－0016703　丙四/4768　集部/集評類/詩評/詩話

柳亭詩話三十卷 （清）宋長白撰　清光緒八年（1882）刻本　八冊

110000－0102－0016704　丙四/4769　集部/
別集類/宋

水心先生文集二十九卷　（宋）葉適撰　清光
緒八年(1882)里安孫氏治善祠塾刻本　八冊

110000－0102－0016705　丙四/4770　集部/
別集類/宋

水心先生別集十六卷　（宋）葉適撰　清同治
九年(1870)里安孫氏治善祠塾刻本　四冊

110000－0102－0016706　丙四/4771　集部/
別集類/清

半可集四卷　（清）戴廷栻撰　（清）劉霖輯
清同治刻本　二冊

110000－0102－0016707　丙四/4772　集部/
別集類/清

退一步齋文集四卷　（清）方師溶撰　（清）呂
景端編　清光緒十八年(1892)武進徐氏鉛印
本　四冊

110000－0102－0016708　丙四/4778　集部/
別集類/清

白下愚園集八卷　（清）胡恩燮撰　（清）胡光
國輯　清光緒二十年(1894)刻本　五冊

110000－0102－0016709　丙四/4782　集部/
別集類/清

方學博全集　（清）方垌撰　清光緒元年
(1875)湖北武昌藩署刻本　六冊

110000－0102－0016710　丙四/4783　集部/
別集類/清

于湖小集六卷　（清）袁昶撰　清光緒二十二
年(1896)水明樓刻本　二冊

110000－0102－0016711　丙四/4789　集部/
別集類/清

求闕過齋詩集六卷文集四卷　（清）朱方增撰
清光緒十九年(1893)刻本　五冊

110000－0102－0016712　丙四/4792　集部/
別集類/清

菫韻庵詩鈔六卷　（清）顧森書撰　清光緒三
十二年(1906)刻本　二冊

110000－0102－0016713　丙四/4796　集部/
別集類/清

李中丞遺集三卷　（清）李發甲撰　清同治九
年(1870)長沙湖南撫署刻本　三冊

110000－0102－0016714　丙四/4800　集部/
別集類/清

**甌香館集十二卷補遺詩一卷補遺畫跋附錄一
卷首一卷末一卷**　（清）惲格撰　清光緒七年
(1881)刻本　四冊

110000－0102－0016715　丙四/4806　集部/
別集類/清

嘯雨草堂集十卷　（清）盛徵璵撰　清道光六
年(1826)刻本　四冊

110000－0102－0016716　丙四/4807　集部/
別集類/清

復堂類集三集　（清）譚獻撰　清光緒五年
(1879)刻本　六冊

110000－0102－0016717　丙四/4808　集部/
詞類/詞別集

棲香閣詞二卷　（清）顧文婉撰　清宣統二年
(1910)木活字印本　一冊

110000－0102－0016718　丙四/4809　集部/
別集類/清

小硯山人詩集二十八卷文集六卷文續集二卷
　（清）秦瀛撰　清嘉慶二十二年(1817)城西
草堂刻本　十二冊

110000－0102－0016719　丙四/4811　集部/
別集類/清

小迦陵館文集　（清）陳寶撰　清宣統二年
(1910)浙江官報兼印刷局鉛印本　一冊

110000－0102－0016720　丙四/4814　集部/
別集類/清

雙白燕堂文集二卷外集八卷　（清）陸耀遹撰
　清光緒四年(1878)興國州署刻本　四冊

110000－0102－0016721　丙四/4815　集部/
別集類/清

樊謝山房集外詩三卷　（清）厲鶚撰　清同治
十三年(1874)錢塘丁氏當歸草堂刻本　一冊

110000－0102－0016722　丙四/4816　集部/別集類/清

怡情書室詩鈔　（清）素心主人撰　清乾隆五十四年(1789)和碩睿親王子淳穎刻本　一冊

110000－0102－0016723　丙四/4824　集部/別集類/清

可青軒詩集　（清）長秀撰　清咸豐十一年(1861)刻本　一冊

110000－0102－0016724　丙四/4827　集部/別集類/明

北海亭集詩集四卷文集四卷　（明）鹿化麟撰　清刻本　二冊

110000－0102－0016725　丙四/4828　集部/別集類/清

湘綺樓箋啟八卷　王闓運撰　清光緒三十三年(1907)墨莊劉氏刻本　四冊

110000－0102－0016726　丙四/4830　集部/總集類/文/地方

梁溪詩鈔五十八卷　（清）顧光旭輯　清宣統三年(1911)木活字印本　三十冊

110000－0102－0016727　丙四/4831　集部/別集類/明

崇雅堂集十五卷續集一卷　（明）鍾羽正撰　清光緒三十三年(1907)鍾氏家塾刻本　八冊

110000－0102－0016728　丙四/4832　集部/別集類/清

紅蕉吟館啟事　（清）嚴廷中撰　清咸豐七年(1857)刻本　一冊

110000－0102－0016729　丙四/4833　集部/別集類/清

艸亭先生詩文集　（清）周篆撰　（清）翁廣平輯　清嘉慶二十五年(1820)刻本　二冊

110000－0102－0016730　丙四/4834　集部/總集類/文/斷代/清

天崇合鈔　（清）祝松雲輯　清光緒十七年(1891)湖南船山書局刻本　八冊

110000－0102－0016731　丙四/4835　集部/別集類/清

泰雲堂詩集十八卷詞三卷　（清）孫爾準撰　清同治九年(1870)蛟川周巨濂刻本　四冊

110000－0102－0016732　丙四/4836　集部/別集類/清

心鐵石齋存稿四十卷　（清）宋鳴琦撰　清道光十二年(1832)誦梅堂刻本　八冊

110000－0102－0016733　丙四/4839　集部/別集類/清

鐵花山館詩稿八卷　（清）吳兆麟撰　清光緒六年(1880)刻本　四冊

110000－0102－0016734　丙四/4840　集部/別集類/清

謝琴詩文鈔七卷　（清）吳景潮編　清嘉慶松風草堂刻本　六冊

110000－0102－0016735　丙四/4846　集部/別集類/清

姜先生全集三十三卷首一卷　（清）姜宸英撰　（清）馮保燮　（清）王定祥重編　清光緒十五年(1889)慈溪毋自欺齋刻本　十八冊

110000－0102－0016736　丙四/4848　集部/別集類/清

松花菴全集十二卷　（清）吳鎮撰　清宣統二年(1910)文社刻本　十二冊

110000－0102－0016737　丙四/4850　集部/別集類/清

哀生閣集初稿四卷續稿三卷　（清）王大經撰　清光緒十一年(1885)刻本　六冊

110000－0102－0016738　丙四/4851　集部/別集類/清

煙嶼樓集詩集十八卷文集四十卷　（清）徐時棟撰　清同治六年(1867)虎胛山房葉氏、光緒元年(1875)松竹居葛氏刻本　十六冊

110000－0102－0016739　丙四/4852　集部/別集類/清

玉磬山房詩十卷　（清）劉大觀撰　清嘉慶十五年(1810)刻本　四冊

110000－0102－0016740　丙四/4853　集部/別集類/清

笥河詩文集文集十六卷首一卷詩集二十卷
（清）朱筠撰　清嘉慶八年(1803)椒華吟舫刻本　十四冊

110000－0102－0016741　丙四/4856　史部/傳記類/別傳

詒煒集　（清）許振褘輯　清光緒十八年(1892)東河節署刻本　一冊

110000－0102－0016742　丙四/4858　集部/別集類/清

休復居文集六卷附錄一卷　（清）毛嶽生撰　清道光二十四年(1844)嘉定黃氏刻本　四冊

110000－0102－0016743　丙四/4860　集部/別集類/清

欠泉菴文集　（清）周煥樞撰　清刻本　二冊

110000－0102－0016744　丙四/4861　集部/總集類/詩/雜錄/唱和

狀元會唱和詩集　（清）黃丕烈輯　清道光四年(1824)士禮居刻本　一冊

110000－0102－0016745　丙四/4863　集部/別集類/明

馬文莊公文集選十五卷　（明）馬自強撰　清同治九年(1870)敦倫堂刻本　四冊

110000－0102－0016746　丙四/4864　集部/集評類/詩評

海天琴思錄八卷　（清）林昌彝撰　清同治三年(1864)刻本　八冊

110000－0102－0016747　丙四/4865　集部/別集類/清

寶綸堂詩鈔六卷　（清）齊召南撰　清光緒十三年(1887)金戈山館刻本　四冊

110000－0102－0016748　丙四/4867　集部/別集類/清

食古研齋詩初集七卷　（清）陳瑞琳撰　清道光十二年(1832)杭州試院刻本　四冊

110000－0102－0016749　丙四/4870　集部/

別集類/清

拜經樓詩集十二卷　（清）吳騫撰　清嘉慶刻本　二冊

110000－0102－0016750　丙四/4872　集部/別集類/清

焦尾閣遺稿　（清）盧德儀撰　（清）王彥威等輯　清光緒元年(1875)刻本　一冊

110000－0102－0016751　丙四/4875　集部/別集類/明

邊華泉集八卷集稿六卷　（明）邊貢撰　清咸豐元年(1851)刻本　五冊　缺二卷(一至二)

110000－0102－0016752　丙四/4877　集部/別集類/清

小雲盧吟稿六卷　（清）朱壬林撰　清道光十九年(1839)刻本　二冊

110000－0102－0016753　丙四/4879　集部/別集類/清

續東軒遺集四卷　（清）高均儒撰　清光緒七年(1881)刻本　一冊

110000－0102－0016754　丙四/4880　集部/別集類/清

桐城先生全書三種　（清）吳汝綸撰　清光緒三十年(1904)吳氏家刻本　八冊

110000－0102－0016755　丙四/4881　集部/別集類/明

陶菴全集八卷首一卷末一卷　（明）黃耀撰　清道光二十四年(1844)嘉定學尊經閣補刻本　四冊

110000－0102－0016756　丙四/4884　集部/別集類/清

滄堪詩草　（清）成多祿撰　清宣統元年(1909)刻本　一冊

110000－0102－0016757　丙四/4885　集部/別集類/清

茗香堂集六卷補遺四卷　（清）王家相撰　清嘉慶十七年(1812)刻本　五冊

110000－0102－0016758　丙四/4887　集部/

別集類/清

雙橋小築詞存四卷 （清）江人鏡撰 清光緒
十九年(1893)揚州運署刻本 一冊 存二卷
(三至四)

110000－0102－0016759 丙四/4888 集部/
別集類/清

聖雨齋詩文集十卷 （清）周拱辰撰 清光緒
元年(1875)補刻本 五冊

110000－0102－0016760 丙四/4891 集部/
別集類/清

澹園詩文集 （清）華玉淳撰 （清）華芳洲輯
清同治四年(1865)木活字印本 一冊

110000－0102－0016761 丙四/4892 集部/
別集類/遼金元

黃楊集二卷 （元）華幼武撰 清同治十三年
(1874)詒穀堂刻本 二冊

110000－0102－0016762 丙四/4898 集部/
別集類/清

半巖廬遺集二卷 （清）邵懿辰撰 清光緒三
十四年(1908)刻本 二冊

110000－0102－0016763 丙四/4903 集部/
別集類/清

小三吾亭詩詞文稿文一卷詩四卷詞三卷
（清）冒廣生撰 清光緒二十七年(1901)刻本
三冊

110000－0102－0016764 丙四/4907 集部/
別集類/宋

**山谷詩集注二十卷外集詩注十七卷別集詩注
二卷** （宋）黃庭堅撰 （宋）任淵注 （宋）
史容注外集 清刻本 八冊

110000－0102－0016765 丙四/4913 集部/
別集類/清

金粟山房詩鈔十卷 （清）朱寯瀛撰 清光緒
二十七年(1901)刻本 二冊

110000－0102－0016766 丙四/4914 集部/
別集類/清

潑墨軒詩草六卷 （清）戴鑑撰 清道光二十
三年(1843)慎餘堂刻本 二冊

110000－0102－0016767 丙四/4918 集部/
別集類/清

大小雅堂詩鈔十卷文鈔二卷 （清）邵堂撰
清道光十年(1830)刻本 一冊

110000－0102－0016768 丙四/4920 集部/
別集類/清

亦吾廬詩草八卷 （清）歐陽雲撰 清光緒刻
本 二冊

110000－0102－0016769 丙四/4927 集部/
別集類/清

爨餘吟草二卷 （清）屠鏡心撰 清同治九年
(1870)醉經書屋刻本 一冊

110000－0102－0016770 丙四/4929 集部/
別集類/清

也是集 （清）英斂之撰 清光緒三十三年
(1907)大公報館鉛印本 一冊

110000－0102－0016771 丙四/4931 集部/
總集類/詩/婦女

呂氏三姊妹集 （清）英斂之輯 清光緒三十
一年(1905)鉛印本 一冊

110000－0102－0016772 丙四/4932 集部/
別集類/清

**樊陽詩存十二卷末一卷詞存十二卷詞存別集
二卷** （清）王以敏撰 清光緒刻本 八冊

110000－0102－0016773 丙四/4933 集部/
別集類/清

凝翠樓集四卷 （清）王慧撰 清康熙四十七
年(1708)刻光緒二十三年(1897)重印本
一冊

110000－0102－0016774 丙四/4935 集部/
別集類/清

馮氏小集三卷 （清）馮班撰 清道光浦江周
心如紛欣閣刻紛欣閣叢書本 一冊

110000－0102－0016775 丙四/4939 集部/
別集類/清

鵑泉山館集詩七卷詞一卷 （清）潘觀保撰
清光緒十五年(1889)刻本 二冊

110000－0102－0016776　丙四/4940　集部/
別集類/清

師竹軒詩集四卷　（清）劉樹堂撰　清光緒十
五年(1889)天津書局石印本　一冊

110000－0102－0016777　丙四/4941　集部/
別集類/清

江河紀行草　（清）繆繡田撰　清光緒十五年
(1889)柳衙刻本　一冊

110000－0102－0016778　丙四/4951　集部/
別集類/漢至隋

晉司隸校尉傅玄集三卷　（晉）傅玄撰　葉德
輝輯　清光緒二十八年(1902)長沙葉氏刻本
一冊

110000－0102－0016779　丙四/4955　集部/
總集類/文/雜錄/課藝

會試硃卷　清同治至光緒刻本　六冊

110000－0102－0016780　丙四/4964　集部/
別集類/清

凝香閣詩鈔　（清）黃芝台撰　清同治三年
(1864)刻本　一冊

110000－0102－0016781　丙四/4966　集部/
別集類/清

留松堂詩存一卷　（清）張恩霨撰　清光緒舒
癸棠等刻本　一冊

110000－0102－0016782　丙四/4968　集部/
別集類/清

邾亭詩稿　（清）孫楫撰　清光緒十七年
(1891)羊城富文齋刻本　一冊

110000－0102－0016783　丙四/4974　集部/
別集類/明

學古齋集三卷　（明）瞿俊撰　清宣統二年
(1910)瞿氏鐵琴銅劍樓刻本　一冊

110000－0102－0016784　丙四/4976　集部/
俗文學類/變文

浙江溫州府平陽縣白梅村七世修行玉英寶卷
（□）□□撰　清光緒三年(1877)越郡刻本
一冊

110000－0102－0016785　丙四/4980　集部/
別集類/清

鬱華閣遺集詩三卷詞一卷　（清）盛昱撰　清
光緒二十八年(1902)武昌楊鍾羲刻朱印本
一冊

110000－0102－0016786　丙四/4982　集部/
別集類/清

虔共室遺集　（清）曾彥撰　清光緒十七年
(1891)刻本　一冊

110000－0102－0016787　丙四/4989　史部/
史評類/詠史

松花菴韻史一卷　（清）吳鎮編　清光緒四年
(1878)刻本　一冊

110000－0102－0016788　丙四/4997　集部/
別集類/清

夢痕仙館詩鈔十卷　（清）張其淦撰　清光緒
三十一年(1905)刻本　五冊

110000－0102－0016789　丙四/5003　集部/
曲類/曲選/通代

綴白裘全傳十二集　（清）玩花主人輯　（清）
錢德蒼增輯　清光緒三十四年(1908)萃香社
石印本　十二冊

110000－0102－0016790　丙四/5004　集部/
曲類/曲選/通代

綴白裘全傳十二集　（清）玩花主人輯　（清）
錢德蒼增輯　清光緒三十四年(1908)萃香社
石印本　十二冊

110000－0102－0016791　丙四/5010　集部/
俗文學類/彈詞

筆生花三十二回　（清）心如女史撰　清光緒
上海申報館鉛印本　八冊　缺五回(十八至
三十二)

110000－0102－0016792　丙四/5012　集部/
別集類/清

芳茂山人詩文集詩九卷文十一卷　（清）孫星
衍撰　清光緒十一年(1885)長沙王氏刻本
七冊　缺六卷(文集一至六)

110000－0102－0016793　丙四/5016　集部/

總集類/詩/婦女

歷朝名媛詩詞十二卷 （清）陸昶輯　清宣統
三年(1911)上海掃葉山房石印本　四冊

110000－0102－0016794　丙四/5017　集部/
總集類/詩/斷代/唐至五代

唐四家詩集　掃葉山房輯　清宣統三年
(1911)石印本　五冊

110000－0102－0016795　丙四/5020　集部/
別集類/清

姚姬傳尺牘八卷　（清）姚鼐撰　清宣統三年
(1911)上海國學扶輪社鉛印本　二冊

110000－0102－0016796　丙四/5022　史部/
政書類/文牘檔冊

樊山判牘四卷　樊增祥撰　清宣統三年
(1911)上海廣益書局石印本　四冊

110000－0102－0016797　丙四/5024　集部/
總集類/文/雜錄/書牘表啟

新文牘十卷　南洋官書局編輯　清宣統三年
(1911)南洋官書局石印本　二十冊

110000－0102－0016798　丙四/5063　集部/
總集類/文/雜錄/課藝

江南各學堂課藝十二卷　雷瑨輯　清宣統三
年(1911)上海掃葉山房石印本　六冊

110000－0102－0016799　丙四/5072　集部/
集評類/總評

中國文學指南　邵伯棠撰　清宣統二年
(1910)上海會文堂石印本　二冊

110000－0102－0016800　丙四/5073　集部/
集評類/總評

中國文學指南　邵伯棠撰　清宣統二年
(1910)上海會文堂石印本　二冊

110000－0102－0016801　丙四/5084　集部/
別集類/清

萬物炊累室類稿甲編二種乙編二種外編一種
　（清）沈同芳撰　清宣統三年(1911)中國圖
書公司鉛印本　五冊

110000－0102－0016802　丙四/5086　集部/

別集類/唐至五代

韓昌黎全集四十卷　（唐）韓愈撰　清宣統二
年(1910)上海掃葉山房石印本　十二冊

110000－0102－0016803　丙四/5088　集部/
別集類/唐至五代

駱賓王集十卷　（唐）駱賓王撰　清宣統三年
(1911)文瑞樓石印本　二冊

110000－0102－0016804　丙四/5092　集部/
別集類/清

三魚堂全集文集十二卷外集六卷賸言十二卷
　（清）陸隴其撰　清宣統三年(1911)掃葉山
房石印本　八冊

110000－0102－0016805　丙四/5095　集部/
別集類/清

湘綺樓全集三十卷　王闓運撰　清宣統二年
(1910)國學扶輪社石印本　十二冊

110000－0102－0016806　丙四/5097　集部/
別集類/明

祝枝山全集三十卷　（明）祝允明撰　清宣統
二年(1910)中國書畫會石印本　八冊

110000－0102－0016807　丙四/5098　集部/
別集類/唐至五代

李習之先生文集二卷　（唐）李翱撰　清宣統
三年(1911)上海會文書局石印本　二冊

110000－0102－0016808　丙四/5108　集部/
別集類/宋

林和靖詩集四卷　（宋）林逋撰　清宣統二年
(1910)上海文瑞樓石印本　二冊

110000－0102－0016809　丙四/5111　集部/
別集類/宋

寇萊公詩集三卷　（宋）寇準撰　清宣統三年
(1911)中華圖書館石印本　二冊

110000－0102－0016810　丙四/5124　集部/
別集類/唐至五代

杜詩鏡銓十卷　（唐）杜甫撰　（清）楊倫輯注
清光緒十八年(1892)鉛印本　六冊

110000－0102－0016811　丙四/5125　集部/

別集類/唐至五代

孟東野詩集十二卷 （唐）孟郊撰 清宣統二年(1910)著易堂石印本 四冊

110000－0102－0016812 丙四/5128 集部/總集類/詩/斷代/宋

宋代五十六家詩集六卷 坐春堂書塾輯 清宣統二年(1910)石印本 六冊

110000－0102－0016813 丙四/5138 集部/別集類/清

白華絳柎閣詩十二卷 （清）李慈銘撰 清光緒十六年(1890)石印本 六冊

110000－0102－0016814 丙四/5145 集部/集評類/詩評/詩話

飲冰室詩話五卷 梁啟超撰 清宣統二年(1910)上海書局石印本 五冊

110000－0102－0016815 丙四/5149 集部/別集類/唐至五代

李長吉詩註四卷外集一卷 （唐）李賀撰 清宣統元年(1909)上海掃葉山房石印本 四冊

110000－0102－0016816 丙四/5151 集部/詞類/詞選/斷代

絕妙好辭箋八卷 （宋）周密輯 （清）查爲仁等注 清宣統二年(1910)上海掃葉山房石印本 四冊

110000－0102－0016817 丙四/5153 集部/詞類/詞譜、詞律、詞韻

詞律全書二十九卷 （清）萬樹編 清光緒二年(1876)古今圖書館石印本 十二冊

110000－0102－0016818 丙四/5160 史部/史評類/詠史

十六國宮詞二卷 （清）周昇撰 清光緒二十六年(1900)上海掃葉山房石印本 四冊

110000－0102－0016819 丙四/5161 史部/史評類/詠史

十六國宮詞二卷 （清）周昇撰 清光緒二十六年(1900)上海掃葉山房石印本 四冊

110000－0102－0016820 丙四/5163 集部/

別集類/清

音註小倉山房尺牘八卷 （清）袁枚撰 （清）胡光斗音註 清宣統三年(1911)掃葉山房石印本 四冊

110000－0102－0016821 丙四/5164 集部/總集類/文/雜錄/書牘表啟

歸震川錢牧齋尺牘合刊 （清）顧械輯 清宣統二年(1910)保定官書局石印本 六冊

110000－0102－0016822 丙四/5170 集部/別集類/清

彭羨門全集三十七卷 （清）彭孫遹撰 清宣統三年(1911)掃葉山房石印本 十一冊

110000－0102－0016823 丙四/5175 集部/別集類/宋

王臨川文集四卷 （宋）王安石撰 清宣統二年(1910)上海會文堂石印本 四冊

110000－0102－0016824 丙四/5176 集部/別集類/唐至五代

駱賓王集十卷 （唐）駱賓王撰 清宣統三年(1911)上海文瑞樓石印本 二冊

110000－0102－0016825 丙四/5182 集部/總集類/文/斷代/唐至五代

唐人合集二十八卷 （□）□□輯 清光緒十年(1884)上海同文書局石印本 八冊

110000－0102－0016826 丙四/5185 集部/總集類/詩/斷代/唐至五代

唐詩三百首注疏六卷 （清）蘅塘退士輯 清道光十七年(1837)上海鴻寶齋書局石印本 一冊

110000－0102－0016827 丙四/5186 集部/別集類/唐至五代

温飛卿詩集箋註九卷 （唐）温庭筠撰 （明）曾益註 （清）顧予咸補註 清宣統二年(1910)上海廣益書局石印本 四冊

110000－0102－0016828 丙四/5187 子部/藝術類/書畫/書法、碑帖/清

名賢手劄墨蹟 （清）郭慶藩輯 清光緒十五年(1889)上海點石齋石印本 四冊

110000－0102－0016829　丙四/5188　子部/藝術類/書畫/書法、碑帖/清

名賢手劄八卷　（清）郭慶藩輯　清光緒二十九年（1903）上海點石齋石印本　四冊

110000－0102－0016830　丙四/5193　集部/小說類/章回

圖註金玉緣　（清）曹霑撰　清光緒三十四年（1908）求不負齋石印本　十六冊

110000－0102－0016831　丙四/5194　集部/小說類/章回

增評全圖石頭記十五卷首一卷一百二十回（清）曹霑撰　清光緒二十五年（1899）上海書局石印本　十七冊

110000－0102－0016832　丙四/5197　集部/小說類/筆記小說

情天寶鑑二十四卷　（明）馮夢龍撰　清光緒二十年（1894）上海石印本　六冊

110000－0102－0016833　丙四/5198　集部/別集類/明

祝枝山全集三十卷　（明）祝允明撰　清宣統二年（1910）中國書畫會社鉛印本　八冊

110000－0102－0016834　丙四/5199　集部/總集類/文/雜錄/書牘表啟

分類尺牘備覽三十卷　（清）王虎編　清光緒十四年（1888）上海珍藝書局鉛印本　六冊

110000－0102－0016835　丙四/5200　集部/總集類/文/雜錄/課藝

得月樓小題文鈔　（清）張元灝輯　清同治五年（1866）得月樓刻本　四冊

110000－0102－0016836　丙四/5201　集部/總集類/文/雜錄/課藝

時藝引六卷　（清）路德輯　清道光二十五年（1845）翰選樓刻本　四冊　缺二卷（四至五）

110000－0102－0016837　丙四/5202　集部/總集類/文/雜錄/課藝

師竹齋小題文鈔　（清）余虛穀輯　清光緒九年（1883）掃葉山房刻本　二冊

110000－0102－0016838　丙四/5203　集部/總集類/文/雜錄/課藝

分韻試帖青雲集合註四卷　（清）楊逢春等輯　清光緒十九年（1893）三義堂刻本　四冊

110000－0102－0016839　丙四/5204　集部/總集類/文/雜錄/課藝

分韻試帖青雲集合註四卷　（清）楊逢春等輯　清光緒十一年（1885）濰陽成文信刻本　四冊

110000－0102－0016840　丙四/5205　集部/總集類/文/雜錄/課藝

雲間求忠兩書院課藝合刊　（清）薛煥鑒定　清咸豐七年（1857）刻本　六冊

110000－0102－0016841　丙四/5206　集部/總集類/文/雜錄/課藝

目耕齋讀本初集　（清）徐楷　（清）沈叔眉評注　清同治九年（1870）蘇州掃葉山房刻本　六冊

110000－0102－0016842　丙四/5207　集部/總集類/文/雜錄/課藝

小題正鵠　（清）路德編　（清）李元度評　清光緒五年（1879）掃葉山房刻本　四冊

110000－0102－0016843　丙四/5208　集部/總集類/文/雜錄/課藝

八名堂塾鈔五卷　（清）吳懋政編　（清）李文山注釋　清光緒六年（1880）掃葉山房刻本　六冊

110000－0102－0016844　丙四/5209　集部/總集類/文/雜錄

明文明　（清）路德輯　清光緒六年（1880）掃葉山房刻本　三冊

110000－0102－0016845　丙四/5210　集部/總集類/文/雜錄/課藝

明文明四卷明文明二集四卷　（清）路德輯　清咸豐二年（1852）文筠堂刻本　四冊

110000－0102－0016846　丙四/5212　集部/總集類/文/雜錄/課藝

鐵網珊瑚集課藝　（清）沈鏡堂輯　清道光二

十九年(1849)右文堂刻本　　八冊

110000－0102－0016847　　丙四/5213　　集部/
總集類/文/通代/編選

增注賦學指南十六卷　（清）余丙照輯　清光
緒十六年(1890)珍藝書局鉛印本　　四冊

110000－0102－0016848　　丙四/5215　　集部/
總集類/文/雜錄/課藝

癸卯恩科直省闈藝大全十卷　（清）大學堂輯
清光緒三十年(1904)上海書局石印本
十冊

110000－0102－0016849　　丙四/5216　　集部/
總集類/文/雜錄/課藝

小試新學準繩初編四卷　（清）求是齋輯　清
宣統三年(1911)江左書林石印本　　四冊

110000－0102－0016850　　丙四/5217　　子部/
類書類/類編

策學淵萃四十六卷　（清）王維璠輯　清光緒
四年(1878)藤花小舫刻本　　八冊　存二十卷
(一至二十)

110000－0102－0016851　　丙四/5218　　集部/
總集類/文/雜錄/課藝

鐵網珊瑚全集三編　（清）沈鏡堂輯　清光緒
八年(1882)萊州興文堂刻本　　二冊

110000－0102－0016852　　丙四/5219　　集部/
總集類/文/雜錄/課藝

三江文纘初編　（清）沈定年輯　清光緒五年
(1879)鉛印本　　四冊

110000－0102－0016853　　丙四/5220　　集部/
總集類/文/雜錄/書牘表啟

蘇黃尺牘合刻　（□）□□編　清宣統元年
(1909)上海掃葉山房石印本　　八冊

110000－0102－0016854　　丙四/5222　　集部/
別集類/宋

蘇東坡尺牘八卷　（宋）蘇軾撰　（清）周心如
校　清道光二十八年(1848)群玉山房刻本
四冊

110000－0102－0016855　　丙四/5223　　集部/

總集類/文/斷代/清

得月樓賦鈔　（清）張元灝選評　清咸豐十年
(1860)刻本　　四冊

110000－0102－0016856　　丙四/5224　　集部/
總集類/文/斷代/清

韻蘭集賦鈔　（清）陸雲槎輯　清道光七年
(1827)酉山堂刻本　　六冊

110000－0102－0016857　　丙四/5225　　集部/
別集類/清

詳註水竹居賦　（清）盛觀潮撰　清道光二十
八年(1848)刻本　　二冊

110000－0102－0016858　　丙四/5226　　集部/
總集類/文/雜錄/課藝

寄嶽雲齋試帖體詩選詳註四卷　（清）張學蘇
輯註　清道光元年(1821)墨香樓刻本　　四冊

110000－0102－0016859　　丙四/5227　　集部/
總集類/文/雜錄

夢筆生花三十二卷　（清）繆艮輯　清光緒三
十三年(1907)上海書局石印本　　八冊

110000－0102－0016860　　丙四/5228　　集部/
小說類/章回

重編留青新集二十四卷　（清）馮善長等輯
清光緒三十四年(1908)鉛印本　　七冊　存十
一卷(十三至十八、二十至二十四)

110000－0102－0016861　　丙四/5229　　史部/
史評類/論事

史事論八卷　雷瑨輯　清光緒二十九年
(1903)石印本　　八冊

110000－0102－0016862　　丙四/5230　　集部/
總集類/文/雜錄/雜纂

重編留青新集二十四卷　（清）馮善長等輯
清光緒三十四年(1908)上海廣益書局鉛印本
十二冊

110000－0102－0016863　　丙四/5231　　集部/
總集類/文/雜錄/雜纂

重編留青新集二十四卷　（清）馮善長編　清
光緒十六年(1890)上海鉛印本　　八冊　存十
一卷(一至十一)

110000－0102－0016864　丙四/5232　集部/曲類/曲別集/傳奇

返魂香傳奇四卷　題(清)香雪道人撰　清光緒三年(1877)申報館鉛印本　四冊

110000－0102－0016865　丙四/5233　集部/別集類/清

詳註水竹居賦　(清)盛觀潮撰　清光緒五年(1879)上洋紫文閣刻本　四冊

110000－0102－0016866　丙四/5234　集部/總集類/詩/雜錄/其它

七家詩選　(清)張熙宇輯評　清咸豐元年(1851)寶善堂刻本　四冊

110000－0102－0016867　丙四/5235　集部/總集類/文/雜錄/格言、語錄、楹聯

囊賸　(清)趙古農纂　清道光十一年(1831)刻本　四冊

110000－0102－0016868　丙四/5236　子部/藝術類/書畫/書法、碑帖/清

八賢手劄　(清)郭子漵輯　清光緒十一年(1885)上海同文書局石印本　四冊

110000－0102－0016869　丙四/5237　史部/政書類/雜錄

皇朝經世文編五集三十二卷　求是齋校輯　清光緒二十八年(1902)上海宜今室石印本　六冊　存十五卷(一至十五)

110000－0102－0016870　丙四/5240　集部/總集類/文/雜錄/書牘表啟

賴古堂尺牘全集　(清)雷學淦輯　清宣統二年(1910)國學扶輪社鉛印本　十六冊

110000－0102－0016871　丙四/5243　集部/總集類/文/雜錄/課藝

金臺書院課士錄初二合刻　(清)張集馨輯　清光緒三年(1877)刻本　二冊

110000－0102－0016872　丙四/5245　集部/集評類/總評/通論

文心雕龍十卷　(南朝梁)劉勰撰　(清)黃叔琳注　(清)紀昀評　清光緒石印本　四冊

110000－0102－0016873　丙四/5247　集部/總集類/文/雜錄/課藝

三朝墨準新編　(清)聯步軒主人輯　清光緒元年(1875)聯步軒刻本　八冊

110000－0102－0016874　丙四/5251　集部/別集類/宋

山谷詩集注　(宋)黃庭堅撰　(宋)任淵等注　清光緒二十六年(1900)刻本　十六冊

110000－0102－0016875　丙四/5252　集部/曲類/曲別集/雜劇

西廂記八卷末一卷　(元)王實甫著　(清)金聖嘆批　清末善美堂刻本　六冊

110000－0102－0016876　丙四/5253　集部/別集類/清

適軒尺牘八卷　(清)徐菊生撰　清光緒二年(1876)金陵存古堂刻本　四冊

110000－0102－0016877　丙四/5254　集部/別集類/清

庸盦全集十卷　(清)薛福成撰　清光緒二十三年(1897)上海醉六堂石印本　六冊

110000－0102－0016878　丙四/5256　集部/總集類/文/雜錄/課藝

試帖紫雲仙館八卷紫雲仙館二集八卷紫雲仙館三集八卷　(清)高敏輯　清道光二十二年(1842)掃葉山房刻本　十二冊

110000－0102－0016879　丙四/5257　集部/別集類/清

袁文箋正十六卷　(清)袁枚撰　(清)石韞玉箋　清同治四年(1865)寶彝堂刻本　七冊

110000－0102－0016880　丙四/5259　史部/政書類/雜錄

皇朝經世文續編一百二十卷　(清)葛士濬輯　清光緒十四年(1888)圖書集成局鉛印本　三十二冊

110000－0102－0016881　丙四/5260　史部/政書類/雜錄

清朝經世文編一百二十卷　(清)賀長齡等編　清道光六年(1826)刻本　八十冊

110000－0102－0016882　丙四/5261　史部/
政書類/雜錄

清朝經世文續編一百二十卷　題(清)管窺居
士輯　清光緒十四年(1888)邵州經綸書局刻
本　三十六冊　缺三卷(二十九、三十六、三
十八)

110000－0102－0016883　丙四/5264　集部/
總集類/文/雜錄

試律青雲集註釋三卷　(清)楊逢春輯　(清)
沈品華等註　清道光二十八年(1848)刻本
三冊

110000－0102－0016884　丙四/5265　集部/
別集類/清

十杉亭帖體詩箋注正續合刻七卷　(清)吳楷
著　清光緒四年(1878)大文堂刻本　六冊

110000－0102－0016885　丙四/5266　集部/
總集類/文

竹笑軒賦鈔初二集　(清)孫清達編　清道光
二十五年(1845)聚錦旭刻本　六冊

110000－0102－0016886　丙四/5270　集部/
小說類/章回

濟顛大師醉菩提全傳二十回　題(清)西湖墨
浪子撰　清光緒六年(1880)北京聚珍堂刻本
四冊

110000－0102－0016887　丙四/5271　集部/
總集類/文/雜錄

海虞文徵三十卷　邵松年輯　清光緒三十一
年(1905)鴻文書局石印本　十六冊

110000－0102－0016888　丙四/5273　集部/
總集類/文/斷代/清

皇朝駢文類苑十四卷首一卷　(清)姚燮輯
(清)張壽榮校　清光緒七年(1881)掃葉山房
刻本　二十冊

110000－0102－0016889　丙四/5278　集部/
總集類/文/通代/編選

涵芬樓古今文鈔簡編　吳曾祺編　清宣統二
年(1910)涵芬樓石印本　四十一冊

110000－0102－0016890　丙四/5285　集部/
集評類/文評

文選集評十五卷首一卷末一卷　(南朝梁)蕭
統撰　(唐)李善注　(清)于光華編　清乾隆
四十五年(1780)刻本　十五冊

110000－0102－0016891　丙四/5288　集部/
小說類/章回

才鬼史　梅禹金撰　清宣統三年(1911)上海
古今圖書小說社鉛印本　二冊

110000－0102－0016892　丙四/5289　集部/
小說類/章回

才鬼史　梅禹金撰　清宣統三年(1911)上海
古今圖書小說社鉛印本　二冊

110000－0102－0016893　丙四/5290　集部/
別集類/宋

放翁題跋六卷　(宋)陸游撰　清光緒仁和葛
氏嘯園刻嘯園叢書本　一冊　缺三卷(四至
六)

110000－0102－0016894　丙四/5293　集部/
總集類/文/通代/編選

分類文腋八卷　(清)李楨輯　清嘉慶二十五
年(1820)務本堂刻本　八冊

110000－0102－0016895　丙四/5294　集部/
總集類/文/課藝

八銘堂塾鈔二集五卷　(清)吳懋政編　清光
緒六年(1880)刻本　六冊

110000－0102－0016896　丙四/5311　集部/
總集類/文/雜錄/酬贈慶吊

應酬彙編　鈞和編輯部輯　清光緒三十三年
(1907)鉛印本　六冊

110000－0102－0016897　丙四/5312　叢部/
彙編叢書/清中晚期

隨園三十六種　(清)袁枚輯　清光緒十八年
(1892)上海圖書集成印書局鉛印本　四冊

110000－0102－0016898　丙四/5317　集部/
總集類/文/雜錄/書牘表啟

賴古堂名賢尺牘新鈔十二卷　(清)周亮工輯
清宣統三年(1911)上海國學扶輪社石印本
五冊　缺二卷(十一至十二)

110000－0102－0016899　丙四/5322　集部/
別集類/清

固有草堂擬古　（清）王葆崇撰　清宣統元年
(1909)濟南國文報石印本　一冊

110000－0102－0016900　丙四/5325　集部/
別集類/清

碧漪集　譚新嘉纂　清宣統三年(1911)嘉興
譚氏朱印刻本　二冊

110000－0102－0016901　丙四/5329　史部/
地理類/外紀

日本雜事詩二卷　（清）黃遵憲撰　清光緒五
年(1879)天南遯窟鉛印羧園叢書本　一冊

110000－0102－0016902　丙四/5336　集部/
別集類/清

戴褐夫集一卷補遺一卷續補遺一卷附紀行一
卷紀略一卷年譜一卷戴刻戴褐夫集目錄一卷
　（清）戴名世撰　清宣統元年(1909)國學保
存會鉛印本　三冊

110000－0102－0016903　丙四/5337　集部/
別集類/清

戴褐夫集一卷補遺一卷續補遺一卷附紀行一
卷紀略一卷年譜一卷戴刻戴褐夫集目錄一卷
　（清）戴名世撰　清宣統元年(1909)國學保
存會鉛印本　三冊

110000－0102－0016904　丙四/5338　集部/
別集類/清

茗柯文編　（清）張惠言撰　清宣統三年
(1911)上海掃葉山房石印本　二冊

110000－0102－0016905　丙四/5341　集部/
別集類/清

金東心詩集四卷　（清）金農撰　清宣統二年
(1910)石印本　四冊

110000－0102－0016906　丙四/5356　集部/
總集類/詩/雜錄/唱和

邱樊倡和集　汪兆銘編　清宣統三年(1911)
石印本　一冊

110000－0102－0016907　丙四/5368　集部/
別集類/漢至隋

班孟堅集一卷　（漢）班固等　**王叔師集一卷**
（漢）王逸撰　**鄭康成集一卷**　（漢）鄭玄撰
清宣統三年(1911)上海文明書局石印本
一冊

110000－0102－0016908　丙四/5369　集部/
別集類/漢至隋

孔文舉集一卷　（漢）孔融撰　**劉公幹集一卷**
（漢）劉楨撰　**阮元瑜集一卷**　（漢）阮瑀撰
應德璉集一卷　（漢）應瑒著　清宣統三年
(1911)鉛印本　一冊

110000－0102－0016909　丙四/5370　集部/
別集類/漢至隋

陳孔璋集一卷　（漢）陳琳撰　**王仲宣集一卷**
（漢）王粲撰　**徐偉長集一卷**　（漢）徐幹撰
清宣統三年(1911)上海文明書局鉛印本
一冊

110000－0102－0016910　丙四/5374　集部/
集評類/詩評/詩話

杜工部詩話　（清）劉鳳誥撰　清宣統三年
(1911)上海掃葉山房石印本　一冊

110000－0102－0016911　丙四/5378　集部/
別集類/明

安雅堂稿十五卷　（明）陳子龍撰　清宣統元
年(1909)上海時中書局鉛印本　六冊

110000－0102－0016912　丙四/5381　集部/
總集類/文/通代/編選

古文詞略二十四卷　（清）梅曾亮輯　清光緒
三十四年(1908)學部圖書局鉛印本　五冊

110000－0102－0016913　丙四/5389　集部/
詞類/詞選/通代

花間集　（宋）趙崇祚輯　清光緒十九年
(1893)石印本　一冊

110000－0102－0016914　丙四/5390　集部/
詞類/詞選/通代

花間集　（宋）趙崇祚輯　清光緒十九年
(1893)石印本　一冊

110000－0102－0016915　丙四/5391　集部/
詞類/詞別集

吳梅村詞　　（清）吳偉業撰　　清宣統二年(1910)上海掃葉山房石印本　　一冊

110000－0102－0016916　　丙四/5392　　集部/總集類/詩

三二家宮詞　　（明）毛晉輯　　清宣統三年(1911)上海掃葉山房石印本　　一冊

110000－0102－0016917　　丙四/5393　　集部/別集類/漢至隋

鮑明遠集三卷　　（南朝宋）鮑照撰　　清宣統三年(1911)上海文明書局石印本　　一冊

110000－0102－0016918　　丙四/5395　　集部/別集類/漢至隋

魏武帝集四卷　　（三國魏）曹操撰　　清宣統三年(1911)上海文明書局鉛印本　　一冊

110000－0102－0016919　　丙四/5396　　集部/別集類/漢至隋

魏文帝集六卷　　（三國魏）曹丕撰　　清宣統三年(1911)上海文明書局鉛印本　　一冊

110000－0102－0016920　　丙四/5397　　集部/別集類/漢至隋

曹子建集十卷　　（三國魏）曹植撰　　清宣統三年(1911)上海文明書局鉛印本　　二冊

110000－0102－0016921　　丙四/5398　　集部/別集類/漢至隋

隋煬帝集五卷　　（隋）楊廣撰　　清宣統三年(1911)上海文明書局鉛印本　　一冊

110000－0102－0016922　　丙四/5399　　集部/別集類/漢至隋

揚子雲集四卷　　（漢）揚雄撰　　清宣統三年(1911)上海文明書局鉛印本　　一冊

110000－0102－0016923　　丙四/5400　　集部/別集類/唐至五代

孫可之文集二卷　　（唐）孫樵撰　　清宣統二年(1910)會文堂石印本　　一冊

110000－0102－0016924　　丙四/5401　　集部/別集類/唐至五代

孫可之文集二卷　　（唐）孫樵撰　　清宣統二年

(1910)會文堂石印本　　一冊

110000－0102－0016925　　丙四/5402　　集部/別集類/漢至隋

梁蕭統集四卷　　（南朝梁）蕭統撰　　清宣統三年(1911)上海文明書局鉛印本　　一冊

110000－0102－0016926　　丙四/5403　　集部/別集類/漢至隋

梁元帝集　　（南朝梁）元帝蕭繹撰　　清宣統三年(1911)上海文明書局鉛印本　　一冊

110000－0102－0016927　　丙四/5404　　集部/別集類/漢至隋

江文通集八卷　　（南朝梁）江淹撰　　清宣統三年(1911)上海文明書局鉛印本　　一冊

110000－0102－0016928　　丙四/5405　　集部/別集類/漢至隋

陸士衡集十卷　　（晉）陸機撰　　清宣統三年(1911)上海文明書局鉛印本　　一冊

110000－0102－0016929　　丙四/5406　　集部/別集類/漢至隋

陸士龍集　　（晉）陸雲撰　　清宣統三年(1911)上海文明書局鉛印本　　一冊

110000－0102－0016930　　丙四/5407　　集部/別集類/漢至隋

謝宣城集五卷　　（南朝齊）謝朓撰　　清宣統三年(1911)上海文明書局鉛印本　　一冊

110000－0102－0016931　　丙四/5408　　集部/別集類/漢至隋

謝康樂集五卷　　（南朝宋）謝靈運撰　　清宣統三年(1911)上海文明書局鉛印本　　一冊

110000－0102－0016932　　丙四/5413　　集部/別集類/漢至隋

謝法曹集一卷　　（南朝宋）謝惠連撰　　清宣統三年(1911)鉛印本　　一冊

110000－0102－0016933　　丙四/5414　　集部/總集類/詩/斷代/宋

二李唱和集　　（宋）李昉　（宋）李至撰　　清光緒五年(1879)石印本　　一冊

110000－0102－0016934　丙四/5415　集部/總集類/詩/雜錄/唱和

二李唱和集　（宋）李昉　（宋）李至撰　清光緒五年（1879）石印本　一冊

110000－0102－0016935　丙四/5418　史部/史評類/詠史

晉史雜詠　（清）丁桐撰　清光緒十八年（1892）丁氏木活字印本　一冊

110000－0102－0016936　丙四/5425　集部/別集類/宋

吾汶槁十卷　（宋）王炎午撰　清光緒三十四年（1908）國學保存會鉛印本　一冊

110000－0102－0016937　丙四/5426　集部/別集類/宋

吾汶槁十卷　（宋）王炎午撰　清光緒三十四年（1908）國學保存會鉛印本　一冊

110000－0102－0016938　丙四/5427　集部/別集類/遼金元

伯牙琴一卷　（宋）鄧牧撰　清光緒三十三年（1907）國學保存會鉛印本　一冊

110000－0102－0016939　丙四/5428　集部/別集類/遼金元

伯牙琴一卷　（宋）鄧牧撰　清光緒三十三年（1907）國學保存會鉛印本　一冊

110000－0102－0016940　丙四/5429　集部/別集類/明

張蒼水全集十二卷　（明）張煌言撰　清宣統元年（1909）國學保存會鉛印本　三冊

110000－0102－0016941　丙四/5430　集部/別集類/明

張蒼水全集十二卷　（明）張煌言撰　清宣統元年（1909）國學保存會鉛印本　三冊

110000－0102－0016942　丙四/5435　集部/總集類/文/雜錄/書牘表啟

歷代名人書剳二卷　吳曾祺編　清宣統二年（1910）鉛印本　二冊

110000－0102－0016943　丙四/5436　集部/

別集類/清

逢吉堂焚餘稿一卷　（清）黃錫深撰　清光緒三十年（1904）南海黃氏刻本　一冊

110000－0102－0016944　丙四/5438　集部/總集類/詩/雜錄/其它

七家試帖輯註彙鈔　（清）王廷紹編　清光緒十一年（1885）大成堂刻本　八冊

110000－0102－0016945　丙四/5439　集部/總集類/詩/地方

嶺南三大家詩鈔二十四卷　（清）王隼輯　清同治七年（1868）南海陳氏刻本　五冊

110000－0102－0016946　丙四/5441　集部/總集類/詩/斷代/唐至五代

御製全唐詩一百二十卷　（清）曹寅等纂　清道光十年（1830）金陵織造局刻本　一百二十冊

110000－0102－0016947　丙四/5444　集部/詞類/詞別集

斷腸漱玉詞合刊　（宋）朱淑真　（宋）李清照撰　清光緒二十六年（1900）上海廣益書局石印本　一冊

110000－0102－0016948　丙四/5445　集部/詞類/詞別集

斷腸漱玉詞合刊　（宋）朱淑真　（宋）李清照撰　清光緒二十六年（1900）上海廣益書局石印本　一冊

110000－0102－0016949　丙四/5446　集部/詞類/詞別集

斷腸漱玉詞合刊　（宋）朱淑真　（宋）李清照撰　清光緒二十六年（1900）上海廣益書局石印本　一冊

110000－0102－0016950　丙四/5447　集部/總集類/文/雜錄/格言、語錄、楹聯

楹聯續話四卷　（清）梁章鉅輯　清道光二十三年（1843）浦城池上草堂石印本　二冊

110000－0102－0016951　丙四/5448　史部/史評類/詠史

十國宮詞一百首　（清）吳省蘭撰　清宣統三

年(1911)上海掃葉山房石印本　一冊

110000－0102－0016952　丙四/5453　集部/
別集類/清

榕村藏稿　(清)李光地撰　清乾隆二十六年
(1761)金穀園刻本　二冊

110000－0102－0016953　丙四/5455　集部/
總集類/文/雜錄/課藝

八銘堂塾鈔初集四卷　(清)吳懋政輯　清光
緒三年(1877)京都善成堂刻本　四冊

110000－0102－0016954　丙四/5457　集部/
別集類/宋

梁谿全集一百八十卷　(宋)李綱撰　清刻本
四十冊

110000－0102－0016955　丙四/5458　集部/
總集類/文/斷代/清

同人集　(清)冒襄輯　清光緒八年(1882)刻
本　十二冊

110000－0102－0016956　丙四/5459　集部/
別集類/清

笥河文集十六卷　(清)朱筠撰　清嘉慶二十
年(1815)椒華吟舫刻本　十四冊

110000－0102－0016957　丙四/5460　集部/
總集類/詩/地方

國朝金陵詩徵國朝四十八卷金陵四十四卷
(清)朱緒曾編　清光緒十八年(1892)刻本
四十冊

110000－0102－0016958　丙四/5463　集部/
別集類/明

黃忠端公全集五十卷　(明)黃道周撰　清道
光五年(1825)福州陳氏刻本　二十四冊

110000－0102－0016959　丙四/5464　集部/
總集類/詩/地方

國朝湖州詩錄三十四卷　(清)陳焯編　(清)
鄭佶重輯　清道光十年(1830)小榖口刻本
十二冊

110000－0102－0016960　丙四/5465　集部/
總集類/文/通代/編選

古文七種三十四卷　(清)儲欣輯　清光緒九
年(1883)靜遠堂刻本　十七冊　缺十二卷
(八家選三至十四)

110000－0102－0016961　丙四/5469　集部/
總集類/詩/斷代/清

國朝詞綜四十八卷二集八卷　(清)王昶輯
清嘉慶三泖漁莊刻本　十二冊

110000－0102－0016962　丙四/5471　集部/
別集類/明

張忠敏公遺集十卷附錄一卷　(明)張國維撰
清光緒五年(1879)江蘇書局刻本　六冊

110000－0102－0016963　丙四/5472　集部/
詞類/詞別集

坐花閣詩餘　(清)吳之驥撰　清宣統三年
(1911)孫氏刻本　一冊

110000－0102－0016964　丙四/5473　集部/
總集類/詩/斷代/清

門存倡和詩鈔十卷　(清)陳伯弢輯　清光緒
刻本　二冊

110000－0102－0016965　丙四/5474　集部/
別集類/清

紫石泉山房詩文集十二卷　(清)吳定撰　清
光緒十三年(1887)李氏刻本　六冊

110000－0102－0016966　丙四/5476　集部/
詞類/詞總集/斷代

明詞綜十二卷　(清)王昶撰　清嘉慶七年
(1802)三泖漁莊刻本　三冊

110000－0102－0016967　丙四/5477　集部/
總集類/文/家族

沈氏三先生集六十二卷　(清)沈遘等撰　清
光緒二十二年(1896)浙江書局刻本　十冊

110000－0102－0016968　丙四/5479　集部/
別集類/清

復初齋文集三十五卷　(清)翁方綱撰　(清)
李彥章校　清道光十六年(1836)刻本　六冊
缺九卷(一至四、三十一至三十五)

110000－0102－0016969　丙四/5480　史部/

目錄類／著錄／書錄

四家纂文敍錄彙編四卷附錄一卷 （清）胡念修輯　清光緒二十五年（1899）刻鵠齋刻本　一冊

110000－0102－0016970　丙四／5481　史部／傳記類／別傳

息園舊德錄 （清）胡念修輯　清光緒二十六年（1900）刻鵠齋刻本　一冊

110000－0102－0016971　丙四／5482　集部／別集類／清

攜雪堂文集四卷 （清）吳可讀撰　清光緒二十六年（1900）浙江書局刻本　四冊

110000－0102－0016972　丙四／5483　集部／別集類／清

顯志堂集十二卷 （清）馮桂芬撰　清光緒二年（1876）校邠廬刻本　四冊

110000－0102－0016973　丙四／5485　集部／詞類／詞別集

蘭素詞一卷 （清）沈彥曾撰　清道光沈彥曾刻本　一冊

110000－0102－0016974　丙四／5486　集部／別集類／漢至隋

靖節先生集十卷首一卷末一卷 （晉）陶潛撰　（清）陶澍集注　清光緒九年（1883）江蘇書局刻本　四冊

110000－0102－0016975　丙四／5487　集部／總集類／文／斷代／清

國朝文錄八十二卷續編六十六卷 （清）李祖陶輯　清道光十九年（1839）瑞州府鳳儀書院刻本　四十七冊　缺十六卷（南雷文錄三卷、恥躬堂文錄二卷、四照堂文錄二卷、湘帆堂文錄一卷、張文貞公文錄二卷、帶經堂集文錄二卷、孫文定公文錄二卷、二希堂文錄二卷）

110000－0102－0016976　丙四／5490　集部／總集類／文／斷代／唐至五代

初唐四傑文集二十一卷 （清）□□輯　清光緒五年（1879）淮南書屋刻本　三冊

110000－0102－0016977　丙四／5492　集部／

總集類／文

名文前選 （清）李光地輯　清安溪李氏刻本　四冊　存三卷（大學一卷、孟子上、程墨前選一卷）

110000－0102－0016978　丙四／5493　集部／總集類／詩／通代

遙集集前編六卷遙集集後編十卷 （清）許貞幹輯　清光緒二十八年至三十四年（1902－1908）味青齋刻本　十六冊

110000－0102－0016979　丙四／5494　集部／總集類／詩／地方

直省新墨約選 （清）□□選　清光緒北洋官報局鉛印本　二冊

110000－0102－0016980　丙四／5499　集部／曲類／曲別集／傳奇

燕子樓二卷 （清）陳烺撰　清光緒十一年（1885）碧梧山莊石印玉生香傳奇本　二冊

110000－0102－0016981　丙四／5527　集部／別集類／民國

飲冰室文集十六卷 梁啟超撰　清宣統二年（1910）上海廣智書局鉛印本　七冊

110000－0102－0016982　丙四／5528　集部／別集類／明

陽明集要三種 （明）王守仁撰　清光緒三十四年（1908）明明學社鉛印本　四冊

110000－0102－0016983　丙四／5538　集部／別集類／清

春在堂尺牘六卷 （清）俞樾撰　清光緒二十一年（1895）刻本　四冊

110000－0102－0016984　丙四／5539　集部／別集類／清

問青園集十三卷 （清）王晉之撰　清光緒二十二年（1896）蘇州王氏刻本　四冊

110000－0102－0016985　丙四／5540　集部／別集類／清

問青園集十三卷 （清）王晉之撰　清光緒二十二年（1896）蘇州王氏刻本　二冊

110000 - 0102 - 0016986　丙四/5542　集部/別集類/清

板橋集　（清）鄭燮撰　清同治七年（1868）寶華順刻本　四冊

110000 - 0102 - 0016987　丙四/5543　集部/別集類/清

青芝山館駢體文集二卷　（清）樂鈞撰　清嘉慶刻本　一冊

110000 - 0102 - 0016988　丙四/5546　集部/別集類/唐至五代

香山詩選六卷　（唐）白居易撰　（清）曹文埴輯　清光緒十七年（1891）金陵書局刻本　二冊

110000 - 0102 - 0016989　丙四/5547　集部/別集類/清

趙恭毅公賸稿八卷　（清）趙申喬撰　清光緒十八年（1892）浙江書局刻本　四冊

110000 - 0102 - 0016990　丙四/5548　子部/雜家類/學說

寱言二卷　（清）陳澹然撰　清光緒二十八年（1902）鉛印本　二冊

110000 - 0102 - 0016991　丙四/5551　集部/別集類/民國

鄭齋漢學文編六卷　孫雄撰　清光緒三十四年（1908）北洋客籍學堂鉛印本　二冊

110000 - 0102 - 0016992　丙四/5552　集部/總集類/文/雜錄/雜纂

香痕奩影集四卷　（清）吳仲編　清宣統元年（1909）京師晨風閣鉛印本　五冊

110000 - 0102 - 0016993　丙四/5555　集部/別集類/民國

香草箋　黃任撰　清宣統二年（1910）京師晨風閣鉛印本　一冊

110000 - 0102 - 0016994　丙四/5556　集部/別集類/清

貢愚錄　（清）王晉之撰　清光緒刻本　一冊

110000 - 0102 - 0016995　丙四/5558　集部/別集類/清

戴東原集十二卷首一卷　（清）戴震撰　清光緒三十三年（1907）刻本　四冊

110000 - 0102 - 0016996　丙四/5559　集部/別集類/清

夢影盦遺稿四卷　（清）嚴以盛撰　清宣統元年（1909）隨分讀書齋刻本　四冊

110000 - 0102 - 0016997　丙四/5560　集部/總集類/文/雜錄/課藝

成均課士經古文錄　（清）沈桂芬輯　清光緒五年（1879）沈氏刻本　六冊

110000 - 0102 - 0016998　丙四/5567　集部/別集類/清

掃葉詩存　（清）釋悟尋撰　清光緒元年（1875）刻本　四冊

110000 - 0102 - 0016999　丙四/5568　史部/史評類/詠史

御製全史詩　文明書局編　清光緒二十九年（1903）上海文明書局鉛印本　二冊

110000 - 0102 - 0017000　丙四/5571　集部/別集類/清

集虛齋學古文十二卷　（清）方槃如撰　清光緒十年（1884）淳安縣署刻本　四冊

110000 - 0102 - 0017001　丙四/5572　集部/別集類/漢至隋

陶靖節集十二卷　（晉）陶潛撰　清光緒九年（1883）江蘇書局刻本　四冊

110000 - 0102 - 0017002　丙四/5581　集部/別集類/清

比竹餘音四卷　（清）鄭文焯撰　清光緒二十八年（1902）吳興沈氏刻本　一冊

110000 - 0102 - 0017003　丙四/5583　集部/別集類/明

謀野集刪二卷　（明）王穉登撰　清宣統元年（1909）集成圖書公司鉛印本　一冊

110000 - 0102 - 0017004　丙四/5584　集部/別集類/明

謀野集刪二卷 （明）王穉登撰 清宣統元年(1909)集成圖書公司鉛印本 一冊

110000－0102－0017005 丙四/5585 集部/總集類/詩/雜錄

詩鐘鴻雪集 （清）著湛吟社輯 清宣統元年(1909)刻本 一冊

110000－0102－0017006 丙四/5589 集部/詞類/詞別集/宋

東坡樂府三卷 （宋）蘇軾撰 （清）朱祖謀編 清宣統三年(1911)吳興朱氏刻本 二冊

110000－0102－0017007 丙四/5593 集部/別集類/清

玉笥山房要集四卷 （清）顧廷綸撰 清光緒十一年(1885)刻本 一冊

110000－0102－0017008 丙四/5594 集部/別集類/清

王文敏公經進稿 （清）王懿榮撰 清宣統三年(1911)鉛印本 一冊

110000－0102－0017009 丙四/5596 集部/總集類/詩/斷代/清

九老詩存 （清）林丙恭編 清光緒三十二年(1906)太平林氏木活字本 一冊

110000－0102－0017010 丙四/5600 集部/別集類/清

鐵橋漫稿八卷 （清）嚴可均撰 清光緒十一年(1885)長洲蔣氏刻本 四冊

110000－0102－0017011 丙四/5601 集部/總集類/文/地方

吳會英才集二十四卷 （清）畢沅輯 清嘉慶刻本 六冊

110000－0102－0017012 丙四/5602 集部/總集類

唐人三家集 （清）秦恩復編 清道光十年(1830)江都石研齋刻本 四冊

110000－0102－0017013 丙四/5604 集部/總集類/詩/地方

閩中十子詩集 （清）郭柏蒼輯 清光緒十二

年(1886)侯官郭柏蒼沁泉山館刻本 一冊 存五卷(陳徵君詩四卷、詔詩一卷)

110000－0102－0017014 丙四/5609 集部/總集類/文/家族

五周先生集 （清）冒廣生輯 清光緒二十年(1894)刻本 一冊

110000－0102－0017015 丙四/5610 集部/總集類/文/家族

五周先生集 （清）冒廣生輯 清光緒二十年(1894)刻本 一冊

110000－0102－0017016 丙四/5614 集部/集評類/詩評/通評

詩比興箋四卷 （清）陳沆輯注 清光緒九年(1883)刻本 二冊

110000－0102－0017017 丙四/5616 集部/別集類/遼金元

金淵集六卷 （元）仇遠撰 （清）陸錫熊等輯 清同治十三年(1874)江西書局刻本 二冊

110000－0102－0017018 丙四/5617 集部/集評類/詩評

碧溪詩話十卷 （宋）黃徹撰 （清）陸錫熊等校 清同治十三年(1874)江西書局刻本 一冊

110000－0102－0017019 丙四/5621 集部/別集類/清

望溪文集三十二卷 （清）方苞撰 清咸豐元年(1851)味經山館刻本 十冊

110000－0102－0017020 丙四/5622 集部/別集類/清

泛梗集八卷 （清）吳之章撰 清道光刻本 二冊

110000－0102－0017021 丙四/5623 集部/別集類/明

史忠正公集四卷首一卷末一卷 （明）史可法撰 清光緒二十三年(1897)湘南書局刻本 三冊

110000－0102－0017022 丙四/5629 集部/

別集類/清

龍泉園集十二卷 （清）李江撰　清光緒二十年(1894)薊州李氏刻本　四冊

110000－0102－0017023　丙四/5630　集部/總集類/文

西泠五布衣遺著 （清）丁敬輯　清同治十二年(1873)錢塘丁氏當歸草堂刻本　七冊

110000－0102－0017024　丙四/5633　集部/別集類/宋

徐騎省集三十卷 （宋）徐鉉撰　清光緒十七年(1891)金陵書局刻本　六冊

110000－0102－0017025　丙四/5634　集部/總集類/文/通代/編選

古文一隅三卷 （清）朱宗洛輯　清宣統錫山朱氏鉛印本　一冊

110000－0102－0017026　丙四/5637　集部/總集類/文/通代/編選

古文詞略讀本二十四卷 （清）梅曾亮輯　清光緒三十一年(1905)京師宏道學舍鉛印本　四冊

110000－0102－0017027　丙四/5639　集部/別集類/宋

朱子文集一百二十卷 （宋）朱熹撰　清同治十二年(1873)求我齋刻本　二十四冊

110000－0102－0017028　丙四/5640　集部/總集類

新安吳氏詩文存 （清）吳蔭培輯　清宣統二年(1910)刻本　一冊

110000－0102－0017029　丙四/5641　集部/總集類

新安吳氏詩文存 （清）吳蔭培輯　清宣統二年(1910)刻本　一冊

110000－0102－0017030　丙四/5642　集部/別集類/清

定盦文集六卷續四卷 （清）龔自珍撰　清同治七年(1868)錢塘吳氏刻本　六冊

110000－0102－0017031　丙四/5645　集部/

總集類/詩/地方

江西詩徵九十四卷 （清）曾燠輯　清嘉慶九年(1804)賞雨茅屋刻本　二十七冊　缺四十二卷(一至二、九至十、十七至十八、二十三至二十六、三十一至三十四、三十七至三十八、四十七至五十、五十七至六十、六十七至六十八、七十三至七十四、七十七至九十)

110000－0102－0017032　丙四/5646　集部/別集類/清

左文襄公全集 （清）左宗棠撰　清光緒十六年至十七年(1890－1891)刻本　一百〇一冊

110000－0102－0017033　丙四/5647　集部/別集類/清

冬暄草堂遺詩二卷 （清）陳豪撰　清宣統二年(1910)刻本　二冊

110000－0102－0017034　丙四/5648　集部/別集類/明

明義僧擔公遺詩 （明）釋普荷撰　清宣統元年(1909)鉛印本　一冊

110000－0102－0017035　丙四/5649　集部/別集類/清

邁堂文略四卷明論一卷 （清）李祖陶撰　清同治四年(1865)敖陽尚友樓刻本　五冊

110000－0102－0017036　丙四/5650　集部/總集類/文/通代/編選

古文苑二十一卷 （宋）章樵注　清光緒十二年(1886)蘇州書局刻本　四冊

110000－0102－0017037　丙四/5651　集部/總集類/詩/地方

國朝湖州詩續錄十六卷 （清）鄭估輯　清道光十一年(1831)小穀口刻本　八冊

110000－0102－0017038　丙四/5652　集部/曲類/曲別集/傳奇

玉獅堂傳奇十種 （清）陳烺撰　（清）宗山校　清光緒十一年(1885)武林刻本　十冊

110000－0102－0017039　丙四/5654　集部/別集類/清

庸盦文編四卷 （清）薛福成撰　清光緒十四

年(1888)刻本　四冊

110000－0102－0017040　丙四/5655　集部/
總集類/文/家族

河南二程全書二十六卷　（宋）程顥　（宋）程
頤撰　清刻本　十一冊

110000－0102－0017041　丙四/5659　集部/
總集類/文/雜錄

回文類聚十卷續編四卷　（宋）桑世昌撰
（清）朱象賢增輯　清麟玉堂刻本　四冊

110000－0102－0017042　丙四/5663　集部/
別集類/清

口頭草　（清）釋嘯溪撰　清道光四年(1824)
刻本　一冊

110000－0102－0017043　丙四/5664　集部/
別集類/民國

抱潤軒文集十卷　馬其昶撰　清宣統元年
(1909)安徽官紙印刷局石印本　一冊

110000－0102－0017044　丙四/5688　集部/
別集類/清

南山全集十六卷　（清）戴名世撰　清道光二
十一年(1841)刻本　八冊

110000－0102－0017045　丙四/5695　集部/
總集類/文/通代/編選

駢體文鈔三十一卷　（清）李兆洛編　清光緒
三十四年(1908)蘇州振新書社刻本　八冊

110000－0102－0017046　丙四/5698　集部/
別集類/清

味雪堂遺集　（清）林賀峒撰　清宣統三年
(1911)刻本　一冊

110000－0102－0017047　丙四/5701　集部/
總集類/詩/地方

凌雲詩鈔八卷　（清）釋達徹輯　清嘉慶二年
(1797)嘉州凌雲山刻本　一冊

110000－0102－0017048　丙四/5706　集部/
詞類/詞總集/斷代

國朝詞綜四十八卷二集八卷　（清）王昶纂
清嘉慶七年(1802)蘇州綠蔭堂刻本　十一冊

110000－0102－0017049　丙四/5707　集部/
詞類/詞總集/斷代

明詞綜十二卷　（清）王昶纂　清嘉慶七年
(1802)蘇州綠蔭堂刻本　一冊

110000－0102－0017050　丙四/5713　集部/
別集類/清

求益齋全集二十卷　（清）強汝詢撰　清光緒
二十四年(1898)江蘇書局刻本　八冊

110000－0102－0017051　丙四/5715　子部/
儒家類/清

姚江釋毀錄　（清）彭定求撰　（清）汪晉訂
清光緒七年(1881)雍熙堂刻本　一冊

110000－0102－0017052　丙四/5716　集部/
別集類/清

南畇文稿十二卷　（清）彭定求撰　清光緒六
年(1880)長洲彭氏刻本　六冊

110000－0102－0017053　丙四/5719　集部/
別集類/清

馬孝女遺稿六卷　（清）馬延淑撰　清宣統二
年(1910)鉛印本　三冊

110000－0102－0017054　丙四/5721　集部/
別集類/清

大山詩集五卷　（清）劉巖撰　清光緒三十一
年(1905)鉛印思園叢書本　二冊

110000－0102－0017055　丙四/5722　集部/
別集類/明

擔公遺詩　（明）釋晉荷撰　清宣統元年
(1909)鉛印本　一冊

110000－0102－0017056　丙四/5724　集部/
總集類/詩/通代

濂洛風雅六卷　（宋）金履祥輯　（清）胡鳳丹
校　清同治至光緒胡氏退補齋刻本　一冊

110000－0102－0017057　丙四/5725　集部/
別集類/宋

白石道人詩集二卷集外詩一卷詩附錄一卷歌
曲四卷歌曲別集一卷　（宋）姜夔撰　清乾隆
八年(1743)刻本　二冊

110000－0102－0017058　丙四/5726　集部/別集類/清

修月山房詩鈔四卷　（清）吳麗生撰　清光緒二十二年(1896)刻本　一冊

110000－0102－0017059　丙四/5728　集部/別集類/清

尊聞居士集八卷　（清）羅有高撰　（清）彭紹升輯　清光緒八年(1882)刻本　二冊

110000－0102－0017060　丙四/5737　集部/別集類/明

石閭集　（明）蔣易撰　清宣統二年(1910)京師晨風閣刻本　一冊

110000－0102－0017061　丙四/5738　集部/別集類/明

石閭集　（明）蔣易撰　清宣統二年(1910)京師晨風閣刻本　一冊

110000－0102－0017062　丙四/5739　集部/別集類/清

觀河集四卷　（清）邵彭升撰　清光緒四年(1878)刻本　一冊

110000－0102－0017063　丙四/5740　集部/別集類/清

松風閣詩鈔二十六卷　（清）彭蘊章撰　清同治三年(1864)刻本　六冊

110000－0102－0017064　丙四/5741　集部/別集類/清

善卷堂四六十卷　（清）陸繁弨撰　（清）吳自高注　清道光鑒茲堂刻本　四冊

110000－0102－0017065　丙四/5748　集部/別集類/唐至五代

李長吉集四卷外集一卷　（唐）李賀撰　清光緒十八年(1892)羊城葉氏刻朱墨套印本　二冊

110000－0102－0017066　丙四/5750　集部/別集類/清

選樓集句四卷　（清）許祥光撰　清道光二十年(1840)刻本　一冊

110000－0102－0017067　丙四/5753　集部/別集類/清

轅下吟編　（清）吳繡虎撰　清咸豐七年(1857)刻本　一冊

110000－0102－0017068　丙四/5754　集部/別集類/清

鶴巢詩存三卷　（清）顧淳慶撰　清光緒十二年(1886)刻本　一冊

110000－0102－0017069　丙四/5759　集部/別集類/清

味陶軒集　（清）吳載勳撰　清宣統二年(1910)刻本　一冊

110000－0102－0017070　丙四/5760　集部/別集類/清

味陶軒集　（清）吳載勳撰　清宣統二年(1910)刻本　一冊

110000－0102－0017071　丙四/5763　集部/別集類/清

濯絳宦詞　（清）劉毓盤撰　清光緒二十七年(1901)刻本　一冊

110000－0102－0017072　丙四/5765　集部/別集類/清

俞俞齋文稿初集四卷俞俞齋詩稿初集二卷俞俞齋詩餘一卷　（清）史念祖撰　清光緒三十二年(1906)廣陵刻本　六冊

110000－0102－0017073　丙四/5766　集部/別集類/清

南畇詩稿十卷續四卷　（清）彭定求撰　清光緒七年(1881)刻本　六冊

110000－0102－0017074　丙四/5767　叢部/自著叢書/明

陽明先生集要三編十五卷年譜一卷　（明）王守仁撰　（明）施邦曜輯　清光緒三十二年(1906)桂林書局刻本　十冊

110000－0102－0017075　丙四/5769　集部/別集類/清

大小雅堂詩集　（清）承齡撰　清光緒十八年(1892)刻本　一冊

110000－0102－0017076　丙四/5770　集部/別集類/明

盧忠肅公集十二卷　（明）盧象昇撰　清光緒三十四年(1908)宜興盧氏刻本　八冊

110000－0102－0017077　丙四/5771　集部/總集類/文/地方

湖南文徵一百三十五卷目錄六卷首一卷　（清）羅汝懷輯　清同治十年(1871)湘潭羅氏刻本　一百冊

110000－0102－0017078　丙四/5772　集部/總集類/文/地方

湖南文徵一百三十五卷目錄六卷首一卷　（清）羅汝懷輯　清同治十年(1871)湘潭羅氏刻本　一百冊

110000－0102－0017079　丙四/5773　集部/別集類/清

曾文正公全集一百五十六卷　（清）曾國藩撰　清光緒二年(1876)傳忠書局刻本　一百三十二冊　缺一卷(奏稿六)

110000－0102－0017080　丙四/5775　集部/詞類/詞別集/清

考功詞　（清）鄭守廉撰　清光緒二十八年(1902)武昌書局刻本　一冊

110000－0102－0017081　丙四/5776　集部/別集類/清

自然好學齋詩鈔十卷　（清）汪端撰　清同治十三年(1874)汪氏刻本　三冊

110000－0102－0017082　丙四/5778　集部/別集類/宋

文信國公集二十卷　（宋）文天祥撰　清同治七年(1868)楚醴景萊書室刻本　十四冊

110000－0102－0017083　丙四/5781　集部/別集類/清

淮海集十七卷後集二卷詞一卷補遺一卷　（宋）秦觀撰　清道光十七年(1837)高郵王氏刻本　四冊

110000－0102－0017084　丙四/5784　集部/別集類/漢至隋

庾子山集十六卷首一卷總釋一卷　（南朝梁）庾信撰　（清）倪璠注　清同治八年(1869)刻本　十二冊

110000－0102－0017085　丙四/5785　集部/別集類/清

塞垣集六卷　（清）王定安撰　清宣統三年(1911)北京京華印書局鉛印本　一冊

110000－0102－0017086　丙四/5789　集部/別集類/民國

畏廬文集　林紓撰　清宣統二年(1910)上海商務印書館鉛印本　一冊

110000－0102－0017087　丙四/5790　集部/楚辭類/楚辭

楚辭八卷後語六卷　（宋）朱熹集注　清光緒八年(1882)江蘇書局刻本　四冊

110000－0102－0017088　丙四/5797　集部/別集類/清

香聞遺集四卷　（清）薛起鳳撰　清光緒十一年(1885)湖北撫署刻本　一冊

110000－0102－0017089　丙四/5799　集部/集評類/詩評/詩話

歲寒堂詩話二卷　（宋）張戒撰　（清）紀昀等校　清同治十三年(1874)南昌江西書局刻本　一冊

110000－0102－0017090　丙四/5800　集部/別集類/清

留春草堂詩鈔七卷　（清）伊秉綬撰　清嘉慶刻本　四冊

110000－0102－0017091　丙四/5802　集部/別集類/唐至五代

錢注杜工部集二十卷　（唐）杜甫撰　（清）錢謙益注　清宣統二年(1910)上海扶輪國學社鉛印本　八冊

110000－0102－0017092　丙四/5806　集部/別集類/清

戴南山文集十六卷　（清）戴名世撰　清宣統二年(1910)秀野軒刻本　八冊

110000－0102－0017093　丙四/5808　集部/詞類/詞總集/通代

周氏詞辨二卷　（清）周濟編　清光緒四年(1878)刻本　一冊

110000－0102－0017094　丙四/5809　集部/詞類/詞總集/通代

周氏詞辨二卷　（清）周濟編　清光緒四年(1878)刻本　一冊

110000－0102－0017095　丙四/5812　集部/別集類/清

蘦蒔山莊駢散芟存　（清）吳修祐撰　清末刻本　一冊

110000－0102－0017096　丙四/5813　集部/詞類/詞總集/斷代

絕妙好詞七卷　（宋）周密輯　清道光八年(1828)清冷堂刻本　四冊

110000－0102－0017097　丙四/5814　集部/別集類/清

散原精舍詩二卷　（清）陳三立撰　清宣統元年(1909)鉛印本　二冊

110000－0102－0017098　丙四/5819　集部/別集類/清

固菴自定草四卷　（清）舒紹基撰　清宣統元年(1909)金陵鉛印本　二冊

110000－0102－0017099　丙四/5821　集部/總集類/詩/地方

南洋勸業會雜詠二卷　王葆楨編　清宣統二年(1910)鉛印本　二冊

110000－0102－0017100　丙四/5822　集部/集評類/詩評

詩學要言　（清）鄔啟祚輯　清宣統三年(1911)番禺鄔氏刻本　一冊

110000－0102－0017101　丙四/5826　集部/別集類/清

石遺室文集十二卷　陳衍撰　清光緒三十二年(1906)刻本　二冊

110000－0102－0017102　丙四/5827　集部/總集類/詩/斷代/清

同岑五家詩鈔　（清）趙函等撰　清道光九年(1829)刻本　五冊　缺一種(真松閣集)

110000－0102－0017103　丙四/5828　集部/別集類/清

歸樸龕叢稿十二卷續編四卷年譜一卷　（清）彭蘊章撰　（清）翁同龢編　清光緒三十四年(1908)長洲彭氏刻本　八冊

110000－0102－0017104　丙四/5829　集部/別集類/清

測海集六卷　（清）彭紹升撰　清同治四年(1865)刻本　二冊

110000－0102－0017105　丙四/5830　集部/別集類/清

無近名齋文鈔四卷雜著四卷　（清）彭翊撰　清光緒十年(1884)彭氏刻本　四冊

110000－0102－0017106　丙四/5833　集部/總集類/文/地方

滇南文略四十七卷　（清）袁文揆　（清）張登瀛同輯　清嘉慶七年(1802)肆雅堂刻本　四十四冊

110000－0102－0017107　丙四/5834　集部/別集類/明

金忠節公文集　（明）金聲撰　清光緒十四年(1888)黟邑李氏刻本　四冊

110000－0102－0017108　丙四/5837　集部/總集類/詩/雜錄/唱和

唱和續集八卷　（清）六潭居士編　清光緒二十四年(1898)刻本　八冊

110000－0102－0017109　丙四/5842　集部/別集類/清

畺廬詩鈔十六卷　（清）曾炎權撰　清宣統三年(1911)刻本　四冊

110000－0102－0017110　丙四/5843　集部/別集類/唐至五代

柳河東集四十五卷　（唐）柳宗元撰　清道光四年(1824)廣州雙梧居刻本　十六冊

110000－0102－0017111　丙四/5844　集部/
集評類/詩評

圓機活法詩學全書二十四卷　（明）王世貞編
　　清文錦堂刻本　七冊

110000－0102－0017112　丙四/5845　集部/
集評類/詩評

圓機韻學活法全書二十四卷　（明）王世貞編
　　清文錦堂刻本　二冊

110000－0102－0017113　丙四/5846　集部/
別集類/清

南行吟草　（清）王應垣撰　清道光十六年
(1836)雨蘿山房刻本　一冊

110000－0102－0017114　丙四/5848　集部/
別集類/明

獨漉子詩文全集十六卷　（明）陳恭尹撰　清
道光十五年(1835)羅浮陳氏刻本　八冊

110000－0102－0017115　丙四/5849　集部/
別集類/清

芝庭先生集十六卷　（清）彭啟豐撰　清光緒
二年(1876)彭氏刻本　六冊

110000－0102－0017116　丙四/5850　集部/
別集類/清

二林居集二十四卷　（清）彭紹升撰　清光緒
七年(1881)彭氏刻本　六冊

110000－0102－0017117　丙四/5851　集部/
別集類/清

柏堂集　（清）方宗誠撰　（清）彭玉麟輯　清
光緒六年(1880)刻本　三十二冊

110000－0102－0017118　丙四/5852　集部/
別集類/清

楊園先生全集五十四卷　（清）張履祥撰
（清）姚璉輯　清同治十年(1871)江蘇書局刻
本　十六冊

110000－0102－0017119　丙四/5856　集部/
別集類/清

小謨觴館詩集注八卷　（清）彭兆蓀撰　（清）
孫元培　（清）孫長熙注　清光緒二十年
(1894)泉塘汪氏刻本　十四冊

110000－0102－0017120　丙四/5861　集部/
別集類/宋

鶴山文鈔三十二卷　（宋）魏了翁撰　清同治
十三年(1874)望三益齋刻本　十冊

110000－0102－0017121　丙四/5866　集部/
總集類/詩/地方

粵東三子詩鈔十四卷　（清）張維屏等撰
（清）黃玉階編　清道光二十二年(1842)刻本
　二冊　存十三卷(二至十四)

110000－0102－0017122　丙四/5867　集部/
別集類/清

陶文毅公全集六十四卷首一卷末一卷　（清）
陶澍撰　清道光二十年(1840)淮北士民刻本
　二十四冊

110000－0102－0017123　丙四/5868　集部/
別集類/唐至五代

孫可之文集二卷　（唐）孫樵撰　清宣統二年
(1910)守政書局木活字印本　一冊

110000－0102－0017124　丙四/5869　集部/
總集類/詩/斷代/明

明三十家詩選八卷　（清）汪端輯　清同治十
二年(1873)薀蘭吟館刻本　六冊

110000－0102－0017125　丙四/5870　集部/
別集類/漢至隋

庾開府全集十六卷　（南朝梁）庾信撰　清光
緒二十年(1894)儒雅堂刻本　十二冊

110000－0102－0017126　丙四/5871　集部/
別集類/清

楊園先生全集五十四卷　（清）張履祥撰　清
同治十年(1871)江蘇書局刻本　十六冊

110000－0102－0017127　丙四/5872　集部/
別集類/宋

李延平先生文集四卷　（宋）李侗撰　（清）張
伯行輯　清同治五年(1866)福州正誼書院刻
本　二冊

110000－0102－0017128　丙四/5873　集部/
別集類/清

吳梅村詩集箋注十八卷　（清）吳偉業撰

（清）嚴榮註　清嘉慶十九年(1814)嚴榮滄浪吟榭刻本　八冊

110000－0102－0017129　丙四/5874　集部/別集類/漢至隋

徐孝穆全集六卷備考一卷　（南朝陳）徐陵撰　（清）吳兆宜箋注　清西齋別墅刻本　佚名朱筆圈點　一冊

110000－0102－0017130　丙四/5877　集部/別集類/清

周文忠公尺牘二卷　（清）周天爵撰　清同治七年(1868)蘇松太道署刻本　一冊

110000－0102－0017131　丙四/5878　集部/別集類/清

還硯齋全集　（清）趙新撰　清光緒八年(1882)黃樓刻本　八冊

110000－0102－0017132　丙四/5879　集部/總集類/詩/通代

樂府詩集一百卷　（宋）郭茂倩輯　清同治十三年(1874)湖北崇文書局刻本　十六冊

110000－0102－0017133　丙四/5881　集部/別集類/清

吳學士文集四卷詩集四卷　（清）吳鼐撰　（清）梁肇煌編　清光緒八年(1882)江寧藩署刻本　六冊

110000－0102－0017134　丙四/5882　集部/別集類/唐至五代

李翰林集三十卷　（唐）李白撰　清光緒三十二年(1906)西泠印社刻本　六冊

110000－0102－0017135　丙四/5884　集部/別集類/明

方正學先生遜志齋集七卷首一卷　（明）方孝孺撰　清同治三年(1864)刻本　七冊

110000－0102－0017136　丙四/5885　集部/總集類/文/通代/編選

古文攟逸八卷　（清）傅以成輯　清同治七年(1868)金礦堂刻本　四冊

110000－0102－0017137　丙四/5887　集部/

別集類/清

學詁齋文集二卷　（清）薛壽撰　清光緒十五年(1889)廣雅書局刻本　一冊

110000－0102－0017138　丙四/5889　集部/集評類/詩評/詩話

緒雅堂詩話二卷　（清）潘衍桐撰　清光緒十七年(1891)刻本　一冊

110000－0102－0017139　丙四/5890　集部/總集類/詩/通代

五言今體詩鈔九卷七言今體詩鈔九卷　（清）姚鼐選輯　清同治五年(1866)金陵書局刻本　二冊

110000－0102－0017140　丙四/5891　集部/集評類/總評/通論

文心雕龍十卷　（南朝梁）劉勰撰　（清）黃叔琳注　（清）紀昀評　清光緒十九年(1893)思賢講舍刻本　四冊

110000－0102－0017141　丙四/5892　集部/別集類/清

半巖廬遺集　（清）邵懿辰撰　清光緒三十四年(1908)刻本　二冊

110000－0102－0017142　丙四/5896　集部/總集類/詩/家族

吳氏一家稿八十二卷　（清）吳錫麒撰　清咸豐五年(1855)吳氏修養堂刻本　十六冊

110000－0102－0017143　丙四/5900　集部/別集類/宋

司馬溫公文集　（宋）司馬光撰　清同治四年(1865)夏縣衙署刻本　二十四冊

110000－0102－0017144　丙四/5901　集部/別集類/清

趙裘萼公賸稿四卷　（清）趙熊詔撰　（清）趙侗敦輯　清光緒五年(1879)浙江書局刻本　二冊

110000－0102－0017145　丙四/5902　集部/別集類/清

桐城吳先生全書　（清）吳汝綸撰　清光緒三十年(1904)吳氏家刻本　十七冊

110000－0102－0017146　丙四/5903　集部/別集類/清

鹿洲初集二十卷 （清）藍鼎元撰　清刻本　五冊　缺七卷(一至五、十至十一)

110000－0102－0017147　丙四/5905　集部/別集類/明

敬亭集十卷 （明）姜埰撰　清光緒十五年(1889)山東書局刻本　四冊

110000－0102－0017148　丙四/5908　集部/別集類/宋

蘇子美集十卷 （宋）蘇舜欽撰　清同治六年(1867)吳縣李氏刻本　四冊

110000－0102－0017149　丙四/5910　集部/曲類/曲別集/傳奇

清容外集 （清）蔣士銓撰　清乾隆紅雪樓刻本　八冊　缺二種(四弦秋、第二碑)

110000－0102－0017150　丙四/5916　集部/別集類/清

三魚堂全集 （清）陸隴其撰　清同治七年(1868)武林薇署刻本　六冊　存三十二卷(文集十二卷、外集六卷、全集附錄一卷、崇祀錄一卷、賸言十二卷)

110000－0102－0017151　丙四/5917　集部/別集類/明

止止堂集 （明）戚繼光撰　清光緒十四年(1888)山東書局刻本　四冊

110000－0102－0017152　丙四/5922　集部/別集類/清

香蘇山館古體詩鈔一卷今體詩鈔十九卷 （清）吳嵩梁撰　清咸豐木犀軒刻本　十冊

110000－0102－0017153　丙四/5923　集部/別集類/清

萃錦唫八卷 （清）奕訢撰　清光緒十一年(1885)刻本　五冊

110000－0102－0017154　丙四/5924　集部/集評類/詩評

詩藪十六卷 （明）胡應麟撰　清廣雅書局刻本　四冊

110000－0102－0017155　丙四/5926　經部/經總類/群經總義

句溪雜著六卷 （清）陳立撰　清光緒十三年(1887)廣雅書局刻本　一冊

110000－0102－0017156　丙四/5934　集部/總集類/文/通代/編選

古文関鍵二卷 （宋）呂祖謙輯　清光緒二十四年(1898)江蘇書局刻本　二冊

110000－0102－0017157　丙四/5936　集部/別集類/清

袁文箋正十六卷 （清）袁枚撰　（清）石韞玉輯　清光緒八年(1882)汗青簃刻本　七冊

110000－0102－0017158　丙四/5938　集部/別集類/明

少室山房集四十八卷 （明）胡應麟撰　清光緒二十二年(1896)廣雅書局刻本　六冊

110000－0102－0017159　丙四/5941　集部/總集類/詩/地方

閩詩錄五集四十卷 （清）鄭傑原輯　清宣統三年(1911)侯官陳衍刻朱印本　十冊

110000－0102－0017160　丙四/5944　集部/集評類/詩評/詩話

緝雅堂詩話 （清）潘衍桐撰　清光緒十七年(1891)杭州書局刻本　一冊

110000－0102－0017161　丙四/5945　集部/別集類/明

桐城錢飲光先生遺書三十卷 （明）錢澄之撰　清宣統二年(1910)錢氏振風學社刻本　十冊

110000－0102－0017162　丙四/5946　集部/別集類/明

桐城錢飲光先生遺書三十卷 （明）錢澄之撰　清宣統二年(1910)錢氏振風學社刻本　十冊

110000－0102－0017163　丙四/5947　集部/別集類/遼金元

元遺山詩集箋注十四卷首一卷末一卷 （金）元好問撰　（清）施國祁箋注　清道光二年(1822)南潯蔣氏瑞松堂刻本　四冊

110000－0102－0017164　　丙四/5948　　集部/
別集類/唐至五代

韓集補注　（唐）韓愈撰　（清）沈欽韓補注
清光緒十七年(1891)廣東書局刻本　一冊

110000－0102－0017165　　丙四/5949　　集部/
總集類/文/斷代/遼金元

金文雅十六卷　（清）莊仲方編　清光緒十七
年(1891)江蘇書局刻本　四冊

110000－0102－0017166　　丙四/5953　　集部/
別集類/唐至五代

杜詩鏡銓二十卷　（唐）杜甫撰　（清）楊倫輯
注　清同治十一年(1872)望三益齋刻本　十
二冊

110000－0102－0017167　　丙四/5957　　集部/
別集類/清

培遠堂手劄節存三卷　（清）陳弘謀撰　清光
緒浙江書局刻本　三冊

110000－0102－0017168　　丙四/5958　　集部/
別集類/宋

范石湖詩集註三卷　（宋）范成大撰　（清）沈
欽韓註　清光緒十九年(1893)廣雅書局刻本
一冊

110000－0102－0017169　　丙四/5959　　集部/
集評類/文評/專評

四六叢話三十三卷　（清）孫梅輯　清光緒七
年(1881)吳下刻本　十二冊

110000－0102－0017170　　丙四/5960　　集部/
別集類/宋

蘇詩查註補四卷　（清）沈欽韓撰　清光緒二
十年(1894)廣雅書局刻本　二冊

110000－0102－0017171　　丙四/5961　　集部/
總集類/文/斷代/宋

宋文鑑一百五十卷　（宋）呂祖謙輯　清刻本
二十四冊

110000－0102－0017172　　丙四/5962　　集部/
總集類/文/斷代/遼金元

金文最六十卷　（清）張金吾輯　清光緒二十
一年(1895)蘇州書局刻本　十六冊

110000－0102－0017173　　丙四/5963　　集部/
別集類/清

篤素堂集鈔三卷　（清）張英撰　清光緒十七
年(1891)江蘇書局刻本　一冊

110000－0102－0017174　　丙四/5968　　史部/
別史、雜史類

眉山詩案廣證六卷　（清）張鑑撰　清光緒十
一年(1885)江蘇書局刻本　二冊

110000－0102－0017175　　丙四/5969　　集部/
總集類/詩/地方

楚庭耆舊遺詩前集二十一卷　（清）伍崇曜輯
清道光二十三年(1843)南海伍氏刻本　十
二冊

110000－0102－0017176　　丙四/5970　　集部/
總集類/文/斷代/宋

南宋文錄錄二十四卷　（清）董兆熊輯　清光
緒十七年(1891)江蘇書局刻本　六冊

110000－0102－0017177　　丙四/5972　　集部/
別集類/清

洪北江詩文集　（清）洪亮吉撰　清乾隆至嘉
慶刻本　二十冊

110000－0102－0017178　　丙四/5973　　集部/
別集類/清

西圃集十卷　（清）潘遵祁撰　清同治十一年
(1872)刻本　二冊

110000－0102－0017179　　丙四/5974　　集部/
別集類/清

消愁集二卷　（清）郭沈　蔣英撰　清光緒三
十三年(1907)刻本　一冊

110000－0102－0017180　　丙四/5975　　集部/
別集類/清

退思軒詩集六卷補遺一卷　（清）張百熙撰
清宣統三年(1911)武昌曹氏仿宋刻本　二冊

110000－0102－0017181　　丙四/5977　　集部/
別集類/清

澌嗖存愚二卷　（清）李清植撰　清光緒十八
年(1892)浙江書局刻本　一冊

110000－0102－0017182　丙四/5978　集部/
楚辭類/楚辭

楚辭集注　（宋）朱熹集注　清光緒三年
(1877)湖北書局刻本　二冊

110000－0102－0017183　丙四/5979　集部/
楚辭類/楚辭

屈原賦注十二卷　（清）戴震注　清光緒十七
年(1891)廣雅書局刻本　一冊

110000－0102－0017184　丙四/5980　集部/
集評類/文評/專評

楚辭辯證二卷　（宋）朱熹撰　清光緒三年
(1877)湖北書局刻本　一冊

110000－0102－0017185　丙四/5981　集部/
楚辭類/楚辭

楚辭天問箋　（清）丁晏撰　清咸豐四年
(1854)廣雅書局刻本　一冊

110000－0102－0017186　丙四/5982　集部/
楚辭類/離騷

離騷彙訂　（清）王邦采輯　清光緒二十六年
(1900)廣雅書局刻本　二冊

110000－0102－0017187　丙四/5985　集部/
別集類/明

宋布衣文集　（明）宋登春撰　清末刻本
一冊

110000－0102－0017188　丙四/5986　集部/
別集類/唐至五代

劉賓客文集三十卷外集十卷　（唐）劉禹錫撰
　清光緒三十一年(1905)仁和朱氏刻結一廬
朱氏賸餘叢書本　五冊

110000－0102－0017189　丙四/5987　集部/
別集類/唐至五代

司空表聖文集十卷　（唐）司空圖撰　清光緒
三十一年(1905)仁和朱氏刻結一廬朱氏賸餘
叢書本　一冊

110000－0102－0017190　丙四/5989　集部/
別集類/民國

似昇長生冊　周嵩堯撰　清宣統三年(1911)
刻本　一冊

110000－0102－0017191　丙四/5991　集部/
別集類/清

藝風堂文集七卷外篇一卷　繆荃孫撰　清光
緒二十六年(1900)刻本　四冊

110000－0102－0017192　丙四/5995　集部/
別集類/清

雕菰樓集二十四卷　（清）焦循撰　清道光四
年(1824)蘇州文學山房聚珍仿宋鉛印本
八冊

110000－0102－0017193　丙四/5996　集部/
別集類/清

濂亭文集八卷　（清）張裕釗撰　清光緒八年
(1882)蘇州查氏木漸齋刻本　四冊

110000－0102－0017194　丙四/5999　集部/
別集類/漢至隋

蘇寫陶淵明集十卷　（晉）陶潛撰　清光緒五
年(1879)番禺俞氏刻本　二冊

110000－0102－0017195　丙四/6001　集部/
別集類/清

梅村家藏槀五十八卷詩補遺一卷文補遺一卷
　（清）吳偉業撰　清宣統三年(1911)誦芬室
刻本　八冊

110000－0102－0017196　丙四/6005　經部/
小學類/文字/訓蒙

李氏蒙求補注六卷　（唐）李翰撰　（清）金三
俊輯　清刻本　二冊

110000－0102－0017197　丙四/6006　集部/
總集類/文/通代/編選

正續古文辭類纂三十四卷　（清）姚鼐輯　清
光緒三十三年(1907)上海商務印書館鉛印本
十二冊

110000－0102－0017198　丙四/6007　集部/
總集類/文/雜錄/課藝

時藝階八卷　（清）路德輯　清光緒十年
(1884)江左書林刻本　八冊

110000－0102－0017199　丙四/6008　集部/
總集類/詩/斷代/唐至五代

唐詩三百首注疏六卷　（清）蘅塘退士編

（清）章燮注　清道光二十一年（1841）會文堂刻本　六冊

110000－0102－0017200　丙四/6012　集部/集評類/總評/通論

文心雕龍十卷　（南朝梁）劉勰撰　（清）黃叔琳注　（清）紀昀評　清道光十三年（1833）粵東翰墨園刻朱墨套印本　四冊

110000－0102－0017201　丙四/6015　集部/總集類/詩/通代

歷朝詩要十卷　（清）李元春輯　清道光三十年（1850）刻本　十冊

110000－0102－0017202　丙四/6016　集部/總集類/文/雜錄/課藝

同館賦續鈔十八卷　（清）徐桐輯　清光緒十六年（1890）翰林院刻本　十六冊

110000－0102－0017203　丙四/6017　集部/總集類/文/通代/編選

五朝文鐸二十卷　（清）李壽萱編　清光緒十七年（1891）敘州府學署刻本　十二冊

110000－0102－0017204　丙四/6018　集部/別集類/明

方正學先生遜志齋集二十四卷　（明）方孝孺撰　清同治十二年（1873）吳縣孫氏刻本　二十冊

110000－0102－0017205　丙四/6019　集部/別集類/明

太師誠意伯劉文成公集二十卷首一卷　（明）劉基撰　清光緒二十六年（1900）浙江書局刻本　十冊

110000－0102－0017206　丙四/6020　集部/別集類/清

胡文忠公遺集八十六卷　（清）胡林翼撰　清同治六年（1867）李氏黃鶴樓刻本　三十二冊

110000－0102－0017207　丙四/6022　集部/總集類/詩/斷代/唐至五代

古唐詩合解十六卷　（清）王堯衢輯注　清末泰山堂刻本　六冊

110000－0102－0017208　丙四/6024　集部/詞類/詞選/斷代/宋

絕妙好詞箋八卷　（宋）周密輯　（清）查為仁等注　清道光八年（1828）錢塘徐氏刻本　四冊

110000－0102－0017209　丙四/6025　子部/宗教類/道教

陰隲文制藝試帖合璧　（清）顧南琴撰　清光緒五年（1879）京都秀義齋刻本　二冊

110000－0102－0017210　丙四/6026　集部/小說類/章回

第一才子書十九卷首一卷一百二十回　（明）羅貫中撰　（清）毛宗崗評　清末刻本　二十冊

110000－0102－0017211　丙四/6027　叢部/自著叢書/清中晚期

海陽竹林人消夏錄　（清）汪汲撰　清嘉慶古愚山房刻本　七冊

110000－0102－0017212　丙四/6028　集部/別集類/清

惜抱軒集四十二卷　（清）姚鼐撰　清嘉慶十三年（1808）刻本　八冊

110000－0102－0017213　丙四/6029　集部/別集類/唐至五代

王子安集十六卷　（唐）王勃撰　清同治十二年（1873）鄒氏叢雅居刻本　八冊

110000－0102－0017214　丙四/6030　集部/總集類/文/雜錄/課藝

蜀秀集九卷　（清）譚宗浚撰　清光緒五年（1879）成都試院刻本　六冊

110000－0102－0017215　丙四/6034　集部/別集類/唐至五代

柳文惠公全集四十三卷別集二卷外集二卷　（唐）柳宗元撰　（唐）劉禹錫編　清同治七年（1868）柳氏祠堂刻本　八冊

110000－0102－0017216　丙四/6036　集部/別集類/宋

岳忠武王文集八卷首一卷末一卷　（宋）岳飛

撰　（清）黃邦寧輯　清同治十一年(1872)刻本　四冊

110000－0102－0017217　丙四/6037　集部/別集類/清

韞山堂時文　（清）管世銘撰　清光緒六年(1880)湖南書局刻本　四冊

110000－0102－0017218　丙四/6040　集部/別集類/明

劉子全書遺編二十四卷　（明）劉宗周撰（清）沈復粲輯　清光緒十八年(1892)刻本　十二冊

110000－0102－0017219　丙四/6041　集部/別集類/宋

劍南詩鈔　（宋）陸游撰　清光緒五年(1879)善成堂刻本　八冊

110000－0102－0017220　丙四/6043　子部/雜家類/雜考

求闕齋讀書錄十卷　（清）曾國藩撰　清光緒二年(1876)都門龍文齋刻本　四冊

110000－0102－0017221　丙四/6045　集部/別集類/清

樊榭山房集　（清）厲鶚撰　清光緒十年(1884)錢唐汪氏振綺堂刻本　十二冊

110000－0102－0017222　丙四/6046　集部/總集類/文/通代/編選

古文觀止六卷　（清）吳乘權選輯　清光緒二十八年(1902)善成堂刻本　六冊

110000－0102－0017223　丙四/6047　集部/別集類/清

佩蘅詩鈔八卷　（清）寶鋆撰　清咸豐九年(1859)刻本　四冊

110000－0102－0017224　丙四/6048　集部/別集類/清

儀顧堂集十六卷　（清）陸心源撰　清同治十三年(1874)福州刻本　四冊

110000－0102－0017225　丙四/6049　集部/別集類/宋

王臨川全集一百卷首二卷　（宋）王安石撰　清光緒九年(1883)聽香館刻本　二十四冊

110000－0102－0017226　丙四/6053　集部/別集類/明

王文成公全書三十八卷　（明）王守仁撰　清刻本　二十四冊

110000－0102－0017227　丙四/6055　集部/別集類/唐至五代

五百家注韓昌黎文集四十卷　（唐）韓愈撰（宋）魏仲舉輯注　清乾隆四十九年(1784)刻本　十四冊　缺一卷(二)

110000－0102－0017228　丙四/6057　集部/總集類/文/斷代/清

國朝文錄　（清）李祖陶輯　（清）高安彭氏等校　清道光刻本　二十三冊

110000－0102－0017229　丙四/6061　集部/總集類/文/斷代/清

國朝文錄八十二卷　（清）姚椿輯　清咸豐元年(1851)終南山館刻本　三十二冊

110000－0102－0017230　丙四/6062　集部/別集類/清

五百四峯堂詩鈔二十五卷　（清）黎簡撰　清同治十三年(1874)南海陳氏刻本　十冊

110000－0102－0017231　丙四/6063　集部/別集類/明

吳疎山先生遺集十二卷　（明）吳悌撰　清同治十年(1871)繡穀麗澤書屋刻本　四冊

110000－0102－0017232　丙四/6065　集部/別集類/清

躬恥齋文鈔二十卷　（清）宗稷辰撰　清咸豐九年(1859)越峴山館刻本　十六冊

110000－0102－0017233　丙四/6066　集部/總集類/文/家族

寧都三魏全集　（清）林時益輯　清道光二十五年(1845)易堂刻本　五十冊

110000－0102－0017234　丙四/6067　集部/別集類/宋

黃山谷詩集注內集二十卷外集十七卷別集二卷　（宋）黃庭堅撰　清刻本　十三冊

110000－0102－0017235　丙四/6068　集部/別集類/唐至五代

韓昌黎集四十卷　（唐）韓愈撰　清同治八年(1869)江蘇書局刻本　十一冊

110000－0102－0017236　丙四/6069　集部/別集類/宋

岳忠武王文集八卷首一卷末一卷　（宋）岳飛撰　（清）黃邦寧輯　清同治河南韓城師長怡刻本　四冊

110000－0102－0017237　丙四/6070　集部/總集類/文/地方

湖南文徵一百三十六卷目錄六卷姓氏傳四卷　（清）羅汝懷編輯　清同治十年(1871)刻本　九十六冊　缺八卷(國朝文九至十、一百三十至一百三十五)

110000－0102－0017238　丙四/6072　集部/別集類/清

左海文集十卷乙集駢體文二卷詩鈔六卷　（清）陳壽祺撰　清道光家刻本　十四冊

110000－0102－0017239　丙四/6073　集部/別集類/清

遠志齋文詩稿六卷　（清）葛士達撰　（清）段鎮等輯　清光緒九年(1883)刻本　六冊

110000－0102－0017240　丙四/6077　集部/總集類/文/雜錄/課藝

成均課士錄十六卷　（清）張百熙輯　清光緒二十三年(1897)北京修文堂刻本　八冊

110000－0102－0017241　丙四/6078　集部/別集類/清

藤花吟館詩錄　（清）陳榮仁撰　清光緒八年(1882)縮綽堂鉛印本　二冊

110000－0102－0017242　丙四/6079　集部/曲類/曲別集/傳奇

坦園傳奇六種　（清）楊恩壽填詞　（清）楊彤壽正譜　（清）曾傳均評文　清光緒元年(1875)長沙楊氏坦園刻本　四冊

110000－0102－0017243　丙四/6080　集部/總集類/文/斷代/清

湖海文傳七十五卷　（清）王昶輯　清道光十七年(1837)經訓堂刻本　十六冊

110000－0102－0017244　丙四/6081　集部/總集類/文/通代

回文類聚十四卷　（宋）桑世昌輯　（清）朱象賢續編　清裕文堂刻本　八冊

110000－0102－0017245　丙四/6085　集部/別集類/清

胡天游文鈔六卷　（清）胡天游撰　清宣統元年(1909)國學扶輪社鉛印本　四冊

110000－0102－0017246　丙四/6086　集部/別集類/清

聊齋文集二卷　（清）蒲松齡撰　清宣統元年(1909)國學扶輪社鉛印本　二冊

110000－0102－0017247　丙四/6087　集部/別集類/清

錢牧齋文鈔　（清）錢謙益撰　清宣統元年(1909)國學扶輪社鉛印本　四冊

110000－0102－0017248　丙四/6088　集部/別集類/清

吳摯甫尺牘十卷　（清）吳汝綸撰　清宣統二年(1910)國學扶輪社鉛印本　十二冊

110000－0102－0017249　丙四/6089　集部/別集類/清

洪北江文集四卷　（清）洪亮吉撰　清宣統二年(1910)上海國學扶輪社鉛印本　二冊

110000－0102－0017250　丙四/6091　集部/別集類/清

紫竹山房文纂三卷附補遺　（清）陳兆崙撰　清嘉慶二十四年(1819)刻本　六冊

110000－0102－0017251　丙四/6095　集部/別集類/清

揅經室集五十六卷　（清）阮元撰　清道光文選樓刻本　二十四冊

110000－0102－0017252　丙四/6098　集部/

別集類/清

孫淵如先生全集　（清）孫星衍撰　清光緒二十年(1894)湖南思賢書局刻本　十冊

110000－0102－0017253　丙四/6105　集部/別集類/宋

司馬文正公傳家集八十卷首一卷附錄一卷年譜一卷　（宋）司馬光撰　（清）陳弘謀編　清乾隆六年(1741)培遠堂刻本　十二冊

110000－0102－0017254　丙四/6106　集部/集評類/總評/通論

文心雕龍十卷　（南朝梁）劉勰撰　（清）黃叔琳輯注　清乾隆六年(1741)養素堂刻本　四冊

110000－0102－0017255　丙四/6107　集部/總集類/文/斷代/清

皇朝經世文編一百二十卷　（清）賀長齡輯　清道光七年(1827)刻本　六十冊

110000－0102－0017256　丙四/6109　集部/總集類/詩/地方

續金陵詩徵　（清）朱紹亭等輯　清光緒二十年(1894)刻本　六冊

110000－0102－0017257　丙四/6112　集部/總集類/文/斷代/清

切問齋文鈔三十卷　（清）陸燿輯　清同治八年(1869)切問齋刻本　十二冊

110000－0102－0017258　丙四/6114　集部/別集類/清

張楊園先生全集十六卷　（清）張履祥撰　清同治九年(1870)山東尚志堂刻本　六冊

110000－0102－0017259　丙四/6115　集部/別集類/清

方望溪先生文集十八卷　（清）方苞撰　（清）戴鈞衡輯　清咸豐元年(1851)刻本　十四冊

110000－0102－0017260　丙四/6116　集部/別集類/宋

蘇東坡全集一百卷　（宋）蘇軾撰　清宣統元年(1909)上海文明書局石印本　四十八冊

110000－0102－0017261　丙四/6117　集部/別集類/明

去偽齋集十卷　（明）呂坤撰　清道光七年(1827)刻本　十二冊

110000－0102－0017262　丙四/6123　集部/別集類/宋

蘇文忠公詩編注集成四十六卷　（宋）蘇軾撰　（清）王文誥輯　清光緒十四年(1888)浙江書局刻本　二十四冊

110000－0102－0017263　丙四/6127　集部/總集類/文/通代

古文淵鑒六十四卷　（清）徐乾學等編　清同治十二年(1873)浙江書局刻本　三十二冊

110000－0102－0017264　丙四/6131　集部/別集類/宋

龍川集三十卷　（宋）陳亮撰　清光緒元年(1875)湖北崇文書局刻本　十冊

110000－0102－0017265　丙四/6132　集部/別集類/清

二餘堂文稿三卷　（清）師範撰　清嘉慶刻本　三冊

110000－0102－0017266　丙四/6133　集部/總集類/文/斷代/唐至五代

文粹一百卷　（宋）姚鉉編　清光緒十六年(1890)杭州許氏榆園刻本　二十冊

110000－0102－0017267　丙四/6138　集部/總集類/文/通代/文選

重訂文選集評十五卷末一卷　（南朝梁）蕭統輯　（清）于光華重訂　清同治十一年(1872)江蘇書局刻本　十六冊

110000－0102－0017268　丙四/6140　集部/別集類/清

幼學堂文稿　（清）沈欽韓撰　清光緒廣雅書局刻本　一冊

110000－0102－0017269　丙四/6141　集部/別集類/清

廣經室文鈔　（清）劉恭冕撰　清光緒十五年(1889)廣雅書局刻本　一冊

110000－0102－0017270　丙四/6143　集部/總集類/文/通代

六朝唐賦讀本　（清）馬傳庚輯　清光緒二年（1876）京都松竹齋刻本　二冊

110000－0102－0017271　丙四/6146　集部/別集類/唐至五代

張說之文集二十五卷補遺五卷　（唐）張說撰　清光緒三十一年（1905）仁和朱氏刻結一廬朱氏膡餘叢書本　四冊

110000－0102－0017272　丙四/6149　集部/別集類/清

蒿庵集三卷拾遺一卷附錄一卷蒿庵閒話二卷　（清）張爾岐撰　清光緒十五年（1889）山東書局刻本　三冊

110000－0102－0017273　丙四/6151　集部/別集類/清

經韻樓集十二卷　（清）段玉裁撰　清光緒十年（1884）樹根齋刻本　六冊

110000－0102－0017274　丙四/6153　集部/小說類/章回

新增繡圖繪芳園全錄八十回　（清）西泠野樵撰　清光緒三十二年（1906）上海書局石印本　八冊

110000－0102－0017275　丙四/6155　集部/別集類/清

錢南園先生遺集五卷　（清）錢灃撰　清光緒十九年（1893）浙江書局刻本　二冊

110000－0102－0017276　丙四/6156　集部/總集類/地方

嚴陵集九卷　（宋）董棻輯　清光緒二十三年（1897）袁氏漸西村舍刻本　二冊

110000－0102－0017277　丙四/6157　史部/地理類/外紀

日本雜事詩　（清）黃遵憲撰　清光緒五年（1879）同文館鉛印本　一冊

110000－0102－0017278　丙四/6164　集部/總集類/詩/斷代/唐至五代

古唐詩合解十六卷　（清）王堯衢注　清光緒

二十年（1894）天津文成堂刻本　六冊

110000－0102－0017279　丙四/6170　子部/儒家類/清

顏李遺書　（清）顏元　（清）李塨撰　清光緒定州王氏刻畿輔叢書本　二十四冊

110000－0102－0017280　丙四/6171　子部/儒家類/清

顏李遺書　（清）顏元　（清）李塨撰　清光緒定州王氏刻畿輔叢書本　二十四冊

110000－0102－0017281　丙四/6174　集部/詞類/詞別集

山中白雲詞八卷　（宋）張炎撰　（清）許增校　清光緒八年（1882）娛園刻本　四冊

110000－0102－0017282　丙四/6177　集部/別集類/宋

蘇文忠公詩合註五十卷　（宋）蘇軾撰　（清）馮應榴輯　清同治九年（1870）踵息齋刻本　二十冊

110000－0102－0017283　丙四/6181　子部/類書類

悅心集四卷　（清）世宗胤禛輯　清嘉慶刻本　四冊

110000－0102－0017284　丙四/6186－1　集部/別集類/清

蠶菴集十八卷　曾廉撰　清宣統三年（1911）曾氏會輔堂刻本　十二冊

110000－0102－0017285　丙四/6191　史部/史評類/詠史

庚子都門紀事詩補　（清）延清撰　清宣統三年（1911）鉛印本　一冊

110000－0102－0017286　丙四/6193　集部/別集類/清

環天室詩集　（清）曾廣鈞撰　清宣統二年（1910）刻本　二冊

110000－0102－0017287　丙四/6194　集部/總集類/文/雜錄/書牘表啟

蘇黃尺牘二十二卷　（宋）蘇東坡　（宋）黃山

谷撰　清道光二十八年(1848)刻本　十册

110000－0102－0017288　丙四/6196　集部/
總集類/文/雜錄/書牘表啟

百大家名賢手劄　清光緒三十四年(1908)醉
二室影印本　六册

110000－0102－0017289　丙四/6197　集部/
集評類/詩評/詩話

隨園詩話十六卷補遺三卷　（清）倉山居士著
　清道光十三年(1833)刻本　八册

110000－0102－0017290　丙四/6198　集部/
總集類/文/通代/編選

唐宋八大家文讀本三十卷　（唐）韓愈等撰
（清）沈德潛編　清光緒二十四年(1898)石印
本　六册

110000－0102－0017291　丙四/6202　集部/
別集類/清

左文襄公文集五卷附詩集聯語一卷　（清）左
宗棠撰　（清）楊書霖編　清光緒十八年
(1892)石印本　四册

110000－0102－0017292　丙四/6203　集部/
總集類/文/斷代/清

國朝文錄八十二卷　（清）姚椿輯　清光緒二
十六年(1900)掃葉山房石印本　十六册

110000－0102－0017293　丙四/6204　子部/
雜家類/雜纂

經史百家雜鈔　（清）曾國藩輯　清光緒三十
二年(1906)商務印書館鉛印本　十二册

110000－0102－0017294　丙四/6205　別集類/唐至五代

制詔集二十卷　（唐）常衮撰　清光緒七年
(1881)沁泉山館刻本　四册

110000－0102－0017295　丙四/6209　集部/
總集類/詩/通代

古詩源十四卷　（清）沈德潛輯　清光緒善成
堂刻本　四册

110000－0102－0017296　丙四/6210　集部/
別集類/明

王陽明先生文鈔二十卷　（明）王守仁撰
（清）張問達輯　清康熙二十八年(1689)致和
堂刻本　十六册

110000－0102－0017297　丙四/6211　集部/
別集類/唐至五代

文忠集十六卷　（唐）顏真卿撰　清刻本
二册

110000－0102－0017298　丙四/6213　集部/
總集類/文/通代/編選

王氏續古文辭類纂三十四卷　王先謙輯　清
光緒十八年(1892)席氏掃葉山房刻本　六册

110000－0102－0017299　丙四/6215　集部/
總集類/文/通代/編選

黎氏續古文辭類纂二十八卷　（清）黎庶昌輯
　清光緒十六年(1890)金陵書局刻本　十
二册

110000－0102－0017300　丙四/6216　集部/
總集類/文/斷代/清

國朝文錄八十二卷　（清）李祖陶輯　清道光
十九年(1839)瑞州鳳儀書院刻本　二十四册
　　缺二十一卷(文端公集錄二卷、文定公奏疏
錄二卷、二希堂文集錄二卷、鮚埼堂集錄四
卷、紫竹山房集錄三卷、鹿洲文集錄三卷、白
鶴堂集錄一卷、南莊類稿錄二卷、海峰文鈔錄
二卷)

110000－0102－0017301　丙四/6217　集部/
別集類/唐至五代

可之先生全集錄　（唐）孫樵撰　清遺清堂刻
本　十册

110000－0102－0017302　丙四/6218　集部/
別集類/清

甌香館集十二卷補遺二卷附錄一卷　（清）惲
格撰　清光緒元年(1875)湖北崇文書局刻本
　八册

110000－0102－0017303　丙四/6219　集部/
別集類/宋

元豐類稿五十卷　（宋）曾鞏撰　清光緒十六
年(1890)魚浦書院刻本　十册

110000－0102－0017304　丙四/6221　集部/
別集類/宋

歐陽文忠公全集一百五十三卷附錄四卷

(宋)歐陽修撰　清嘉慶二十四年(1819)歐陽
氏刻本　二十四冊

110000－0102－0017305　丙四/6222　集部/
別集類/清

**躬恥齋詩文鈔二十卷後編六卷詩十四卷首一
卷後編六卷**　(清)宗稷辰撰　清咸豐六年
(1856)刻本　二十二冊

110000－0102－0017306　丙四/6224　集部/
集評類/詩評

李義山詩集輯評三卷　(唐)李商隱撰　(清)
朱鶴齡注　(清)沈厚塽輯評　清同治九年
(1870)廣州刻本　四冊

110000－0102－0017307　丙四/6225　集部/
別集類/明

楊忠湣公全集　(明)楊繼盛撰　清道光二十
三年(1843)思補堂刻本　四冊

110000－0102－0017308　丙四/6227　集部/
別集類/明

張太岳先生全集四十七卷　(明)張居正著
清刻本　十六冊

110000－0102－0017309　丙四/6229　集部/
別集類/宋

絜齋集二十四卷　(宋)袁燮撰　清同治十三
年(1874)江西書局刻本　八冊

110000－0102－0017310　丙四/6230　集部/
總集類/文/通代/編選

刪補古今文致八卷　(明)劉士鏻選　(明)王
宇補　清刻本　八冊

110000－0102－0017311　丙四/6231　集部/
別集類/清

亭林文集六卷　(清)顧炎武著　清光緒十一
年(1885)上海掃葉山房刻本　二冊

110000－0102－0017312　丙四/6232　集部/
別集類/清

桐城吳先生全書　(清)吳汝綸撰　清光緒吳

氏家刻本　二十冊　存十八卷(易說二卷、尚
書故三卷、夏小正私箋一卷、文集四卷、詩集
一卷、諭兒書一卷、尺牘五卷、補遺一卷)

110000－0102－0017313　丙四/6233　集部/
別集類/宋

黃山谷全集二十卷　(宋)黃庭堅撰　清光緒
二十一年至二十五年(1895－1899)刻本　二
十冊

110000－0102－0017314　丙四/6234　集部/
別集類/明

張文忠公全集四十六卷附錄二卷　(明)張居
正撰　清光緒二十七年(1901)紅藤碧樹山館
刻本　十六冊

110000－0102－0017315　丙四/6235　集部/
別集類/明

楊忠烈公文集十卷　(明)楊漣撰　清刻本
六冊

110000－0102－0017316　丙四/6236　集部/
別集類/明

方孩未先生集十六卷　(明)方震孺撰　(清)
李兆洛編輯　清同治七年(1868)刻本　六冊

110000－0102－0017317　丙四/6237　集部/
集評類/詩評/通評

律詩六鈔　(清)方俊評輯　清同治九年
(1870)刻本　一冊

110000－0102－0017318　丙四/6239　集部/
別集類/清

東園集　(清)李經垿著　清刻本　一冊

110000－0102－0017319　丙四/6240　集部/
總集類/文/雜錄/格言、語錄、楹聯

楹聯叢話十二卷　(清)梁章鉅輯　清道光二
十六年(1846)刻本　二冊

110000－0102－0017320　丙四/6249　集部/
別集類/清

恕谷後集八卷　(清)李塨撰　清末刻本
二冊

110000－0102－0017321　丙四/6250　集部/

別集類/明

蔡忠烈公遺集四卷 （明）蔡道憲撰 （清）鄧顯鶴編 清光緒六年（1880）蓬萊山房刻本 四冊

110000－0102－0017322 丙四/6251 集部/別集類/唐至五代

杜工部集二十卷 （唐）杜甫撰 （清）鄭澐輯 清乾隆五十年（1785）刻本 十二冊

110000－0102－0017323 丙四/6252 集部/總集類/文/地方

國朝常州駢體文錄三十一卷附結文一卷 （清）屠寄錄 清光緒十六年（1890）刻本 六冊

110000－0102－0017324 丙四/6253 集部/別集類/清

曾惠敏公全集十七卷 （清）曾紀澤著 清光緒二十年（1894）上海石印本 四冊

110000－0102－0017325 丙四/6255 集部/總集類/文/雜錄/書牘表啟

國朝名人小簡二卷 吳曾祺輯 清宣統元年（1909）商務印書館鉛印本 二冊

110000－0102－0017326 丙四/6256 集部/總集類/文/雜錄/書牘表啟

歷代名人小簡二卷 吳曾祺輯 清宣統元年（1909）商務印書館鉛印本 二冊

110000－0102－0017327 丙四/6257 集部/總集類/文/雜錄/書牘表啟

歷代名人書劄二卷 吳曾祺輯 清宣統元年（1909）商務印書館鉛印本 二冊

110000－0102－0017328 丙四/6267 子部/宗教類/釋教

淨土文鈔二卷 清刻本 一冊

110000－0102－0017329 丙四/6268 集部/別集類/明

劉文成公文集 （明）劉基撰 （清）萬里錄 清光緒二十六年（1900）浙江書局刻本 一冊

110000－0102－0017330 丙四/6270 集部/

別集類/清

青虛山房集十一卷 （清）王太岳撰 （清）鹿傳霖輯 清光緒十九年（1893）刻本 四冊

110000－0102－0017331 丙四/6271 集部/別集類/唐至五代

昌黎先生全集錄八卷 （唐）韓愈撰 （清）儲欣錄 清刻本 八冊

110000－0102－0017332 丙四/6273 集部/別集類/清

恕谷後集十三卷 （清）李塨撰 清刻本 四冊

110000－0102－0017333 丙四/6274 集部/別集類/清

習齋記餘十卷 （清）顏元著 清光緒五年（1879）定州王氏德謙堂刻畿輔叢書本 四冊

110000－0102－0017334 丙四/6284 集部/別集類/清

澧西草堂文集八卷 （清）柏景偉撰 清光緒二十六年（1900）鉛印本 八冊

110000－0102－0017335 丙四/6285 集部/別集類/清

尉山堂稿十四卷 （清）萬解泉撰 清光緒三十二年（1906）刻本 四冊

110000－0102－0017336 丙四/6290 集部/別集類/清

崇雅堂稿八卷 （清）王植撰 清乾隆二十四年（1759）刻本 八冊

110000－0102－0017337 丙四/6292 史部/金石類/錢幣

洪氏泉志校誤四卷 （清）金嘉撰 清光緒二十年（1894）觀自得齋刻觀自得齋叢書本 二冊

110000－0102－0017338 丙四/6293 集部/別集類/宋

朱子集一百〇四卷 （宋）朱熹撰 清咸豐十年（1860）紫霞洲祠堂刻本 四十冊

110000－0102－0017339 丙四/6294 集部/

別集類/宋

劍南詩鈔 （宋）陸游撰　清刻本　一冊

110000－0102－0017340　丙四/6295　集部/
別集類/宋

騎省集鈔 （宋）徐鉉撰　清刻本　一冊

110000－0102－0017341　丙四/6298　子部/
儒家類/宋

心政經合編二卷 （宋）真德秀撰　清江蘇書
局刻本　一冊

110000－0102－0017342　丙四/6299　子部/
儒家類

先正讀書訣 （清）周永年輯　清光緒四年
(1878)刻靈鶼閣叢書本　一冊

110000－0102－0017343　丙四/6300　集部/
總集類/文/家族

河南程氏全書六十六卷 （宋）程顥　（宋）程
頤撰　（宋）尹焞輯　（清）吳廷棟校　清同治
十年(1871)六安求我齋刻本　五冊　存三十
八卷(河南程氏遺書二十五卷附錄一卷、河南
程氏外書十二卷)

110000－0102－0017344　丙四/6301　子部/
雜家類/西洋各派

心理摘要 （日本）井上圓了著　（清）沈誦清
譯　清光緒二十九年(1903)上海廣智書局鉛
印本　一冊

110000－0102－0017345　丙四/6302　子部/
雜家類/西洋各派

心理摘要 （日本）井上圓了著　（清）沈誦清
譯　清光緒二十九年(1903)上海廣智書局鉛
印本　一冊

110000－0102－0017346　丙四/6305　集部/
別集類/清

陳文恭公手劄節要 （清）陳弘謀撰　清同治
三年(1864)四川藩署刻本　一冊

110000－0102－0017347　丙四/6307　集部/
別集類/宋

施注蘇詩四十二卷 （宋）蘇軾撰　（宋）施元
之注　（清）顧嗣立刪補　清康熙三十八年

(1699)商丘宋氏宛委堂刻本　三冊　存九卷
(十八至二十三、二十七至二十九)

110000－0102－0017348　丙四/6309　史部/
金石類/金

古金待問錄四卷 （清）朱楓輯　清光緒十六
年(1890)後知不足齋刻本　二冊

110000－0102－0017349　丙四/6310　子部/
兵家類

武備新書 （清）廖壽豐輯　清光緒二十三年
(1897)刻本　五冊

110000－0102－0017350　丙四/6311　史部/
地理類/地圖、圖志

浙江圖考 （清）阮元撰　清嘉慶八年(1803)
刻揅經室文集本　一冊

110000－0102－0017351　丙四/6313　集部/
別集類/明

張太岳文集四十七卷目錄一卷 （明）張居正
撰　清江陵鄧氏二房刻本　一冊　存一卷
(目錄一卷)

110000－0102－0017352　丙四/6314　集部/
別集類/清

培遠堂手劄節存三卷 （清）陳弘謀撰　清同
治十一年(1872)江蘇書局刻本　一冊

110000－0102－0017353　丙四/6323　集部/
別集類/清

簣山堂詩鈔三十一卷 （清）王贈言撰　清嘉
慶十六年(1811)刻本　八冊

110000－0102－0017354　丙四/6329　集部/
別集類/明

楊忠烈公文集十卷附表忠錄補遺年譜二卷
（明）楊漣撰　清道光十三年(1833)世美堂刻
本　十二冊

110000－0102－0017355　丙四/6331　集部/
別集類/清

寒松閣詩八卷詞四卷附說文佚字考四卷
（清）張鳴珂撰　清光緒十九年(1893)刻本
六冊

110000 – 0102 – 0017356　丙四/6333　集部/別集類/清

亦有生齋續集七卷收庵居士自敍年譜二卷
（清）趙懷玉撰　清道光十二年（1832）刻本
三冊

110000 – 0102 – 0017357　丙四/6334　集部/別集類/清

曬書堂筆錄六卷附詩文一卷詩鈔二卷試帖一卷詩餘一卷和鳴集一卷　（清）郝懿行撰　清刻本　七冊

110000 – 0102 – 0017358　丙四/6336　集部/別集類/清

梅邨家藏稿五十八卷補一卷年譜四卷　（清）吳偉業撰　清宣統三年（1911）董氏誦芬室刻本　六冊

110000 – 0102 – 0017359　丙四/6336 – 1　集部/總集類/文/斷代/清

國朝文述八卷　（清）王塋輯　清道光二十二年（1842）藝海堂刻本　十二冊

110000 – 0102 – 0017360　丙四/6339　集部/別集類/清

世澤堂試帖遺稿　（清）多羅果敏撰　（清）載瀅輯　清光緒十三年（1887）刻本　三冊

110000 – 0102 – 0017361　丙四/6340　集部/別集類/清

世澤堂古近詩文遺稿　（清）多羅果敏撰　清光緒十五年（1889）刻本　三冊

110000 – 0102 – 0017362　丙四/6347　集部/別集類/清

秋根書室詩文集十四卷附西行記程二卷西征記一卷　（清）孟傳鑄撰　清宣統二年（1910）綠野堂刻本　八冊

110000 – 0102 – 0017363　丙四/6353　集部/總集類/詩/雜錄/酬贈慶弔

峯泖去思集　（清）顧鍾泰等撰　清光緒二十六年（1900）刻本　一冊

110000 – 0102 – 0017364　丙四/6354　集部/總集類/文/地方

暨陽輿頌　（清）徐士佳等撰　清光緒二十四年（1898）刻本　一冊

110000 – 0102 – 0017365　丙四/6355　集部/別集類/清

醉吟草六卷　（清）劉大容著　清道光二十七年（1847）刻本　一冊

110000 – 0102 – 0017366　丙四/6356　集部/別集類/清

紅樹山莊詩草四卷附黔遊草一卷　（清）劉家達撰　清光緒二十四年（1898）刻本　二冊

110000 – 0102 – 0017367　丙四/6357　集部/總集類/文/地方

當湖文擊初編二十八卷　（清）朱壬林輯　清光緒十五年（1889）孫仁積刻本　十二冊

110000 – 0102 – 0017368　丙四/6359　集部/別集類/唐至五代

韓集點勘四卷　（清）陳景雲撰　清同治九年（1870）江蘇書局刻本　一冊

110000 – 0102 – 0017369　丙四/6360　集部/別集類/清

睫闇詩鈔四卷　（清）裴景福撰　清光緒刻本　二冊

110000 – 0102 – 0017370　丙四/6373　集部/別集類/清

紅豆村人詩稿十四卷　（清）袁樹撰　清刻本　四冊

110000 – 0102 – 0017371　丙四/6374　集部/別集類/清

檜門詩存四卷附鄉賢崇祀錄　（清）金德瑛撰　清光緒二十五年（1899）刻本　二冊

110000 – 0102 – 0017372　丙四/6375　集部/別集類/清

氈底零箋　（清）董恂撰　清光緒十二年（1886）刻本　一冊

110000 – 0102 – 0017373　丙四/6376　集部/別集類/清

嘯笑齋存草八卷附詞一卷文二卷　（清）劉肇

春撰　清光緒二十一年(1895)刻本　二冊

110000－0102－0017374　丙四/6377　集部/
詞類/詞別集

情田詞三卷　(清)邵璸撰　清道光二十二年
(1842)刻本　三冊

110000－0102－0017375　丙四/6379　集部/
別集類/清

好雲樓二集十六卷　(清)李聯琇撰　清光緒
刻本　四冊

110000－0102－0017376　丙四/6380　集部/
別集類/清

梧孫行吟草六卷　(清)劉興樾撰　清道光二
十四年(1844)種墨草堂刻本　六冊

110000－0102－0017377　丙四/6384　集部/
集評類/總評

中國文學指南二卷　(清)邵伯棠撰　清宣統
二年(1910)上海會文堂石印本　二冊

110000－0102－0017378　丙四/6385　集部/
總集類/文/斷代/清

清十家四六文鈔十卷　(清)郭嵩燾輯　清光
緒十五年(1889)長沙王氏刻本　四冊

110000－0102－0017379　丙四/6388　集部/
別集類/清

世澤堂遺稿　(清)多羅果敏撰　清光緒十五
年(1889)刻本　三冊

110000－0102－0017380　丙四/6390　集部/
總集類/文/通代

東萊集註類編觀瀾文集二十五卷　(宋)林之
奇編　清影印本　四冊

110000－0102－0017381　丙四/6391　集部/
別集類/清

岑華居士蘭鯨錄八卷　(清)吳慈鶴撰　清嘉
慶十五年(1810)刻本　二冊

110000－0102－0017382　丙四/6392　集部/
別集類/清

**鳳巢山樵求是錄六卷二錄二卷續錄一卷小集
二卷**　(清)吳慈鶴撰　清道光四年(1824)刻

本　五冊

110000－0102－0017383　丙四/6397　集部/
別集類/清

藝風堂文漫存乙丁稿五卷　繆荃孫撰　清刻
本　二冊

110000－0102－0017384　丙四/6398　子部/
雜家類/雜述

茶香室續鈔二十五卷　(清)俞樾纂　清光緒
刻本　三冊

110000－0102－0017385　丙四/6400　集部/
別集類/清

西遊詩續稿二卷　(日本)尾張永久一郎著
清光緒二十六年(1900)刻本　二冊

110000－0102－0017386　丙四/6404　集部/
別集類/清

潛穎詩十卷文四卷　(清)何維棣撰　清光緒
二十七年(1901)刻本　四冊

110000－0102－0017387　丙四/6405　集部/
別集類/清

九思堂詩稿四卷　(清)多羅醇郡王撰　清同
治七年(1868)刻本　四冊

110000－0102－0017388　丙四/6408　集部/
別集類/清

二竹齋詩鈔二卷文集二卷　(清)張井撰　清
道光刻本　四冊

110000－0102－0017389　丙四/6410　集部/
別集類/清

吳學士文集四卷詩集五卷　(清)吳藹撰
(清)梁肇煌　(清)薛時雨合編　清光緒八年
(1882)江寧藩署刻本　六冊

110000－0102－0017390　丙四/6412　集部/
別集類/清

簡莊綴文六卷　(清)陳鱣撰　清嘉慶十一年
(1806)抱經堂刻本　四冊

110000－0102－0017391　丙四/6423　集部/
總集類/文/雜錄/書牘表啟

清暉堂同人尺牘彙存　(清)惲壽平輯　清咸

豐七年(1857)刻本　一冊

110000－0102－0017392　丙四/6424　集部/
別集類/清

缶廬詩四卷別存一卷　(清)吳俊卿撰　清光
緒十九年(1893)刻本　一冊

110000－0102－0017393　丙四/6425　集部/
別集類/清

四爲堂焚餘草二卷附一卷　(清)謝鵬飛撰
清光緒十九年(1893)石印本　六冊

110000－0102－0017394　丙四/6426　集部/
別集類/清

四松草堂詩略四卷　(清)宗韶撰　清光緒三
十年(1904)上海新昌書局鉛印本　四冊

110000－0102－0017395　丙四/6427　集部/
總集類/文/雜錄/格言、語錄、楹聯

蝶仙小史彙編二卷　(清)延清輯　清光緒二
十五年(1899)刻本　一冊

110000－0102－0017396　丙四/6431　集部/
總集類/詩/斷代/唐至五代

唐才子詩集八卷　(清)金雍釋　清宣統三年
(1911)國學扶輪社石印本　八冊

110000－0102－0017397　丙四/6441　集部/
別集類/清

悅雲山房詩存六卷風泉館詞存一卷　(清)劉
敦元著　清光緒二十八年(1902)天津徐氏刻
本　二冊

110000－0102－0017398　丙四/6444　集部/
別集類/清

蟲鳥吟十卷　(清)蕭德宣撰　清同治五年
(1866)刻本　四冊

110000－0102－0017399　丙四/6445　集部/
別集類/清

榕莊詩鈔二卷　(清)王錫極撰　清光緒十六
年(1890)刻本　一冊

110000－0102－0017400　丙四/6446　集部/
別集類/宋

張子全書十五卷　(宋)張載撰　(宋)朱熹注

(清)武岐山輯　清同治九年(1870)刻本
八冊

110000－0102－0017401　丙四/6447　集部/
別集類/清

胡文忠公遺集十卷首一卷　(清)胡林翼撰
(清)閻敬銘等編　清同治五年(1866)刻本
八冊

110000－0102－0017402　丙四/6449　集部/
詞類/詞總集

花間集十卷　(五代)趙崇祚集　清光緒十四
年(1888)邵武徐氏刻本　二冊

110000－0102－0017403　丙四/6451　集部/
別集類/清

荻芬書屋試帖二卷　(清)董醇撰　清咸豐八
年(1858)刻本　一冊

110000－0102－0017404　丙四/6452　集部/
別集類/清

荻芬書屋賦稿　(清)董醇撰　清咸豐九年
(1859)刻本　一冊

110000－0102－0017405　丙四/6453　子部/
類書類/類編/專錄

常談搜四卷　(清)易本烺撰　清同治三年
(1864)京山易氏刻本　一冊

110000－0102－0017406　丙四/6458　集部/
別集類/清

愛竹廬詩課　(清)郭文瀾撰　清光緒三十年
(1904)思補齋刻本　一冊

110000－0102－0017407　丙四/6460　集部/
總集類/文/地方

松陵文錄二十四卷　(清)黎庶昌等輯　清同
治十二年(1873)刻本　八冊

110000－0102－0017408　丙四/6461　集部/
總集類/詩/斷代/唐至五代

讀雪山房唐詩三十卷　(清)管世銘輯　清光
緒十二年(1886)湖北官書處刻本　十二冊

110000－0102－0017409　丙四/6468　集部/
總集類/文/通代/編選

七十家賦鈔 （清）張惠言輯 清嘉慶抄本
七冊

110000－0102－0017410 丙四/6469 集部/
總集類/詩/通代

御選唐宋詩醇四十七卷 （清）高宗弘曆選
清光緒二十一年(1895)石印本 八冊

110000－0102－0017411 丙四/6473 集部/
別集類/清

陳厚甫先生續稿 （清）陳鍾麟撰 清光緒九
年(1883)刻本 一冊

110000－0102－0017412 丙四/6474 集部/
別集類/清

王竹軒稿 （清）王本著 清同治六年(1867)
刻本 一冊

110000－0102－0017413 丙四/6480 集部/
別集類/唐至五代

絳守居園池記句讀 （唐）樊宗師撰 清刻本
一冊

110000－0102－0017414 丙四/6481 集部/
總集類/文/雜錄/酬贈慶吊

疏香閣附集附窈聞窈續 （明）葉紹袁輯 清
咸豐六年(1856)大光王氏硯緣盒刻本 一冊

110000－0102－0017415 丙四/6485 集部/
別集類/清

靜怡軒詩草 （清）毓奇著 清道光五年
(1825)刻本 一冊

110000－0102－0017416 丙四/6491 集部/
別集類/清

衷聖齋詩集二卷 （清）劉光第撰 清光緒成
都昌福公司鉛印本 一冊

110000－0102－0017417 丙四/6494 集部/
別集類

農歌集鈔 （宋）戴昺撰 秋崖小槁鈔 （宋）
方岳撰 清隽集鈔 （清）鄭震撰 清刻本
一冊

110000－0102－0017418 丙四/6499 史部/
傳記類/別傳

磨盾餘談 （清）張炳撰 清咸豐四年(1854)
刻本 一冊

110000－0102－0017419 丙四/6501 集部/
別集類/清

寄龕文存 （清）孫德祖撰 清光緒十年
(1884)刻本 四冊

110000－0102－0017420 丙四/6502 集部/
別集類/明

從野堂存稿 （明）繆昌期撰 清光緒二十一
年(1895)刻朱印本 四冊

110000－0102－0017421 丙四/6503 集部/
別集類/清

倚晴樓詩集十二卷 （清）黃燮清撰 清咸豐
七年(1857)刻本 二冊

110000－0102－0017422 丙四/6504 集部/
別集類/清

億堂詩鈔十六卷 （清）羅志讓撰 清光緒四
年(1878)刻本 四冊

110000－0102－0017423 丙四/6505 集部/
別集類/清

江冷閣文集四卷 （清）冷士嵋撰 清道光二
十七年(1847)刻本 四冊

110000－0102－0017424 丙四/6506 集部/
別集類/清

躬厚堂集十七卷 （清）張金鏞撰 清同治三
年(1864)刻本 六冊

110000－0102－0017425 丙四/6507 集部/
別集類/清

煙嶼樓文集四十卷 （清）徐士棟撰 清光緒
六年(1880)刻本 十三冊

110000－0102－0017426 丙四/6508 集部/
別集類/明

崇相集 （明）董應舉撰 清末石印本 六冊

110000－0102－0017427 丙四/6511 集部/
別集類/清

天影盦全集 （清）李壽蓉撰 清同治十二年
(1873)鉛印本 四冊

110000－0102－0017428　丙四/6514　集部/別集類/清

樂道堂文鈔四卷　（清）奕訢撰　清同治六年（1867）刻本　六冊

110000－0102－0017429　丙四/6517　集部/別集類/清

學安心室詩鈔二卷　（清）饒觀化撰　清同治二年（1863）刻本　二冊

110000－0102－0017430　丙四/6518　集部/別集類/清

竇曉湘先生集　（清）竇士鏞撰　清宣統二年（1910）鉛印本　四冊

110000－0102－0017431　丙四/6521　集部/別集類/清

朱文端公文集四卷　（清）朱軾撰　清同治十年（1871）刻本　四冊

110000－0102－0017432　丙四/6522　集部/別集類/清

雪北香南館香草齋詩鈔六卷　（清）黃任撰　清刻本　四冊

110000－0102－0017433　丙四/6525　集部/別集類/清

桂馨堂集　（清）張廷濟撰　清道光十九年（1839）嘉興張氏刻本　四冊

110000－0102－0017434　丙四/6527　集部/別集類/清

缶廬詩九卷別存一卷　（清）吳俊卿撰　清光緒十九年（1893）刻本　四冊

110000－0102－0017435　丙四/6530　集部/別集類/清

虹橋老屋遺稿　（清）孫依言撰　清光緒十五年（1889）刻本　四冊

110000－0102－0017436　丙四/6531　集部/別集類/清

敦艮齋詩存二卷　（清）徐子苓撰　清同治五年（1866）刻本　二冊

110000－0102－0017437　丙四/6532　集部/別集類/清

誰與菴文鈔二卷　（清）孫世均撰　清光緒十五年（1889）孫氏刻本　一冊

110000－0102－0017438　丙四/6533　集部/別集類/明

練中丞集二卷附錄一卷　（明）練子寧撰　清光緒九年（1883）刻本　二冊

110000－0102－0017439　丙四/6538　集部/別集類/清

當湖文繫初編　（清）朱壬林撰　清光緒十五年（1889）刻本　十二冊

110000－0102－0017440　丙四/6540　集部/別集類/清

小謨觴館全集二十一卷附錄四卷　（清）彭兆蓀撰　清光緒三十二年（1906）刻本　二十冊

110000－0102－0017441　丙四/6549　集部/別集類/清

二許先生集　（清）許新堂　（清）許雨田撰　清光緒十四年（1888）鉛印本　三冊

110000－0102－0017442　丙四/6551　集部/別集類/明

呂涇野先生文集三十八卷　（明）呂楠撰　清道光十二年（1832）關中書院刻本　八冊

110000－0102－0017443　丙四/6552　集部/別集類/明

續刻呂涇野先生文集八卷　（明）呂楠撰　清道光十二年（1832）關中刻本　八冊

110000－0102－0017444　丙四/6554　集部/別集類/宋

鐔津文集十九卷　（宋）釋契嵩撰　清光緒二十八年（1902）揚州刻本　十六冊

110000－0102－0017445　丙四/6557　集部/別集類/清

招隱山房詩鈔　（清）戴啟文撰　清光緒二十五年（1899）刻本　十五冊

110000－0102－0017446　丙四/6558　集部/總集類/詩/斷代/清

國朝詩十卷外編一卷補四卷 （清）吳翌鳳選
清嘉慶元年（1796）刻本　四冊

110000－0102－0017447　丙四/6560　集部/
詞類/詞別集

曝書亭集詞注七卷 （清）李富孫撰　清嘉慶
十九年（1814）刻本　四冊

110000－0102－0017448　丙四/6561　集部/
小說類/章回

紅樓夢評贊 （清）王雪香評　清光緒二年
（1876）刻本　三冊

110000－0102－0017449　丙四/6562　集部/
俗文學類/鼓詞

十粒金丹十七卷 （清）金愚者撰　清抄本
十七冊

110000－0102－0017450　丙四/6565　集部/
別集類/清

省齋全集十二卷 （清）牛樹梅撰　清同治十
三年（1874）刻本　六冊

110000－0102－0017451　丙四/6566　集部/
總集類/文/通代/文選

金元明八大家文選 （清）李祖陶評點　清道
光二十五年（1845）刻本　二十四冊

110000－0102－0017452　丙四/6567　集部/
別集類/宋

元憲集三十六卷 （宋）宋庠撰　清乾隆四十
二年（1777）福建刻道光二十七年（1847）重修
本　八冊

110000－0102－0017453　丙四/6568　集部/
別集類/漢至隋

曹集銓評十卷附選文一卷年譜一卷 （三國
魏）曹植撰　（清）丁晏纂　清同治十一年
（1872）金陵書局刻本　二冊

110000－0102－0017454　丙四/6570　集部/
總集類/文/斷代/遼金元

三賢文集十二卷 （元）劉靜修等撰　清光緒
二十四年（1898）刻本　十二冊

110000－0102－0017455　丙四/6571　集部/

別集類/明

明張文忠公全集四十八卷 （明）張居正撰
清光緒二十七年（1901）紅藤碧樹山館刻本
十六冊

110000－0102－0017456　丙四/6573　集部/
詞類/詞選

清綺軒詞選十三卷 （清）夏秉衡選　清光緒
二十一年（1895）刻本　四冊

110000－0102－0017457　丙四/6575　集部/
集評類/詩評/專評

瀛奎律髓刊誤四十九卷 （宋）方回原選
（清）紀昀批點　清嘉慶五年（1800）刻本　十
二冊

110000－0102－0017458　丙四/6576　集部/
總集類/詩/斷代/宋

宋四名家詩 （清）周之鱗等選　清刻本
八冊

110000－0102－0017459　丙四/6583　集部/
總集類/詩/通代

漁洋山人古詩選 （清）王士禎選　清同治五
年（1866）金陵書局刻本　十冊

110000－0102－0017460　丙四/6585　集部/
總集類/文/斷代/明

明文在一百卷 （清）薛熙纂　（清）何潔輯
清光緒十五年（1889）江蘇書局刻本　十冊

110000－0102－0017461　丙四/6587　集部/
別集類/清

梅村詩集箋注 （清）吳偉業撰　（清）吳翌鳳
箋注　清光緒十年（1884）湖北官書處刻本
十二冊

110000－0102－0017462　丙四/6588　集部/
別集類/唐至五代

昌黎先生詩集注 （唐）韓愈撰　（清）顧嗣立
刪補　清道光十七年（1837）刻本　四冊

110000－0102－0017463　丙四/6589　集部/
別集類/宋

龍川文集三十卷 （宋）陳亮撰　清同治七年
（1868）退補齋刻本　八冊

110000－0102－0017464　丙四/6590　集部/
總集類/文/家族

三蘇全集　（宋）蘇洵等撰　清道光十一年
(1831)刻本　六十四冊

110000－0102－0017465　丙四/6591　集部/
別集類/宋

宋黃文節公正集三十二卷外集二十四卷別集
十九卷續集十卷　（宋）黃庭堅撰　代檀集二
卷　（宋）黃庶撰　清光緒二十年(1894)刻本
二十八冊

110000－0102－0017466　丙四/6592　集部/
別集類/清

龔定盦全集文三卷續四卷文集補二卷文集補
編四卷　（清）龔自珍撰　清光緒二十三年
(1897)萬本書堂刻本　六冊

110000－0102－0017467　丙四/6593　集部/
別集類/宋

王臨川全集　（宋）王安石撰　清光緒九年
(1883)刻本　十六冊

110000－0102－0017468　丙四/6594　集部/
別集類/清

居業堂文集　（清）王源撰　清光緒五年
(1879)刻本　四冊

110000－0102－0017469　丙四/6595　集部/
別集類/清

望溪先生文集十八卷集外文十卷補遺二卷
（清）方苞撰　清咸豐元年(1851)刻本　十
二冊

110000－0102－0017470　丙四/6599　集部/
別集類/清

桐城吳先生文集文四卷詩一卷尺牘五卷尺牘
補遺一卷　吳汝綸撰　清光緒三十年(1904)
吳氏刻本　十冊

110000－0102－0017471　丙四/6600　集部/
總集類/文/斷代/遼金元

元文類七十卷　（元）蘇天爵輯　清光緒十五
年(1889)江蘇書局刻本　十冊

110000－0102－0017472　丙五/2　叢部/彙

編叢書/清中晚期

知不足齋叢書三十集　（清）鮑廷博輯　清乾
隆至道光長塘鮑氏刻本　二百冊　缺五集
(二十一至二十五)

110000－0102－0017473　丙五/3　叢部/彙
編叢書/清中晚期

續知不足齋叢書　（清）高承勳輯　清末渤海
高氏刻本　十六冊

110000－0102－0017474　丙五/7　叢部/彙
編叢書/清初期

檀几叢書五十卷二集五十卷餘集二卷　（清）
王晫　（清）張潮輯　清康熙三十四年(1695)
霞舉堂刻本　八冊

110000－0102－0017475　丙五/8　叢部/彙
編叢書/清中晚期

曾文正公全集一百五十六卷首一卷　（清）曾
國藩撰　清光緒二年(1876)傳忠書局刻本
一百十四冊　缺十四卷(雜著二卷、曾國藩年
譜十二卷)

110000－0102－0017476　丙五/9　叢部/彙
編叢書/清中晚期

曾文正公全集一百五十六卷首一卷　（清）曾
國藩撰　清光緒二年(1876)傳忠書局刻本
二十二冊

110000－0102－0017477　丙五/11　叢部/彙
編叢書/清中晚期

正誼堂全書　（清）張伯行編　（清）左宗棠重
輯　清同治七年(1868)福州正誼書院刻本
一百五十九冊　缺一種(諸葛武侯文集)

110000－0102－0017478　丙五/14　叢部/彙
編叢書/清中晚期

秘書廿一種　（清）汪士漢輯　清乾隆七年
(1742)刻本　二十冊

110000－0102－0017479　丙五/16　叢部/彙
編叢書/清中晚期

隨園三十種　（清）袁枚撰　清刻本　七十
二冊

110000－0102－0017480　丙五/17　叢部/彙

編叢書/清中晚期

平津館叢書 （清）孫星衍輯　清嘉慶刻本
四十五冊

110000－0102－0017481　丙五/18　叢部/彙
編叢書/清中晚期

知不足齋叢書 （清）鮑廷博輯　清乾隆四十
一年(1776)長塘鮑氏刻本　一百十二冊

110000－0102－0017482　丙五/19　叢部/彙
編叢書/清中晚期

讀畫齋叢書 （清）顧修輯　清嘉慶四年
(1799)刻本　六十二冊

110000－0102－0017483　丙五/20　叢部/彙
編叢書/清中晚期

琳琅秘室叢書 （清）胡珽編　清光緒十三年
(1887)會稽董氏雲瑞樓刻本　二十四冊

110000－0102－0017484　丙五/21　叢部/自
著叢書/清中晚期

孔氏叢書六十卷 （清）孔廣森纂　清嘉慶二
十二年(1817)刻本　十冊

110000－0102－0017485　丙五/24　叢部/彙
編叢書/清中晚期

春暉堂叢書 （清）徐渭仁輯　清道光上海徐
氏刻本　十二冊

110000－0102－0017486　丙五/25　叢部/彙
編叢書/清中晚期

湖州叢書 （清）陸心源輯　清光緒十一年
(1885)湖城義塾刻本　十六冊

110000－0102－0017487　丙五/26　叢部/彙
編叢書/清中晚期

惜陰軒叢書 （清）李錫齡輯　清光緒十四年
(1888)長沙惜陰書局刻本　九十冊

110000－0102－0017488　丙五/28　叢部/彙
編叢書/清中晚期

三長物齋叢書 （清）黃本驥編輯　清道光二
十六年(1846)刻本　八十冊

110000－0102－0017489　丙五/30　叢部/彙
編叢書/清中晚期

永嘉叢書 （清）孫衣言輯　清同治光緒里安
孫氏詒善祠塾刻本　五十六冊

110000－0102－0017490　丙五/31　叢部/自
著叢書/清中晚期

汪龍莊先生遺書 （清）汪輝祖纂　清光緒八
年至十二年(1882－1886)山東書局刻本重印
本　六冊

110000－0102－0017491　丙五/33　叢部/自
著叢書/清中晚期

潛研堂全書 （清）錢大昕撰　清光緒十年
(1884)長沙龍氏家塾刻本　九十六冊

110000－0102－0017492　丙五/34　叢部/彙
編叢書/清中晚期

結一廬朱氏賸餘叢書 （清）朱徵輯　清光緒
三十一年(1905)仁和朱氏刻本　二十冊

110000－0102－0017493　丙五/36　叢部/彙
編叢書

仰視千七百二十九鶴齋叢書四集三十種
（清）趙之謙輯　清光緒六年(1880)刻本　三
十二冊

110000－0102－0017494　丙五/37　叢部/彙
編叢書/清中晚期

學海堂叢刻 （清）□□輯　清光緒三年
(1877)刻本　十四冊

110000－0102－0017495　丙五/38　叢部/彙
編叢書/清中晚期

武林往哲遺著 （清）丁丙等輯　清光緒二十
三年(1897)嘉惠堂丁氏刻本　九十六冊

110000－0102－0017496　丙五/39　叢部/地
方叢書

紹興先正遺書 （清）徐友蘭輯　清光緒會稽
徐氏刻本　四十八冊

110000－0102－0017497　丙五/40　叢部/自
著叢書/清中晚期

船山遺書二百八十八卷補遺二卷校勘記二卷
（清）王夫之撰　清同治四年(1865)湘鄉曾
氏刻本　九十六冊

110000 - 0102 - 0017498　丙五/45　叢部/彙編叢書/清中晚期

十萬卷樓叢書　(清)陸心源輯　清光緒五年(1879)吳興陸氏刻本　四十冊

110000 - 0102 - 0017499　丙五/46　叢部/彙編叢書/清中晚期

滂喜齋叢書　(清)潘祖蔭輯　清同治光緒吳縣潘氏八喜齋刻本　三十二冊

110000 - 0102 - 0017500　丙五/48　叢部/彙編叢書/清中晚期

常州先哲遺書　盛宣懷輯　清光緒二十一年至二十四年(1895-1898)武進盛氏刻本　六十四冊

110000 - 0102 - 0017501　丙五/50　叢部/自著叢書/清中晚期

湘綺樓全書　王闓運撰　清光緒、宣統刻本　八十六冊

110000 - 0102 - 0017502　丙五/59　叢部/自著叢書/清中晚期

船山遺書　(清)王夫之撰　清同治四年(1865)湘鄉曾氏刻本　九十冊

110000 - 0102 - 0017503　丙五/60　叢部/彙編叢書/清中晚期

正誼堂全書　(清)張伯行編　(清)左宗棠重輯　清同治七年(1868)福州正誼書院刻本　一百七十五冊　缺十種(二程文集、楊龜山先生集、尹和靖先生集、羅豫章先生文集、李延平先生文集、張南軒先生文集、陳克齋先生集、許魯齋先生集、諸葛武侯文集、唐陸宣公文集)

110000 - 0102 - 0017504　丙五/62　叢部/彙編叢書/清中晚期

荒政叢書十二卷　(清)俞森輯　清宣統三年(1911)文盛書局石印本　六冊

110000 - 0102 - 0017505　丙五/68　叢部/彙編叢書/清中晚期

正誼堂全書七十七種　(清)張伯行編　(清)左宗棠重輯　清同治五年(1866)福州正誼書院刻本　二百十九冊

110000 - 0102 - 0017506　丙五/70　叢部/彙編叢書/清中晚期

玉函山房輯佚書　(清)馬國翰輯　清光緒十五年(1889)繡江李氏刻本　八十冊

110000 - 0102 - 0017507　丙五/72　叢部/自著叢書/明

陽明先生集要三種　(明)王守仁撰　(明)施邦曜評輯　清宣統三年(1911)明明學社鉛印本第三版　四冊

110000 - 0102 - 0017508　丙五/75　叢部/彙編叢書/清中晚期

五雅全書五種　益雅堂輯　清光緒九年(1883)文選樓刻益雅堂叢書本　八冊

110000 - 0102 - 0017509　丙五/78　叢部/彙編叢書/清中晚期

晨風閣叢書　沈宗畸輯　清宣統元年(1909)番禺沈氏刻本　十六冊

110000 - 0102 - 0017510　丙五/80　叢部/彙編叢書/清中晚期

天壤閣叢書四種　(清)王祖源輯　清光緒十年(1884)福山王氏天壤閣刻本　四冊

110000 - 0102 - 0017511　丙五/83　叢部/彙編叢書/清中晚期

潛園總集　(清)陸心源輯　清光緒十年(1884)刻本　一百六十五冊

110000 - 0102 - 0017512　丙五/86　叢部/彙編叢書/清中晚期

嘯園叢書五十八種　(清)葛元煦輯　清光緒九年(1883)仁和葛氏刻本　三十六冊

110000 - 0102 - 0017513　丙五/90　叢部/彙編叢書/清中晚期

西學富強叢書八十一種三百九十卷　(清)袁俊德輯　清光緒二十七年(1901)寶善齋鉛印本　六十四冊

110000 - 0102 - 0017514　丙五/91　叢部/彙編叢書/清中晚期

富強齋叢書續全集一百二十九種一百九十二卷 （清）袁俊德輯　清光緒二十七年(1901)小倉山房石印本　六十四冊

110000－0102－0017515　丙五/95　叢部/自著叢書/清初期

顧亭林先生遺書十種 （清）顧炎武撰　清光緒蓬瀛閣刻本　十二冊

110000－0102－0017516　丙五/100　子部/藝術類/篆刻

篆學瑣著三十種 （清）顧湘輯　清道光二十年(1840)海虞顧氏刻本　八冊

110000－0102－0017517　丙五/101　叢部/彙編叢書/清中晚期

惜抱軒十種 （清）姚鼐撰　清嘉慶刻本　十冊

110000－0102－0017518　丙五/103　叢部/彙編叢書

元和江氏靈鶼閣叢書 （清）江標輯　清光緒元和江氏湖南使院刻本　三十一冊

110000－0102－0017519　丙五/104　叢部/自著叢書/清中晚期

德清俞蔭甫所著書二十種 （清）俞樾撰　清同治十年(1871)刻本　四十八冊　缺二種(太上感應篇纘義、游藝錄)

110000－0102－0017520　丙五/107　叢部/自著叢書/清中晚期

秘書廿一種 （清）汪士漢輯　清乾隆七年(1742)文咸堂刻本　十二冊

110000－0102－0017521　丙五/108　叢部/自著叢書/清中晚期

古桐書屋六種二十卷 （清）劉熙載撰　清光緒刻本　八冊

110000－0102－0017522　丙五/134　叢部/彙編叢書/清中晚期

嘯園叢書 （清）葛元煦輯　清光緒九年(1883)仁和葛氏刻本　七十二冊

110000－0102－0017523　丙五/136　叢部/彙編叢書/清中晚期

翠琅玕館叢書四集五十五種 （清）馮兆年輯　清光緒馮氏刻本　四十冊

110000－0102－0017524　丙五/138　叢部/彙編叢書/清中晚期

金石叢書 （清）葛元煦輯　清光緒四年至九年(1878-1883)學古齋刻本　三十冊

110000－0102－0017525　丙五/146　叢部/彙編叢書/清中晚期

鐵華館叢書六種 （清）蔣鳳藻輯　清光緒九年至十年(1883-1884)長洲蔣氏影刻本　六冊

110000－0102－0017526　丙五/151　叢部/彙編叢書

閑竹居叢書二十八種 （清）觀沫道人錄　清刻本　四冊

110000－0102－0017527　丙五/154　叢部/彙編叢書/清中晚期

祕書廿一種 （清）汪士漢輯　清乾隆文盛堂刻本　十六冊

110000－0102－0017528　丙五/156　叢部/自著叢書/清中晚期

安吳四種三十六卷首一卷 （清）包世臣撰　清同治十一年(1872)注經堂刻本　二十冊

110000－0102－0017529　丙五/163　叢部/彙編叢書

王氏五種 王先謙輯　清光緒九年(1883)長沙王氏刻本　六冊

110000－0102－0017530　丙五/164　叢部/彙編叢書

漢川叢書四種 （清）劉洪烈輯　清光緒十八年(1892)三餘草堂刻本　四冊

110000－0102－0017531　丙五/167　集部/集評類/詞評

科學叢書二集二十一卷 教育世界社編譯　清光緒二十七年(1901)上海教育世界出版所石印本　十五冊　缺二卷(倫理書一卷、心理學一卷)

110000 – 0102 – 0017532　丙五/168　叢部/
彙編叢書

藝苑捃華四十八種　（清）顧之逵輯　清同治
七年(1868)務本堂刻本　二十四冊

110000 – 0102 – 0017533　丙五/171　叢部/
彙編叢書

篆學叢書三十種　（清）顧湘輯　清光緒十四
年(1888)虞山飛鴻延年室刻本　八冊

110000 – 0102 – 0017534　丙五/173　叢部/
自著叢書/清中晚期

頤志齋叢書四集三十種　（清）丁晏撰輯　清
同治元年(1862)六藝堂刻本　十四冊

110000 – 0102 – 0017535　丙五/175　叢部/
彙編叢書/清中晚期

省吾堂四種二十五卷　（清）蔣光弼輯　清常
熟蔣氏省吾堂刻本　二十四冊

110000 – 0102 – 0017536　丙五/176　叢部/
彙編叢書/清中晚期

淩氏傳經堂叢書殘七種　（清）淩鎬　（清）淩
鏞輯　清道光吳興淩氏刻本　八冊

110000 – 0102 – 0017537　丙五/177　叢部/
自著叢書/清初期

陸桴亭先生遺書二十二種　（清）陸世儀撰
清光緒二十五年(1899)京師刻本（思辨錄前
後集待刻）　二十冊

110000 – 0102 – 0017538　丙五/178　叢部/
自著叢書/清中晚期

五經歲徧齋校書三種　（清）翟雲升輯　清道
光東萊翟氏五經歲徧齋刻本　八冊

110000 – 0102 – 0017539　丙五/179　叢部/
彙編叢書

耆獻類徵初編　（清）□□輯　清光緒刻本
四冊　存四種（家訓紀聞、人海叢談、内訟篇、
常惺齋隨錄）

110000 – 0102 – 0017540　丙五/180　叢部/
彙編叢書/明

漢魏叢書抄六卷　（明）吳世濟輯　明末清初
刻本　四冊

110000 – 0102 – 0017541　丙五/183　叢部/
自著叢書/清中晚期

浙刻雙池遺書八種　（清）汪紱撰　清光緒二
十年至二十二年(1894 – 1896)刻本　八冊

110000 – 0102 – 0017542　丙五/186　叢部/
自著叢書/清中晚期

徐位山六種　（清）徐文靖撰　清光緒二年
(1876)刻本　二十冊　缺一種（天下山河兩
戒考）

110000 – 0102 – 0017543　丙五/187　叢部/
自著叢書

陶廬叢刻　王樹枏撰　清光緒九年至民國八
年(1883 – 1919)新城王氏刻本　四十九冊
墨子斠注補正有重書一冊

110000 – 0102 – 0017544　丙五/189　叢部/
自著叢書/清中晚期

古桐書屋六種古桐書屋續刻三種　（清）劉熙
載撰　清同治光緒鉛印本　九冊

110000 – 0102 – 0017545　丙五/191　叢部/
彙編叢書

雙楳景闇叢書　葉德輝輯　清光緒宣統長沙
葉氏郎園刻本　四冊

110000 – 0102 – 0017546　丙五/193　叢部/
彙編叢書

重校拜經樓叢書十種　（清）吳騫輯　清光緒
二十年(1894)吳縣朱氏校經堂刻本　十冊

110000 – 0102 – 0017547　丙五/196　叢部/
自著叢書/清中晚期

春在堂全書　（清）俞樾撰　清光緒二十三年
(1897)石印本　三十二冊

110000 – 0102 – 0017548　丙五/200　叢部/
彙編叢書/清中晚期

半畝園叢書四種　（清）吳坤修輯　清同治十
年(1871)安徽敬義齋刻本　三冊

110000 – 0102 – 0017549　丙五/201　叢部/
彙編叢書/清中晚期

知服齋叢書殘七種　（清）龍鳳鑣輯　清光緒
十八年(1892)順德龍氏刻本　六冊

110000－0102－0017550　丙五/203　叢部/
自著叢書/清中晚期

崔東壁先生遺書四種　（清）崔述撰　清嘉慶
二年(1797)映薇堂刻本　四冊

110000－0102－0017551　丙五/204　叢部/
彙編叢書

鄦齋叢書二十種　徐乃昌輯　清光緒二十六
年(1900)南陵徐氏刻本　十六冊

110000－0102－0017552　丙五/207　叢部/
彙編叢書

連筠簃叢書　（清）楊尚文輯　清道光二十八
年(1848)靈石楊氏刻本　十冊

110000－0102－0017553　丙五/216　叢部/
自著叢書/清中晚期

二思堂叢書六種　（清）梁章鉅撰　清光緒元
年(1875)浙江書局刻本　十六冊

110000－0102－0017554　丙五/217　叢部/
自著叢書/清中晚期

榕村全書　（清）李光地撰　清道光九年
(1829)安溪李維迪刻本　一百二十冊

110000－0102－0017555　丙五/222　叢部/
彙編叢書

粟香室叢書　金武祥輯　清光緒至民國江陰
金氏刻本　二十八冊

110000－0102－0017556　丙五/225　叢部/
彙編叢書/清中晚期

知不足齋叢書三十集　（清）鮑廷博輯　（清）
鮑志祖續輯　清同治十一年(1872)長塘鮑氏
刻本　二百四十冊

110000－0102－0017557　丙五/232　子部/
類書類/類編/通錄

古今圖書集成一萬卷目錄三十二卷　（清）蔣
廷錫等撰　清光緒十年(1884)圖書集成印書
館鉛印本　一千六百二十七冊　缺七卷(七
百九十八至八百〇四)

110000－0102－0017558　丙五/233　叢部/
彙編叢書/清中晚期

涇川叢書四十五種續八種　（清）趙紹祖

（清）趙繩祖合輯　清嘉慶涇縣趙氏刻本　三
十冊

110000－0102－0017559　丙五/234　史部/
政書类/叢編

便蒙叢書初集至初二集　張一鵬編輯　清光
緒二十八年(1902)刻本　十七冊

110000－0102－0017560　丙五/240　叢部/
彙編叢書/清中晚期

增訂漢魏叢書九十三種　（清）王謨輯　（清）
存古學堂增輯　清宣統三年(1911)上海育文
書局石印本　三十一冊　缺三種(佛國記、洛
陽伽藍記、三輔黃圖)

110000－0102－0017561　丙五/245　叢部/
彙編叢書

古學彙刊　鄧實等輯　上海國粹學報社民國
元年至三年(1912－1914)鉛印本　三十四冊

110000－0102－0017562　丙五/246　叢部/
彙編叢書

古學彙刊　鄧實等輯　上海國粹學報社民國
元年至三年(1912－1914)鉛印本　十七冊

110000－0102－0017563　丙五/248　叢部/
彙編叢書

漢學堂叢書　（清）黃奭輯　清光緒十九年
(1893)黃氏刻本　八十冊

110000－0102－0017564　丙五/249　叢部/
彙編叢書/清中晚期

湖海樓叢書十二種　（清）陳春輯　清嘉慶蕭
山陳氏刻本　三十二冊

110000－0102－0017565　丙五/250　經部/
經總類/群經總義

味經齋遺書　（清）莊存與撰　清道光陽湖莊
氏刻本　六冊

110000－0102－0017566　丙五/251　叢部/
彙編叢書/清中晚期

惜陰軒叢書續編　（清）李錫齡輯　清光緒十
四年(1888)長沙宏道書院刻本　八冊

110000－0102－0017567　丙五/259　叢部/

彙編叢書/清中晚期

式訓堂叢書 （清）章壽康輯　清光緒會稽章氏刻本　二十四冊

110000－0102－0017568　丙五/261　叢部/彙編叢書/清中晚期

學壽堂叢書十二種 （清）徐灝　（清）徐紹禎等編　清咸豐至光緒刻本　二十八冊　缺三種三十二卷（說文注箋二十八卷、洞淵餘錄二卷、通介堂文集二卷）

110000－0102－0017569　丙五/262　叢部/地方叢書

嶺南遺書六集五十九種三百四十三卷 （清）伍崇曜輯　清道光、同治南海伍氏刻本　九十六冊

110000－0102－0017570　丙五/263　叢部/彙編叢書/清中晚期

杭大宗七種叢書 （清）杭世駿輯　清刻本四冊

110000－0102－0017571　丙五/265　叢部/彙編叢書/清中晚期

小石山房叢書四十一種五十八卷 （清）顧湘輯　清同治十三年(1874)虞山顧氏刻本　十五冊

110000－0102－0017572　丙五/266　叢部/彙編叢書/清中晚期

張氏適園叢書 張鈞衡輯　清宣統三年(1911)上海國學扶輪社鉛印本　十一冊

110000－0102－0017573　丙五/272　叢部/彙編叢書/清中晚期

函海一百六十九種九百十二卷 （清）李調元輯　清道光五年(1825)萬卷樓刻本　一百九十九冊

110000－0102－0017574　丙五/275　叢部/自著叢書/清中晚期

中復堂五種三十七卷 （清）姚瑩撰　清同治六年(1867)姚濬昌安福署刻本　十二冊

110000－0102－0017575　丙五/276　叢部/自著叢書

焦氏遺書一百二十四卷 （清）焦循撰　清光緒二年(1876)刻本　四十冊

110000－0102－0017576　丙五/277　叢部/彙編叢書/清中晚期

惜陰軒叢書三十七種三百卷續編一種二十一卷 （清）李錫齡輯　清光緒二十二年(1896)長沙宏道書院刻本　七十二冊

110000－0102－0017577　丙五/280　叢部/彙編叢書

增訂漢魏叢書八十六種四百五十三卷 （清）王謨輯　清乾隆五十六年(1791)金溪王氏刻本　七十冊

110000－0102－0017578　丙五/282　叢部/彙編叢書/清中晚期

增訂漢魏叢書 （清）王謨輯　清乾隆刻本二十四冊

110000－0102－0017579　丙五/283　叢部/彙編叢書/清中晚期

武英殿聚珍版叢書五十四種四百四十三卷 （清）紀昀等編　清同治十三年(1874)江西書局刻本　一百二十八冊

110000－0102－0017580　丙五/284　叢部/彙編叢書/清中晚期

武英殿聚珍板叢書五十四種四百四十三卷 （清）紀昀等編　清同治十三年(1874)江西書局刻本　一百二十八冊

110000－0102－0017581　丙五/286　叢部/彙編叢書/清中晚期

武英殿聚珍版叢書五十四種 （清）紀昀等編　清同治十三年(1874)江西書局刻本　八十五冊　缺十四種（融堂書解、續呂氏家塾讀詩記、絜齋毛詩經筵講義、直齋書錄解題、敬齋古今黈、文恭集、後山詩注、絜齋集、金淵集、歲寒堂詩話、溪詩話、五曹算經、夏侯陽算經、潤泉日記）

110000－0102－0017582　丙五/288　叢部/自著叢書/清初期

船山遺書二百八十八卷補遺一卷校勘記二卷

（清）王夫之撰　清同治四年（1865）曾氏刻本　一百冊

110000－0102－0017583　丙五／290　叢部／彙編叢書／清中晚期

邵武徐氏叢書初刻十四種八十三卷　（清）徐幹輯　清光緒邵武徐氏刻本　二十冊

110000－0102－0017584　丙五／291　叢部／彙編叢書／清中晚期

金華文萃二十七種二百五十九卷　（清）胡鳳丹輯　清同治光緒永康胡氏退補齋刻本　四十冊

110000－0102－0017585　丙五／292　叢部／彙編叢書／清中晚期

積學齋叢書二十種六十一卷　徐乃昌輯　清光緒南陵徐氏刻本　十六冊

110000－0102－0017586　丙五／293　叢部／彙編叢書／清中晚期

半厂叢書初編殘八種七十二卷　（清）譚獻輯　清光緒十五年（1889）仁和譚氏刻本　七冊

110000－0102－0017587　丙五／295　叢部／彙編叢書／清中晚期

崇文書局彙刻書三十一種二百九十七卷　（清）□□輯　清光緒三年（1877）崇文書局刻本　八十冊

110000－0102－0017588　丙五／296　叢部／彙編叢書／清中晚期

崇文書局彙刻書三十一種二百九十七卷　（清）□□輯　清光緒三年（1877）崇文書局刻本　八十冊

110000－0102－0017589　丙五／297　叢部／自著叢書／清中晚期

東塾遺書九卷　（清）陳澧撰　清光緒廣雅書局刻廣雅書局叢書本　二冊

110000－0102－0017590　丙五／298　叢部／彙編叢書／清中晚期

功順堂叢書十一種三十七卷　（清）潘祖蔭輯　清光緒吳縣潘氏刻本　十二冊

110000－0102－0017591　丙五／299　叢部／彙編叢書／清中晚期

後知不足齋叢書十六種七十卷　（清）鮑廷爵輯　清光緒十年（1884）常熟鮑氏刻本　三十一冊

110000－0102－0017592　丙五／300　集部／別集類／清

通藝錄十四種附錄一種三十八卷　（清）程瑤田撰　清程氏刻本　八冊　缺一種（禹貢三江考）

110000－0102－0017593　丙五／304　叢部／彙編叢書／清中晚期

增訂漢魏叢書九十六種四百七十五卷　（清）王謨原輯　（清）黃元壽補輯　清光緒二十一年（1895）石印本　十六冊

110000－0102－0017594　丙五／305　叢部／彙編叢書／清中晚期

滂喜齋叢書五十二種九十三卷　（清）潘祖蔭輯　清同治、光緒京師吳縣潘氏八喜齋刻本　三十二冊

110000－0102－0017595　丙五／307　叢部／自著叢書／清中晚期

紀公叢書十三種四十六卷　（清）紀大奎撰　清同治九年（1870）方亭刻本　二十四冊

110000－0102－0017596　丙五／308　叢部／彙編叢書／清中晚期

逸子書六種八卷　（清）孫馮翼輯　清嘉慶七年（1802）問經堂刻問經堂叢書本　六冊　缺兩種（典論、皇覽）

110000－0102－0017597　丙五／309　叢部／彙編叢書／清中晚期

春暉堂叢書十二種三十七卷　（清）徐渭仁輯　清道光至同治徐氏刻本　十二冊

110000－0102－0017598　丙五／310　史部／政書類／職官

牧令七種　（清）丁日昌輯　清同治七年（1868）南京江蘇書局刻本　十四冊

110000－0102－0017599　丙五／311　子部／

儒家類/清

顏李遺書九十二卷 （清）顏元 （清）李塨撰
清光緒定州王氏刻本 十二冊

110000－0102－0017600 丙五/318 子部/
雜家類/雜述

寓簡十卷附錄一卷 （宋）沈作喆撰 （清）鮑
廷博輯 清乾隆鮑氏刻知不足齋叢書本 一
冊 存五卷(六至十)

110000－0102－0017601 丙五/322 叢部/
彙編叢書/清中晚期

玉函山房輯佚書七百〇八卷 （清）馬國翰輯
清同治十年(1871)濟南皇華館書局補刻本
六十四冊

110000－0102－0017602 丙五/323 叢部/
彙編叢書/清中晚期

玉函山房目耕帖三十一卷 （清）馬國翰輯
清光緒十五年(1889)章邱李氏刻本 十五冊

110000－0102－0017603 丙五/323－1 叢
部/彙編叢書/清中晚期

玉函山房輯佚書目耕帖續補十六卷 （清）馬
國翰輯 清光緒十五年(1889)章邱李氏刻本
四冊

110000－0102－0017604 丙五/325 叢部/
彙編叢書/清中晚期

侯官陳氏遺書十九種 （清）陳壽祺輯 清嘉
慶至道光刻本 十四冊 存七種十六卷(尚
書大傳五卷、洪範五行傳三卷、左海經辨二
卷、五經異義疏証三卷、東觀存稿一卷、東越
儒林後傳一卷、東越文苑後傳一卷)

110000－0102－0017605 丙五/330 叢部/
彙編叢書/清中晚期

汗筠齋叢書四種 （清）秦鑒輯 清嘉慶三年
(1798)嘉定秦氏刻本 十冊

110000－0102－0017606 丙五/334 叢部/
彙編叢書/清中晚期

農學叢書九十一種一百〇九卷 （清）上海農
學會譯 清光緒石印本 二十冊

110000－0102－0017607 丙五/335 叢部/

彙編叢書/清中晚期

農學叢書二集四十八種五十九卷 （清）江南
總農會輯 清光緒二十六年(1900)江南總農
會石印本 十冊

110000－0102－0017608 丙五/336 叢部/
彙編叢書/清中晚期

農學叢書三集十一種二十三卷 （清）江南總
農會輯 清光緒二十七年(1901)江南總農會
石印本 九冊

110000－0102－0017609 丙五/337 叢部/
彙編叢書/清中晚期

農學叢書四集二十四種三十三卷 （清）江南
總農會輯 清光緒二十九年(1903)江南總農
會石印本 十二冊

110000－0102－0017610 丙五/338 叢部/
彙編叢書/清中晚期

農業叢書六集二十五種三十一卷 （清）江南
總農會譯輯 清光緒江南總農會石印本
十冊

110000－0102－0017611 丙五/339 叢部/
彙編叢書/清中晚期

農學叢書(續) （清）上海農學會輯 清光緒
石印本 九冊

110000－0102－0017612 丙五/341 叢部/
彙編叢書/清中晚期

隨園全集四十種 （清）袁枚輯 清光緒、宣
統石印本 四十六冊

110000－0102－0017613 丙五/342 叢部/
彙編叢書

唐代叢書二十卷 （清）陳世熙輯 清同治三
年(1864)雙門底緯文堂刻本 二十冊

110000－0102－0017614 丙五/343 叢部/
彙編叢書/清中晚期

增訂漢魏叢書八十六種四百五十三卷 （清）
王謨輯 清光緒二十年(1894)湖南藝文書局
刻本 一百二十八冊

110000－0102－0017615 丙五/345 叢部/
彙編叢書

士禮居黃氏叢書二十種　（清）黃丕烈輯　清嘉慶至道光吳縣黃氏刻本　八冊　存三種五十一卷（國語十四卷、戰國策三十三卷札記三卷、梁公九諫一卷）

110000－0102－0017616　丙五/346　叢部/彙編叢書/清中晚期

知不足齋叢書二十一種　（清）鮑廷博輯　清乾隆四十七年(1782)刻本　三十三冊

110000－0102－0017617　丙五/347　叢部/自著叢書/清初期

畿輔叢書四十七卷　（清）王灝輯　清光緒五年(1879)定州王氏德謙堂刻本　七冊

110000－0102－0017618　丙五/351　叢部/彙編叢書/清中晚期

有福讀書堂叢刻前編八種十六卷後編八種二十一卷　（清）吳引孫輯　清光緒二十三年(1897)揚州儀徵吳氏有福讀書堂刻本　十四冊

110000－0102－0017619　丙五/357　叢部/自著叢書/清中晚期

東塾叢書　（清）陳澧撰　清咸豐刻本　十冊

110000－0102－0017620　丙五/359　叢部/彙編叢書/清中晚期

常州先哲遺書　盛宣懷輯　清光緒二十一年至二十四年(1895－1898)武進盛氏刻本　六十四冊

110000－0102－0017621　丙五/360　叢部/彙編叢書/清中晚期

南菁書院叢書八集四十一種　王先謙　繆荃孫輯　清光緒十四年(1888)江陰南菁書院刻本　四十冊

110000－0102－0017622　丁/3　史部/地理類/方志/地方志

[光緒]蔚州志二十卷首一卷　（清）慶之金等纂　清光緒三年(1877)刻本　八冊

110000－0102－0017623　丁/8　集部/別集類/清

沈文忠公集十卷　（清）沈兆霖撰　清道光八年(1828)刻本　四冊

110000－0102－0017624　丁/11　子部/醫家類/本草

本草求真九卷目錄二卷脈理求真二卷　（清）黃宮繡纂　清嘉慶十一年(1806)刻本　十二冊

110000－0102－0017625　丁/12　子部/醫家類/傷寒方論

增輯傷寒類方四卷　（清）潘霨增輯　清同治五年(1866)刻本　四冊

110000－0102－0017626　丁/20　史部/地理類/方志/地方志

[道光]章邱縣誌十六卷首一卷末一卷　（清）曹楙堅纂修　清道光十三年(1833)刻本　八冊

110000－0102－0017627　丁/21　史部/地理類/方志/地方志

[嘉慶]靈石縣志十二卷　（清）王志瀜纂修　清嘉慶二十二年(1817)刻本　六冊

110000－0102－0017628　丁/22　史部/地理類/雜記

六朝事迹類編十四卷　（宋）張敦頤撰　清光緒十三年(1887)刻本　四冊

110000－0102－0017629　丁/23　史部/地理類/方志/地方志

[光緒]常昭合志稿四十八卷首一卷末一卷　（清）龐鴻文纂修　清光緒三十年(1904)鉛印本　十六冊

110000－0102－0017630　丁/26　集部/別集類/清

懷葛堂文稿　（清）梁份撰　清刻本　六冊

110000－0102－0017631　丁/27　史部/地理類/方志/地方志

[乾隆]萬泉縣志八卷　（清）符嘉訓修　（清）張史筆等編　清乾隆二十三年(1758)刻本　四冊

110000－0102－0017632　丁/30　史部/地理

類/方志/地方志

[乾隆]仙遊縣志五十三卷首一卷 （清）林奮
等纂 清同治十二年(1873)鉛印本 六冊

110000－0102－0017633 丁/31 史部/地理
類/方志/地方志

[光緒]清源縣誌十八卷首一卷 （清）王效尊
纂修 清光緒八年(1882)刻本 六冊

110000－0102－0017634 丁/33 集部/詞
類/詞別集

清真集二卷 （宋）周邦彥撰 清刻本 一冊

110000－0102－0017635 丁/35 集部/詞
類/詞別集

眉綠樓詞 （清）顧文彬撰 清光緒十年
(1884)刻本 四冊

110000－0102－0017636 丁/37 集部/詞
類/詞別集

今悔庵詞一卷 （清）張慎儀撰 清光緒至民
國刻箋園叢書本 一冊

110000－0102－0017637 丁/38 集部/詞
類/詞別集

倚月樓詞稿四卷 （清）周天麟撰 清光緒七
年(1881)刻本 一冊

110000－0102－0017638 丁/39 集部/詞
類/詞別集

春在堂詞錄二卷 （清）俞樾撰 清同治刻本
一冊

110000－0102－0017639 丁/42 集部/詞
類/詞別集

香銷酒醒詞 （清）趙慶熺撰 清光緒十一年
(1885)刻本 一冊

110000－0102－0017640 丁/43 集部/詞
類/詞別集

平陵主客詞 （清）儲淳士撰 清咸豐六年
(1856)刻本 一冊

110000－0102－0017641 丁/48 集部/詞
類/詞別集

浣花閣詞鈔二卷 （清）熊裕棠撰 清道光刻

本 一冊

110000－0102－0017642 丁/50 集部/詞
類/詞別集

笙月詞五卷花影詞一卷 （清）王詒壽撰 清
同治十一年(1872)刻本 一冊

110000－0102－0017643 丁/51 集部/詞
類/詞別集

楞華室詞鈔二卷 （清）沈世良撰 清咸豐四
年(1854)刻本 一冊

110000－0102－0017644 丁/52 集部/詞
類/詞別集

衍波詞二卷 （清）王士正撰 清光緒十五年
(1889)榆園刻本 一冊

110000－0102－0017645 丁/53 集部/詞
類/詞別集

秋林琴雅四卷 （清）厲鶚撰 清光緒九年
(1883)泉唐汪氏酒邊人倚紅樓刻民國印本
一冊

110000－0102－0017646 丁/54 集部/詞
類/詞別集

瘦碧詞 （清）鄭文焯撰 清光緒十四年
(1888)刻本 一冊

110000－0102－0017647 丁/55 集部/詞
類/詞別集

新蘅詞八卷外集一卷 （清）張景祁撰 清光
緒九年(1883)刻本 一冊

110000－0102－0017648 丁/59 集部/詞
類/詞總集

白山詞介五卷 （清）楊鍾羲輯 清宣統二年
(1910)刻朱印本 二冊

110000－0102－0017649 丁/60 集部/詞
類/詞別集

步姜詞二卷 （清）胡元儀撰 清光緒二十年
(1894)刻本 一冊

110000－0102－0017650 丁/61 集部/詞
類/詞別集

樂府補亡 （清）曹元忠撰 清光緒二十七年

（1901）刻本　一冊

110000－0102－0017651　丁/73　集部/曲
類/曲別集/傳奇

洞庭緣傳奇　（清）陸繼輅撰　清光緒六年
（1880）刻本　二冊

110000－0102－0017652　丁/76　集部/別集
類/清

半可集一卷　（清）戴廷栻撰　清光緒刻本
二冊

110000－0102－0017653　丁/77　集部/別集
類/清

山水清音二卷　（清）鄭桂森撰　清咸豐八年
（1858）刻本　二冊

110000－0102－0017654　丁/80　集部/曲
類/曲別集/傳奇

倚晴樓七種曲　（清）黃燮清撰　清光緒三十
三年（1907）刻本　十冊

110000－0102－0017655　丁/84　集部/曲
類/曲別集/傳奇

蔣氏九種曲　（清）蔣士銓撰　清乾隆紅雪樓
刻本　十冊

110000－0102－0017656　丁/85　集部/詞
類/詞別集

小山詞一卷　（宋）晏幾道撰　清光緒十一年
（1885）刻本　一冊

110000－0102－0017657　丁/86　集部/詞
類/詞別集

珠玉詞鈔一卷　（宋）晏殊撰　清光緒十一年
（1885）刻本　一冊

110000－0102－0017658　丁/90　史部/紀事
本末類/斷代

皇朝武功紀盛四卷　（清）趙翼撰　清光緒刻
本　二冊

110000－0102－0017659　丁/91　史部/政書
類/法令

檢驗集證　（清）郎錦騏纂輯　清道光九年
（1829）刻本　二冊

110000－0102－0017660　丁/97　史部/地理
類/方志/地方志

[咸豐]邳州志　（清）魯一同撰　清咸豐元年
（1851）刻本　四冊

110000－0102－0017661　丁/99　史部/地理
類/方志/地方志

[道光]重修續纂宜荊縣誌　（清）吳德旋修
清道光二十年（1840）刻本　四冊

110000－0102－0017662　丁/100　史部/地
理類/方志/地方志

[光緒]浙志便覽　（清）李應玨撰　清光緒十
七年（1891）刻本　四冊

110000－0102－0017663　丁/102　史部/地
理類/方志/地方志

[光緒]交城縣誌　（清）夏肇庸等纂　清光緒
八年（1882）刻本　八冊

110000－0102－0017664　丁/103　史部/史
料類

皇朝瑣屑錄　（清）鍾琦撰　清光緒二十三年
（1897）刻本　四冊

110000－0102－0017665　丁/106　集部/別
集類/清

澹川賸稿　（清）袁本喬撰　清末抄本　四冊

110000－0102－0017666　丁/107　集部/曲
類/曲別集/傳奇

青燈淚傳奇　（清）蔣恩�撰　清光緒十六年
（1890）黃梅蔣氏樂安官廨刻本　四冊

110000－0102－0017667　丁/113　史部/史
料類

賊情彙纂　（清）張德堅編　清同治十一年
（1872）影印本　六冊

110000－0102－0017668　丁/114　史部/政
書類/邦交/各國

辛丑各國和約　清鉛印本　一冊

110000－0102－0017669　丁/115　集部/別
集類/清

秋影庵遺詩　（清）王景撰　清光緒二十二年

（1896）鉛印本　一冊

110000－0102－0017670　丁/116　史部/政書類/邦交

皇華紀程　（清）吳大澂撰　清同治九年（1870）鉛印本　一冊

110000－0102－0017671　丁/119　子部/藝術類/書畫/畫法、畫帖

圖畫新聞　（清）□□編　清石印本　六冊

110000－0102－0017672　丁/120　集部/小說類/章回

隔簾花影　（清）□□撰　清刻本　八冊

110000－0102－0017673　丁/124　集部/別集類/宋

艮齋先生薛常州浪語集　（宋）薛季宣撰　清同治十一年（1872）刻本　六冊

110000－0102－0017674　丁/128　集部/別集類/清

養餘齋詩集　（清）柳樹芳撰　清道光二十七年（1847）刻本　四冊

110000－0102－0017675　丁/130　子部/天文地理類/曆法

後漢書朔閏考　（清）徐紹楨撰　清光緒十七年（1891）刻本　二冊

110000－0102－0017676　丁/131　子部/藝術類/書畫

古緣萃錄　邵松年輯　清光緒三十年（1904）上海鴻文書局石印本　六冊

110000－0102－0017677　丁/140　史部/地理類/方志/地方志

[光緒]山西通志　（清）曾國藩等修　清光緒十八年（1892）刻本　九十六冊

110000－0102－0017678　丁/141　史部/地理類/方志/地方志

[嘉慶]松江府志　（清）宋如林等纂修　清嘉慶二十二年（1817）刻本　四十冊

110000－0102－0017679　丁/142　集部/總集類/文/斷代/唐至五代

唐文拾遺　（清）陸心源輯　清光緒十四年（1888）刻本　二十冊

110000－0102－0017680　丁/143　史部/傳記類/總傳/專錄/儒林

全閩道學總纂　（清）陳祚康撰　清同治十一年（1872）陳景韶刻本　十二冊

110000－0102－0017681　丁/147　史部/地理類/方志/地方志

[道光]陽曲縣志　（清）閻士驤等纂　清道光二十三年（1843）刻本　十冊

110000－0102－0017682　丁/148　史部/地理類/方志/地方志

[乾隆]陽城縣志　（清）楊善慶總修　清乾隆二十年（1755）刻本　八冊

110000－0102－0017683　丁/149　子部/醫家類/總錄

醫述　（清）程文囿撰　清光緒十七年（1891）刻本　十六冊

110000－0102－0017684　丁/151　子部/天文地理類/曆法

干支集錦　（清）秦嘉謨集　清嘉慶二十年（1815）刻本　二冊

110000－0102－0017685　丁/152　史部/金石類/地方

粵東金石略　（清）翁方綱撰　清光緒十七年（1891）廣州石經堂影印本　四冊

110000－0102－0017686　丁/155　史部/地理類/方志/地方志

[嘉慶]寧國府志　（清）魯銓等修　清嘉慶二十年（1815）刻本　三十二冊

110000－0102－0017687　丁/157　集部/戲曲類/地方戲

排王讚　（□）□□撰　清京都寶文堂刻本　一冊

110000－0102－0017688　丁/159　集部/詞類/詞譜、詞律、詞韻/詞譜

天籟軒詞譜　（清）葉申薌輯　清道光九年

（1829）刻本　　五冊

110000－0102－0017689　丁/163　集部/集評類/詞評/詞話

白雨齋詞話　（清）陳廷焯撰　清光緒二十年（1894）刻本　　四冊

110000－0102－0017690　丁/164　集部/集評類/詞評/詞話

蓮子居詞話　（清）吳衡照輯　清同治十年（1871）刻本　　一冊

110000－0102－0017691　丁/165　集部/詞類/詞別集

夢窗詞　（清）吳文英撰　清光緒三十四年（1908）刻本　　二冊

110000－0102－0017692　丁/169　集部/詞類/詞別集

捧月樓詞　（清）袁通撰　清嘉慶刻本　　四冊

110000－0102－0017693　丁/170　集部/俗文學類/彈詞

十五貫　（□）□□撰　清抄本　　一冊

110000－0102－0017694　丁/171　集部/詞類/詞別集

曝書亭詞拾遺　（清）朱彝尊撰　清光緒二十二年(1896)刻本　　二冊

110000－0102－0017695　丁/172　集部/詞類/詞別集

靈芬館詞　（清）郭麐撰　清光緒五年(1879)刻本　　二冊

110000－0102－0017696　丁/173　集部/詞類/詞別集

納蘭詞　（清）納蘭性德撰　清光緒六年（1880）刻本　　二冊

110000－0102－0017697　丁/177　集部/別集類/清

九十九峯草堂詩鈔　（清）陳世慶撰　清同治八年(1869)刻本　　一冊

110000－0102－0017698　丁/180　集部/俗文學類/彈詞

錦上花　（清）修目閣主人撰　清同治十三年（1874）刻本　　六冊

110000－0102－0017699　丁/181　集部/別集類/清

牧齋全集　（清）錢謙益撰　清宣統二年（1910）鉛印本　　二十四冊

110000－0102－0017700　丁/185　集部/別集類/遼金元

滹南遺老集　（金）王若虛撰　清刻本　　四冊

110000－0102－0017701　丁/189　集部/別集類/清

伏敔堂詩錄　（清）江湜撰　清同治元年（1862）刻本　　四冊

110000－0102－0017702　丁/190　集部/別集類/清

蟫廬詩鈔　（清）王蔭槐撰　清道光二十七年（1847）刻本　　二冊

110000－0102－0017703　丁/191　集部/別集類/清

八指頭陀詩集　（清）釋敬安撰　清光緒二十四年(1898)刻本　　一冊

110000－0102－0017704　丁/192　集部/別集類/清

濾月軒集　（清）趙棻撰　清同治十二年（1873）刻本　　二冊

110000－0102－0017705　丁/193　集部/別集類/清

藏園詩鈔　（清）蔣士銓撰　清嘉慶六年（1801）刻本　　二冊

110000－0102－0017706　丁/194　集部/別集類/清

誰園詩鈔　（清）阮焱撰　清光緒三年（1877）刻本　　二冊

110000－0102－0017707　丁/195　集部/別集類/清

藏齋詩鈔　（清）何其起撰　清同治七年（1868）刻本　　二冊

110000 – 0102 – 0017708　丁/196　集部/別集類/清

東井詩鈔　（清）黄定文撰　清嘉慶十一年(1806)刻本　二冊

110000 – 0102 – 0017709　丁/197　集部/別集類/清

鐵瓶詩鈔　（清）張岳齡撰　清光緒元年(1875)刻本　四冊

110000 – 0102 – 0017710　丁/198　集部/別集類/清

漸齋詩鈔　（清）董史撰　清道光二年(1822)刻本　一冊

110000 – 0102 – 0017711　丁/199　集部/別集類/清

湖東第一山詩鈔　（清）宋棠撰　清同治刻本　一冊

110000 – 0102 – 0017712　丁/200　集部/別集類/清

松夢寮詩稿　（清）丁丙撰　清光緒二十五年(1899)刻本　三冊

110000 – 0102 – 0017713　丁/201　集部/別集類/清

柳南文鈔十卷　（清）王應奎撰　清乾隆刻本　四冊

110000 – 0102 – 0017714　丁/203　集部/別集類/清

蔚子詩集二卷　（清）趙森撰　清光緒九年(1883)刻本　一冊

110000 – 0102 – 0017715　丁/204　集部/俗文學類/鼓詞

巧奇冤一卷　（□）□□撰　清光緒十五年(1889)刻本　十冊

110000 – 0102 – 0017716　丁/206　集部/別集類/清

養默山房詩稿十六卷　（清）謝元淮撰　清嘉慶十七年(1812)刻本　六冊

110000 – 0102 – 0017717　丁/210　集部/俗

文學類/民歌民謠

西湖竹枝詞一卷　（清）陳璨撰　清光緒十四年(1888)刻本　一冊

110000 – 0102 – 0017718　丁/211　集部/詞類/詞總集/地方

明湖四客詞鈔四卷　（清）趙國華輯　清同治十三年(1874)刻本　一冊

110000 – 0102 – 0017719　丁/213　集部/別集類/清

市隱書屋文稿十一卷詩稿七卷卮言一卷　（清）亢樹滋撰　清光緒刻本　四冊

110000 – 0102 – 0017720　丁/214　集部/曲類/曲別集/傳奇

漁邨記二卷　（清）妙有山人撰　清光緒二年(1876)刻本　二冊

110000 – 0102 – 0017721　丁/215　集部/別集類/清

知退齋稿七卷　（清）張瑛撰　清光緒二十四年(1898)刻本　三冊

110000 – 0102 – 0017722　丁/216　集部/別集類/清

佩秋閣詩稿二卷　（清）吳苣撰　清光緒元年(1875)刻本　一冊

110000 – 0102 – 0017723　丁/217　集部/別集類/清

麓生詩文合集十卷　（清）何元普撰　清光緒元年(1875)刻本　十冊

110000 – 0102 – 0017724　丁/218　集部/曲類/曲別集/傳奇

茂陵絃二卷　（清）黃燮清撰　清末刻倚晴樓七種曲本　二冊

110000 – 0102 – 0017725　丁/221　集部/別集類/清

來雨軒存稿四卷　（清）莫晉撰　清光緒二十年(1894)刻本　四冊

110000 – 0102 – 0017726　丁/222　集部/別集類/清

潛廬篋存草四卷　（清）沈景譔撰　清光緒二十一年（1895）刻本　二冊

110000－0102－0017727　丁/223　集部/別集類/清

石船居賸稿十二卷　（清）李超瓊撰　清光緒二十二年（1896）刻本　四冊

110000－0102－0017728　丁/224　集部/詞類/詞別集

和天倪齋詞四卷　（清）郭鍾嶽撰　清光緒十三年（1887）刻本　二冊

110000－0102－0017729　丁/226　集部/詞類/詞別集

清夢盦二白詞一卷　（清）沈傳桂撰　清道光二十五年（1845）刻本　一冊

110000－0102－0017730　丁/227　集部/詞類/詞別集

亦雲詞　（清）余一鼇撰　清光緒抄本　二冊

110000－0102－0017731　丁/228　集部/詞類/詞別集

心盦詞存四卷　（清）何兆瀛撰　清同治十二年（1873）刻本　二冊

110000－0102－0017732　丁/229　集部/詞類/詞別集

春草軒詩餘六卷　（清）楊掄撰　清光緒抄本　四冊

110000－0102－0017733　丁/230　集部/別集類/清

定峰樂府十卷　（清）沙張白撰　清嘉慶至道光刻本　二冊

110000－0102－0017734　丁/231　史部/史評類/詠史

啟禎宮詞二卷　（明）秦蘭征　（清）王譽昌撰　清嘉慶十六年（1811）刻本　四冊

110000－0102－0017735　丁/233　集部/曲類/曲別集/傳奇

春燈謎二卷　（明）阮大鋮撰　清刻本　二冊

110000－0102－0017736　丁/234　集部/別

集類/清

人鏡結廬詩稿十二卷　（清）褚維堦撰　清光緒二十年（1894）刻本　六冊

110000－0102－0017737　丁/235　集部/詞類/詞別集

真松閣詞六卷　（清）楊夔生撰　清光緒六年（1880）刻本　二冊

110000－0102－0017738　丁/236　集部/別集類/清

玉笙樓詩錄十二卷　（清）沈壽榕撰　清光緒九年（1883）刻本　六冊

110000－0102－0017739　丁/238　集部/別集類/清

玉井山館文續二卷　（清）許宗衡撰　清同治九年（1870）刻本　一冊

110000－0102－0017740　丁/239　集部/別集類/清

玉井山館文略五卷　（清）許宗衡撰　清同治四年（1865）刻本　二冊

110000－0102－0017741　丁/240　集部/別集類/清

玉井山館十五卷詩餘一卷　（清）許宗衡撰　清同治九年（1870）刻本　二冊

110000－0102－0017742　丁/241　集部/別集類/清

寶綸堂詩鈔六卷文鈔四卷　（清）齊召南撰　清光緒十三年（1887）金峨山館刻本　四冊

110000－0102－0017743　丁/242　集部/別集類/清

菊潭詩鈔八卷　（清）沙增齡撰　清咸豐十年（1860）篁韻草堂刻本　四冊

110000－0102－0017744　丁/243　集部/別集類/清

西齋集十四卷　（清）吳暻撰　清同治十三年（1874）刻本　四冊

110000－0102－0017745　丁/244　集部/別集類/清

一角山房詩草二卷　（清）謝礴撰　清道光二十一年（1841）刻本　一冊

110000－0102－0017746　丁/245　集部/別集類/清

蓮溪吟稿八卷續三卷　（清）沈濂撰　清咸豐六年（1856）刻本　三冊

110000－0102－0017747　丁/246　集部/別集類/清

雪門詩草十四卷　（清）許瑤光撰　清同治十三年（1874）刻本　六冊

110000－0102－0017748　丁/248　集部/別集類/清

陶山詩錄二十四卷　（清）唐仲冕撰　清嘉慶十七年（1812）刻本　七冊

110000－0102－0017749　丁/249　集部/別集類/清

愛吾廬稿十三卷　（清）蔣萼撰　清光緒十二年（1886）刻本　六冊

110000－0102－0017750　丁/250　集部/別集類/清

綠雲儂館詩稿十二卷　（清）溫啟封撰　清同治九年（1870）刻本　四冊

110000－0102－0017751　丁/253　集部/別集類/清

琳齋詩稿四卷　（清）王景彝撰　清光緒十六年（1890）寶善書屋刻本　四冊

110000－0102－0017752　丁/254　集部/別集類/清

黃琢山房集十卷　（清）吳璜撰　清末西泠印社活字本　四冊

110000－0102－0017753　丁/255　集部/別集類/清

小匏庵詩存六卷　（清）吳仰賢撰　清光緒四年（1878）刻本　四冊

110000－0102－0017754　丁/261　集部/別集類/清

固蘿詩稿七卷　（清）王炳章撰　清同治七年（1868）刻本　一冊

110000－0102－0017755　丁/262　集部/別集類/清

水流雲在館詩鈔六卷　（清）宋晉撰　清光緒十二年（1886）刻本　二冊

110000－0102－0017756　丁/263　集部/別集類/清

話雨樓詩草三卷　（清）言忠貞撰　清光緒元年（1875）刻本　一冊

110000－0102－0017757　丁/264　集部/別集類/清

小睡足寮詩錄四卷　（清）秦敏樹撰　清光緒十三年（1887）刻本　二冊

110000－0102－0017758　丁/265　集部/別集類/清

尺雲軒文集二卷詩集四卷　（清）朱實發撰　清道光五年（1825）刻本　四冊

110000－0102－0017759　丁/266　集部/總集類/詩/雜錄/其它

檜門觀劇詩三卷　（清）金德英等撰　清光緒三十四年（1908）葉氏觀古堂刻本　一冊

110000－0102－0017760　丁/268　集部/詞類/詞別集

疏影樓詞　（清）姚燮撰　清道光十三年（1833）刻本　二冊

110000－0102－0017761　丁/271　集部/別集類/清

吟秋館詩存　（清）江澄撰　清光緒刻本　一冊

110000－0102－0017762　丁/272　集部/別集類/清

曇雲閣詩集八卷　（清）曹楙堅撰　清道光二十三年（1843）刻本　六冊

110000－0102－0017763　丁/275　集部/別集類/清

飲中半士詩鈔四卷　（清）徐元潜撰　清宣統元年（1909）刻本　二冊

110000－0102－0017764　丁/276　集部/別集類/清

雲海詩集一卷　（清）趙廷珂撰　清光緒九年（1883）刻本　一冊

110000－0102－0017765　丁/277　史部/史評類/詠史

南宋樂府　（清）章季英撰　清光緒二年（1876）刻本　一冊

110000－0102－0017766　丁/278　史部/史評類/詠史

五家宮詞　（明）毛晉輯　清光緒五年（1879）受經堂刻本　一冊

110000－0102－0017767　丁/284　集部/別集類/清

勿待軒文集存稿十卷　（清）馬先登撰　清光緒二年（1876）敦倫堂刻本　六冊

110000－0102－0017768　丁/289　集部/別集類/清

餐青閣詩詞文稿三卷　（清）汪壬林撰　清光緒十年（1884）刻本　二冊

110000－0102－0017769　丁/291　集部/別集類/清

萃錦唫八卷　（清）恭親王奕訢撰　清光緒十八年（1892）刻本　四冊

110000－0102－0017770　丁/292　集部/別集類/清

問園遺集一卷　（清）元亨撰　清光緒十七年（1891）刻本　三冊

110000－0102－0017771　丁/293　集部/別集類/清

適齋居士集四卷　（清）覺羅舒敏撰　清光緒二十二年（1896）刻本　二冊

110000－0102－0017772　丁/294　史部/政書類/文牘檔冊

西藏交涉文牘五卷　（清）□□編　清抄本　五冊

110000－0102－0017773　丁/296　史部/政書類/詔令奏議/奏議

西藏奏案　（清）□□撰　清抄本　四冊

110000－0102－0017774　丁/298　集部/詞類/詞選/通代

唐五代詞選三卷　（清）成肇麐輯　清光緒十三年（1887）刻本　三冊

110000－0102－0017775　丁/303　集部/曲類/曲譜、曲韻

古今曲調一卷　（□）□□撰　清抄本　一冊

110000－0102－0017776　丁/305　集部/詞類/詞別集

疏影樓詞四種　（清）姚燮撰　清道光十三年（1833）刻本　二冊

110000－0102－0017777　丁/307　集部/別集類/清

觀復堂稿略一卷　（清）朱集璜撰　清光緒六年（1880）刻本　六冊

110000－0102－0017778　丁/309　集部/別集類/清

固哉草亭文集二卷詩集四卷　（清）高斌撰　清嘉慶十二年（1807）刻本　四冊

110000－0102－0017779　丁/310　集部/別集類/清

雙白燕堂文集二卷外集八卷　（清）陸耀遹撰　清光緒四年（1878）刻本　四冊

110000－0102－0017780　丁/311　集部/別集類/清

耘圃詩鈔十二編　（清）李繩撰　清乾隆刻本　一冊　存四編

110000－0102－0017781　丁/312　集部/別集類/清

儀顧堂集十六卷　（清）陸心源撰　清同治十三年（1874）刻本　四冊

110000－0102－0017782　丁/313　集部/別集類/清

繞竹山房續詩稿十四卷　（清）朱文治撰　清咸豐五年（1855）刻本　四冊

110000－0102－0017783　丁/315　集部/別集類/清

感知集二卷　（清）劉炳照撰　清光緒三十一年（1905）刻本　一册

110000－0102－0017784　丁/320　史部/政書類/法令/章例

欽定吏部驗封司章程五卷　（清）吏部編　清同治刻本　四册

110000－0102－0017785　丁/321　集部/別集類/清

退補樓雜著一卷　（清）王承煦撰　清光緒二十一年（1895）趙德馨活字本　一册

110000－0102－0017786　丁/322　集部/別集類/清

退補樓外紀一卷　（清）王承煦撰　清光緒二十一年（1895）趙德馨活字本　一册

110000－0102－0017787　丁/325　集部/別集類/清

扁善齋文存二卷　（清）鄧嘉緝撰　清光緒二十七年（1901）刻本　二册

110000－0102－0017788　丁/328　集部/別集類/清

指所齋駢體文四卷　（清）高錫基撰　清光緒十四年（1888）刻本　四册

110000－0102－0017789　丁/330　集部/俗文學類/民歌民謠

古今風謠一卷古今諺一卷古今諺拾遺六卷古今風謠拾遺四卷　（明）楊慎輯　清同治十二年（1873）刻本　四册

110000－0102－0017790　丁/333　集部/別集類/清

通雅齋叢稿　（清）成本璞撰　清宣統元年（1909）刻本　四册

110000－0102－0017791　丁/336　集部/別集類/明

慎齋遺書十卷　（明）周之幹撰　清道光二十九年（1849）自耕堂刻本　六册

110000－0102－0017792　丁/337　子部/雜家類/雜述

樵説十卷　題（清）蜀西樵也撰　清光緒十八年（1892）刻本　二册

110000－0102－0017793　丁/338　子部/儒家類/清

公餘摘錄四卷　（清）恆保輯　清同治九年（1870）嘉樂堂刻本　四册

110000－0102－0017794　丁/341　叢部/自著叢書

耐安類稿　（清）陳偉撰　清光緒二十二年（1896）刻本　六册

110000－0102－0017795　丁/342　集部/別集類/清

夢華遺稿詩草二卷詩餘一卷賦鈔一卷　（清）孫纘撰　清道光十二年（1832）刻本　二册

110000－0102－0017796　丁/343　集部/總集類/詩/地方

蜀詩十五卷　（明）費經虞輯　（清）費密續輯　清道光十三年（1833）刻本　四册

110000－0102－0017797　丁/350　集部/別集類/清

悔過齋文集七卷續集七卷補遺一卷　（清）顧廣譽撰　清咸豐七年（1857）刻本　四册

110000－0102－0017798　丁/352　史部/傳記類/總傳/通錄/斷代

船山師友記十七卷　（清）羅正鈞纂　清光緒三十三年（1907）刻本　四册

110000－0102－0017799　丁/354　集部/別集類/清

漆室吟八卷　（清）王柏心撰　清咸豐七年（1857）刻本　二册

110000－0102－0017800　丁/358　集部/別集類/清

出山草文五卷詩十二卷　（清）周銘旂撰　清光緒十七年（1891）刻本　六册

110000－0102－0017801　丁/363　集部/別

集類/清

隗西草堂詩集五卷文集三卷 （清）萬壽祺撰
清道光四年(1824)刻本　二冊

110000－0102－0017802　丁/366　集部/別
集類/清

欠愁集一卷 （清）史震林撰　清光緒刻本
一冊

110000－0102－0017803　丁/367　集部/別
集類/清

鼂尾集十卷後集二卷續集二卷 （清）王士禎
撰　清宣統三年(1911)集成圖書公司石印本
四冊

110000－0102－0017804　丁/368　集部/別
集類/清

**賦梅書屋詩初集六卷二集三卷三集二卷四集
一卷五集二卷六集三卷** （清）宋廷樑撰　清
光緒二十年(1894)刻本　二冊

110000－0102－0017805　丁/370　集部/詞
類/詞別集

夢窗甲乙丙丁稿四卷補遺一卷 （宋）吳文英
撰　清光緒二十五年(1899)刻本　二冊

110000－0102－0017806　丁/371　集部/別
集類/清

寫韻樓遺詩五卷 （清）吳瓊仙撰　清嘉慶刻
本　四冊

110000－0102－0017807　丁/373　史部/政
書類/邦交/商約

中外交涉類要一卷光緒通商綜覈表一卷　錢
恂撰　清末刻本　二冊

110000－0102－0017808　丁/377　集部/總
集類/詩/地方

會稽掇英總集二十卷 （宋）孔延之輯　清道
光元年(1821)山陰杜氏浣花宗塾刻本　四冊

110000－0102－0017809　丁/381　集部/曲
類/曲別集/雜劇

獅吼記一卷 （明）汪廷訥撰　清末石印本
一冊

110000－0102－0017810　丁/383　集部/別
集類/清

指所齋文集四卷 （清）高錫基撰　清光緒十
四年(1888)刻本　四冊

110000－0102－0017811　丁/384　集部/別
集類/清

遜學齋文鈔十二卷 （清）孫衣言撰　清同治
十二年(1873)刻本　六冊

110000－0102－0017812　丁/385　集部/別
集類/清

蕭藻遺書四卷 （清）胡發琅撰　清光緒十三
年(1887)刻本　一冊

110000－0102－0017813　丁/386　集部/別
集類/清

何子清遺文集 （清）何忠萬撰　清光緒八年
(1882)金陵翁氏茹古閣刻本　一冊

110000－0102－0017814　丁/393　集部/別
集類/清

秋樹讀書樓遺集十六卷 （清）史善長撰　清
嘉慶十年(1805)刻本　四冊

110000－0102－0017815　丁/396　集部/別
集類/清

碧城僊館詩十卷 （清）陳文述撰　清嘉慶十
七年(1812)刻本　四冊

110000－0102－0017816　丁/397　史部/外
國史類

歐洲列國戰事本末二十二卷 （清）王樹枏編
清光緒二十八年(1902)刻本　八冊

110000－0102－0017817　丁/400　史部/傳
記類/年譜

十五家年譜叢書 （清）楊希閔編　清光緒刻
民國揚州陳履恆補刻本　十六冊　缺二卷
(漢諸葛忠武侯年譜一卷、唐李鄴侯年譜一
卷)

110000－0102－0017818　丁/402　史部/時
令類

新增日月紀古 （清）蕭智漢撰　清道光刻本
二十六冊

110000－0102－0017819　丁/403　子部/醫家類/總錄
傳中錄　(□)□□撰　清抄本　五册

110000－0102－0017820　丁/406　集部/別集類/清
蘭陵集　謝鼎鎔撰　清末刻本　一册

110000－0102－0017821　丁/408　集部/別集類/清
留硯堂集三卷　(清)張漢撰　清刻本　三册

110000－0102－0017822　丁/410　集部/別集類/清
小山東草堂文集十卷　(清)張泰青撰　清道光十五年(1835)刻本　四册

110000－0102－0017823　丁/411　集部/別集類/清
二竹齋詩鈔六卷　(清)張井撰　清道光十五年(1835)刻本　四册

110000－0102－0017824　丁/412　集部/別集類/清
香草堂集十卷　(清)陳廷桂撰　清嘉慶十六年(1811)刻本　四册

110000－0102－0017825　丁/413　集部/別集類/清
仙心閣集詩鈔八卷　(清)彭慰高撰　清光緒三年(1877)刻本　三册

110000－0102－0017826　丁/414　集部/別集類/清
樂志簃集　(清)沈祥龍撰　清光緒二十七年(1901)刻本　四册

110000－0102－0017827　丁/416　集部/別集類/清
郙鄢山房詩存　(清)趙樹吉撰　清光緒十年(1884)刻本　六册

110000－0102－0017828　丁/417　集部/別集類/清
毋自欺室文集十卷　(清)王炳燮撰　清光緒十二年(1886)刻本　四册

110000－0102－0017829　丁/418　集部/別集類/清
唐魯泉遺稿　(清)唐治撰　清同治刻本　一册

110000－0102－0017830　丁/419　集部/別集類/清
人境廬詩草十一卷　(清)黄遵憲撰　清末鉛印本　四册

110000－0102－0017831　丁/422　集部/別集類/清
羅文恪公遺集　(清)羅惇衍撰　清光緒刻本　二册

110000－0102－0017832　丁/423　集部/別集類/清
望三益齋存稿　(清)吳棠撰　清光緒成都使署刻本　二册

110000－0102－0017833　丁/424　集部/別集類/清
篤實堂文集八卷　(清)呂永輝撰　清光緒三十二年(1906)刻本　四册

110000－0102－0017834　丁/425　集部/別集類/清
古紅梅閣集八卷　(清)劉履芬撰　清光緒六年(1880)刻本　四册

110000－0102－0017835　丁/426　集部/別集類/清
漚羅盦文稿　(清)法良撰　清咸豐九年(1859)刻本　一册

110000－0102－0017836　丁/427　集部/別集類/清
帥文毅公遺集五卷　(清)帥遠燡撰　清光緒二十三年(1897)刻本　二册

110000－0102－0017837　丁/428　集部/別集類/清
遲鴻軒詩文集　(清)楊峴撰　清光緒十二年(1886)刻本　二册

110000－0102－0017838　丁/429　集部/別

集類/清

孫文節公遺稿四卷 （清）孫銘恩撰　清咸豐刻本　二冊

110000－0102－0017839　丁/430　史部/傳記類/別傳

李文恭公行述一卷 （清）李概等撰　清咸豐元年(1851)刻本　一冊

110000－0102－0017840　丁/431　集部/別集類/清

誦清閣集四卷 （清）石景芬撰　清同治十年(1871)刻本　四冊

110000－0102－0017841　丁/434　集部/別集類/清

澤雅堂詩集六卷 （清）施補華撰　清光緒刻本　二冊

110000－0102－0017842　丁/436　集部/別集類/清

豸華堂文鈔十二卷 （清）金應麟撰　清光緒六年(1880)刻本　二冊

110000－0102－0017843　丁/439　集部/別集類/清

安愚堂文鈔十二卷 （清）阮烜輝撰　清末刻本　四冊

110000－0102－0017844　丁/440　集部/別集類/清

也居山房集八卷 （清）魏承祝撰　清同治九年(1870)刻本　五冊

110000－0102－0017845　丁/441　集部/別集類/清

函樓文鈔九卷 （清）易佩紳撰　清光緒二十年(1894)刻本　四冊

110000－0102－0017846　丁/442　集部/別集類/清

誰與菴文鈔二卷 （清）孫世均撰　清光緒十五年(1889)刻本　一冊

110000－0102－0017847　丁/443　集部/別集類/清

志遠堂文集十卷 （清）鄒鍾撰　清光緒刻本　六冊

110000－0102－0017848　丁/444　集部/別集類/清

小酉腴山館詩集八卷 （清）吳大廷撰　清光緒五年(1879)刻本　八冊

110000－0102－0017849　丁/445　集部/別集類/清

澤雅堂文集八卷 （清）施補華撰　清光緒刻本　二冊

110000－0102－0017850　丁/446　集部/別集類/清

可園文存十六卷 （清）陳作霖撰　清宣統元年(1909)刻本　四冊

110000－0102－0017851　丁/447　集部/別集類/清

蘇盦文錄二卷駢文錄五卷詩錄八卷詞錄一卷 （清）楊葆光撰　清光緒九年(1883)刻本　四冊　缺三卷(詩錄二卷、詞錄一卷)

110000－0102－0017852　丁/448　史部/傳記類/人表

歷代帝王統系圖考 （清）張福鏛撰　清同治元年(1862)抄本　二冊

110000－0102－0017853　丁/449　集部/別集類/清

花磚日影集十卷 （清）徐琪撰　清光緒三十四年(1908)刻本　五冊

110000－0102－0017854　丁/450　集部/戲曲類

取南郡雁門關合集 （□）□□撰　清抄本　六冊

110000－0102－0017855　丁/451　集部/別集類/清

問園遺集一卷 （清）范元亨撰　清光緒十七年(1891)刻本　三冊

110000－0102－0017856　丁/452　集部/別集類/清

敬孚類稿十六卷　（清）蕭穆撰　清光緒三十二年（1906）刻本　四冊

110000－0102－0017857　丁/453　集部/別集類/清

葆愚軒集二卷　（清）英啟撰　清光緒十四年（1888）刻本　二冊

110000－0102－0017858　丁/454　集部/別集類/清

西圃集十卷　（清）潘遵祁撰　清光緒八年（1882）刻本　二冊

110000－0102－0017859　丁/455　史部/別史、雜史類

臺灣外記三十卷　（清）江日昇撰　清石印本　六冊

110000－0102－0017860　丁/456　史部/地理類/雜記

西藏記　（□）□□撰　清光緒刻本　二冊

110000－0102－0017861　丁/458　集部/別集類/民國

海藏樓詩　鄭孝胥撰　清光緒二十八年（1902）刻本　四冊

110000－0102－0017862　丁/460　集部/總集類/詩/斷代/清

硃批七家詩選七卷　（清）張熙宇輯　清咸豐七年（1857）刻本　四冊

110000－0102－0017863　丁/461　集部/別集類/清

荔雨軒文集六卷　（清）華翼綸撰　清光緒九年（1883）刻本　二冊

110000－0102－0017864　丁/463　集部/別集類/清

夏雨軒雜文四卷　（清）陳鍾祥撰　清咸豐十年（1860）刻本　二冊

110000－0102－0017865　丁/467　集部/曲類/曲別集/傳奇

四愁吟樂府一卷　（清）靜齋居士撰　清道光二十年（1840）刻本　一冊

110000－0102－0017866　丁/468　子部/雜家類/雜纂

中國腦　（清）味新學社編　清光緒二十八年（1902）刻本　二冊

110000－0102－0017867　丁/469　集部/詞類/詞別集

雲起軒詞鈔一卷　（清）文廷式撰　清光緒二十七年（1901）刻本　一冊

110000－0102－0017868　丁/471　集部/詞類/詞別集

玉龍詞一卷　（清）楊朝慶撰　清光緒二十五年（1899）刻本　一冊

110000－0102－0017869　丁/476　集部/別集類/清

縈清樓集四卷　（清）楊毓秀撰　清光緒二十五年（1899）刻本　四冊

110000－0102－0017870　丁/477　集部/別集類/清

至堂詩鈔六卷　（清）艾暢撰　清道光三十年（1850）刻本　四冊

110000－0102－0017871　丁/479　集部/別集類/宋

平齋文集三十二卷　（宋）洪咨夔撰　清同治十一年（1872）刻本　四冊

110000－0102－0017872　丁/486　史部/別史、雜史類

咄咄錄四卷　（清）咄咄道人編　清謄印本　四冊

110000－0102－0017873　丁/487　子部/類書類/類編/通錄

時務匯通一百〇八卷　（清）李作棟輯　清光緒二十九年（1903）石印本　三十二冊

110000－0102－0017874　丁/488　集部/別集類/清

古春軒詩鈔二卷　（清）梁德繩撰　清咸豐二年（1852）刻本　一冊

110000－0102－0017875　丁/489　集部/總

集類/詩/地方

梅里詩輯二十八卷 (清)許燦輯 清道光三十年(1850)刻本 十二冊

110000－0102－0017876 丁/493 史部/傳記類/別傳

皇清誥封宜人晉封淑人顯妣趙淑人行述 (清)陳鼎等撰 清光緒木活字印本 一冊

110000－0102－0017877 丁/494 集部/別集類/清

儀宋堂文集十卷 (清)吳嘉淦撰 清同治十年(1871)刻本 四冊

110000－0102－0017878 丁/496 集部/別集類/清

雲臥山莊詩集八卷 (清)郭崑燾撰 清光緒十一年(1885)刻本 四冊

110000－0102－0017879 丁/497 集部/別集類/唐至五代

王子安集註二十卷首一卷末一首 (唐)王勃撰 (清)蔣清翊註 清光緒九年(1883)蔣氏雙唐碑館刻本 十冊

110000－0102－0017880 丁/502 集部/總集類/詩/地方

徐州二遺民集十卷 (清)馮煦輯 清光緒十九年(1893)刻本 五冊

110000－0102－0017881 丁/505 集部/別集類/唐至五代

李商隱詩集三卷 (唐)李商隱撰 清宣統元年(1909)影印本 二冊

110000－0102－0017882 丁/507 集部/集評類/總評/文學史

歷朝文學史一卷 (清)竇警凡撰 清光緒三十二年(1906)鉛印本 一冊

110000－0102－0017883 丁/508 集部/別集類/清

練中丞集二卷 (清)練子寧撰 清光緒九年(1883)刻本 四冊

110000－0102－0017884 丁/513 史部/史

評類/論事

歷代史案二十卷 (清)洪亮吉編 清刻本 二冊

110000－0102－0017885 丁/514 子部/雜家類/雜纂

牧菴雜記六卷 (清)徐一麟撰 清同治七年(1868)刻本 四冊

110000－0102－0017886 丁/516 集部/詞類/詞別集

憶雲詞甲稿一卷乙稿一卷丙稿一卷丁稿一卷 (清)項廷紀撰 清光緒二十五年(1899)刻本 一冊

110000－0102－0017887 丁/517 集部/詞類/詞別集

秋夢盦詞鈔二卷續一卷再續一卷 (清)葉衍蘭撰 清光緒十四年(1888)刻本 一冊

110000－0102－0017888 丁/519 集部/詞類/詞別集

冰壺詞三卷 (清)張雲驤撰 清光緒十二年(1886)刻本 一冊

110000－0102－0017889 丁/520 集部/別集類/清

蕉影齋詩集四卷補遺一卷 (清)謝照撰 清光緒三年(1877)刻本 四冊

110000－0102－0017890 丁/521 史部/政書類/邦計/荒政

救荒百策一卷 (清)奇湘漁父輯 清光緒十年(1884)刻本 一冊

110000－0102－0017891 丁/523 集部/別集類/清

石桐先生詩鈔一卷 (清)李懷民撰 清光緒十二年(1886)刻本 一冊

110000－0102－0017892 丁/525 集部/詞類/詞別集

鹽廬詞一卷 蔣廷黻撰 清光緒刻本 一冊

110000－0102－0017893 丁/527 集部/別集類/清

第一生修梅花館詞一卷　況周頤撰　清光緒
刻本　一冊

110000－0102－0017894　丁/528　集部/詞
類/詞別集

冷紅詞四卷　(清)鄭文焯撰　清光緒鉛印本
一冊

110000－0102－0017895　丁/529　集部/詞
類/詞別集

秋夢盦詞鈔二卷　(清)葉衍蘭撰　清光緒十
四年(1888)刻本　一冊

110000－0102－0017896　丁/530　集部/別
集類/清

環山樓詩草二卷　(清)黃星照撰　清道光十
年(1830)刻本　一冊

110000－0102－0017897　丁/531　集部/別
集類/清

小琅環園詩錄七卷詞一卷　(清)張修府撰
清光緒七年(1881)刻本　二冊

110000－0102－0017898　丁/532　史部/傳
記類/家傳、宗譜

清芬錄二卷　(清)陳文騄輯　清光緒十六年
(1890)刻本　二冊

110000－0102－0017899　丁/539　集部/詞
類/詞別集

濯絳宧存稿一卷　(清)劉毓盤撰　清光緒刻
本　一冊

110000－0102－0017900　丁/543　集部/詞
類/詞別集

井華詞二卷　(清)沈景修撰　清光緒二十五
年(1899)刻本　一冊

110000－0102－0017901　丁/546　史部/史
評類/論事

晉乘論再易稿二卷　(清)楊恩元撰　清光緒
三十一年(1905)鉛印本　一冊

110000－0102－0017902　丁/555　集部/集
評類/詞評/詞話

詞辨二卷　(清)周濟撰　清光緒四年(1878)

刻本　一冊

110000－0102－0017903　丁/556　集部/別
集類/清

止巢詩詞　(清)喬載緜撰　清道光刻本
一冊

110000－0102－0017904　丁/560　史部/地
理類/方志/地方志

[光緒]丹徒縣志六十卷　(清)呂耀斗纂
(清)楊履泰等修　清光緒五年(1879)刻本
三十二冊

110000－0102－0017905　丁/562　集部/別
集類/清

勤餘文牘六卷續二卷　(清)陳錦撰　清光緒
五年(1879)刻本　八冊

110000－0102－0017906　丁/563　史部/地
理類/方志/地方志

[光緒]祥符縣志二十四卷　(清)黃舒昺修
(清)許貞元等編　清光緒二十四年(1898)刻
本　二十冊

110000－0102－0017907　丁/564　史部/政
書類/詔令奏議

奏稿　(清)□□撰　清末抄本　四冊

110000－0102－0017908　丁/567　史部/目
錄類/收藏/私藏/清

結一廬書目四卷　(清)朱學勤撰　清宣統元
年(1909)番禺沈宗畸晨風閣刻晨風閣叢書本
一冊

110000－0102－0017909　丁/569　集部/別
集類/清

榴實山莊遺稿九卷　(清)吳存義撰　清同治
九年(1870)刻本　六冊

110000－0102－0017910　丁/571　集部/別
集類/清

劉禮部集十二卷　(清)劉逢祿撰　清光緒十
八年(1892)刻本　六冊

110000－0102－0017911　丁/574　史部/地
理類/方志/地方志

[光緒]重修岐山縣志八卷　（清）胡升猷修（清）張殿元編　清光緒十年（1884）刻本　四冊

110000－0102－0017912　丁/578　集部/別集類/清

嘯古堂文集八集　（清）蔣敦復撰　清同治十年（1871）刻本　四冊

110000－0102－0017913　丁/579　子部/藝術類/書畫/書法、碑帖/清

許竹篔待郎尺牘真蹟二卷　（清）許景澄撰　清光緒三十三年（1907）石印本　二冊

110000－0102－0017914　丁/580　史部/地理類/方志/地方志

[道光]敦煌縣志七卷　（清）蘇履吉等修（清）曾誠纂　清道光十一年（1872）刻本　四冊

110000－0102－0017915　丁/583　史部/政書類/邦交

改定俄約調查綱目表一卷　（清）□□撰　清末鉛印本　一冊

110000－0102－0017916　丁/589　集部/別集類/清

結一廬遺文二卷　（清）朱學勤撰　清光緒三十四年（1908）刻本　一冊

110000－0102－0017917　丁/591　集部/別集類/清

一漚集九卷　（清）董威撰　清光緒十八年（1892）刻本　四冊

110000－0102－0017918　丁/599　集部/曲類/曲別集/散曲

秋水菴花影集五卷　（明）施紹莘撰　明刻本　四冊

110000－0102－0017919　丁/600　集部/詞類/詞總集

侯鯖集　（清）吳唐林輯　清光緒十一年（1885）刻本　一冊

110000－0102－0017920　丁/601　集部/詞類/詞別集

冷紅詞四卷　（清）鄭文焯撰　清光緒耦園刻本　一冊

110000－0102－0017921　丁/602　集部/詞類/詞別集

彈指詞三卷補遺一卷　（清）顧貞觀撰　清光緒四年（1878）枕經葄史齋刻本　二冊

110000－0102－0017922　丁/603　集部/詞類/詞別集

樵歌二卷　（宋）朱敦儒撰　清光緒二十年（1894）刻本　一冊

110000－0102－0017923　丁/604　集部/別集類/清

耕道獵德齋詠史小樂府二卷　（清）周懷綬撰　清道光二十九年（1849）刻本　二冊

110000－0102－0017924　丁/605　集部/詞類/詞別集

香影詞四卷　（清）陶元藻撰　清乾隆六十年（1795）刻本　一冊

110000－0102－0017925　丁/607　集部/別集類/清

鐵莊文集八卷　（清）陸楣撰　清光緒二十一年（1895）聚珍仿宋鉛印本　三冊

110000－0102－0017926　丁/609　集部/總集類/詩/地方

樵川二家詩　（宋）嚴羽（元）黃鎮成合撰（清）徐榦輯　清光緒七年（1881）刻本　四冊

110000－0102－0017927　丁/612　集部/曲類/曲別集/傳奇

桂林霜傳奇二卷　（清）蔣士銓撰　（清）張三禮評文（清）楊迎鶴正譜　清中期刻清容外集本　半園題識，鈐"史官"印　一冊

110000－0102－0017928　丁/614　集部/別集類/清

紅葉山房集十四卷外集四卷　（清）鄭祖球撰　清嘉慶二十五年（1820）刻本　六冊

110000－0102－0017929　丁/616　集部/集

評類/詩評/詩話

柳亭詩話三十卷 （清）宋長白纂　清光緒八
年(1882)楊雨耕補刻本　八冊

110000－0102－0017930　丁/618　集部/別
集類/清

沜湄集 （清）葉名灃撰　清道光二十八年
(1848)刻本　一冊

110000－0102－0017931　丁/620　集部/總
集類/文/地方

原獻文錄四卷詩錄三卷 （清）賀瑞麟編　清
光緒五年(1879)刻本　八冊

110000－0102－0017932　丁/622　集部/別
集類/清

隨山館全集三十二卷 （清）汪瑔撰　清光緒
刻本　十二冊

110000－0102－0017933　丁/623　集部/別
集類/明

葛中翰遺集十二卷 （明）葛麟撰　清光緒十
六年(1890)刻本　六冊

110000－0102－0017934　丁/624　集部/別
集類/清

實其文齋文鈔初集八卷 （清）黃雲鵠撰　清
同治十一年(1872)刻本　四冊

110000－0102－0017935　丁/625　集部/別
集類/清

栟湖文集十二卷 （清）吳敏樹撰　清光緒十
九年(1893)思賢講舍刻本　四冊

110000－0102－0017936　丁/626　集部/別
集類/清

雙梧山館文鈔二十四卷 （清）澄瑤撰　清咸
豐十年(1860)南邨草堂刻本　六冊

110000－0102－0017937　丁/627　集部/別
集類/清

遠志齋文稿六卷 （清）葛士達撰　清光緒九
年(1883)黎陽邑署刻本　六冊

110000－0102－0017938　丁/628　集部/別
集類/清

杏廬文鈔八卷 諸福坤撰　清光緒刻本
二冊

110000－0102－0017939　丁/629　集部/別
集類/清

善思齋文鈔九卷詩鈔七卷 （清）徐宗亮撰
清光緒刻本　二冊

110000－0102－0017940　丁/630　集部/別
集類/清

二知軒文存 （清）方濬頤撰　清光緒四年
(1878)刻本　十二冊

110000－0102－0017941　丁/632　集部/別
集類/清

敦艮吉齋文存 （清）徐子苓撰　清光緒十二
年(1886)刻本　六冊

110000－0102－0017942　丁/633　集部/別
集類/清

求自得之室文鈔十二卷 （清）吳嘉撰　清同
治五年(1866)廣州富文齋刻本　六冊

110000－0102－0017943　丁/635　集部/俗
文學類/鼓詞

新刻續絲絨計鼓詞 （清）□□撰　清刻本
二冊

110000－0102－0017944　丁/636　集部/小
說類/長篇小說

水石緣六卷三十段 （清）李春榮編輯　清同
治九年(1870)刻本　六冊

110000－0102－0017945　丁/638　集部/詞
類/詞別集

四明萬季野先生新樂府詞二卷 （清）萬斯同
撰　（清）徐時棟校　（清）張錫藩訂　清同治
至光緒刻本　二冊

110000－0102－0017946　丁/639　集部/別
集類/遼金元

余忠宣青陽山房集五卷附錄一卷 （元）余闕
撰　清光緒元年(1875)合肥張氏毓秀堂刻本
二冊

110000－0102－0017947　丁/640　集部/別

集類/清

檇壽山房輯槁六卷 （清）史致櫏撰　清光緒十二年(1886)刻本　四冊

110000 – 0102 – 0017948　丁/641　集部/曲類/曲別集/傳奇

鸚鵡媒二卷 （清）錢維喬撰　清小林樓刻本　二冊

110000 – 0102 – 0017949　丁/642　集部/別集類/清

醒予山房文存八卷 （清）劉愚撰　清同治四年(1865)刻本　四冊

110000 – 0102 – 0017950　丁/643　集部/別集類/清

夢硯齋遺稿八卷 （清）唐樹義撰　清同治四年(1865)綏定郡齋刻本　四冊

110000 – 0102 – 0017951　丁/646　集部/別集類/清

劉果敏公遺書首一卷奏稿八卷批牘五卷從戎識實一卷文集一卷 （清）劉典撰　清光緒十三年至十八年(1887–1892)刻本　十六冊

110000 – 0102 – 0017952　丁/647　集部/別集類/清

補學軒文集四卷續刻四卷 （清）鄭獻甫撰　清咸豐十一年(1861)刻同治十一年(1872)續刻本　八冊

110000 – 0102 – 0017953　丁/648　集部/別集類/清

梧生文鈔十卷詩鈔十卷 （清）傅桐撰　清同治三年(1864)光緒七年(1881)刻本　六冊

110000 – 0102 – 0017954　丁/650　集部/別集類/明

泲濱蔡先生詩文集十卷附錄一卷語錄二十卷 （明）蔡靉撰　清光緒四年(1878)刻本　四冊

110000 – 0102 – 0017955　丁/652　集部/曲類/曲別集/傳奇

東海記十六出附錄一卷 （清）王曦填詞　清道光十一年(1831)宛鄰書屋刻本　二冊

110000 – 0102 – 0017956　丁/653　經部/小學類/訓詁/群雅

廣雅碎金四卷附錄一卷 （清）張之洞撰　清光緒二十三年(1897)水明樓刻本　二冊

110000 – 0102 – 0017957　丁/655　集部/詞類/詞總集

薇省同聲集 （清）彭鑾編　清光緒十六年(1890)刻本　一冊

110000 – 0102 – 0017958　丁/658　集部/詞類/詞別集

比竹餘音四卷 （清）鄭文焯撰　清光緒二十八年(1902)刻本　一冊

110000 – 0102 – 0017959　丁/661　子部/藝術類/音樂舞蹈

香研居詞塵五卷 （清）方成培撰　清光緒二年(1876)刻本　二冊

110000 – 0102 – 0017960　丁/663　集部/詞類/詞別集

迦廠詞四卷　左運奎撰　清宣統二年(1910)鉛印本　一冊

110000 – 0102 – 0017961　丁/664　集部/詞類/詞別集

匏笙詞甲乙稿　程霨撰　清光緒三十四年(1908)京華印書局鉛印本　一冊

110000 – 0102 – 0017962　丁/666　集部/曲類/曲別集/傳奇

帝女花二卷 （清）黃燮清撰　清同治四年(1865)刻本　一冊

110000 – 0102 – 0017963　丁/668　集部/總集類/詩/斷代

粵臺秋唱　題版蟲等撰　清光緒三十二年(1906)鉛印本　一冊

110000 – 0102 – 0017964　丁/669　集部/詞類/詞別集

盬廬詞看鏡詞　蔣廷黻撰　清光緒刻本　一冊

110000 – 0102 – 0017965　丁/671　集部/俗

文學類/變文

如如老祖化度衆生指往西方寶卷全集 （□）
□□撰　清末瑪瑙寺經房刻本　一冊

110000－0102－0017966　丁/672　集部/俗
文學類/變文

觀音十二圓覺 （□）□□撰　清末刻本
一冊

110000－0102－0017967　丁/673　集部/俗
文學類/變文

龐公寶卷 （□）□□撰　清光緒二十一年
(1895)刻本　一冊

110000－0102－0017968　丁/674　集部/俗
文學類/變文

達磨祖卷 （□）□□撰　清末刻本　一冊

110000－0102－0017969　丁/675　集部/俗
文學類/變文

山西平陽府平陽邨秀女寶卷 （□）□□撰
清光緒七年(1881)刻本　一冊

110000－0102－0017970　丁/676　集部/俗
文學類/變文

河南開封府花枷良願龍圖寶卷全集上卷
（□）□□撰　清宣統二年(1910)刻本　一冊

110000－0102－0017971　丁/677　史部/史
評類/詠史

明宮詞 （清）程嗣章撰　清宣統三年(1911)
上海掃葉山房石印本　一冊

110000－0102－0017972　丁/681　集部/別
集類/清

裁物象齋詩鈔一卷湘雨齋詞草一卷 （清）管
貽葄撰　清同治五年(1866)刻本　一冊

110000－0102－0017973　丁/683　集部/總
集類/詩/家族

五周先生集 （清）周沐潤等撰　清光緒二十
九年(1903)刻本　一冊

110000－0102－0017974　丁/684　集部/詞
類/詞別集

燈昏鏡曉詞四卷 宋謙撰　清宣統二年

(1910)鉛印本　一冊　存二卷(一至二)

110000－0102－0017975　丁/687　集部/詞
類/詞別集

鵾泉山館詞一卷 （清）潘觀保撰　清光緒十
五年(1889)復始堂刻本　一冊

110000－0102－0017976　丁/693　集部/別
集類/清

妙香館啟甕集四卷 （清）蘇完銘嶽撰　清道
光二十三年(1843)刻本　二冊

110000－0102－0017977　丁/694　集部/集
評類/詩評/詩話

試律新話四卷 （清）倪鴻輯　清同治十二年
(1873)野水閑鷗館刻本　二冊

110000－0102－0017978　丁/698　集部/別
集類/清

僊屏書屋初集詩錄十六卷詩後錄二卷 （清）
黃爵滋撰　清道光二十九年(1849)泥活字印
本　五冊

110000－0102－0017979　丁/699　集部/別
集類/清

萬山草堂詩集六卷 李登雲撰　清光緒三十
三年(1907)刻本　四冊

110000－0102－0017980　丁/700　集部/別
集類/宋

深寧先生文鈔八卷 （宋）王應麟撰　清道光
九年(1829)刻本　九冊

110000－0102－0017981　丁/701　集部/別
集類/明

小山類稿選二十卷附張襄惠公輯略一卷
(明)張岳撰　清中後期刻本　六冊

110000－0102－0017982　丁/703　集部/別
集類/清

崇雅堂集 （清）胡敬撰　清道光二十六年
(1846)刻本　六冊

110000－0102－0017983　丁/706　集部/總
集類/詩/地方

東武詩存十卷 （清）王賡言輯　清嘉慶二十

五年(1820)刻本　十冊

110000－0102－0017984　丁/708　史部/傳記類/總傳/專錄/藝術

擷華小錄 （清）沅浦癡漁撰　張次溪校　清光緒二年(1876)稿本　一冊

110000－0102－0017985　丁/710　史部/傳記類/總傳/專錄/藝術

鞠部明僮選勝錄 （清）李鍾豫撰　張次溪校　清光緒二十四年(1898)稿本　一冊

110000－0102－0017986　丁/712　史部/傳記類/總傳/專錄/藝術

明僮小錄 （清）餘不釣徒　（清）殿春生合撰　清同治六年(1867)稿本　一冊

110000－0102－0017987　丁/715　史部/傳記類/總傳/專錄/藝術

情天外史 （清）情天外史氏編　張次溪校　清光緒二十一年(1895)稿本　一冊

110000－0102－0017988　丁/716　史部/傳記類/總傳/專錄/優伶

疊波 （清）四不頭陀撰　張次溪校　清咸豐三年(1853)稿本　一冊

110000－0102－0017989　丁/727　集部/戲曲類

搜孤頭本 （□）□□撰　清光緒二十五年(1899)抄本　一冊

110000－0102－0017990　丁/728　集部/戲曲類

烏龍院甘露寺 （□）□□撰　清末抄本　一冊

110000－0102－0017991　丁/729　集部/戲曲類

戰宛城 （□）□□撰　清末抄本　一冊

110000－0102－0017992　丁/730　集部/戲曲類

狀花譜 （□）□□撰　清末抄本　一冊

110000－0102－0017993　丁/731　集部/戲曲類

滾釘板 （□）□□撰　清光緒二十四年(1898)抄本　一冊

110000－0102－0017994　丁/732　集部/戲曲類

忠孝全頭二本 （□）□□撰　清光緒二十四年(1898)抄本　二冊

110000－0102－0017995　丁/734　集部/戲曲類

審刺客 （□）□□撰　清末抄本　一冊

110000－0102－0017996　丁/735　集部/戲曲類

群英會借東風 （□）□□撰　清末抄本　一冊

110000－0102－0017997　丁/736　集部/戲曲類

群英會 （□）□□撰　清末抄本　一冊

110000－0102－0017998　丁/737　集部/戲曲類

取南郡頭本 （□）□□撰　清末抄本　一冊

110000－0102－0017999　丁/738　集部/戲曲類

小五義頭二三本 （□）□□撰　清末抄本　三冊

110000－0102－0018000　丁/739　集部/戲曲類

胭脂褶 （□）□□撰　清末抄本　一冊

110000－0102－0018001　丁/740　集部/戲曲類

黃鶴樓 （□）□□撰　清末抄本　一冊

110000－0102－0018002　丁/741　集部/戲曲類

取滎陽 （□）□□撰　清末抄本　一冊

110000－0102－0018003　丁/742　集部/戲曲類

一捧雪 （□）□□撰　清末抄本　一冊

110000－0102－0018004　丁/743　集部/戲曲類

雪盃圓 （□）□□撰 清末抄本 一冊

110000－0102－0018005 丁/744 集部/戲曲類

戲妻 （□）□□撰 清末抄本 一冊

110000－0102－0018006 丁/745 集部/戲曲類

戲妻 （□）□□撰 清末抄本 一冊

110000－0102－0018007 丁/746 集部/戲曲類

劇目 （□）□□撰 清末鉛印本 一冊

110000－0102－0018008 丁/748 集部/戲曲類

歸圓鏡 （□）□□撰 清末抄本 一冊

110000－0102－0018009 丁/749 集部/戲曲類

隋煬帝頭本二本 （□）□□撰 清末抄本 一冊

110000－0102－0018010 丁/750 集部/戲曲類

梁武帝 （□）□□撰 清末抄本 一冊

110000－0102－0018011 丁/751 集部/戲曲類

美人計三進士 （□）□□撰 清末抄本 一冊

110000－0102－0018012 丁/752 集部/戲曲類

戰綿竹 （□）□□撰 清末抄本 一冊

110000－0102－0018013 丁/753 集部/戲曲類

監酒令 關醉蟬修 清末關醉蟬抄本 一冊

110000－0102－0018014 丁/813 集部/戲曲類

戰濮陽（曹操角詞） （□）□□撰 清抄本 一冊

110000－0102－0018015 丁/839 集部/戲曲類

水門（白衣仙、青衣仙角詞） （□）□□撰

清光緒十二年（1886）抄本 一冊

110000－0102－0018016 丁/847 集部/戲曲類

翠屏山（石秀角詞） （□）□□撰 清光緒二十二年（1896）抄本 一冊

110000－0102－0018017 丁/848 集部/戲曲類

魚藏劍（專諸、王僚角詞） （□）□□撰 清刻本 一冊

110000－0102－0018018 丁/854 集部/小說類/章回

燈月傳四卷 （□）□□撰 清光緒十三年（1887）刻本 四冊

110000－0102－0018019 丁/855 集部/小說類/章回

雙飛鳳全傳四卷 （□）□□撰 清光緒十四年（1888）刻本 四冊

110000－0102－0018020 丁/856 集部/小說類/筆記小說

情史二十四卷 （明）馮夢龍輯 清道光二十八年（1848）刻本 十四冊

110000－0102－0018021 丁/857 集部/小說類/章回

風月夢 （清）邗上蒙人撰 清光緒十年（1884）刻本 四冊

110000－0102－0018022 丁/858 集部/小說類/筆記小說

解人頤廣集八卷 （清）錢德蒼重輯 清刻本 四冊

110000－0102－0018023 丁/861 集部/小說類/章回

繪圖乾隆遊江南全集 （□）□□撰 清末石印本 六冊

110000－0102－0018024 丁/865 集部/曲類/曲別集/傳奇

長生殿時劇八折 （清）四樂齋主人撰 清光緒二十三年（1897）鉛印本 一冊

110000 – 0102 – 0018025　　丁/866　　集部/別集類/清

桐華竹實之軒試帖一卷桐華竹實之軒詩鈔一卷　　（清）謙福撰　清同治二年(1863)刻本二冊

110000 – 0102 – 0018026　　丁/868　　集部/別集類/清

鐵花仙館吟草一卷　　（清）張家鼎撰　清同治二年(1863)刻本　一冊

110000 – 0102 – 0018027　　丁/869　　集部/曲類/曲別集/雜劇

瞿園雜劇續編　　瞿園撰　清宣統元年(1909)鉛印本　一冊

110000 – 0102 – 0018028　　丁/870　　集部/別集類/清

石村詩集二卷　　（清）岳賡廷撰　清道光二十四年(1844)刻本　二冊

110000 – 0102 – 0018029　　丁/871　　集部/別集類/清

許玉峯先生集三卷附錄一卷　　（清）許鼎撰清同治五年(1866)刻本　一冊

110000 – 0102 – 0018030　　丁/872　　集部/別集類/清

小亭初集六卷　　（清）程際雲撰　清同治七年(1868)刻本　二冊

110000 – 0102 – 0018031　　丁/874　　集部/別集類/清

蓉洲初集六卷　　（清）戴鈞衡撰　清道光十九年(1839)刻本　一冊

110000 – 0102 – 0018032　　丁/877　　集部/別集類/清

亦有生齋詩集三十二卷　　（清）趙懷玉撰　清嘉慶二十年(1815)刻本　十一冊

110000 – 0102 – 0018033　　丁/879　　集部/別集類/清

小言集　　（清）王敬之撰　清道光十一年(1831)刻本　二冊

110000 – 0102 – 0018034　　丁/880　　集部/別集類/清

水田居文集　　（清）賀貽孫撰　清咸豐二年至三年(1852 – 1853)刻本　十八冊

110000 – 0102 – 0018035　　丁/881　　子部/藝術類/音樂舞蹈

樂府外集琴譜四卷　　（清）汪烜輯　清光緒九年(1883)刻本　一冊

110000 – 0102 – 0018036　　丁/882　　子部/藝術類/音樂舞蹈

琴書三種　　楊宗稷撰　清末民初刻本　三冊

110000 – 0102 – 0018037　　丁/884　　集部/俗文學類/變文

開玄出谷西林卷二十卷　　（清）無雲子撰　清光緒十三年(1887)木活字印本　二冊

110000 – 0102 – 0018038　　丁/885　　集部/曲類/曲譜、曲韻

顧曲錄三卷　　（清）謝嘉玉輯　清嘉慶十五年(1810)刻本　一冊

110000 – 0102 – 0018039　　丁/892　　集部/小說類/章回

英烈全傳五卷　　（明）徐渭編　清光緒十二年(1886)刻本　五冊

110000 – 0102 – 0018040　　丁/893　　集部/別集類/清

鴻濛室詩鈔十八卷　　（清）方玉潤撰　清咸豐九年(1859)刻本　四冊

110000 – 0102 – 0018041　　丁/896　　集部/別集類/民國

清足居集　　（清）鄧瑜撰　清光緒二十二年(1896)刻本　一冊

110000 – 0102 – 0018042　　丁/897　　集部/別集類/清

空石齋詩賸　　（清）王國撰　清道光二年(1822)刻本　二冊

110000 – 0102 – 0018043　　丁/898　　集部/別集類/民國

鶴壽山房詩集四卷 （清）李子榮撰 清光緒
二十五年至二十六年（1899－1900）刻本
四冊

110000－0102－0018044 丁/900 集部/別
集類/清

素心閣詩草二卷 （清）鄭蕙撰 清光緒九年
（1883）刻本 一冊

110000－0102－0018045 丁/901 集部/詞
類/詞別集

笙月詞四卷 （清）王詒壽撰 清同治十一年
（1872）刻本 二冊

110000－0102－0018046 丁/902 子部/藝
術類/雜著

小慧集十二卷 （清）萬後君撰 清道光元年
（1821）刻本 十冊

110000－0102－0018047 丁/903 集部/小
說類/章回

三才子雙美奇緣四卷 （清）荻岸散人編 清
光緒十九年（1893）石印本 四冊

110000－0102－0018048 丁/904 子部/藝
術類/雜技

中外戲法圖說十二卷 （清）鵝幻編輯 清光
緒三十二年（1906）石印本 六冊

110000－0102－0018049 丁/908 集部/小
說類/筆記小說

譚瀛八種四卷 （清）吳文藻編 清光緒二十
二年（1896）石印本 四冊

110000－0102－0018050 丁/909 集部/曲
類/曲別集/傳奇

綠牡丹四卷 （□）□□撰 清光緒十八年
（1892）鉛印本 四冊

110000－0102－0018051 丁/911 史部/別
史、雜史類

庭聞錄六卷附錄一卷 （清）劉健撰 清康熙
五十八年（1719）刻本 四冊

110000－0102－0018052 丁/912 子部/雜
家類/雜述

夢園叢說八卷 （清）方濬頤撰 清光緒元年
（1875）鉛印本 二冊

110000－0102－0018053 丁/913 集部/小
說類/筆記小說

三借廬贅譚八卷 （清）鄒弢纂 清光緒十一
年（1885）鉛印本 四冊

110000－0102－0018054 丁/914 集部/總
集類/詩/婦女

粧樓摘艷十卷 （清）錢三錫輯 清道光十三
年（1833）刻本 二冊

110000－0102－0018055 丁/915 子部/藝
術類/雜技

酒令叢鈔四卷 （清）俞敦培輯 清光緒四年
（1878）刻本 二冊

110000－0102－0018056 丁/916 集部/集
評類/詩評/詩話

詩觸五卷 （清）朱琰重輯 清嘉慶三年
（1798）刻本 六冊

110000－0102－0018057 丁/917 史部/別
史、雜史類

金壺七墨 （清）黃鈞宰撰 清同治十二年
（1873）刻本 八冊

110000－0102－0018058 丁/918 集部/總
集類/文/雜錄/雜纂

文章遊戲三十二卷 （清）繆艮編輯 清道光
五年（1825）刻本 二十四冊

110000－0102－0018059 丁/919 集部/詞
類/詞別集

夢窗甲乙丙丁稿四卷補遺一卷 （宋）吳文英
撰 清光緒二十五年（1899）刻本 四冊

110000－0102－0018060 丁/920 集部/詞
類/詞別集

鴛鴦宜福館吹月詞二卷 （清）陳元鼎撰 清
同治元年（1862）刻本 二冊

110000－0102－0018061 丁/921 集部/別
集類/清

野香亭集 （清）李孚青撰 清刻本 四冊

110000－0102－0018062　丁/922　集部/總集類/詩/雜錄/唱和

題襟館倡和集四卷　（清）方濬頤等撰　清同治十一年(1872)刻本　二冊

110000－0102－0018063　丁/924　集部/別集類/清

許玉峯先生集三卷附錄一卷　（清）許鼎撰　清同治五年(1866)刻本　二冊

110000－0102－0018064　丁/925　集部/別集類/民國

報暉堂集三十卷　（清）黃維申撰　清光緒十八年(1892)刻本　八冊

110000－0102－0018065　丁/927　集部/總集類/詩/地方

播雅二十四卷　（清）鄭珍編輯　清宣統三年(1911)鉛印本　八冊

110000－0102－0018066　丁/929　集部/別集類/清

悔過齋文集七卷　（清）顧廣譽撰　清光緒三年至四年(1877－1878)刻本　四冊

110000－0102－0018067　丁/931　集部/詞類/詞別集

金梁夢月詞二卷　（清）周之琦撰　清道光刻本　二冊

110000－0102－0018068　丁/932　集部/詞類/詞別集

拜石山房詞鈔四卷　（清）顧翰撰　清光緒十五年(1889)刻本　二冊

110000－0102－0018069　丁/933　經部/小學類/音韻/韻典

古韻通說二十卷　（清）龍啟瑞撰　清光緒九年(1883)刻本　三冊

110000－0102－0018070　丁/934　集部/詞類/詞總集/通代

白山詞介五卷　（清）楊鍾羲輯　清宣統二年(1910)刻朱印本　一冊

110000－0102－0018071　丁/937　集部/別集類/清

宋意龕詩集二十八卷　（清）百齡撰　清道光二十八年(1848)刻本　八冊

110000－0102－0018072　丁/938　子部/醫家類/醫經

內經知要二卷　（清）李念莪撰　清乾隆二十九年(1764)刻本　二冊

110000－0102－0018073　丁/940　集部/別集類/民國

景湘堂吟草八卷　（清）彭應珠撰　清光緒十五年(1889)刻本　一冊

110000－0102－0018074　丁/941　集部/別集類/民國

嚶鳴館百疊集　（清）孫點撰　清光緒十六年(1890)鉛印本　一冊

110000－0102－0018075　丁/946　集部/別集類/清

師竹齋集十四卷　（清）李鼎元撰　清刻本　四冊

110000－0102－0018076　丁/947　集部/詞類/詞別集

銅絃詞二卷補遺一卷　（清）蔣清容撰　清抄本　二冊

110000－0102－0018077　丁/948　集部/別集類/清

澤古齋文鈔三卷補遺一卷　（清）吳士模撰　清光緒十九年(1893)刻本　一冊

110000－0102－0018078　丁/949　集部/別集類/清

綠蕉館詩鈔四卷　（清）陳景高撰　清同治十三年(1874)刻本　一冊

110000－0102－0018079　丁/950　集部/別集類/清

小亭初集六卷　（清）程際雲撰　清同治七年(1868)刻本　二冊

110000－0102－0018080　丁/954　集部/俗文學類/民歌民謠

柳枝詞思兒曲　張保三撰　清抄本　一冊

110000－0102－0018081　丁/955　集部/戲曲類

草橋關頭本　（□）□□撰　清抄本　一冊

110000－0102－0018082　丁/956　子部/譜錄類/食譜

醒園錄　（清）李化楠輯　清刻本　一冊

110000－0102－0018083　丁/957　集部/總集類/文/雜錄/格言、語錄、楹聯

詩鐘艫唱　（□）□□撰　清抄本　七冊

110000－0102－0018084　丁/963　子部/天文地理類/曆法

中西合曆　丁冠西等撰　清宣統二年(1910)鉛印本　一冊

110000－0102－0018085　丁/969　史部/目錄類/著錄/刊行書目

湖北崇文書局書目　（□）□□編　清同治刻本　一冊

110000－0102－0018086　丁/970　史部/目錄類/著錄/刊行書目

湖北崇文書局書目　（□）□□編　清光緒元年(1875)刻本　一冊

110000－0102－0018087　丁/971　史部/目錄類/著錄/刊行書目

湖北官書處書目　（□）□□編　清光緒三年(1877)刻本　一冊

110000－0102－0018088　丁/973　集部/俗文學類/變文

修真寶傳　（清）復性氏撰　清光緒元年(1875)刻本　一冊

110000－0102－0018089　丁/974　子部/藝術類/音樂舞蹈

琴譜　（□）□□撰　清抄本　一冊

110000－0102－0018090　丁/982　史部/目錄類/著錄/書錄

武林藏書錄五卷　（清）丁申撰　清光緒二十六年(1900)刻本　二冊

110000－0102－0018091　丁/987　史部/目錄類/著錄/藝文類

漢書藝文志舉例一卷　（清）孫德謙撰　清宣統刻本　一冊

110000－0102－0018092　丁/989　集部/曲類/曲別集/傳奇

六如亭二卷　（清）羅浮花農撰　清道光七年(1827)刻本　二冊

110000－0102－0018093　丁/990　史部/目錄類/著錄/刊行書目

湖北官書處書目　（□）□□編　清光緒刻本　一冊

110000－0102－0018094　丁/991　集部/曲類/曲別集/傳奇

桃谿雪二卷　（清）黃燮清撰　清道光二十七年(1847)刻本　二冊

110000－0102－0018095　丁/992　集部/別集類/清

桐埜詩集四卷　（清）周起渭撰　清咸豐二年(1852)刻本　二冊

110000－0102－0018096　丁/1000　集部/詞類/詞別集

麐楥詞一卷　（清）劉恩黻撰　清光緒二十六年(1900)刻朱印本　一冊

110000－0102－0018097　丁/1001　集部/詞類/詞選/斷代

宋四家詞選　（清）周濟輯　清光緒刻本　一冊

110000－0102－0018098　丁/1006　集部/別集類/清

海雅堂集六卷　（清）凌揚藻撰　清道光八年(1828)刻本　二冊

110000－0102－0018099　丁/1008　集部/別集類/清

妙吉祥室詩鈔十三卷　（清）朱葵之撰　清光緒九年(1883)刻本　六冊

110000－0102－0018100　丁/1009　集部/別

集類/清

三湖漢人全集 （清）劉士璋撰　清道光二年(1822)刻本　四冊

110000－0102－0018101　丁/1010　史部/傳記類/別傳

諸葛忠武侯全書 （清）張澍輯　清嘉慶十七年(1812)刻本　八冊

110000－0102－0018102　丁/1011　子部/儒家類/明

薛文清公讀書錄 （明）薛瑄撰　清刻本　四冊

110000－0102－0018103　丁/1012　集部/別集類/清

續餘集 （清）李光祖撰　清抄本　一冊

110000－0102－0018104　丁/1013　集部/別集類/清

尊小學齋集文集六卷詩集二卷首一卷 （清）余治撰　清光緒九年(1883)刻本　四冊

110000－0102－0018105　丁/1015　集部/總集類/文/雜錄/書牘表啟

甯陽存牘一卷 （□）□□撰　清光緒二十四年(1898)刻本　一冊

110000－0102－0018106　丁/1016　史部/政書類/法令/章例

甘肅新疆文武各官及兵勇書役等支款章程 （□）□□編　清光緒二十一年(1895)刻本　三冊

110000－0102－0018107　丁/1017　集部/別集類/清

景詹閣遺文 （清）姚諶撰　清宣統三年(1911)西安陸氏刻本　一冊

110000－0102－0018108　丁/1018　集部/別集類/清

黃忠壯公遺集九卷首一卷附錄一卷 （清）黃淳熙撰　清光緒元年(1875)成都醒予山房刻本　六冊

110000－0102－0018109　丁/1019　集部/別集類/清

求益齋全集五種 （清）強汝詢撰　清光緒二十四年(1898)江蘇書局刻本　八冊

110000－0102－0018110　丁/1020　集部/別集類/清

湧翠山房詩集四卷 （清）高延第撰　清光緒十四年(1888)刻本　四冊

110000－0102－0018111　丁/1022　史部/別史、雜史類

征西紀略 （清）曾毓瑜撰　清光緒鉛印本　一冊

110000－0102－0018112　丁/1023　史部/政書類/邦計/交通運輸

水運 楊志洵譯述　清宣統二年(1910)郵傳部圖書通譯局鉛印本　一冊

110000－0102－0018113　丁/1024　集部/別集類/清

希賢齋文鈔 （清）楊世猷撰　清光緒刻本　二冊

110000－0102－0018114　丁/1025　集部/別集類/清

寄漚遺集八卷 （清）何延慶撰　清宣統二年(1910)刻本　四冊

110000－0102－0018115　丁/1026　集部/別集類/民國

瑞芝山房詩鈔八卷 （清）戴燮元輯　清光緒元年(1875)刻本　十冊

110000－0102－0018116　丁/1030　集部/別集類/清

二十四泉草堂集十二卷 （清）王蘋撰　清康熙刻本　二冊

110000－0102－0018117　丁/1031　集部/別集類/明

洹詞十二卷 （明）崔銑撰　清刻本　十二冊

110000－0102－0018118　丁/1034　集部/別集類/清

湧翠山房文集四卷 （清）高延第撰　清刻本　二冊

110000－0102－0018119　丁/1036　集部/別集類/清

歸盦文稿八卷　（清）葉裕仁撰　清光緒八年（1882）刻本　四冊

110000－0102－0018120　丁/1038　集部/別集類/清

王文直公遺集六卷　（清）王東槐撰　清光緒七年（1881）刻本　六冊

110000－0102－0018121　丁/1039　集部/別集類/清

潛莊文鈔六卷　（清）卜起元撰　清光緒五年（1879）刻本　四冊

110000－0102－0018122　丁/1040　史部/傳記類/總傳/專錄/工藝

金陵舉義文存　（清）張繼庚撰　清光緒五年（1879）刻本　一冊

110000－0102－0018123　丁/1041　集部/詞類/詞別集

欸乃餘曲　黃家驥撰　清光緒二十三年（1897）上海紹文書局石印本　一冊

110000－0102－0018124　丁/1045　集部/別集類/清

求是堂詩集二十二卷　（清）胡承珙撰　清道光十三年（1833）刻本　十二冊

110000－0102－0018125　丁/1048　集部/別集類/清

綠滿山房集甲部九卷乙部九卷丙部九卷丁部九卷　（清）殷如梅撰　清刻本　八冊

110000－0102－0018126　丁/1051　集部/別集類/清

遜學齋詩鈔十卷　（清）孫衣言撰　清同治三年（1864）刻本　十二冊

110000－0102－0018127　丁/1052　集部/別集類/清

虹橋老屋遺稿九卷　（清）秦緗業撰　清光緒十五年（1889）刻本　四冊

110000－0102－0018128　丁/1054　集部/別集類/清

馮侍御遺藳六卷　（清）馮元錫撰　清道光二十年（1840）刻本　六冊

110000－0102－0018129　丁/1058　集部/別集類/清

香禪精舍集　（清）潘鍾瑞撰　清光緒十四年（1888）刻本　十三冊

110000－0102－0018130　丁/1059　集部/別集類/清

犢山類藳　（清）周鎬懷撰　清嘉慶二十二年（1817）刻本　四冊

110000－0102－0018131　丁/1060　史部/傳記類/志錄

清懽留縞　（□）□□撰　清光緒二十九年（1903）刻本　一冊

110000－0102－0018132　丁/1064　集部/別集類/清

重桂堂集十一卷　（清）許正綬撰　清光緒十年（1884）刻本　二冊

110000－0102－0018133　丁/1065　集部/別集類/清

篁村集十二卷　（清）陸錫熊撰　清道光二十九年（1849）刻本　四冊

110000－0102－0018134　丁/1066　子部/雜誌類

海上奇書　（□）□□撰　清光緒十八年（1892）石印本　二冊

110000－0102－0018135　丁/1073　集部/詞類/詞別集

蘿月詞　（清）許慶皞撰　清道光十九年（1839）刻本　一冊

110000－0102－0018136　丁/1074　集部/詞類/詞總集/通代

和珠玉詞　（清）張祥齡等撰　清光緒二十年（1894）刻本　一冊

110000－0102－0018137　丁/1075　史部/別史、雜史類

永清庚辛紀畧　（清）高紹陳撰　清光緒三十四年（1908）石印本　一冊

110000－0102－0018138　丁/1076　集部/詞類/詞別集

滄江虹月詞三卷　（清）王初撰　清嘉慶九年（1804）刻光緒十五年（1889）補刻本　一冊

110000－0102－0018139　丁/1079　集部/別集類/清

匏葉龕詩存十卷詩涂餘一卷雜俎四卷外編一卷　（清）周鶴立撰　清道光四年（1824）甀山官舍刻本　八冊

110000－0102－0018140　丁/1081　集部/別集類/民國

問琴閣詩錄　宋育仁撰　清末刻本　二冊

110000－0102－0018141　丁/1083　集部/別集類/清

延秋吟館詩鈔四卷　（清）張聯桂撰　清光緒十一年（1885）刻本　二冊

110000－0102－0018142　丁/1084　集部/詞類/詞別集

岩泉山人詞稿　（清）嚴廷中撰　清同治刻本　一冊

110000－0102－0018143　丁/1085　史部/傳記類

清懽留縞　（□）□□撰　清光緒二十九年（1903）刻本　一冊

110000－0102－0018144　丁/1086　集部/詞類/詞別集

知止堂詞錄　（清）朱綬撰　清光緒二十年（1894）刻本　一冊

110000－0102－0018145　丁/1087　集部/詞類/詞選/斷代

清三家詞　（清）宗山等撰　清光緒十一年（1885）刻本　一冊

110000－0102－0018146　丁/1092　集部/別集類/清

靈洲山人詩錄六卷　（清）徐灝撰　清同治三年（1864）刻本　二冊

110000－0102－0018147　丁/1096　集部/總集類/文/家族

辟疆園遺集十卷　（清）顧敏恆等撰　清光緒十八年（1892）刻本　四冊

110000－0102－0018148　丁/1100　集部/俗文學類/變文

輪廻寶傳　（□）□□撰　清宣統三年（1911）刻本　一冊

110000－0102－0018149　丁/1102　集部/總集類/文/雜錄/格言、語錄、楹聯

花間楹帖　（清）抱玉生編　清咸豐十一年（1861）上海擊缽盦刻本　一冊

110000－0102－0018150　丁/1104　集部/曲類/曲別集/傳奇

驪山傳梓潼傳　（清）俞樾撰　清光緒二十五年（1899）刻春在堂全書本　一冊

110000－0102－0018151　丁/1106　集部/詞類/詞總集

薇省同聲集　（清）彭鑾編　清光緒十六年（1890）刻本　一冊

110000－0102－0018152　丁/1108　集部/詞類/詞別集

映盦詞　夏敬觀撰　清光緒三十三年（1907）刻本　一冊

110000－0102－0018153　丁/1112　集部/詞類/詞總集/斷代

題襟集　（□）□□撰　清光緒二十四年（1898）刻本　一冊

110000－0102－0018154　丁/1113　集部/俗文學類/變文

習法救母　（□）□□撰　清同治九年（1870）抄本　一冊

110000－0102－0018155　丁/1114　集部/俗文學類/變文

竈皇寶卷　（□）□□撰　清咸豐七年（1857）抄本　一冊

110000－0102－0018156　丁/1115　集部/俗文學類/變文

受生寶卷　（□）□□撰　清道光十三年（1833）抄本　一冊

110000－0102－0018157　丁/1116　集部/俗文學類/變文

延壽寶卷　（□）□□撰　清抄本　一冊

110000－0102－0018158　丁/1117　集部/俗文學類/變文

金龍寶卷　（□）□□撰　清光緒二十四年（1898）抄本　一冊

110000－0102－0018159　丁/1118　集部/俗文學類/變文

四喜寶卷　（□）□□撰　清光緒二十八年（1902）抄本　一冊

110000－0102－0018160　丁/1119　集部/俗文學類/變文

齇仙寶卷　（□）□□撰　清光緒九年（1883）抄本　一冊

110000－0102－0018161　丁/1120　集部/俗文學類/變文

財神寶卷　（□）□□撰　清同治五年（1866）抄本　一冊

110000－0102－0018162　丁/1123　集部/俗文學類/變文

張氏三娘賣花寶卷　（□）□□撰　清光緒蘇城瑪瑙經房刻本　一冊

110000－0102－0018163　丁/1124　集部/俗文學類/變文

立願寶卷　（□）□□撰　清光緒七年（1881）刻本　一冊

110000－0102－0018164　丁/1126　集部/俗文學類/變文

回郎寶卷　（□）□□撰　清光緒十九年（1893）刻本　一冊

110000－0102－0018165　丁/1127　集部/俗文學類/變文

指真寶卷　（□）□□撰　清光緒二十六年（1900）刻本　一冊

110000－0102－0018166　丁/1128　集部/俗文學類/變文

三茅真君宣化度世寶卷　（□）□□撰　清光緒三年（1877）刻本　一冊

110000－0102－0018167　丁/1129　集部/俗文學類/變文

惜穀免災寶卷　（□）□□撰　清光緒十三年（1887）刻本　一冊

110000－0102－0018168　丁/1130　集部/俗文學類/變文

妙英寶卷　（□）□□撰　清光緒十六年（1890）刻本　一冊

110000－0102－0018169　丁/1131　集部/俗文學類/變文

三世姻緣寶卷　（□）□□撰　清光緒二十六年（1900）刻本　一冊

110000－0102－0018170　丁/1132　集部/俗文學類/變文

錢果順回文寶傳　（□）□□撰　清光緒二十五年（1899）刻本　一冊

110000－0102－0018171　丁/1134　集部/俗文學類/變文

悉達太子寶卷全集　（□）□□撰　清刻本　一冊

110000－0102－0018172　丁/1137　集部/小說類/傳奇

快心編傳奇　（清）天花才子編輯　清刻本　六冊

110000－0102－0018173　丁/1140　集部/曲類/曲別集/散曲

陶情樂府　（明）楊慎撰　清宣統三年（1911）峨陽精舍刻本　一冊

110000－0102－0018174　丁/1141　史部/史評類/詠史

大鶴山人宮詞紀事　（清）錢位坤撰　清末影

印本 一冊

110000－0102－0018175 丁/1147 集部/別集類/清

雙橋小築詞存 （清）江人鏡撰 清光緒刻本 二冊

110000－0102－0018176 丁/1148 集部/集評類/詩評/詩話

蘇亭詩話六卷 （清）張道撰 清光緒十九年（1893）長沙學院刻本 二冊

110000－0102－0018177 丁/1151 集部/小說類/章回

義俠好述傳 （清）名教中人編 清末刻本 二冊

110000－0102－0018178 丁/1153 集部/總集類/文/雜錄/課藝

目耕齋三集 （清）徐楷注 清光緒二十五年（1899）石印本 三冊

110000－0102－0018179 丁/1156 集部/俗文學類/變文

受生寶卷 （□）□□撰 清光緒二十三年（1897）抄本 一冊

110000－0102－0018180 丁/1160 史部/傳記類/雜錄

吳貞女女貞錄 （清）吳靜涵輯 清光緒十七年（1891）刻本 一冊

110000－0102－0018181 丁/1161 集部/別集類/清

潛虛先生全集 （清）宋潛虛撰 清抄本 四冊

110000－0102－0018182 丁/1163 集部/別集類/清

椽筆樓初集 （清）胡鉉撰 清光緒三十三年（1907）上海國粹學報社鉛印本 一冊

110000－0102－0018183 丁/1164 集部/集評類/詞評

周氏止庵詞辨 （清）周濟撰 清道光二十七年（1847）刻本 一冊

110000－0102－0018184 丁/1166 史部/地理類

滿蒙新藏述略 金鍾麟編輯 清宣統元年（1909）石印本 二冊

110000－0102－0018185 丁/1168 集部/別集類/清

復堂文續 （清）譚獻撰 清光緒二十七年（1901）刻本 四冊

110000－0102－0018186 丁/1169 集部/總集類/詩/家族

黃岡錢氏同根集三種 （清）錢崇蘭等撰 清光緒八年（1882）刻本 八冊

110000－0102－0018187 丁/1170 集部/別集類/清

介園遺集四卷 （清）黃倬撰 清光緒刻本 四冊

110000－0102－0018188 丁/1172 集部/詞類/詞總集/地方

薇省詞鈔十卷附錄一卷 況周頤編輯 清光緒二十四年（1898）鉛印本 四冊

110000－0102－0018189 丁/1173 集部/楚辭類/楚辭

楚辭 （戰國）屈原撰 清光緒十六年（1890）退想齋石印本 二冊

110000－0102－0018190 丁/1175 子部/醫家類/總錄

己任編八卷 （清）高鼓峰撰 清刻本 四冊

110000－0102－0018191 丁/1176 集部/別集類/清

碧城詩鈔十二卷雜著三卷 （清）俞功懋撰 清光緒十三年（1887）刻本 五冊

110000－0102－0018192 丁/1177 集部/別集類/清

適齋居士集四卷 （清）舒敏撰 清道光二十二年（1842）刻本 二冊

110000－0102－0018193 丁/1181 集部/別集類/清

繆武烈公遺集六卷首一卷　（清）繆梓撰　清光緒七年（1881）刻本　四冊

110000－0102－0018194　丁/1187　史部/政書類/法令

各國交涉公法論十六卷　（英國）費利摩羅巴德撰　（英國）傅蘭雅口譯　（清）俞世爵筆述　清光緒二十二年（1896）慎記書莊石印本　八冊

110000－0102－0018195　丁/1189　集部/小說類/筆記小說

里乘十卷　（清）許奉恩撰　清光緒五年（1879）刻本　十冊

110000－0102－0018196　丁/1190　史部/傳記類/別傳

李鴻章　梁啟超撰　清光緒鉛印本　一冊

110000－0102－0018197　丁/1191　集部/別集類/清

吟香館詩草十二卷　（清）謝聘撰　清道光七年（1827）刻本　四冊

110000－0102－0018198　丁/1195　集部/別集類/清

雪樵續集四卷　（清）鹿林松撰　清道光刻本　一冊

110000－0102－0018199　丁/1198　史部/傳記類/總傳/專錄/儒林

國史儒林傳二卷　（清）阮元等輯　清中晚期刻本　二冊

110000－0102－0018200　丁/1199　史部/傳記類/人表

光緒蔭生同官齒錄　（清）□□編　清光緒刻本　五冊

110000－0102－0018201　丁/1200　集部/別集類/清

侯鯖集十卷　（清）李友棠撰　清中期靜香閣刻本　四冊

110000－0102－0018202　丁/1201　集部/別集類/清

邵亭詩鈔六卷　（清）莫友芝撰　清咸豐二年（1852）刻本　三冊

110000－0102－0018203　丁/1204　集部/別集類/清

心知堂詩稿十八卷　（清）汪仲洋撰　清道光刻本　四冊

110000－0102－0018204　丁/1205　集部/別集類/清

丹魁堂詩集五卷　（清）李芝昌撰　清咸豐六年（1856）刻本　二冊

110000－0102－0018205　丁/1206　子部/雜家類/雜述

西漚外集八卷　（清）童槐等編輯　清同治七年（1868）刻本　八冊

110000－0102－0018206　丁/1207　集部/別集類/清

白圭堂詩鈔六卷續鈔六卷　（清）江之紀撰　清光緒十九年（1893）刻本　四冊

110000－0102－0018207　丁/1208　集部/別集類/清

綠野齋文集四卷　（清）劉鴻翱撰　清道光七年（1827）刻本　四冊

110000－0102－0018208　丁/1209　集部/總集類/文/雜錄/書牘表啟

賴古堂尺牘新鈔二選藏弆集十六卷賴古堂尺牘新鈔三選結鄰集十六卷　（清）周在浚等輯　清道光十九年（1839）刻本　十六冊

110000－0102－0018209　丁/1212　集部/別集類/清

嚴太僕先生集十二卷　（清）嚴虞惇撰　清光緒十年（1884）刻本　二冊

110000－0102－0018210　丁/1214　集部/曲類/曲別集/傳奇

憐香伴傳奇四集　（清）李漁編　清刻本　四冊

110000－0102－0018211　丁/1215　集部/曲類/曲別集/傳奇

梅花韻全傳十卷 （□）□□撰 清道光刻本
十冊

110000－0102－0018212 丁/1216 集部/曲
類/曲別集/傳奇

極樂世界傳奇八卷 （清）觀劇道人撰 清光
緒七年(1881)鉛印本 八冊

110000－0102－0018213 丁/1221 集部/俗
文學類/變文

九品蓮台記 （清）范珍輯 清同治十年
(1871)刻本 一冊

110000－0102－0018214 丁/1223 集部/曲
類/曲別集/雜劇

續離騷四種 （清）嵇永仁撰 清刻本 一冊

110000－0102－0018215 丁/1224 集部/別
集類/清

寶倫堂詩鈔六卷文鈔八卷 （清）齊召南撰
清光緒十三年(1887)刻本 四冊

110000－0102－0018216 丁/1228 子部/譜
錄類/鳥獸蟲魚

蠕範八卷 （清）李元撰 清道光二十四年
(1844)補刻本 四冊

110000－0102－0018217 丁/1230 集部/總
集類/詩/地方

硤川詩鈔二十卷 （清）曹宗載輯 清光緒十
八年(1892)刻本 四冊

110000－0102－0018218 丁/1231 集部/別
集類/清

滋樹室遺集六卷 （清）李經達撰 清光緒三
十年(1904)刻本 四冊

110000－0102－0018219 丁/1232 集部/別
集類/清

內自訟齋文集十卷 （清）周凱撰 清道光二
十年(1840)刻本 十冊

110000－0102－0018220 丁/1234 集部/詞
類/詞別集

璚玞山房紅樓夢詞 （清）何鏞撰 清光緒二
十年(1894)刻本 一冊

110000－0102－0018221 丁/1236 集部/詞
類/詞別集

金梁夢月詞二卷 （清）周之琦撰 清刻本
二冊

110000－0102－0018222 丁/1237 集部/曲
類/曲別集/傳奇

儒酸福傳奇二卷 （清）魏熙元撰 清光緒十
年(1884)刻本 二冊

110000－0102－0018223 丁/1240 子部/醫
家類

醫學五則 （清）廖雲溪輯 清光緒三年
(1877)興發堂刻本 五冊

110000－0102－0018224 丁/1241 子部/藝
術類/音樂舞蹈

琴譜諧聲六卷 （清）周顯祖撰 清嘉慶二十
五年(1820)刻本 六冊

110000－0102－0018225 丁/1242 子部/藝
術類/音樂舞蹈

琵琶譜三卷 （□）□□撰 清抄本 三冊

110000－0102－0018226 丁/1243 集部/別
集類/清

笥河文集十六卷 （清）朱筠撰 清光緒五年
(1879)刻本 六冊

110000－0102－0018227 丁/1249 集部/別
集類/清

四照堂詩集十五卷 （清）譚溥撰 清咸豐八
年(1858)刻本 八冊

110000－0102－0018228 丁/1251 集部/別
集類/清

聽月樓遺稿二卷 （清）嚴恆撰 清光緒二十
八年(1902)石印本 一冊

110000－0102－0018229 丁/1252 集部/別
集類/清

紫石泉山房文集十二卷詩鈔三卷 （清）吳定
撰 清光緒十三年(1887)刻本 五冊

110000－0102－0018230 丁/1253 集部/別
集類/清

半野草堂詩集十七卷 （清）董超然撰 清嘉慶十六年(1811)刻本 四冊

110000－0102－0018231 丁/1254 集部/別集類/清

全謝山文鈔十六卷 （清）全祖望撰 清宣統二年(1910)國學扶輪社鉛印本 八冊

110000－0102－0018232 丁/1257 集部/別集類/清

都是春齋文集八卷 （清）張佑乾撰 清道光吾學園刻本 八冊

110000－0102－0018233 丁/1258 史部/傳記類/年譜

十五家年譜叢書 （清）楊希閔編 清光緒揚州陳履恆刻本 十六冊

110000－0102－0018234 丁/1260 集部/別集類/清

世忠堂文集六卷 （清）鄒鳴鶴撰 清同治二年(1863)刻本 二冊

110000－0102－0018235 丁/1264 集部/總集類/文/通代

忠雅堂評選四六法海八卷 （清）蔣士銓輯 清同治十年(1871)刻朱墨套印本 八冊

110000－0102－0018236 丁/1267 集部/集評類/詩評

詩法萃編十五卷 （清）許印芳編 清光緒二十一年(1895)樸學齋刻本 十冊

110000－0102－0018237 丁/1268 子部/雜家類/學說

止園筆談八卷 （清）史夢蘭撰 清光緒四年(1878)刻本 四冊

110000－0102－0018238 丁/1271 集部/別集類/清

蕉聲館詩集十六卷 （清）朱為弼撰 清道光二十八年(1848)刻本 二冊

110000－0102－0018239 丁/1273 集部/別集類/清

劉文清公應制詩集三卷 （清）劉墉撰 清道光六年(1826)東武劉氏味經書屋刻本 二冊

110000－0102－0018240 丁/1275 集部/別集類/清

嶼浮閣集 （清）温日知撰 清咸豐七年(1857)刻本 二冊

110000－0102－0018241 丁/1276 集部/別集類/清

藤香館詩刪存 （清）薛時雨撰 清光緒五年(1879)刻本 五冊

110000－0102－0018242 丁/1277 集部/別集類/清

初月樓文鈔十卷 （清）吳德旋撰 清光緒刻本 六冊

110000－0102－0018243 丁/1278 集部/別集類/清

僊屏書屋初集詩録十六卷 （清）黃爵滋撰 清道光二十九年(1849)刻本 五冊

110000－0102－0018244 丁/1280 集部/別集類/清

心安隱室詩集九卷 （清）詹肇堂撰 清光緒十年(1884)成德堂刻本 四冊

110000－0102－0018245 丁/1281 集部/別集類/清

篔穀詩集二十卷 （清）查揆撰 清道光十五年(1835)刻本 十冊

110000－0102－0018246 丁/1282 集部/別集類/清

觀齋集十六卷 （清）王澤撰 清咸豐四年(1854)刻本 二冊

110000－0102－0018247 丁/1283 集部/別集類/清

喬羽書巢詩内集六卷 （清）金士松撰 清嘉慶七年(1802)刻本 二冊

110000－0102－0018248 丁/1284 集部/別集類/清

天韻堂詩存八卷 （清）徐維城撰 清光緒四年(1878)刻本 六冊

110000－0102－0018249　丁/1285　集部/別集類/清

存悔齋集二十八卷　（清）劉鳳誥撰　清道光十年(1830)刻本　十冊

110000－0102－0018250　丁/1286　史部/政書類/邦交/各國

中外約章纂新　時中書局編輯　清光緒三十年(1904)鉛印本　十冊

110000－0102－0018251　丁/1290　史部/傳記類/人表

光緒二十年甲午恩科會試同年齒錄　（清）□□編　清光緒刻本　四冊

110000－0102－0018252　丁/1293　史部/政書類/儀制

澤宮序次舉要二卷　（清）洪思波編　清光緒二十三年(1897)刻本　二冊

110000－0102－0018253　丁/1297　子部/醫家類/兒婦科方論

婦科秘方　（清）李長科輯　清同治五年(1866)刻本　二冊

110000－0102－0018254　丁/1298　子部/醫家類/醫案

葉氏醫案存真三卷　（清）葉桂撰　清光緒十二年(1886)常熟抱芳閣刻本　三冊

110000－0102－0018255　丁/1300　子部/醫家類/傷寒方論

傷寒審症表　（清）包誠編輯　清同治十年(1871)湖北崇文書局刻本　一冊

110000－0102－0018256　丁/1301　子部/醫家類/總錄

醫宗備要三卷　（清）曾鼎輯　清光緒元年(1875)湖北崇文書局刻本　一冊

110000－0102－0018257　丁/1302　史部/地理類/方志/地方志

[光緒]浦江縣志十五卷　（清）善廣修　清光緒二十五年(1899)刻三十一年(1905)補刻本　十四冊

110000－0102－0018258　丁/1305　史部/傳記類/人表

國朝歷科題名碑錄初集　（清）李周望撰　清嘉慶續刻本　十冊

110000－0102－0018259　丁/1306　叢部/自著叢書/清中晚期

授堂遺書八種　（清）武億撰　清道光二十三年(1843)刻本　十六冊

110000－0102－0018260　丁/1308　史部/政書類/法令/章例

欽定總管内務府現行則例四卷　（清）□□編　清道光刻本　四冊

110000－0102－0018261　丁/1310　史部/地理類/方志/地方志

[同治]蘇州府志一百五十卷　（清）李銘皖等修　清光緒八年(1882)江蘇書局刻本　八十冊

110000－0102－0018262　丁/1311　集部/俗文學類/變文

潘公免災救難寶卷二卷　（清）□□撰　清光緒刻本　一冊

110000－0102－0018263　丁/1315　史部/地理類/遊記/清

秦遊草　（清）汪元英撰　清道光十六年(1836)刻本　一冊

110000－0102－0018264　丁/1317　集部/集評類/詩評/詩話

龍性堂詩話二卷　（清）葉矯然撰　清乾隆四十年(1775)刻本　二冊

110000－0102－0018265　丁/1320　集部/別集類/清

聽雲樓詩鈔四卷　（清）譚敬昭撰　清道光刻本　二冊

110000－0102－0018266　丁/1322　集部/別集類/清

留讀齋詩集六卷　（清）宣昌緒撰　清宣統元年(1909)活字本　二冊

110000－0102－0018267　丁/1323　集部/別集類/清

雪青閣詩集四卷　(清)謝維藩撰　清光緒九年(1883)刻本　四冊

110000－0102－0018268　丁/1331　子部/醫家類/醫案

齊氏醫案六卷　(清)齊秉慧撰　清道光十三年(1833)刻本　六冊

110000－0102－0018269　丁/1333　史部/史抄類

南北史捃華八卷　(清)周嘉猷輯　清光緒十年(1884)刻本　四冊

110000－0102－0018270　丁/1336　集部/別集類/清

慎盦文鈔二卷　(清)左宗植撰　清光緒元年(1875)刻本　四冊

110000－0102－0018271　丁/1338　集部/總集類/詩/地方

武定詩續鈔二十四卷　(清)李佐賢編輯　清同治六年(1867)刻本　八冊

110000－0102－0018272　丁/1339　集部/別集類/民國

平養堂文編十卷　王龍文撰　清宣統三年(1911)思賢書局刻本　四冊

110000－0102－0018273　丁/1340　集部/別集類/清

思伯子堂詩集三十二卷　(清)張際亮撰　清同治八年(1869)刻本　十冊

110000－0102－0018274　丁/1344　史部/目錄類/著錄/學科专目/經籍

明南雍經籍考　(明)梅鷟編　葉德輝輯　清光緒二十八年(1902)刻本　一冊

110000－0102－0018275　丁/1346　集部/別集類/清

噉蔗全集文　(清)張羲年撰　清光緒十九年(1893)鉛印本　六冊

110000－0102－0018276　丁/1348　集部/總集類/文/家族

吳興長橋沈氏家集二十九卷　沈家本輯　清宣統元年(1909)刻本　十二冊

110000－0102－0018277　丁/1349　集部/別集類/清

李申夫先生全集九卷　(清)李榕撰　清光緒十六至十八年(1890－1892)刻本　四冊

110000－0102－0018278　丁/1354　集部/別集類/清

養素堂文集三十五卷　(清)張澍撰　清道光刻本　十六冊

110000－0102－0018279　丁/1357　集部/別集類/清

茶磨山人詩鈔八卷　(清)汪芑撰　清光緒十年(1884)刻本　四冊

110000－0102－0018280　丁/1361　集部/別集類/清

順安詩草八卷　(清)張廷濟撰　清道光三十年(1850)刻本　四冊

110000－0102－0018281　丁/1363　集部/別集類/清

抑庵遺詩八卷　(清)吳鼐撰　清同治九年(1870)刻本　二冊

110000－0102－0018282　丁/1364　子部/雜家類/雜述

風月談餘錄六卷　(清)徐兆豐撰　清光緒三十三年(1907)福州刻本　二冊

110000－0102－0018283　丁/1365　集部/別集類/清

易畫軒詩錄八卷　(清)王學浩撰　清道光十四年(1834)刻本　二冊

110000－0102－0018284　丁/1366　集部/別集類/清

石樵先生遺詩四卷　(清)張安保撰　清光緒七年(1881)刻本　四冊

110000－0102－0018285　丁/1367　集部/別集類/清

范伯子詩集十九卷 （清）范當世撰 清光緒
三十四年（1908）刻本 四冊

110000－0102－0018286 丁/1369 集部/別
集類/宋

石屏集八卷 （宋）戴復古撰 清嘉慶二十二
年（1817）刻本 三冊

110000－0102－0018287 丁/1371 集部/別
集類/清

南蘭文集六卷 （清）張恕撰 清光緒五年
（1879）刻本 二冊

110000－0102－0018288 丁/1373 集部/別
集類/清

豹隱堂集 （清）趙藕湖撰 清同治九年
（1870）刻本 一冊

110000－0102－0018289 丁/1377 集部/總
集類/文/家族

安吉施氏遺著 （清）戴翊清 （清）朱廷燮輯
清光緒十七年（1891）刻本 一冊

110000－0102－0018290 丁/1378 集部/總
集類

聚紅樹詩詞錄六卷 （清）謝章鋌編輯 清咸
豐六年至同治二年（1856－1863）刻本 五冊

110000－0102－0018291 丁/1380 集部/別
集類/唐至五代

杜工部草堂詩箋二十二卷 （唐）杜甫撰 清
光緒元年（1875）刻本 五冊

110000－0102－0018292 丁/1382 集部/別
集類/清

話山草堂遺集十三卷 （清）沈道寬撰 清光
緒三年（1877）刻本 八冊

110000－0102－0018293 丁/1384 集部/別
集類/清

守瓶堂詩文稿八卷 （清）孔繼宣撰 清咸豐
元年（1851）刻本 四冊

110000－0102－0018294 丁/1387 集部/別
集類/清

鳴鶴堂詩集十一卷 （清）任源祥撰 清光緒

十五年（1889）刻本 六冊

110000－0102－0018295 丁/1388 集部/別
集類/民國

復盦類稿八卷復盦公牘四卷鸞字齋詩署四卷
曹允源撰 清宣統二年（1910）刻本 四冊

110000－0102－0018296 丁/1393 集部/總
集類/詩/家族

勻源集二卷 （清）朱口輯 清咸豐九年
（1859）活字本 二冊

110000－0102－0018297 丁/1394 集部/別
集類/清

集虛齋全稿 （清）方楘如撰 清光緒二十年
（1894）刻本 四冊

110000－0102－0018298 丁/1395 集部/總
集類/詩/地方

黔詩紀略後編三十卷 （清）莫庭芝等輯 清
宣統三年（1911）刻本 八冊

110000－0102－0018299 丁/1397 集部/別
集類/清

三松堂集二十卷 （清）潘奕雋撰 清同治九
年（1870）刻本 十冊

110000－0102－0018300 丁/1398 集部/別
集類/清

古香樓遺稿 （清）沈長春撰 清嘉慶二十五
年（1820）刻本 四冊

110000－0102－0018301 丁/1400 集部/別
集類/清

晚聞居士遺集九卷 （清）王宗炎撰 清道光
十年（1830）刻本 四冊

110000－0102－0018302 丁/1401 集部/總
集類/文

結一宦駢體文二卷 （清）屠寄輯 清光緒十
六年（1890）廣州刻本 一冊

110000－0102－0018303 丁/1405 集部/別
集類/清

蘇盦集 （清）楊葆光撰 清光緒九年（1883）
刻本 五冊

110000－0102－0018304　丁/1411　集部/別集類/遼金元

青陽集五卷　（元）余闕撰　清道光元年(1821)刻本　二冊

110000－0102－0018305　丁/1417　集部/別集類/明

沈青霞公遺集十六卷　（明）沈鍊撰　清道光十年(1830)刻本　四冊

110000－0102－0018306　丁/1418　集部/別集類/清

邁堂文略四卷　（清）李祖陶撰　清同治七年(1868)刻本　四冊

110000－0102－0018307　丁/1419　集部/別集類/清

邁堂文略四卷　（清）李祖陶撰　清道光十五年(1835)刻本　一冊

110000－0102－0018308　丁/1420　集部/詞類/詞譜、詞律、詞韻/詞韻

詞韻二卷　（清）沈去矜撰　清末刻本　一冊

110000－0102－0018309　丁/1423　集部/詞類/詞別集

松雪齋詞一卷　（元）趙孟頫撰　清刻本　一冊

110000－0102－0018310　丁/1426　集部/別集類/清

朱止泉先生文集八卷　（清）朱澤沄撰　清光緒二十七年(1901)刻本　四冊

110000－0102－0018311　丁/1427　集部/別集類/清

傳樸堂詩稿四卷　（清）葛金烺撰　清光緒刻本　三冊

110000－0102－0018312　丁/1428　集部/別集類/清

橋東詩草二十四卷　（清）邵葆祺撰　清同治十二年(1873)刻本　六冊

110000－0102－0018313　丁/1432　集部/別集類/明

李文莊公全集十卷　（明）李騰芳撰　清光緒二年(1876)刻本　十冊

110000－0102－0018314　丁/1433　集部/別集類/清

潛研堂詩集十卷　（清）錢大昕撰　清刻本　六冊

110000－0102－0018315　丁/1434　集部/別集類/清

鴻濛室詩鈔十卷　（清）方玉潤撰　清咸豐九年(1859)刻本　四冊

110000－0102－0018316　丁/1435　集部/別集類/清

鴻濛室文鈔二集二卷　（清）方玉潤撰　清咸豐十年(1860)刻本　二冊

110000－0102－0018317　丁/1439　集部/別集類/清

孫正公全集二十卷　（清）孫承宗撰　清嘉慶十二年(1807)刻本　十二冊

110000－0102－0018318　丁/1440　集部/別集類/清

河幹詩鈔四卷　（清）馬慧裕撰　清嘉慶九年(1804)刻本　四冊

110000－0102－0018319　丁/1442　集部/別集類/清

清麓文集二十三卷　（清）賀瑞麟撰　清光緒二十五年(1899)傳經堂刻本　二十二冊

110000－0102－0018320　丁/1443　集部/別集類/清

守柔齋詩鈔三卷　（清）蘇廷魁撰　清道光刻本　二冊

110000－0102－0018321　丁/1444　集部/詞類/詞別集

芬陀利室詞集五卷　（清）蔣敦復撰　清末刻本　四冊

110000－0102－0018322　丁/1445　集部/別集類/清

清溪草堂詩集九卷　（清）陳昌年撰　清光緒

六年(1880)刻本　六册

110000－0102－0018323　丁/1449　集部/別集類/清

適龕詩集十四卷　(清)彭湘撰　清同治刻本　四册

110000－0102－0018324　丁/1451　集部/別集類/清

屼雲樓集八卷　(清)劉存仁撰　清咸豐三年(1853)刻本　四册

110000－0102－0018325　丁/1454　集部/別集類/清

雲悅山房偶存稿六卷　(清)楊維屏撰　清宣統二年(1910)刻本　二册

110000－0102－0018326　丁/1458　集部/別集類/清

東海半人詩鈔二十四卷　(清)鍾大源撰　清嘉慶刻本　八册

110000－0102－0018327　丁/1459　集部/別集類/清

運甓齋文稿六卷　(清)陳勷撰　清光緒二十年(1894)刻本　四册

110000－0102－0018328　丁/1461　子部/醫家類

筆花醫鏡四卷　(清)江涵暾撰　清光緒十九年(1893)刻本　一册

110000－0102－0018329　丁/1465　集部/別集類/清

汴遊冰玉稿四卷　(清)朱寯瀛撰　清光緒三十三年(1907)鉛印本　一册

110000－0102－0018330　丁/1468　集部/別集類/清

敦夙好齋詩　(清)葉名澧撰　清光緒十六年(1890)刻本　八册

110000－0102－0018331　史部/地理類/方志/地方志

[道光]秦安縣志十四卷　(清)劉德熙纂　清道光十八年(1838)刻本　四册

110000－0102－0018332　丁/1474　集部/詞類/詞總集/地方

皖詞紀勝一卷　徐乃昌輯　清光緒刻本　一册

110000－0102－0018333　丁/1475　集部/別集類/清

公言集三卷　(清)沈同芳撰　清光緒三十四年(1908)鉛印本　一册

110000－0102－0018334　丁/1477　集部/總集類/文/地方

海虞三陶先生集合刻　(清)陶元淳等輯　清光緒七年(1881)刻本　六册

110000－0102－0018335　丁/1478　集部/別集類/清

雲逗樓集一卷　(清)楊度汪撰　清乾隆刻本　二册

110000－0102－0018336　丁/1479　集部/別集類/清

圭盦詩錄　(清)吳觀禮撰　清光緒五年(1879)弢盦寫刻本　二册

110000－0102－0018337　丁/1480　集部/別集類/清

柏梘山房文集　(清)梅曾亮撰　清咸豐六年(1856)刻本　八册

110000－0102－0018338　丁/1482　集部/別集類/民國

陳州集三卷　朱寯瀛撰　清宣統三年(1911)鉛印本　一册

110000－0102－0018339　丁/1485　集部/別集類/清

芙蓉山館全集　(清)楊芳燦撰　清光緒十七年(1891)活字本　八册

110000－0102－0018340　丁/1487　集部/別集類/清

海陵文徵二十卷　(清)夏荃撰　清道光二十二年(1842)刻本　十册

110000－0102－0018341　丁/1488　集部/別

集類/清

壽閒齋吟草八卷 （清）朱葵之撰　清光緒十年(1884)刻本　二冊

110000－0102－0018342　丁/1489　集部/別集類/清

海山存稿二十卷 （清）周煌撰　清刻本　四冊

110000－0102－0018343　丁/1490　集部/別集類/清

妙吉祥室詩鈔十三卷 （清）朱葵之撰　清光緒十年(1884)刻本　六冊

110000－0102－0018344　丁/1493　集部/別集類/清

紫石泉山房文集十二卷 （清）吳定撰　清光緒十三年(1887)刻本　六冊

110000－0102－0018345　丁/1494　集部/別集類/清

知足齋詩集二十卷 （清）朱珪撰　清嘉慶十年(1805)刻本　十二冊

110000－0102－0018346　丁/1495　史部/傳記類/年譜

劉武慎公年譜二卷 （清）鄧輔綸撰　清光緒二十六年(1900)刻本　二冊

110000－0102－0018347　丁/1498　史部/政書類/詔令奏議/奏議

江蘇水師奏稿 （清）曾國藩撰　清同治刻本　一冊

110000－0102－0018348　丁/1514　史部/傳記類/雜錄

先聖生卒年月日考二卷 （清）孔廣牧撰　清光緒十九年(1893)浙江書局刻本　一冊

110000－0102－0018349　丁/1516　集部/別集類/清

詩民漫詠一卷 （清）姚承燕撰　清末刻本　一冊

110000－0102－0018350　丁/1519　史部/傳記類/別傳

李黼堂事略一卷 （清）李輔耀撰　清光緒刻本　一冊

110000－0102－0018351　丁/1520　史部/傳記類/年譜

成山老人自撰年譜六卷附錄一卷 （清）唐炯撰　清宣統二年(1910)鉛印本　三冊

110000－0102－0018352　丁/1521　史部/傳記類/別傳

鹿壯節公行述一卷 （清）鹿傳鈞等撰　清咸豐刻本　一冊

110000－0102－0018353　丁/1522　史部/傳記類/別傳

皇清誥授光祿大夫總督倉場戶部侍郎琴舫廉公傳略 （清）王琛撰　清光緒刻本　一冊

110000－0102－0018354　丁/1523　史部/傳記類/別傳

馮桂芬行狀 （清）馮芳緝　（清）馮芳植合撰　清光緒刻本　一冊

110000－0102－0018355　丁/1524　史部/傳記類/別傳

祁竹軒行述一卷 （清）祁之銓等撰　清道光刻本　一冊

110000－0102－0018356　丁/1525　史部/傳記類/年譜

惕盦年譜 （清）崇實撰　清光緒刻本　一冊

110000－0102－0018357　丁/1534　史部/傳記類/年譜

趙文恪公年譜四卷 （清）趙光撰　清光緒十六年(1890)刻本　四冊

110000－0102－0018358　丁/1535　集部/俗文學類/變文

惜穀免災寶卷 （□）□□撰　清光緒十三年(1887)刻本　一冊

110000－0102－0018359　丁/1536　子部/醫家類/本草

本草綱目圖三卷 （明）李時珍撰　清刻本　三冊

110000－0102－0018360　丁/1537　集部/別集類/清

純甫古文鈔六卷　（清）戴楫撰　清同治九年（1870）刻本　一冊

110000－0102－0018361　丁/1541　集部/別集類/清

萃齋詩鈔七卷　（清）宦懋庸撰　清光緒二十年（1894）刻本　一冊

110000－0102－0018362　丁/1542　集部/別集類/清

許玉峯先生集三卷　（清）許鼎撰　清咸豐元年（1851）刻本　一冊

110000－0102－0018363　丁/1544　集部/別集類/清

湘雪詩鈔四卷　（清）何易撰　清嘉慶四年（1799）刻本　一冊

110000－0102－0018364　丁/1545　史部/傳記類/年譜

汪堯峯先生年譜　（清）趙達編輯　清同治四年（1865）又紅樓刻本　一冊

110000－0102－0018365　丁/1546　集部/詞類/詞總集/地方

皖詞紀勝　徐乃昌纂集　清光緒三十年（1904）南陵徐氏小檀欒室刻本　一冊

110000－0102－0018366　丁/1550　子部/儒家類/清

詒謀隨筆二卷　（清）但明倫撰　清光緒四年（1878）但氏刻本　二冊

110000－0102－0018367　丁/1551　集部/詞類/詞別集

華鬘室詞　（清）闊普通武撰　清光緒至民國刻本　一冊

110000－0102－0018368　丁/1552　史部/政書類/文牘檔冊

柳州文牘二卷　楊道霖輯　清宣統鉛印本　一冊

110000－0102－0018369　丁/1556　集部/別集類/清

餘癡初稿　毓朗撰　清宣統三年（1911）刻本　一冊

110000－0102－0018370　丁/1557　集部/詞類/詞別集

花嶼詞　（清）儲秘書撰　清咸豐八年（1858）刻本　一冊

110000－0102－0018371　丁/1559　史部/傳記類/年譜

岑襄勤公年譜十卷　（清）趙樾村編　清光緒二十五年（1899）刻本　五冊

110000－0102－0018372　丁/1560　集部/別集類/清

味靈華館詩　（清）商廷煥撰　清宣統三年（1911）刻本　一冊

110000－0102－0018373　丁/1561　史部/傳記類/別傳

敘德書情集　（清）鄒鳴鶴等撰　清道光十九年（1839）刻本　一冊

110000－0102－0018374　丁/1562　史部/傳記類/別傳

阿哈覺羅誠靖公行述一卷　（清）阿哈覺羅世勳撰　清光緒刻本　一冊

110000－0102－0018375　丁/1563　集部/曲類/曲別集/雜劇

西廂記一折　（□）□□撰　清末抄本　一冊

110000－0102－0018376　丁/1564　集部/曲類/曲別集/傳奇

宵光劍一折　（□）□□撰　清末抄本　一冊

110000－0102－0018377　丁/1565　集部/曲類/曲別集/傳奇

吉慶圖一折　（□）□□撰　清末抄本　一冊

110000－0102－0018378　丁/1566　集部/曲類/曲別集/傳奇

躍鯉記［看穀］金印記［封贈一折］　（□）□□撰　清末抄本　一冊

110000－0102－0018379　丁/1567　集部/曲

類/曲別集/傳奇

尋親一折　（□）□□撰　清末抄本　一冊

110000－0102－0018380　丁/1568　集部/曲類/曲譜、曲韻

春燈謎［遊街］眉山秀［婚試］一折　（□）□□撰　清末抄本　一冊

110000－0102－0018381　丁/1569　集部/曲類/曲別集/傳奇

坡公詞［歸來樂］金鎖記［私祭］一折　（□）□□撰　清末抄本　一冊

110000－0102－0018382　丁/1570　集部/曲類/曲別集/傳奇

長生記［祝壽］慶有餘［慶圓］一折　（□）□□撰　清末抄本　一冊

110000－0102－0018383　丁/1571　集部/曲類/曲別集/傳奇

珍珠衫［歆動］鐵冠圖［借餉］一折　（□）□□撰　清末抄本　一冊

110000－0102－0018384　丁/1572　集部/曲類/曲別集/傳奇

連環記［環拜］江天雪［走雪］一折　（□）□□撰　清末抄本　一冊

110000－0102－0018385　丁/1573　集部/曲類/曲別集/傳奇

鐵冠圖一折　（□）□□撰　清末抄本　一冊

110000－0102－0018386　丁/1574　集部/曲類/曲別集/雜劇

吟鳳閣［罷宴］雜齣［七巧圖］一折　（□）□□撰　清末抄本　一冊

110000－0102－0018387　丁/1575　集部/曲類/曲別集/傳奇

鐵冠圖一折　（□）□□撰　清末抄本　一冊

110000－0102－0018388　丁/1576　集部/曲類/曲別集/傳奇

鐵冠圖一折　（□）□□撰　清末抄本　一冊

110000－0102－0018389　丁/1577　集部/曲類/曲別集/傳奇

鐵冠圖一折　（□）□□撰　清末抄本　一冊

110000－0102－0018390　丁/1578　集部/曲類/曲別集/傳奇

［龔敬納妾］一折　（□）□□撰　清末抄本　一冊

110000－0102－0018391　丁/1579　集部/曲類/曲別集/傳奇

馬陵道［擒龐］祝髮記［渡江］一折　（□）□□撰　清末抄本　一冊

110000－0102－0018392　丁/1580　集部/曲類/曲別集/傳奇

漁家樂一折　（□）□□撰　清末抄本　一冊

110000－0102－0018393　丁/1581　集部/曲類/曲別集/傳奇

佛會一折　（□）□□撰　清末抄本　一冊

110000－0102－0018394　丁/1582　集部/曲類/曲別集/傳奇

西樓記一折　（□）□□撰　清末抄本　一冊

110000－0102－0018395　丁/1583　集部/曲類/曲別集/傳奇

西樓記一折　（□）□□撰　清末抄本　一冊

110000－0102－0018396　丁/1584　集部/曲類/曲別集/傳奇

西樓記一折　（□）□□撰　清末抄本　一冊

110000－0102－0018397　丁/1585　集部/曲類/曲別集/傳奇

西樓記一折　（□）□□撰　清末抄本　一冊

110000－0102－0018398　丁/1586　集部/曲類/曲別集/傳奇

西樓記一折　（□）□□撰　清末抄本　一冊

110000－0102－0018399　丁/1587　集部/曲類/曲別集/雜劇

南西廂一折　（□）□□撰　清末抄本　一冊

110000－0102－0018400　丁/1588　集部/曲類/曲別集/雜劇

西廂記一折　（□）□□撰　清末抄本　一冊

110000－0102－0018401　丁/1589　集部/曲類/曲別集/雜劇

西廂記一折　（□）□□撰　清末抄本　一冊

110000－0102－0018402　丁/1590　集部/曲類/曲別集/傳奇

焚香記一折　（□）□□撰　清末抄本　一冊

110000－0102－0018403　丁/1591　集部/曲類/曲別集/傳奇

慈悲願一折　（□）□□撰　清末抄本　一冊

110000－0102－0018404　丁/1592　集部/曲類/曲別集/傳奇

邯鄲夢一折　（□）□□撰　清末抄本　一冊

110000－0102－0018405　丁/1593　集部/曲類/曲別集/傳奇

獅吼記［夢怕］雙紅記［顯技]一折　（□）□□撰　清末抄本　一冊

110000－0102－0018406　丁/1594　集部/曲類/曲別集/傳奇

再顧枕痕一折　（□）□□撰　清末抄本　一冊

110000－0102－0018407　丁/1595　集部/曲類/曲別集/傳奇

西遊記一折　（□）□□撰　清末抄本　一冊

110000－0102－0018408　丁/1596　集部/曲類/曲別集/傳奇

牡丹亭一折　（□）□□撰　清末抄本　一冊

110000－0102－0018409　丁/1597　集部/曲類/曲別集/傳奇

牡丹亭一折　（□）□□撰　清末抄本　一冊

110000－0102－0018410　丁/1598　集部/曲類/曲別集/傳奇

牡丹亭一折　（□）□□撰　清末抄本　一冊

110000－0102－0018411　丁/1599　集部/曲類/曲別集/傳奇

牡丹亭一折　（□）□□撰　清末抄本　一冊

110000－0102－0018412　丁/1600　集部/曲類/曲別集/傳奇

牡丹亭一折　（□）□□撰　清末抄本　一冊

110000－0102－0018413　丁/1601　集部/曲類/曲別集/傳奇

牡丹亭　（□）□□撰　清末抄本　一冊

110000－0102－0018414　丁/1602　集部/曲類/曲別集/傳奇

牡丹亭　（□）□□撰　清末抄本　一冊

110000－0102－0018415　丁/1603　集部/曲類/曲別集/傳奇

牡丹亭　（□）□□撰　清末抄本　一冊

110000－0102－0018416　丁/1604　集部/曲類/曲別集/傳奇

十五貫　（□）□□撰　清末抄本　一冊

110000－0102－0018417　丁/1605　集部/曲類/曲別集/傳奇

十五貫　（□）□□撰　清末抄本　一冊

110000－0102－0018418　丁/1606　集部/曲類/曲別集/傳奇

金雀記　（□）□□撰　清末抄本　一冊

110000－0102－0018419　丁/1607　集部/曲類/曲別集/傳奇

金雀記　（□）□□撰　清末抄本　一冊

110000－0102－0018420　丁/1608　集部/曲類/曲別集/傳奇

荊釵記　（□）□□撰　清末抄本　一冊

110000－0102－0018421　丁/1609　集部/曲類/曲別集/傳奇

荊釵記　（□）□□撰　清末抄本　一冊

110000－0102－0018422　丁/1610　集部/曲類/曲別集/傳奇

千忠戮　（□）□□撰　清末抄本　一冊

110000－0102－0018423　丁/1611　集部/曲類/曲別集/傳奇

風箏誤　（□）□□撰　清末抄本　一冊

110000－0102－0018424　丁/1612　集部/曲類/曲別集/傳奇

風箏誤　（□）□□撰　清末抄本　一冊

110000－0102－0018425　丁/1613　集部/曲類/曲別集/傳奇

風箏誤　（□）□□撰　清末抄本　一冊

110000－0102－0018426　丁/1614　集部/曲類/曲別集/傳奇

長生殿　（□）□□撰　清末抄本　一冊

110000－0102－0018427　丁/1615　集部/曲類/曲別集/傳奇

長生殿　（□）□□撰　清末抄本　一冊

110000－0102－0018428　丁/1616　集部/曲類/曲別集/傳奇

長生殿　（□）□□撰　清末抄本　一冊

110000－0102－0018429　丁/1617　集部/曲類/曲別集/傳奇

長生殿　（□）□□撰　清末抄本　一冊

110000－0102－0018430　丁/1618　集部/曲類/曲別集/傳奇

長生殿　（□）□□撰　清末抄本　一冊

110000－0102－0018431　丁/1619　集部/曲類/曲別集/傳奇

長生殿　（□）□□撰　清末抄本　一冊

110000－0102－0018432　丁/1620　集部/曲類/曲別集/傳奇

浣紗記　（□）□□撰　清末抄本　一冊

110000－0102－0018433　丁/1621　集部/曲類/曲別集/傳奇

浣紗記　（□）□□撰　清末抄本　一冊

110000－0102－0018434　丁/1622　集部/曲類/曲別集/傳奇

浣紗記　（□）□□撰　清末抄本　一冊

110000－0102－0018435　丁/1623　集部/曲類/曲別集/傳奇

浣紗記　（□）□□撰　清末抄本　一冊

110000－0102－0018436　丁/1624　集部/曲類/曲別集/傳奇

浣紗記　（□）□□撰　清末抄本　一冊

110000－0102－0018437　丁/1625　集部/曲類/曲別集/傳奇

牡丹亭　（□）□□撰　清末抄本　一冊

110000－0102－0018438　丁/1626　集部/曲類/曲別集/傳奇

鐵冠圖　杭吟霄譜　清末抄本　一冊

110000－0102－0018439　丁/1627　集部/曲類/曲別集/傳奇

轅門點將敗惇　杭吟霄譜　清末抄本　一冊

110000－0102－0018440　丁/1628　集部/曲類/曲別集/傳奇

探親　（□）□□撰　清末杭吟霄抄本　一冊

110000－0102－0018441　丁/1629　集部/曲類/曲別集/傳奇

占花魁　杭吟霄譜　清末抄本　一冊

110000－0102－0018442　丁/1630　集部/曲類/曲別集/傳奇

夜奔　靜清氏錄　清末抄本　一冊

110000－0102－0018443　丁/1631　集部/曲類/曲別集/傳奇

山亭　杭靜卿譜　清末抄本　一冊

110000－0102－0018444　丁/1632　集部/曲類/曲別集/傳奇

上壽　（□）□□撰　清末抄本　一冊

110000－0102－0018445　丁/1633　集部/曲類/曲別集/傳奇

牡丹亭　杭吟霄譜　清末抄本　一冊

110000－0102－0018446　丁/1634　集部/曲類/曲別集/傳奇

逼釵等五折　杭吟霄譜　清末抄本　一冊

110000－0102－0018447　丁/1635　集部/曲類/曲別集/傳奇

掃花三醉　彥欽氏譜　清末抄本　一冊

110000－0102－0018448　丁/1636　集部/曲類/曲別集/傳奇

青門等四折　杭吟霄譜　清末抄本　一冊

110000－0102－0018449　丁/1637　集部/曲類/曲別集/傳奇

爛柯山　杭吟霄譜　清末抄本　一冊

110000－0102－0018450　丁/1638　集部/曲類/曲別集/傳奇

玩箋等四折　（□）□□撰　清末抄本　一冊

110000－0102－0018451　丁/1639　集部/曲類/曲別集/傳奇

西諜　（□）□□撰　清末抄本　一冊

110000－0102－0018452　丁/1640　集部/曲類/曲別集/傳奇

招作　（□）□□撰　清末抄本　一冊

110000－0102－0018453　丁/1641　集部/曲類/曲別集/傳奇

榮歸拷紅　杭吟霄譜　清末抄本　一冊

110000－0102－0018454　丁/1642　集部/曲類/曲別集/傳奇

描別等四折　杭吟霄譜　清末抄本　一冊

110000－0102－0018455　丁/1643　集部/曲類/曲別集/傳奇

豔雪庭　杭吟霄譜　清末抄本　一冊

110000－0102－0018456　丁/1644　集部/曲類/曲別集/傳奇

環帶記　杭吟霄譜　清末抄本　一冊

110000－0102－0018457　丁/1645　集部/曲類/曲別集/傳奇

環帶記　杭吟霄譜　清末抄本　一冊

110000－0102－0018458　丁/1646　集部/曲類/曲別集/傳奇

琴挑亭會　杭吟霄重整　清末抄本　一冊

110000－0102－0018459　丁/1647　集部/曲類/曲別集/傳奇

三星賜福　（□）□□撰　清末徐步洲抄本　一冊

110000－0102－0018460　丁/1648　集部/曲

長生殿　杭吟霄譜　清末抄本　一冊

110000－0102－0018461　丁/1649　集部/曲類/曲別集/傳奇

墜馬等八折　（□）□□撰　清末抄本　一冊

110000－0102－0018462　丁/1650　集部/曲類/曲別集/傳奇

幽閨記　（□）□□撰　清末抄本　一冊

110000－0102－0018463　丁/1651　集部/曲類/曲別集/傳奇

浣紗記　杭吟霄譜　清末抄本　一冊

110000－0102－0018464　丁/1652　集部/曲類/曲別集/雜劇

西廂記　（□）□□撰　清末抄本　一冊

110000－0102－0018465　丁/1653　集部/曲類/曲別集/傳奇

雁翎甲　（□）□□撰　清末抄本　一冊

110000－0102－0018466　丁/1654　集部/曲類/曲別集/傳奇

玉簪記　杭吟霄譜　清末抄本　一冊

110000－0102－0018467　丁/1655　集部/俗文學類/雜曲

探親相罵二折　（□）□□撰　清末抄本　一冊

110000－0102－0018468　丁/1656　集部/曲類/曲別集/傳奇

荊釵記　彥欽氏譜　清末抄本　一冊

110000－0102－0018469　丁/1657　集部/曲類/曲別集/傳奇

琵琶記　杭吟霄譜　清抄本　一冊

110000－0102－0018470　丁/1658　集部/曲類/曲別集/傳奇

琵琶記　杭吟霄譜　清末抄本　一冊

110000－0102－0018471　丁/1659　集部/曲類/曲別集/傳奇

連環記　（□）□□撰　清末抄本　一冊

110000－0102－0018472　丁/1660　集部/曲類/曲別集/傳奇

千鍾祿　（□）□□撰　清末抄本　一冊

110000－0102－0018473　丁/1661　集部/曲類/曲別集/傳奇

千鍾祿　（□）□□撰　清末抄本　一冊

110000－0102－0018474　丁/1662　集部/戲曲類/昆曲類

盤夫虞探密探三出　杭吟霄譜　清末抄本　一冊

110000－0102－0018475　丁/1663　集部/戲曲類

撾鼓漁陽　（□）□□撰　清光緒十三年（1887）抄本　一冊

110000－0102－0018476　丁/1664　集部/曲類/曲別集/雜劇

西廂記　（□）□□撰　清末抄本　一冊

110000－0102－0018477　丁/1665　集部/曲類/曲別集/傳奇

繡襦記　杭靜卿譜　清末抄本　一冊

110000－0102－0018478　丁/1666　集部/曲類/曲別集/傳奇

鳴鳳記　（□）□□撰　清同治七年（1868）抄本　一冊

110000－0102－0018479　丁/1667　集部/曲類/曲別集/傳奇

白兔記　杭吟霄譜　清末抄本　一冊

110000－0102－0018480　丁/1668　集部/曲類/曲別集/傳奇

南柯夢　杭吟霄譜　清末抄本　一冊

110000－0102－0018481　丁/1669　集部/曲類/曲別集/傳奇

千鍾祿　杭吟霄譜　清末抄本　一冊

110000－0102－0018482　丁/1670　集部/曲類/曲別集/傳奇

貨郎旦[女彈]荊釵記[男祭]　杭吟霄譜　清末抄本　一冊

110000－0102－0018483　丁/1671　集部/曲類/曲別集/傳奇

蝴蝶夢　杭吟霄譜　清末抄本　一冊

110000－0102－0018484　丁/1672　集部/戲曲類

劉唐山亭　杭吟霄譜　清末抄本　一冊

110000－0102－0018485　丁/1673　集部/戲曲類

花婆　杭吟霄譜　清末抄本　一冊

110000－0102－0018486　丁/1674　集部/戲曲類/昆曲類

遊園驚夢　杭吟霄譜　清末抄本　一冊

110000－0102－0018487　丁/1675　集部/曲類/曲別集/傳奇

蘆花蕩　（□）□□撰　清道光十二年（1832）抄本　一冊

110000－0102－0018488　丁/1676　集部/戲曲類/京劇

罵曹訪普　崔記譜　清末抄本　一冊

110000－0102－0018489　丁/1677　集部/曲類/曲別集/雜劇

西廂記　杭吟霄譜　清末抄本　一冊

110000－0102－0018490　丁/1678　集部/曲類/曲別集/傳奇

琵琶記　杭吟霄譜　清末抄本　一冊

110000－0102－0018491　丁/1679　集部/曲類/曲別集/傳奇

琵琶記　靜卿譜　清末抄本　一冊

110000－0102－0018492　丁/1680　集部/戲曲類/昆曲類

遊園驚夢定情　（□）□□撰　清末抄本　一冊

110000－0102－0018493　丁/1681　集部/戲曲類

惠明　杭吟霄譜　清末抄本　一冊

110000－0102－0018494　丁/1682　集部/曲類/曲別集/雜劇

西廂記　杭吟霄譜　清末抄本　一冊

110000－0102－0018495　丁/1683　集部/戲曲類

刺虎　杭吟霄譜　清末抄本　一冊

110000－0102－0018496　丁/1684　集部/戲曲類

十面　杭吟霄譜　清末抄本　一冊

110000－0102－0018497　丁/1685　集部/戲曲類

太極圖　（□）□□撰　清末抄本　一冊

110000－0102－0018498　丁/1686　集部/曲類/曲譜、曲韻

遊園驚夢清譜　（□）□□撰　清末抄本　一冊

110000－0102－0018499　丁/1687　集部/戲曲類/地方戲

板調龍舟　（□）□□撰　清末抄本　一冊

110000－0102－0018500　丁/1688　集部/戲曲類/崑曲類

崑曲零段　杭吟霄譜　清末抄本　一冊

110000－0102－0018501　丁/1689　集部/曲類/曲譜、曲韻

曲譜　（□）□□撰　清末抄本　一冊

110000－0102－0018502　丁/1690　集部/戲曲類

大紅袍　叔記譜　清末抄本　一冊

110000－0102－0018503　丁/1693　集部/戲曲類

曲譜　（□）□□撰　清道光十六年(1836)抄本　一冊

110000－0102－0018504　丁/1694　子部/醫家類/諸專科方論/其它

麻疹全書四卷　（元）滑伯仁撰　清光緒三十一年(1905)刻本　四冊

110000－0102－0018505　丁/1695　子部/醫家類/諸專科方論/其它

瘟疫明辨五卷　（清）鄭一撰　清嘉慶二十二年(1817)刻本　二冊

110000－0102－0018506　丁/1696　子部/醫家類/諸專科方論/其它

痘科摘要四卷　（清）陳啟運輯　清道光十六年(1836)刻本　四冊

110000－0102－0018507　丁/1697　子部/醫家類/諸專科方論/其它

瘟痧要編四卷續編一卷　（清）韓凌霄撰　清光緒七年(1881)刻本　四冊

110000－0102－0018508　丁/1699　集部/俗文學類/彈詞

四香緣彈詞三十二回　（清）朱鏡江撰　清同治五年(1866)刻本　六冊

110000－0102－0018509　丁/1700　史部/別史、雜史類

史餘萃覽四卷　（清）楊家麟集　清光緒四年(1878)上海申報館鉛印本　二冊

110000－0102－0018510　丁/1701　集部/小說類/筆記小說

小豆棚十六卷　（清）曾衍東撰　清光緒鉛印本　六冊

110000－0102－0018511　丁/1702　集部/小說類/章回

新編玉蟾記六卷　（清）通元子黃石撰　清光緒元年(1875)刻本　六冊

110000－0102－0018512　丁/1703　集部/小說類/話本

西湖拾遺四十一卷附一卷　（清）陳樹基撰　清光緒上海申報館鉛印本　十二冊

110000－0102－0018513　丁/1704　集部/俗文學類/彈詞

金臺全傳彈詞十卷六十回　（□）□□撰　清光緒七年(1881)黑海堂刻本　十二冊

110000－0102－0018514　丁/1705　史部/地理類/雜記

夢粱錄二十卷　（宋）吳自牧撰　清刻本　四冊

110000－0102－0018515　丁/1706　集部/俗文學類/變文

韓祖成仙寶傳二十四回　（□）□□撰　清光緒十五年(1889)刻本　一冊

110000－0102－0018516　丁/1707　集部/曲類/曲別集/傳奇

雙忽雷本事　劉世珩輯錄　清宣統三年(1911)石印本　一冊

110000－0102－0018517　丁/1708　集部/曲類/曲別集/傳奇

鶴歸來傳奇二卷　（清）瞿頡撰　清末刻本　二冊

110000－0102－0018518　丁/1709　集部/俗文學類/彈詞

繪圖笑中緣六卷　（□）□□撰　清宣統三年(1911)石印本　六冊

110000－0102－0018519　丁/1710　集部/小說類/章回

繪圖今古奇觀續集三十回　（□）□□撰　清光緒三十四年(1908)上海書局石印本　六冊

110000－0102－0018520　丁/1711　集部/小說類/章回

繡像第八才子書白圭志十六回　（清）崔象川輯　清末刻本　四冊

110000－0102－0018521　丁/1712　集部/小說類/章回

圖像三寶太監下西洋通俗演義　（明）二南里人編　清光緒二十二年(1896)上海書局石印本　十六冊

110000－0102－0018522　丁/1714　集部/俗文學類/迷語及其它

還讀書屋謎稿　聶聘三撰　清末抄本　一冊

110000－0102－0018523　丁/1715　集部/小說類/章回

後續大宋楊家文武曲星包公狄青初傳十四卷六十八回　（□）□□撰　清末羊城長慶堂刻本　六冊

110000－0102－0018524　丁/1716　史部/傳記類/總傳/專錄/文苑

湖海詩傳小傳六卷　（清）王昶撰　清光緒四年(1878)上海松雪閣鉛印本　二冊

110000－0102－0018525　丁/1717　集部/俗文學類/彈詞

芙蓉洞彈詞十卷　（清）陳遇乾原稿　清道光十六年(1836)刻本　十冊

110000－0102－0018526　丁/1718　集部/曲類/曲別集/傳奇

繪圖佛門緣傳奇　（清）楊組榮撰　清光緒二十年(1894)上海寶文書局石印本　二冊

110000－0102－0018527　丁/1719　集部/小說類/筆記小說

耳郵四卷　（清）羊竹翁編　清光緒四年(1878)鉛印申報管叢書本　二冊

110000－0102－0018528　丁/1720　集部/小說類/其它

四夢彙談四卷　（清）吳紹箕撰　清光緒五年(1879)上海申報館鉛印本　一冊

110000－0102－0018529　丁/1721　集部/俗文學類/鼓詞

後滴血珠鼓詞　（清）□□撰　清末刻本　一冊

110000－0102－0018530　丁/1722　子部/雜家類/學說

薑露庵雜記六卷　（清）駢蒘道人撰　清末上海申報館鉛印本　二冊

110000－0102－0018531　丁/1723　集部/小說類/章回

新刻濟顛大師醉菩提全傳四卷　（清）天花藏主人編　清同治七年(1868)刻本　四冊

110000－0102－0018532　丁/1724　集部/小說類/筆記小說

續新齊諧十卷　（清）袁枚撰　清刻本　六冊

110000－0102－0018533　丁/1725　子部/醫家類/雜病方論

血證論五卷　（清）唐宗海著　清光緒三十四年(1908)石印本　一冊

110000－0102－0018534　丁/1726　集部/小說類/其它

紅樓夢評贊　（清）王雪香撰　清刻本　三冊

110000－0102－0018535　丁/1727　集部/小說類/其它

讀紅樓夢雜記紅樓夢竹枝詞　（清）願為明鏡室主人撰　清光緒二年(1876)刻本　一冊

110000－0102－0018536　丁/1731　子部/醫家類/兒婦科方論

女科要旨四卷　（清）陳念祖撰　清光緒刻本　二冊

110000－0102－0018537　丁/1733　子部/醫家類/諸專科方論/針灸

補注銅人腧穴鍼灸圖經五卷　（宋）王惟一撰　清宣統元年(1909)影印本　二冊

110000－0102－0018538　丁/1734　集部/俗文學類/變文

目連救母寶傳　（□）□□撰　清光緒二十六年(1900)刻本　一冊

110000－0102－0018539　丁/1737　集部/曲類/曲別集/雜劇

繪圖後西廂記雜劇四卷　（清）湯世瀠撰　清光緒二十年(1894)上海奎光閣石印本　四冊

110000－0102－0018540　丁/1739　集部/俗文學類/彈詞

繪圖文武香球彈詞八卷　（□）□□撰　清光緒三十年(1904)石印本　八冊

110000－0102－0018541　丁/1741　集部/俗文學類/鼓詞

新刻連珠記鼓詞四卷　（□）□□撰　清刻本　四冊

110000－0102－0018542　丁/1742　集部/俗文學類/鼓詞

雙釵記鼓詞八卷　（□）□□撰　清光緒二十八年(1902)刻本　四冊

110000－0102－0018543　丁/1743　集部/小說類/筆記小說

道聽途說十二卷　（清）潘綸恩撰　清光緒刻本　六冊

110000－0102－0018544　丁/1744　集部/俗文學類/鼓詞

大破孟州鼓詞八卷　（□）□□撰　清刻本　八冊

110000－0102－0018545　丁/1745　集部/俗文學類/彈詞

繪圖碧玉環六卷　（□）□□撰　清光緒二十一年(1895)上海書局石印本　六冊

110000－0102－0018546　丁/1746　集部/小說類/章回

繡像閨門秘術　（□）□□撰　清光緒三十年(1904)上海石印本　四冊

110000－0102－0018547　丁/1747　集部/小說類/章回

繪圖三門街八卷　（□）□□撰　清石印本　八冊

110000－0102－0018548　丁/1749　集部/俗文學類/鼓詞

新刻雙釵記四卷　（□）□□撰　清刻本　四冊

110000－0102－0018549　丁/1750　集部/俗文學類/鼓詞

新刻打衣箱鼓詞四卷　（□）□□撰　清刻本　四冊

110000－0102－0018550　丁/1751　集部/俗文學類/鼓詞

清宮斷鼓詞二卷　（□）□□撰　清光緒十六年(1890)京都文益堂刻本　四冊

110000－0102－0018551　丁/1752　集部/俗文學類/彈詞

繡像夢影緣彈詞四十八回　（清）苕溪籛下生撰　清光緒二十一年(1895)石印本　十六冊

110000－0102－0018552　丁/1753　子部/雜

家類/雜述

冷廬雜識八卷 (清)陸以湉撰　清咸豐六年(1856)刻本　八冊

110000－0102－0018553　丁/1754　集部/俗文學類/彈詞

六美圖彈詞三十卷 (□)□□撰　清同治九年(1870)刻本　十二冊

110000－0102－0018554　丁/1755　集部/俗文學類/變文

孝逆報四卷 彭悟真　彭祥仲合撰　清刻本　四冊

110000－0102－0018555　丁/1756　集部/小說類/章回

俠女奇緣八卷 (清)文康撰　清光緒二十四年(1898)上海蘇報館鉛印本　八冊

110000－0102－0018556　丁/1757　集部/俗文學類/鼓詞

清官斷鼓詞二卷 (□)□□撰　清光緒十七年(1891)刻本　一冊

110000－0102－0018557　丁/1758　集部/小說類/筆記小說

女才子十二卷 (清)鴛湖煙水散人著　清刻本　一冊

110000－0102－0018558　丁/1759　史部/別史、雜史類

戊戌政變記九卷 梁啟超著　清末鉛印本　三冊

110000－0102－0018559　丁/1760　集部/小說類/章回/清

錦香亭四卷十六回 (清)素庵主人編　清經綸堂刻本　四冊

110000－0102－0018560　丁/1761　集部/俗文學類/彈詞

娛萱草彈詞三十二篇 (清)橘道人撰　清光緒二十年(1894)刻本　六冊

110000－0102－0018561　丁/1762　史部/政書類/邦計/交通運輸

星軺考轍四卷 (□)□□撰　清末石印本　八冊

110000－0102－0018562　丁/1769　集部/戲曲類/地方戲

陽河堂摘印 (□)□□撰　清末刻本　一冊

110000－0102－0018563　丁/1770　集部/戲曲類/地方戲

川劇三擊掌 李海雲　李海蘭唱詞　清末刻本　一冊

110000－0102－0018564　丁/1771　集部/戲曲類/地方戲

川劇馬房放奎 (□)□□撰　清末刻本　一冊

110000－0102－0018565　丁/1772　集部/戲曲類/地方戲

川劇探友起解投宿打店計奪快活林 (□)□□撰　清末刻本　一冊

110000－0102－0018566　丁/1773　集部/戲曲類/地方戲

玉蜻蜓全本 (□)□□撰　清末刻本　一冊

110000－0102－0018567　丁/1792　集部/俗文學類/鼓詞

小菜打仗鼓詞 (□)□□撰　清末刻本　一冊

110000－0102－0018568　丁/1793　集部/俗文學類/鼓詞

楊八姐鬧酒店 (□)□□撰　清末刻本　一冊

110000－0102－0018569　丁/1794　集部/俗文學類/鼓詞

三孝記鼓詞 (□)□□撰　清末刻本　一冊

110000－0102－0018570　丁/1795　集部/小說類/筆記小說

笑史四卷 (清)陳庚撰　清末上海申報館鉛印本　二冊

110000－0102－0018571　丁/1796　集部/曲類/曲別集/傳奇

雷峯塔傳奇四卷 （□）□□撰　清末抄本　二冊

110000－0102－0018572　丁/1797　集部/俗文學類/鼓詞

新刻瓦車篷天賜雙生牙痕記三十卷 （□）□□撰　清末刻本　一冊

110000－0102－0018573　丁/1798　集部/小說類/筆記小說

蕉軒摭錄十二卷 （清）俞夢蕉撰　清末鉛印本　四冊

110000－0102－0018574　丁/1799　史部/地理類/遊記/遊記譯作

滿洲旅行記二卷 （日本）小越平隆著　（清）克齋譯　清光緒二十八年（1902）上海廣益書局鉛印本　二冊

110000－0102－0018575　丁/1801　集部/俗文學類/鼓詞

頂水鎮十卷 （□）□□撰　清刻本　一冊

110000－0102－0018576　丁/1802　集部/曲類/曲別集/傳奇

盂蘭夢傳奇 （清）嚴保庸撰　清光緒元年（1875）石印本　一冊

110000－0102－0018577　丁/1803　集部/小說類/筆記小說

果報類編 （清）陸圻撰　清刻本　二冊

110000－0102－0018578　丁/1805　集部/曲類/曲總集

奢摩他室曲叢第一集三種 吳梅輯　清刻本　二冊

110000－0102－0018579　丁/1806　集部/曲類/曲別集/傳奇

紫釵記 （□）□□撰　清抄本　一冊

110000－0102－0018580　丁/1807　集部/戲曲類/京劇

京劇三出 （清）□□撰　清抄本　一冊

110000－0102－0018581　丁/1808　集部/曲類/曲別集/傳奇

千鍾祿 （□）□□撰　清抄本　一折

110000－0102－0018582　丁/1810　集部/俗文學類/變文

指迷引真寶卷 （□）□□撰　清抄本　一冊

110000－0102－0018583　丁/1811　集部/俗文學類/變文

真修寶卷 （□）□□撰　清光緒二年（1876）刻本　一冊

110000－0102－0018584　丁/1813　集部/曲類/曲別集/傳奇

滄桑豔傳奇二卷首一卷 （清）丁傳靖撰　清光緒三十四年（1908）刻豹隱廬雜著本　一冊

110000－0102－0018585　丁/1815　集部/俗文學類/鼓詞

巧姻緣鼓詞四十卷 （□）□□撰　清抄本　四十冊

110000－0102－0018586　丁/1816　集部/詞類/詞別集

寫趣軒吟稿三卷別編一卷續稿一卷 （清）譚國恩撰　清光緒刻本　四冊

110000－0102－0018587　丁/1818　集部/總集類/詩/斷代/清

四友遺詩 （清）曾紀澤等撰　清光緒二十年（1894）刻本　五冊

110000－0102－0018588　丁/1819　史部/傳記類/志錄

東魏劉懿墓誌銘及其它 （□）□□撰　清拓本　一冊

110000－0102－0018589　丁/1823　集部/別集類/清

觀河詩集四卷 （清）彭紹升撰　清同治元年（1862）刻本　一冊

110000－0102－0018590　丁/1825　集部/別集類/清

二許先生集八集 （清）許新堂　（清）許雨因撰　清光緒鉛印本　三冊

110000－0102－0018591　丁/1828　子部/兵家類

望江南　李衛公撰　清抄本　二冊

110000－0102－0018592　丁/1829　集部/別集類/清

海門詩鈔二卷　（清）李符清撰　清抄本　二冊

110000－0102－0018593　丁/1830　集部/詞類/詞別集

飲水詞鈔二卷　（清）納蘭性德撰　清抄本　一冊

110000－0102－0018594　丁/1831　集部/別集類/清

寒木居詩　（清）張家珍撰　清抄本　一冊

110000－0102－0018595　丁/1832　集部/詞類/詞別集

籃村詩餘　（清）李長蘂撰　清抄本　一冊

110000－0102－0018596　丁/1833　集部/別集類/清

荔舫吟草　（□）□□撰　清抄本　一冊

110000－0102－0018597　丁/1834　集部/詞類/詞別集

荔香詞鈔　（清）陳良玉撰　清抄本　一冊

110000－0102－0018598　丁/1837　集部/詞類/詞別集

金梁夢月詞三卷　（清）周之琦撰　清抄本　三冊

110000－0102－0018599　丁/1838　集部/小說類/筆記小說

幽夢影二卷　張心齋撰　清抄本　二冊

110000－0102－0018600　丁/1839　集部/別集類/清

印可齋詩　（清）溫汝造撰　清抄本　一冊

110000－0102－0018601　丁/1840　集部/別集類/清

江風集樂府四卷謠一卷　（清）何杺撰　清抄本　五冊

110000－0102－0018602　丁/1841　集部/別集類/清

子良詩錄四卷　（清）子良撰　清咸豐十年（1860）抄本　四冊

110000－0102－0018603　丁/1842　集部/別集類/清

寒灰集四卷　（清）何杺撰　清抄本　五冊

110000－0102－0018604　丁/1843　集部/小說類/筆記小說

竹西花事小錄　（清）芬利它行者編　清光緒二十六年（1900）上海申報館鉛印本　一冊

110000－0102－0018605　丁/1848　集部/別集類/清

大吉羊室遺稿　（清）張振凡撰　清光緒五年（1879）刻本　一冊

110000－0102－0018606　丁/1861　經部/小學類/音韻/韻典

正音咀華二卷　（清）莎彝尊撰　清咸豐三年（1853）刻本　二冊

110000－0102－0018607　丁/1865　子部/儒家類/清

揅經室訓子文筆二卷　（清）阮福編輯　清光緒元年（1875）刻本　一冊

110000－0102－0018608　丁/1866　集部/總集類/詩/雜錄/題詠

都梁草題詞　（清）周伯義等撰　清光緒二十六年（1900）刻本　一冊

110000－0102－0018609　丁/1867　史部/地理類/雜記

金陵百詠　（宋）增極撰　清宣統三年（1911）刻本　一冊

110000－0102－0018610　丁/1868　集部/詞類/詞別集

遺山樂府三卷附校記　（金）元好問撰　清刻本　一冊

110000－0102－0018611　丁/1869　集部/曲類/曲別集/傳奇

神山引傳奇八出　（清）玉泉樵子撰　清光緒十一年（1885）刻本　一冊

110000－0102－0018612　丁/1870　集部/詞類/詞別集

寸灰詞三十八首　來霧直撰　清刻本　一冊

110000－0102－0018613　丁/1871　集部/別集類/清

狷齋遺稿五卷　（清）鄒志路撰　清同治八年（1869）刻本　一冊

110000－0102－0018614　丁/1876　集部/詞類/詞別集

香銷酒醒詞　（清）趙慶禧撰　清同治七年（1868）刻本　二冊

110000－0102－0018615　丁/1877　集部/別集類/清

灌園未定稿二卷　（清）傅懷祖撰　清光緒十三年（1887）刻本　二冊

110000－0102－0018616　丁/1879　集部/詞類/詞別集

雙辛夷樓詞二卷　（清）李格撰　清光緒十三年（1887）刻本　一冊

110000－0102－0018617　丁/1882　集部/總集類/詩/斷代/清

二鄧先生詩合鈔　（清）鄧輔　（清）鄧繹合著　清宣統二年（1910）刻本　一冊

110000－0102－0018618　丁/1883　史部/地理類/遊記/遊各國

遊歷秘魯圖經四卷　（清）傅雲龍撰　清光緒二十七年（1901）石印本　二冊

110000－0102－0018619　丁/1889　集部/詞類/詞別集

荔園詞二卷　（清）徐本立撰　清同治十年（1871）刻本　一冊

110000－0102－0018620　丁/1893　集部/別集類/清

息影山房詩鈔四卷　（清）黎兆祺撰　清同治二年（1863）刻本　一冊

110000－0102－0018621　丁/1894　集部/別集類/清

湘中草六卷　（清）湯傳楹撰　清康熙二十四年（1685）刻本　二冊

110000－0102－0018622　丁/1895　集部/別集類/清

攬青閣詩鈔二卷　（清）李貽德撰　清同治五年（1866）刻本　一冊

110000－0102－0018623　丁/1898　集部/別集類/清

南枝集　（清）初之椿撰　清嘉慶九年（1804）刻本　一冊

110000－0102－0018624　丁/1901　集部/別集類/民國

藝芳館詩集　郭筠撰　清宣統二年（1910）鉛印本　一冊

110000－0102－0018625　丁/1903　集部/別集類/明

周工部什一草　（明）周如綸撰　清光緒十一年（1885）刻本　一冊

110000－0102－0018626　丁/1904　史部/地理類/專志/祠廟

同仁祠錄二卷　（清）孫炳奎撰　清光緒二十三年（1897）刻本　一冊

110000－0102－0018627　丁/1921　子部/雜家類/雜述

霧臺小補　（清）悟夢子撰　清道光十二年（1832）刻本　二冊

110000－0102－0018628　丁/1924　集部/俗文學類/變文

梅氏花綱寶卷二卷　（□）□□撰　清刻本　二冊

110000－0102－0018629　丁/1925　集部/俗文學類/變文

劉香寶卷二卷　（□）□□撰　清同治刻本　二冊

110000－0102－0018630　丁/1927　集部/曲類/曲別集/傳奇

香雪亭傳奇二卷三十出　（清）畫川逸叟撰

清道光十年(1830)刻本　二册

110000－0102－0018631　丁/1928　史部/别
史、雜史類

吳中平寇記八卷　（清）錢勳撰　清同治十年
(1871)刻本　二册

110000－0102－0018632　丁/1929　史部/地
理類/方志/地方志

[光緒]四川新設爐霍屯志略　李之珂撰　清
光緒三十二年(1906)刻本　二册

110000－0102－0018633　丁/1931　集部/俗
文學類/鼓詞

金冠記鼓詞六卷　（□）□□撰　清抄本
三册

110000－0102－0018634　丁/1936　集部/别
集類/清

遣懷集　（清）笪世基撰　清光緒十年(1884)
抄本　三册

110000－0102－0018635　丁/1938　集部/别
集類/明

端毅公文集四卷　（明）王恕撰　明嘉靖三十
一年(1552)刻清嘉慶重修本　四册

110000－0102－0018636　丁/1945　集部/别
集類/清

歸硯齋詩存四卷　（清）朱瑋撰　清道光二十
六年(1846)刻本　一册

110000－0102－0018637　丁/1950　經部/經
總類/群經總義/傳說

遲悔齋經說　（清）曹蕭孫撰　清刻本　二册

110000－0102－0018638　丁/1951　集部/别
集類/清

不可無竹居詩草四卷續草四卷　（清）汪世澤
撰　清光緒五年(1879)刻本　二册

110000－0102－0018639　丁/1952　史部/政
書類/詔令奏議/奏議

隨槎錄三卷　（清）羅鎮嵩撰　清光緒十八年
(1892)刻本　一册

110000－0102－0018640　丁/1954　集部/别

集類/清

樂志簃集　（清）沈祥龍撰　清光緒二十六年
(1900)刻本　四册

110000－0102－0018641　丁/1955　集部/詞
類/詞别集

存悔詞　況周頤撰　清刻本　一册

110000－0102－0018642　丁/1957　集部/詞
類/詞别集

崇睦山房詞　（清）汪全德撰　清刻本　一册

110000－0102－0018643　丁/1958　集部/詞
類/詞别集

摩園閣詞二卷　易順鼎撰　清光緒刻本
一册

110000－0102－0018644　丁/1959　集部/詞
類/詞别集

綠秋草堂詞　（清）顧翰撰　清刻本　一册

110000－0102－0018645　丁/1960　史部/地
理類/雜記

井蛙雜記十卷　（清）李調元撰　清光緒七年
(1881)刻本　四册

110000－0102－0018646　丁/1961　集部/詞
類/詞别集

飲水詞鈔二卷　（清）納蘭性德撰　清刻本
一册

110000－0102－0018647　丁/1962　集部/詞
類/詞别集

過雲精舍詞二卷　（清）楊夔生撰　清嘉慶十
四年(1809)刻本　一册

110000－0102－0018648　丁/1963　集部/楚
辭類/離騷

屈子正音三卷　（清）方績撰　清光緒六年
(1880)刻本　一册

110000－0102－0018649　丁/1965　集部/詞
類/詞别集

味梨集　（清）王鵬運撰　清光緒二十一年
(1895)刻本　一册

110000－0102－0018650　丁/1966　集部/别

集類/清

半塘丁稿 （清）王鵬運撰　清刻本　一冊

110000－0102－0018651　丁/1969　子部/藝術類/雜技

詩牌集 （清）趙國華等撰　清光緒十二年(1886)刻本　一冊

110000－0102－0018652　丁/1970　集部/詞類/詞別集

江南好詞一百首 （清）張汝南撰　清宣統元年(1909)石印本　一冊

110000－0102－0018653　丁/1971　史部/政書類/詔令奏議/奏議

奏疏錄要 （清）安維峻等撰　清光緒二十一年(1895)上海書局石印本　二冊

110000－0102－0018654　丁/1972　集部/詞類/詞別集

海棠香夢詞 陳壽嵩撰　清光緒二十六年(1900)刻本　二冊

110000－0102－0018655　丁/1973　集部/詞類/詞別集

剪紅詞草 （清）惲毓巽撰　清宣統三年(1911)刻本　二冊

110000－0102－0018656　丁/1974　集部/詞類/詞別集

春水詞 （清）顧文彬撰　清咸豐十年(1860)刻本　二冊

110000－0102－0018657　丁/1975　子部/法家類

透膽寒 梧桐子撰　清刻本　一冊

110000－0102－0018658　丁/1977　集部/別集類/清

半塘定稿二卷賸稿一卷 （清）王鵬運撰　清刻本　一冊

110000－0102－0018659　丁/1980　集部/俗文學類/彈詞

劉秀太子走國二十四卷 （□）□□撰　清刻本　四冊

110000－0102－0018660　丁/1986　集部/俗文學類/鼓詞

群英傑十六卷 半醒居士撰　清廣東佛山芹香館書局刻本　四冊

110000－0102－0018661　丁/1988　集部/俗文學類/鼓詞

五色神旗十六卷 閒情居士撰　清醉經堂刻本　四冊

110000－0102－0018662　丁/1989　集部/俗文學類/鼓詞

十朋祭江八卷 守拙主人撰　清桂五堂刻本　二冊

110000－0102－0018663　丁/1990　集部/俗文學類/鼓詞

銀河太子五十卷 閒情居士撰　清廣東佛山芹香閣書局刻本　五冊

110000－0102－0018664　丁/1991　集部/俗文學類/鼓詞

銀河太子五十卷 閒情居士撰　清廣東佛山芹香閣書局刻本　五冊

110000－0102－0018665　丁/1994　經部/詩類/傳說

木齋詩說存稿六卷 （清）褚汝文撰　清同治二年(1863)刻本　一冊

110000－0102－0018666　丁/1995　集部/詞類/詞別集

暗香疎影齋詞鈔 （清）白石撰　清光緒三十年(1904)鉛印本　一冊

110000－0102－0018667　丁/1996　史部/政書類/邦計/荒政

救荒六十策 （清）寄湘漁父撰　清光緒十一年(1885)刻本　一冊

110000－0102－0018668　丁/2000　集部/別集類/清

抱潤軒文集十卷 馬其昶撰　清宣統元年(1909)石印本　一冊

110000－0102－0018669　丁/2001　集部/詞

類/詞別集

橫經堂詩餘二卷 （清）張泰初撰　清咸豐元年(1851)刻本　二冊

110000－0102－0018670　丁/2002　集部/別集類/清

松石齋詩集六卷 （清）趙用賢撰　清光緒二十二年(1896)刻本　一冊

110000－0102－0018671　丁/2003　集部/別集類/清

道旁散集五卷 （清）李孚音撰　清光緒三十年(1904)刻本　一冊

110000－0102－0018672　丁/2008　集部/別集類/清

茗柯文初編一卷二編二卷 （清）張惠言撰　清光緒七年(1881)刻本　一冊

110000－0102－0018673　丁/2010　集部/別集類/清

濂亭遺文五卷 （清）張裕釗撰　清光緒武昌刻朱印本　一冊

110000－0102－0018674　丁/2011　史部/傳記類/日記

求可堂自記 （清）廖冀亨撰　清光緒刻本　一冊

110000－0102－0018675　丁/2014　集部/詞類/詞別集

雙辛夷樓詞二卷 （清）李宗褘撰　清光緒二十四年(1898)刻本　一冊

110000－0102－0018676　丁/2015　集部/別集類/清

濂亭文集八卷 （清）張裕釗撰　清光緒八年(1882)蘇州刻本　二冊

110000－0102－0018677　丁/2018　集部/別集類/清

使粵吟三卷 （清）何桂清撰　清道光二十四年(1844)刻本　一冊

110000－0102－0018678　丁/2021　集部/小說類/短篇小說

三續今古奇觀 （□）□□撰　清末石印本　六冊

110000－0102－0018679　丁/2022　集部/俗文學類/鼓詞

滿漢鬥四卷 （□）□□撰　清京都泰山堂刻本　一冊

110000－0102－0018680　丁/2023　子部/雜家類/雜述

孿史四十八卷 （清）王希廉輯　清光緒二年(1876)上海申報館鉛印本　七冊　存四十四卷(一至四十四)

110000－0102－0018681　丁/2024　史部/政書類/邦交

金軺籌筆四卷 （清）□□撰　清光緒二十三年(1897)石印本　四冊

110000－0102－0018682　丁/2028　子部/類書類

靈櫝碎金六十八卷 （清）郎玉銘撰　清光緒上海申報館鉛印本　十冊

110000－0102－0018683　丁/2029　史部/傳記類/圖贊

歷代名將圖二卷 任阜長繪　清光緒十三年(1887)上海點石齋石印本　二冊

110000－0102－0018684　丁/2032　集部/小說類/短篇小說

瓊林霏屑 望海樓主編　清光緒三十二年(1906)石印本　八冊

110000－0102－0018685　丁/2038　集部/詞類/詞別集

聞妙香室詞鈔四卷 錢錫宋撰　清宣統二年(1910)石印本　一冊

110000－0102－0018686　丁/2039　集部/別集類/清

春酒堂文集 （清）周容撰　清宣統二年(1910)上海國學扶輪社鉛印本　一冊

110000－0102－0018687　丁/2042　集部/別集類/清

等閒集詩鈔 （清）張敬謂撰 清光緒十九年(1893)刻本 一冊

110000－0102－0018688 丁/2044 集部/別集類/清

荻訓堂詩鈔十卷 （清）鄧琛撰 清光緒十七年(1891)刻本 二冊

110000－0102－0018689 丁/2045 集部/別集類/清

萬山草堂詩集六卷 （清）李登雲撰 清光緒三十三年(1907)刻本 二冊

110000－0102－0018690 丁/2047 集部/別集類/清

陶堂遺文 （清）高心夔撰 清刻本 一冊

110000－0102－0018691 丁/2048 集部/別集類/清

鬱華閣遺集四卷 （清）盛昱撰 清光緒三十一年(1905)刻本 一冊

110000－0102－0018692 丁/2049 集部/別集類/清

半巖廬遺集 （清）邵懿辰撰 清光緒三十四年(1908)刻本 一冊

110000－0102－0018693 丁/2050 集部/總集類/文/通代/編選

古文詞略二十四卷 （清）梅曾亮纂 清同治六年(1867)刻本 六冊

110000－0102－0018694 丁/2051 集部/詞類/詞總集/斷代

宋人詞鈔 （宋）朱雍等撰 清抄本 一冊

110000－0102－0018695 丁/2052 集部/詞類/詞總集/斷代

元人詞鈔 （元）趙孟頫等撰 清抄本 一冊

110000－0102－0018696 丁/2055 子部/醫家類/總錄

引經証醫四卷 （清）程樑撰 清光緒八年(1882)刻本 四冊

110000－0102－0018697 丁/2057 集部/總集類

詩詞文鈔 （唐）杜甫等撰 清抄本 一冊

110000－0102－0018698 丁/2058 集部/曲類/曲別集/傳奇

臨川夢 （清）蔣士銓撰 清刻本 一冊

110000－0102－0018699 丁/2065 集部/別集類/清

雙桐書屋詩鈔 （清）徐豐曾撰 清宣統元年(1909)抄本 五冊

110000－0102－0018700 丁/2066 集部/俗文學類/變文

刺心寶卷 （□）□□撰 清光緒五年(1879)抄本 一冊

110000－0102－0018701 丁/2067 集部/俗文學類/變文

金鎖寶卷 （□）□□撰 清刻本 一冊

110000－0102－0018702 丁/2071 集部/俗文學類/變文

雪梅寶卷上卷 （□）□□撰 清光緒十一年(1885)三官堂刻本 一冊

110000－0102－0018703 丁/2072 集部/俗文學類/變文

修行明宗月微寶卷三卷 （清）邵光緒纂 清光緒二年(1876)刻本 一冊

110000－0102－0018704 丁/2073 集部/俗文學類/變文

珍珠塔寶卷 （□）□□撰 清刻本 一冊

110000－0102－0018705 丁/2074 集部/俗文學類/變文

普陀寶卷 張德方編 清光緒二十年(1894)刻本 一冊

110000－0102－0018706 丁/2078 集部/俗文學類/變文

花枷良願龍圖寶卷 （□）□□撰 清光緒刻本 二冊

110000－0102－0018707 丁/2089 叢部/彙編叢書/明

硯雲乙編 （明）李濂等撰 清光緒上海申報

館鉛印本　八冊

110000－0102－0018708　丁/2090　集部/小說類

吉祥花六卷　（清）邵紀棠撰　清同治九年(1870)刻本　二冊

110000－0102－0018709　丁/2091　集部/小說類/章回

異說南唐演義全傳十卷　（清）如蓮居士撰　清刻本　十冊

110000－0102－0018710　丁/2100　子部/醫家類/外科方論

歙西槐塘程松崖正通先生眼科家傳秘本　（清）程正通撰　清道光刻本　一冊

110000－0102－0018711　丁/2101　子部/醫家類/外科方論

歙西槐塘程松崖正通先生眼科家傳秘本　（清）程正通撰　清道光刻本　一冊

110000－0102－0018712　丁/2102　集部/詞類/詞譜、詞律、詞韻/詞譜

南北詞名宮調彙錄　（清）汪汲撰　清刻本　一冊

110000－0102－0018713　丁/2103　集部/集評類/詞評/詞話

詞名集解六卷　（清）汪汲撰　清刻本　二冊

110000－0102－0018714　丁/2104　集部/俗文學類/鼓詞

龍鳳報四卷　（□）□□撰　清同治十一年(1872)玄德堂刻本　四冊

110000－0102－0018715　丁/2107　集部/別集類/清

素邨小草十二卷　（清）吳玉麟撰　清宣統三年(1911)刻本　六冊

110000－0102－0018716　丁/2108　子部/類書類/類編/通錄

增補萬寶全書二十卷　（□）□□撰　清光緒二十四年(1898)上海六先書局石印本　六冊

110000－0102－0018717　丁/2109　集部/曲類/曲別集/傳奇

白牡丹傳八卷　（清）洪琮編　清光緒二十七年(1901)鉛印本　一冊

110000－0102－0018718　丁/2110　集部/俗文學類/鼓詞

紅霞傳六卷　（□）□□撰　清光緒刻本　三冊

110000－0102－0018719　丁/2111　集部/俗文學類/鼓詞

紅霞征北六卷　（□）□□撰　清光緒二十三年(1897)刻本　三冊

110000－0102－0018720　丁/2113　子部/雜家類/雜述

一夕話六卷　（明）咄咄夫撰　清道光十二年(1832)刻本　四冊

110000－0102－0018721　丁/2114　集部/小說類/筆記小說

更豈有此理四卷　（□）□□撰　清嘉慶五年(1800)刻本　四冊

110000－0102－0018722　丁/2116　史部/傳記類/總傳/專錄/列女

蘭閨寶錄六卷　（清）完顏惲珠輯　清道光十一年(1831)刻本　六冊

110000－0102－0018723　丁/2122　集部/別集類/明

瓶花齋集十卷　（明）袁宏道撰　清宣統三年(1911)石印本　四冊

110000－0102－0018724　丁/2124　集部/俗文學類/迷語及其它

圍爐新話　（清）楊小湄等編　清光緒十八年(1892)鉛印本　二冊

110000－0102－0018725　丁/2126　集部/別集類/明

汲古堂集二十八卷　（明）何白撰　清道光十六年(1836)刻本　十二冊

110000－0102－0018726　丁/2127　集部/詞類/詞別集

長生籙詞　（清）徐琪撰　清光緒三十一年
(1905)刻本　一冊

110000－0102－0018727　丁/2128　集部/別
集類/清

退學詩齋詩集五卷　（清）何耿繩撰　清同治
刻本　一冊

110000－0102－0018728　丁/2129　集部/別
集類/清

世守拙齋詩存　（清）范濂撰　清光緒二十一
年(1895)刻本　二冊

110000－0102－0018729　丁/2130　集部/曲
類/曲別集/傳奇

靈媧石傳奇十二折　（清）許善長撰　清光緒
十一年(1885)碧聲吟館刻本　一冊

110000－0102－0018730　丁/2131　集部/俗
文學類/變文

協天大帝玉律經寶卷上卷　（□）□□撰　清
光緒三十一年(1905)刻本　一冊

110000－0102－0018731　丁/2133　集部/俗
文學類/鼓詞

雙題紅四卷　（□）□□撰　清光緒二十七年
(1901)刻本　四冊

110000－0102－0018732　丁/2134　集部/俗
文學類/鼓詞

薄情傳四卷　（□）□□撰　清刻本　一冊

110000－0102－0018733　丁/2135　集部/俗
文學類/鼓詞

興清傳　（□）□□撰　清光緒二十三年
(1897)刻本　二冊

110000－0102－0018734　丁/2136　集部/小
說類/筆記小說

墨餘書異八卷　（清）蔣知白撰　清嘉慶二十
五年(1820)三益堂刻本　四冊

110000－0102－0018735　丁/2141　子部/雜
家類/雜纂

猛醒編　（□）□□撰　清咸豐元年(1851)刻
本　一冊

110000－0102－0018736　丁/2144　集部/曲
類/曲別集/傳奇

後緹縈傳奇十出　（清）汪宗沂撰　清光緒十
一年(1885)刻本　一冊

110000－0102－0018737　丁/2145　史部/地
理類/雜記

金牛湖漁唱　（清）張雲璈撰　清光緒七年
(1881)刻本　一冊

110000－0102－0018738　丁/2146　叢部/自
著叢書/清中晚期

欖香小品三種　（清）陳鍾英撰　清道光六年
(1826)刻本　一冊

110000－0102－0018739　丁/2148　集部/俗
文學類/變文

蘭英寶卷　（□）□□撰　清光緒十年(1884)
刻本　一冊

110000－0102－0018740　丁/2152　集部/戲
曲類/昆曲類

昆曲五劇　（□）□□撰　清抄本　一冊

110000－0102－0018741　丁/2153　子部/雜
家類/雜纂

恩福堂筆記二卷　（清）英和撰　清道光十七
年(1837)刻本　二冊

110000－0102－0018742　丁/2157　集部/別
集類/清

棗花樓詩略八卷　（清）程德齡撰　清道光十
二年(1832)刻本　二冊

110000－0102－0018743　丁/2158　集部/總
集類/詩/雜錄/題詠

詠梅集古三十首　（清）劉傑輯　清嘉慶二十
年(1815)刻本　二冊

110000－0102－0018744　丁/2159　集部/別
集類/清

也吟集　（清）董秉忠撰　清光緒二十七年
(1901)刻本　一冊

110000－0102－0018745　丁/2160　史部/地
理類/雜記

南越筆記十六卷 （清）李調元撰 清刻本
二冊

110000 - 0102 - 0018746 丁/2162 子部/譜
錄類/器物

集蘇一百八喜箋序目一卷集涪翁文一百四十
喜箋序目一卷集李杜詩八十四喜箋序目一卷
　徐琪撰 清光緒刻本 四冊

110000 - 0102 - 0018747 丁/2168 集部/戲
曲類

雪盃圓滑油山遊六殿藥茶計 （□）□□撰
清抄本 一冊

110000 - 0102 - 0018748 丁/2177 子部/醫
家類/雜錄

檢骨格 （□）□□撰 清刻本 一冊

110000 - 0102 - 0018749 丁/2178 集部/戲
曲類

探親 （□）□□撰 清抄本 一冊

110000 - 0102 - 0018750 丁/2179 集部/曲
類/曲別集/傳奇

繡襦記 （□）□□撰 清抄本 一冊

110000 - 0102 - 0018751 丁/2180 集部/曲
類/曲別集/傳奇

永團圓 （□）□□撰 清抄本 一冊

110000 - 0102 - 0018752 丁/2181 集部/曲
類/曲別集/傳奇

爛柯山 （□）□□撰 清抄本 一冊

110000 - 0102 - 0018753 丁/2182 集部/曲
類/曲別集/傳奇

永團圓 （□）□□撰 清抄本 一冊

110000 - 0102 - 0018754 丁/2183 集部/曲
類/曲別集/傳奇

永團圓 （□）□□撰 清抄本 一冊

110000 - 0102 - 0018755 丁/2184 集部/曲
類/曲別集/傳奇

滿床笏 （□）□□撰 清抄本 一冊

110000 - 0102 - 0018756 丁/2185 集部/曲
類/曲別集/傳奇

滿床笏 （□）□□撰 清抄本 一冊

110000 - 0102 - 0018757 丁/2223 子部/類
書類

和名類聚抄十卷 （日本）源順撰 清光緒三
十二年（1906）刻本 四冊

110000 - 0102 - 0018758 丁/2225 子部/雜
家類/雜考

瓜棚避暑錄 （清）孟超然撰 清嘉慶二十年
（1815）刻本 二冊

110000 - 0102 - 0018759 丁/2233 集部/別
集類/清

理堂文集十卷 （清）韓夢周撰 清道光三年
至四年（1823 - 1824）刻本 六冊

110000 - 0102 - 0018760 丁/2235 集部/別
集類/清

芝塘詩稿十五卷 （清）薛傳源撰 清嘉慶十
六年（1811）刻本 四冊

110000 - 0102 - 0018761 丁/2238 集部/別
集類/清

寓真軒詩鈔十二卷 （清）蔡希邠撰 清光緒
十九年（1893）刻本 四冊

110000 - 0102 - 0018762 丁/2239 集部/詞
類/詞別集

太素齋詞鈔二卷 （清）勒方錡撰 清光緒十
年（1884）刻本 一冊

110000 - 0102 - 0018763 丁/2240 集部/詞
類/詞別集

情田詞三卷 （清）邵璸撰 清道光二十二年
（1842）刻本 三冊

110000 - 0102 - 0018764 丁/2241 集部/別
集類/清

竹石居集 （清）童華撰 清刻本 四冊

110000 - 0102 - 0018765 丁/2242 集部/別
集類/宋

游定夫先生集六卷 （宋）游酢撰 清同治六
年（1867）和州官舍刻本 二冊

110000 - 0102 - 0018766 丁/2243 集部/別

集類/清

雙琴堂詩集六卷　（清）趙春熙撰　清道光三年(1823)刻本　四冊

110000－0102－0018767　丁/2244　集部/別集類/清

入蜀集立經堂詩鈔五卷　（清）胡桂輯　清道光十一年(1831)刻本　二冊

110000－0102－0018768　丁/2246　集部/別集類/清

金粟如來詩龕集四卷　（清）翁時穉撰　清光緒二十四年(1898)刻本　四冊

110000－0102－0018769　丁/2247　集部/總集類/詩/家族

紫陽家塾詩鈔二十四卷　（清）朱珔編輯　清光緒十八年(1892)秋樹山房刻本　六冊

110000－0102－0018770　丁/2248　集部/別集類/遼金元

剡源文集三十卷　（元）戴表元撰　清抄本十冊

110000－0102－0018771　丁/2249　子部/譜錄類/草木

藝菊志八卷　（清）陸廷燦輯　清刻本　四冊

110000－0102－0018772　丁/2250　集部/別集類/清

綠漪草堂文集三十卷　（清）羅汝懷撰　清光緒九年(1883)刻本　九冊

110000－0102－0018773　丁/2251　集部/別集類/清

讀秋水齋詩十六卷　（清）陸黻恩撰　清同治七年(1868)刻本　二冊

110000－0102－0018774　丁/2252　集部/別集類/清

七星山人集　（清）岳凌雲撰　清光緒十九年(1893)志經堂刻本　一冊

110000－0102－0018775　丁/2254　集部/別集類/清

味燈書屋詩集八卷　（清）沈業嵩撰　清道光

九年(1829)刻本　二冊

110000－0102－0018776　丁/2255　集部/別集類/清

經餘書屋詩鈔八卷　（清）沈在廷撰　清道光九年(1829)刻本　二冊

110000－0102－0018777　丁/2258　子部/譜錄類/草木

東籬中正　（清）沈德潛輯　清光緒七年(1881)刻本　一冊

110000－0102－0018778　丁/2259　集部/別集類/清

慎盦詩鈔二卷　（清）左宗植撰　清光緒元年(1875)刻本　二冊

110000－0102－0018779　丁/2262　集部/總集類/文/雜錄/酬贈慶吊

聽秋軒贈言四卷　（清）駱綺蘭輯　清嘉慶元年(1796)刻本　二冊

110000－0102－0018780　丁/2264　集部/別集類/清

石樵詩稿五卷　（清）嚴允肇撰　清光緒三十年(1904)鉛印本　一冊

110000－0102－0018781　丁/2266　集部/別集類/清

梅崖居士全集三十卷　（清）朱仕琇撰　清乾隆四十七年(1782)刻本　十三冊

110000－0102－0018782　丁/2267　史部/傳記類/年譜

余孝惠先生年譜　（清）吳師澄撰　清光緒元年(1875)刻本　一冊

110000－0102－0018783　丁/2268　史部/傳記類/別傳

伊壯潛公事實四卷　（清）尹盛福撰　清同治五年(1866)刻本　二冊

110000－0102－0018784　丁/2270　史部/傳記類/別傳

黃輔辰行略　（清）黃彭年撰　清刻本　一冊

110000－0102－0018785　丁/2271　史部/傳

記類/年譜

敝帚齋主人年譜 （清）徐鼒撰　清同治十三年(1874)刻本　一冊

110000 – 0102 – 0018786　丁/2272　史部/傳記類/年譜

馬端敏公年譜 （清）馬新祐撰　清光緒三年(1877)刻本　一冊

110000 – 0102 – 0018787　丁/2273　史部/傳記類/別傳

誥授中憲大夫晉授通奉大夫浙江補用道余公行狀 （清）郭傳璞撰　清光緒刻本　一冊

110000 – 0102 – 0018788　丁/2274　史部/傳記類/年譜

方又通先生年譜略 （清）方敦吉撰　清光緒二十九年(1903)刻本　一冊

110000 – 0102 – 0018789　丁/2275　史部/傳記類/別傳

何耿繩行述 （清）何福宇撰　清刻本　一冊

110000 – 0102 – 0018790　丁/2276　集部/別集類/清

蘿月軒詩集八卷 （清）史筠撰　清道光十五年(1835)刻本　二冊　卷三內容不全

110000 – 0102 – 0018791　丁/2279　集部/別集類/清

續刻受祺堂文集四卷 （清）李因篤撰　清道光十年(1830)刻本　四冊

110000 – 0102 – 0018792　丁/2280　子部/雜家類/雜纂

三餘雜誌四卷 （清）張定鋆撰　清咸豐元年(1851)刻本　四冊

110000 – 0102 – 0018793　丁/2281　史部/地理類/方志/地方志

[同治]山陽縣志二十一卷 （清）何紹基等纂　清同治十二年(1873)刻本　十六冊

110000 – 0102 – 0018794　丁/2284　史部/別史、雜史類

蜀龜鑑七卷 （清）劉景伯撰　清咸豐四年

(1854)刻本　四冊

110000 – 0102 – 0018795　丁/2285　集部/詞類/詞總集/斷代

宋七家詞選七卷 （清）戈載輯　清道光十七年(1837)翠薇花館刻本　四冊

110000 – 0102 – 0018796　丁/2287　子部/術數類/命書相書

春樹齋叢說 （清）溫葆深撰　清光緒二年(1876)金陵溫氏刻本　二冊

110000 – 0102 – 0018797　丁/2290　集部/別集類/清

讀選樓詩稿十卷 （清）王采蘋撰　清光緒二十年(1894)刻本　二冊

110000 – 0102 – 0018798　丁/2291　集部/總集類/詩/家族

莫如樓詩選六卷 （清）蔣湘培等撰　清同治六年(1867)刻本　四冊

110000 – 0102 – 0018799　丁/2292　史部/地理類/遊記

西泠閨詠十六卷 （清）陳文述撰　清光緒十三年(1887)西泠翠螺閣刻本　四冊

110000 – 0102 – 0018800　丁/2293　集部/總集類/詩/婦女

京江鮑氏三女史詩鈔合刊 （清）鮑之蘭等撰　清光緒八年(1882)刻本　五冊

110000 – 0102 – 0018801　丁/2294　集部/別集類/清

佩秋閣遺稿 （清）吳苣撰　清光緒元年(1875)刻本　一冊

110000 – 0102 – 0018802　丁/2295　集部/俗文學類/彈詞

明紀彈詞註二卷 （清）張三異撰　清刻本　二冊

110000 – 0102 – 0018803　丁/2299　集部/別集類/清

胡天游文集五卷 （清）胡天游撰　清宣統二年(1910)上海國學扶輪社鉛印本　四冊

110000－0102－0018804　丁/2301　集部/別集類/清

王文簡公五言詩鈔十七卷　（清）王士禛撰　清嘉慶十一年(1806)刻本　八冊

110000－0102－0018805　丁/2303　史部/金石類/錢幣/雜著

癖談六卷　（清）蔡雲撰　清道光七年(1827)姑蘇倪經鉏堂書坊刻本　四冊

110000－0102－0018806　丁/2306　集部/別集類/清

知非齋詩鈔十卷　（清）陳鍾英撰　清同治十一年(1872)刻本　六冊

110000－0102－0018807　丁/2307　集部/別集類/清

七星山人集　（清）岳凌雲撰　清光緒十九年(1893)志經堂刻本　一冊

110000－0102－0018808　丁/2308　集部/別集類/清

鏡虹吟室詩集四卷　（清）孔昭虔撰　清道光刻本　四冊

110000－0102－0018809　丁/2309　集部/別集類/清

望嶽樓詩二卷　（清）朱霈撰　清嘉慶七年(1802)刻本　二冊

110000－0102－0018810　丁/2311　集部/別集類/清

西磧山房詩錄二卷　（清）蔡復午撰　清道光二年(1822)刻本　二冊

110000－0102－0018811　丁/2312　集部/別集類/清

靈洲山人詩錄六卷　（清）徐灝撰　清同治三年(1864)刻本　二冊

110000－0102－0018812　丁/2313　集部/別集類/清

慎盫文鈔二卷　（清）左宗植撰　清光緒元年(1875)刻本　二冊

110000－0102－0018813　丁/2314　集部/別集類/清

倚梅閣詩四卷　（清）沈韻蘭撰　清光緒刻本　一冊

110000－0102－0018814　丁/2317　史部/傳記類/年譜

陸文慎公年譜　（清）陸寶忠撰　清光緒刻本　一冊

110000－0102－0018815　丁/2318　史部/傳記類/年譜

遂翁自訂年譜　（清）趙昀撰　清刻本　一冊

110000－0102－0018816　丁/2319　史部/地理類/方志/地方志

[同治]新繁縣志十六卷　（清）張文珍等纂修　清同治十二年(1873)刻本　八冊

110000－0102－0018817　丁/2324　史部/傳記類/別傳

石清吉行狀　（清）石成之撰　清刻本　一冊

110000－0102－0018818　丁/2325　史部/傳記類/別傳

范梁行述　（清）范崇威撰　清刻本　一冊

110000－0102－0018819　丁/2327　史部/傳記類/別傳

姚體備行述　（清）姚鷹撰　清刻本　一冊

110000－0102－0018820　丁/2328　史部/傳記類/別傳

張香海行述　（清）張篤誠撰　清刻本　一冊

110000－0102－0018821　丁/2329　史部/傳記類/年譜

潘世恩年譜　（清）潘世恩撰　清同治二年(1863)刻本　一冊

110000－0102－0018822　丁/2331　集部/詞類/詞別集

小蘇潭詞六卷　（清）蕉南舊史撰　清道光刻本　二冊

110000－0102－0018823　丁/2336　史部/傳記類/總傳/專錄/文苑

國史文苑傳二卷　繆荃孫撰　清末刻本　一冊

110000－0102－0018824　丁/2337　史部/傳記類/總傳/專錄/儒林

國史儒林傳二卷　繆荃孫撰　清末刻本　一冊

110000－0102－0018825　丁/2342　史部/傳記類/總傳/專錄/其它

燕蘭小譜五卷　（清）安樂山樵撰　清宣統三年（1911）刻本　一冊

110000－0102－0018826　丁/2343　集部/別集類/清

畹香村會稿八卷　（清）郭綏之撰　清咸豐十年（1860）刻本　一冊

110000－0102－0018827　丁/2346　集部/別集類/清

雙白燕堂詩集二卷　（清）陸耀遹撰　清道光二十二年（1842）刻本　一冊

110000－0102－0018828　丁/2354　集部/別集類/清

汪鈍翁文鈔十二卷　（清）汪琬撰　清刻本　八冊

110000－0102－0018829　丁/2355　史部/傳記類/別傳

沈廷楓行述　（清）沈葆禎撰　清同治刻本　一冊

110000－0102－0018830　丁/2361　子部/醫家類/雜錄

藥目　永濟堂編　清刻本　一冊

110000－0102－0018831　丁/2363　子部/醫家類/總錄

醫理大概約說　（清）劉沅撰　清光緒三十二年（1906）成都守經堂刻本　一冊

110000－0102－0018832　丁/2364　子部/醫家類/雜病方論

驗法新編十八卷　（清）丁雨生編　清光緒二十六年（1900）北洋石印官書局鉛印本　一冊

110000－0102－0018833　丁/2365　子部/醫家類/兒婦科方論

傅青主女科二卷　（清）傅山撰　清光緒元年（1875）湖北崇文書局刻本　二冊

110000－0102－0018834　丁/2370　集部/別集類/清

澤雅詩集　（清）施補華撰　清末民國抄本　二冊

110000－0102－0018835　丁/2373　集部/小說類/章回

草本春秋演義五卷　（清）雲間子撰　清刻本　五冊

110000－0102－0018836　丁/2374　史部/地理類/遊記/清

乘查筆記　（清）斌椿撰　清同治八年（1869）刻本　一冊

110000－0102－0018837　丁/2376　史部/地理類/雜記

羊城古鈔八卷　（清）仇池石輯　清嘉慶十一年（1806）刻本　六冊

110000－0102－0018838　丁/2377　集部/別集類/清

海雲堂詩鈔十四卷　（清）嚴學淦撰　清刻本　六冊

110000－0102－0018839　丁/2387　集部/詞類/詞別集

檗塢詞存十二卷　（清）王以敏撰　清光緒刻本　四冊

110000－0102－0018840　丁/2388　集部/別集類/清

會稽山齋全集　（清）謝應芝撰　清光緒十四年（1888）刻本　六冊

110000－0102－0018841　丁/2389　集部/別集類/清

太鶴山人集十三卷　（清）端木國瑚撰　清道光二十年（1840）刻本　六冊

110000－0102－0018842　丁/2391　史部/傳記類/總傳/專錄/仕宦

忠敬堂彙錄　（明）胡煜輯　清光緒十三年

（1887）刻本　一冊

110000－0102－0018843　丁/2393　史部/地
理類/方志/地方志

[同治]上海縣志三十二卷　（清）俞樾等纂修
清同治十年（1871）刻本　十六冊

110000－0102－0018844　丁/2397　集部/別
集類/清

句溪雜著四卷　（清）陳立撰　清光緒十六年
（1890）思賢講舍刻本　一冊

110000－0102－0018845　丁/2401　史部/傳
記類/別傳

沈衍慶傳　（清）陳蘭撰　清光緒五年（1879）
刻本　一冊

110000－0102－0018846　丁/2404　集部/別
集類/清

惲子居文鈔　（清）惲敬撰　清宣統二年
（1910）上海國學扶輪社石印本　四冊

110000－0102－0018847　丁/2406　集部/別
集類/清

蓮因室詩詞集三卷　（清）鄭蘭孫撰　清光緒
元年（1875）刻本　二冊

110000－0102－0018848　丁/2407　子部/醫
家類

袖珍士材三書八卷　（清）尤乘輯　清康熙六
年（1667）刻本　六冊

110000－0102－0018849　丁/2415　集部/總
集類/詩/婦女

豫章閨秀詩鈔　（清）蔡壽祺輯　清同治十三
年（1874）北京刻本　四冊

110000－0102－0018850　丁/2416　子部/醫
家類/診法

圖註脈訣辨真四卷　（晉）王叔和撰　清刻本
六冊

110000－0102－0018851　丁/2417　子部/醫
家類/診法

刪注脈訣規正二卷　（清）沈鏡撰　清嘉慶刻
本　四冊

110000－0102－0018852　丁/2418　集部/別
集類/明

藍山詩集六卷　（明）藍靜之撰　清刻本
三冊

110000－0102－0018853　丁/2421　子部/醫
家類/醫經

中西滙通醫經精義二卷　（清）鄧其章撰　清
光緒三十四年（1908）石印本　一冊

110000－0102－0018854　丁/2422　史部/傳
記類/年譜

蕺山先生年譜二卷　（清）劉均撰　清光緒二
十三年（1897）刻本　二冊

110000－0102－0018855　丁/2423　史部/傳
記類/年譜

閻潛北先生年譜　（清）張穆編　清道光二十
七年（1847）壽陽祁氏刻本　一冊

110000－0102－0018856　丁/2424　集部/集
評類

紅樓夢賦　（清）沈謙撰　清道光二十六年
（1846）刻本　一冊

110000－0102－0018857　丁/2425　史部/傳
記類/年譜

鄰蘇老人年譜　楊守敬撰　清石印本　一冊

110000－0102－0018858　丁/2426　集部/別
集類/清

食字齋文集四卷　（清）朱鳳鳴撰　清光緒九
年（1883）刻本　八冊

110000－0102－0018859　丁/2427　史部/傳
記類/年譜

裴光祿年譜二卷　（清）裴士騏等合輯　清光
緒元年（1875）刻本　二冊

110000－0102－0018860　丁/2428　史部/政
書類/詔令奏議/奏議

張中丞奏議四卷　（清）張丹叔撰　清光緒元
年（1875）刻本　四冊

110000－0102－0018861　丁/2429　史部/傳
記類/別傳

文文忠公事略四卷 （清）文熙治撰 清光緒八年（1882）刻本 四冊

110000－0102－0018862 丁/2432 集部/別集類/清

蘇盦文錄二卷 （清）楊葆光撰 清光緒九年（1883）杭州刻本 五冊

110000－0102－0018863 丁/2433 子部/醫家類/總錄

儒門醫學三卷 （英國）海得蘭撰 清光緒刻本 四冊

110000－0102－0018864 丁/2434 子部/醫家類/兒婦科方論

錢氏小兒直訣四卷 （宋）錢乙撰 清光緒二十一年（1895）刻本 二冊

110000－0102－0018865 丁/2436 子部/醫家類/兒婦科方論

婦科治驗案 （□）□□撰 清抄本 二冊

110000－0102－0018866 丁/2438 集部/別集類/清

壹齋集四十卷 （清）黃鉞撰 清咸豐九年（1859）刻本 十二冊

110000－0102－0018867 丁/2441 子部/醫家類/雜錄

醫述韻語四卷 （清）劉鑾撰 清宣統元年（1909）刻本 一冊

110000－0102－0018868 丁/2442 子部/農家類/總錄

豳風廣義三卷 （清）楊屾輯 清乾隆六年（1741）刻本 三冊

110000－0102－0018869 丁/2447 集部/詞類/詞別集

水雲樓詞二卷續一卷 （清）蔣春霖撰 清咸豐十一年（1861）刻本 一冊

110000－0102－0018870 丁/2448 子部/醫家類/兒婦科方論

產科心法下集 （□）□□撰 清道光二十七年（1847）刻本 一冊

110000－0102－0018871 丁/2450 集部/詞類/詞別集

秋林琴雅四卷 （□）□□撰 清刻本 一冊

110000－0102－0018872 丁/2452 集部/別集類/清

畹香樓詩稿 （清）梁蘭漪等撰 清光緒二十年（1894）刻本 七冊

110000－0102－0018873 丁/2453 子部/雜家類/西洋各派

哲學妖怪百談 （日本）井上圓了輯 晴獵園主譯 清光緒二十九年（1903）上海文明書局鉛印本 一冊

110000－0102－0018874 丁/2463 集部/曲類/曲譜、曲韻

韻諧塾瘞雲巖綴白曲譜 （清）玉泉樵子撰 清同治十年（1871）刻本 一冊

110000－0102－0018875 丁/2468 史部/政書類/文牘檔冊

東陽隨筆 （清）林慶炳撰 清光緒十一年（1885）刻本 一冊

110000－0102－0018876 丁/2472 子部/道家類

海山奇遇七卷 （清）火西月撰 清刻本 四冊

110000－0102－0018877 丁/2475 史部/政書類/通制

漢制考四卷 （宋）王應麟撰 清光緒刻本 一冊

110000－0102－0018878 丁/2476 史部/地理類/方志/地方志

[嘉慶]扶風縣志十八卷 （清）宋世犖纂 清嘉慶二十三年（1818）刻本 四冊

110000－0102－0018879 丁/2477 史部/傳記類/年譜

程子年譜七卷 （清）池生春等合輯 清咸豐刻本 五冊

110000－0102－0018880 丁/2478 史部/傳

記類/別傳

金剛愨公傳略 （清）頤增撰　清同治刻本
一冊

110000－0102－0018881　丁/2485　史部/政
書類/軍政/防務

三省邊防備覽十四卷 （清）嚴如熤輯　清道
光二年(1822)刻本　六冊

110000－0102－0018882　丁/2487　子部/醫
家類/傷寒方論

注解傷寒論四卷 （漢）張機撰　清道光三年
(1823)貴文堂刻本　三冊

110000－0102－0018883　丁/2489　集部/曲
類/曲別集/傳奇

桂林霜傳奇二卷 （清）蔣士銓撰　（清）張三
禮評文　（清）楊迎鶴正譜　清中期刻清容外
集本　四冊

110000－0102－0018884　丁/2499　子部/藝
術類/書畫

十竹齋書畫譜 （清）胡正言畫　清光緒五年
(1879)刻彩色套印本　八冊

110000－0102－0018885　丁/2500　子部/雜
家類/學說

公孫龍子注一卷 （清）辛從益注　清刻本
一冊

110000－0102－0018886　丁/2502　集部/別
集類/清

鐵船詩鈔二十一卷樂府四卷 （清）方元鶤撰
清嘉慶十年(1805)刻本　六冊

110000－0102－0018887　丁/2503　集部/別
集類/清

玉礎集四卷 （清）安致遠撰　清同治二年
(1863)刻本　六冊

110000－0102－0018888　丁/2504　集部/總
集類/詩/雜錄/唱和

紅樓詩借二卷 （清）花好月圓吟榭主人輯
清光緒十五年(1889)刻本　二冊

110000－0102－0018889　丁/2505　史部/政

書類/邦交/商約

中美中日新訂商約全文 （□）□□撰　清末
抄本　二冊

110000－0102－0018890　丁/2506　史部/地
理類/方志/地方志

[乾隆]寶雞縣志十六卷 （清）鄧夢琴纂修
清刻本　四冊

110000－0102－0018891　丁/2509　集部/詞
類/詞別集

享帚詞四卷 （清）秦恩復撰　清道光二十五
年(1845)刻本　二冊

110000－0102－0018892　丁/2511　子部/醫
家類/諸專科方論/其它

瘟疫條辨摘要 （清）呂田集錄　清光緒二十
二年(1896)刻本　四冊

110000－0102－0018893　丁/2512　史部/政
書類/詔令奏議/奏議

孤忠錄二卷 （清）袁祖志編　清光緒十二年
(1886)活字本　二冊

110000－0102－0018894　丁/2515　集部/別
集類/清

木蘭書齋詩鈔 （清）王治撰　清刻本　一冊

110000－0102－0018895　丁/2517　集部/別
集類/清

戒亭續集四卷 （清）劉壬撰　清乾隆四十五
年(1780)刻本　一冊

110000－0102－0018896　丁/2520　史部/傳
記類/人表

名人生日表 （清）孫雄撰　清同治六年
(1867)刻本　一冊

110000－0102－0018897　丁/2521　集部/別
集類/清

蒲編堂詩存四卷 （清）路邵撰　清咸豐六年
(1856)刻本　四冊

110000－0102－0018898　丁/2523　集部/別
集類/清

哀生閣初稿四卷續稿三卷 （清）王大經撰

清光緒十一年(1885)刻本　六冊

110000－0102－0018899　丁/2524　集部/別集類/清

東津館文集二卷　(清)潘曾沂撰　清咸豐八年(1858)刻本　二冊

110000－0102－0018900　丁/2525　集部/別集類/清

歸盦文稿八卷詩稿三卷　(清)葉裕仁撰　清光緒八年(1882)刻本　五冊

110000－0102－0018901　丁/2526　集部/小說類/筆記小說

曲洧舊聞十卷　(宋)朱弁撰　清光緒二十一年(1895)刻本　二冊

110000－0102－0018902　丁/2535　集部/俗文學類/彈詞

臨江樓六卷　(□)□□撰　清刻本　二冊

110000－0102－0018903　丁/2536　集部/小說類/筆記小說

鵰砭軒質言四卷　(清)戴蓮芬撰　清光緒五年(1879)鉛印本　二冊

110000－0102－0018904　丁/2537　集部/小說類/筆記小說

三異筆談四卷　(清)許元仲撰　清光緒七年(1881)鉛印本　二冊

110000－0102－0018905　丁/2538　集部/小說類/筆記小說

質直談耳八卷　(清)錢肇鰲撰　清刻本　八冊

110000－0102－0018906　丁/2539　集部/小說類/章回

廻文傳十六卷　(清)李漁撰　(清)鐵華山人重輯　清道光六年(1826)刻本　八冊

110000－0102－0018907　丁/2540　集部/小說類/筆記小說

花間笑語五卷　(清)釀花使者編　清咸豐九年(1859)刻本　四冊

110000－0102－0018908　丁/2541　子部/醫家類/養生

衛濟餘編十八卷　(清)王纕堂編　清道光二年(1822)刻本　十冊

110000－0102－0018909　丁/2543　子部/醫家類/兒婦科方論

胎産心法　(清)閻純璽撰　清同治十二年(1873)刻本　六冊

110000－0102－0018910　丁/2544/1　史部/傳記類/總傳/專錄/文苑

漁洋感舊集小傳四卷　(清)盧見曾編　清光緒四年(1878)鉛印本　二冊

110000－0102－0018911　丁/2544－2　史部/傳記類/總傳/專錄/文苑

湖海詩傳小傳　(清)王昶編　清光緒四年(1878)鉛印本　二冊

110000－0102－0018912　丁/2549　叢部/彙編叢書/清中晚期

隨園三十種　(清)袁枚輯　清刻本　六冊

110000－0102－0018913　丁/2554　集部/小說類/翻譯小說

續譯華生包探案　員警學生譯　清光緒二十八年(1902)鉛印本　一冊

110000－0102－0018914　丁/2556　集部/小說類/筆記小說

後聊齋志異十二卷　(清)王韜撰　清光緒二十九年(1903)石印本　六冊

110000－0102－0018915　丁/2557　集部/詞類/詞別集

水雲樓詞二卷續一卷　(清)蔣春霖撰　清光緒三十四年(1908)鉛印本　一冊

110000－0102－0018916　丁/2558　集部/曲類/曲譜、曲韻

霓裳雅奏一卷遺興消閒一卷　(□)□□撰　清抄本　二冊

110000－0102－0018917　丁/2559　集部/小說類/筆記小說

北東園筆錄二十四卷　(清)梁恭辰撰　清同

治五年（1866）刻本 八冊

110000－0102－0018918 丁/2560 集部/別集類/清

嚶求集四卷 （清）繆艮撰 清道光十五年（1835）刻本 四冊

110000－0102－0018919 丁/2561 集部/小說類/筆記小說

四夢彙談四卷 （清）吳紹箕撰 清光緒五年（1879）鉛印本 四冊

110000－0102－0018920 丁/2562 集部/集評類/詩評/詩話

耐冷譚十二卷 （清）宋咸熙撰 清刻本 四冊

110000－0102－0018921 丁/2563 集部/總集類/詩/地方

嶺南即事雜詠六卷 （□）□□撰 清刻本 六冊

110000－0102－0018922 丁/2567 史部/政書類/詔令奏議/奏議

孤忠錄二卷 （清）袁祖志編輯 清光緒十二年（1886）鉛印本 二冊

110000－0102－0018923 丁/2569 史部/傳記類/別傳

金寶樹行述 （清）金肇元等撰 清咸豐刻本 一冊

110000－0102－0018924 丁/2570 子部/宗教類/道教/經論著作

太上十三經道德經注釋四卷 （唐）呂純陽評點 清刻本 三冊

110000－0102－0018925 丁/2571 子部/宗教類/道教

黃庭經注解二卷 丹霞麻元君等撰 清刻本 二冊

110000－0102－0018926 丁/2572 子部/宗教類/道教

無根樹詞注解 劉悟元注 李涵虛解 清刻本 一冊

110000－0102－0018927 丁/2573 子部/宗教類/道教

如意寶珠二卷 張三丰注解 清刻本 二冊

110000－0102－0018928 丁/2574 子部/宗教類/道教

呂祖全書 （清）火西月述 清刻本 四冊

110000－0102－0018929 丁/2575 子部/宗教類/道教

呂祖全書 （清）火西月湧庵重編 清刻本 四冊

110000－0102－0018930 丁/2576 子部/宗教類/道教

張三丰先生全集 （元）張全一撰 （清）李西月編 清刻本 八冊

110000－0102－0018931 丁/2579 子部/藝術類/書畫/書法、畫帖/清

新增百美圖說二卷 （□）□□撰 清光緒十三年（1887）石印本 二冊

110000－0102－0018932 丁/2581－1 集部/詞類/詞選/通代

唐五代詞選三卷 （清）成肇麐輯 清光緒十三年（1887）刻本 四冊

110000－0102－0018933 丁/2581－2 集部/詞類/詞選/斷代

宋六十一家詞選十二卷 （清）成肇麐輯 清光緒十三年（1887）刻本 一冊

110000－0102－0018934 丁/2582 集部/詞類/詞別集

瓶隱山房詞八卷 （清）黃曾撰 清道光二十七年（1847）刻本 四冊

110000－0102－0018935 丁/2586 集部/詞類/詞別集

徐氏一家詞 （清）徐鴻謨等撰 清光緒三十三年（1907）石印本 四冊

110000－0102－0018936 丁/2591 史部/傳記類/別傳

宋侍郎胡忠佑公事跡錄 （清）程鳳山輯 清

光緒十四年（1888）刻本　一冊

110000－0102－0018937　丁/2593　集部/詞類/詞別集

花影吹笙詞鈔二卷　（清）葉英華撰　清光緒三年（1877）刻本　一冊

110000－0102－0018938　丁/2597　集部/別集類/清

雪杖山人詩集八卷　（清）鄭炎撰　清嘉慶四年（1799）刻本　四冊

110000－0102－0018939　丁/2602　集部/別集類/清

無近名齋文集十卷　（清）彭翊撰　清光緒十年（1884）刻本　三冊

110000－0102－0018940　丁/2603　集部/別集類/清

趙巢寄遺稿八卷　（清）趙同龢撰　清道光十五年（1835）刻本　二冊

110000－0102－0018941　丁/2604　集部/詞類/詞選/通代

微雲榭詞選十卷　樊增祥輯　清光緒三十四年（1908）鉛印本　六冊

110000－0102－0018942　丁/2606　史部/地理類/方志/地方志

[光緒]滋陽縣志十四卷　（清）黃師閭纂　清光緒十四年（1888）刻本　十冊

110000－0102－0018943　丁/2607　史部/地理類/方志/地方志

[光緒]嘉應州志三十二卷　（清）吳宗焯修（清）温仲和纂　清光緒二年（1876）刻本　十四冊

110000－0102－0018944　丁/2608　史部/地理類/方志/地方志

[光緒]吳江縣續志四十卷　（清）金福曾修（清）熊其英纂　清光緒五年（1879）刻本　八冊

110000－0102－0018945　丁/2609　集部/別集類/清

木雞書屋文全集三十卷　（清）黃金臺撰　清道光刻本　八冊

110000－0102－0018946　丁/2610　史部/政書類/詔令奏議/奏議

劉坤一奎俊奏稿　（清）劉坤一（清）奎俊撰　清光緒二十年（1894）抄本　三冊

110000－0102－0018947　丁/2612　史部/地理類/方志/地方志

[同治]徐州府志二十五卷　（清）吳世熊等修（清）劉庠等纂　清同治十三年（1874）刻本　二十冊

110000－0102－0018948　丁/2613　史部/傳記類/別傳

周貞恪公傳　（清）王柏心撰　清刻本　一冊

110000－0102－0018949　丁/2614　史部/傳記類/別傳

温壯勇公六合殉難事略　（清）周長森撰　清同治刻本　一冊

110000－0102－0018950　丁/2615　史部/傳記類/年譜

武澄清年譜　（清）武用章撰　清光緒十四年（1888）刻本　一冊

110000－0102－0018951　丁/2616　史部/傳記類/別傳

陶模行述　（清）陶葆廉撰　清刻本　一冊

110000－0102－0018952　丁/2617　史部/傳記類/別傳

蔣彬蔚行述　（清）蔣保忱撰　清刻本　一冊

110000－0102－0018953　丁/2618　史部/傳記類/年譜

蕭質齋先生年譜　（清）王其慎輯　清刻本　一冊

110000－0102－0018954　丁/2620　史部/傳記類/年譜

啖蔗軒自訂年譜　（清）方士淦編　清同治十一年（1872）刻本　一冊

110000－0102－0018955　丁/2622　史部/傳

記類/年譜

汪雙池先生年譜 （清）余龍光撰　清同治五年(1866)刻本　二冊

110000－0102－0018956　丁/2623　集部/別集類/清

江忠烈公遺集二卷行述一卷 （清）江忠源撰　清同治三年(1864)刻本　二冊

110000－0102－0018957　丁/2624　史部/傳記類/年譜

駱文忠公年譜二卷 （清）張蔭桓輯　清光緒二十一年(1895)刻本　二冊

110000－0102－0018958　丁/2625　史部/傳記類/別傳

余光倬行述 （清）湯成烈撰　清光緒刻本　一冊

110000－0102－0018959　丁/2626　史部/傳記類/別傳

穆爾察福興行述 （清）莫爾察耆安等撰　清刻本　一冊

110000－0102－0018960　丁/2627　史部/傳記類/年譜

王船山公年譜 （清）王之春撰　清光緒十九年(1893)刻本　二冊

110000－0102－0018961　丁/2628　史部/傳記類/年譜

吳竹如年譜 （清）方宗誠撰　清光緒四年(1878)刻本　一冊

110000－0102－0018962　丁/2629　史部/傳記類/別傳

玉池老人自敍 （清）郭嵩燾撰　清光緒十九年(1893)刻本　一冊

110000－0102－0018963　丁/2630　史部/傳記類/年譜

章邦元年譜 （清）章家祚撰　清光緒十八年(1892)刻本　一冊

110000－0102－0018964　丁/2631　史部/傳記類/人表

嘉慶己卯科各省鄉試同年譜 （清）鄂恆撰　清光緒三十三年(1907)鉛印本　一冊

110000－0102－0018965　丁/2632　史部/傳記類/年譜

文貞公年譜二卷 （清）李清植撰　清道光五年(1825)刻本　四冊

110000－0102－0018966　丁/2634　史部/傳記類/年譜

桐溪達叟自編年譜 （清）嚴辰撰　清光緒刻本　二冊

110000－0102－0018967　丁/2635　史部/傳記類/年譜

黃忠端公年譜 （清）黃炳垕撰　清光緒元年(1875)刻本　一冊

110000－0102－0018968　丁/2636　史部/傳記類/年譜

梨洲先生年譜三卷 （清）黃炳垕撰　清刻本　一冊

110000－0102－0018969　丁/2638　史部/傳記類/別傳

常甯唐中丞行狀 王闓運撰　清光緒刻本　一冊

110000－0102－0018970　丁/2639　史部/傳記類/別傳

田壽蓀行述 田兆林撰　清刻本　一冊

110000－0102－0018971　丁/2640　史部/傳記類/別傳

王壽同行狀 （清）王恩錫撰　清刻本　一冊

110000－0102－0018972　丁/2641　史部/傳記類/年譜

一西自記年譜 （清）張師誠撰　清同治八年(1869)刻本　一冊

110000－0102－0018973　丁/2642　史部/傳記類/別傳

劉震行述 （清）劉九疇撰　清刻本　一冊

110000－0102－0018974　丁/2643　經部/春秋類/左傳/傳說

足本評點東萊博議四卷　（宋）呂祖謙撰　清宣統二年（1910）石印本　四冊

110000－0102－0018975　丁/2644　史部/傳記類/別傳

劉培元行狀　（清）龍湛霖撰　清光緒三十二年（1906）鉛印本　一冊

110000－0102－0018976　丁/2645　史部/傳記類/別傳

建威將軍浙甯徐公小傳　（清）徐傳隆撰　清光緒三十二年（1906）鉛印本　一冊

110000－0102－0018977　丁/2646　史部/傳記類/年譜

羅文恪公年譜　（清）羅榘等撰　清光緒刻本　一冊

110000－0102－0018978　丁/2647　史部/傳記類/家傳、宗譜

清遠朱氏家傳　（清）朱汝珍撰　清光緒刻本　一冊

110000－0102－0018979　丁/2649　史部/傳記類/別傳

欽贈太僕寺卿署湖北黃州府事安陸府知府金果毅公行狀　（清）黃鈺撰　清同治刻本　一冊

110000－0102－0018980　丁/2651　子部/醫家類/兒婦科方論

幼科秘書推拿廣意三卷　（清）熊應雄撰　清刻本　二冊

110000－0102－0018981　丁/2652　子部/醫家類/兒婦科方論

保赤良方四卷　題（清）寄湘漁父輯　清光緒刻本　一冊

110000－0102－0018982　丁/2653　子部/醫家類/兒婦科方論

保赤全書二卷　（□）□□撰　清嘉慶十六年（1811）刻本　二冊

110000－0102－0018983　丁/2654　子部/醫家類/諸專科方論/其它

銀海精微四卷　（唐）孫思邈撰　清刻本　二冊

110000－0102－0018984　丁/2655　子部/醫家類/諸專科方論/其它

救偏瑣言十卷　（清）費啟泰撰　清刻本　六冊

110000－0102－0018985　丁/2657　集部/小說類

水石緣六卷三十段　（清）李春榮撰　清乾隆三十九年（1774）刻本　六冊

110000－0102－0018986　丁/2658　集部/小說類/章回

玉嬌梨　（清）荻岸散人編　清刻本　四冊

110000－0102－0018987　丁/2659　集部/小說類/章回

新史奇觀　（清）蓬蒿子編　清刻本　四冊

110000－0102－0018988　丁/2660　集部/小說類/章回

爭春園全傳四十八回　（□）□□撰　清道光五年（1825）刻本　十六冊

110000－0102－0018989　丁/2662　集部/俗文學類

鍾無豔娘娘全本　守拙主人訂　清刻本　十六冊

110000－0102－0018990　丁/2663　集部/詞類/詞選/斷代

宋六十一家詞選十二卷　（清）馮照輯　清光緒十三年（1887）刻本　八冊

110000－0102－0018991　丁/2664　史部/政書類/雜錄

鐵香室叢刻初集四種　（清）沔陽李氏鐵香室輯　清光緒二十三年（1897）刻本　四冊

110000－0102－0018992　丁/2665　史部/地理類/遊記/清

鐵香室叢刻續集六種　（清）沔陽李氏鐵香室輯　清光緒二十四年（1898）刻本　六冊